Nouvo Testamen

Kreyòl Ayisyen

Nouvo Testamen
Kreyòl Ayisyen

Copyright © 2017-2023 Ron Smith
Lang: Kreyòl Ayisyen (Haitian Creole)
Tradiksyon pa: Ron Smith
Contributeur: Felix Nixon
Tradiksyon sa a disponib pou ou dapre lisans Creative Commons Attribution Share-Alike 4.0.
Ou gen pèmisyon pou pataje ak redistribiye tradiksyon Bib sa a nan nenpòt fòma epi fè revizyon ak adaptasyon rezonab nan tradiksyon sa a, depi ke:
- Ou mete sou dotè a ak enfòmasyon sou sous yo.
- Si ou fè nenpòt chanjman nan tèks la, ou dwe endike ke ou te fè sa nan yon fason ki fè li klè ke lisansye orijinal la pa nesesèman andose chanjman ou yo.
- Si w redistribiye tèks sa a, ou dwe distribye kontribisyon w yo anba menm lisans ak orijinal la.

Remake byen ke anplis règ ki anwo yo, revize ak adapte Pawòl Bondye a gen yon gwo responsablite pou w fidèl ak Pawòl Bondye a. Gade Revelasyon 22:18-19.
Typeset Desanm 2024 pa Michael Paul Johnson nan eBible.org

Sainte Bible   https://eBible.org/hatbsa   Holy Bible

This translation is made available to you under the terms of the Creative Commons Attribution Share-Alike license 4.0.

You have permission to share and redistribute this Bible translation in any format and to make reasonable revisions and adaptations of this translation, provided that:
- You include the above copyright and source information.
- If you make any changes to the text, you must indicate that you did so in a way that makes it clear that the original licensor is not necessarily endorsing your changes.
- If you redistribute this text, you must distribute your contributions under the same license as the original.

Note that in addition to the rules above, revising and adapting God's Word involves a great responsibility to be true to God's Word. See Revelation 22:18-19.

ISBN 978-1-63656-038-0 paperback

https://eBible.org/hatbsa/pwa/

Tab Matyè

Nouvo Testamen

LEVANJIL SELON MATTHÏEU	Mat	1
LEVANJIL SELON MARC	Mc	36
LEVANJIL SELON LUC	Luc	58
LEVANJIL SELON JEAN	Jn	96
TRAVAY APÒT YO	Trav	125
WOMEN YO	Wo	161
I KORENTYEN YO	I Kor	176
II KORENTYEN YO	II Kor	191
GALAT YO	Gal	201
EFEZYEN YO	Ef	206
FILIPYEN YO	Fil	211
KOLOSYEN YO	Kol	215
I TESALONISYEN YO	I Tes	219
II TESALONISYEN YO	II Tes	223
I TIMOTHÉE	I Tim	225
II TIMOTHÉE	II Tim	229
TITE	Tit	232
PHILÉMON	Phm	234
EBRE YO	Eb	235
JACQUES	Jc	247
PREMYE LÈT PIERRE	I Pi	251
II PIERRE	II Pi	256
PREMYE LÈT JEAN	I Jn	259
DEZYÈM LÈT JEAN	II Jn	263
TWAZYÈM LÈT A JEAN	III Jn	264
JUDE	Jd	265
REVELASYON	Rev	267

LEVANJIL SELON MATTHÏEU

1 Rejis a zansèt Jésus Kris yo, [a]fis a David, fis a Abraham nan. 2 Abraham te papa Isaac. Isaac te fè Jacob. Jacob te papa Juda ak lòt frè l yo. 3 Juda te papa [b]Pharès avèk Zara pa Thamar, Pharès te papa Esrom, epi Esrom te papa a Ram. 4 Ram te papa Aminadab. Aminadab te papa Naasson. Naasson te papa Salmon. 5 Salmon e Rehab te fè Boaz. Boaz te papa Obed pa Ruth; Obed te papa Isaï. 6 Epi Isaï te bay nesans a David, wa a. [c]David te fè Salomon pa Bathshéba ki te madanm a Urie. 7 Salomon te fè [d]Roboam. Roboam fè Abia, e pa Abia, Asa. 8 Asa te fè Josaphat, e pa Josaphat, Joram. Pa Joram, Ozias; 9 Pou Ozias te fèt Jotham; e a Jotham, Achaz; a Achaz, Ézéchias; 10 epi pa Ézéchias te fèt Manassé; e a Manassé, Amon; e pa Amon [e]Josias; 11 Josias te fè Jéchonias ak frè li yo nan tan [f]depòtasyon Babylone nan.

12 Aprè depòtasyon Babylone nan, Jéchonias te fè Salathiel; e pa Salathiel, Zorobabel. 13 A Zorobabel te fèt Abiud; e a Abiud, Eliakim, e a Eliakim, Azor. 14 Pou Azor te vin fèt Sadok, e a Sadok, Achim, e a Achim, Éliud. 15 A Éliud te vin fèt Éléazar. Éléazar te fè Matthan, e pou Matthan, Jacob. 16 Jacob te fè Joseph, mari a Marie a, manman a Jésus [g]ke yo rele Kris la.

17 Konsa, tout jenerasyon yo soti nan Abraham jiska David se katòz jenerasyon epi kite David pou rive nan depòtasyon Babylone nan, se katòz jenerasyon. E pou[h]kite depòtasyon Babylone nan pou rive a Kris La, se katòz jenerasyon.

18 Nesans a Jésus, Kris la te fèt konsa: Lè [i]manman Li, Marie, te fiyanse ak Joseph, avan ke yo te vini ansanm, li te twouve ansent pa Lespri Sen an. 19 Konsa, Joseph, mari li, ki te yon nonm dwat, pa t vle fè l wont. Pou sa a, li te pran desizyon pou [j]mete l sou kote an sekrè. 20 Men pandan li t ap anvizaje sa, konsa, yon zanj Bondye te parèt devan li nan yon rèv epi te di l konsa:

[k]"Joseph, fis a David la, ou pa bezwen pè pran Marie kon madanm ou; pwiske sa ki gen tan plase nan vant li an, soti nan Lespri Sen an. 21 Li va fè yon fis, epi ou va rele li Jésus paske se Li menm ki [l]va sove pèp li a de peche yo."

22 Tout sa te fèt pou akonpli sa ki [m]te pale pa Senyè a, atravè pwofèt yo;

23 [n]"Koute byen, vyèj la va [o]vin ansent e l ap fè yon gason.

Y ap nonmen li Emmanuel",

ki tradwi vle di "Bondye Avèk Nou".

24 Konsa, Joseph te leve nan dòmi. Li te fè sa ke zanj Senyè a te mande l fè a, e te pran li pou madanm li. 25 Li te kenbe l kon yon vyèj jiskaske li te fin fè gason an, epi [p]li te rele li Jésus.

2 Aprè Jésus te fin [q]fèt Bethléem nan peyi Judée pandan Hérode te wa, konsa yon ekip mesye saj ki sòti nan lès te rive Jérusalem pou mande; 2 "Kote sila ki fèt [r]Wa a Jwif yo a? Nou gen tan wè zetwal Li nan pati lès la, e nou vini pou adore Li."

3 Lè Hérode te tande sa, li te vin twouble, e tout Jérusalem avèk li. 4 Li te rasanble tout chèf prèt yo avèk skrib a pèp la, e te kòmanse mande yo kote Kris la t ap fèt la.

5 Yo te di li: [s]"Nan Bethléem a Judée jan li te ekri pa pwofèt la";

6 [t]"E ou menm, Bethléem, peyi Judée,
ou pa manke valè pami chèf Judée yo:
paske yon Gran Chèf k ap sòti
nan ou menm,
Li va vin yon bèje pou pèp Mwen
an, Israël".

7 Konsa, Hérode te rele mesye saj yo an sekrè pou fè yon ankèt egzak pou konnen kilè [u]zetwal la te parèt la. 8 Li te voye yo Bethléem e li te di yo: "Ale Chèche pou

---

[a] **1:1** És 9:6 [b] **1:3** Rt 4:18-22 [c] **1:6** II Sam 11:27 [d] **1:7** I Kwo 3:10 [e] **1:10** I Kwo 3:14 [f] **1:11** II Wa 24:14 [g] **1:16** Mat 27:17-22 [h] **1:17** II Wa 24:14 [i] **1:18** Mat 12:46 [j] **1:19** Det 22:20-24 [k] **1:20** Luc 2:4 [l] **1:21** Luc 2:11 [m] **1:22** Luc 24:44 [n] **1:23** És 7:14 [o] **1:23** És 9:6,7 [p] **1:25** Mat 1:21 [q] **2:1** Mi 5:2 [r] **2:2** Jr 23:5 [s] **2:5** Jn 7:42 [t] **2:6** Mi 5:2 [u] **2:7** Nonb 24:17

twouve Pitit la, e lè nou jwenn li, voye di m sa, pou m ka ale adore Li tou."

⁹ Lè yo fin tande wa a, yo ale fè wout yo, e konsa zetwal la ke yo te wè nan lès la, te ale devan yo jiskaske li te vin kanpe kote menm ke Pitit la te ye a. ¹⁰ Lè yo te wè zetwal la, yo te rejwi anpil avèk anpil jwa. ¹¹ Yo te ale nan kay la e te wè Pitit la avèk Marie, manman Li. Yo te pwostène devan Li pou te ᵃadore L. Yo te ouvri trezò yo e te prezante L kòm kado, lò, lansan, ak lami. ¹² Men akoz ke yo te avèti ᵇnan yon rèv ke yo pa t dwe retounen kote Hérode, yo te ale nan peyi yo pa yon lòt wout.

¹³ Lè yo fin pati, lapoula yon zanj Bondye te ᶜvin parèt a Joseph nan yon rèv. Li te di l: "Leve pran Pitit la avèk manman L epi kouri ale an Égypte. Rete la jiskaske mwen di ou, paske Hérode ap chèche Zanfan sila a pou l ka detwi L."

¹⁴ Joseph te leve pran Pitit la avèk manman L pandan nwit lan pou te ale an Égypte. ¹⁵ Li te rete la jiskaske Hérode te mouri. Sa te fèt pou akonpli sa Senyè a te pale pa pwofèt la pou li ta kapab akonpli lè l te di: "Pou soti an Égypte, Mwen te rele Fis Mwen an".

¹⁶ Lè Hérode te vin wè ke li te ᵈtwonpe pa mesye saj yo, li te vin anraje. Konsa, li te voye touye tout ti gason mwens ke de zan nan tout anviwon Bethléem nan, selon tan li te vin konprann pa mesye saj yo. ¹⁷ Konsa, sa ki te pale pa pwofèt Jérémie an te vin akonpli lè l te di konsa:

¹⁸ ᵉ"Yon vwa te tande nan Rama;
yo te kriye e fè gwo lamantasyon.
Rachel ki t ap kriye pou Pitit li yo;
li te refize konsole, paske yo pa
   t la ankò."

¹⁹ Men lè Hérode te vin mouri, yon zanj ᶠte parèt an Égypte pou di Joseph nan yon rèv: ²⁰ "Leve, pran Pitit la avèk manman L pou ale nan peyi Israël, paske sila yo ki t ap chèche touye Pitit la gen tan mouri."

²¹ Konsa Joseph te leve pran Pitit la avèk manman L, e te ale nan peyi Israël. ²² Men lè li tande ke Archélaüs te gwo chèf nan Judée nan plas papa li, Hérode, li te pè ale la. Lè li te fin ᵍavèti pa Bondye nan yon rèv, li te sòti la, e te ale nan anviwon Galilée yo. ²³ Li te vin rete nan yon vil yo rele ʰNazareth pou sa ke pwofèt yo te pale yo ta kapab akonpli: "Yo va rele Li yon Nazareyen".

3 Alò, ⁱnan jou sa yo, Jean Baptiste te vin parèt. Li t ap preche nan gran savann Judée a, e li t ap di: ² ʲ"Repanti paske Wayòm Syèl la gen tan parèt." ³ Paske sila a se de ᵏli menm ke pwofèt Esaïe te pale a lè l te di: ˡ

"Men vwa a youn k ap kriye nan
   savann nan,
Prepare chemen Bondye a!
Fè chemen Li yo dwat"!

⁴ Alò, Jean li menm te gen ᵐyon rad fèt avèk pwal chamo avèk yon sentiwon fèt an kwi nan senti li. Li te konn manje krikèt avèk siwo myèl sovaj. ⁵ Jérusalem avèk tout Judée ⁿt ap vin kote l, avèk tout zòn ozanviwon Jourdain an. ⁶ Yo t ap ᵒbatize pa li menm nan lariviyè Jourdain an pandan yo t ap konfese peche yo.

⁷ Men lè li te wè anpil ᵖFarizyen avèk ᵠSadiseyen ki t ap vini pou batèm nan, li te di yo: "Men yon bann vipè; kilès ki te di nou chape anba kòlè k ap vini an? ⁸ ʳPou sa, pote yon fwi ki dign de repantans lan. ⁹ Pa sipoze ke nou kapab di pwòp tèt nou: ˢ'Nou gen Abraham kòm papa'. Paske m ap di nou ke Bondye kapab fè leve soti nan wòch sa yo, pitit Abraham yo. ¹⁰ ᵗRach la tou parèt nan rasin bwa yo; konsa, tout ab ki pa pote bon fwi va koupe pou jete nan lanfè."

¹¹ "Pou mwen menm, m ap batize nou avèk dlo pou repantans, men sila a k ap vini aprè mwen an pi fò pase m. Mwen pa menm dign pou m retire sandal Li yo. Li menm L ap batize nou avèk ᵘLespri Sen an, epi avèk dife. ¹² Fouch vannen an deja nan men Li. L ap netwaye glasi a nèt e mete tout ble yo nan depo, men L ap brile tout pay la avèk yon dife ki p ap kapab etenn."

¹³ ᵛNan lè sa a, Jésus te rive soti Galilée toupre larivyè Jourdain an. Li te vin kote Jean pou L ta kapab batize. ¹⁴ Men Jean te

---

ᵃ **2:11** Mat 14:33   ᵇ **2:12** Job 33:15   ᶜ **2:13** Mat 2:12,19   ᵈ **2:16** Mat 2:1   ᵉ **2:18** Jr 31:15
ᶠ **2:19** Mat 1:20   ᵍ **2:22** Mat 2:12,13-19   ʰ **2:23** Luc 1:26   ⁱ **3:1** Jn 1:6-8   ʲ **3:2** Mat 4:17
ᵏ **3:3** Luc 1:17-76   ˡ **3:3** És 40:3   ᵐ **3:4** II Wa 1:8   ⁿ **3:5** Mc 1:5   ᵒ **3:6** Mat 3:11   ᵖ **3:7** Mat 16:1
ᵠ **3:7** Mat 22:23   ʳ **3:8** Luc 3:8   ˢ **3:9** Luc 3:8   ᵗ **3:10** Luc 3:9   ᵘ **3:11** Mc 1:4-8   ᵛ **3:13** Jn 1:29-34

eseye anpeche Li. Li te di: "Mwen bezwen batize pa Ou menm, men Ou vin kote mwen?"

15 Men Jésus te reponn li. Li te di l: **"Kite sa fèt nan moman sa a; paske se konsa li dwe fèt [a]pou nou kapab akonpli tout ladwati."** Konsa li te kite sa fèt.

16 Aprè Jésus te batize, Li te soti tou dwat nan dlo a, e lapoula syèl yo te vin louvri. [b]Li te wè Lespri Bondye a desann kon yon toutrèl e vin poze sou Li. 17 Epi yon vwa ki te soti nan syèl yo te di: [c]"Sa se Fis byeneme Mwen an, e nan Li menm, Mwen pran plezi."

4 [d]Apre sa, Lespri Sen an te mennen Jésus nan savann nan pou L ta kapab tante pa Satan. 2 Lè Li te fin fè jèn [e]karant jou avèk karant nwit lan, Li te grangou. 3 [f]Konsa, Tantatè a te parèt, e te di Li: "Si Ou se [g]Fis Bondye a, kòmande wòch sa yo vin pen."

4 Men Li te reponn li e te di l: **"Sa ekri [h]Lòm pa pou viv sèlman pa pen, men pa chak mo ki sòti nan bouch Bondye".**

5 Apre sa, Satan te mennen Li antre nan [i]vil sen, Jérusalem nan. Li te fè L kanpe sou pi wo pwent tanp lan. 6 Konsa, li te di Li: "Si Ou menm se Fis Bondye a, jete kò Ou anba, paske sa ekri:

[j]'L ap bay zanj Li yo lòd de Ou menm, e

'ak men yo, y ap bay Ou soutyen pou ke Ou pa ta menm frape pye Ou kont yon wòch'".

7 Jésus te di l: **"Anplis sa ekri: 'Ou pa pou tante Senyè a, Bondye Ou a'".**

8 [k]Ankò dyab la te mennen Li nan yon mòn wo e te montre Li tout wayòm nan mond lan, avèk tout glwa yo. 9 Li te di Li: [l]"Tout bagay sa yo, mwen va bay Ou yo si Ou pwostène pou adore mwen."

10 Konsa, Jésus te di li: **"Soti la Satan! Paske sa ekri:** [m]**'Ou va adore Senyè a, Bondye ou a, e sèvi Li menm sèl'".**

11 Konsa, dyab la te kite Li, e lapoula, [n]zanj yo te vini sèvi Li.

12 Alò lè Jésus te tande ke [o]Jean te arete, Li te retire kò li pou L antre Galilée. 13 Lè Li kite Nazareth, Li te vin [p]rete Capernanüm, toupre lanmè a, nan zòn Zabulon avèk Nephtali. 14 Sa te fèt pou akonpli sa ke pwofèt Esaïe te pale lè li te di:

15 [q]"Peyi Zabulon ak peyi Nephtali,
toupre lanmè a, lòtbò Jourdain an,
Galilée ki pou payen yo"
16 [r]"Pèp la ki te chita nan tenèb la
te wè yon gwo limyè;
e sila yo ki te chita nan peyi
lonbraj lanmò a,
sou yo menm yon limyè te vin parèt."

17 [s]Depi lè sa a, Jésus te kòmanse preche. Li te di: **"Repanti, paske wayòm syèl la pwòch."**

18 [t]Alò pandan Jésus t ap mache sou kote lanmè Galilée a, Li te wè de frè yo, Simon, ke yo rele Pierre, ak André, frè li. Yo t ap voye yon filè nan lanmè a, paske se moun lapèch yo te ye. 19 Li te di yo: **"Swiv Mwen e M ap fè nou vin fè lapèch moun."**

20 Lapoula, yo te kite filè yo pou yo te swiv Li.

21 Lè Li te vin ale pi lwen, Li te wè de lòt frè, [u]Jacques fis a Zébédé avèk Jean, frè li. Yo te nan kannòt la avèk Zébédé, papa yo. Yo t ap repare filè yo. Li te rele yo. 22 Imedyatman, yo te kite kannòt la avèk papa yo pou yo te swiv Li.

23 Jésus t ap prale toupatou nan tout Galilée. Li t ap [v]enstwi nan sinagòg yo pou pwoklame bòn nouvèl wayòm nan, e Li t ap fè gerizon tout kalite maladi pami pèp la.

24 Nouvèl Li te gaye [w]toupatou nan peyi Syrie. Yo te pote bay Li tout sila ki te gen maladi avèk tout kalite doulè yo, sila ki te gen move lespri yo, sila ki te fè gwo kriz, ki te vin paralize yo, e Li te geri yo.

25 Gran foul la te swiv Li [x]soti Galilée, Decapolis, Jérusalem avèk Judée e rive jis lòtbò Jourdain an.

5 Lè Jésus te wè foul la, Li te monte sou mòn nan. Lè Li fin chita, disip Li yo

---

[a] **3:15** Sòm 40:7-8   [b] **3:16** Mc 1:10   [c] **3:17** Sòm 2:7   [d] **4:1** Mc 1:12,13   [e] **4:2** Egz 34:28
[f] **4:3** I Tes 3:5   [g] **4:3** Mat 14:33   [h] **4:4** Det 8:3   [i] **4:5** Né 11:18   [j] **4:6** Sòm 91:11-12   [k] **4:8** Mat 16:26
[l] **4:9** I Kor 10:20   [m] **4:10** Det 6:13   [n] **4:11** Mat 28:5   [o] **4:12** Mat 14:3   [p] **4:13** Mat 11:23   [q] **4:15** És 9:1   [r] **4:16** És 9:2   [s] **4:17** Mc 1:14,15   [t] **4:18** Luc 5:2-11   [u] **4:21** Mat 10:2   [v] **4:23** Mat 9:35
[w] **4:24** Mc 7:26   [x] **4:25** Mc 3:7,8

te vin kote L. ² Li te ᵃlouvri bouch Li e te kòmanse enstwi yo konsa:

³ "Beni se sila yo ki malere an espri; paske wayòm syèl la se pou yo.
⁴ Beni se ᵇsila yo ki soufri doulè akoz gwo pèt; yo va konsole.
⁵ Beni se sila yo ki ᶜenb; yo va resevwa tout latè kòm eritaj.
⁶ Beni se ᵈsila yo ki grangou avèk swaf pou ladwati; yo va satisfè.
⁷ Beni se ᵉsila yo ki bay mizerikòd; yo va resevwa mizerikòd.
⁸ Beni se ᶠsila yo ki gen kè pwòp nèt; yo va wè Bondye.
⁹ Beni se sila yo ki fè lapè; ᵍ yo va rele yo fis Bondye.
¹⁰ Beni se sila yo ki te ʰpèsekite pou ladwati; wayòm syèl la se pou yo.

¹¹ "Beni se nou menm lè moun ⁱensilte nou, pèsekite nou e pale san verite tout kalite mal kont nou pou koz a Non Mwen. ¹² Rejwi e fè kè nou kontan. Rekonpans nou nan syèl la gran; paske ʲse konsa yo te pèsekite pwofèt ki te avan nou yo.

¹³ "Nou se sèl latè; men ᵏsi sèl la pèdi gou li, kijan pou l fè l rekouvri gou sèl ankò? Li p ap bon ankò sof pou voye jete e pile anba pye moun.

¹⁴ "Nou se ˡlimyè lemonn; yon vil ki plase sou tèt yon mòn pa kapab kache. ¹⁵ ᵐNi moun p ap limen yon lanp pou mete li anba yon panyen; men sou yon tab kote li va bay limyè pou tout sila yo ki nan kay la. ¹⁶ Kite limyè nou an klere devan tout moun pou yo kapab ⁿwè bon zèv nou, e bay glwa a Papa nou ki nan syèl la.

¹⁷ "Pa panse ke Mwen te vini pou ᵒaboli Lalwa ak pwofèt yo. Mwen pa te vini pou aboli, men pou akonpli. ¹⁸ Paske vrèman Mwen di nou ᵖjiskaske syèl la avèk tè a disparèt, ni yon ti lèt, ni yon ti mak p ap disparèt nan Lalwa

a, jiskaske tout bagay fin acheve. ¹⁹ Pou sa, nenpòt moun ki anile menm youn ki pi piti nan kòmandman sa yo, e bay enstriksyon a lòt pou fè sa, l ap rele pi piti ᑫnan wayòm syèl la. Men sila ki kenbe yo e enstwi lòt pou fè yo tou, li va rele pi gran nan wayòm syèl la. ²⁰ Paske m ap di nou ke si ladwati nou pa depase sila a skrib avèk Farizyen yo, nou p ap janm antre nan wayòm syèl la. ²¹ Nou konn tande ke tout ansyen yo te di: ʳ'Nou pa pou touye moun' e 'Nenpòt moun ki touye moun ap rann kont devan tribinal'. ²² Men Mwen di nou ke nenpòt moun ki fache avèk frè li, ap koupab devan ˢtribinal. Epi nenpòt moun ki di: 'Raka' (pou ryen) ap koupab devan tribinal pi wo a, epi sila ki di: 'enbesil' ap koupab pou l antre nan lanfè.

²³ "Pou sa, lè ou ap ᵗprezante ofrann ou sou lotèl la, e pandan ou la, ou sonje ke frè ou a gen yon bagay kont ou, ²⁴ kite ofrann ou an la devan lotèl a e ale fè wout ou. Premyeman, rekonsilye avèk frè ou, e apre vin prezante ofrann ou an.

²⁵ "Fè zanmi depi nan wout avèk lènmi k ap mennen ou tribinal la, pou li pa livre ou devan jij la, e jij la va livre ou bay otorite pou jete ou nan prizon. ²⁶ Anverite Mwen di nou, ᵘnou p ap soti la jiskaske nou peye dènye santim nan."

²⁷ "Nou konn tande ke yo te di: ᵛ'Nou pa pou fè adiltè'; ²⁸ men Mwen di nou ke nenpòt moun ki gade yon fanm ʷavèk lanvi pou li, gen tan fè adiltè avèk li deja nan kè l.

²⁹ "Konsa, ˣsi zye dwat ou fè ou tonbe, rache li e jete li lwen ou. Paske li pi bon pou pèdi yon manm nan kò ou, pase pou kite tout kò ou jete nan lanfè. ³⁰ ʸSi men dwat ou fè ou tonbe, koupe li e jete li lwen ou. Paske li pi bon pou yon pati nan kò ou ta pèdi olye pou tout kò ou ta ale nan lanfè."

ᵃ **5:2** Mat 13:35　　ᵇ **5:4** És 61:2　　ᶜ **5:5** Sòm 37:11　　ᵈ **5:6** És 55:1-2　　ᵉ **5:7** Pwov 11:17　　ᶠ **5:8** Sòm 24:4
ᵍ **5:9** Mat 5:45　　ʰ **5:10** I Pi 3:14　　ⁱ **5:11** I Pi 4:14　　ʲ **5:12** II Kwo 36:16　　ᵏ **5:13** Mc 9:50
ˡ **5:14** Pwov 4:18　　ᵐ **5:15** Mc 4:21　　ⁿ **5:16** I Pi 2:12　　ᵒ **5:17** Mc 7:12　　ᵖ **5:18** Mat 24:35
ᑫ **5:19** Mat 11:11　　ʳ **5:21** Mat 10:2　　ˢ **5:22** Det 16:18　　ᵗ **5:23** Mat 5:24　　ᵘ **5:26** Luc 12:59
ᵛ **5:27** Egz 20:14　　ʷ **5:28** II Sam 11:25　　ˣ **5:29** Mat 18:9　　ʸ **5:30** Mat 18:8

³¹ "Epi yo te konn di: ᵃ'Nenpòt moun ki voye madanm li ale; kite li bay li yon sètifika divòs pou voye l ale.' ³² ᵇMen Mwen di nou ke nenpòt moun ki voye madanm li ale, sof pou enfidelite, fè l komèt adiltè, e nenpòt moun ki marye avèk yon fanm divòse fè adiltè.

³³ "Ankò, nou konn tande yo te di a lansyen yo: ᶜ'Nou pa pou fè fo sèman, men nou gen pou akonpli tout sa ke nou sèmante a Bondye'. ³⁴ Men Mwen di nou: ᵈPa sèmante menm, ni pa syèl la, paske se ᵉtwòn Bondye li ye; ³⁵ ni pa tè a, paske se kote Li mete pye Li, ni pa Jérusalem, paske se ᶠGran Vil a Gran Wa a. ³⁶ Ni nou pa pou sèmante sou tèt nou paske nou pa kapab fè menm yon grenn cheve vin blan, ni nwa. ³⁷ Men kite pawòl nou sèlman 'wi' pou 'wi' e 'non' pou 'non'. Nenpòt bagay ki depase sa yo soti nan mèt mechans a.

³⁸ "Nou konn tande ke yo konn di: ᵍ'Zye pou zye e dan pou dan'; ³⁹ men Mwen di nou: Pa reziste a sila ki mechan an, men si ʰnenpòt moun frape nou bò figi dwat nou, vire bay li lòt la tou. ⁴⁰ Si nenpòt moun vle fè pwosè kont nou pou l pran chemiz nou, bay li palto a tou. ⁴¹ Nenpòt moun ki fòse nou pou mache yon kilomèt avèk li, fè de kilomèt. ⁴² ⁱBay a sila ki mande nou an, e pa vire do bay sila ki vle prete nan men nou an.

⁴³ "Nou konn tande ke yo di: 'Renmen vwazen nou, e rayi lènmi nou.' ⁴⁴ Men Mwen di nou: ʲRenmen lènmi nou yo e priye pou sila ki pèsekite nou yo, ⁴⁵ pou nou kapab ᵏfis a Papa nou ki nan syèl la. Paske Li fè solèy Li leve sou mechan yo, ak bon yo, e voye lapli sou sila ki dwat yo, ak sila ki pa dwat yo.

⁴⁶ "Paske ˡsi nou renmen sila ki renmen nou yo, ki rekonpans nou ka resevwa? Èske kolektè kontribisyon yo pa fè menm bagay la tou? ⁴⁷ Epi si nou salye frè nou yo sèlman, kisa nou fè plis ke lòt moun yo? Èske payen yo pa fè menm bagay la tou? ⁴⁸ Pou sa, nou dwe pafè menm jan ke Papa nou ki nan syèl la pafè." ᵐ

6

"Veye pou nou pa pratike ladwati nou devan moun ⁿpou yo kapab wè nou. Si se konsa, nou p ap twouve okenn rekonpans nan men Papa nou ki nan syèl la.

² "Pou sa, lè nou ap bay lacharite, pa sonnen yon twonpèt devan nou tankou ipokrit yo konn fè nan sinagòg ak lari yo, pou yo ᵒkapab resevwa lonè a lòm. M ap di ou, yo gen tan resevwa tout rekonpans yo. ³ Men lè nou ap bay lacharite, pa kite men goch nou konnen kisa men dwat nou ap fè; ⁴ ke lacharite nou kapab an sekrè, e ᵖPapa nou ki wè an sekrè a, ap bannou rekonpans.

⁵ "Lè nou ap fè lapriyè, pa fè l tankou ipokrit yo. Yo ᑫrenmen kanpe pou fè lapriyè nan sinagòg yo ak nan kwen lari pou moun kapab wè yo. Anverite, Mwen di nou, yo gen tan twouve tout rekonpans yo.

⁶ "Men nou menm, lè nou ap priye, ʳale nan ti chanm andedan kay nou an, e fèmen pòt nou. Priye a Papa nou ki an sekrè a, e Papa nou ki wè an sekrè a ap bay nou rekonpans.

⁷ "Lè nou ap priye, pa itilize anpil mo vag, e san sans jan payen yo konn fè a; paske yo sipoze ke lapriyè yo ap tande akoz ˢanpil mo. ⁸ Men pa fè tankou yo; paske ᵗPapa nou konnen kisa nou bezwen menm avan nou mande Li. ⁹ Pou tout sa, ᵘpriye konsa:

'Papa nou ki nan syèl la,
ke non Ou kapab Sen.
¹⁰ Ke Wayòm Ou kapab vini,
ke volonte Ou kapab fèt sou latè
menm jan ke li fèt nan syèl la.
¹¹ Bay nou pou jou sa a pen
ᵛ ke nou bezwen an,
¹² Epi ʷpadone nou ofans nou yo
menm jan ke nou padone sila
ki fè nou tò yo.

ᵃ **5:31** Det 24:1,3 ᵇ **5:32** Mat 19:9 ᶜ **5:33** Lev 19:12 ᵈ **5:34** Jc 5:12 ᵉ **5:34** Det 23:3-6; És 66:1
ᶠ **5:35** Det 23:3-6; És 66:1 ᵍ **5:38** Egz 21:24 ʰ **5:39** I Kor 6:7 ⁱ **5:42** Det 15:7-11 ʲ **5:44** Luc 6:27
ᵏ **5:45** Mat 5:9 ˡ **5:46** Luc 6:32 ᵐ **5:48** Lev 19:2; I Jn 3:12 ⁿ **6:1** Mat 6:5,16 ᵒ **6:2** Mat 6:5,16
ᵖ **6:4** Jr 17:10 ᑫ **6:5** Mc 11:25 ʳ **6:6** És 26:20 ˢ **6:7** I Wa 18:26 ᵗ **6:8** Sòm 38:9 ᵘ **6:9** Luc 11:1-4
ᵛ **6:11** Pwov 30:8 ʷ **6:12** Egz 34:7

¹³ Epi pa mennen nou nan tantasyon, men ªdelivre nou de mal.
Paske wayòm nan, pouvwa a, avèk glwa a
se pou Ou menm pou tout letènite. Amèn.'

¹⁴ ᵇ"Paske si nou padone moun yo pou ofans pa yo, Papa nou ki nan syèl la va padone nou menm. ¹⁵ Men ᶜsi nou pa padone moun yo pou ofans pa yo, Papa nou p ap padone ofans pa nou yo.

¹⁶ "Konsa, ᵈlè nou ap fè jèn, pa mete yon figi tris jan ipokrit yo konn fè a. Paske yo neglije aparans yo pou moun kapab wè ke y ap fè jèn. Anverite, yo deja twouve tout rekonpans pa yo.

¹⁷ "Men nou menm, lè nou ap fè jèn, ᵉonksyone tèt nou avèk lwil e lave figi nou, ¹⁸ pou moun pa wè ke nou ap fè jèn, men se Papa nou ki nan sekrè a k ap wè. Konsa, ᶠPapa nou ki wè nan sekrè a ap bannou rekonpans.

¹⁹ ᵍ"Pa ranmase trezò nou isit la nan mond sa a kote ensèk avèk lawouj ap detwi yo, e kote vòlè kapab kase antre pou vòlè. ²⁰ Men pito nou ranmase pou nou ʰtrezò ki nan syèl la kote ensèk avèk lawouj p ap detwi yo, e kote vòlè p ap kase ni vòlè. ²¹ Paske ⁱkote trezò nou ye se la kè nou va ye tou.

²² "Lanp kò nou se ʲzye nou. Konsa si zye nou klè, tout kò nou ap plen limyè. ²³ Men si ᵏzye nou pa bon, tout kò nou ap plen tenèb.

"Konsa, si limyè ki nan nou an se tenèb, ki pwofondè tenèb sa a genyen!

²⁴ ˡ"Nanpwen moun ki kab sèvi de mèt; swa l ap rayi youn pou renmen lòt la, oswa l ap renmen youn pou meprize lòt la. Nou pa kapab sèvi Bondye ak richès.

²⁵ ᵐ"Pou rezon sa a, Mwen di nou pa enkyete nou pou lavi nou, kisa nou ap manje, ni sa nou ap bwè; ni pou kò nou, pou sa nou ap mete sou li. Èske la vi pa plis ke manje, e kò a plis ke rad nou mete sou li? ²⁶ ⁿGade zwazo ki anlè yo; yo pa simen, ni rekòlte, ni ranmase pou mete nan depo. Malgre sa, Papa yo bay yo manje. Èske nou pa vo bokou plis ke yo?

²⁷ "Epi kilès nan nou ki avèk ᵒenkyetid kapab ogmante vi li menm yon ti kras? ²⁸ E poukisa nou ᵖenkyete pou zafè rad?

"Gade flè lis ki nan chan yo; yo pa travay, ni fè twal; ²⁹ men Mwen di nou ke menm ᵍSalomon nan tout glwa li pa t mete pi bèl rad pase youn nan yo. ³⁰ "Men si se konsa ke Bondye abiye ʳzèb chan an, ki la jodi a, e demen ap jete nan dife, konbyen anplis L ap fè pou nou, o ˢnou menm, moun ki manke lafwa!

³¹ "Konsa, pa ᵗenkyete nou, pou di: 'Kisa n ap manje?' ni 'Kisa n ap bwè?' ni 'Avèk kisa n ap abiye?' ³² Paske se tout bagay sa yo ke tout payen yo cho pou chèche, men ᵘPapa nou ki nan syèl la konnen ke nou bezwen tout bagay sa yo. ³³ Chèche premyèman wayòm Li avèk ladwati Li, epi ᵛtout bagay sa yo ap vini anplis.

³⁴ "Pou sa, pa enkyete nou pou demen, paske demen ap okipe tèt li. Chak jou gen kont pwoblèm li pou regle pou kont li." ʷ

7 ˣ"Pa jije pou nou menm pa vin jije. ² Paske menm jan ke nou jije a, nou menm tou, nou va vin jije; ʸpa menm mezi ke nou sèvi a, yo va mezire bay nou. ³ E poukisa nou ᶻgade ti kras poud ki nan zye frè nou an, men nou pa wè gwo bout bwa ki nan zye pa nou an? ⁴ ªO kijan nou kapab di frè nou an: 'Kite m retire ti kras sa a ki nan zye ou a', epi gade, gwo bout bwa nan zye w? ⁵ Ipokrit! Premyeman, retire gwo bout bwa nan zye ou a, e konsa w ap kapab wè byen klè pou retire ti kras ki nan zye frè ou a.

ª **6:13** Jn 17:15   ᵇ **6:14** Mat 7:2   ᶜ **6:15** Mat 18:35   ᵈ **6:16** És 58:5   ᵉ **6:17** Rt 3:3   ᶠ **6:18** Mat 6:4-6
ᵍ **6:19** Pwov 23:4   ʰ **6:20** Mat 19:21   ⁱ **6:21** Luc 12:34   ʲ **6:22** Luc 11:34-35   ᵏ **6:23** Mat 20:15
ˡ **6:24** I Wa 18:21   ᵐ **6:25** Luc 12:22-31   ⁿ **6:26** Job 35:11   ᵒ **6:27** Mat 6:25,28,31,34   ᵖ **6:28** Mat 6:25-28
ᵍ **6:29** I Wa 10:4-7   ʳ **6:30** Jc 1:10-11   ˢ **6:30** Mat 8:26   ᵗ **6:31** Mat 6:25,27,28,34   ᵘ **6:32** Mat 6:8
ᵛ **6:33** Mat 19:28   ʷ **6:34** Pwov 30:8   ˣ **7:1** Wo 14:10,13   ʸ **7:2** Mc 4:24   ᶻ **7:3** Wo 2:1   ª **7:4** Luc 6:42

⁶ ᵃ"Pa bay sa ki sen a chen yo; ni pa jete pèl nou yo devan kochon yo, sinon yo va foule yo anba pye epi vire pou chire nou an mòso.

⁷ ᵇ"Mande, e nou va resevwa. Chache, e nou va twouve. Frape nan pòt la, e l ap louvri. ⁸ Paske tout moun ki mande ap resevwa. E sila ki chèche yo va twouve. E a sila ki frape yo, pòt la va louvri. ⁹ O ki moun pami nou lè Pitit li mande yon moso pen, l ap bay li yon wòch? ¹⁰ O si li mande yon pwason, èske l ap bay li yon koulèv? ¹¹ Si nou menm ki mechan, konnen kijan pou bay bon kado a pitit nou yo, ᶜkonbyen anplis, Papa nou ki nan syèl la ap bay sa ki bon a sila ki mande Li yo. ¹² ᵈPou sa, menm jan ke nou vle moun aji avèk nou, fè yo menm bagay la, paske ᵉsa se Lalwa, ak Pwofèt yo.

¹³ ᶠ"Antre pa pòt etwat la; paske pòt laj la, e chemen byen gwo ki mennen nan destriksyon an. Gen anpil moun k ap antre pa li menm. ¹⁴ Paske pòt etwat la, e chemen piti ki mennen a lavi a. Ni pa gen anpil moun k ap twouve l.

¹⁵ "Veye nou ak ᵍfo pwofèt yo, ki vin kote nou ak vètman brebi; men anndan se lou visye yo ye. ¹⁶ Nou ap ʰkonnen yo pa fwi yo. Rezen pa janm soti nan raje pikan, ni fig frans nan move zèb. ¹⁷ Menm jan an, ⁱchak bon ab ap bay bon fwi, men yon move ab ap bay move fwi. ¹⁸ Yon bon ab p ap kapab bay move fwi, ni yon move ab p ap pwodwi bon fwi. ¹⁹ ʲChak ab ki pa bay bon fwi ap koupe jete nan lanfè. ²⁰ Konsa, nou ap konnen yo ᵏpa fwi yo.

²¹ "Se pa tout moun ki rele 'Senyè, Senyè' k ap antre nan wayòm syèl la, men sila yo ki fè volonte a Papa M ki nan syèl la. ²² ᵐAnpil ap di Mwen nan jou sa: 'Senyè, Senyè, èske nou pa t pwofetize nan non Ou? Èske nan non Ou, nou pa t chase move lespri yo e nan non Ou, nou pa t fè anpil mirak?' ²³ Konsa, nan moman sa a, M ap deklare: ⁿ'Mwen pa t janm konnen nou. Kite Mwen, nou tout ki pratike lenjistis.'

²⁴ "Pou sa, ᵒtout moun ki tande pawòl sa yo ke Mwen bay yo, e ki aji sou yo, y ap tankou yon nonm saj ki bati kay li sou wòch. ²⁵ Lapli te tonbe, inondasyon te vini, van te soufle e te frape kont kay la, men li pa t tonbe paske fondasyon li te sou wòch. ²⁶ Tout moun ki tande pawòl sa yo ke Mwen pale yo, e ki pa aji sou yo, y ap tankou yon moun sòt. Li te bati kay li sou sab. ²⁷ Lapli te tonbe, inondasyon te vini, van te soufle e te frape kont kay la. Li te tonbe, e tonbe sa a te byen gwo."

²⁸ Lè Jésus te fin pale mo sa yo, ᵖfoul la te byen etone pou jan Li te enstwi yo a. ²⁹ Paske Li te enstwi yo tankou yon moun avèk otorite, e pa tankou skrib yo.

8 Lè Jésus te fin desann mòn nan, yon gran foul te swiv Li. ² Epi ᵠyon moun lalèp te vin kote L, te bese devan Li. Li te di: "Senyè, si se volonte Ou, Ou kapab fè m vin pwòp".

³ Jésus te lonje men Li e te touche l. Li te di l: **"Se volonte Mwen; vin pwòp."** Imedyatman ʳlèp la te vin pwòp. ⁴ Jésus te di li: **"Gade pou ou pa di pèsòn sa, men ˢale prezante ou devan prèt la, epi bay yo ofrann lan ke Moïse te mande a kon yon temwayaj a yo menm."**

⁵ ᵗLè Jésus te fin antre Capernaüm, yon chèf sentiwon Women te vin sipliye Li: ⁶ "Senyè, sèvitè mwen an kouche ᵘparalize lakay mwen. L ap soufri anpil."

⁷ Jésus Li te di li: **"M ap vin geri li."**

⁸ Men sentiwon an te reponn Li: "Senyè, mwen pa dign pou Ou pase anba twati kay mwen, men sèlman di yon mo, e sèvitè mwen an va geri. ⁹ Paske mwen menm tou se yon moun anba ᵛotorite, avèk sòlda anba mwen. Mwen di a youn 'ale', li ale, e a yon lòt 'vini', e li vini, epi a esklav mwen 'Fè sa' e li fè l."

¹⁰ Lè Jésus te tande sa, Li te etone e te di a sila ki t ap swiv Li yo: **"Anverite, Mwen di nou, Mwen pa twouve lafwa**

ᵃ **7:6** Mat 15:26   ᵇ **7:7** Luc 11:9-13   ᶜ **7:11** Sòm 84:11   ᵈ **7:12** Luc 6:31   ᵉ **7:12** Mat 22:40
ᶠ **7:13** Luc 13:24   ᵍ **7:15** Mat 24:11,24   ʰ **7:16** Mat 7:20   ⁱ **7:17** Mat 12:33,35   ʲ **7:19** Mat 3:10
ᵏ **7:20** Mat 7:16   ˡ **7:21** Luc 6:46   ᵐ **7:22** Mat 25:11   ⁿ **7:23** Sòm 6:8   ᵒ **7:24** Mat 16:18
ᵖ **7:28** Mat 13:54   ᵠ **8:2** Mc 1:40-44   ʳ **8:3** Mat 11:5   ˢ **8:4** Mc 1:44   ᵗ **8:5** Luc 7:1-10   ᵘ **8:6** Mat 4:24
ᵛ **8:9** Mc 1:27

konsa nan okenn moun an Israël. **11 Konsa, Mwen di nou ke anpil moun [a]va vin soti nan lès ak lwès pou chita sou tab avèk Abraham, Isaac ak Jacob nan wayòm syèl la;** 12 men [b]**fis yo a wayòm lan ap jete deyò nan [c]fon tenèb. E nan plas sa a, yo va rele anmwey e yo va manje dan yo."** 13 Jésus te di a sentiwon an: **"Ou mèt ale. Ke sa fèt pou ou [d]jan ou kwè a."** Konsa, sèvitè li a te geri nan menm lè sa a.

14 [e]Lè Jésus te antre lakay Pierre, Li te wè bèlmè li kouche malad sou kabann li avèk lafyèv. 15 Lè Li fin touche men li, lafyèv la te kite l. Konsa, li te leve pou sèvi Li. 16 Lè fènwa te vin rive, yo te pote bay Li anpil moun [f]ki te gen move lespri. Li te jete move lespri sa yo deyò avèk yon mo, e te [g]geri tout malad yo. 17 Sa te fèt pou akonpli sa ke pwofèt Ésaïe te pale lè li te di: [h]**"Li menm te pran tout enfimite nou yo, e pote tout maladi nou yo."**

18 Lè Jésus te wè yon foul t ap antoure l, [i]Li te pase lòd pou pati ale lòtbò lanmè a. 19 [j]Yon sèten skrib te parèt. Li te di L: "Mèt, m ap swiv ou nenpòt kote ou ale." 20 Jésus te di li: **"Rena yo gen twou pou yo kache, e zwazo anlè yo gen nich pa yo, men [k]Fis a Lòm nan pa gen kote pou repoze tèt Li."** 21 Yon lòt nan disip Li yo te di Li: "Senyè, kite mwen premyèman ale antere papa m." 22 Men Jésus te di li: [l]**"Swiv Mwen. Kite mò yo antere mò parèy yo."**

23 [m]Lè L fin antre nan kannòt la, disip Li yo te swiv Li. 24 Epi konsa, te vin leve yon gwo tanpèt sou lanmè a, ki te fè vag lanmè yo kouvri kannòt la; men Jésus, Li menm, t ap dòmi. 25 Disip Li yo te vin fè L leve. Yo te di L: "Senyè, sove nou! N ap peri!"

26 Li te reponn yo: **"Poukisa nou pè konsa, [n]moun ak ti lafwa piti?"** Konsa Li te leve. Li te reprimande van an avèk lanmè a, e tan an te vin kalm nèt.

27 Moun yo te etone. Yo te di: "Ki kalite moun sa a ye, ke menm van avèk lanmè obeyi Li?"

28 [o]Lè li te rive lòtbò nan peyi Gadarenyen yo, de moun ki te gen move lespri te rankontre li pandan yo t ap soti nan tonm yo. Yo te tèlman vyolan ke pèsòn pa t kapab pase nan chemen sa a. 29 Epi yo te kriye e te di: [p]**"Kisa nou gen avè W, Fis Bondye a? Èske Ou vini la pou toumante nou avan lè a?"** 30 A yon distans, te gen yon bann kochon ki t ap manje. 31 Epi lespri yo te kòmanse sipliye Li konsa: "Si ou ap mete nou deyò, voye nou nan bann kochon sa yo."

32 Li te di yo: **"Ale!"**

Yo te pati e te ale nan kochon yo. Lapoula, tout bann kochon yo te kouri desann falèz la, tonbe nan lanmè, pou mouri nan dlo a.

33 Gadyen yo te kouri ale antre nan vil la kote yo te fè rapò tout bagay sa yo, ansanm avèk sa ki te rive [q]moun move lespri yo. 34 Konsa, tout vil la te soti pou rankontre Jésus. Lè yo te wè L, [r]yo te sipliye Li pou kite peyi yo a.

9 Jésus te antre nan yon kannòt pou travèse dlo a, e te vin rive nan [s]pwòp vil Li a. 2 [t]Epi konsa, yo te pote bay Li yon moun paralize ki kouche sou yon kabann. Lè Jésus te wè lafwa yo, Li te di a moun paralize a: **"Pran kouraj fis Mwen, peche ou yo padone."**

3 Kèk nan skrib yo te reflechi nan kè yo: "Moun sa a [u]ap blasfeme."

4 Men Jésus te [v]konnen panse yo e Li te di: **"Poukisa nou ap reflechi mal nan kè nou? 5 Kisa ki pi fasil pou di: [w]'Peche ou yo padone', oubyen 'leve mache'? 6 Men pou nou kapab konprann ke Fis a lòm nan gen otorite sou latè pou padone peche",** Li te di a paralitik la: **"Leve, pran kabann ou e ale lakay ou!"**

7 Epi konsa, Li te leve ale lakay li. 8 Lè foul la te wè sa, yo te etonnen, e yo te [x]bay glwa a Bondye ki te bay otorite konsa a lèzòm.

9 [y]Lè Jésus te kite kote sa a, Li te wè yon nonm yo rele Matthieu ki te chita nan biwo kontribisyon an. Li te di l: **"Swiv Mwen!"** Epi li te leve e te swiv Li. 10 Li vin rive pandan Li te sou tab nan kay la,

---

[a] **8:11** És 49:12 [b] **8:12** Mat 13:38 [c] **8:12** Mat 22:13 [d] **8:13** Mat 9:22,29 [e] **8:14** Mc 1:29-34
[f] **8:16** Mat 4:24 [g] **8:16** Mat 4:23 [h] **8:17** És 53:4 [i] **8:18** Mc 4:35 [j] **8:19** Luc 9:57-60
[k] **8:20** Dan 7:13 [l] **8:22** Mat 9:9 [m] **8:23** Mc 4:36-41 [n] **8:26** Mat 6:30 [o] **8:28** Mc 5:1-17
[p] **8:29** Jij 11:12 [q] **8:33** Mat 4:24 [r] **8:34** Am 7:12 [s] **9:1** Mat 4:13 [t] **9:2** Mc 2:3-12 [u] **9:3** Mc 3:28-29
[v] **9:4** Mat 12:25 [w] **9:5** Mat 9:2,6 [x] **9:8** Mat 5:16 [y] **9:9** Mc 2:14-22

ke anpil ouvriye travay Kontribisyon an, avèk anpil pechè t ap manje avèk Jésus ak disip Li yo. **11** Lè Farizyen yo te wè sa, yo te di a disip Li yo: [a]"Poukisa Mèt nou ap manje avèk moun kontribisyon ak pechè sa yo?"

12 Men, lè Jésus tande sa, Li te di: **"Se pa** [b]**sila ki ansante yo ki bezwen yon doktè, men sila ki malad yo.** **13 Men ale konprann kisa sa vle di:** [c]**'Mwen dezire mizerikòd, pa sakrifis', paske mwen pa t vini pou rele jis yo, men pechè yo."**

14 Apre sa, disip a Jean yo [d]te vini mande L: "Poukisa nou menm avèk Farizyen yo fè jèn, men disip Ou yo pa fè l?"

15 Jésus di yo konsa: **"Èske moun k ap fete avèk mesye maryaj la kapab tris pandan mesye a toujou la? Men jou yo ap vini lè mesye a p ap la ankò e nan tan sa a, yo va fè jèn. 16 Men pèsòn pa pyese yon vye rad avèk yon twal nèf dekwa ke twal nèf la pa vin chire lè l ap ratresi pou chire rad la pi mal. 17 Ni moun pa mete diven nèf nan po kwi ansyen, sinon po a ap fann, diven an va tonbe, e ansyen po a va gate. Men yo mete diven nèf nan po nèf pou tou de kapab konsève."**

18 [e]Pandan Li t ap pale konsa avèk yo, yon ofisye sinagòg la te vin bese devan Li e te di L: "Fi mwen an apèn fin mouri, men si ou vin mete men ou sou li, l ap viv."

19 Jésus te leve e te swiv li ansanm avèk tout disip Li yo. **20** Konsa, yon fanm ki te soufri yon maladi pèt de san depi douz ane te parèt pa dèyè Li, e te touche [f]rebò vètman Li; **21** paske li t ap di nan tèt li: "Si sèlman mwen kapab [g]touche rebò vètman Li, m ap geri."

22 Men Jésus te vire wè li e te di li: **"Fi mwen, pran kouraj,** [h]**fwa ou gen tan fè ou geri."** Lapoula, fanm nan te gen tan geri.

23 Konsa, lè Jésus te rive lakay ofisye a, Li te wè [i]moun ki t ap jwe flit avèk yon foul ki t ap fè anpil bwi avèk dezòd. **24** Li te di: **"Fè yon ti deplase; fi a** [j]**pa mouri, men se dòmi, l ap dòmi."**

Epi yo te kòmanse ri sou Li. **25** Men [k]lè foul la te soti deyò, Li te antre, [l]pran men li, e fi a te vin leve. **26** [m]Nouvèl sa a te kouri toupatou nan peyi a.

27 Lè Jésus te rive pi lwen, de moun avèg t ap swiv Li. Konsa, yo t ap kriye: "Fè nou gras [n]Fis a David la!" **28** Lè L te fin antre nan kay la, yo te vin kote L. Li te mande yo: **"Èske nou kwè ke Mwen kapab fè sa?"**

Yo te reponn Li: "Wi, Senyè".

29 Li te touche zye yo e te di: **"Ke sa fèt** [o]**selon lafwa nou."** **30** Epi zye yo te vin louvri. Jésus [p]te pale ak yo sevèman: **"Gade byen, pa kite pèsòn konnen bagay sa a."** **31** Men yo te ale deyò e [q]te gaye nouvèl la toupatou nan peyi a.

32 E pandan yo t ap soti deyò, konsa, yo te pote bay Li [r]yon moun bèbè avèk yon move lespri. **33** Lè Li fin jete move lespri a, bèbè a vin pale. Tout foul la te byen etone. Yo te di: [s]"Nou pa janm wè anyen parèy a sa an Israël."

34 Men Farizyen yo t ap di: [t]"Li chase move lespri yo pa pouvwa a mèt move lespri yo."

35 Jésus t ap prale toupatou nan tout vil ak tout bouk yo. Li t ap [u]enstwi nan sinagòg yo pou pwoklame bòn nouvèl wayòm nan, e Li t ap geri tout kalite maladi ak pwoblèm fizik. **36** Epi lè Li wè tout foul moun yo, Li te gen konpasyon pou yo, [v]paske yo te dezole e dekouraje tankou mouton ki san gadò. **37** Konsa Li di a disip Li yo: [w]**"Rekòlt la anpil, men ouvriye yo manke. 38 Pou sa, sipliye Senyè rekòlt la pou voye ouvriye nan rekòlt Li a."**

10 Jésus te rele douz disip li yo. Li te bay yo pouvwa sou move lespri yo, pou chase yo deyò, e pou geri tout kalite enfimite avèk maladi. [x]**2** [y]Alò, non a douz apot yo te konsa: Premye a, Simon, ke yo rele Pierre, André, frè li, Jacques, fis a Zébédée, Jean, frè li, **3** [z]Philippe ak Barthélémy; Thomas ak Matthieu ki te kolektè kontribisyon an,

---

[a] **9:11** Mat 11:19   [b] **9:12** Mc 2:17   [c] **9:13** Os 6:6   [d] **9:14** Luc 18:12   [e] **9:18** Mc 5:22-43
[f] **9:20** Nonb 15:38   [g] **9:21** Mat 14:36   [h] **9:22** Mat 9:29   [i] **9:23** II Kwo 35:25   [j] **9:24** Jn 11:13
[k] **9:25** Trav 9:40   [l] **9:25** Mc 9:27   [m] **9:26** Mat 4:24   [n] **9:27** Mat 1:1   [o] **9:29** Mat 8:13   [p] **9:30** Mat 8:4
[q] **9:31** Mat 4:24   [r] **9:32** Mat 12:22,24   [s] **9:33** Mc 2:12   [t] **9:34** Mat 12:24   [u] **9:35** Mat 4:23
[v] **9:36** Nonb 27:17   [w] **9:37** Luc 10:2   [x] **10:1** Mc 3:13-15   [y] **10:2** Mc 3:16-19   [z] **10:3** Jn 1:4; Jn 11:16

Jacques, fis Alphée a, ak Thaddée; ⁴ Simon, Zelòt la ak ᵃJudas Iscariot, sila ki te trayi Jésus a.

⁵ Douz sila yo Jésus te voye lè Li te fin enstwi yo konsa: **"Pa antre nan chemen payen yo, ni pa antre nan okenn vil ki pou ᵇSamariten yo,** ⁶ **Men pito ale vè ᶜmouton ki pèdi lakay Israël yo.** ⁷ **Pandan n ap prale, preche epi di:** ᵈ**'Wayòm syèl la prèt pou rive.'** ⁸ **Geri malad yo, leve mò yo, pirifye lepre yo, chase move lespri yo. Nou te resevwa gratis, nou mèt bay gratis.** ⁹ ᵉ**Nou pa pou pran ni lò, ni lajan ni kwiv pou mete nan bous senti nou,** ¹⁰ **Ni yon sak pou vwayaj nou, pa menm de chemiz, ni sapat, ni baton; paske yon ᶠouvriye merite soutyen li.**

¹¹ **"Nan nenpòt vil oubyen bouk ke nou antre, mande kilès ki gen merit nan li, epi ak li pou nou rete jis lè nou kite vil sa a.** ¹² **Pandan n ap antre nan kay la, ᵍbay li salitasyon nou.** ¹³ **Epi si kay la gen merit, ke benediksyon lapè nou rete sou li, men si li pa gen merit, ke benediksyon lapè nou retounen sou nou.** ¹⁴ **Nenpòt moun ki pa resevwa nou, ni pa okipe pawòl nou, lè nou kite kay sa a, oubyen vil sa a, ʰsouke pye nou pou pousyè li pa rete.** ¹⁵ **Anverite Mwen di nou, ⁱl ap pi tolerab pou peyi Sodome ak Gomorrhe nan jou jijman an pase vil sa a."**

¹⁶ ʲ**Veye byen, Mwen voye nou tankou mouton nan mitan lou. Konsa, se pou nou saj kon sèpan, men inosan kon toutrèl.**

¹⁷ **Men veye lèzòm, y ap livre nou devan ᵏtribinal yo, e y ap bat nou ak fwèt nan sinagòg yo.** ¹⁸ **Konsa, y ap menm fè nou vini devan ofisye ak wa yo pou non Mwen, kon yon temwayaj de yo menm ak lòt nasyon yo.** ¹⁹ ˡ**Men lè yo livre nou nan men yo, pa enkyete pou sa n ap di; paske nou va resevwa nan lè sa, sa nou gen pou nou pale.**

²⁰ **Paske** ᵐ**se pa nou menm k ap pale, men se Lespri Papa nou an k ap pale nan nou.**

²¹ ⁿ**Frè va livre frè l a lanmò, e papa va livre Pitit li. Zanfan yo ap leve kont paran yo e fè mete yo a lanmò.** ²² ᵒ**Nou va rayi pa tout moun akoz non Mwen, men sila ki reziste jiska lafen an ap sove.**

²³ **Men nenpòt lè ke yo pèsekite nou nan yon vil, sove ale nan yon lòt. Paske anverite Mwen di nou, nou p ap gen tan fin pase nan tout vil Israël yo,** ᵖ**pou lè Fis a Lòm nan vini.**

²⁴ ᑫ**Yon disip pa pi wo pase enstriktè li, ni yon esklav pase mèt li.** ²⁵ **Se kont pou yon disip pou li vini menm jan avèk enstriktè li, e yon esklav menm jan ak mèt li. Si yo rele mèt kay la** ʳ**Béelzébul, konbyen anplis pou yo kalomye manm kay li yo!** ²⁶ **Pou sa, pa pè yo;** ˢ**paske pa gen anyen ki kouvri ki p ap dekouvri, e kache ki p ap revele.** ²⁷ ᵗ**Sa ke Mwen di nou nan tenèb, pale li nan plen limyè, e sa ke nou tande yo chikote nan zòrèy nou, pwoklame li sou twati kay la.** ²⁸ **Epi pa pè sa ki kapab touye kò a men ki pa ka touye nanm nan. Men pito** ᵘ**pè sila ki kapab detwi ni nanm nan, ni kò a nan lanfè.**

²⁹ ᵛ**Èske yo pa vann de zwazo pou yon santim? Malgre sa, pa gen youn nan yo k ap tonbe atè san ke Papa nou pa konnen.** ³⁰ **Men** ʷ**menm chak ti grenn cheve nan tèt nou gen tan kontwole.** ³¹ **Konsa, nou pa bezwen pè. Nou** ˣ**gen bokou plis valè pase anpil zwazo.** ³² **Pou sa, tout moun ki konfese M devan lòm, Mwen menm osi, M ap konfese l devan Papa m ki nan syèl la.** ³³ **Men** ʸ**nenpòt moun ki renye m devan lòm, M ap renye l devan papa M ki nan syèl la.**

³⁴ ᶻ**Pa sipoze ke Mwen vini pou pote lapè sou latè. Mwen pa t vini pou pote lapè, men nepe.** ³⁵ **Mwen te vini pou** ᵃ**mete yon nonm kont papa li, yon fi

---

ᵃ **10:4** Mat 26:14   ᵇ **10:5** II Wa 17:24   ᶜ **10:6** Mat 15:24   ᵈ **10:7** Mat 3:2   ᵉ **10:9** Luc 22:35
ᶠ **10:10** I Kor 9:14   ᵍ **10:12** I Sam 25:6   ʰ **10:14** Trav 15:21   ⁱ **10:15** Mat 11:22,24   ʲ **10:16** Luc 10:3
ᵏ **10:17** Mat 5:22   ˡ **10:19** Mc 13:11-13   ᵐ **10:20** Luc 12:12   ⁿ **10:21** Mat 10:35,36   ᵒ **10:22** Mat 24:9
ᵖ **10:23** Mat 16:27   ᑫ **10:24** Luc 6:40   ʳ **10:25** II Wa 1:2   ˢ **10:26** Mc 4:22   ᵗ **10:27** Luc 12:3
ᵘ **10:28** Eb 10:31   ᵛ **10:29** Luc 12:6   ʷ **10:30** I Sam 14:45   ˣ **10:31** Mat 12:12   ʸ **10:33** Mc 8:38
ᶻ **10:34** Luc 12:51-55   ᵃ **10:35** Mi 7:6

kont manman li, e yon bèlfi kont bèlmè Li. 36 Epi ªlènmi a yon nonm ap manm a pwòp kay li. 37 ᵇSila ki renmen papa li oubyen manman li plis ke Mwen, li pa dign de Mwen; e sila ki renmen fis li, oubyen fi li plis ke Mwen, li pa dign de Mwen. 38 Epi ᶜsila ki pa pran kwa li pou swiv Mwen, li pa merite Mwen. 39 ᵈSila k ap konsève lavi li, li va pèdi li; men sila ki pèdi vi li pou Mwen, l ap twouve li.

40 Sila ki resevwa nou menm, resevwa M; e ᵉsi la ki resevwa Mwen, resevwa Sila ki te voye Mwen an. 41 ᶠSila ki resevwa yon pwofèt nan non a yon pwofèt ap resevwa rekonpans a yon pwofèt. Epi li ki resevwa yon nonm ladwati nan non a yon nonm ladwati, va resevwa rekonpans la a yon nonm dwat. 42 Nenpòt moun ki nan non a yon disip, bay youn nan pitit sa yo menm yon tas dlo frèt pou bwe; anverite, Mwen di nou li pa p pèdi rekonpans li.

11 ᵍLè Jésus te fin bay enstriksyon a douz disip Li yo, Li te kite kote sa a pou enstwi e preche nan vil pa yo.

2 ʰAlò, lè Jean, depi nan prizon an, te tande tout zèv ke Kris la t ap fè yo. Konsa, li te voye yon mesaj pa disip Li yo. 3 Li te mande L: "Èske Ou se ⁱSila ke nou t ap tann nan, oubyen èske nou bezwen tann yon lòt?"

4 Jésus te reponn yo e te di: "Ale fè rapò a Jean selon tout sa nou tande e wè: 5 ʲAvèg yo vin wè, sila ki t ap bwate yo vin mache dwat, lepre yo vin pirifye, soud yo vin tande, mò yo vin resisite, e malere yo tande bòn nouvèl la. 6 Beni se sila ki ᵏpa chite akoz Mwen menm nan."

7 Pandan mesye sa yo, disip a Jean Baptiste yo t ap prale, Jésus te kòmanse pale avèk foul la konsènan Jean: "Kisa nou te ˡale wè nan savann nan? Yon wozo ki souke pa van? 8 Men kisa nou te ale wè? Yon nonm abiye ak rad ki swa? Sila ki mete rad swa yo rete nan palè a wa yo. 9 Men kisa nou te sòti pou wè? ᵐYon pwofèt? Wi, Mwen di nou e se youn ki plis ke yon pwofèt. 10 Se selon sila menm ke pwofèt yo te ekri: ⁿGade byen! Mwen voye mesaje Mwen an devan fas nou, ki va prepare chemen an devan nou." 11 Anverite Mwen di nou, pami sila ki fèt pa fanm yo, pa janm leve youn ki pi gran ke Jean Baptiste; malgre sa, sila ki pi piti nan wayòm syèl la, pi gran pase li. 12 ºDepi jou a Jean Baptiste yo jis rive kounye a, wayòm syèl la ap soufri vyolans, e lòm vyolan yo pran li pa lafòs. 13 Paske tout pwofèt yo ansanm ak Lalwa a te pwofetize jiska Jean. 14 Konsa, si nou kapab aksepte l, se li menm ki ᵖElie, sila ki te genyen pou vini an. 15 ᵠSila ki gen zòrèy pou tande, kite l tande.

16 "Men a kisa Mwen kapab konpare jenerasyon sila a? Li tankou timoun ki chita nan mache a, k ap rele lòt timoun 17 pou di: 'Nou te jwe flit pou nou, e nou pa t danse. Nou te chante yon antèman, e nou pa t kriye'. 18 Paske Jean te vini san manje ni ʳbwè, e yo di: ˢ'Li gen yon move lespri'! 19 Men Fis a Lòm nan te vini avèk manje e avèk bwè, e yo di: ᵗ"Gade, li manje twòp, li bwè twòp, e li fè zanmi avèk moun biwo kontribisyon an, ak pechè yo!' Men sajès la toujou jistifye pa zanfan li yo."

20 Li te kòmanse repwoche vil kote pi fò ᵘmirak yo te fèt yo, paske yo pa t repanti. 21 ᵛMalè a ou menm, Chorazin! Malè a ou menm, Bethsaïda! Si mirak ki te fèt nan nou yo, te fèt nan Tyr ak Sidon, yo t ap gen tan repanti lontan avèk rad sak ak sann. 22 Malgre sa Mwen di nou, l ap pi tolerab pou Tir ak Sidon nan ʷjou jijman an pase pou nou menm. 23 Epi nou menm, ˣCapernaüm; nou p ap monte nan syèl la! Nou konnen sa? Nou ap ʸdesann nan Lanfè. Paske si mirak ki te fèt nan nou yo, te fèt

---

ᵃ **10:36** Mi 7:6   ᵇ **10:37** Det 33:9   ᶜ **10:38** Mat 16:24   ᵈ **10:39** Mat 16:25   ᵉ **10:40** Mc 9:37
ᶠ **10:41** Mat 25:44-45   ᵍ **11:1** Mat 7:28   ʰ **11:2** Mat 4:12   ⁱ **11:3** Sòm 118:26   ʲ **11:5** És 35:5   ᵏ **11:6** Mat 5:29   ˡ **11:7** Mat 3:1   ᵐ **11:9** Mat 14:5   ⁿ **11:10** Mal 3:1   º **11:12** Luc 16:16
ᵖ **11:14** Mal 4:5   ᵠ **11:15** Mat 13:9,43   ʳ **11:18** Luc 1:15   ˢ **11:18** Mat 9:34   ᵗ **11:19** Mat 9:11
ᵘ **11:20** Luc 10:13-15   ᵛ **11:21** Luc 10:13-15   ʷ **11:22** Mat 10:15   ˣ **11:23** Mat 4:13   ʸ **11:23** És 14:13-15

nan Sodome; yo ta toujou la jodi a.
²⁴ Malgre sa, Mwen di nou ke ᵃli va pi tolerab pou peyi Sodome nan jou jijman an pase pou nou menm.

²⁵ ᵇ Nan lè sa a, Jésus te reponn. Li te di: "Mwen bay Ou glwa, O Papa, Senyè syèl la ak tè a, ke Ou kache bagay sa yo pou saj avèk entèlijan yo pa wè, e Ou te montre yo menm a zanfan yo. ²⁶ Wi ᶜPapa, konsa sa te fè plezi nan zye Ou. ²⁷ Papa M ᵈfin lonje ban Mwen tout bagay. Pèsòn pa konnen Fis la, sof Papa a; ni pèsòn pa konnen Papa a, sof ke Fis La, ak nenpòt moun ke Fis La vle revele Li menm.

²⁸ ᵉ"Vini a Mwen menm, tout sila yo ki fatige, k ap pote chaj lou, e M ap bannou repo. Aprann de Mwen menm; paske Mwen dous e enb nan kè, e Mwen va bay nou repo. ²⁹ Pran jouk mwen sou nou, e vin ᶠaprann de Mwen menm, paske Mwen dous e enb nan kè; e ᵍnou va jwenn repo pou nanm nou. ³⁰ Paske ʰjouk Mwen an dous, e chaj Mwen an lejè."

12 Nan lè sa a, Jésus te pase nan chan sereyal yo nan jou Saba a e disip Li yo te vin grangou. Yo te kòmanse keyi tèt grenn sereyal pou manje yo. ² Men lè Farizyen yo te wè sa, yo te di Li: "Gade, disip Ou yo fè sa ki ⁱpa pèmi nan yon jou Saba."

³ Men Li te di yo: **"Èske nou pa li sa ke David te fè lè li te vin grangou; li menm avèk lòt moun ki te avè l yo?** ⁴ **Jan li te antre nan kay Bondye a, e** ʲ**te manje pen ki te konsakre ki pa t pèmi pou li ta manje, ni pou sa yo ki te avè l yo, men te sèlman pou prèt yo?** ⁵ **Oubyen èske nou pa t li nan Lalwa a ke nan jou Saba a, prèt yo nan tanp lan te konn vyole Saba a men rete inosan?** ⁶ **Men Mwen di nou ke yon choz** ᵏ**pi gran pase tanp lan isit la.** ⁷ **Men si nou te konnen kisa sa vle di:** ˡ**'Mwen dezire mizerikòd olye sakrifis', nou pa t ap kondane inosan yo.** ⁸ **Paske** ᵐ**Fis a Lòm nan se Senyè Saba a."**

⁹ Konsa, Li te ⁿkite la e te ale nan sinagòg yo. ¹⁰ Epi vwala, te gen yon mesye avèk yon men ki sèch. Farizyen yo te mande L: ᵒ"Èske li pèmi pou geri nan jou Saba a?" Yo te mande sa a pou yo ta kapab akize Li.

¹¹ Li te reponn yo: ᵖ**"Ki moun nan sila ki pami nou yo, si li te gen yon mouton ki tonbe nan yon twou nan Saba a, pa t ap lonje pran l e fè l sòti nan twou a?** ¹² ᵠ**Konbyen plis valè a yon moun pase yon mouton? Ebyen, li pèmi pou fè sa ki bon nan Saba a."** ¹³ Konsa, Li di mesye a: **"Lonje men ou!"** ʳLi te lonje li, e li te retounen nòmal tankou lòt la. ¹⁴ Men Farizyen yo te soti deyò, pou ˢfè konplo ansanm kont Li, sou kijan yo ta kapab detwi L.

¹⁵ Men Jésus te vin konnen tout sa, e Li te retire kò l. Anpil moun te swiv Li, e ᵗLi te geri yo tout. ¹⁶ Epi Li te ᵘpase lòd pou yo pa fè pèsòn konnen ki moun Li te ye. ¹⁷ Sa te fèt pou akonpli sa ki te pale pa pwofèt Ésaïe a lè li te di:

¹⁸ ᵛ"Gade sèvitè Mwen ke Mwen
 te chwazi a;
ʷbyeneme Mwen ki fè nanm Mwen
 byen kontan an.
M ap mete lespri Mwen sou Li,
e Li va pwoklame jistis a payen yo.
¹⁹ ˣLi p ap diskite, ni kriye;
ni pèsòn p ap tande vwa Li nan lari.
²⁰ ʸYon wozo brize, Li p ap kase,
e yon fisèl bouji k ap toufe,
Li p ap tenyen,
jouk lè Li mennen jistis la rive
 nan viktwa a.
²¹ ᶻNan Non Pa Li, payen yo ap
 gen espwa."

²² ᵃApre sa, yo te pote bay Li yon mesye ki te avèg e bèbè akoz yon move lespri. Li te geri li, e bèbè a te vin pale e li te vin wè. ²³ Tout foul la te etone, e te kòmanse di:

ᵃ **11:24** Mat 10:15 ᵇ **11:25** Luc 10:21 ᶜ **11:26** Luc 22:42 ᵈ **11:27** Mat 28:18 ᵉ **11:28** Jr 31:25 ᶠ **11:29** Jn 13:15 ᵍ **11:29** Jr 6:16 ʰ **11:30** I Jn 5:3 ⁱ **12:2** Mat 12:10 ʲ **12:4** I Sam 2:16 ᵏ **12:6** II Kwo 6:18 ˡ **12:7** I Sam 6:6 ᵐ **12:8** Mat 8:20 ⁿ **12:9** Mc 3:1-6 ᵒ **12:10** Mat 12:2 ᵖ **12:11** Luc 14:5 ᵠ **12:12** Mat 10:31 ʳ **12:13** Mat 8:3 ˢ **12:14** Mat 26:4 ᵗ **12:15** Mat 4:23 ᵘ **12:16** Mat 8:4 ᵛ **12:18** És 42:1 ʷ **12:18** Mat 3:17 ˣ **12:19** És 42:2 ʸ **12:20** És 42:3 ᶻ **12:21** Wo 15:2 ᵃ **12:22** Mat 9:32,34

"Èske se posib ke moun sa a kapab ªFis a David?" ²⁴ Men lè Farizyen yo tande sa, yo te di: "Mesye sa ap ᵇchase move lespri sa yo pa Béelzébul ki mèt a tout move lespri yo."

²⁵ ᶜLi te konnen panse yo, e Li te di yo: "Nenpòt wayòm ki divize kont pwòp tèt li va gaye; e nenpòt vil oswa kay ki divize kont pwòp tèt li p ap kanpe. ²⁶ Si se ᵈSatan k ap jete Satan, li divize kont pwòp tèt li. Konsa kijan wayòm li va kanpe? ²⁷ Epi si Mwen menm ᵉpa fòs Béelzébul, chase move lespri yo, pa kilès fis nou yo ap jete yo? Pou rezon sa a, se yo menm k ap jije nou. ²⁸ Men ᶠsi Mwen chase move lespri yo pa Lespri Bondye a, wayòm Bondye a gen tan vini sou nou. ²⁹ Oubyen kijan yon moun kapab antre nan kay a nonm fò, pou pran tout byen li, sof ke premyèman li mare nonm fò a? Lè l fini, l ap piyaje kay la.

³⁰ ᵍ"Sila ki pa pou Mwen an, kont Mwen; e sila ki pa ranmase avèk M nan ap gaye. ³¹ ʰPou sa, Mwen di nou, nenpòt peche, menm blasfèm kapab padone; men blasfèm kont Lespri Sen an p ap kapab padone. ³² ⁱNenpòt moun ki pale yon mo kont Fis a Lòm nan, l ap padone; men nenpòt moun ki pale yon mo kont Lespri Sen an, sa p ap padone, ni nan ʲlaj sila a ni nan laj k ap vini an.

³³ "Swa pyebwa a bon, e fwi li bon; oubyen pyebwa a pouri e fwi li pouri. ᵏPyebwa a rekonèt pa fwi ke li bay. ³⁴ ˡNou menm nich vipè, jan nou mechan; kijan nou sipoze nou kapab pale sa ki bon? Se bouch la ki pale tout sa ki plen kè a. ³⁵ ᵐBon moun nan fè sòti nan bon trezò li, sa ki bon; e move moun nan fè sòti nan move trezò li, sa ki mal. ³⁶ Epi Mwen di nou ke nan ⁿjou jijman an, moun ap rann kont pou chak ti mo ke yo pale anven. ³⁷ Paske pa pawòl nou, nou va jistifye; e pa pawòl nou, nou va kondane."

³⁸ Kèk nan Skrib ak Farizyen yo te reponn li konsa: ᵒ"Mèt, nou vle wè yon sign de Ou menm".

³⁹ Men li te reponn yo konsa: ᵖ"Yon jenerasyon mechan ak adiltè vle yon sign; men pa gen yon sign ke n ap bay sof ke sign ki pou pwofèt Jonas la. ⁴⁰ Menm jan ke ᵠJonas te pase twa jou ak twa nwit nan vant gwo pwason an, konsa Fis a Lòm nan ap pase ʳtwa jou ak twa nwit nan kè latè. ⁴¹ Moun Niniv ap kanpe avèk jenerasyon sila a nan jijman e kondane li, paske ˢyo te repanti lè Jonas te preche yo. Epi veye byen, yon bagay pi gran pase Jonas gen tan rive isit la. ⁴² ᵗRèn nan Sid la ap leve avèk jenerasyon sila a nan jijman e kondane li, paske li te sòti nan dènye ekstremite latè pou tande sajès Salomon; epi veye byen, yon choz pi gran pase Salomon gen tan rive isit la.

⁴³ ᵘ"Alò, lè yon move lespri kite yon nonm, li pase nan zòn sèk san dlo pou chache repo, men li pa jwenn. ⁴⁴ Konsa li di: M ap retounen lakay kote mwen te sòti a. Lè li vini li twouve li vid, bale e ranje nan lòd. ⁴⁵ Konsa l ale chache sèt lòt espri pi mal ke li. Yo antre la pou viv avè l, epi ᵛdènye eta a moun sa a pi mal pase premye a. Se konsa l ap ye avèk jenerasyon mechan sila a."

⁴⁶ ʷPandan Li te toujou ap pale avèk foul la, konsa, manman L avèk frè Li yo te vin parèt pa deyò akoz yo te vle pale avèk Li. ⁴⁷ Yon moun te di li: "Gade, manman Ou avèk frè Ou yo kanpe deyò a pou pale avèk ou!"

⁴⁸ Men Li te reponn sila ki te pale avèk Li pou di l: "Kilès ki manman M? E kilès ki frè M?" ⁴⁹ Konsa, byen lonje men L vè disip Li yo, Li te di: "Gade manman M ak frè Mwen yo. ⁵⁰ Paske sila ki fè volonte a Papa M ki nan syèl la, se li menm ki frè M, sè M, ak manman M."

13 Nan jou sa a, Jésus te sòti nan kay la e te chita ˣbò kote lanmè a. ² Yon gran foul te rasanble bò kote L, epi ʸLi te antre

---

ª **12:23** Mat 9:27   ᵇ **12:24** Mat 9:34   ᶜ **12:25** Mat 23:27   ᵈ **12:26** Mat 4:10   ᵉ **12:27** Trav 19:13
ᶠ **12:28** I Jn 3:8   ᵍ **12:30** Mc 9:40   ʰ **12:31** Luc 12:10   ⁱ **12:32** Luc 12:10   ʲ **12:32** Mat 13:22,39
ᵏ **12:33** Mat 7:16-18   ˡ **12:34** Mat 3:7   ᵐ **12:35** Pwov 10:20,21   ⁿ **12:36** Mat 10:15   ᵒ **12:38** Mat 16:1
ᵖ **12:39** Mat 16:4   ᵠ **12:40** Jon 1:17   ʳ **12:40** Mat 16:21   ˢ **12:41** Jon 3:5   ᵗ **12:42** I Wa 10:1
ᵘ **12:43** Luc 11:24-26   ᵛ **12:45** Mc 5:9   ʷ **12:46** Mc 3:31-35   ˣ **13:1** Mc 2:13   ʸ **13:2** Luc 5:3

Matthïeu 13:3–30

chita nan yon kannòt. Foul la te kanpe arebò lanmè a. ³ Li te pale anpil bagay avèk yo an ªparabòl konsa: "Gade byen, yon moun ki t ap plante, te ale deyò pou simen grenn. ⁴ Pandan li t ap simen, kèk grenn te tonbe akote wout la, e zwazo te vin manje yo. ⁵ Gen lòt ki te tonbe kote ki plen wòch kote te manke tè, epi yo te leve byen vit pwiske tè a te manke pwofondè. ⁶ Men lè solèy la vin leve, yo te vin sèch; akoz ke yo te manke rasin, yo te vin fennen. ⁷ Lòt te tonbe pami pikan e pikan yo te leve toufe yo. ⁸ Lòt te tonbe nan bon tè kote yo te bay yon bon rekòlt; kèk miltipliye ᵇsan fwa, kèk swasant fwa, e kèk trant fwa. ⁹ ᶜSila ki gen zòrèy la, kite li tande."

¹⁰ Disip Li yo te vin kote L e te mande: "Poukisa ou pale avèk yo an parabòl konsa?"

¹¹ Li te reponn yo: ᵈ"A nou menm, li pèmèt pou nou konnen sekrè a wayòm syèl la, men pou yo menm, sa poko pèmèt. ¹² ᵉPaske pou nenpòt moun ki genyen, l ap vin resevwa plis, e l ap gen an abondans; men pou nenpòt moun ki pa genyen, menm sa li genyen an ap retire nan men l. ¹³ Se pou sa Mwen pale ak yo an parabòl; paske pandan y ap ᶠgade yo pap wè, e pandan y ap tande yo pap koute, ni yo p ap konprann. ¹⁴ Se nan yo menm, ke pwofesi Ésaïe a ap akonpli lè l di:

ᵍ'Nou va kontinye tande, men nou p ap konprann;
nou va kontinye gade, men nap manke apèsi.
¹⁵ ʰPaske kè a pèp sa a pa sansib ankò.
Avèk zòrèy yo manke tande e yo fèmen zye yo;
otreman yo ta wè avèk zye yo, tande avèk zòrèy yo,
konprann avèk kè yo, e retounen pou M ta kapab geri yo.'

¹⁶ ⁱ"Men beni se zye pa nou paske yo wè; e zòrèy nou paske yo tande. ¹⁷ Anverite, Mwen di nou ke ʲanpil pwofèt ak moun ladwati te vle wè sa ke nou menm wè a, men yo pa t janm wè; e pou tande sa ke nou tande a, men yo pa t tande l.

¹⁸ "Pou sa, ᵏtande parabòl moun ki t ap simen an. ¹⁹ Lè nenpòt moun tande ˡpawòl wayòm nan e li pa konprann li, mechan an (Satan) vini rache sa ki te plante nan kè li a. Sa se grenn ki te simen akote wout la. ²⁰ Sa ki te simen nan wòch yo se moun ki tande pawòl la e imedyatman li resevwa l avèk jwa; ²¹ men li pa gen rasin pou kont li, e li dire sèlman pou yon moman. Lè gen afliksyon avèk pèsekisyon akoz pawòl la, byen vit ᵐli chite. ²² Epi sila ki te simen pami pikan yo se moun ki tande pawòl la, men tout pwoblèm mond sa a, avèk ⁿsediksyon richès yo toufe pawòl la, e li pa donnen fwi. ²³ Konsa, sila ki te gen grenn ki tonbe nan bon tè a, se moun ki tande pawòl la e ki konprann li. Li vrèman pote fwi ki pwodwi pafwa, ᵒsan fwa, pafwa swasant fwa, e pafwa trant fwa sa li te simen an."

²⁴ Jésus te bay yo yon lòt parabòl. Li te di: ᵖ"Wayòm syèl la se kon yon nonm ki simen bon semans nan chan li. ²⁵ Men pandan ouvriye li yo t ap dòmi, lènmi li yo te vin simen zèb pikan pami ble a, e ale. ²⁶ Men lè ble a te vin leve e fòme tèt grenn, zèb pikan yo te parèt tou. ²⁷ Epi esklav a mèt tè yo te vin di l: 'Mèt, èske nou pa t simen bon semans nan chan ou an? Kijan konsa li vin plen avèk zèb pikan sa yo.'

²⁸ "Epi Li te di yo: 'Yon lènmi te fè sa!' E esklav yo te di li: 'Ou pa vle nou ale ranmase yo?'

²⁹ "Men li te di yo: 'Non, paske pandan nou ap ranmase zèb pikan yo, nou kab derasinen ble a tou. ³⁰ Kite toulède grandi ansanm jouk rekòlt la rive. Nan tan rekòlt la, mwen va di ouvriye yo, premyèman, ranmase zèb pikan yo, mare yo nan pake e brile yo. Men ᑫranmase ble a pou mete li nan depo mwen.'"

ª **13:3** Mat 13:10   ᵇ **13:8** Jen 26:12   ᶜ **13:9** Mat 11:15   ᵈ **13:11** Mat 19:11   ᵉ **13:12** Mat 25:29
ᶠ **13:13** Det 29:4   ᵍ **13:14** És 16:9   ʰ **13:15** És 6:10   ⁱ **13:16** Mat 16:17   ʲ **13:17** Jn 8:56
ᵏ **13:18** Mc 4:13-20   ˡ **13:19** Mat 4:23   ᵐ **13:21** Mat 11:6   ⁿ **13:22** Mat 19:23   ᵒ **13:23** Mat 13:8
ᵖ **13:24** Mat 13:31,33,45,47   ᑫ **13:30** Mat 3:12

31 Li te pale yon lòt parabòl a yo menm. Li te di: [a]"Wayòm syèl la tankou yon grenn moutad ke yon nonm te pran pou simen nan jaden li. **32** Malgre grenn sa a pi piti pase tout lòt grenn yo, lè li vin grandi, li pi gran pase tout lòt plant nan jaden an, e te vin fè yon pyebwa kote tout zwazo ki vole anlè vin [b]fè nich nan branch li yo."

33 Li pale yon lòt parabòl a yo menm konsa: [c]"Wayòm syèl la tankou ledven ke yon fanm te pran pou sere nan twa mezi farin jiskaske tout vin leve."

34 Tout bagay sa yo, Jésus te pale a foul la an parabòl, epi Li pa t pale avèk yo [d]san parabòl. **35** Se te pou akonpli sa ki te pale pa pwofèt yo lè yo te di: [e]

"Mwen va ouvri bouch Mwen
    an parabòl;
Mwen va eksprime sekrè ki kache
    depi fondasyon mond sa a."

36 Apre sa, Li kite foul la e Li te ale nan [f]kay la. Disip Li yo te vin kote l pou di: [g]"Eksplike nou parabòl konsènan zèb pikan nan chan an."

37 Li te di: "Sila a ki simen bon semans lan se [h]Fis a Lòm nan. **38** Chan an se lemonn, e bon semans lan, se sila yo ki [i]fis a wayòm nan. Zèb pikan yo se sila yo ki [j]fis a mechan an. **39** Epi lènmi ki te simen move grenn nan se Satan. Rekòlt la se [k]fen tan yo, epi ouvriye yo se zanj yo. **40** Pou sa, menm jan ke zèb pikan yo ranmase e brile avèk dife, konsa sa ap ye nan [l]fen tan yo. **41** [m]Fis a Lòm nan ap voye zanj li yo pou ranmase fè sòti nan wayòm Li an, tout obstak ki fè moun tonbe, avèk tout sila k ap fè mechanste. **42** [n]L ap jete yo nan founo dife a e nan plas sa a, [o]y ap kriye e y ap manje dan yo. **43** [p]Konsa, sila ki gen ladwati yo ap fè klè tankou solèy la nan wayòm Papa yo a. Sila ki gen zòrèy la, kite l tande.

44 "Wayòm syèl la tankou yon trezò ki te sere nan yon chan. Yon nonm te twouve li e te sere l ankò. Ranpli ak lajwa, li te kouri ale [q]vann tout sa li te posede, e te achte chan sa a.

45 "Ankò, [r]wayòm syèl la tankou yon machann k ap chèche bèl pèl. **46** Lè li twouve youn ki gen gran valè, li te ale vann tout sa li te posede pou te achte l.

47 "Ankò, [s]wayòm syèl la se yon filè ki voye nan lanmè pou ranmase tout kalite pwason. **48** Lè l fin ranpli, yo rale li atè. Yo te chita pou mete bon pwason nan yon veso, e te jete move yo. **49** Konsa sa ap ye nan [t]fen tan yo. Zanj yo ap tou parèt e y ap fè triyaj mechan yo pami jis yo. **50** Epi [u]y ap jete mechan yo nan founo dife a, kote y ap kriye e manje dan yo.

51 "Èske nou konprann tout bagay sa yo?"

Yo reponn Li: "Wi".

52 Epi Jésus te di yo: "Konsa, chak skrib ki vini yon disip a wayòm nan se tankou yon mèt kay ki fè vin parèt nan trezò li sa ki nèf ak sa ki vye."

53 [v]Lè Jésus te fini avèk parabòl sa yo, li kite la. **54** [w]Li rive nan vil pa Li a, e Li te [x]kòmanse preche nan sinagòg yo, jiskaske yo te etone te di: "Kote nonm sa a twouve sa jès sila a ak pouvwa fè mirak sa yo? **55** Se pa pitit a chapant la? Èske yo pa rele [y]manman L Marie, e frè li yo Jacques, Joseph, Simon ak Judas? **56** Epi [z]sè Li yo; èske yo tout pa avèk nou? Ebyen, kote nonm sa a twouve tout bagay sa yo?" **57** Konsa, yo te [a]pran ofans de Li.

Men Jésus te di yo: [b]"Yon pwofèt p ap janm manke respè sof ke nan pwòp vil li, ak nan pwòp kay li." **58** Li pa t fè anpil mirak la akoz ke yo pa t kwè.

14

[c]Nan lè sa a, Hérode, tetrak la, te tande nouvèl a Jésus. **2** Konsa, Li te di a sèvitè pa li yo: [d]"Se Jean Baptiste sa a ye. Li gen tan leve soti vivan nan lanmò. Se pou sa li kapab fè tout mirak sa yo." **3** Paske lè [e]Hérode te fè yo arete Jean, li te mare li e mete li nan prizon

---

[a] **13:31** Mat 13:24   [b] **13:32** Éz 17:23   [c] **13:33** Mat 13:24   [d] **13:34** Mc 4:34   [e] **13:35** Sòm 78:2
[f] **13:36** Mat 13:1   [g] **13:36** Mat 15:15   [h] **13:37** Mat 8:20   [i] **13:38** Mat 8:12   [j] **13:38** Jn 8:44
[k] **13:39** Mat 16:4   [l] **13:40** Mat 12:32   [m] **13:41** Mat 8:20   [n] **13:42** Mat 13:50   [o] **13:42** Mat 8:12
[p] **13:43** Dan 12:3   [q] **13:44** Mat 13:46   [r] **13:45** Mat 13:24   [s] **13:47** Mat 13:44   [t] **13:49** Mat 13:39,40
[u] **13:50** Mat 13:42   [v] **13:53** Mat 7:28   [w] **13:54** Mc 6:1-5   [x] **13:54** Mat 4:23   [y] **13:55** Mat 12:46
[z] **13:56** Mc 6:3   [a] **13:57** Mat 11:6   [b] **13:57** Mc 6:4   [c] **14:1** Mc 6:14-29   [d] **14:2** Mat 16:14
[e] **14:3** Mc 8:15

akoz Hérodias, madanm a frè li, Philippe. [4] Paske Jean t ap di li ke [a]li pa pèmèt pou l ta genyen l kon madanm. [5] Epi malgre ke Hérode te vle touye li, li te pè pèp la paske yo te konsidere li kon [b]yon pwofèt. [6] Men lè fèt nesans Hérode te rive, Pitit a Hérodias te vin danse devan yo, e [c]Hérode te trè kontan. [7] Konsa, li menm te sèmante pou bay li nenpòt sa ke li te mande li. [8] Akoz ke fi a te ankouraje pa manman l, li te di: "Ban m isit la menm sou yon plato, tèt a Jean Baptiste."

[9] Malgre sa te fè l tris, wa a te kòmande sa fèt akoz sèman an, e akoz tout vizitè ki te la avèk yo. [10] Li te voye fè yo koupe tèt a Jean nan prizon an. [11] Yo te pote tèt li sou yon plato e te bay fi a. Konsa, fi a te pote l bay manman l. [12] Disip li yo te vin pran kò a e te antere l. Apre, yo te ale bay rapò a Jésus. [13] [d]Lè Jésus tande sa, Li te retire kò L nan yon kannòt pou kont Li nan yon landwa izole. Lè foul la te tande sa, yo te sòti lavil la apye pou swiv Li.

[14] Lè L te debake atè, Li te wè yon gran foul. Li te gen konpasyon pou yo, e Li te [e]geri malad yo.

[15] Lè li te vin fènwa, disip yo te vin di Li: "Plas sa a dezète, e lè a gen tan depase. Konsa, voye foul la ale pou yo kapab rive nan bouk yo pou achte kèk manje."

[16] Men Jésus te di yo: **"Yo pa bezwen ale. Nou menm, bay yo manje!"**

[17] Yo te di Li: "Nou gen sèlman [f]senk pen ak de grenn pwason."

[18] Li te di: **"Pote yo ban Mwen!"** [19] Li te kòmande tout foul la chita atè. Li te pran senk pen avèk de pwason yo. Li te gade anwo nan syèl la, e te [g]beni manje a. Li te kase pen yo, Li te bay disip yo, epi disip yo te bay foul la. [20] Tout te manje e tout te byen satisfè. Yo te ranmase sa ki te rete nan mòso kase yo, e yo te rete douz [h]panyen byen plen. [21] Te gen anviwon senk-mil gason ki te manje san konte fanm avèk timoun.

[22] [i]Imedyatman, Li te fè disip yo antre nan kannòt la pou ale lòtbò a, pandan Li menm te voye foul la ale. [23] Apre li te voye foul la ale, [j]Li te monte mòn nan Li sèl Li, pou L ta kapab priye. Lè lannwit vin rive, Li te la pou kont Li. [24] Men kannòt la te deja byen lwen tè a, byen bat pa vag lanmè yo, paske van an te byen [k]move. [25] Nan katriyèm vèy nwit lan, Li te vin kote yo ap mache sou lanmè a. [26] Lè disip Li yo te wè L ap mache sou lanmè a, yo te krent, e yo te di: "Sa se yon [l]fantom" epi yo te kriye fò avèk laperèz. [27] Men imedyatman, Jésus te pale avèk yo e te di: [m]**"Pran kouraj! Se Mwen menm! Pa pè."**

[28] Konsa, Pierre te reponn Li: "Senyè, si se Ou menm, kòmande m vin kote Ou sou dlo a."

[29] Li te reponn: **"Vini!"** Pierre te sòti nan kannòt la, e te mache sou dlo a vè Jésus. [30] Men lè l te wè van an, li te vin pè, e te kòmanse desann nan dlo a. Li te rele: "Senyè, sove m!"

[31] Lapoula, Jésus te lonje men li e te kenbe l. Li te di l konsa: **"Ou menm avèk mank lafwa, poukisa ou te doute?"** [32] Lè yo te fin antre nan kannòt la, van an te vin sispann. [33] Sila ki te nan kannòt yo te adore Li. Yo te di: "Anverite, Ou se [n]Fis Bondye a!"

[34] [o]Lè yo te fin travèse, yo te rive atè nan Génésareth. [35] Lè moun nan plas sa yo te rekonèt Li, yo te voye nouvèl nan tout ozanviwon an, e yo te pote bay Li tout sila ki te malad yo. [36] Yo t ap sipliye L pou yo ta kapab sèlman touche rebò a vètman Li, e tout sila ki te [p]touche L yo te geri nèt.

15 [q]Apre sa, kèk Farizyen ak Skrib ki te sòti Jérusalem te vin kote Jésus pou mande L: [2] "Poukisa disip ou yo vyole tradisyon a lansyen nou yo? Paske yo [r]pa lave men yo lè yo manje pen."

[3] Li te reponn yo: **"E poukisa nou menm vyole kòmandman Bondye a pou koz a tradisyon nou yo?** [4] **Paske Bondye te di: 'Onore papa ou avèk manman ou,' epi: 'Sila ki pale mal a manman li oswa a papa li, va mete a lanmò.'"**

[5] **Men nou di: "Nenpòt moun ki di a manman l oswa papa l, tout sa mwen genyen ki ta kapab de ou se pou Bondye,** [6] **li pa oblije onore ni papa l ni**

---

[a] **14:4** Lev 18:16	[b] **14:5** Mat 11:9	[c] **14:6** Mc 8:15	[d] **14:13** Mat 15:32-38	[e] **14:14** Mat 4:23
[f] **14:17** Mat 16:9	[g] **14:19** I Sam 9:13	[h] **14:20** Mat 16:9	[i] **14:22** Mc 6:45-51	[j] **14:23** Mc 6:46
[k] **14:24** Trav 27:4	[l] **14:26** Luc 24:37	[m] **14:27** Mat 9:2	[n] **14:33** Mat 4:3	[o] **14:34** Jn 6:24,25
[p] **14:36** Mat 9:21	[q] **15:1** Mc 7:1-23	[r] **15:2** Luc 11:38		

manman l". Konsa, nou te anile pawòl Bondye a pou koz tradisyon pa nou an. [7] Nou menm ipokrit; anverite, Ésaïe te bay pwofesi sou nou lè l te di:

[8] [a]**Pèp sa a onore M avèk lèv yo,**
men kè yo byen lwen Mwen.
[9] **An ven yo adore M;**
lè yo enstwi kòm [b]**doktrin,**
prensip a lòm.

[10] Apre sa, Li te rele foul akote Li a, e Li te di yo: **"Tande e konprann;** [11] [c]**Se pa sa ki antre nan bouch la ki kontamine yon nonm, men se sa ki sòti nan bouch la ki kontamine l."**

[12] Alò, disip Li yo te vin kote L. Yo te di L: "Èske Ou konnen ke Farizyen yo te blese lè yo te tande pawòl sa a?"

[13] Men Li te reponn yo e di: [d]**"Chak plant ke Papa M pa plante, ap vin rache.** [14] **Pa okipe yo. Yo se** [e]**avèg k ap gide avèg.** [f]**Si yon avèg ap gide yon avèg, se toude k ap tonbe nan yon twou."**

[15] Pierre te reponn, e te di L: [g]**"Eksplike nou parabòl sa a."**

[16] Li te di: **"Èske nou menm, nou toujou manke konprann nan?** [17] **Èske nou pa konprann ke tout bagay ki antre nan bouch, e ki pase nan vant, ap vin elimine?** [18] **Men** [h]**bagay ki sòti nan bouch yo, se nan kè yo sòti, e se sa yo ki kontamine yon moun.** [19] **"Paske se nan kè move panse yo sòti; touye moun, adiltè, imoralite seksyèl, vòlè, fo temwen, tripotay.** [20] **Se bagay sa yo ki kontamine yon moun, men manje san lave men pa kapab kontamine yon moun."**

[21] Konsa, Jésus te kite la, e retire kò l pou landwa [i]Tyr ak Sidon. [22] Epi gade, yon fanm Canaan nan rejyon sa a te vin parèt. Li te kòmanse kriye fò e te di: "Fè m gras, Senyè, Fis a David la! Fi mwen an gen yon [j]move lespri."

[23] Men Li pa t reponn li yon mo. Disip Li yo te vin kote L. Yo te di L: "Fè l ale; l ap rele dèyè nou tout kote nou ale".

[24] Men Li te reponn e te di: **"Mwen voye sèlman pou** [k]**mouton pèdi nan lakay Israël la."**

[25] Men fanm nan te [l]vin bese devan Li, e te di: "Senyè, ede m!"

[26] Men Li te reponn: **"Li pa bon pou pran manje ki pou timoun yo pou jete l bay chen."**

[27] Men li te di: "Wi Senyè, men menm chen yo manje ti kras manje k ap tonbe sòti sou tab mèt la."

[28] Jésus te reponn li: **"Men fanm,** [m]**lafwa ou gran! Ke sa fèt jan ou vle a".** Epi fi li a te geri lapoula.

[29] [n]Lè Li kite la, Jésus te ale bò kote Lanmè Galilée a. Li te monte yon mòn e Li te chita la.

[30] Gran foul la te vin kote Li. Yo t ap mennen avèk yo sila ki te bwete, kokobe, avèg, bèbè ak anpil lòt. Yo te depoze yo bò kote pye Li e [o]Li te geri yo. [31] Konsa, foul la te vin etone lè yo te wè bèbè pale, kokobe restore, bwete mache, avèk avèg yo ki te wè e yo te [p]bay glwa a Bondye Israël la.

[32] [q]Jésus te rele disip Li yo pou vin kote L. Li te di: **"Mwen santi konpasyon pou foul la, paske yo la avè M koulye a pandan twa jou, e yo pa gen anyen pou yo manje. Mwen pa vle voye yo ale grangou, paske yo kab fennen sou wout la."**

[33] Disip Li yo te mande L: **"Kibò nou ta twouve kantite pen sa a nan yon andwa izole konsa pou bay yon gran foul konsa?"**

[34] Jésus te mande yo: **"Konbyen pen nou genyen"?**

Yo te di: "Sèt, avèk kèk ti pwason."

[35] Li te kòmande foul la chita atè. [36] Li te pran sèt ti pen yo avèk pwason an. Lè Li te fin [r]remèsye Bondye pou yo, Li te kase yo, e te bay disip Li yo, ki te bay tout foul la. [37] Konsa, tout moun te manje e te satisfè. Lè yo te ranmase mòso kase ki te rete yo, te rete sèt gran [s]panyen byen plen. [38] Sila ki te manje yo te kat mil gason plis fanm avèk timoun.

---

[a] **15:8** És 29:13 [b] **15:9** Kol 2:22 [c] **15:11** Mat 15:18 [d] **15:13** És 60:21 [e] **15:14** Mat 23:16,24
[f] **15:14** Luc 6:39 [g] **15:15** Mat 13:36 [h] **15:18** Mat 12:34 [i] **15:21** Mat 11:21 [j] **15:22** Mat 4:24
[k] **15:24** Mat 10:6 [l] **15:25** Mat 8:2 [m] **15:28** Mat 9:22 [n] **15:29** Mat 15:29-31 [o] **15:30** Mat 4:23
[p] **15:31** Mat 9:8 [q] **15:32** Mat 14:13-21 [r] **15:36** Mat 14:9 [s] **15:37** Mat 16:10

39 Apre Li voye foul la ale, Li te monte nan yon kannòt e te ale nan rejyon ªMagadan nan.

16 ᵇFarizyen ak Sadiseyen yo te vin kote Jésus pou sonde L. Yo te mande Li pou bay yo yon sign ki sòti nan syèl la.

² Men Li te reponn yo: ᶜ"**Lè se nan aswè, nou di 'l ap fè bon tan, paske syèl la wouj'.** ³ **Epi nan maten, 'pral gen yon tanpèt jodi a, paske syèl la wouj e menasan.'** ᵈ**Ipokrit! Nou konn kalkile aparans syèl la, men nou pa konn disène sign nan tan sila yo?** ⁴ ᵉ**Yon jenerasyon mechan e adiltè ap chache yon sign, men yo p ap resevwa l, eksepte sign ki pou Jonas la."** Konsa, Li te sòti kite yo.

⁵ Lè disip yo te ale lòtbò lanmè a, yo te bliye pote pen. ⁶ Jésus te di yo: **"Veye e fè atansyon pou ledven Farizyen ak Sadiseyen yo."**

⁷ Yo te kòmanse diskite pami yo menm. Yo te di: "Se paske nou pa pote pen an."

⁸ Men Jésus, okouran de sa, te di yo: ᶠ**"O moun ak ti lafwa piti yo, poukisa nou diskite pami nou ke nou pa gen pen?** ⁹ **Èske nou poko konprann ni sonje jiska prezan** ᵍ**senk pen ki te pou senk mil mesye yo, e konbyen panyen nou te ranmase?** ¹⁰ **Ni** ʰ**sèt pen ki te pou kat mil moun yo, e konbyen gran panyen nou te ranmase?** ¹¹ **Kijan ke nou pa konprann ke Mwen pa t pale avèk nou pou afè pen? Men fè atansyon ak ledven Farizyen ak Sadiseyen yo."**

¹² Konsa, yo te vin konprann ke Li pa t pale de ledven nan pen, men enstriksyon a ⁱFarizyen ak Sadiseyen yo.

¹³ ʲAlò, lè Jésus te vini nan landwa Césarée de Philippe, Li te kòmanse mande disip Li yo: **"Ki moun yo di ke Fis a Lòm nan ye?"**

¹⁴ Yo te di: "Kèk moun di ke se ᵏJean Baptiste, lòt ˡElie, e lòt, Jérémie oswa youn nan pwofèt yo."

¹⁵ Li te di yo: **"Men nou menm, ki moun nou di Mwen ye?"**

¹⁶ Simon Pierre te reponn Li: **"Ou menm se Kris La,** ᵐ**Fis a** ⁿ**Bondye vivan an."**

¹⁷ Jésus te reponn li: **"Ou menm ou beni, Simon, fis Jonas la, paske chè avèk san pa t revele ou sa, men Papa M ki nan syèl la.** ¹⁸ **Epi Mwen di Ou ke ou menm, ou se** ᵒ**Pierre e se sou wòch sa a M ap bati legliz Mwen an, e pòtay peyi** ᵖ**mò yo p ap kapab venk li.** ¹⁹ **M ap bay ou kle wayòm syèl la;** ᵠ**nenpòt sa ou mare sou latè, ap mare nan syèl la; e nenpòt sa ou demare sou latè, ap demare nan syèl la."**

²⁰ ʳApre sa, Li te avèti yo pou pa di pèsòn ke se Kris la ke Li te ye.

²¹ ˢDepi lè sa a, Jésus te kòmanse montre disip Li yo ke Li te oblije ale Jérusalem pou soufri anpil bagay nan men lansyen yo, wo prèt yo ak skrib yo; pou yo ta menm touye L, e pou L ta leve nan twazyèm jou a.

²² Konsa, Pierre te mennen L akote. Li te di L: "Ke Bondye anpeche sa, Senyè! Sa p ap janm rive Ou."

²³ Men Li te vire bò kote Pierre: **"Mete ou dèyè M** ᵗ**Satan! Ou menm, ou se yon wòch chite pou Mwen. Ou pa mete tèt ou nan enterè Bondye, men nan enterè a lòm."**

²⁴ Jésus te di a disip Li yo: **"Si yon moun vle swiv Mwen, li dwe nye tèt li,** ᵘ**pran kwa li e swiv Mwen.** ²⁵ **Paske** ᵛ**nenpòt moun ki vle sove vi li, ap pèdi li; men nenpòt moun ki pèdi vi li pou koz Mwen menm, ap twouve li.** ²⁶ **Paske ki pwofi yon nonm ap twouve si li vin genyen tout lemonn, men li pèdi pwòp nanm li? Kisa yon nonm ap bay an echanj pou nanm li?** ²⁷ **"Paske Fis a Lòm nan** ʷ**ap vini nan tout glwa Papa Li, avèk zanj Li yo, e y ap rekonpanse tout moun selon zak yo.** ²⁸ **"Anverite, Mwen di nou, gen nan nou ki kanpe la a ki p ap goute lanmò jiskaske yo wè Fis a Lòm nan k ap vini nan wayòm Li an."**

17 ˣSis jou pita, Jésus te pran ʸPierre, Jacques ak frè li, Jean pou kont yo, e te mennen yo sou yon mòn byen wo.

ª **15:39** Mc 8:10	ᵇ **16:1** Mc 8:11-21	ᶜ **16:2** Luc 12:54	ᵈ **16:3** Luc 12:56	ᵉ **16:4** Mat 12:39
ᶠ **16:8** Mat 6:30	ᵍ **16:9** Mat 14:17-21	ʰ **16:10** Mat 15:34-38	ⁱ **16:12** Mat 3:7	ʲ **16:13** Mc 8:27-29
ᵏ **16:14** Mat 14:2	ˡ **16:14** Mat 17:10	ᵐ **16:16** Mat 4:3	ⁿ **16:16** Sòm 42:2	ᵒ **16:18** Mat 4:18
ᵖ **16:18** Mat 11:23	ᵠ **16:19** Mat 18:18	ʳ **16:20** Mat 8:4	ˢ **16:21** Mc 8:31-38	ᵗ **16:23** Mat 4:10
ᵘ **16:24** Mat 10:38	ᵛ **16:25** Mat 10:39	ʷ **16:27** Mc 8:38	ˣ **17:1** Mc 9:2-8	ʸ **17:1** Mat 26:37

² Konsa, Li te transfòme la devan yo. Figi Li te klere tankou solèy la, e vètman li te vin blanch tankou limyè. ³ Epi konsa, gade, yo te wè Moïse ak Elie ki t ap pale avèk Li.

⁴ Pierre te di a Jésus: "Senyè, se bon pou nou isit la. Si Ou vle, ᵃm ap fè twa tabènak isit la; youn pou Ou, youn pou Moïse, e youn pou Elie."

⁵ Pandan Li t ap pale, vwala, yon nwaj byen briyan te kouvri yo. E konsa, ᵇyon vwa sòti nan nwaj la e te di: "Sa se Fis byeneme Mwen an. Avèk Li, Mwen byen kontan. Koute Li!"

⁶ Lè disip Li yo te tande sa, yo te tonbe sou figi yo byen sezi avèk laperèz.

⁷ Jésus te vin kote yo. Li te touche yo, e te di: **"Leve, e ᶜpa pè."**

⁸ Lè yo leve zye yo, yo pa t wè pèsòn sof ke Jésus ki te la pou kont Li.

⁹ ᵈPandan yo t ap desann mòn nan, Jésus te kòmande yo: **"Pa pale pèsòn afè vizyon sila a jiskaske Fis a Lòm nan fin ᵉleve soti nan lanmò."**

¹⁰ Epi disip Li yo te mande L: "E poukisa Skrib yo toujou di ke ᶠElie oblije vini avan?"

¹¹ Li te reponn yo: **"Elie ap vini e l ap restore tout bagay.** ¹² **Men Mwen di nou ke Elie te vini deja, e yo pa t rekonèt li, men yo te fè avè l sa ke yo te pito. Menm jan an, ᵍFis a Lòm nan ap soufri nan men yo."**

¹³ Konsa, disip yo te vin konprann ke Li t ap pale de Jean Baptiste.

¹⁴ ʰLè yo rive bò kote foul la, yon mesye te vin tonbe sou jenou devan Li. Li te di L: ¹⁵ "Senyè, gen pitye pou fis mwen an. Li se yon ⁱepileptik; li byen malad. Souvan li tonbe nan dife a, e pafwa menm nan dlo. ¹⁶ Mwen te pote li bay disip Ou yo, men yo pa t kapab geri li."

¹⁷ Jésus te reponn. Li te di: **"O jenerasyon enkredil e pèvès; pandan konbyen de tan M ap avèk nou? Pandan konbyen de tan M ap sipòte nou? Mennen li ban Mwen!"** ¹⁸ Jésus te reprimande lespri a. Dyab la te sòti sou li, epi jennonm nan te geri lapoula.

¹⁹ Konsa, disip yo te vin kote Jésus an prive. Yo te mande L: "Poukisa nou menm pa t kapab chase l?"

²⁰ Li te di yo: **"Paske lafwa nou tèlman piti. Paske konsa Mwen di nou:** ʲ**Si nou gen lafwa gwosè yon grenn moutad, nou ap di a mòn sa a: 'Deplase ou isit la, ale la,' epi l ap prale. Nanpwen anyen k ap enposib pou nou.** ²¹ ᵏ**Men kalite sila a pa sòti sof ke pa lapriyè, avèk jèn."**

²² ˡPandan yo t ap rasanble Galilée, Jésus te di yo: **"Fis a Lòm nan prèt pou livre nan men a lèzòm.** ²³ ᵐ**Yo va touye Li, e Li va leve nan twazyèm jou a."** Yo te byen tris.

²⁴ Lè yo te ale Capernaüm, sila ki te fè koleksyon taks ⁿdrachma yo te vin Kote Pierre, Li te mande l: "Èske mèt ou a pa peye taks drachma?"

²⁵ Li te reponn: "Wi".

Lè Pierre te antre nan kay la, Jésus, akoz Li te konnen sa li t ap mande, te di: **"Kisa ou panse, Simon? Nan men ki moun wa sou latè yo ranmase ᵒtarif ak enpo? Èske se nan men fis pa yo, oubyen èske se nan men moun yo pa rekonèt?"**

²⁶ Lè li reponn: "Moun yo pa rekonèt", Jésus te di l: **"Konsa, fis yo egzante.** ²⁷ **Sepandan, pou nou pa ᵖofanse yo, ale bò kote lanmè a; voye yon filè ladann e rale premye pwason ki vini an. Lè nou ouvri bouch li nou va wè yon statère (yon kòb Women). Pran li pote bay yo pou ou ak Mwen."**

18 ᵠNan lè sa a, disip yo te vin jwenn Jésus pou mande L: "Kilès konsa ki pi gran nan wayòm syèl la?"

² Jésus te rele yon timoun vin kote Li, e te plase l nan mitan yo. ³ Li te di yo: **"Anverite Mwen di nou, anmwenske nou konvèti pou ʳvini tankou timoun yo, nou p ap antre nan wayòm syèl la.** ⁴ **Nenpòt moun ki vin enb tankou timoun sa a, se li menm ki pi gran nan wayòm syèl la.**

⁵ **"Epi nenpòt moun ki resevwa yon pitit tankou sa a nan non Mwen, li resevwa Mwen.** ⁶ **Men ˢnenpòt moun ki lakoz pou fè youn nan timoun sa yo ki

---

ᵃ **17:4** Mc 9:5   ᵇ **17:5** Mc 1:11   ᶜ **17:7** Mat 14:27   ᵈ **17:9** Mc 9:9-13   ᵉ **17:9** Mat 16:21
ᶠ **17:10** Mal 4:5   ᵍ **17:12** Mat 8:20   ʰ **17:14** Mc 9:14-28   ⁱ **17:15** Mat 4:24   ʲ **17:20** Mat 21:2
ᵏ **17:21** Mc 9:29   ˡ **17:22** Mc 9:30-32   ᵐ **17:23** Mat 16:21   ⁿ **17:24** Egz 30:13   ᵒ **17:25** Wo 13:7
ᵖ **17:27** Mat 5:29-30   ᵠ **18:1** Mc 9:33-37   ʳ **18:3** Mat 19:14   ˢ **18:6** Mc 9:42

kwè nan Mwen an vin chape tonbe, li ta mye pou li menm si yon gwo wòch moulen ta mare nan kou li, e li ta vin mouri nan fon lanmè.

7 "Malè a mond sa a akoz wòch chite li yo! Wòch chite sa yo [a]pa kapab pa vini, men malè a moun sila a ki fè yo parèt.

8 [b]"Si men nou oubyen pye nou fè nou tonbe, koupe l e jete l lwen nou. Li pi bon pou antre nan lavi tankou yon kokobe oubyen bwate, pase ak toude men ak pye nou pou nou ta jete nan lanfè etènèl la.

9 [c]"Epi si zye nou fè nou tonbe, rache li jete li byen lwen nou. Li pi bon pou antre nan lavi avèk yon sèl grenn zye olye avèk toude pou nou ta jete nan lanfè dife a.

10 "Veye pou nou pa meprize youn nan timoun sa yo, paske Mwen di nou ke [d]zanj yo nan syèl la toujou wè figi a Papa M ki nan syèl la. 11 [e]Paske Fis a Lòm nan te vini pou sove sila ki te pèdi a.

12 "Kisa nou panse? [f]Si yon moun gen san mouton e youn vin pèdi, èske li p ap kite katre-ven-diz-nèf yo sou mòn nan pou ale chèche sila ki pèdi a? 13 Epi si li twouve li, Mwen di nou, l ap rejwi plis sou sila a pase lòt katre-ven-diz-nèf ki pa t janm pèdi yo.

14 "Konsa se pa volonte Papa nou nan syèl la pou youn nan Pitit sila yo ta pèdi.

15 [g]"Si frè ou peche, rele l apa pou pale avèk li. Si li koute ou, ou gen tan rekonsilye ak frè ou a. 16 Men si li pa koute ou, ale kote l avèk youn oubyen de lòt dekwa ke [h]'pa bouch a de oubyen twa temwen tout bagay ki fèt kapab konfime.' 17 Epi si li refize koute yo, pale avèk legliz la, e si li refize koute menm legliz la, [i]kite li devni a ou menm tankou yon payen oswa youn nan kolektè kontribisyon yo.

18 "Anverite Mwen di nou: [j]"Nenpòt sa nou mare sou latè, l ap mare nan syèl la; e nenpòt sa nou lage sou latè, l ap lage nan syèl la.

19 "Ankò Mwen di nou ke si de nan nou dakò sou latè sou nenpòt bagay ke yo mande, [k]li va fèt pou yo pa Papa M ki nan syèl la. 20 Paske kote de oubyen twa reyini ansanm nan non Mwen, [l]Mwen la nan mitan yo."

21 Apre sa, Pierre te vin kote L e te mande L: "Senyè, [m]konbyen fwa frè m kapab peche kont mwen pou m toujou padone l? Jis [n]sèt fwa?"

22 Jésus te reponn li: "Mwen p ap di ou sèt fwa, men jiska [o]swasann-dis fwa sèt.

23 "Pou rezon sa a, [p]wayòm syèl la kapab konpare avèk yon sèten wa ki te vle [q]regle kont lajan yo avèk esklav li yo. 24 Lè li kòmanse regle yo, yo mennen bay li yon nonm ki te dwe li di-mil talan (yon fòtin imans.) 25 Men akoz ke li [r]pa t gen mwayen pou peye, mèt li te kòmande ke yo ta [s]vann mesyè a, ni madanm li ak Pitit li yo ak tout sa li te posede, pou ranbousman an ta kapab fèt.

26 "Konsa, esklav la vin tonbe atè [t]pwostène devan li, e te di: 'Gen pasyans avè m e m ap peye ou tout.' 27 Konsa, mèt esklav sila a te santi konpasyon pou li, te lage li e [u]te padone dèt la.

28 "Men esklav la te ale twouve yon lòt esklav parèy li, ki te dwe l san denye (yon ti kòb). Li te sezi li, e te kòmanse trangle l e te di: 'Peye sa ou dwe a'.

29 "Esklav parèy li a te tonbe pwostène e te sipliye l: 'Pran pasyans avè m, e m ap peye ou.' 30 Men li pa t vle fè sa. Li te voye jete l nan prizon jis lè li ta kapab repeye tout sa li te dwe a.

31 "Lè lòt esklav yo te wè sa ki te rive a, yo te byen twouble. Yo te vin bay yon rapò a mèt pa yo a sou tout sa ki te rive yo.

32 "Konsa, mèt li a te voye yon manda pou fè l vini. Li te di l: Ala esklav mechan ou ye! Mwen te padone ou tout dèt sa a, paske ou te sipliye m. 33 [v]Konsa, èske ou pa t dwe gen konpasyon pou esklav parèy ou a

---

[a] 18:7 Luc 17:1   [b] 18:8 Mat 5:30   [c] 18:9 Mat 5:29   [d] 18:10 Luc 1:19   [e] 18:11 Luc 19:10
[f] 18:12 Luc 15:4-7   [g] 18:15 Lev 19:17   [h] 18:16 Det 19:15   [i] 18:17 II Tim 3:6-14   [j] 18:18 Mat 16:19
[k] 18:19 Mat 7:7   [l] 18:20 Mat 28:20   [m] 18:21 Mat 18:15   [n] 18:21 Luc 17:4   [o] 18:22 Jen 4:24
[p] 18:23 Mat 13:24   [q] 18:23 Mat 25:19   [r] 18:25 Luc 7:42   [s] 18:25 Egz 21:2   [t] 18:26 Mat 8:2
[u] 18:27 Luc 7:42   [v] 18:33 Mat 6:12

menm jan ke mwen te gen konpasyon pou ou a? ³⁴ Epi mèt li a, byen fache, te livre bay moun nan pou l tòtire jis lè li ta repeye tout sa li te dwe l la.

³⁵ "Konsa ᵃPapa M nan syèl la va fè a nou menm osi si nou pa padone frè nou yo jis nan kè nou."

19 Lè Jésus te fin pale pawòl sa yo, li te kite Galilée pou ᵇale nan rejyon Judée, lòtbò Jourdain an. ² Gran foul yo te swiv Li, e ᶜLi te geri yo la.

³ Kèk Farizyen te vin kote Li pou fè pase L eprèv. Yo mande L: ᵈ"Èske li pèmèt pou yon nonm divòse ak madanm li pou okenn rezon?"

⁴ Li te reponn yo: "Èske nou pa konn li ᵉke Sila ki te kreye yo depi nan kòmansman an, te fè yo mal ak femèl, ⁵ ke: ᶠ"pou koz sa a, yon nonm ap kite papa li ak manman li pou vin atache a madanm li, epi yo de a ap vini yon sèl chè? ⁶ Konsa, se pa de yo ye ankò, men yon sèl chè. Sa ke Bondye mete ansanm, pa kite okenn moun separe l.'"

⁷ Yo te mande L: "Ebyen, ᵍpoukisa Moïse te kòmande yo pou 'Bay li yon sètifika divòs e voye li ale?'"

⁸ Li te reponn yo: "Akoz kè di nou, Moïse te pèmèt nou divòse ak madanm nou yo, men depi nan kòmansman an, se pa konsa li te ye. ⁹ Mwen di nou: ʰNenpòt moun ki divòse ak madanm li, sof ke pou imoralite, epi marye avèk yon lòt fanm, li fè adiltè."

¹⁰ Disip Li yo te di L: "Si se konsa relasyon a yon mesye ye avèk madanm li, li pi bon pou pa marye."

¹¹ Men Li te di yo: ⁱ"Se pa tout moun ki kapab aksepte sa nou di a, men sèl sa yo ke li te bay. ¹² Paske gen enik ki te fèt konsa depi nan vant manman yo, e gen enik ki te fèt konsa pa lòm; e gen enik ki te fèt konsa pou tèt yo, pou koz a wayòm syèl la. Sila ki kapab aksepte sa, kite l aksepte li."

¹³ Apre sa, ʲyo te mennen kèk timoun kote L pou Li ta kapab mete men Li sou yo e priye pou yo; men disip yo te reprimande yo.

¹⁴ Konsa, Jésus te di: ᵏ"Bay timoun yo pèmi, e pa anpeche yo vin kote Mwen, paske wayòm syèl la se pou sila ki tankou yo". ¹⁵ Apre Li mete men Li sou yo, Li kite la.

¹⁶ ˡKonsa, youn moun te vini la, e te di: "Mèt, ki bon bagay Mwen kapab fè pou m jwenn lavi etènèl?"

¹⁷ Li te di l: "Poukisa ou ap kesyone M sou sa ki bon? Gen yon sèl ki bon, Bondye. Men ᵐsi ou vle antre nan lavi, kenbe kòmandman yo."

¹⁸ Li te mande Li: "Kilès nan yo?"

Jésus te reponn li: ⁿ"Ou pa pou touye moun, ou pa pou fè adiltè, ou pa pou vòlè, ou pa pou pote fo temwayaj. ¹⁹ ᵒOnore papa ou avèk manman ou, epi ᵖrenmen pwochen ou tankou tèt ou."

²⁰ Jennonm nan te di L: "Tout bagay sa yo, mwen fè yo. Kisa mwen manke?"

²¹ Jésus te di l: "Si ou vle pafè, ᑫale vann tout sa ou posede, bay malere yo, e w ap gen richès nan syèl la; epi vin swiv Mwen."

²² Men lè jennonm nan te tande pawòl sa a, li te sòti dezole, paske li te gen anpil byen.

²³ Jésus te di a disip Li yo: "Anverite Mwen di nou: ʳLi difisil pou yon nonm rich antre nan wayòm syèl la. ²⁴ Ankò, Mwen di nou: ˢLi pi fasil pou yon chamo pase nan zye a yon zegwi, pase pou yon nonm rich antre nan wayòm Bondye a."

²⁵ Lè disip Li yo te tande sa, yo te etone e te di: "Kilès konsa ki kab sove?"

²⁶ Jésus te byen gade yo, e te di: ᵗ"Avèk moun, li pa posib, men avèk Bondye, tout bagay posib."

²⁷ Konsa Pierre te reponn Li. Li te di: "Gade, nou fin kite tout bagay pou te swiv Ou. Kisa k ap gen pou nou?"

²⁸ Jésus te di yo: "Anverite, Mwen di nou ke nou ki te swiv Mwen yo, nan tan renouvèlman tout bagay la, lè Fis a Lòm nan vin chita sou twòn Li nan tout

---

ᵃ **18:35** Mat 6:14   ᵇ **19:1** Mc 10:1-12   ᶜ **19:2** Mat 4:23   ᵈ **19:3** Mat 5:31   ᵉ **19:4** Jen 1:27
ᶠ **19:5** Jen 2:24   ᵍ **19:7** Det 24:1-4   ʰ **19:9** Mat 5:32   ⁱ **19:11** I Kor 7:7   ʲ **19:13** Mc 10:13-16
ᵏ **19:14** Mat 18:3   ˡ **19:16** Luc 10:25-28   ᵐ **19:17** Lev 18:5   ⁿ **19:18** Egz 20:13-16   ᵒ **19:19** Egz 20:12
ᵖ **19:19** Lev 19:18   ᑫ **19:21** Luc 12:33   ʳ **19:23** Mat 13:22   ˢ **19:24** Mc 10:25   ᵗ **19:26** Jen 18:14

glwa Li, nou menm [a]tou, n ap chita sou douz twòn pou jije douz tribi Israël yo.

29 [b]"Tout moun ki kite kay yo oubyen frè yo oubyen sè yo, papa, Manman, zanfan, oubyen tè pou koza Non Mwen, ap resevwa anpil fwa sa a, e va eritye lavi etènèl. 30 [c]Men anpil moun ki premye ap dènye, e dènye yo, ap vin premye."

20 "Paske wayòm syèl la tankou yon mèt tè ki ale deyò granmaten pou anplwaye ouvriye pou [d]chan rezen li. 2 Lè li te fin antann li avèk ouvriye yo pou yon denye (frè kòb jounalye) pou jou a, li voye yo nan chan an.

3 "Vè twazyèm lè, li te soti pou wè lòt moun san anyen pou fè, ki te kanpe nan mache a. 4 Li te di yo: 'Nou menm tou, ale nan chan rezen an, epi nenpòt bagay ki jis, m ap bannou.' Konsa, yo ale.

5 "Ankò li ale deyò vè sizyèm lè, nevyèm lè, e te fè menm bagay la. 6 "Vè onzyèm lè, li te ale deyò e te twouve lòt moun ki tap kanpe. Li te di yo: 'Poukisa nou kanpe la tout lajounen san fè anyen?'

7 "Yo te reponn li: 'Paske pèsòn pa anplwaye nou.'

"Li te di yo: 'Nou menm tou, ale nan chan rezen an.'

8 "Lè [e]aswè rive, mèt chan rezen an te di fòmann nan: 'Rele ouvriye yo pou peye yo salè yo. Kòmanse avèk dènye ekip la, pou ale nan premye a.'

9 "Lè ouvriye ki te antre vè onzyèm lè yo te vini, yo chak te resevwa yon denye. 10 Konsa, lè sa ki te anplwaye anpremye yo te vini, yo te sipoze yo t ap resevwa plis, men yo chak te resevwa yon denye. 11 Alò, lè yo te resevwa l, yo te plenyen kont mèt tè a. 12 Yo te di: 'Moun sa yo te travay sèlman pou yon èdtan, men ou fè yo menm jan avèk nou ki pote tout fado a, avèk [f]chalè ki t ap brile nou tout jounen an.'

13 "Men li te reponn a youn nan yo: [g]'Zanmi m, mwen pa fè ou okenn tò. Èske ou pa t vin dakò pou yon denye? 14 Pran sa ki pou ou a, epi al fè wout ou. Se volonte m pou bay moun sa menm fòs avèk ou. 15 Èske m pa gen dwa fè sa mwen vle avèk sa ki pou mwen? Oubyen èske [h]zye ou plen ak lanvi paske mwen gen jenewozite?'

16 "Konsa [i]dènye a ap vin premye, e premye a ap vin dènye."

17 [j] Lè Jésus te apèn parèt pou monte a Jérusalem, Li te pran douz disip yo akote pou kont yo. Pandan yo nan wout la, Li te di yo: 18 "Gade, n ap monte Jérusalem, epi Fis a Lòm nan [k]ap livre a chèf prèt yo ak Skrib yo, e y ap kondane Li a lanmò. 19 Konsa, y ap livre Li a payen yo pou yo ka moke L e bay Li kout fwèt, e y ap krisifye Li. Epi [l]nan twazyèm jou a, L ap leve."

20 [m]Manman a fis Zébédée yo te vin kote L avèk fis li yo. Li te bese devan L pou mande L yon favè.

21 Li te di L: "Kisa ou vle?"

Li te di L: "Pase lòd pou nan Wayòm ou an, de fis mwen yo [n]kapab chita youn sou bò dwat Ou ak youn sou bò goch Ou."

22 Men Jésus te reponn: "Nou pa konnen kisa n ap mande a. Èske nou kapab [o]bwè tas ke Mwen prè pou M bwè a?"

Yo te di Li: "Nou kapab".

23 Li te di yo: [p]"Tas Mwen an nou ap bwè, men pou chita adwat Mwen, oubyen agoch Mwen, se pa Mwen ki pou bay li, men se pou sila papa M te [q]prepare li yo."

24 Konsa, lè dis yo te tande sa, yo te vin trè fache avèk de frè yo.

25 [r]Men Jésus te rele yo a Li menm e te di yo: "Ou konnen ke chèf payen yo pran pozisyon yo kon gwo chèf sou yo, epi moun enpòtan pa yo egzèse gwo otorite sou yo.

26 "Li pa konsa pami nou, [s]men sila ki ta vle gran pami nou an, ap vin sèvitè nou. 27 Epi sila a ki vle premye pami nou an, va vin esklav nou. 28 Menm jan ke Fis a Lòm nan [t]pa t vini pou fè lòt sèvi Li, men pou sèvi lòt yo, e pou bay vi li pou ranson vi a anpil lòt moun."

---

[a] 19:28 Luc 22:30 [b] 19:29 Mat 6:33 [c] 19:30 Mat 20:16 [d] 20:1 Mat 21:28,33 [e] 20:8 Lev 19:13
[f] 20:12 Jon 4:8 [g] 20:13 Mat 22:12 [h] 20:15 Det 15:9 [i] 20:16 Mat 19:30 [j] 20:17 Mc 10:32-34
[k] 20:18 Mat 16:21 [l] 20:19 Mat 16:21 [m] 20:20 Mc 10:35-45 [n] 20:21 Mat 19:28 [o] 20:22 És 51:17-22
[p] 20:23 Trav 12:2 [q] 20:23 Mat 25:34 [r] 20:25 Mat 20:25-28 [s] 20:26 Mat 2:11 [t] 20:28 Mat 26:28

²⁹ ᵃPandan yo t ap kite Jéricho, yon gran foul te swiv Li.

³⁰ Epi konsa de moun avèg ki te chita akote wout la, lè yo te tande ke Jésus t ap pase la, te kòmanse kriye: "Senyè, ᵇgen pitye pou nou, Fis a David la!"

³¹ Men moun yo te pale ak yo sevèman pou yo sispann pale, men yo rele pi fò: "Senyè, gen pitye pou nou, ᶜFis a David la".

³² Epi Jésus te rete la. Li te rele yo, e te di: **"Kisa nou ta renmen Mwen fè pou nou?"**

³³ Yo te reponn Li: "Senyè, nou vle zye nou louvri".

³⁴ Jésus, ranpli avèk konpasyon, te touche zye yo. Imedyatman yo te vin wè, e yo te swiv Li.

21 ᵈLè yo te pwoche Jérusalem pou rive kote Bethphagé nan Mòn Oliv la, Jésus te voye de nan disip li yo, ² epi te di yo: **"Ale nan vilaj anfas nou an, epi nou va twouve yon bourik ki mare la avèk pitit li. Demare yo, e mennen yo ban Mwen. ³ Epi si yon moun di nou yon bagay, nou va di li konsa: 'Senyè a gen bezwen yo', epi lapoula, l ap voye yo."**

⁴ ᵉTout sa te fèt pou sa ki te pale pa pwofèt la ta kapab akonpli, lè li te di:

⁵ ᶠ"Pale a fi Sion an,
Men gade, Wa ou ap vin kote ou,
dou, e monte sou yon bourik,
yon jenn bourik, Pitit a yon bèt
ki pote chaj".

⁶ Epi disip yo te ale fè tout sa Li te mande yo. ⁷ Konsa yo te mennen bourik la avèk Pitit li a e te mete vètman yo, epi konsa, sou vètman yo Li te chita.

⁸ Pifò nan foul la te ᵍplase vètman yo louvri sou wout la, e kèk lòt t ap koupe branch nan bwa yo pou plase sou wout la.

⁹ Foul la ki te ale devan Li, ni sa ki te swiv Li t ap rele: "Ozana (Glwa a Bondye) a Fis a David la! ʰBeni se Sila ki vini nan non Senyè a! Ozana ⁱnan pi wo a!"

¹⁰ Lè Li te antre Jérusalem, tout vil la te byen boulvèse e t ap di: "Ki moun sa ye?"

¹¹ Epi foul la t ap di: "Sa se ʲpwofèt Jésus ki sòti Nazareth nan Galilée a".

¹² ᵏJésus te antre nan tanp lan e te chase mete tout moun deyò ki t ap achte e vann nan tanp lan. Li te chavire tab a moun ki t ap chanje lajan yo, avèk chèz a moun ki t ap vann toutrèl yo. ¹³ Li te di yo: **"Li ekri: ˡ'Lakay Mwen an va rele yon kay pou lapriyè,' men nou menm, nou fè li yon ᵐtwou kachèt pou vòlè!"**

¹⁴ Avèg yo avèk bwate yo te vin kote L nan tanp lan, e ⁿLi te geri yo.

¹⁵ Men lè chèf prèt yo avèk skrib yo te wè tout mèvèy ke Li te fè yo, epi timoun nan tanp yo ki t ap kriye: "Ozana a ᵒFis a David la!", yo te ankòlè anpil. ¹⁶ Epi yo te di Li: "Ou pa tande kisa timoun sa yo ap di?" Jésus te reponn yo: **"Wi, nou pa janm konn li ᵖ'Nan bouch a timoun avèk ti bebe k ap tete yo, nou prepare lwanj pou Ou menm'"?**

¹⁷ Li te kite yo, e sòti pou ale nan vil ᵠBéthanie pou pase nwit lan.

¹⁸ ʳAlò nan maten, Li te retounen nan vil la. Li te vin grangou. ¹⁹ Li te wè yon sèl ˢpye fig frans akote wout la. Men lè L vin kote l, Li pa twouve anyen sof ke fèy yo. Konsa Li pale li: **"Ou p ap janm gen fwi ki sòti sou ou ankò!"** Epi lapoula, pye fig frans lan te vin fennen nèt.

²⁰ Lè yo wè sa, disip yo te etone. Yo te di: "Kijan fig frans sa a fè vin fennen nan yon moman konsa?"

²¹ Jésus te reponn e te di yo: **"Anverite Mwen di nou: ᵗSi nou gen lafwa e nou pa doute, non sèlman n ap fè sa ki te fèt a fig frans lan, men menm si nou di a mòn sa a: 'Leve ale jete ou nan lanmè', sa va fèt. ²² Epi ᵘtout sa nou mande nan lapriyè e kwè, nou va resevwa li."**

²³ ᵛLè Li te fin antre nan tanp lan, chèf prèt yo avèk lansyen pami pèp la te vin kote L pandan Li t ap enstwi pou mande L: "Pa ki otorite Ou fè bagay sa yo? Se kilès ki te bay ou otorite sila a?"

²⁴ Jésus te reponn yo: **"M ap mande nou yon bagay tou, e si nou reponn Mwen, M**

ᵃ **20:29** Mat 9:27-31 ᵇ **20:30** Mat 9:27 ᶜ **20:31** Mat 9:27 ᵈ **21:1** Mc 11:1-10 ᵉ **21:4** Mc 11:7-10
ᶠ **21:5** És 62:11 ᵍ **21:8** II Wa 9:13 ʰ **21:9** Sòm 118:26 ⁱ **21:9** Luc 2:14 ʲ **21:11** Mat 21:26
ᵏ **21:12** Mc 11:15-18 ˡ **21:13** És 56:7 ᵐ **21:13** Jr 7:11 ⁿ **21:14** Mat 4:23 ᵒ **21:15** Mat 9:27
ᵖ **21:16** Sòm 8:2 ᵠ **21:17** Mat 26:6 ʳ **21:18** Mc 11:12-24 ˢ **21:19** Luc 13:6-9 ᵗ **21:21** Mat 17:20
ᵘ **21:22** Mat 7:7 ᵛ **21:23** Mc 11:27-33

ap fè nou konnen pa ki otorite Mwen fè bagay sila yo. **25 Batèm a Jean an, kibò li sòti? Èske sous li se syèl la, oubyen lòm?"**

Konsa, yo te kòmanse rezone pami yo menm. Yo te di: "Si nou di 'syèl la', L ap di nou 'ebyen poukisa nou pa t kwè l?' 26 Men si nou di 'lòm', nou pè foul la, paske yo tout kwè ke Jean te [a]yon pwofèt."

27 Yo te reponn Jésus. Yo te di: "Nou pa konnen".

Li te reponn yo: **"Ni Mwen menm p ap di nou pa ki otorite Mwen fè bagay sa yo."**

28 **"Men kisa nou panse? Yon nonm te gen de fis. Li te vini a premye a, e te di l: 'Fis mwen, ale travay pou mwen jodi a nan [b]chan rezen an.'"**

29 **"Li te reponn: 'M p ap prale'. Men, apre li te regrèt sa, e li te ale.**

30 **"Nonm nan te rive kote dezyèm nan, e te di menm bagay la. Men li menm te reponn, e te di: Avozòd! Men li pa t ale.** 31 **Kilès nan de fis sa yo ki te fè volonte a papa l?"**

Yo te reponn: "Premye a".

Jésus te di yo: **"Anverite, Mwen di nou ke [c]kolektè kontribisyon yo avèk fanm movèz vi yo va antre nan wayòm syèl la avan nou menm.** 32 **Paske Jean te vini a nou menm nan chemen ladwati, men nou pa t kwè li; men [d]kolektè kontribisyon yo avèk fanm movèz vi yo te kwè li.. Men nou menm ki te wè sa, nou pa t menm repanti lè l fin fèt pou nou ta kwè li.**

33 **"Koute yon lòt parabòl. Te gen yon mèt tè ki te plante yon chan rezen. Li te antoure li avèk yon miray. Li te fouye yon rezèvwa pou kraze rezen yo, e te bati yon tou ki wo. Li te antann demwatye ak kiltivatè yo, e te ale fè yon vwayaj.**

34 **"Lè lè rekòlt la te rive, li te [e]voye esklav li yo jwenn kiltivatè yo pou resevwa pwodwi pa li a.** 35 **Konsa, kiltivatè yo te pran esklav li yo, te bat youn, te touye yon lòt, e yo te kalonnen twazyèm lan avèk kout wòch.**

36 **"Ankò li[f]te voye yon lòt ekip esklav pi gran pase premye yo, e yo fè yo menm bagay la.**

37 **"Men anfen, li te voye fis li a. Li te di: 'Y ap respekte fis mwen an.'** 38 **Men lè kiltivatè yo te wè fis la, yo te di pami yo, 'Sa se eritye a. Vini, annou touye li epi sezi eritaj li a.'** 39 **Konsa, yo te pran li, voye li deyò chan an e yo te touye li."**

40 **"Akoz sa, lè mèt teren an vini, kisa l ap fè avèk kiltivatè sa yo?"**

41 Yo te di Li: "L ap mennen malveyan sa yo a yon move fen, epi li [g]va lwe chan sa a bay lòt kiltivatè k ap peye li sa yo dwe yo nan pwòp lè yo."

42 Jésus te di yo:

"Èske nou pa janm li nan Ekriti Sen yo, [h]

'Wòch ke sila ki t ap bati yo
te rejte a,
te devni wòch ang prensipal la.
Sa te sòti nan Senyè a, e se te yon mèvèy nan zye nou.'?"

43 **"Akoz sa Mwen di nou: Wayòm syèl la ap vin pran nan men nou pou plase bay yon nasyon k ap pwodwi fwi li.** 44 **Epi [i]sila ki tonbe sou wòch sila ap kraze an mòso, men sou sila ke li tonbe a, l ap gaye li tankou poud."**

45 Lè chèf prèt ak Farizyen yo te tande parabòl Li yo, yo te konprann ke Li t ap pale de yo menm. 46 Lè yo te chèche mwayen sezi Li, yo te [j]krent foul la paske yo te konsidere Li kon yon [k]pwofèt.

22 Ankò Jésus te reponn yo e pale ak yo an parabòl. Li te di: 2 [l]**"Wayòm syèl la tankou yon wa ki fè yon fèt maryaj pou fis li.** 3 **Li te [m]voye esklav li yo deyò pou rele sila yo ki te envite nan fèt maryaj la, men yo pa t dakò vini.**

4 **"Ankò li [n]voye lòt esklav pou di: "Gade, mwen prepare anpil manje. Bèf avèk anpil lòt bèt gra gen tan fin kòche. Tout bagay prè. Vini nan fèt maryaj la.**

5 **"Men yo pa t okipe li. Yo fè wout yo. Youn ale nan chan li, yon lòt pou okipe afè l.** 6 **Konsa, rès yo te sezi esklav li yo, e te maltrete e touye yo.** 7 **Lè wa a tande**

---

[a] **21:26** Mat 11:9 [b] **21:28** Mat 20:1 [c] **21:31** Luc 7:29,37 [d] **21:32** Luc 3:12 [e] **21:34** Mat 22:3
[f] **21:36** Mat 22:4 [g] **21:41** Mat 8:11 [h] **21:42** Sòm 118:22 [i] **21:44** És 8:14,15 [j] **21:46** Mat 21:26
[k] **21:46** Mat 21:11 [l] **22:2** Mat 13:24 [m] **22:3** Mat 21:34 [n] **22:4** Mat 21:36

sa a, li te anraje. Li te voye lame li pou te detwi tout asasen sa yo, e te mete dife nan vil pa yo.

8 "Apre, li te di a esklav li yo: 'Maryaj la prepare, men sila ki te envite yo pa dign. 9 Pou sa, ale nan [a]gran wout yo, epi tout sila nou twouve la yo, envite yo nan fèt maryaj la.'

10 "Konsa, esklav sila yo te ale deyò nan lari yo pou te ranmase tout sa yo te twouve, ni mechan, ni bon, epi chan maryaj la te ranpli avèk moun envite yo.

11 "Men lè wa a te vini pou wè sila ki te vini yo, li twouve [b]yon nonm ki pa abiye avèk vètman maryaj la. 12 Li te di li: [c]'Zanmi m, kijan ou fè antre isit la san vètman maryaj la?' Moun nan pa t kab menm pale.

13 "Konsa, wa a te di a sèvitè yo: Mare men li avèk pye li, e jete li deyò nan [d]fon tenèb. Nan plas sa a, va genyen gwo kriye avèk manje dan. 14 Paske gen anpil moun k ap [e]resevwa apèl la, men pa anpil moun kap chwazi."

15 [f]Konsa, Farizyen yo te ale pran konsèy ansanm pou twouve kijan yo ta kab kenbe L nan pèlen pawòl ke Li te pale yo. 16 Yo te voye disip pa yo ansanm avèk [g]Ewodyen yo. Yo te di: "Mèt, nou konnen ke Ou bay verite, e enstwi chemen Bondye a ak verite, san patipri, paske Ou pa pran pati a pèsòn. 17 Pou sa, di nou kisa Ou panse? Èske li pèmèt pou peye [h]taks a [i]César? Wi oubyen non?"

18 Men Jésus te konprann mechanste yo. Li te reponn: "Poukisa nou ap tante M konsa? Ipokrit nou ye! 19 Montre M [j]kòb ke nou sèvi pou peye taks la."

Yo te pote bay Li yon denye.

20 Li te mande yo: "Li maj avèk lenskripsyon a ki moun nou wè la a?"

21 Yo reponn Li: "Se pou César".

Li te di yo: [k]"Ebyen, bay a César sa ki pou César, e bay Bondye sa ki pou Bondye."

22 Lè yo tande sa, yo te etone e yo te [l]kite Li ale.

23 [m]Nanmenm jou sa a, kèk nan Sadiseyen yo (ki di pa gen rezirèksyon) te vin kote L pou poze L kesyon. 24 Yo te di: "Mèt, Moïse te di: [n]'Si yon nonm mouri, li pa gen pitit, frè li, nan fanmi ki pi prè a va marye avèk madanm li, pou l elve yon Pitit pou frè li.' 25 Konsa, te gen sèt frè avèk nou. Premye a te marye. Li mouri san fè Pitit e li te kite madanm li pou frè l la. 26 Konsa tou, dezyèm lan, twazyèm nan, jouk rive nan setyèm frè a. 27 An dènye lye, fanm nan te mouri. 28 Konsa nan rezirèksyon an, se madanm a kilès l ap ye? Paske yo tout te genyen l."

29 Men Jésus te reponn yo: "Nou twonpe nou. Nou [o]pa konprann Ekriti Sen yo, ni pouvwa Bondye a. 30 Paske nan rezirèksyon an, yo [p]pa marye, ni bay moun nan maryaj, men se kon zanj nan syèl yo. 31 Men konsè nan rezirèksyon mò yo, nou pa t li sa ki te pale a nou pa Bondye lè Li di nou: 32 [q]'Mwen menm se Bondye Abraham, Bondye Isaac, Bondye Jacob la'? Li menm pa Bondye a mò yo, men a sila ki vivan yo."

33 Lè foul la te tande sa, [r]yo te etone de jan Li te enstwi a.

34 [s]Men lè Farizyen yo te tande ke Li gen tan fè Sadiseyen yo sispann pale, yo te reyini ansanm.

35 Youn nan yo, yon [t]avoka, te kesyone L pou pase l a leprèv. 36 "Mèt, kilès nan kòmandman nan Lalwa a ki pi gran?" 37 Li te reponn li: [u]"Ou va renmen Senyè a, Bondye ou avèk tout kè ou, avèk tout nanm ou, e avèk tout lespri ou'.

38 "Sa se premye e pi gran kòmandman an. 39 Dezyèm nan se parèy a li menm: [v]'Ou va renmen vwazen ou tankou tèt ou'.

40 [w]"Sou de kòmandman sa yo depann tout Lalwa, avèk pwofèt yo."

41 [x]Alò, pandan Farizyen yo te ansanm, Jésus te poze yo yon kesyon. 42 Li te mande

---

[a] **22:9** Éz 21:21 [b] **22:11** II Wa 10:22 [c] **22:12** Mat 20:13 [d] **22:13** Mat 8:12 [e] **22:14** Mat 24:22
[f] **22:15** Mc 12:13-17 [g] **22:16** Mc 3:6 [h] **22:17** Mat 17:25 [i] **22:17** Luc 3:1 [j] **22:19** Mat 17:25
[k] **22:21** Mc 12:7 [l] **22:22** Mc 12:12 [m] **22:23** Mc 12:18-27 [n] **22:24** Det 25:5 [o] **22:29** Jn 20:9
[p] **22:30** Mat 24:38 [q] **22:32** Egz 3:6 [r] **22:33** Mat 7:28 [s] **22:34** Luc 10:25-37 [t] **22:35** Luc 7:30
[u] **22:37** Det 6:5 [v] **22:39** Lev 19:18 [w] **22:40** Mat 7:12 [x] **22:41** Mc 12:35-37

yo: "Kisa nou panse de Kris la? Se Fis a kilès Li ye?"

Yo te reponn Li: [a]"Fis a David la".

43 Li te di yo: "Ebyen, ki jan konsa ke nan Lespri a, David te rele Li 'Senyè' lè li te di:

44 [b]"SENYÈ a di a Senyè mwen an,
'Chita sou men dwat Mwen,
jouk lè Mwen mete lènmi ou yo anba pye ou'?

45 "Si David li menm rele Li 'Senyè', kijan Li fè kapab Pitit Li?"

46 Pèsòn pa t kapab reponn Li yon mo, [c]ni yo pa t tante mande Li anyen depi jou sa a.

23

Alò, Jésus te pale avèk foul la ak disip Li yo 2 Li te di yo: [d]"Skrib yo avèk Farizyen yo gen tan chita nan chèz Moïse la. 3 Pou sa, tout sa yo mande nou fè ak swiv, fè l. Men pa swiv zak yo, paske yo pale bagay sa yo, men yo pa fè yo. 4 [e]Yo mare gwo chaj e mete yo sou zepòl a moun; men yo menm, yo p ap leve menm yon dwèt pou ede yo.

5 "Men yo fè tout zak pa yo pou moun kapab wè. Yo [f]agrandi filaktè pa yo (ti bwat ki pote woulo avèk Ekriti Sen yo ekri ladann) e fè ganiti (alonj ki fèt ak kòd) arebò vètman yo vin pi long. 6 Yo [g]renmen plas onè nan resepsyon yo, avèk plas ki pi enpòtan nan sinagòg yo, 7 ak salitasyon ki plen respè nan mache yo, e pou tout moun rele yo [h]'Rabbi' (Mèt).

8 "Men pa kite yo rele nou [i]'Rabbi', paske se yon sèl ki Mèt nou, e nou tout se frè nou ye. 9 Epi pa rele pèsòn sou latè 'papa', paske se [j]yon sèl ki Papa nou; Sila ki nan syèl la. 10 Ni pa kite yo rele nou Direktè, paske nou gen yon sèl Direktè; se Kris la.

11 [k]"Men pi gran pami nou an va vin sèvitè nou. 12 [l]Konsa, sila ki pran wo plas yo ap desann, e sila ki desann tèt yo ap vin gen yon wo plas.

13 "Men malè a nou menm Skrib yo avèk Farizyen yo! Ipokrit nou ye! Paske [m]nou devore kay vèv yo menm lè nou pretann n ap fè lapriyè long; pou sa, nou ap resevwa yon pi gwo kondanasyon. 14 "Malè a nou menm Skrib ak Farizyen yo! Ipokrit! [n]Paske nou bloke wayòm syèl la kont moun. Nou p ap antre nou menm, ni nou pa kite sila k ap antre yo ale ladann.

15 "Malè a nou menm Skrib ak Farizyen yo; ipokrit nou ye! Paske nou travèse tout latè avèk lanmè pou fè [o]yon sèl disip; e lè nou fè l, li vini de fwa plis fis lanfè ke nou menm.

16 "Malè a nou menm, [p]gid ki avèg! Ki di: 'Sila ki sèmante sou tanp lan, sa pa anyen, men sila ki sèmante sou lò a tanp lan, se oblije.' 17 Bann sòt ak moun avèg! [q]Kisa ki pi gran? Lò a, oubyen tanp lan ki sanktifye lò a?

18 "Epi 'Sila ki sèmante sou lotèl la, sa pa anyen; men sila ki sèmante sou ofrann ki sou lotèl la, li oblije'. 19 Moun avèg! [r]Kilès ki pi enpòtan, ofrann sou lotèl la, oubyen lotèl la ki sanktifye lofrann nan?

20 "Pou sa, sila ki sèmante sou lotèl la, sèmante ni sou li, ni sou tout bagay ki sou li. 21 Epi sila ki sèmante sou tanp lan, sèmante non sèlman sou tanp lan, men osi sou Sila ki [s]rete ladann nan. 22 Epi sila ki sèmante sou syèl la, [t]sèmante non sèlman sou twòn Bondye a, men sou Sila ki chita ladann nan.

23 [u]"Malè a nou menm, Skrib ak Farizyen yo, ipokrit! Paske nou bay ladim nan mant, ani, avèk pèsi (yon kalite epis) men nou neglije pòsyon Lalwa ki pote plis pwa yo; lajistis, mizerikòd, ak fidelite. Men bagay sa yo nou dwe fè yo san neglije lòt yo. 24 Nou menm, [v]gid ki avèg, ki sèvi ak yon paswa pou retire mouch, men nou vale yon chamo!

25 "Malè a nou menm Skrib ak Farizyen yo, ipokrit! [w]Nou netwaye deyò tas la ak plato a, men anndan yo plen avèk bann vòlè k ap peze souse ak mechanste pou achevi tout bezwen pèsonèl yo. 26 Nou menm, Farizyen ki

---

[a] 22:42 Mat 9:27 [b] 22:44 Mc 12:34 [c] 22:46 Sòm 110:1 [d] 23:2 Det 33:3 [e] 23:4 Luc 11:46
[f] 23:5 Egz 13:9 [g] 23:6 Luc 11:43 [h] 23:7 Mat 23:8 [i] 23:8 Mat 23:7 [j] 23:9 Mat 6:9
[k] 23:11 Mat 20:26 [l] 23:12 Luc 14:11 [m] 23:13 Mc 12:40 [n] 23:14 Luc 11:52 [o] 23:15 Trav 2:10
[p] 23:16 Mat 15:14 [q] 23:17 Egz 30:29 [r] 23:19 Egz 29:37 [s] 23:21 I Wa 8:13 [t] 23:22 És 66:1
[u] 23:23 Mat 23:13 [v] 23:24 Mat 23:16 [w] 23:25 Mc 7:4

avèg yo; premyèman, ᵃnetwaye anndan tas la ak plato a, pou deyò li kapab vin pwòp tou.

27 ᵇ"Malè a nou menm, Skrib ak Farizyen yo, ipokrit! Paske nou tankou tonm ki blanchi deyò pou parèt bèl, men anndan yo ranpli avèk zo mò ak tout kalite pouriti. 28 Menm jan an, nou menm tou, nou gen aparans ladwati, men anndan nou ranpli avèk ipokrizi ak linikite.

29 ᶜ"Malè a nou menm Skrib ak Farizyen yo, ipokrit! Nou bati tonm pou pwofèt yo e dekore moniman a sila ki te jis yo, 30 epi di: 'Si nou te viv nan jou zansèt nou yo, nou pa t ap ede yo vèse san a pwofèt yo'. 31 An konsekans, nou temwaye kont pwòp tèt pa nou; ke nou menm ᵈse fis a moun ki te touye pwofèt yo.

32 "Konsa, ranpli mezi koupabilite nou, menm jan tankou zansèt nou yo te fè a. 33 Bann sèpan, ᵉnich ranpli ak koulèv; kijan pou nou ta kapab chape de chatiman lanfè a?

34 ᶠ"Pou sa, gade, Mwen ap voye ban nou pwofèt ak moun saj, ak Skrib yo. Kèk nan yo, nou va touye e krisifye. Kèk nan yo, nou ap bay kout fwèt nan sinagòg nou yo, e pèsekite yo soti nan yon vil jiska yon lòt, 35 pou sa rive ke sou nou kapab tonbe koupabilite pou tout san ki te vèse sou latè yo, kòmanse avèk Abel ki te jis, pou rive jouk nan san Zacharie, ᵍfis a Barachie a, ke nou te ʰasasine antre tanp lan ak lotèl la.

36 "Anverite, Mwen di nou ke tout bagay sa yo ap rive sou ⁱjenerasyon sila a.

37 "O ʲJérusalem, Jérusalem, ki touye pwofèt yo e asasine sila ki te voye a li menm yo avèk kout wòch! Konbyen fwa Mwen te vle rasanble nou ansanm, kon yon poul rasanble pitit li anba zèl li, men nou pa t vle.

38 "Gade byen, ᵏlakay nou rete nan men nou dezole nèt. 39 Paske Mwen di nou: Depi koulye a, nou p ap wè M jiskaske nou di: ˡ"Beni se Sila ki vini nan non Senyè a."'

24 ᵐJésus te sòti nan tanp lan e t ap fè wout Li. Disip Li yo te vini pou montre Li bèl konstriksyon tanp lan. 2 Men Li te di yo: "Konsa, nou wè tout bagay sa yo? Anverite, Mwen di nou ke ⁿpa menm yon wòch isit la ap rete sou youn lòt ki p ap jete dekonble nèt."

3 Pandan Li t ap chita sou ᵒMòn Oliv la, disip Li yo te vin kote Li an prive. Yo te mande L: "Di nou kilè bagay sa yo ap rive, e ki sign k ap fè nou konnen ke Ou ap vini, e k ap enfòme nou sou fen tan yo?"

4 Jésus te reponn yo: "Fè atansyon pou pèsòn pa kondwi nou nan erè!" 5 Konsa, ᵖanpil moun ap vini nan non Mwen k ap di: 'Se Mwen ki Kris La', e yo va kondwi anpil moun nan erè.

6 "Nou va tande afè ᑫlagè, avèk bwi ki pale sou lagè, men fè atansyon pou nou pa pè. Fòk bagay sa yo rive, men sa se pa lafen an. 7 Paske ʳnasyon ap leve kont nasyon, epi wayòm kont wayòm. Nan plizyè andwa, va gen gwo grangou avèk tranbleman de tè yo. 8 ˢMen tout bagay sa yo se sèlman kòmansman an; tankou premye doulè a fanm k ap akouche a.

9 ᵗ"Epi konsa yo va livre nou nan touman, e yo va touye nou. ᵘNou va rayi pa tout nasyon yo pou koz a non Mwen.

10 "Konsa, nan tan sa a, anpil moun ap ᵛchite. Youn ap denonse lòt, e youn ap rayi lòt. 11 Epi anpil ʷfo pwofèt ap leve, e y ap mennen anpil moun nan erè. 12 Epi akoz inikite ogmante, lanmou a pi fò moun ap vin fwèt. 13 ˣMen sila ki kenbe fèm jiska lafen an ap sove.

14 "Epi ʸbòn nouvèl a wayòm sila a va preche nan tout ᶻlemonn kon yon

temwayaj a tout nasyon yo, e apre sa a, lafen an va rive. ¹⁵ "Pou sa, kon pwofèt Daniel te pale a, lè nou wè ᵃabominasyon dezolasyon an ki te pale pa Daniel, pwofèt la, k ap kanpe nan lye sen an, (kite moun k ap li a konprann) ¹⁶ nan moman sa a kite sila nan Judée yo sove pou ale nan mòn yo. ¹⁷ Nenpòt moun ki ᵇanwo kay la pa dwe desann pou pran byen li nan kay li, ¹⁸ ni nenpòt moun ki nan chan an pa dwe retounen pou pran rad li. ¹⁹ Men ᶜmalè a sila ki ansent yo e a sila k ap bay pitit yo tete nan jou sa yo!

²⁰ "Men priye pou ou pa oblije sove ale nan livè, ni nan yon jou Saba, ²¹ paske nan tan sa a, ap gen yon ᵈgwo tribilasyon yon jan ki pa janm fèt depi nan kòmansman mond lan, jouk rive koulye a, ni p ap janm genyen ankò. ²² Konsa, si jou sa yo pa t rakousi, pa t ap gen vi ki t ap sove. Men pou ᵉlakoz a sila ki chwazi yo, y ap rakousi.

²³ ᶠ"Nan lè sa a, si yon moun di nou: 'Gade, men Kris la isit la', oubyen 'Men Li la', pa kwè li. ²⁴ Paske fo Kris yo ak fo pwofèt yo ap prezante e montre gwo ᵍsign avèk mirak pou yo ta kab, si li te posib, redwi nan erè menm ʰsila ki eli yo. ²⁵ Veye, Mwen avèti nou davans.

²⁶ "Si yo di nou 'Men Li nan dezè a' pa ale la; oubyen 'Gade la, Li la nan chanm pa anndan an, pa kwè yo. ²⁷ ⁱPaske menm jan ke kout eklè a sòti nan lès pou klere jouk rive nan lwès, konsa n ap wè vini Fis a Lòm nan. ²⁸ ʲNenpòt kote kadav la ye, se la ou va twouve votou yo.

²⁹ "Men imedyatman apre tribilasyon nan jou sa yo, ᵏsolèy la va vin nwa. Lalin lan p ap bay limyè, zetwal yo va tonbe sòti nan syèl la, e pouvwa syèl yo va souke. ³⁰ "Epi nan moman sa a, ˡsign a Fis a Lòm nan va parèt nan syèl la, e tout tribi sou tè a va kriye avèk doulè, paske yo va wè ᵐFis a Lòm nan vini sòti sou nyaj syèl yo avèk pouvwa ak gran glwa, ³¹ epi Li va voye zanj Li avèk ⁿyon gwo twonpèt, e yo va rasanble ansanm ak sila ki eli yo, ki sòti nan kat van yo, sòti nan yon pwent syèl la ale nan lòt pwent lan.

³² "Koulye a, vin konprann parabòl a pye fig frans lan: lè branch li vin vèt, e prezante fèy, nou konnen ke gran sezon chalè a rive sou nou. ³³ Ou menm tou, lè nou wè tout bagay sa yo, rekonèt ke Li pwòch, ᵒLi parèt menm nan pòt la.

³⁴ "Anverite, Mwen di nou: ᵖJenerasyon sila a p ap disparèt jouk lè ke tout bagay sa yo fin pase. ³⁵ ᵠSyèl la avèk tè a va disparèt, men pawòl pa M yo p ap janm disparèt. ³⁶ Men ʳkonsènan jou sa a, avèk lè sa a, pèsòn pa konnen, pa menm zanj nan syèl yo, ni Fis la, men sèl Papa a.

³⁷ "Paske vini a Fis a Lòm nan va ˢmenm jan avèk jou a Noé yo. ³⁸ Paske menm jan ke jou yo te ye avan gwo delij la, yo t ap manje e bwè; yo t ap ᵗmarye, e t ap bay moun nan maryaj, jouk jou ke ᵘNoé te antre nan lach la. ³⁹ Epi yo pa t konprann jiskaske delij la te vini e pote yo tout ale; konsa l ap ye avèk ᵛvini a Fis a Lòm nan.

⁴⁰ "Nan moman sa a, ap gen de mesyè nan yon chan; youn ap prale; lòt la ap rete. ⁴¹ ʷDe fanm k ap moulen nan moulen an; youn ap prale, lòt la ap rete.

⁴² "Pou sa, ˣ⁴³ men konnen byen yon bagay; ʸsi mèt kay la te konnen a ᶻkilè nan nwit lan vòlè a t ap parèt, li t ap veye plis, e pa t ap kite kay la kase. ⁴⁴ Pou rezon sa a, ᵃfòk nou menm, nou byen prepare tou. Paske Fis a Lòm nan ap vini nan yon lè ke nou pa sipoze.

⁴⁵ ᵇ"Kilès, konsa, ki se esklav fidèl e rezonab ke mèt la te mete responsab tout lakay li, pou bay yo manje nan lè ke yo bezwen? ⁴⁶ Beni se esklav k ap fè sa lè mèt li vini an. ⁴⁷ Anverite Mwen di nou ke ᶜl ap mete li kòm chèf sou tout byen li yo.

ᵃ **24:15** Dan 9:27 ᵇ **24:17** I Sam 9:25 ᶜ **24:19** Luc 23:29 ᵈ **24:21** Dan 12:1 ᵉ **24:22** Mat 22:14
ᶠ **24:23** Luc 17:23 ᵍ **24:24** Jn 4:48 ʰ **24:24** Mat 22:14 ⁱ **24:27** Luc 17:24 ʲ **24:28** Job 39:30
ᵏ **24:29** És 13:10 ˡ **24:30** Mat 24:3 ᵐ **24:30** Dan 7:13 ⁿ **24:31** Egz 19:16 ᵒ **24:33** Jc 5:9
ᵖ **24:34** Mat 10:23 ᵠ **24:35** Mat 5:18 ʳ **24:36** Mc 13:32 ˢ **24:37** Jen 6:5 ᵗ **24:38** Mat 22:30
ᵘ **24:38** Jen 7:7 ᵛ **24:39** Mat 16:27 ʷ **24:41** Luc 17:35 ˣ **24:42** Mat 24:43-44 ʸ **24:43** Luc 12:39
ᶻ **24:43** Mc 13:35 ᵃ **24:44** Mat 24:42,43 ᵇ **24:45** Luc 12:42-46 ᶜ **24:47** Mat 25:21-23

⁴⁸ "Men si esklav mechan sa a di nan kè li, 'Mèt mwen p ap vini pandan anpil jou', ⁴⁹ epi li kòmanse bat esklav parèy li yo, manje e bwè avèk moun sou yo, ⁵⁰ mèt a esklav sa a ap vini nan yon jou ke li pa t panse, e nan yon lè ke li pa t konnen, ⁵¹ epi li va koupe li an mòso e bay li yon plas avèk ipokrit yo. Se la, y ap gen ᵃkriye avèk manje dan."

25 ᵇ"Konsa, Wayòm syèl la tankou dis vyèj ki te pran ᶜlanp yo pou soti e rankontre jennonm k ap marye a. ² Senk nan yo te manke sajès, men lòt senk yo te ᵈgen bon konprann. ³ Lè sila ki manke sajès yo te pran lanp yo, yo pa t pran lwil avèk yo. ⁴ Men ᵉsaj yo te pran lwil nan veso ansanm avèk lanp yo. ⁵ Konsa, pandan jennonm nan t ap pran reta, yo tout te vin fatige, e dòmi te pran yo.

⁶ "Men a minwi, te gen yon gwo kri: 'Men gade, jennonm k ap marye a parèt! Vin rankontre li.'

⁷ "Alò, tout vyèj sa yo te leve pou prepare lanp pa yo. ⁸ Men sila ki pa t saj yo te di a sila ki te pridan yo: 'Bannou kèk nan lwil pa nou an, paske lanp nou yo ap etenn.'

⁹ "Men ᶠsaj yo te reponn: 'Non, pwiske si nou fè sa, nou p ap rete kont pou nou. Pito nou ale kote machann pou nou achte pou tèt nou.'

¹⁰ "Konsa, pandan yo t ap pral achte, jennonm nan te vin parèt e sila ki te ᵍprepare yo te antre avè l ʰnan fèt maryaj la. Epi pòt la te vin fèmen.

¹¹ "Pita lòt vyèj yo te vini. Yo te di: ⁱ'Senyè, Senyè, louvri pòt la pou nou.'

¹² "Men li te reponn yo konsa: 'An verite mwen di nou, mwen pa rekonèt nou.'

¹³ "Pou sa, ʲfè atansyon, paske nou pa konnen ni jou, ni lè.

¹⁴ ᵏ"Konsa, li menm jan avèk yon nonm ki fenk pare pou fè yon vwayaj. Li rele esklav li yo, e konfye tout sa li posede nan men yo menm. ¹⁵ A youn li te bay senk talan (yon gwo sòm dajan) a yon lòt de, e a yon lòt, youn, selon kapasite ke chak te genyen. Epi li te ˡsòti pou fè vwayaj la. ¹⁶ Imedyatman, sila ki te resevwa senk ᵐtalan yo te fè afè avèk yo, e te ranmase yon lòt senk talan anplis. ¹⁷ "Menm jan an, sila ki te resevwa de talan yo te vin jwenn de lòt. ¹⁸ Men sila ki te resevwa yon sèl talan an te ale fouye yon twou nan tè pou te sere lajan mèt li.

¹⁹ "Apre anpil tan, mèt a esklav sa yo te vini pou te ⁿregle kont avèk yo. ²⁰ Sila ki te resevwa senk ᵒtalan yo te vin pote li avèk yon lòt senk talan ankò, epi te di: 'Mèt, ou te fè m konfyans ak senk talan. Ou wè, mwen fè l rapòte senk talan anplis.'

²¹ "Mèt li te di li: 'Byen fèt, bon e fidèl sèvitè. Ou te fidèl avèk yon ti kras bagay. M ap ᵖfè ou responsab anpil bagay. Antre nan lajwa a mèt ou.'

²² "Sila ki te resevwa de ᵠtalan yo te vini epi te di: 'Mèt, ou te fè m konfyans ak de talan. Ou wè, mwen fè l rapòte de talan anplis.'

²³ "Mèt li te di li: 'Byen fèt, bon sèvitè ʳfidèl la. Ou te fidèl avèk yon ti kras bagay. M ap fè ou responsab anpil bagay. Antre nan lajwa a mèt ou.'

²⁴ "Konsa, sila osi ki te resevwa yon sèl ˢtalan an te vini e te di: 'Mèt, mwen te byen konprann ke ou menm se te yon mèt ki di; ke ou rekòlte kote ou pa plante, e ranmase kote ou pa simen. ²⁵ Epi mwen te krent, e te ale sere talan an nan tè. Gade byen, ou twouve sa ki pou ou a.'

²⁶ "Men mèt li te reponn li e te di: 'Esklav malveyan e parese! Ou te konnen ke mwen rekòlte kote mwen pa plante, e ranmase kote mwen pa simen. ²⁷ Pou sa, ou te dwe mete kòb mwen an labank pou lè m rive mwen ta kapab resevwa l avèk enterè.

²⁸ "Konsa, retire talan an nan men li, epi bay li a sila a ki gen dis talan yo. ²⁹ ᵗPaske a sila a ki genyen an, l ap resevwa plis e l ap gen an abondans,

---

ᵃ **24:51** Mat 8:12   ᵇ **25:1** Mat 13:24   ᶜ **25:1** Trav 20:8   ᵈ **25:2** Mat 7:24   ᵉ **25:4** Mat 7:24
ᶠ **25:9** Mat 7:24   ᵍ **25:10** Mat 24:42   ʰ **25:10** Luc 12:35   ⁱ **25:11** Mat 7:2   ʲ **25:13** Mat 24:42
ᵏ **25:14** Mat 25:14-30   ˡ **25:15** Mat 21:33   ᵐ **25:16** Mat 18:24   ⁿ **25:19** Mat 18:23   ᵒ **25:20** Mat 18:24
ᵖ **25:21** Luc 12:44   ᵠ **25:22** Mat 18:24   ʳ **25:23** Mat 24:45,47   ˢ **25:24** Mat 18:24   ᵗ **25:29** Mat 13:12

men pou sila a ki pa genyen an, menm sa li genyen an ap retire nan men l. ³⁰ Voye esklav initil sila a nan ᵃfon tenèb, nan plas kote ap genyen kriye ak manje dan.'

³¹ "Men lè ᵇFis a Lòm nan vini nan tout glwa Li avèk tout zanj Li yo, Li va chita sou twòn glwa pa Li a. ³² Tout nasyon yo va rasanble devan Li. E Li va separe yo youn de lòt, ᶜkon yon gadyen patiraj separe mouton avèk kabrit. ³³ Konsa, l ap mete mouton yo adwat li, e kabrit yo ᵈagoch Li.

³⁴ "Epi Wa la va di a sila ki adwat li yo: 'Vini, nou menm ki beni pa Papa m; ᵉeritye wayòm nan ki te prepare pou nou depi fondasyon mond lan. ³⁵ Paske ᶠMwen te grangou, e nou te ban M bagay pou M manje. Mwen te swaf, e nou te ban M bwè. Mwen te yon etranje, e nou te envite M antre, ³⁶ ᵍMwen te touni, e nou te ban M rad. Mwen te malad e nou te vizite M. Mwen te nan prizon e nou te vin kote M.

³⁷ "Epi jis yo ap di Li: 'Senyè, kilè nou te wè Ou grangou e te bay Ou manje, ni swaf e te bay Ou bwè? ³⁸ Epi kilè nou te wè Ou yon etranje, epi envite Ou antre, oubyen touni pou te bay Ou rad? ³⁹ Epi kilè nou te wè Ou malad, e te vizite Ou; oubyen nan prizon pou te vizite Ou?'

⁴⁰ "Konsa, wa a va reponn yo: 'Anverite, Mwen di nou ʰmenm jan ke nou te fè li a youn nan frè Mwen yo, nou te fè l a Mwen menm tou.'

⁴¹ "Apre Li va di a sila ki agoch Li yo: ⁱ'Sòti sou Mwen, nou menm ki modi, pou ale nan dife etènèl ki te prepare pou Satan avèk zanj li yo a. ⁴² Paske Mwen te grangou, men nou te refize ban M manje. Mwen te swaf, e nou pa t ban M bwè. ⁴³ Mwen te yon etranje, e nou pa t envite M antre, touni, e nou pa t ban M rad, nan prizon e nou pa t vizite M.

⁴⁴ "Alò yo menm va reponn: 'Senyè, kilè nou te wè Ou grangou, oswa swaf, oswa yon etranje, touni, malad oubyen nan prizon, e nou pa t okipe Ou?'

⁴⁵ "Konsa L ap reponn yo: 'Anverite Mwen di nou, menm jan ke nou pa t fè li pou youn nan pi piti nan sa yo, nou pa t fè l pou Mwen tou.' ⁴⁶ Epi sila yo va ale nan pinisyon etènèl, men jis yo nan ʲlavi etènèl."

26 ᵏLè Jésus te fin pale tout pawòl sa yo, Li te di a disip Li yo: ² ˡ"Nou konnen ke apre de jou, Jou Pak Jwif la ap vini, e Fis a Lòm nan ap livre a yo menm pou yo kab krisifye L."

³ Nan moman sa a, chèf prèt yo avèk lansyen a pèp yo te reyini ansanm ᵐnan lakou tribinal wo prèt ke yo te rele Caïphe la. ⁴ Epi yo te ⁿfè konplo ansanm pou sezi Jésus an sekrè e touye Li. ⁵ Men yo t ap di: "Pa fè l pandan fèt la ᵒotreman sa kab fè yon gwo revòlt pami pèp la."

⁶ ᵖAlò, lè Jésus te Béthanie nan kay a Simon, lepre la, ⁷ ᑫyon fanm te vin kote L avèk yon bokal pòslèn plen avèk pafen ki te trè chè. Li te vide li sou tèt Jésus, pandan li te sou tab la.

⁸ Men disip yo te mekontan lè yo te wè sa. Yo te di: "Poukisa l ap fè gaspiyaj konsa? ⁹ Pwiske pafen sa a ta kapab vann pou yon gwo pri, e lajan sa a ta kapab separe bay a malere yo."

¹⁰ Men Jésus te konprann sa, e te di yo: "Poukisa nou ap twouble fanm nan? Li fè M yon bon bagay. ¹¹ Paske ʳmalere yo ap toujou avèk nou, men Mwen menm, Mwen p ap la pou tout tan. ¹² Pwiske lè li te vide pafen sila a sou kò M, li te fè l ˢpou prepare Mwen pou lantèman. ¹³ Anverite, Mwen di nou ke ᵗnenpòt kote ke bòn nouvèl sila a preche nan tout mond lan, sa ke fanm sila a te fè a, ap toujou pale pou yo sonje li nèt."

¹⁴ ᵘKonsa, youn nan douz yo ki te rele Judas Iscariot te ale kote chèf prèt yo.

ᵃ **25:30** Mat 8:12 ᵇ **25:31** Mat 16:27 ᶜ **25:32** Éz 34:17-20 ᵈ **25:33** Ekl 10:2 ᵉ **25:34** Mat 5:3
ᶠ **25:35** És 58:7 ᵍ **25:36** És 58:7 ʰ **25:40** Pwov 19:17 ⁱ **25:41** Mat 7:23 ʲ **25:46** Mat 19:20
ᵏ **26:1** Mat 7:28 ˡ **26:2** Mc 14:1-2 ᵐ **26:3** Mat 26:58,59 ⁿ **26:4** Mat 12:14 ᵒ **26:5** Mat 27:24
ᵖ **26:6** Luc 7:37-39 ᑫ **26:7** Luc 7:37 ʳ **26:11** Det 15:11 ˢ **26:12** Jn 19:40 ᵗ **26:13** Mc 14:9
ᵘ **26:14** Mc 14:10-11

¹⁵ Li te di yo: "Kisa nou ap ban mwen si mwen livre Li bannou?"

ᵃYo te peze bay li trant pyès ajan. ¹⁶ Depi lè sa a, li te kòmanse chache yon bon moman pou trayi li.

¹⁷ ᵇAlò, nan premye jou Fèt Pen San Ledven an, disip yo te vin kote Jésus pou mande L: "Kibò Ou vle nou prepare manje Jou Pak Jwif la pou Ou?"

¹⁸ Li te di yo: **"Ale nan vil la a yon ᶜsèten mesye e di li: 'Mèt la di nou "Lè Mwen prèske rive. M ap fè fèt Jou Pak la lakay ou avèk disip Mwen yo."'"**

¹⁹ Disip yo te fè sa, jan Jésus te mande yo a. Konsa, yo te prepare Jou Pak la.

²⁰ ᵈAlò, lè fènwa te vin rive, Jésus te lonje sou tab la avèk douz disip yo. ²¹ Pandan yo t ap manje, Li te di yo: ᵉ**"Anverite Mwen di nou, youn nan nou ap trayi M".**

²² Avèk yon doulè pwofon, yo chak te kòmanse mande L: "Asireman, se pa mwen menm, Senyè?"

²³ Li te reponn: ᶠ**"Sila ki mete men l avèk mwen nan bòl la, se li menm k ap trayi Mwen an. ²⁴ Fis a Lòm nan gen pou ale, ᵍjan ke li ekri sou Li a, men malè a sila ki trayi Fis a Lòm nan! Li t ap pi bon pou li si li pa t janm fèt."**

²⁵ ʰJudas, ki t ap trayi Li a te reponn: "Asireman se pa mwen menm, Rabbi (Mèt)?"

Li te reponn li: **"Se ou menm ki di l."**

²⁶ ⁱPandan yo t ap manje, Jésus te pran kèk pen. Li te beni li, kase l epi separe bay disip Li yo. Li te di: **"Pran, manje; sa se kò Mwen."**

²⁷ Li te pran tas la e te bay remèsiman. Li te bay yo e Li te di: **"Bwè ladann, nou tout; ²⁸ paske ʲsa se san akò Mwen ki vèse pou anpil moun, pou padon peche yo. ²⁹ Men Mwen di nou, Mwen p ap bwè fwi rezen sila a ankò depi koulye a, jouk rive lè Mwen bwè l de nouvo avèk nou nan wayòm Papa Mwen an."**

³⁰ ᵏApre yo chante yon kantik, yo te ale nan Mòn Oliv la.

³¹ Konsa, Jésus te di yo: **"Nou tout ap gaye akoz Mwen pandan nwit sa a, paske sa ekri:** ˡ**'Mwen va frape e fè tonbe bèje a, epi tout mouton va gaye.' ³² Men lè M leve,** ᵐ**M ap prale devan nou Galilée."**

³³ Men Pierre te reponn e te di Li: "Menm lè tout lòt yo fè bak akoz de Ou menm, mwen menm, mwen p ap fè bak."

³⁴ Jésus te di li: ⁿ**"Anverite Mwen di ou ke menm nwit sa a, avan kòk la gen tan chante, ou ap gen tan nye Mwen twa fwa."**

³⁵ Pierre te di Li: ᵒ"Menm si mwen oblije mouri avèk Ou, mwen p ap janm nye Ou." Tout lòt disip yo te di menm bagay sila a tou.

³⁶ ᵖKonsa, Jésus te vini avèk yo nan yon plas yo rele Gethsémané. Li te di a disip Li yo: **"Chita isit la pandan Mwen prale lòtbò a pou priye."**

³⁷ Li te pran avè L ᵠPierre, avèk de fis Zébédée yo, epi Li te kòmanse ranpli avèk gwo doulè ak tristès. ³⁸ Konsa Li te di yo: **"Nanm Mwen jis nan fon Mwen tris, jiskaske rive nan pwent pou mouri. Rete isit la pou veye avè M".** ʳ³⁹ Li te ale yon ti jan pi lwen; Li te tonbe sou figi Li, e te priye konsa: **"Papa M, si se posib, kite** ˢ**tas sila a chape de Mwen menm;** ᵗ**men pa jan Mwen menm ta vle l la, men jan volonte pa W la."**

⁴⁰ Li te vin vire vè disip Li yo e te twouve yo t ap dòmi. Li te di a Pierre: **"Konsa, nou pa t kapab** ᵘ**veye avè M pandan yon sèl èdtan? ⁴¹ Veye byen e priye pou nou pa antre nan tantasyon.** ᵛ**Lespri a byen dispoze, men chè la fèb."**

⁴² Li te kite yo yon dezyèm fwa e te priye konsa: **"Papa M, si tas sa a p ap kab retire anmwens ke M bwè l,** ʷ**ke volonte Ou fèt."**

⁴³ Ankò Li te retounen e te twouve yo t ap dòmi, paske zye yo te byen lou. ⁴⁴ Konsa, Li te kite yo ankò pou te ale pou priye yon twazyèm fwa. Li te fè menm priyè a yon fwa ankò.

ᵃ **26:15** Egz 21:32   ᵇ **26:17** Mc 14:12-16   ᶜ **26:18** Mc 14:13   ᵈ **26:20** Mc 14:17-21   ᵉ **26:21** Luc 22:21-23
ᶠ **26:23** Sòm 41:9   ᵍ **26:24** Mat 26:31-54   ʰ **26:25** Mat 26:14   ⁱ **26:26** I Kor 10:16   ʲ **26:28** Egz 24:8
ᵏ **26:30** Mc 14:26-31   ˡ **26:31** Za 13:7   ᵐ **26:32** Mat 28:7,10,16   ⁿ **26:34** Mat 26:75   ᵒ **26:35** Jn 13:37
ᵖ **26:36** Mc 14:32-42   ᵠ **26:37** Mat 4:21   ʳ **26:38** Jn 12:27   ˢ **26:39** Mat 20:22   ᵗ **26:39** Mat 26:42
ᵘ **26:40** Mat 26:38   ᵛ **26:41** Mc 14:38   ʷ **26:42** Mat 26:39

⁴⁵ Apre Li te vin kote disip Li yo. Li te mande yo: "Èske nou toujou ap dòmi epi pran repo nou? Gade, ᵃlè a rive. Fis a Lòm nan ap livre nan men pechè yo. ⁴⁶ Leve, annou ale. Men gade, sila k ap trayi Mwen an gen tan rive!"

⁴⁷ ᵇPandan Li te toujou ap pale, Judas, youn nan douz yo, te pwoche. Li te akonpanye pa yon gwo foul avèk nepe ak baton, ki te voye pa gran prèt ak lansyen a pèp yo. ⁴⁸ Konsa, sila ki t ap trayi Li a te deja bay yo yon sinyal. Li te di: "Sila ke m bo a, se Li menm. Sezi Li." ⁴⁹ Touswit, Li te ale kote Jésus. Li te di: "Bonswa ᶜRabbi (Mèt)!" e li te bo Li.

⁵⁰ Jésus te di Li: ᵈ**"Zanmi M, poukisa ou vini la."** Konsa yo vin mete men yo sou Li, e te sezi Li.

⁵¹ Epi konsa, ᵉyoun nan yo ki te avèk Jésus te rale nepe l, te voye l e koupe zòrèy a esklav gran prèt la.

⁵² Alò, Jésus te di l: **"Remete nepe ou nan plas li; paske ᶠtout sila ki leve nepe yo, y ap peri pa nepe. ⁵³ Men èske nou panse ke Mwen pa kapab fè apèl a Papa M, e l ap voye ban Mwen plis ke ᵍdouz lejyon (sa vle di 72,000) ʰzanj? ⁵⁴ Men kijan konsa, ⁱpou Ekriti Sen yo kab vin akonpli ki fè nou konnen jan l ap oblije fèt?"**

⁵⁵ Nan moman sa a, Jésus te di a foul la: **"Èske nou vini avèk nepe ak baton pou arete M, konsi nou ta vin kont yon vòlè? ʲChak jou Mwen te konn chita nan tanp lan pou enstwi nou, e nou pa t janm sezi M. ⁵⁶ Men tout sa vin rive pou ᵏEkriti Sen yo selon pwofèt yo ta kapab vin akonpli."**

Lapoula, tout disip Li yo te kouri kite Li.

⁵⁷ ˡSila ki te sezi Jésus yo te mennen L ale pou wè Caïphe, gran prèt la, kote skrib yo avèk lansyen a pèp yo te gen tan rasanble. ⁵⁸ Men ᵐPierre te swiv Li a yon distans jouk yo rive nan ⁿlakou wo prèt la. Li te antre avèk yo e chita avèk gad yo pou wè jan li ta fini.

⁵⁹ Epi chèf prèt yo avèk tout ᵒKonsèy la t ap fòse wè si yo ta kab twouve kèk fo temwayaj kont Jésus, pou yo ta kapab mete L a lanmò. ⁶⁰ Men yo pa t twouve okenn, malgre ke anpil fo temwayaj te vin prezante.

Men pita, ᵖte gen de ki te vin prezante. ⁶¹ Yo te di: "Nonm sa a te di: ᵠ'Mwen kapab detwi tanp Bondye a, e rebati li nan twa jou.'"

⁶² Konsa, wo prèt la te kanpe pou te di L: "Èske Ou p ap reponn? Kisa ke moun sa yo ap temwaye kont ou an?"

⁶³ Men Jésus te rete an silans.

ʳEpi wo prèt la te di L: "Mwen egzije Ou pa Bondye vivan an, pou di nou, si Ou menm se Kris La, Fis Bondye a."

⁶⁴ Jésus te di li: **"Ou te di li ou menm. Malgre sa, Mwen ap di nou, apre sa, nou va wè Fis a Lòm nan k ap chita sou men dwat Pwisan an e ˢk ap vini sou nyaj ki nan syèl yo."**

⁶⁵ Konsa wo prèt la te ᵗchire rad li e te di: "Li gen tan vin blasfeme! Kisa nou bezwen ankò kon temwayaj? Gade, nou fin tande blasfèm nan. ⁶⁶ Kisa nou panse?" Yo te reponn e te di: ᵘ"Li merite lanmò!"

⁶⁷ ᵛEpi yo krache nan figi Li, e te bat Li avèk kout pwen. Lòt yo te souflete L. ⁶⁸ Yo te di: ʷ"Pwofetize pou nou, Ou menm Kris la! Kilès ki te frape Ou a?"

⁶⁹ ˣKonsa, Pierre te chita deyò a nan lakou a, e yon sèten fi ki t ap sèvi lòt yo te vin kote l. Li te di l: "Ou te osi avèk Jésus, Galileyen an."

⁷⁰ Men Li demanti devan tout e te di: "Mwen pa konnen menm de kisa w ap pale a!"

⁷¹ Epi lè li fin sòti sou galri a, yon lòt fi ki t ap sèvi te wè l e te di: "Mesye sila a te avèk Jésus, Nazareyen an."

⁷² Ankò li te demanti sa avèk yon sèman: "Mwen pa menm konnen mesye sila a!"

⁷³ Epi yon ti jan pita, sila ki te la yo, te vin kote Pierre. Yo te di l: "Asireman ou menm, ou se youn nan yo. ʸJan ou pale a devwale ou."

ᵃ **26:45** Mc 14:41 ᵇ **26:47** Mc 14:43-50 ᶜ **26:49** Mat 23:7 ᵈ **26:50** Mat 20:13 ᵉ **26:51** Mc 14:47
ᶠ **26:52** Jen 9:6 ᵍ **26:53** Mc 5:9,15 ʰ **26:53** Mat 4:11 ⁱ **26:54** Mat 26:24 ʲ **26:55** Mc 12:35
ᵏ **26:56** Mat 26:24 ˡ **26:57** Mc 14:53-65 ᵐ **26:58** Jn 18:15 ⁿ **26:58** Mat 26:3 ᵒ **26:59** Mat 5:22
ᵖ **26:60** Det 19:15 ᵠ **26:61** Mat 27:40 ʳ **26:63** Mat 26:63-66 ˢ **26:64** Dan 7:13 ᵗ **26:65** Nonb 14:6
ᵘ **26:66** Lev 24:16 ᵛ **26:67** És 50:6 ʷ **26:68** Mc 14:65 ˣ **26:69** Mc 14:66-72 ʸ **26:73** Mc 14:70

⁷⁴ Konsa li te kòmanse bay madichon e te sèmante: "Mwen pa menm konnen nonm sila a!"

Imedyatman, kòk la te chante. ⁷⁵ Pierre te sonje mo Jésus a, lè Li te di: **"Avan kók la chante, ou va nye Mwen twa fwa."** E li te ale deyò pou te kriye yon kriye anmè.

27 Alò, lè maten ᵃvin rive, tout chèf prèt yo avèk lansyen a pèp la te pran diskite kont Jésus pou mete Li a lanmò. ² Yo te mare Li, mennen L ale pou te livre Li a ᵇPilate, gouvènè peyi a.

³ Konsa, lè ᶜJudas ki te trayi Li a te wè ke Li te kondane, Li te sanse regrèt. Li te retounen bay ᵈtrant pyès ajan yo bay chèf prèt yo avèk lansyen a pèp yo. ⁴ Li te di yo: "Mwen te peche. Mwen te trayi san inosan an."

Men yo te reponn l: "Kisa sa ye pou nou? ᵉOkipe sa ou menm!"

⁵ Pou sa a, li te jete pyès ajan yo nan santyè tanp lan. ᶠLi te sòti, e te ale pann tèt li.

⁶ Chèf prèt yo te pran pyès ajan yo, e te di: "Sa pa pèmèt pou nou mete yo nan kès tanp lan, akoz ke se pri san." ⁷ Konsa, yo te mete tèt yo ansanm. Avèk kòb la, yo te achte yon chan yo te rele Chan Kanari a pou yon simityè pou etranje yo. ⁸ ᵍPou rezon sa a, yo rele chan sa a Chan San an, jiska jodi a.

⁹ Epi sa ki te pale pa pwofèt Jérémie a te akonpli, sa ki te di:

ʰ"Yo te pran trant pyès ajan,
pri sou Sila a ke yo te etabli yon pri;
ke kèk nan fis Israël te etabli,

¹⁰ epi yo te bay yo pou ⁱChan Kanari a jan Senyè a te dirije m nan."

¹¹ ʲAlò, Jésus te kanpe devan gouvènè a, e gouvènè a te kesyone L konsa: "Èske ou se Wa a Jwif yo"?

Jésus te reponn li: **"Se konsa ou di a."**

¹² Lè Li te akize pa chèf prèt yo avèk lansyen a pèp yo, ᵏLi pa t reponn.

¹³ Konsa, Pilate te di L: "Èske ou pa tande konbyen bagay yo temwaye kont Ou?"

¹⁴ ˡLi pa t reponn li menm a yon sèl akizasyon. Gouvènè a te byen etone pou sa.

¹⁵ ᵐAlò, nan fèt la, gouvènè a te abitye lage pou pèp la yon sèl prizonye selon volonte pa yo. ¹⁶ Nan moman sa a, yo te gen yon move prizonye byen rekonèt, yo te rele Barabbas.

¹⁷ Konsa, lè yo te reyini ansanm, Pilate te mande yo: "Kilès nou vle m lage pou nou? Barabbas, oubyen Jésus ⁿke yo rele Kris la?" ¹⁸ Paske li te byen konprann ke se jalouzi ki te fè yo livre Li.

¹⁹ ᵒPandan Li te chita sou chèz jijman an, madanm li te voye di li: "Pa gen anyen pou fè avèk Nonm jis sila a; paske jodi a, mwen te soufri anpil nan yon rèv akoz de Li menm."

²⁰ Men chèf prèt yo avèk lansyen yo te konvenk yo pou ᵖmande pou Barabbas, e pou mete Jésus a lanmò.

²¹ Men gouvènè a te reponn e te di yo: "Kilès nan de sa yo nou ta vle m lage bannou?"

E yo te di: "Barabbas!"

²² Pilate te di: "E kisa pou mwen ta fè avèk Jésus ᵍke yo rele Kris la?"

E yo te di: "Krisifye Li!"

²³ Li te di: "Poukisa, ki mal Li fè?"

Men yo te kontinye rele pi fò: "Krisifye Li!"

²⁴ Konsa, lè Pilate te wè ke li pa t ap rezoud anyen, men okontrè, pèp la te kòmanse ap fè tenten, li te pran dlo pou ʳte lave men li devan pèp la, e te di: "Mwen inosan a san Nonm sila a; fè l nou menm".

²⁵ Tout pèp la te reponn e te di: ˢ"Kite san Li sou nou e sou Pitit nou yo!"

²⁶ Konsa, li te lage Barabbas pou yo; men li te fè yo ᵗbat Jésus avèk fwèt, epi li te livre Li pou L te krisifye.

²⁷ ᵘEpi sòlda a gouvènè yo te pran Jésus ale nan pretwa a (lakou gad la), e te rasanble tout kowòt la (yon bann sòlda Women) pou antoure Li. ²⁸ Yo te retire rad sou Li, e te abiye Li avèk yon vètman wouj. ²⁹ ᵛEpi lè yo fin trese yon kouwòn avèk bwa pikan, yo te mete li sou tèt Li, ak yon wozo nan men dwat Li. Yo te bese ajenou devan L pou te moke L. Yo te di L: "Salitasyon, Wa a Jwif

---

ᵃ **27:1** Mc 15:1   ᵇ **27:2** Luc 3:1   ᶜ **27:3** Mat 26:14   ᵈ **27:3** Mat 26:15   ᵉ **27:4** Mat 27:24
ᶠ **27:5** Mat 26:24   ᵍ **27:8** Trav 1:19   ʰ **27:9** Za 11:12   ⁱ **27:10** Za 11:13   ʲ **27:11** Mc 15:2-5
ᵏ **27:12** Mat 26:63   ˡ **27:14** Mat 27:12   ᵐ **27:15** Jn 18:39   ⁿ **27:17** Mat 1:16   ᵒ **27:19** Jn 19:13
ᵖ **27:20** Trav 3:14   ᵍ **27:22** Mat 1:16   ʳ **27:24** Det 21:6-8   ˢ **27:25** Jos 2:19   ᵗ **27:26** Mc 15:15
ᵘ **27:27** Mc 15:16-20   ᵛ **27:29** Mc 15:17

yo!" ³⁰ ᵃYo te krache sou Li, yo te pran wozo a e te kòmanse bat Li nan tèt.

³¹ ᵇLè yo te fin moke L, yo te retire vètman wouj la sou Li, e te remete rad Li sou Li pou mennen L al krisifye. ³² ᶜPandan yo t ap sòti, yo te rankontre yon nonm peyi Siryen ke yo te rele Simon, e yo te fòse li pote Kwa Li a.

³³ ᵈLè yo te rive nan yon plas yo rele Golgotha, ki vle di Plas Zo Bwa Tèt La, ³⁴ ᵉyo te bay Li diven pou bwè mele avèk fyèl. Men lè L te goute l, Li pa t dakò bwè l. ³⁵ Answit lè yo te fin krisifye L, yo te ᶠpataje vètman Li pami yo selon tiraj osò. ³⁶ Epi konsa, yo te chita e te ᵍkòmanse veye L la. ³⁷ Yo te plase anwo tèt Li akizasyon ki te kont Li an ki te di: ʰ"SA SE JÉSUS WA JWIF LA".

³⁸ Nan menm lè sa a, de vòlè te krisifye avèk L, youn pa adwat Li, e youn pa agoch Li. ³⁹ Sila yo ki t ap pase la yo t ap voye kout lang sou Li, e t ap ⁱsouke tèt yo. ⁴⁰ Yo t ap di: ʲ"Ou menm k ap detwi tanp lan pou rebati li nan twa jou a, sove pwòp tèt ou! ᵏSi ou se Fis Bondye a, sòti sou kwa a."

⁴¹ Epi menm jan an, chèf prèt yo avèk skrib ak lansyen yo t ap moke L e t ap di: ⁴² ˡ"Li te sove lòt yo; Li pa kapab sove pwòp tèt Li. Si Li se Wa Israël la, koulye a, kite L sòti sou kwa a, e n ap kwè nan Li. ⁴³ ᵐLi mete konfyans nan Bondye. Kite Li sove Li koulye a, si Li vlè L; paske Li te di: 'Mwen se Fis Bondye a'".

⁴⁴ Anplis, ⁿvolè ki te krisifye avèk L yo t ap voye menm ensilt yo sou Li.

⁴⁵ ᵒAlò, depi sizyèm lè (midi), fènwa te tonbe sou tout tè a jis rive nan nevyèm lè (twazè).

⁴⁶ Nan anviwon nevyèm lè, Jésus te kriye avèk yon vwa byen fò: ᵖ"**Eli, Eli, lima sabachthani?**" Ki vle di: "**Bondye m, Bondye m, Poukisa Ou abandone Mwen?**"

⁴⁷ Epi kèk nan yo ki te kanpe la, lè yo te tande sa, yo te kòmanse di: "Nonm sa a ap rele Elie". ⁴⁸ ᵠE lapoula, youn nan yo te kouri pran yon eponj. Li te ranpli li avèk vinèg si, e plase li sou yon wozo pou te bay Li pou bwè. ⁴⁹ Men lòt yo te di: "Annou wè si Elie ap vin sove L".

⁵⁰ Konsa, Jésus ʳte kriye ankò avèk yon vwa fò, e te kite lespri nanm Li sòti.

⁵¹ ˢEpi gade, ᵗvwal tanp lan te chire de bout soti anwo, rive jouk anba, epi latè te tranble, e wòch yo te vin fann. ⁵² Konsa, tonm yo te louvri e kò anpil sen ki ᵘt ap dòmi te vin leve. ⁵³ Yo te sòti nan tonm yo lè Li te fin resisite e te antre nan ᵛvil sen an kote yo te parèt a anpil moun.

⁵⁴ ʷEpi santenye a ak sila ki te avèk li yo ki t ap veye Jésus yo, lè yo te wè tranbleman de tè a, ak bagay ki t ap fèt yo te vin fè pè anpil. Yo te di: "Anverite, sa se te Fis a Bondye a!"

⁵⁵ ˣAnpil fanm te la. Yo t ap gade a yon distans. Se te sila ki te swiv Jésus yo soti Galilée pandan yo t ap sèvi L. ⁵⁶ Pami yo, te gen ʸMarie a Magdala, Marie, manman a Jacques ak Joseph, e manman a fis Zébédée yo.

⁵⁷ ᶻLè li te fin fènwa, te vini yon nonm rich ki te soti Arimathée, ke yo te rele Joseph. Li menm osi, li te deja yon disip a Jésus. ⁵⁸ Mesye sila a te mande Pilate pou kò Jésus.

Konsa Pilate te kòmande ke li te livre bay li.

⁵⁹ Epi Joseph te pran kò a e te vlope li nan yon twal lèn pwòp. ⁶⁰ Li te mete li nan pwòp tonm nèf pa li, ki te fouye nan wòch. Li te woule yon ᵃgwo wòch kont antre a, e li te kite lye a.

⁶¹ Epi Marie ki te sòti Magdala te la avèk lòt Marie a, ki te chita anfas tonm lan.

⁶² Konsa, nan jou swivan an, ki te jou apre ᵇpreparasyon an, chèf prèt yo avèk Farizyen yo te reyini avèk Pilate. ⁶³ Yo te di l: "Mèt, nou sonje ke lè Li te vivan an ke twonpè sila a te di: ᶜ'**Apre twa jou, Mwen va leve ankò.**' ⁶⁴ Pou sa, kòmande pou yo mete tonm nan an sekirite jiska twa jou. Otreman, disip Li yo kab vin vòlè Li e di pèp la ke Li gen tan leve nan

---

ᵃ **27:30** Mat 26:67 ᵇ **27:31** Mc 15:20 ᶜ **27:32** Jn 19:17 ᵈ **27:33** Mc 15:22-32 ᵉ **27:34** Sòm 69:21
ᶠ **27:35** Sòm 22:18 ᵍ **27:36** Mat 27:54 ʰ **27:37** Mc 15:26 ⁱ **27:39** Job 16:4 ʲ **27:40** Mat 26:61
ᵏ **27:40** Mat 27:42 ˡ **27:42** Mc 15:31 ᵐ **27:43** Sòm 22:8 ⁿ **27:44** Luc 23:3-9-43 ᵒ **27:45** Mc 15:33-41 ᵖ **27:46** Sòm 22:1 ᵠ **27:48** Sòm 69:21 ʳ **27:50** Mc 15:37 ˢ **27:51** Luc 23:47-49
ᵗ **27:51** Egz 26:31 ᵘ **27:52** Trav 7:60 ᵛ **27:53** Mat 4:5 ʷ **27:54** Mc 15:39 ˣ **27:55** Mc 15:40
ʸ **27:56** Mat 28:1 ᶻ **27:57** Mc 15:42-47 ᵃ **27:60** Mat 27:66 ᵇ **27:62** Mat 27:56 ᶜ **27:63** Mat 16:21

lanmò; epi dènye desepsyon sila a ap pi mal pase premye a."

⁶⁵ Pilate te di yo: "Nou genyen ᵃgad la; ale mete li ansekirite jan nou konnen an."

⁶⁶ Epi yo te ale mete tonm nan ansekirite. Plis ke gad la, yo te mete yon ᵇso sou wòch la.

28

ᶜAlò, apre Saba a, lè li te kòmanse fè jou nan premye jou semèn nan, Marie Magdala ak lòt Marie a te vini pou gade tonm nan.

² Lapoula, te gen yon gwo tranbleman de tè, e ᵈyon zanj Bondye te desann soti nan syèl la. Li te vin woule ᵉwòch akote a, e li te chita sou li. ³ Li te ᶠparèt tankou kout eklè, e vètman li te blanch tankou lanèj.

⁴ Gad yo te vin tranble avèk lakrent, e yo te tounen tankou moun mouri.

⁵ Konsa zanj lan te reponn e te di a fanm yo: ᵍ"Pa pè, paske mwen konnen ke nou ap chèche Jésus ki te krisifye a. ⁶ Li pa la, paske Li leve, ʰmenm jan Li te di a. Vin wè plas kote Li te kouche a." ⁷ "Epi ale vit pou di disip Li yo ke Li leve soti nan lanmò. Epi gade byen, l ap prale devan nou nan ⁱGalilée. La nou va wè Li. Gade byen, mwen gen tan di nou sa."

⁸ Yo te kite tonm nan vit avèk lakrent, avèk gwo lajwa, e yo te kouri ale bay rapò a disip Li yo.

⁹ Pandan yo t ap w ale pou pale disip Li yo, gade byen, Jésus te rankontre yo e te salye yo.

Yo te vin kote l, te kenbe pye Li, e te adore L. ¹⁰ Jésus te di yo: **"Pa pè. Ale di ʲfrè M yo pati pou rive nan Galilée. La, yo va wè m."**

¹¹ Pandan yo te nan wout la, konsa kèk nan ᵏgad yo te antre lavil la pou te bay rapò a chèf prèt yo sou tout sa ki te rive yo a. ¹² Konsa, lè yo te rasanble avèk tout lansyen yo e te pran konsèy ansanm, yo te bay yon gwo sòm lajan a sòlda yo. ¹³ Yo te di yo: "Nou gen pou di: 'Disip Li yo te vini nan lannwit e te vòlè L pote ale pandan nou t ap dòmi. ¹⁴ Si sa ta gen tan rive nan ˡzòrèy Gouvènè a, n ap pale avè l pou pwoteje nou pou nou pa gen pwoblèm'".

¹⁵ Alò, yo te pran kòb la, e te fè jan yo te enstwi yo. Listwa sila a te ᵐgaye pami Jwif yo e kontinye jouk jou sila a.

¹⁶ Men onz disip yo te fè wout yo pou ⁿGalilée, vè mòn ke Jésus te dezinye a. ¹⁷ Lè yo te wè Li, yo te adore Li; men ᵒkèk te doute.

¹⁸ Jésus te vin pale avèk yo, e te di: ᵖ**"Mwen fin resevwa tout pouvwa nan syèl la ak sou latè. ¹⁹ Konsa, ale ᑫfè disip a tout nasyon yo, epi ʳbatize yo nan non Papa a, Fis la, avèk Lespri Sen an. ²⁰ Enstwi yo pou swiv tout sa ke Mwen te kòmande nou yo, epi konsa, ˢMwen va avèk nou toujou jiska lafen de laj."**

ᵃ **27:65** Mat 27:66   ᵇ **27:66** Dan 6:17   ᶜ **28:1** Jn 20:1-8   ᵈ **28:2** Luc 24:4   ᵉ **28:2** Mat 27:66
ᶠ **28:3** Dan 7:9   ᵍ **28:5** Mc 14:27   ʰ **28:6** Mat 12:40   ⁱ **28:7** Mat 26:32   ʲ **28:10** Jn 20:17
ᵏ **28:11** Mat 27:65,66   ˡ **28:14** Mat 27:2   ᵐ **28:15** Mat 9:31   ⁿ **28:16** Mat 26:32   ᵒ **28:17** Mc 16:11
ᵖ **28:18** Dan 7:13   ᑫ **28:19** Mat 15:32   ʳ **28:19** Trav 2:38   ˢ **28:20** Mat 18:20

LEVANJIL SELON MARC

1 Kòmansman bòn nouvèl Jésus Kris la, [a]Fis Bondye a. [2] Jan li ekri nan Ésaïe, pwofèt la,

[b]"Gade byen, Mwen voye mesaje
　　Mwen an pa devan nou,
ki va prepare chemen nou;
[3] [c]Se vwa a youn k ap kriye nan dezè a,
[d]'Prepare chemen SENYÈ a; fè
　　wout li dwat.'"

[4] Jean Baptiste te parèt nan savann nan pou [e]preche batèm repantans lan pou [f]padon peche yo.

[5] Tout peyi Judée a t ap prale bò kote li avèk tout pèp Jérusalem lan. Konsa, yo t ap batize pa li menm nan larivyè Jourdain an. Yo t ap konfese peche yo.

[6] Jean te abiye avèk pwal chamo. Yon sentiwon te antoure senti li, epi manje li se te krikèt avèk myèl sovaj. [7] Li t ap preche pou di: "Apre mwen gen youn k ap vini ki pi gran pase m, epi mwen pa menm dign pou m ta bese demare lasèt sandal Li. [8] Mwen batize nou avèk dlo, men Li va batize nou avèk Lespri Sen an."

[9] [g]Nan jou sa yo, Jésus te sòti Nazareth nan Galilée, e te batize pa Jean nan Jourdain an. [10] Nan menm moman ke Li te sòti nan dlo a, Li te wè syèl la vin louvri, e Lespri a kon yon toutrèl te vin desann sou Li. [11] Yon vwa te sòti nan syèl la: [h]"Ou menm se Fis byeneme Mwen an; nan Ou menm, Mwen byen kontan."

[12] Nan menm moman an Lespri a te pouse Li ale nan dezè a. [i][13] Konsa, Li te nan dezè a pou karant jou pandan [j]Satan t ap tante Li. Li te avèk bèt sovaj yo, epi se zanj yo ki te okipe Li.

[14] [k]Alò, apre Jean te fin arete, Jésus te vini Galilée. Li t ap [l]preche Bòn Nouvèl Bondye a. [15] Li te di: [m]**"Lè a gen tan rive, epi wayòm Bondye a pwòch; repanti e kwè nan Bòn Nouvèl la."**

[16] [n]Pandan li t ap pase bò kote lanmè Galilée a, Li te wè Simon avèk André, frè a Simon an, ki t ap voye yon senn nan lanmè a, paske se moun lapèch yo te ye. [17] Jésus te di yo: **"Swiv Mwen, e M ap fè nou fè lapèch moun."** [18] La menm, yo te kite senn yo pou te swiv Li.

[19] Pi lwen Li te wè Jacques, fis Zébédée a, ak Jean, frè li a, ki t ap repare senn yo nan kannòt la. [20] Lapoula Li te rele yo, e yo te kite Zébédée, papa yo, nan kannòt la avèk sèvitè jounalye yo, e te sòti pou swiv Li.

[21] Yo te ale Capernaüm. Imedyatman nan Saba a, Li te antre nan sinagòg la pou l te kòmanse enstwi.

[o] [22] [p]Yo te etone pou jan Li te enstwi a. Paske Li te enstwi kon yon moun ki te gen otorite, e pa kon skrib yo.

[23] Nan menm lè sa a, te gen yon mesye nan sinagòg la ki te gen yon move lespri. Li t ap rele fò [24] pou di: [q]"Kisa nou gen avè w, Jésus de Nazareth? Èske Ou vini pou detwi nou? Mwen konnen kilès Ou ye [r]Sila ki Sen Bondye a!"

[25] Konsa Jésus te reprimande L. Li te di l: **"Pe la, e sòti nan li!"**

[26] Move lespri a te boulvèse li avèk gwo kriz. Li te kriye ak yon vwa fò, e te kite li.

[27] Yo tout te etone. Yo te diskite pami yo e te di: "Kisa sa ye? Yon enstriksyon nèf? Avèk otorite Li kòmande menm move lespri yo, e yo obeyi Li!"

[28] Byen vit nouvèl la te kouri toupatou nan tout anviwon Galilée a.

[29] [s]Depi lè yo kite sinagòg la, yo te antre lakay Simon avèk André ansanm avèk Jacques ak Jean.

[30] Bèlmè Simon an te kouche malad avèk yon lafyèv. Imedyatman an yo te pale avèk Li konsènan li.

[31] Jésus te vin kote l. Li te leve li pa men li, epi lafyèv la te kite li. Konsa li te sèvi yo.

[32] [t]Lè nwit lan te rive e solèy la fin kouche, yo te pote bay Li tout moun ki te malad yo,

---

[a] **1:1** Mat 4:3　　[b] **1:2** Mat 3:1-11　　[c] **1:3** És 40:3　　[d] **1:3** Mat 11:10; Luc 7:10　　[e] **1:4** Trav 13:24
[f] **1:4** Luc 1:77　　[g] **1:9** Mat 3:13-17　　[h] **1:11** Sòm 2:7　　[i] **1:12** Mat 4:1-11　　[j] **1:13** Mat 4:10
[k] **1:14** Mat 4:12　　[l] **1:14** Mat 4:23　　[m] **1:15** Gal 4:4　　[n] **1:16** Luc 5:2-11　　[o] **1:21** Luc 4:31-37
[p] **1:22** Mat 7:28　　[q] **1:24** Mat 8:29　　[r] **1:24** Luc 4:24　　[s] **1:29** Mat 8:14,15　　[t] **1:32** Mat 8:16,17

avèk sila ki te gen move lespri yo. ³³ Tout ᵃvil la te rasanble devan pòt la.

³⁴ Li te ᵇgeri anpil moun ki te malad avèk plizyè kalite maladi, e te chase anpil dyab. Li pa t kite yo pale paske yo te konnen kilès Li te ye.

³⁵ ᶜNan granmmaten, pandan li te toujou fènwa, Li te leve e te ale deyò nan yon kote izole kote li t ap priye.

³⁶ Konsa, Simon avèk sila ki te avè l yo t ap chèche Li. ³⁷ Yo te twouve li, e te di L: "Tout moun ap chèche Ou".

³⁸ Li te di yo: **"Annou ale yon lòt kote nan vil ki toupre yo pou M kab preche la tou, paske se pou sa ke M te vini."** ³⁹ ᵈ Li te ale nan sinagòg yo toupatou nan tout Galilée, e Li t ap preche, e chase move lespri yo.

⁴⁰ ᵉYon lepre te vin kote L, e t ap sipliye L. Li te tonbe ajenou devan L, e te di L: "Si Ou vle, Ou kapab fè m vin pwòp".

⁴¹ Kè Li te vin plen avèk konpasyon. Li te lonje men L, te touche li, e te di L: **"Mwen vle. Vin pwòp".** ⁴² Konsa, touswit lèp la te kite l, e li te vin pwòp.

⁴³ Konsa, Li te avèti li byen sevè, e byen vit, Li te voye l ale. ⁴⁴ Li te di li: ᶠ**"Fè atansyon pou pa di anyen a pèsòn; men ᵍale montre ou menm a prèt la, e ofri li yon ofrann pou pirifikasyon ou, sa ke Moïse te kòmande a, kon yon temwayaj a yo menm."**

⁴⁵ Men li te ale deyò e te kòmanse ʰpwoklame sa toupatou. Li te gaye nouvèl la jouk lè Jésus pa t kapab antre piblikman nan yon vil ankò, men te rete andeyò nan zòn dezè yo. Moun yo te sòti vin kote l de tout andwa.

2 Lè L te retounen kèk jou apre, nouvèl la te gaye ke Li te lakay Li.

² Byen vit ⁱanpil moun te rasanble devan pòt la pou jis lè pa t gen plas ankò, e Li te pale pawòl la bay yo.

³ Epi yo te pote bay Li yon paralitik ki te pote pa kat mesye. ⁴ Yo pa t kab rive bò kote L akoz foul la. Konsa, yo te retire twati kay la, e lè yo te fin fouye yon twou, yo te lonje palèt la desann sou li avèk mesye paralize ki te kouche a.

⁵ Jésus, lè L te wè lafwa yo, te di a paralitik la: **"Fis Mwen, peche ou yo padone."**

⁶ Men te gen kèk nan skrib yo ki te chita la ki te rezone nan kè yo: ʲ⁷ "Poukisa nonm sa a pale konsa? L ap blasfeme; ᵏkilès sof ke Bondye sèl ki kab padone peche?"

⁸ Epi nan menm moman an, Jésus, okouran nan lespri Li ke yo t ap refleshi konsa, te di yo: **"Poukisa nou ap rezone sou bagay sa yo konsa nan kè nou? ⁹ Kisa ki pi fasil pou di a paralitik la: 'Peche ou yo padone', oubyen leve pran palèt ou e mache?' ¹⁰ Men pou nou ka konnen ke Fis a Lòm nan gen otorite sou latè pou padone peche yo"** —Li te di a paralitik la: ¹¹ **"Mwen di ou leve, pran palèt ou e ale lakay ou."**

¹² Byen vit, li te leve, pran palèt li, e te sòti deyò devan tout moun. Yo tout te etone. Yo t ap ˡbay glwa a Bondye. Yo t ap di: ᵐ"Nou pa janm wè yon bagay konsa".

¹³ Li te ale deyò ankò bò kote lanmè a. ⁿTout foul la te vin kote Li, e Li t ap enstwi yo. ¹⁴ ᵒPandan Li t ap pase, Li te wè Lévi, fis a Alphée a, ki te chita nan biwo kontribisyon an. Li te di li: **"Swiv Mwen"!** Konsa, li te leve pou swiv Li.

¹⁵ Li te vin rive pandan Li te sou tab lakay li a, ke anpil kolektè kontribisyon avèk pechè yo t ap dine avèk Jésus ak disip Li yo. Yo te anpil, e yo t ap swiv Li. ¹⁶ Lè ᵖskrib ak Farizyen yo te wè ke Li t ap manje avèk pechè ak ajan kontribisyon yo, yo te kòmanse di a disip Li yo: "Poukisa L ap manje e bwè avèk ajan kontribisyon yo avèk pechè yo?"

¹⁷ Lè L te tande sa, Jésus te di yo: ᑫ**"Se pa sila ki ansante yo ki bezwen yon doktè, men sila ki malad yo. Mwen pa t vini pou rele moun ki jis yo, men pechè yo".**

¹⁸ ʳDisip a Jean avèk Farizyen yo t ap fè jèn, epi yo te vin di L: "Poukisa disip a Jean avèk disip a Farizyen yo fè jèn, men disip Ou yo pa fè L?"

¹⁹ Jésus te di yo: **"Pandan jenn gason k ap marye a avèk yo, èske patisipan fèt**

ᵃ **1:33** Mc 1:21   ᵇ **1:34** Mat 4:23   ᶜ **1:35** Luc 4:42,43   ᵈ **1:39** Mat 4:23   ᵉ **1:40** Mat 8:2-4
ᶠ **1:44** Mat 8:4   ᵍ **1:44** Lev 14:1   ʰ **1:45** Mat 28:15   ⁱ **2:2** Mc 1:45   ʲ **2:6** Luc 6:10   ᵏ **2:7** És 43:25   ˡ **2:12** Mat 9:8   ᵐ **2:12** Mat 9:33   ⁿ **2:13** Mc 1:45   ᵒ **2:14** Mc 9:9-13   ᵖ **2:16** Luc 5:30
ᑫ **2:17** Mat 9:12,13   ʳ **2:18** Mat 9:14-17

yo fè jèn? Non, depi jennonm nan la, yo pa kapab fè jèn. ²⁰ Men ᵃjou yo ap vini lè jennonm nan va retire de yo. Konsa, nan jou sa a, ya fè jèn.

²¹ "Pèsòn pa koud yon moso twal ki poko lave sou yon vye rad, pou lè l fin lave, twal nèf la pa sere e separe de li; nèf la va kite ansyen an, e rad la va vin chire pi mal. ²² E pèsòn pa mete diven nèf nan ansyen veso kwi; otreman, diven an va pete kwi a e diven an va vin pèdi, ansanm ak kwi a; men diven nèf toujou ale nan veso kwi ki fre."

²³ ᵇKonsa, li te vin rive ke pandan Li t ap pase nan chan sereyal yo nan Saba a, pandan disip Li yo t ap ale, yo te kòmanse keyi tèt grenn sereyal.

²⁴ Farizyen yo t ap di Li: "Gade la, ᶜpoukisa y ap fè sa ki pa pèmi nan Saba"?

²⁵ Li te di yo: "Èske nou pa janm li sa ke David te fè lè li te nan bezwen e te vin grangou, li menm avèk moun pa l yo? ²⁶ Kijan li te antre menm nan kay Bondye a nan tan wo prèt la ᵈAbiathar? Jan li te manje pen konsakre a ki pa pèmi pou pèsòn manje sof ke prèt yo, e li te bay li osi a sila ki te avè l yo?"

²⁷ Jésus te di yo: ᵉ"Saba a te fèt pou lòm, e pa lòm pou Saba a. ²⁸ Konsa, Fis a Lòm nan se Mèt la, menm a Saba a."

3 ᶠLi te antre ankò nan sinagòg la, epi yon nonm te la avèk yon men sèch. ² Yo t ap veye L pou wè si Li t ap geri li nan Saba a ᵍpou yo ta kapab akize Li.

³ Li te di nonm avèk men sèch la: "Leve vin devan!"

⁴ Li te di yo: "Èske li pèmi nan Saba a pou fè byen, oubyen pou fè mal, pou sove yon vi, oubyen pou touye"? Men yo te rete an silans.

⁵ Lè L fin ʰgade toupatou, byen fache, byen blese akoz kè di yo, Li te di a nonm nan: "Lonje men ou". Li te lonje l, e men li te geri.

⁶ Imedyatman, Farizyen yo te ale deyò pou fè konplo kont Li avèk ⁱEwodyen yo pou wè kijan yo ta kapab detwi Li.

⁷ ʲJésus te retire kò l bò kote lanmè a ansanm avèk disip Li yo. Yon gran foul ki sòti Galilée t ap swiv li, ansanm avèk moun peyi Judée yo, ⁸ avèk Jérusalem, Idumée ak lòtbò Jourdain an ak landwa Tyr avèk Sidon. Yon gwo foul moun ki te tande tout sa Li t ap fè, te vin kote Li. ⁹ ᵏLi te di disip Li yo ke yon kannòt ta dwe prepare pou Li, akoz gran foul la, pou yo pa peze L twòp. ¹⁰ Paske Li te ˡgeri anpil moun, e kon rezilta, tout sa ki te aflije yo t ap peze L pou yo ta kapab ᵐtouche L.

¹¹ E nenpòt lè ke move lespri yo te wè L, yo t ap tonbe devan Li, kriye fò e di: "Ou se ⁿFis Bondye a!"

¹² Konsa, Li te reponn yo ᵒavèk severite pou yo pa di ki moun li te ye.

¹³ Li te ᵖmonte sou mòn nan, pou L te rele sila ke Li menm te vle yo, e yo te vin kote Li. ¹⁴ Li te dezinye douz yo, pou yo ta kapab avè L, e pou Li ta kapab voye yo deyò pou preche, ¹⁵ e pou yo ta kab gen otorite pou chase move lespri yo: ¹⁶ ᑫSimon, ki rele Pierre, ¹⁷ Jacques, fis Zébédée a, avèk Jean, frè a Jacques, (a li menm Li te bay non Boanergès ki vle di Fis a tonnè yo); ¹⁸ André, ak Philippe, ak Barthélemy, ak Matthieu, ak Thomas, ak Jacques, fis Alphée a, ak Thaddée, e Simon, Zelòt la; ¹⁹ ansanm avèk Judas Iscariot, sila ki te trayi Jésus a.

²⁰ Apre, Li te ʳretounen lakay Li, e foul la te rasanble ankò jiskaske yo pa t kab menm manje yon repa.

²¹ Lè ˢpwòp fanmi pa Li te tande sa, yo te ale deyò pou pran chaj Li, paske yo t ap di: "Li gen tan pèdi bon tèt Li".

²² Konsa, skrib ki te sòti Jérusalem yo t ap di: "Se ᵗBéelzébul menm ki pran L. Li ᵘchase move lespri yo pa mèt move lespri yo".

²³ ᵛLi te rele yo a Li menm, e te kòmanse pale ak yo an parabòl: "Kijan Satan kapab chase Satan mete l deyò? ²⁴ Si yon wayòm divize kont tèt li, wayòm sa a p ap kapab kanpe. ²⁵ Si yon kay divize kont tèt li, kay sa a p ap kab kanpe.

ᵃ **2:20** Mat 9:15 ᵇ **2:23** Mat 12:1-8 ᶜ **2:24** Mat 12:2 ᵈ **2:26** I Sam 21:1 ᵉ **2:27** Egz 23:12
ᶠ **3:1** Mat 12:9-14 ᵍ **3:2** Mat 12:10 ʰ **3:5** Luc 6:10 ⁱ **3:6** Mat 22:16 ʲ **3:7** Mat 12:15,16 ᵏ **3:9** Mc 4:1
ˡ **3:10** Mat 4:23 ᵐ **3:10** Mat 9:21 ⁿ **3:11** Mat 4:3 ᵒ **3:12** Mat 8:4 ᵖ **3:13** Mat 5:1 ᑫ **3:16** Trav 1:13
ʳ **3:20** Mc 2:1 ˢ **3:21** Jn 10:20 ᵗ **3:22** Mat 10:25 ᵘ **3:22** Mat 9:34 ᵛ **3:23** Mat 12:25-29

²⁶ Si ªSatan fin leve kont tèt li, epi li divize, li p ap kab kanpe, men li fini!

²⁷ ᵇ"Men pèsòn p ap kapab antre lakay a yon nonm fò, e piyaje byen li, sof ke premyèman li mare mesye fò a; e apre sa, l ap piyaje kay li.

²⁸ ᶜ"Anverite, Mwen di nou tout peche fis a lòm yo ap padone, e menm nenpòt blasfèm yo fè; ²⁹ men ᵈnenpòt moun ki blasfeme kont Lespri Sen an p ap janm gen padon, men yo va rete koupab de yon peche etènèl."

³⁰ Paske yo t ap di ke "Li gen yon move lespri".

³¹ ᵉAlò, manman Li, avèk frè Li yo te rive kanpe deyò a, yo te voye kote Li e te rele Li. ³² Yon foul te chita toupatou antoure L, e yo te di Li: "Gade, manman Ou avèk frè Ou yo ap chèche Ou deyò a".

³³ Li te reponn yo e te di: "**Kilès ki manman M ak frè M?**"

³⁴ Li te gade toupatou sou sila ki te chita antoure Li yo e Li te di: ᶠ"**Gade, men manman M avèk frè M yo!** ³⁵ **Paske sila ki ᵍfè volonte a Papa M yo, se yo menm ki frè M, sè M, ak manman M**".

4 ʰLi te kòmanse enstwi yo ankò bò kote lanmè a. Yon gwo foul te ransanble kote Li jiskaske Li te vin antre nan yon kannòt sou lanmè a e Li te chita. Tout foul la te kanpe atè bò lanmè a.

² Konsa, Li te enstwi yo anpil bagay an parabòl. Li t ap di yo nan ansèyman li; ³ "**Koute! Yon moun ki t ap simen te ale deyò pou simen grenn.** ⁱ⁴ Pandan li t ap simen, kèk grenn te tonbe akote wout la pou zwazo yo vin manje l nèt.

⁵ "Lòt grenn te tonbe nan wòch kote pa t gen anpil tè. Byen vit, li te leve, paske tè a pa t gen pwofondè. ⁶ Konsa, lè solèy la fin leve, li te vin brile, e akoz li pa t gen rasin, li te fennen.

⁷ "Lòt grenn tonbe pami pikan yo. Pikan yo leve toufe li, e li pa t bay donn.

⁸ "Lòt grenn te tonbe nan bon tè e pandan yo t ap grandi, ogmante, yo vin bay yon rekòlt ki te pwodwi trant, swasant, e menm san fwa."

⁹ Konsa li te di: ʲ"**Sila ki gen zòrèy pou tande, kite l tande**".

¹⁰ Pandan Li te apa pou kont Li, sila ki t ap swiv Li yo ansanm avèk douz yo t ap poze L kesyon sou parabòl yo.

¹¹ Li te di yo: "A nou menm te gen tan bay mistè a wayòm Bondye a; men ᵏsila ki rete deyò yo, ap resevwa tout bagay an parabòl. ¹² Pou l rive ke ˡMalgre yo wè, yo kapab wè san apèsi; e pandan y ap tande, yo kapab tande e pa konprann. Otreman, yo ta kab retounen pou twouve padon."

¹³ ᵐLi te di yo: "Èske nou pa konprann parabòl sila a? Alò ki jan nou va konprann tout parabòl yo?

¹⁴ "Moun k ap simen an simen pawòl la. ¹⁵ Se sila ki akote wout yo, ke lè pawòl la fin simen, yo tande. Men byen vit, ⁿSatan vin pran pawòl ki te simen an, e rachte l soti nan yo.

¹⁶ "E nan yon jan ki sanble ak sa, sila yo se yo menm ki te simen kote ki plen wòch yo. Lè yo fin tande pawòl la, byen vit, yo resevwa l avèk jwa. ¹⁷ Men yo pa gen rasin fon nan yo menm. Yo la pou yon ti tan. Lè afliksyon oswa pèsekisyon vini akoz pawòl la, lapoula yo vin chite.

¹⁸ "Lòt yo se sila yo ki te te simen pami pikan yo. Se yo ki te tande pawòl yo, ¹⁹ men tout pwoblèm °mond sa a ak ᵖsediksyon richès yo, avèk lanvi pou lòt bagay toufe pawòl la, pou li pa donnen fwi.

²⁰ "Sila ki te te simen nan bon tè a, se yo menm ki te tande pawòl la, yo te aksepte li, e yo te vin ᵠbay fwi trant, swasant e menm san fwa."

²¹ Konsa Li t ap di yo: ʳ"Èske yon lanp pote pou mete anba yon panyen oubyen anba yon kabann? Èske yo pa pote li pou mete li sou yon chandelye? ²² ˢPaske anyen pa kache, sof ke pou revele, ni anyen pa an sekrè, sof ke pou parèt nan limyè. ²³ ᵗSi yon moun gen zòrèy pou tande, kite l tande."

²⁴ E Li t ap di yo: "Fè atansyon a sa nou koute. ᵘMenm jan ke nou mezire

---

ª **3:26** Mat 4:10   ᵇ **3:27** És 49:24,25   ᶜ **3:28** Mat 12:31-32   ᵈ **3:29** Luc 12:10   ᵉ **3:31** Mat 12:46-50
ᶠ **3:34** Mat 12:49   ᵍ **3:35** Ef 6:6   ʰ **4:1** Mat 13:1-15   ⁱ **4:3** Mat 13:3   ʲ **4:9** Mat 11:15   ᵏ **4:11** I Kor 5:12
ˡ **4:12** És 6:9   ᵐ **4:13** Mat 13:18-23   ⁿ **4:15** Mat 4:10   ᵒ **4:19** Pwov 23:4   ᵖ **4:19** Pwov 23:4
ᵠ **4:20** Jn 15:2   ʳ **4:21** Mat 5:15   ˢ **4:22** Mat 10:26   ᵗ **4:23** Mat 11:15   ᵘ **4:24** Mat 7:2

bay, li va mezire remèt a nou menm; e menm plis, y ap bannou ki tande. [a]25 Paske a nenpòt moun ki genyen, l ap resevwa anplis, e a nenpòt moun ki pa genyen, menm sa li genyen an ap retire nan men li."

26 E Li t ap di: "Wayòm syèl la se tankou yon mesye k ap voye semans sou latè. 27 Konsa, l ale sou kabann li nan aswè, li leve lajounen, e semans lan pouse e grandi; kijan sa fè fèt, li menm pa konnen. 28 Tè a pwodwi rekòlt pou kont li; premyèman flèch, answit tèt la, e apre sa, grenn mi yo nan tèt la. 29 Men depi rekòlt la vin prè, byen vit l ap bay li kouto, paske lè rekòlt la rive."

30 [b]Li te di: "Kijan n ap imajine wayòm Bondye a, oubyen selon ki parabòl nou kapab reprezante li? 31 Li tankou yon grenn moutad ke lè l simen nan tè, li pi piti pase tout grenn ki sou latè. 32 Malgre sa, lè l fin simen, li grandi e vin pi gwo pase tout lòt plant nan jaden yo, epi fè gwo branch, pou zwazo anlè yo kab vin fè nich anba lonbraj li."

33 Ak anpil parabòl konsa, Li te pale pawòl la avèk yo nan limit yo ta kapab tande l pou konprann. 34 Li pa t pale avèk yo [c]san parabòl; men Li t ap eksplike tout bagay an prive a disip Li yo.

35 [d]Nan jou sa a, lè lannwit vin rive, Li te di yo: **"Annou pase pa lòtbò"**. 36 Yo te kite foul la e te [e]pran Li avèk yo jan Li te ye nan kannòt la. Anplis, te gen lòt kannòt ki te avèk Li.

37 Konsa, te vin leve yon gwo van tanpèt, ak vag lanmè ki t ap kase sou kannòt la otan ke kannòt la te prèske fin plen nèt. 38 Jésus Li menm te nan pwent dèyè kote L t ap dòmi sou yon kousen. Yo te fè L leve e te di Li: "Mèt, èske sa pa fè Ou anyen ke n ap mouri?"

39 Li te leve, e konsa, Li te [f]reprimande van an e te di a lanmè a: **"Fè silans, rete kalm!"** Epi van an te vin bese e tan an te vini byen kalm.

40 Li te di yo: **"Poukisa nou pè konsa? [g]Jiska prezan, nou poko gen lafwa?"**

41 Yo te etone avèk laperèz e yo te di: "Ki moun sa ye ke menm van avèk dlo lanmè obeyi Li?"

5 [h]Yo te vini lòtbò lanmè a nan peyi Gadarenyen yo. 2 Lè Li te fin sòti nan [i]kannòt la, lapoula yon mesye avèk yon move lespri ki sòti nan tonm yo te rankontre Li. 3 Li t ap viv pami tonm yo, e pèsòn pa t kab mare l ankò, menm avèk yon chèn. 4 Paske li te konn mare souvant avèk gwo fè avèk chèn nan pye li. Chèn yo te konn vin chire separe nèt pa fòs li, e fè yo te kase an mòso. Pèsòn pa t kab donte l. 5 Konsa, tout tan, lajounen kon lannwit, pami tonm yo ak nan mòn yo, li t ap kriye fò e t ap blese kò l avèk wòch.

6 Lè l wè Jésus a distans, li kouri pwoche L pou l bese devan L. 7 Li te kriye avèk yon vwa fò, e te di: [j]"Kisa m gen avè w Jésus, Fis a [k]Bondye Pi Wo a? Mwen sipliye Ou pa Bondye, pa toumante mwen!"

8 Paske Li t ap di a li menm: **"Sòti nan mesye sa a, ou menm move lespri a!"** 9 Konsa, Li te mande l: **"Kòman yo rele ou?"**

Li te di L: "Yo rele m [l]Lejyon, paske nou anpil." 10 Li te kòmanse sipliye Li seryezman pou Li pa voye yo deyò peyi a.

11 Konsa, te gen yon gwo bann kochon ki t ap manje la nan mòn nan. 12 Tout move lespri yo te sipliye Li e te di: "Voye nou nan kochon yo pou nou kapab antre nan yo". 13 Jésus te bay yo pèmisyon. Konsa nan sòti a, move lespri yo te antre nan kochon yo, e bann nan te kouri desann pant falèz mòn nan, jouk rive nan lanmè. Te gen anviwon de-mil nan yo, e yo te mouri nan dlo lanmè a.

14 Konsa, gadyen yo te kouri kite lye a, e te bay rapò sa nan vil la, tankou andeyò. E moun yo te vini pou wè sa ki te rive a. 15 Yo te vin kote Jésus e yo te wè mesye ki te konn gen move lespri a byen chita, byen abiye [m]avèk tout bon lespri li. Se te menm moun ki te gen [n]"Lejyon an", e yo te vin gen krent. 16 Konsa, sila ki te wè l yo, te pale ak yo sou

---

[a] **4:25** Mat 13:12 [b] **4:30** Mat 13:31-32 [c] **4:34** Mat 13:34 [d] **4:35** Mat 8:18-27 [e] **4:36** Mat 3:9
[f] **4:39** Sòm 65:7 [g] **4:40** Mat 14:31 [h] **5:1** Mat 8:28-34 [i] **5:2** Mc 3:9 [j] **5:7** Mat 8:29 [k] **5:7** Luc 8:28
[l] **5:9** Mat 26:53 [m] **5:15** Luc 8:35 [n] **5:15** Mc 5:9

jan sa te rive ªmesye move lespri a, ak tout afè kochon yo. ¹⁷ E yo te kòmanse ᵇsipliye L pou L kite landwa sa a.

¹⁸ ᶜPandan Li t ap antre nan kannòt la, mesye ki te gen move lespri a te sipliye L pou l ta kapab ale avèk Li. ¹⁹ Men Li pa t kite L ale, men te di li: ᵈ**"Ale lakay moun ou yo e bay yo rapò sou ki gran bagay SENYÈ a te fè pou ou, ak jan Li te fè ou gras."** ²⁰ Li te sòti, e te kòmanse ᵉpwoklame nan ᶠDecapolis ki kalite bon bagay Jésus te fè pou li, e tout moun te etone.

²¹ Lè Jésus te fin pase lòtbò ankò nan ᵍkannòt la, yon gwo foul te rasanble antoure Li. Li te ʰbò kote lanmè a. ²² ⁱYoun nan ofisye sinagòg yo ki te rele Jaïrus te pwoche. Lè l te wè Li, li te tonbe sou jenou Li. ²³ Li te sipliye Li byen fò e te di: "Tifi mwen an prèt pou mouri. Silvouplè, vin ʲpoze men Ou sou Li pou li kapab vin geri e viv." ²⁴ Epi Li te ale avèk li. Yon gwo foul t ap swiv Li e yo t ap peze L.

²⁵ Konsa, te gen yon fanm ki te gen yon emoraji pandan douz ane. ²⁶ E li te soufri anpil nan men a anpil doktè. Li te depanse tout sa li te posede san rezilta, men li te vin pi mal atò. ²⁷ Apre li te fin tande koze Jésus a, li te pwoche dèyè Li nan foul la, e te touche vètman Li. ²⁸ Paske li te reflechi: "Si m sèlman touche rad Li, mwen va geri". ²⁹ Konsa, nan menm moman an, ekoulman san an te vin seche, e fanm nan te santi nan kò l ke ᵏmaladi a te geri.

³⁰ Nan menm moman an, Jésus te santi nan Li menm ke ˡpouvwa a te kite L. Li te vire kote foul la e te di: **"Kilès ki te touche vètman Mwen an?"**

³¹ Disip Li yo te di L: "Ou wè tout foul sa a k ap peze Ou, e Ou mande: 'Kilès ki touche M nan?'"

³² Li te gade toupatou pou wè fanm ki te fè sa a.

³³ Konsa, fanm nan, tou ap tranble avèk lakrent, konsyan de sa ki te rive l la, li te vin tonbe devan Li, e te di Li tout laverite.

³⁴ Jésus te di li: **"Fi, ᵐse lafwa ou ki bay ou lasante. ⁿAle anpè, e resevwa gerizon de maladi ou a".**

³⁵ Pandan Li t ap pale, moun yo te rive sòti lakay ofisye sinagòg la. Yo te di l: "Fi ou a gen tan mouri; ou pa bezwen twouble Mèt la ankò". ᵒ³⁶ Men Jésus te gen tan tande sa ki t ap pale a, e te di a ofisye sinagòg la: ᵖ**"Pa pè ankò; sèlman kwè".**

³⁷ Konsa, Li pa t kite pèsòn swiv Li sof ke ᑫPierre, Jacques, ak Jean, frè a Jacques. ³⁸ Yo ʳte vini lakay ofisye sinagòg la, epi Li te wè yon gwo tènten, ak moun ki t ap kriye fò e rele "anmwey". ³⁹ Li antre, e Li te di yo: **"Poukisa nou ap fè tout bri sa a, e kriye konsa? Pitit sa a pa mouri, men l ap dòmi".**

⁴⁰ Konsa yo te kòmanse ri sou Li. Men lè Li te fin mete yo tout deyò, Li te pran manman ak papa a pitit la avèk moun pa L yo, e te antre kote pitit la te ye a. ⁴¹ Li te pran pitit la pa men li, e te di li: **"Talita koum"** ki vle di ˢ**"Tifi, Mwen di ou leve!"**

⁴² Lapoula, tifi a te leve e te kòmanse mache. Li te gen douz ane. Tout moun te sezi. ⁴³ Konsa, Li te ᵗbay yo yon lòd sevè ke pèsòn pa dwe tande afè sa a. Epi Li di yo pou bay tifi a yon bagay pou li manje.

6

ᵘJésus te kite la. Li te vini nan ᵛpwòp vil pa Li a, e disip Li yo te swiv Li. ² Lè Saba a te vin rive, Li te kòmanse ʷenstwi nan sinagòg la. Anpil moun te tande L. Yo te etone e te di: "Kote nonm sa a twouve bagay sa yo, e se ki sajès sa ke Li resevwa, pou mirak konsa yo ka fèt pa men L?" ³ Se pa ˣchapant lan, fis Marie a, frè a Jacques, avèk Joses, ak Jude, ak Simon an? Se pa sè Li yo ki avèk nou? E yo te ʸofanse de Li.

⁴ Konsa, Jésus te di yo: ᶻ**"Yon pwofèt pa janm san onè sof ke nan pwòp vil pa L, pami pwòp fanmi li e nan pwòp kay Li".**

⁵ Li pa t kab fè anpil mirak la, malgre Li te ᵃpoze men Li sou kèk moun malad, e Li te geri yo. ⁶ Li te etone pa enkredilite yo.

ᵃ **5:16** Mat 4:24   ᵇ **5:17** Mat 8:34   ᶜ **5:18** Luc 8:38-39   ᵈ **5:19** Luc 8:39   ᵉ **5:20** Sòm 66:16
ᶠ **5:20** Mat 4:25   ᵍ **5:21** Mc 4:36   ʰ **5:21** Mc 4:1   ⁱ **5:22** Mat 9:18-26   ʲ **5:23** Mc 6:5   ᵏ **5:29** Mc 3:10   ˡ **5:30** Luc 5:17   ᵐ **5:34** Mat 9:22   ⁿ **5:34** Luc 7:50   ᵒ **5:35** Mc 5:22   ᵖ **5:36** Luc 8:50
ᑫ **5:37** Mat 17:1   ʳ **5:38** Mc 5:22   ˢ **5:41** Luc 7:14   ᵗ **5:43** Mat 8:4   ᵘ **6:1** Mat 13:54-58
ᵛ **6:1** Luc 4:16-23   ʷ **6:2** Mat 4:23   ˣ **6:3** Mat 13:55   ʸ **6:3** Mat 11:6   ᶻ **6:4** Mat 13:57   ᵃ **6:5** Mc 5:23

Epi Li t ap ale toupatou nan ti bouk yo pou bay enstriksyon.[a] [b] ⁷ Li te rele douz yo e te kòmanse voye yo sòti [c] de pa de, e Li te bay yo otorite sou move lespri yo. ⁸ [d] Konsa, Li te avèti yo ke yo pa t pou pran anyen pou vwayaj la sof ke yon baton; ni pen, ni yon sak, ni lajan pou mete nan senti yo; ⁹ men yo te gen pou mete sapat yo, e Li te di anplis: **"Pa menm mete de tinik (yon wòb lejè)"**.

¹⁰ Li te di yo: **"Nenpòt kote nou antre nan yon kay, rete la jouk lè nou kite vil la. ¹¹ Epi nenpòt kote ki pa resevwa nou, oswa koute nou, pandan nou ap kite la, [e] souke retire menm pousyè ki anba pye nou kon temwayaj kont yo. Asireman mwen di ou, l ap pi tolerab pou Sodome ak Gomorrhe nan jou jijman an pase vil sa a!"**

¹² [f] Yo te sòti deyò e yo t ap preche ke moun dwe repanti. ¹³ Yo t ap chase anpil move lespri, yo t ap [g] onksyone malad yo avèk lwil, e t ap geri yo.

¹⁴ [h] Wa Hérode te tande de bagay sa yo pwiske non Li te deja vini byen koni. Moun t ap di ke Jean Baptiste te gen tan leve soti nan lanmò, ki fè L vin gen pouvwa pou fè tout mirak sa yo.

¹⁵ Men lòt t ap di: "Li menm se [i] Élie". Lòt t ap di: "Li se yon pwofèt, kon youn nan ansyen pwofèt yo".

¹⁶ Men lè Hérode te tande sa, Li t ap di: "Jean, tèt de sila ke m te fin koupe a, gen tan resisite!" ¹⁷ Paske se te Hérode menm ki te voye fè arete Jean, e li te mare l nan prizon pou koz [j] Hérodias, madanm a frè li a, Philippe, akoz ke li te marye avèk l. ¹⁸ Paske Jean t ap di a Hérode: [k] "Li pa pèmèt pou ou gen madanm a frè ou". ¹⁹ Konsa, Hérodias te gen yon kont avèk li, e te vle mete L a lanmò men l pa t kab fè l; ²⁰ Paske [m] Hérode te pè Jean, pwiske li te konnen ke li te yon nonm ladwati ki sen, e li te pwoteje l. Lè Hérode te konn koute l, li te konn byen twouble; men li te bay li plezi pou koute l.

²¹ Men yon jou okazyon an te vin parèt pandan fèt nesans Hérode. Li te [n] ofri yon gwo fèt pou gwo chèf diri jan avèk kòmandan militè yo nan Galilée. ²² Lè [o] fi a Hérodias la te vini pou kont li e te danse, li te fè Hérode kontan ak tout vizitè li yo nan fèt la. Konsa Wa a te di fi a: "Mande mwen nenpòt sa ou vle, e m ap bay ou li". ²³ Li te sèmante a li menm: "Nenpòt sa ou vle, m ap bay ou li, [p] jiska mwatye wayòm mwen an".

²⁴ Konsa, li te ale deyò e te mande manman l: "Kisa mwen dwe mande?" Epi li te di l: "Tèt a Jean Baptiste".

²⁵ Lapoula, li te vini avèk vitès devan Wa a avèk yon demann. Li te di: "Mwen vle ke ou ban mwen koulye a menm, tèt a Jean Baptiste sou yon plato".

²⁶ Malgre ke Wa a te byen tris akoz sèman an, men akoz vizitè li yo, li pa t gen kouraj pou l refize l. ²⁷ Imedyatman Wa a te voye yon gad avèk lòd pou vini avèk tèt li. Li te ale, e te fè yo koupe tèt li nan prizon an. ²⁸ Konsa yo te pote tèt li sou yon plato pou te bay fi a, e fi a te bay li a manman l.

²⁹ Lè disip li yo te tande sa, yo te vin pran kò l, e te mete l nan yon tonm.

³⁰ [q] Apòt yo te rasanble avèk Jésus. Yo te bay Li yon rapò de tout sa yo te fè ak sa yo te enstwi.

³¹ Li te di yo: **"Vini apa pou kont nou nan yon plas apa pou pran yon ti repo"**. Paske anpil moun t ap antre, sòti, e yo pa t menm gen tan manje.

³² [r] Yo te kite la nan yon kannòt pou ale nan yon plas apa pou kont yo. ³³ Konsa, lè pèp la te wè ke yo t ap prale, anpil moun te rekonèt yo. Yo te kouri jwenn yo apye, sòti nan tout vil yo, epi yo te rive avan yo.

³⁴ Lè Jésus te rive atè, Li [s] te wè yon gwo foul. Konsa, Li te gen konpasyon pou yo paske [t] yo te tankou mouton san gadò. Li te kòmanse enstwi yo anpil bagay.

³⁵ Lè li te deja byen ta, disip Li yo te vin kote Li. Yo te di: "Plas sa a byen izole, e li deja fin byen ta. ³⁶ Voye yo ale pou yo kapab ale nan landwa pa yo avèk vil pa yo pou achte kèk manje pou tèt yo."

---

[a] **6:6** Mat 9:35 [b] **6:7** Luc 10:4-11 [c] **6:7** Luc 10:1 [d] **6:8** Mat 10:10 [e] **6:11** Mat 10:14
[f] **6:12** Mat 11:1 [g] **6:13** Jc 5:14 [h] **6:14** Mat 14:1-12 [i] **6:15** Mat 16:14 [j] **6:17** Mat 14:3
[k] **6:18** Mat 14:4 [l] **6:19** Mat 14:3 [m] **6:20** Mat 21:26 [n] **6:21** Est 1:3 [o] **6:22** Mat 14:3 [p] **6:23** Est 5:3-6
[q] **6:30** Mat 10:2 [r] **6:32** Mc 8:2-9 [s] **6:34** Mat 9:36 [t] **6:34** Nonb 27:17

Marc 6:37–7:13

³⁷ Men Li te di yo: **"Nou menm bay yo manje!"** ᵃ

Yo te reponn Li: "Ou vle nou ale depanse de-san denye nan pen pou nou bay yo manje?"

³⁸ Li te di yo: **"Konbyen pen nou genyen? Al gade!"** Lè yo konnen, yo di: "Senk pen ak de pwason".

³⁹ Konsa, Li te kòmande yo pou chita pa gwoup nan zèb vèt la. ⁴⁰ Yo te chita pa gwoup de santèn, e pa gwoup de senkantèn. ⁴¹ Li te pran senk pen yo avèk de pwason yo. Li te gade vè syèl la, e Li te ᵇbeni manje a. Li te kase pen yo, e Li te kontinye bay disip yo pou mete devan yo. Li te divize bay nan de pwason yo pami yo tout.

⁴² Yo tout te manje, e yo te satisfè. ⁴³ Yo te ranmase douz ᶜpanyen byen plen avèk moso kase yo; e anplis, pwason. ⁴⁴ Te gen ᵈsenk-mil mesye ki te manje pen yo.

⁴⁵ ᵉKonsa, Jésus te fè disip Li yo antre nan kannòt la pou ale devan Li lòtbò vè Bethsaïda, pandan Li menm t ap voye foul la ale. ⁴⁶ Lè Li fin ᶠdi yo orevwa, Li te ale nan mòn nan pou priye.

⁴⁷ Lè lannwit te rive, kannòt la te nan mitan lanmè a, e Jésus te atè pou kont Li. ⁴⁸ Lè L te wè yo t ap fè fòs sou zaviwon yo akoz van an te kont yo, nan anviwon ᵍkatriyèm è nan aswè, Li te vin kote yo ap mache sou lanmè a, kòmsi Li te gen entansyon ale devan pou kite yo dèyè.

⁴⁹ Men lè yo te wè L ap mache sou lanmè a, yo te sipoze ke Li te yon fantom e yo te kriye fò; ⁵⁰ pwiske yo tout te wè Li e yo te pè. Men nan moman sa a Li te pale avèk yo. Li te di yo: ʰ**"Pran kouraj! Se Mwen menm!** ⁱ**Pa pè."** ⁵¹ Li te antre ʲnan kannòt la avèk yo, e van an te sispann. Yo te vrèman sezi. ⁵² Akoz yo pa t reyisi gen okenn konprann nan afè pen yo, kè yo te di.

ᵏ ⁵³ ˡLè yo te fin travèse lòtbò, yo te rive atè nan Génésareth e te mare kannòt la atè. ⁵⁴ Nan moman yo te kite kannòt la, pèp la te rekonèt yo. ⁵⁵ Konsa, pèp la te kouri toupatou nan tout peyi a, e te kòmanse pote sila ki te malad yo sou palèt nan plas kote Li te ye a.

⁵⁶ Nenpòt kote Li te antre nan bouk ak gran vil oswa andeyò, yo t ap vin depoze moun malad nan mache yo pou sipliye L pou yo ta kapab sèlman ᵐtouche ⁿrebò vètman Li, akoz tout moun ki te touche l t ap vin geri.

7 ᵒFarizyen yo avèk kèk nan skrib yo te antoure Jésus lè yo te sòti Jérusalem. ² Lè yo te wè ke kèk nan disip Li yo t ap manje pen avèk men ᵖenpi, sa vle di, san lave, ³ (pwiske Farizyen yo avèk tout Jwif yo pa manje sof ke yo lave men yo kòrèk, pou obsève ᑫtradisyon a ansyen yo. ⁴ Lè yo sòti nan mache, yo pa manje sof ke yo gen tan benyen. Anplis yo gen anpil lòt bagay ke yo konn resevwa kon prensip, tankou lavaj a ʳtas, avèk krich, ak po kwiv yo.)

⁵ Pou sa, Farizyen yo ak skrib yo te mande L: "Poukisa disip ou yo pa mache selon ˢtradisyon ansyen yo, men manje pen avèk men ki pa lave?"

⁶ Li te reponn yo: **"Byen jis Ésaïe te fè pwofesi sou nou kom ipokrit, lè li te ekri:** ᵗ**'Pèp sa bay Mwen lonè avèk lèv yo, men kè yo lwen Mwen.** ⁷ ᵘ**Men anven yo adore Mwen lè y ap enstwi kòm doktrin, prensip a lòm.'**

⁸ **"Nou neglije kòmandman a Bondye yo, pou kenbe tradisyon a lòm yo—kon lavaj krich yo ak anpil lòt bagay"** ᵛ⁹ Li t ap di yo anplis: **" Ak konesans nou mete kòmandman Bondye a akote, pou kenbe tradisyon pa nou yo.** ¹⁰ **Paske Moïse te di:** ʷ**'Onore papa ou avèk manman ou'; epi** ˣ**'sila ki pale mal a papa li oswa manman li, fòk li mete a lanmò.'**

¹¹ **"Men nou di: 'Si yon nonm di a papa l, ni a manman l, nenpòt sa ke m genyen se** ʸ**Kòba'"** (sa vle di, "bay a Bondye"), ¹² **"Nou pa pèmèt moun nan fè anyen ankò ni pou papa l, ni pou manman l.** ¹³ **Konsa nou fè pawòl Bondye a vin nil ak** ᶻ**tradisyon ke nou transmèt a youn lòt. Nou fè anpil bagay konsa."**

ᵃ **6:37** Jn 6:7   ᵇ **6:41** Mat 14:9   ᶜ **6:43** Mat 14:21   ᵈ **6:44** Mat 14:21   ᵉ **6:45** Mat 14:22-32
ᶠ **6:46** Trav 18:18-21   ᵍ **6:48** Mat 24:43   ʰ **6:50** Mat 9:2   ⁱ **6:50** Mat 14:27   ʲ **6:51** Mc 6:32
ᵏ **6:52** Mc 8:17; Wo 11:7   ˡ **6:53** Jn 6:24   ᵐ **6:56** Mc 3:10   ⁿ **6:56** Mat 9:20   ᵒ **7:1** Mat 15:1-20
ᵖ **7:2** Mat 15:2   ᑫ **7:3** Mc 7:5,8,9,13   ʳ **7:4** Mat 23:25   ˢ **7:5** Mc 7:3,8,9,13   ᵗ **7:6** És 29:13   ᵘ **7:7** És 29:13   ᵛ **7:8** Mc 7:3,5,9,13   ʷ **7:10** Egz 20:12   ˣ **7:10** Egz 21:17   ʸ **7:11** Lev 1:2   ᶻ **7:13** Mc 7:3-9

¹⁴ Li te rele foul la kote Li ankò. Li te di yo: **"Koute Mwen, nou tout, e konprann: ¹⁵ Nanpwen anyen deyò yon nonm k ap fè l sal, men se bagay ki sòti pa anndan yon nonm ki fè l sal. ¹⁶ Si yon moun gen zòrèy, kite li tande."**

¹⁷ Lè Li te kite foul la, Li te antre [a]nan kay la. Disip Li yo te kesyone L sou parabòl sila a.

¹⁸ Epi Li te di yo: **"Èske nou si tèlman manke konprann tou? Èske nou pa konprann ke sa ki sòti deyò yon nonm pou antre ladann pa kapab souye l, ¹⁹ paske sa pa antre nan kè l, men nan vant li epi li vin elimine?"** (Konsa Li te deklare ke tout kalite manje [b]pwòp.)

²⁰ Li te di: [c]**"Sa ki sòti nan yon moun, se sa ki souye l. ²¹ Paske pa anndan, sòti nan kè lòm tout move panse, fònikasyon, vòl, touye moun, adiltè, ²² zak lanvi sa ki pou lòt, mechanste, desepsyon, sansyalite, [d]jalouzi, kout lang, ògèy, ak tout kalite foli. ²³ Tout mal sa yo sòti pa anndan, epi souye yon nonm."**

²⁴ [e]Jésus te leve e te pati pou rejyon Tyr la. Lè Li te antre nan yon kay, Li pa t vle pèsòn konnen sa, men Li pa t kab evite atire atansyon.

²⁵ Men lè yon fanm ak yon tifi ki te gen yon move lespri te tande de Jésus, li te vin kote L nan menm moman an, e te tonbe nan pye Li. ²⁶ Alò, fanm sila a te yon moun etranje nan ras Siwofonisyèn. E li te kontinye mande L pou chase move lespri a sou pitit li a.

²⁷ Jésus te di li: **"Kite zanfan yo satisfè avan, paske li pa bon pou pran pen timoun yo pou jete l bay chen."**

²⁸ Men fanm nan te reponn Li: "Wi Mèt, men menm ti chen anba tab yo manje ti moso ke timoun yo lese tonbe yo."

²⁹ Konsa Li te di li: **"Akoz repons sa a, al fè wout ou; move lespri a gen tan kite fi ou a."**

³⁰ E lè fanm nan te retounen lakay li, li te twouve tifi a byen kouche sou kabann nan, e move lespri a te gen tan kite li.

³¹ [f]Ankò Li te kite rejyon Tyr la, e te pase pa Sidon jiska lanmè Galilée a, nan rejyon Decapolis.

³² Yo te mennen bay Li yon moun ki te soud, ki te pale avèk anpil difikilte, e yo te sipliye L pou [g]mete men Li sou li.

³³ [h]Jésus te mennen l apa gran foul la, e te mete dwat Li anndan zòrèy moun nan. Li te krache, e te touche lang li avèk krache a. ³⁴ Pandan Li gade vè syèl la, Li te [i]soupire byen fò, e te di li: **"Ifafata!"** Sa vle di **"Ouvri!"** ³⁵ Konsa zòrèy li te louvri. Lang lou a te disparèt, e li te vin pale kon nòmal.

³⁶ Li te bay yo lòd pou yo pa pale avèk pèsòn; men plis Li te bay lòd, plis yo te [j]kontinye gaye nouvèl la toupatou. ³⁷ Yo te vin etone nèt. Yo t ap di: "Li fè tout bagay byen. Li fè menm soud yo tande, e bèbè yo pale".

8 Nan jou sa yo, lè te gen ankò yon gwo foul ki pa t gen anyen pou yo manje, [k]Jésus te rele disip Li yo. Li te di yo: ² l**"Mwen santi konpasyon pou foul la pwiske yo rete avèk Mwen koulye a pandan twa jou, e yo pa gen anyen pou yo manje. ³ Si Mwen voye yo lakay yo grangou, y ap fennen nan wout la, e gen nan yo ki sòti yon bon distans."**

⁴ Disip Li yo te reponn Li: "Kote yon moun kapab jwenn ase pen isit la pou satisfè moun sa yo nan yon andwa izole konsa"?

⁵ Li te mande yo: **"Konbyen moso pen nou genyen?"** Yo te di Li: "Sèt".

⁶ Konsa, Li te fè yo chita atè. Li te pran sèt pen yo, e te kase yo an mòso. Li te kòmanse bay yo a disip Li yo pou sèvi yo, e yo te bay yo a foul la. ⁷ Anplis yo te genyen kèk ti pwason. [m]Lè L fin beni yo, Li te kòmande sa yo anplis pou separe bay.

⁸ Yo te manje e yo te satisfè. Yo te ranmase sèt gwo [n]panyen plen avèk moso kase ki te rete. ⁹ Te gen anviwon kat mil ki te la. Konsa, Li te voye yo ale. ¹⁰ Nan menm moman sa a, Li te antre nan kannòt

---

[a] **7:17** Mc 2:1 [b] **7:19** Luc 11:41 [c] **7:20** Mat 15:18 [d] **7:22** Mat 6:23 [e] **7:24** Mat 15:21-28
[f] **7:31** Mat 15:29-31 [g] **7:32** Mc 5:23 [h] **7:33** Mc 8:23 [i] **7:34** Mc 8:12 [j] **7:36** Mc 1:45 [k] **8:1** Mc 6:34-44 [l] **8:2** Mc 9:36 [m] **8:7** Mat 14:19 [n] **8:8** Mat 15:37

la avèk disip Li yo, pou te rive nan peyi yo rele ªDalmanutha a.

¹¹ ᵇFarizyen yo te parèt e yo te kòmanse diskite avè L. Yo te mande L yon sign ki sòti nan syèl la pou teste li.

¹² Avèk yon gwo soupi ki sòti nan lespri Li, Li te di: "Poukisa jenerasyon sila a ap chèche yon sign? Anverite Mwen di nou: ᶜNanpwen sign k ap parèt a jenerasyon sila a." ¹³ Lè L fin kite yo, Li te monte kannòt la pou te ale lòtbò.

¹⁴ Yo te bliye pran pen, e pa t gen plis ke yon moso nan kannòt la avèk yo.

¹⁵ Li te avèti yo pou di: ᵈ"**Veye byen! Fè atansyon kont ledven Farizyen yo, ak ledven Hérode la!**"

¹⁶ Konsa, yo te kòmanse diskite youn avèk lòt pwoblèm ke yo pa t gen pen an.

¹⁷ Jésus te konprann sa byen, e te di yo: "**Poukisa nou ap pale afè pen an?** ᵉ**Èske nou poko wè ni konprann? Èske nou gen kè di?** ¹⁸ ᶠ**Malgre nou gen zye, èske nou pa wè? E malgre nou gen zòrèy, èske nou pa tande? E èske nou pa sonje** ¹⁹ **lè Mwen te kase** ᵍ**senk pen yo pou senk mil moun, konbyen** ʰ**panyen plen avèk moso kase nou te ranmase?**"

Yo te di Li: "Douz".

²⁰ "**Epi lè Mwen te kase** ⁱ**sèt pou kat mil moun yo, konbyen gwo panyen plen avèk moso kase nou te ranmase?**"

Yo te di li: "Sèt".

²¹ Li te mande yo: ʲ"**Èske nou poko menm konprann?**"

²² Yo te rive Bethsaïda. Moun yo te pote bay Li yon mesye avèg e yo te sipliye L pou te ᵏtouche l.

²³ An pran mesye avèg la pa men li, Li te ˡmennen l sòti nan vil la. Lè L fin krache sou zye li e mete men L sou li, Li te mande l: "**Èske ou pa wè anyen?**"

²⁴ Konsa, li te leve tèt li gade e te di: "Mwen wè moun. Konsi mwen wè yo tankou pyebwa k ap mache toupatou."

²⁵ Ankò Li te mete men Li sou zye li. Li te gade byen fiks, e li te vin restore. Konsa, li te wè tout bagay byen klè.

²⁶ Li te voye li lakay li e te di: "**Pa menm antre** ᵐ**nan vil la.**"

²⁷ Jésus te sòti avèk disip Li yo pou lantre nan vilaj Césarée ⁿPhilippe. Sou wout la Li te diskite ak disip Li yo. Li te mande yo: "**Kilès moun yo di ke Mwen ye?**"

²⁸ Yo te di Li: "Jean Baptiste, e kèk lòt Élie, men lòt, youn nan pwofèt yo".

²⁹ Li te kesyone yo plis; "**Men kilès nou menm nou di ke Mwen ye?**" ᵒPierre te reponn e te di Li: "Ou menm se Kris la."

³⁰ Konsa, ᵖLi te avèti yo pou pa di pèsòn anyen sou Li menm.

³¹ ᑫLi te kòmanse enstwi yo ke Fis a Lòm nan t ap oblije soufri anpil bagay, vin rechte pa ansyen yo avèk chèf prèt ak skrib yo, e touye. E apre twa jou, Li ta resisite ankò.

³² Li t ap pale bagay la ʳbyen klè.

Konsa, Pierre te mennen L akote e te kòmanse repwoche L.

³³ Men lè l te vire gade dèyè, Li te wè disip Li yo, e Li te repwoche Pierre, e te di l: "**Mete ou dèyè M,** ˢ**Satan! Paske ou p ap mete panse ou sou enterè Bondye a, men enterè lòm.**"

³⁴ Li te rele foul la avèk disip Li yo. Li te di yo: "**Si yon moun vle swiv Mwen, fòk li renonse pwòp tèt li,** ᵗ**pran kwa li, e swiv Mwen.** ³⁵ **Paske** ᵘ**nenpòt moun ki vle sove vi li, va pèdi li; men nenpòt moun ki pèdi vi li akoz Mwen ak levanjil la, ap sove li.**

³⁶ "**Paske kisa sa sèvi a yon nonm si l genyen tou lemonn men l pèdi nanm li?** ³⁷ **Paske kisa yon nonm ap bay an echanj pou nanm Li.**

³⁸ "**Paske** ᵛ**nenpòt moun ki wont de Mwen menm avèk pawòl Mwen, nan jenerasyon adiltè e konwonpi sila a, Fis a Lòm nan ap wont de li menm tou lè Li vini nan glwa a Papa Li avèk zanj sen yo.**"

9 Jésus te di yo: ʷ"**Anverite Mwen di nou, gen kèk moun nan sila ki kanpe la yo ki p ap goute lanmò jouk lè yo fin wè wayòm Bondye a rive avèk pouvwa.**"

ª **8:10** Mat 15:39   ᵇ **8:11** Mat 16:1-12; Mat 12:38   ᶜ **8:12** Mat 12:39   ᵈ **8:15** Mat 16:6   ᵉ **8:17** Mc 6:52   ᶠ **8:18** Jr 5:21   ᵍ **8:19** Mc 6:41-44   ʰ **8:19** Mat 14:20   ⁱ **8:20** Mc 8:6-9   ʲ **8:21** Mc 6:52   ᵏ **8:22** Mc 3:10   ˡ **8:23** Mc 7:33; Mc 5:23   ᵐ **8:26** Mc 8:23   ⁿ **8:27** Mat 16:13-16   ᵒ **8:29** Jn 6:68-69   ᵖ **8:30** Mat 8:4   ᑫ **8:31** Mat 16:21-28   ʳ **8:32** Jn 10:24   ˢ **8:33** Mat 4:10   ᵗ **8:34** Mat 10:38   ᵘ **8:35** Mat 10:39   ᵛ **8:38** Mat 10:33   ʷ **9:1** Mat 16:28

Marc 9:2–34

² ᵃSis jou pita, Jésus te pran avè L, Pierre, Jacques, avèk Jean, e te mennen yo sou yon mòn wo pou kont yo. La, devan yo, Li te transfòme nan yon lòt fòm. ³ ᵇRad Li yo te vin klere jis yo blanchi nèt, blanch kon okenn moun k ap fè lesiv nan mond sa a, pa t janm kab fè. ⁴ Konsa, Élie ak Moïse te parèt devan yo ansanm, e yo t ap pale avèk Jésus.

⁵ Pierre te reponn pou di Jésus: "Mèt, se bon pou nou isit la; ᶜannou fè twa tabènak, youn pou Ou, youn pou Moïse, e youn pou Élie." ⁶ Paske li pa t konnen ki repons pou bay, akoz kè yo te plen avèk laperèz.

⁷ Konsa, yon nwaj te fòme ki te vin mete yo nan fon lonbraj, e yon vwa te vin sòti nan nwaj la, ᵈ"Sa se Fis Mwen; koute Li!"

⁸ Nan menm moman sa a, yo te gade toupatou e pa t wè pèsòn avèk yo ankò, sof ke Jésus sèl.

⁹ ᵉPandan yo t ap desann mòn nan, Li te bay yo lòd pou pa di pèsòn sa yo te wè a, jouk lè ke Fis a Lòm nan ta leve soti nan lanmò. ¹⁰ Yo te reflechi anpil sou pawòl sa a, e te diskite youn avèk lòt sou sa sa vle di: "leve soti nan lanmò an".

¹¹ Yo te mande Li: "Poukisa skrib yo di ke ᶠÉlie oblije vini avan an?"

¹² Li te di yo: **"Élie vrèman ap vini avan pou restore tout bagay. Men poukisa li ekri sou Fis a Lòm nan ke ᵍLi va soufri anpil bagay, e vin meprize?** ¹³ **Men Mwen di nou Élie vrèman gen tan vini, e yo te fè l sa ke yo te pito, jan ke sa ekri sou li a."**

¹⁴ ʰLè yo te retounen kote disip yo, yo te wè yon gwo foul ki te antoure yo, e kèk skrib ki t ap diskite avèk yo. ¹⁵ Imedyatman, lè tout foul la te wè Li, yo te ⁱetone, e yo te kouri vini salye Li.

¹⁶ E Li te mande yo: **"Kisa nou ap diskite avèk yo la a?"**

¹⁷ Epi yon moun nan foul la te reponn Li: "Mèt, mwen te pote bay Ou fis Mwen an, ki gen yon move lespri ki fè l bèbè; ¹⁸ epi lè li sezi l, li voye li atè. Li kimen nan bouch e manje dan l; kò li vin tou rèd. Mwen te pale disip Ou yo pou chase l, men yo pa t kapab."

¹⁹ Konsa, Li te reponn yo e te di: **"O jenerasyon enkredil, pou konbyen de tan ankò M ap avèk nou? Konbyen de tan ankò M ap sipòte nou? Fè l vin kote Mwen!"**

²⁰ Yo te pote gason an kote Li. E lè li te wè L, lapoula lespri a te jete li nan yon gwo kriz. Li te tonbe atè, te kòmanse woule toupatou e kimen nan bouch.

²¹ Jésus te mande papa li: **"Depi kilè bagay sa a konn rive li?"** Li te di: "Depi li timoun. ²² Souvan li konn voye li ni nan dlo, ni nan dife pou l detwi l. Men si Ou kapab fè yon bagay, gen pitye pou nou, e ede nou!"

²³ Jésus te di li: **"Si Ou kapab? ʲTout bagay posib pou sila a ki kwè a."**

²⁴ Konsa, papa a tigason an te kriye fò e te di: "Mwen kwè; ede enkredilite Mwen an."

²⁵ Lè Jésus te wè yon ᵏfoul moun t ap rasanble, Li te reprimande move lespri a. Li te di L: **"Ou menm lespri soud e bèbè, Mwen kòmande ou, sòti nan li, e pa antre nan li ankò."**

²⁶ Lè lespri a fin kriye fò, e jete li nan gwo kriz tèrib, li te sòti. Ti gason an te tèlman parèt kon yon kadav, ki te fè pi fò nan yo te di: "Li mouri!"

²⁷ Men Jésus te pran li pa men li, te leve l, e Li te kanpe.

²⁸ Lè Li te vini ˡnan kay la, disip Li yo te kòmanse kesyone Li an prive: "Poukisa nou pa t kapab chase l?"

²⁹ Li te di yo: **"Kalite sila a p ap kab sòti pa anyen, sof ke lapriyè."**

³⁰ ᵐDepi la yo te ale pase nan tout Galilée, e Li pa t vle ke pèsòn konnen anyen sou sa. ³¹ Paske Li t ap enstwi disip Li yo e t ap di yo: ⁿ**"Fis a Lòm nan va livre nan men a lèzòm, e yo va touye Li. Epi lè Li fin touye, L ap resisite ankò twa jou pita."** ³² Men ᵒyo pa t konprann pawòl sila a, e yo te pè mande L.

³³ ᵖYo te vini Capernaüm, e lè Li te nan kay la, Li te kòmanse kesyone yo: **"De kisa nou t ap diskite nan wout la?"** ³⁴ Men yo te rete an silans; paske nan wout la, yo ᑫt ap diskite de kilès nan yo ki te pi gran.

ᵃ **9:2** Mat 17:1-8   ᵇ **9:3** Mat 28:3   ᶜ **9:5** Mat 17:4   ᵈ **9:7** Mat 3:17   ᵉ **9:9** Mat 17:9-13   ᶠ **9:11** Mal 4:5
ᵍ **9:12** Mat 16:21   ʰ **9:14** Mat 17:14-19   ⁱ **9:15** Mc 14:33   ʲ **9:23** Mat 17:20   ᵏ **9:25** Mc 9:15
ˡ **9:28** Mc 2:1   ᵐ **9:30** Mat 17:22-23   ⁿ **9:31** Mat 16:21   ᵒ **9:32** Luc 2:50   ᵖ **9:33** Mat 18:1-5
ᑫ **9:34** Mat 18:4

35 Lè Li te fin chita, Li te rele douz yo, e Li te ᵃdi yo: "Si yon moun vle premye, li va dènye de tout moun, e vin sèvitè a tout moun."

36 Li te pran yon timoun, e te fè l chita devan yo. Epi lè L pran li nan bra Li, Li te di yo: 37 ᵇ"Nenpòt moun ki resevwa yon timoun tankou sila a nan non pa M, resevwa M; e nenpòt moun ki resevwa M, li pa resevwa Mwen, men Sila ki voye Mwen an."

38 ᶜJean te di Li: "Mèt, nou te wè yon moun ki t ap chase move lespri yo nan non Ou, e nou te eseye fè l sispann, paske li pa t ap swiv nou."

39 Men Jésus te di: "Pa anpeche li, paske pa gen moun k ap fè yon mirak nan non Mwen, e apre byen vit ki ka pale mal de Mwen. 40 ᵈPaske sila ki pa kont nou an, li pou nou. 41 Paske nenpòt moun ki bay nou yon tas dlo pou bwè akoz nou nan Kris yo, anverite Mwen di nou, li p ap pèdi rekonpans li.

42 ᵉ"Nenpòt moun ki fè youn nan pitit sa yo ki kwè vin chape tonbe, li t ap pi bon pou li si yo te mete yon gwo wòch moulen nan kou li, e jete l nan lanmè.

43 ᶠ"Si men nou fè nou chape tonbe, koupe l nèt; li pi bon pou nou ta antre nan lavi kokobe, pase avèk de men, pou nou ta jete nan twou san fon an, nan lanfè ki "pa kapab etenn nan, 44 'kote vè pa mouri, e dife pa janm etenn.'

45 "E si pye nou fè nou chape tonbe, koupe li nèt; li pi bon pou nou antre nan lavi bwete, pase genyen tou de pye nou, e vin jete nan ᵍlanfè, 46 kote vè pa mouri, e dife pa janm etenn.

47 ʰ"Si zye nou fè nou chape tonbe, retire li jete; li pi bon pou nou antre nan wayòm Bondye a avèk yon sèl zye, pase jete nan lanfè avèk de zye. 48 Kote vè pa mouri, e dife pa janm etenn.

ⁱ 49 "Paske tout moun va vin sale ak dife, e chak sakrifis ap sizonnen ak sèl.

50 "Disèl la bon, men ʲsi disèl la vin pèdi gou, kilès k ap fè l gen gou sèl ankò. Fòk nou gen sèl nan nou, e rete anpè youn avèk lòt."

10 ᵏLè l leve, Li te kite la pou landwa Juda a, ak lòtbò Jourdain an. Foul yo te antoure Li ankò, e selon koutim Li, Li te kòmanse enstwi yo ankò.

2 Kèk Farizyen te vin kote L pou sonde L, e te kesyone L pou si li te pèmi pou yon mesye divòse ak madanm li.

3 Konsa, Li te reponn li e te di: "Kisa Moïse te kòmande nou?"

4 Yo te di: ˡ"Moïse te bay dwa pou yon mesye ekri yon sètifika pou l divòse ak li, epi voye l ale."

5 Men Jésus te di yo: ᵐ"Akoz kè di nou, li te ekri nou kòmandman sa a. 6 Men ⁿdepi kòmansman kreyasyon an, Bondye te fè yo mal ak femèl. 7 Pou rezon sa a, yon gason va kite papa li ak manman li, 8 ᵒepi yo de a ap vin fè yon sèl chè. An konsekans, se pa de yo ye ankò, men yon sèl chè. 9 Pou rezon sa a, sa ke Bondye gen tan lye ansanm, pa kite okenn moun separe l."

10 Anndan kay la, disip yo te kesyone Li ankò. 11 E Li te di yo: ᵖ"Nenpòt moun ki divòse ak madanm li pou marye avèk yon lòt fanm, fè adiltè kont li. 12 E si ᵠfanm nan divòse ak mari li e marye avèk yon lòt, li menm tou fè adiltè."

13 ʳKonsa yo t ap pote timoun bay li pou L ta kapab touche yo, e disip yo te reprimande yo.

14 Men lè Jésus te wè sa, Li te mekontan e te di yo: "Kite timoun yo vini kote Mwen; pa anpeche yo, ˢpaske wayòm Bondye a se pou sila ki tankou sa yo. 15 Anverite Mwen di nou: ᵗnenpòt moun ki pa resevwa wayòm Bondye a kon yon timoun, li p ap antre li menm."

16 Epi li te ᵘpran yo nan bra Li, te beni yo, e te poze men L sou yo.

17 ᵛPandan Li t ap prepare pou yon vwayaj, yon nonm te kouri kote L, te mete l ajenou devan Li. Li te mande L: "Bon Mèt, kisa mwen dwe fè pou ʷeritye lavi etènèl?"

ᵃ **9:35** Mat 20:26   ᵇ **9:37** Mat 10:40   ᶜ **9:38** Luc 9:49-50   ᵈ **9:40** Mat 12:30   ᵉ **9:42** Mat 18:6
ᶠ **9:43** Mat 5:3; Mc 3:12   ᵍ **9:45** Mat 5:22   ʰ **9:47** Mat 5:29   ⁱ **9:48** És 66:24; Mat 3:12   ʲ **9:50** Mat 5:13
ᵏ **10:1** Mat 19:1-9   ˡ **10:4** Det 24:1-3   ᵐ **10:5** Mat 19:8   ⁿ **10:6** Mc 13:19; Jen 1:27   ᵒ **10:8** Jen 2:24
ᵖ **10:11** Mat 5:32   ᵠ **10:12** I Kor 7:11   ʳ **10:13** Mat 19:13-15   ˢ **10:14** Mat 5:3   ᵗ **10:15** Mat 18:3
ᵘ **10:16** Mc 9:36   ᵛ **10:17** Mat 19:16-30   ʷ **10:17** Mat 25:34

¹⁸ Epi Jésus te di Li: **"Poukisa ou rele M bon? Nanpwen moun ki bon sof ke Bondye sèl.** ¹⁹ **Ou konnen kòmandman yo,** ᵃ**"Pa touye moun, pa fè adiltè, pa vòlè, pa fè fo temwayaj, pa twonpe moun, onore papa ou avèk manman ou'."**

²⁰ Konsa li te di Li: **"Mèt, mwen fè** ᵇ**tout bagay sa yo depi mwen timoun."**

²¹ Jésus te byen gade li. Li te gen yon lanmou pou li. Li te di l: **"Yon bagay ou manke; ale vann tout sa ou posede, bay malere yo, e ou va gen** ᶜ**richès nan syèl la. E konsa, vin swiv Mwen."**

²² Men avèk pawòl sa yo, li te vin atriste. Li te kite lye sa a, byen dezole, paske li te yon moun ki te gen anpil byen.

²³ Jésus te gade toupatou e te di a disip li yo: ᵈ**"Ala sa ap difisil pou sila ki gen anpil richès antre nan wayòm Bondye a!"**

²⁴ Disip Li yo te ᵉetone de pawòl Li yo. Men Jésus te reponn yo ankò e te di yo: **"Zanfan yo, ala sa difisil pou antre nan wayòm Bondye a!** ²⁵ ᶠ**L ap pi fasil pou yon chamo pase nan zye a yon egwi, pase pou yon moun rich antre nan wayòm Bondye a."**

²⁶ Yo te menm pi etone. Yo te di l: **"Ebyen, kilès ki kab sove?"**

²⁷ Tou ap gade yo Jésus te di: ᵍ**"Avèk moun, sa pa posib, men li pa konsa avèk Bondye. Paske tout bagay posib avèk Bondye."**

²⁸ ʰPierre te kòmanse di L: **"Gade, nou gen tan kite tout bagay e te swiv Ou."**

²⁹ Jésus te di: **"Anverite Mwen di nou,** ⁱ**Nanpwen pèsòn ki kite kay li, oswa frè li, oswa sè li ak pitit li, ni manman ni papa, oswa jaden li pou koz Mwen ak pou koz levanjil la,** ³⁰ **men ke l ap resevwa san fwa plis koulye a, nan tan sila a, kay, frè, sè ansanm avèk pèsekisyon yo; e** ʲ**nan la j k ap vini an, lavi etènèl.** ³¹ **Men**ᵏ **anpil moun ki premye ap vin dènye; e dènye yo va vin premye.**

³² ˡYo te sou wout la pou ale Jérusalem e Jésus t ap mache pi devan yo. Yo te etone, e sila ki te swiv yo te pè anpil.

Ankò Li te rele douz yo a kote e te kòmanse di yo kisa ki ta vin rive Li.

³³ **"Byen gade, nou ap monte Jérusalem.** ᵐ**Fis a Lòm nan va livre a chèf prèt yo avèk skrib yo. Yo va kondane Li a lanmò, e yo va livre li a payen yo.** ³⁴ **Epi y ap moke L,** ⁿ**krache sou Li, bay Li gwo kout fwèt, e touye L. Twa jou pita, L ap resisite."**

³⁵ ᵒJacques, Jean, avèk de fis Zébédée yo te vin kote L. Yo te di L: **"Mèt, nou vle ke Ou fè pou nou nenpòt sa ke nou mande Ou".**

³⁶ Li te di yo: **"Kisa nou vle M fè pou nou"?**

³⁷ Yo te di L: **"Ban nou dwa pou nou** ᵖ**kapab chita nan glwa Ou, youn sou bò dwat Ou, e youn sou bò gòch Ou nan glwa Ou."**

³⁸ Men Jésus te di yo: ᵍ**"Nou pa konnen sa n ap mande a. Èske nou kapab bwè tas ke M ap bwè a, oubyen batize avèk batèm ke Mwen ap batize a?"**

³⁹ Yo te di L: **"Nou kapab".** Jésus te reponn yo: **"Tas ke M ap bwè a,** ʳ**nou ap bwè. Epi nou ap batize avèk menm batèm ke M ap batize a.** ⁴⁰ **Men pou chita bò dwat Mwen, oubyen bò gòch Mwen an, sila a se pa pa M nan pou M ta bay,** ˢ**men se pou sila ke li te prepare yo."**

⁴¹ ᵗLè yo tande sa, dis lòt yo te kòmanse santi ke yo te mekontan avèk Jacques ak Jean.

⁴² Konsa, Jésus te rele yo a Li menm. Li te di yo: **"Nou konnen ke sila ki rekonèt kon chèf pami payen yo domine sou yo, epi gwo chèf yo egzèse otorite sou yo.** ⁴³ **Men li pa konsa pami nou menm,** ᵘ**men nenpòt moun ki vle vin gran pami nou, va sèvi nou.** ⁴⁴ **Nenpòt moun ki vle premye pami nou, va vin esklav a nou tout.** ⁴⁵ **Paske menm Fis a Lòm nan** ᵛ**pa t vin pou yo sèvi Li, men pou bay vi li kon yon ranson pou anpil lòt."**

ᵃ **10:19** Egz 20:12-16 ᵇ **10:20** Mat 19:20 ᶜ **10:21** Mat 6:20 ᵈ **10:23** Mat 19:23 ᵉ **10:24** Mc 1:27
ᶠ **10:25** Mat 19:24 ᵍ **10:27** Mat 19:26 ʰ **10:28** Mat 4:20-22 ⁱ **10:29** Mat 6:33 ʲ **10:30** Mat 12:32
ᵏ **10:31** Mat 19:3 ˡ **10:32** Mat 20:17-19 ᵐ **10:33** Mc 8:31 ⁿ **10:34** Mat 16:21 ᵒ **10:35** Mat 20:20-28
ᵖ **10:37** Mat 19:28 ᵍ **10:38** Mat 20:22 ʳ **10:39** Trav 12:2 ˢ **10:40** Mat 13:11 ᵗ **10:41** Mc 10:42-45
ᵘ **10:43** Mat 20:26 ᵛ **10:45** Mat 20:28

⁴⁶ ᵃKonsa yo te rive Jéricho. E pandan Li t ap kite Jéricho avèk disip Li yo, ansanm ak yon gwo foul la, yon avèg ki t ap mande, ki te rele Bartimée, fis a Timée, te chita akote wout la. ⁴⁷ Lè l tande ke se te Jésus, Nazareyen an, li te kòmanse kriye fò e te di: "Jésus, ᵇFis a David la, gen pitye pou mwen!"

⁴⁸ Konsa, anpil moun t ap pale ak li sevèman pou li ta pe la, men li te kriye pi fò: ᶜ"Fis a David la: gen pitye pou mwen!"

⁴⁹ Konsa, Jésus te rete la, e te di: **"Rele Li."**

Yo te rele avèg la. Yo te di l: ᵈ"Pran kouraj! Leve kanpe! L ap rele ou!" ⁵⁰ Li te jete akote gwo vètman li, te vòlti je kanpe byen vit, e te rive kote Jésus.

⁵¹ Jésus te reponn li, e te di l: **"Kisa ou vle M fè pou ou?"**

Mesye avèg la te di L: "Rabouni (ki vle di Mèt), mwen vle wè ankò!" ᵉ

⁵² Jésus te di l: **"Ale! Lafwa ou fè ou geri."**

Lapoula, li te wè ankò, e li t ap swiv Li sou wout la.

11 ᶠPandan yo t ap pwoche Jérusalem, nan Bethphagé avèk Béthanie, toupre mòn Oliv la, Li te bay komisyon a de nan disip Li yo. ² Li te di yo: **"Ale nan bouk ki anfas nou an. Pandan n ap antre, nou ap twouve yon ti bourik mare, ki poko menm monte. Demare li e mennen l isit la. ³ Si yon moun di nou: 'Poukisa n ap fè sa?', di l: 'Senyè a gen bezwen li'. Konsa, l ap voye l vini isit la."**

⁴ Yo te ale, e te twouve yon ti bourik mare toupre pòt la, deyò nan lari a, e yo te demare li.

⁵ Konsa, kèk nan sila ki te la yo t ap di yo: "Kisa nou ap fè la a? N ap demare ti bourik la?"

⁶ Yo te pale yo jan Jésus te di a, e yo te bay yo dwa pran l.

⁷ Yo te ᵍpote ti bourik la bay Jésus. Yo te mete vètman yo sou li, e Li te chita sou li.

⁸ Konsa, anpil moun te tann vètman yo sou wout la, e lòt t ap poze branch fèy yo te koupe nan chan sou wout la. ⁹ Sila ki te ale devan yo ak sila ki t ap swiv yo, t ap kriye fò: "Ozana! ʰBeni se Sila a ki vini nan non SENYÈ a! ¹⁰ Beni se wayòm zansèt nou David, k ap vini an! Ozana ⁱnan pi wo a!"

¹¹ ʲJésus te antre Jérusalem e te antre nan tanp lan. Lè Li te fin gade sou tout bagay, ᵏLi te kite la pou Béthanie avèk douz yo akoz ke lè a te deja fè tà.

¹² Nan demen, lè yo te kite Béthanie, Li te vin grangou. ¹¹³ Li te wè nan distans, yon pye fig etranje avèk tout fèy yo. Li te ale pou wè si petèt li t ap twouve kèk bagay sou li. Lè l rive, li pa t twouve anyen sof ke fèy yo, paske li pa t nan sezon fwi. ¹⁴ E Li te pale a li: **"Ke pèsòn pa janm manje fwi ki sòti nan ou ankò!"**

E disip Li yo te tande l.

¹⁵ ᵐKonsa yo te rive Jérusalem. Li te antre nan tanp lan e te kòmanse voye deyò sila ki t ap achte ak vann nan tanp lan. Li te chavire tab a sila ki t ap chanje lajan yo ak chèz a sila ki t ap vann toutrèl yo. ¹⁶ Li pa t ap kite pèsòn pase nan tanp lan ki pote yon chaj. ¹⁷ Li te kòmanse pale ak yo. Li te di yo: **"Èske li pa ekri: ⁿ'Lakay Mwen an ap rele yon Kay Lapriyè pou tout nasyon yo'? Men nou fin fè l vin yon kav kote vòlè kache."**

¹⁸ Chèf prèt yo avèk skrib yo te tande, e yo ᵒte kòmanse ap chèche jan pou detwi Li. Paske yo te pè Li akoz tout foul la te etone pa prensip ke Li te bay yo.

¹⁹ ᵖLè aswè te rive, Li te kite vil la.

²⁰ ᵠPandan yo t ap pase lantre granmmaten an, yo vin wè ke pye fig etranje a te seche jis rive nan rasin.

²¹ Konsa, Pierre te sonje, e te di Li: ʳ"Rabbi, gade pye fig frans ke Ou te modi a gen tan vin sèch".

²² Jésus te reponn e te di yo: ˢ**"Mete lafwa nan Bondye. ²³ Anverite, Mwen di nou, nenpòt moun ki di a mòn sa a: 'Retire ou la e ale jete ou nan lanmè, san doute nan kè l, men kwè ke sa li di a va rive, sa va rive. ᵗ²⁴ Pou sa, Mwen di nou, pou ᵘtout**

ᵃ **10:46** Mat 20:29-34 ᵇ **10:47** Mat 9:27 ᶜ **10:48** Mat 9:27 ᵈ **10:49** Mat 9:2 ᵉ **10:51** Mat 23:7
ᶠ **11:1** Mat 21:1-9 ᵍ **11:7** Mat 21:4-9 ʰ **11:9** Sòm 118:26 ⁱ **11:10** Mat 21:9 ʲ **11:11** Mat 21:12
ᵏ **11:11** Mat 21:17 ˡ **11:12** Mat 21:18-22 ᵐ **11:15** Jn 2:13-16 ⁿ **11:17** És 56:7; Jr 7:11 ᵒ **11:18** Mat 21:46
ᵖ **11:19** Mat 21:17 ᵠ **11:20** Mat 21:19-22 ʳ **11:21** Mat 23:7 ˢ **11:22** Mat 17:20 ᵗ **11:23** Mat 17:20
ᵘ **11:24** Mat 7:7

bagay ke nou priye e mande, kwè ke nou gen tan resevwa l deja, e li va fèt.

²⁵ "Nenpòt lè ke n ap kanpe pou fè lapriyè, ᵃsi nou gen yon bagay kont yon moun, padone l, pou Papa nou osi, ki nan syèl la kapab padone nou pou ofans pa nou yo. ²⁶ᵇ Men si nou pa padone, Papa nou nan syèl la p ap padone ofans pa nou yo nonplis."

²⁷ Konsa, yo te rive ankò Jérusalem. ᶜE pandan Li t ap mache nan tanp lan, chèf prèt yo avèk skrib yo ak ansyen yo te vin kote L. ²⁸ Yo te di L: "Pa ki otorite W ap fè bagay sa yo; oubyen kilès ki te bay Ou otorite sa a pou fè bagay sa yo?"

²⁹ Jésus te di yo: "M ap poze nou yon kesyon, e nou va reponn Mwen; epi konsa, Mwen menm, M ap di nou pa ki otorite Mwen fè bagay sa yo. ³⁰ Èske batèm a Jean an te sòti nan syèl la, oubyen nan lòm? Reponn Mwen."

³¹ Yo te rezone pami yo menm pou di: "Si nou di 'nan syèl la', l ap di poukisa nou pa t kwè li? ³² Men si nou di de lòm?" Konsa, yo te pè foul la, paske tout moun te konsidere ke Jean te vrèman yon pwofèt.

³³ Yo te reponn Jésus e te di: "Nou pa konnen".

Konsa, Jésus te di yo: "**Nonplis, Mwen p ap di nou pa ki otorite Mwen fè bagay sa yo**".

12 Konsa, Li te kòmanse pale yo an parabòl: ᵈ"**Yon nonm te plante yon jaden rezen, te antoure l avèk yon miray, e te fouye yon basen anba pèz diven an. Li te bati yon kay gad byen wo, e li te lwe l a kiltivatè yo. Konsa, li te fè yon vwayaj nan yon lòt peyi.** ² **Nan lè rekòlt la, li te voye yon esklav li kote kiltivatè yo pou l ta kapab resevwa kèk nan pwodwi jaden an nan men a kiltivatè yo.** ³ **Konsa, yo te pran li, yo te bat li, e te voye li ale men vid.** ⁴ **Ankò li te voye yon lòt esklav. Yo te blese li nan tèt, e te maltrete l byen maltrete.** ⁵ **Epi li voye yon lòt. Sila a yo te touye. E anpil lòt; kèk yo te bat, e kèk yo te touye.**

⁶ "**Li te gen youn anplis, yon fis byeneme. Konsa, an dènye lye, li te voye li bay yo. Li te di: 'Yo va respekte fis mwen an'.**

⁷ "**Men kiltivatè rezen sa yo te di youn ak lòt: 'Sa se eritye a; vini, annou touye l e jete l deyò jaden an, e eritaj la ap vin pou nou!'** ⁸ **Epi yo te pran li, yo te touye li, e te jete li deyò jaden an.**

⁹ "**Kisa mèt jaden an ap fè? Li va vin detwi kiltivatè rezen yo, e li va bay jaden an a lòt moun.** ¹⁰ **Èske nou pa t menm li Ekriti sila a?:**

ᵉ'**Wòch ke moun ki t ap bati
yo te refize a;
sila a te devni wòch ang
prensipal la.
¹¹ ᶠSa te vin rive soti nan Bondye,
e se yon mèvèy nan zye nou.'?**"

¹² Konsa, yo t ap chache sezi li; malgre yo te pè foul la, paske yo te konprann ke Li te pale parabòl sa a kont yo menm. Konsa, ᵍyo te kite Li e te ale.

¹³ Yo te voye kèk nan Farizyen yo ak Ewodyen yo kote Li, pou yo ta kapab pran l nan pèlen avèk pwòp pawòl Li. ʰ¹⁴ Yo te vini, e te mande L: "Mèt, nou konnen ke Ou bay verite a, e Ou pa nan patipri a pèsòn, men enstwi chemen Bondye a ak verite: Èske li pèmi pou peye taks a César; wi, oubyen non?

¹⁵ "Èske n ap peye, oubyen èske nou p ap peye?"

Men Li menm ki te konnen se ipokrit yo t ap fè, Li te di yo: "**Poukisa nou ap tante Mwen? Pote ban m yon denye (kòb jounalye peyi a) pou M gade l.**"

¹⁶ Epi yo te pote l.

Li te di yo: "**Se imaj ak non a ki moun ki la a?**"

Yo te di Li: "Se pou César".

¹⁷ Konsa, Jésus te di yo: ⁱ"**Bay César bagay sila a ki pou César yo, e a Bondye bagay ki pou Bondye yo.**" E yo te etone de Li menm.

¹⁸ Alò, ʲSadiseyen yo, ki di ke nanpwen rezirèksyon, te vin kote L e te kesyone L. Yo te di: ¹⁹ "Mèt, Moïse te ekri pou nou ke ᵏ'Si

---

ᵃ **11:25** Mat 6:14   ᵇ **11:26** Mat 6:15   ᶜ **11:27** Mat 21:23-27   ᵈ **12:1** Mat 21:33-46   ᵉ **12:10** Sòm 118:22
ᶠ **12:11** Sòm 118:23   ᵍ **12:12** Mat 22:22   ʰ **12:13** Mat 22:15-22; Luc 11:54   ⁱ **12:17** Mat 22:21
ʲ **12:18** Mat 22:23-33   ᵏ **12:19** Det 25:5

frè a yon nonm mouri, e kite dèyè l madanm li, san li pa gen pitit, ke frè l la dwe pran madanm nan pou fè yon eritye pou frè li a.' ²⁰ Te gen sèt frè; epi premye a te pran yon madanm, e li te mouri san fè eritye. ²¹ Epi dezyèm nan te pran l, e te mouri san kite eritye; epi twazyèm nan menm jan an, ²² Epi menm jan an tout sèt yo, san kite eritye. An dènye lye, fanm nan te mouri tou. ²³ Nan rezirèksyon an, lè yo leve ankò, se madanm a kilès l ap ye? Paske tout sèt yo te genyen l kòm madanm."

²⁴ Jésus te di yo: **"Èske se pa pou rezon sa a ke nou twonpe nou an; paske nou pa konprann ni Ekriti yo ni pouvwa Bondye? ²⁵ Paske lè yo leve soti nan lanmò, yo p ap marye, ni bay moun nan maryaj, men yo ap tankou zanj nan syèl yo. ²⁶ Men konsènan fè ke mò yo leve ankò a, èske nou pa t li nan ᵃpasaj liv Moïse la, devan ti bwa brile a, ke Bondye te pale l e te di l: 'Mwen menm se Bondye Abraham nan, Bondye Isaac ak Bondye Jacob la'?**

²⁷ ᵇ**"Li pa Bondye a mò yo, men a vivan yo. Nou menm nou byen twonpe nou."**

²⁸ ᶜYoun nan skrib yo te vini e te tande y ap diskite. Akoz ke li te konprann ke Li te reponn yo byen, li te mande L: "Ki kòmandman ki pi enpòtan an?"

²⁹ Epi Jésus te reponn: **"Pi enpòtan an se ᵈ'Tande O Israël! SENYÈ, Bondye nou an se Yon Sèl SENYÈ a. ³⁰ ᵉOu va renmen SENYÈ ou a, Bondye ou a avèk tout kè ou, avèk tout nanm ou, avèk tout lespri ou, e avèk tout fòs ou.'**

³¹ **"Dezyèm nan se sa: ᶠ'Ou va renmen vwazen ou an tankou tèt ou.' Nanpwen lòt kòmandman pi gran pase sa yo."**

³² Skrib la te di L: "Se sa Mèt, Ou vrèman pale ke ᵍLi se Youn, e nanpwen lòt sof ke Li Menm. ³³ ʰE pou renmen Li avèk tout kè nou, avèk tout konprann nou, e avèk tout fòs nou, e pou renmen vwazen nou tankou tèt ou, se bokou plis pase tout ofrann brile avèk sakrifis."

³⁴ Lè Jésus te wè ke li te reponn avèk bon konprann, Li te di li: **"Ou pa lwen wayòm Bondye a"**.

ⁱApre sa, pèsòn pa t tante poze Li okenn lòt kesyon.

³⁵ ʲJésus te kòmanse di pandan Li t ap enstwi nan tanp lan: **"Kijan sa rive ke skrib yo di ke Kris la se fis a David la? ³⁶ Menm David te di nan Lespri Sen an:**

ᵏ**'Senyè a te di a Senyè Mwen an,
chita sou men dwat Mwen,
jouk lè ke M mete tout lènmi Ou
 yo anba pye Ou.'**

³⁷ **"David li menm rele Li 'Senyè', e nan ki sans Li kapab fis Li?"**

ˡGwo foul pèp la te kontan tande Li.

³⁸ ᵐNan enstriksyon Li, Li t ap di: **"Fè atansyon kont skrib yo ki renmen mache toupatou ak gwo vètman, e ki renmen resevwa salitasyon ak respè nan mache a, ³⁹ ak premye plas nan sinagòg yo, ak pozisyon lonè nan bankè yo, ⁴⁰ ⁿki devore kay vèv yo, e pou parèt byen, yo fè gwo priyè. Sila yo ap resevwa yon pi gwo kondanasyon."**

⁴¹ ᵒLi te chita anfas trezò tanp lan, e te kòmanse gade jan foul la t ap mete kòb yo nan trezò a. Anpil moun rich t ap mete gwo lajan ladann. ⁴² Epi yon vèv malere te vin mete ladann de ti kòb an kwiv ki te gen valè a yon santim.

⁴³ Li te rele disip Li yo a Li menm e Li te di yo: **"Anverite Mwen di nou, vèv malere sila a te mete plis pase tout lòt ki bay nan trezò a. ⁴⁴ Paske yo tout te mete selon fòs sa yo te genyen, men malgre li te malere, li te mete tout sa li te posede, tout sa ke li te gen ᵖpou li viv."**

13 ᵍPandan Li t ap sòti nan tanp lan, youn nan disip Li yo te di Li: "Mèt, gade! A la bèl wòch, e a la bèl konstriksyon!"

² Jésus te di li: **"Ou wè gwo konstriksyon sa yo? ʳPa menm yon wòch va rete sou yon lòt ki p ap dekonble."**

³ Pandan Li te chita sou ˢMòn Oliv la, anfas tanp lan, Pierre avèk Jacques e

---

ᵃ **12:26** Luc 20:37; Egz 3:6   ᵇ **12:27** Mat 22:32   ᶜ **12:28** Luc 10:25-28   ᵈ **12:29** Det 6:5   ᵉ **12:30** Det 6:5   ᶠ **12:31** Lev 19:18   ᵍ **12:32** Det 4:35   ʰ **12:33** Det 6:5; I Sam 15:22   ⁱ **12:34** Mat 22:46   ʲ **12:35** Mat 22:41-46   ᵏ **12:36** Sòm 110:1   ˡ **12:37** Jn 12:9   ᵐ **12:38** Mat 23:1-7   ⁿ **12:40** Luc 20:47   ᵒ **12:41** Luc 21:1-4   ᵖ **12:44** Luc 8:43   ᵍ **13:1** Mat 24:2   ʳ **13:2** Luc 19:44   ˢ **13:3** Mat 21:1

Jean ak André t ap kesyone L an prive. ⁴ "Di nou kilè bagay sa yo ap rive, e kisa k ap yon sign pou lè tout bagay sa yo va akonpli."

⁵ Epi Jésus te kòmanse di yo: "Veye ke pèsòn pa mete nou nan erè. ⁶ Anpil va vini nan non Mwen, e y ap di: ᵃ"Mwen se Li menm!' Y ap mennen nou nan anpil erè. ⁷ Lè nou tande afè lagè ak bwi lagè, pa enkyete nou. Fòk sa fèt, men se pa lafen. ⁸ Paske nasyon va leve kont nasyon, e wayòm kont wayòm. Va gen tranbleman de tè nan plizyè andwa. Va gen famin ak twoub. Bagay sa yo se kòmansman a doulè nesans lan.

⁹ "Men veye nou; paske y ap ᵇlivre nou devan tribinal yo, e nou va resevwa kout fwèt nan sinagòg yo, e nou va kanpe devan gouvènè avèk wa yo pou koz a non Mwen, kon yon temwayaj a yo menm. ¹⁰ Men premyèman, fòk ᶜbòn nouvèl la preche a tout nasyon yo. ¹¹ ᵈ"Lè yo arete nou, e livre nou, pa enkyete nou an avans pou sa ke nou va di, men di nenpòt sa ke nou resevwa nan lè sa a. Paske se pa nou k ap pale, men Lespri Sen an.

¹² "Konsa, frè va livre frè a lanmò, e yon papa, pitit li. Pitit yo va leve kont paran yo, e fè mete yo a lanmò. ¹³ ᵉNou va rayi pa tout moun akoz non Mwen, men sila a ki pèsevere jiska lafen an, va sove.

¹⁴ "Men ᶠlè nou wè Abominasyon Dezolasyon an, sila ke Daniel te pale a, k ap kanpe kote li pa ta dwe ye," (ke sila k ap li sa a konprann), "alò, kite sila ki nan Juda yo kouri ale nan mòn yo. ¹⁵ ᵍEpi kite sila ki sou do kay yo pa desann antre ladann pou pran anyen nan kay la. ¹⁶ Epi kite sila ki nan chan an pa retounen pran vètman li. ¹⁷ Men malè a sila avèk pitit nan vant yo, ak sila ki nouris nan jou sa yo.

¹⁸ "Men priye ke sa pa rive nan sezon fwedi. ¹⁹ Paske jou sa yo va yon tribilasyon ki pa janm konn fèt ʰdepi kòmansman kreyasyon an ke Bondye te fè, jouk rive koulye a e ki p ap janm fèt ankò.

²⁰ "Anmwens ke Bondye te fè jou sa yo pi kout, nanpwen lavi ki t ap sove. Men pou koz a eli ke Li te chwazi yo, Li te fè jou yo vin pi kout. ²¹ E alò, si nenpòt moun ta di nou: "Men Kris la isit la", oubyen: "Gade, Li la"; pa kwè li. ²² Paske fo Kris yo ak fo pwofèt yo va parèt, e va montre nou ⁱsign ak mèvèy jis, si te posib, pou sedwi menm eli yo. ²³ Men fè atansyon, gade byen, Mwen te di nou tout bagay davans.

²⁴ "Men nan jou sa yo, apre tribilasyon sila yo, solèy la ap vin nwa fonse, e lalin nan p ap bay limyè. ʲ²⁵ ᵏEpi zetwal yo va ap tonbe soti nan syèl la, e pouvwa ki nan syèl yo va sekwe nèt.

²⁶ "Nan lè sa a yo va wè ˡFis a Lòm nan k ap vini nan nyaj yo avèk gwo pouvwa avèk glwa. ²⁷ Li va voye zanj Li yo, e yo va ᵐranmase tout eli Li yo, soti nan kat van yo, jis rive nan pwent tè ki pi lwen an, jouk nan pwent syèl ki pi lwen an.

²⁸ "Alò, konprann parabòl de pye fig etranje a. Lè branch li vin vèt, e l ap pouse fèy, nou konnen ke gran sezon an prèt pou rive. ²⁹ Menm jan an nou menm, lè nou wè bagay sa yo ap fèt, rekonèt ke Li menm Li prè, Li nan pòt la menm. ³⁰ An verite Mwen di nou, jenerasyon sila p ap gen tan pase jouk lè ke tout bagay sa yo fèt. ³¹ Syèl la ak latè ap pase, men pawòl pa M yo p ap pase.

³² ⁿ"Men de jou sa a, oubyen lè sa a, pèsòn pa konnen, pa menm zanj ki nan syèl yo, ni Fis la, men sèl Papa a. ³³ Fè atansyon, ᵒrete vijilan, paske nou pa konnen lè a. ³⁴ ᵖSe tankou yon mesye ki sòti nan yon vwayaj ki kite kay li e mete esklav li yo responsab. Li te bay a chak moun, tach li, e osi a gadyen pòt la, pou l ta rete vijilan.

³⁵ "Pou sa, rete vijilan. Paske nou pa konnen kilè mèt kay la ap parèt; si se nan aswè, a minwi, oubyen ᵠlè kòk la chante granmmaten; ³⁶ sof ke li ta vini

---

ᵃ **13:6** Jn 8:24   ᵇ **13:9** Mat 10:17   ᶜ **13:10** Mat 24:14   ᵈ **13:11** Mat 10:19-22   ᵉ **13:13** Mat 10:22
ᶠ **13:14** Mat 24:15   ᵍ **13:15** Luc 17:31   ʰ **13:19** Dan 12:1   ⁱ **13:22** Mat 24:24   ʲ **13:24** És 13:10
ᵏ **13:25** És 34:4   ˡ **13:26** Dan 7:13   ᵐ **13:27** Det 30:4   ⁿ **13:32** Mat 24:36   ᵒ **13:33** Ef 6:18
ᵖ **13:34** Luc 12:36-38   ᵠ **13:35** Mc 14:30

sibitman, e twouve nou nan dòmi. [a][37] E sa ke Mwen di nou an, Mwen di li a tout moun: [b]"Rete vijilan!"

14 [c]Alò, Pak Jwif la avèk Pen San Ledven an, t ap fète nan de jou. Konsa, chèf prèt avèk skrib yo t ap chache kijan pou yo ta sezi L pa riz pou touye Li. [2] Paske yo t ap di: "Pa pandan fèt la, otreman sa kab fè pèp la fè twoub."

[3] [d]Pandan Li te Béthanie lakay Simon, lepre a, e yo te chita sou tab la, yon fanm te vini avèk yon bokal alabat ranpli avèk nard, ki te koute byen chè. Fanm nan te kraze bokal la, e te vide li sou tèt Jésus. [4] Men kèk moun te mekontan e te pale youn ak lòt: "Poukisa l ap gaspiye pafen sila a? [5] Paske pafen sila a ta kapab vann pou plis ke twa san denye (fòs kòb yon jou travay) e li ta kab bay a malere yo." E yo t ap kritike l.

[6] **Men Jésus te di: "Lese li. Poukisa nou ap twouble li? Li fè M yon bon zèv.** [7] **Paske** [e]**malere yo ap toujou la avèk nou, e nenpòt lè nou vle, nou kapab fè byen pou yo; men Mwen menm, M p ap la tout tan.** [8] **Li fè sa li ta kapab.** [f]**Li te fè onksyon kò M davans, pou lantèman an.** [9] **Anverite Mwen di nou:** [g]**Nenpòt kote ke bòn nouvèl la ta preche nan tout lemonn, sa ke fanm sa a fè a, li va pale nan memwa li."**

[10] [h] Judas Iscariot, ki te youn nan douz yo, te ale bò kote chèf prèt yo pou li ta kapab trayi Jésus a yo menm. [11] Yo te kontan lè yo te tande sa, e te pwomèt li lajan. Konsa, li t ap chache kijan pou trayi Li nan yon moman favorab.

[12] [i]Nan premye jou Pen San Ledven an, lè jenn mouton Pak la t ap touye kon sakrifis la, disip Li yo te di Li: "Kote Ou vle nou ale fè preparasyon pou Ou kapab manje Pak la?"

[13] Li te voye de nan disip Li yo. Li te di yo: **"Antre nan vil la, e yon mesye k ap pote yon krich dlo ap rankontre nou. Swiv li.** [14] **Epi nenpòt kote li antre, di a mèt kay la: Mèt la mande: 'Kote chanm** [j]**vizitè Mwen an, pou M kab manje Pak la avèk disip Mwen yo?'** [15] **Li menm va montre nou yon gran chanm anlè, byen founi e prè. Prepare pou nou la."**

[16] Konsa, disip yo te sòti e te vini nan vil la. Yo te twouve l jan ke Li te eksplike yo a. Konsa, yo te prepare Pak la la.

[17] [k]Lè li te fènwa, li te vini avèk douz yo. [18] Pandan yo te chita a tab e t ap manje, Jésus te di: **"Anverite, Mwen di nou ke youn nan nou va trayi Mwen; li menm k ap manje avè M."**

[19] Yo te kòmanse tris. Yo t ap mande Li youn pa youn: "Asireman se pa mwen!"

[20] Li te di yo: **"Se youn nan douz yo; youn ki tranpe manje l nan veso ansanm avè M nan.** [21] **Paske Fis a Lòm nan gen pou ale, jan ke sa ekri sou Li a; men malè a nonm sa a, pa li menm Fis a Lòm nan trayi a. Li t ap pi bon pou li si li pa t janm fèt."**

[22] [l]Pandan yo t ap manje, Li te pran pen an, e apre yon benediksyon, Li te kase li, te bay yo, e te di: **"Pran sa; se kò Mwen."** [23] Li te pran yon tas, te bay gras, e Li te bay yo li. Yo tout te bwè ladann. [24] Konsa Li te di yo: **"Sa se** [m]**san akò Mwen ki vèse pou anpil moun.** [25] **Anverite Mwen di nou, Mwen p ap janm bwè fwi rezen ankò jouk jou ke M bwè l de nouvo nan wayòm Bondye a."**

[26] [n]Apre yo te fin chante yon kantik, yo ale deyò nan Mòn Oliv la.

[27] [o] Jésus te di yo: **"Akoz Mwen menm, nou tout va fè lachit aswe a; paske sa ekri:** [p]**'Mwen va frape bèje atè a, e mouton yo va gaye'.** [28] **"Men apre M fin leve,** [q]**M ap prale devan nou Galilée."**

[29] Men Pierre te di Li: "Menm si tout moun chite; mwen menm, m p ap fè sa."

[30] Jésus te di l: **"Anverite, Mwen di ou, ke,** [r]**nan menm nwit sa a, ou va nye Mwen twa fwa avan** [s]**kòk la gen tan chante de fwa."**

[31] Men Pierre te kontinye pèsiste: "Menm si mwen oblije mouri avè Ou, Mwen p ap nye Ou." Konsa, yo tout t ap di menm bagay la tou.

---

[a] **13:36** Wo 13:11 [b] **13:37** Mat 24:42 [c] **14:1** Mat 26:2-5 [d] **14:3** Luc 7:37-39 [e] **14:7** Det 15:11
[f] **14:8** Jn 19:40 [g] **14:9** Mat 26:13 [h] **14:10** Mat 26:14-16 [i] **14:12** Mat 26:17-19 [j] **14:14** Luc 22:11
[k] **14:17** Jn 13:18 [l] **14:22** Mc 10:16 [m] **14:24** Egz 24:8 [n] **14:26** Mat 26:30 [o] **14:27** Mat 26:31-35
[p] **14:27** Za 13:7 [q] **14:28** Mat 28:16 [r] **14:30** Mat 26:34 [s] **14:30** Mc 14:68-72

Marc 14:32-65

32 ᵃYo te vini nan yon plas yo te rele Gethsémané. Li te di disip Li yo: "Chita isit la jouk lè ke M fin priye." **33** Li te ᵇpran avè L Pierre, Jacques, ak Jean, e Li te kòmanse trè enkyete, e twouble. **34** Li te di yo: ᶜ"Nanm Mwen gen yon tristès pwofon; jis nan pwen pou M mouri. Rete la e veye toujou." **35** Li te ale yon ti kras pi devan, te tonbe atè e te kòmanse priye pou, si se te posib, pou ᵈlè sa a ta kapab pase de Li. **36** Li t ap di: ᵉ"Abba! Papa! Tout bagay posib pou Ou; retire tas sa a sou Mwen. ᶠMalgre pa kon Mwen vle a, men kon Ou vle a." **37** Li vini e twouve yo t ap dòmi. Li te di a Pierre: "Simon, èske w ap dòmi? Èske ou pa t kapab rete veye pou yon sèl èdtan? **38** ᵍKontinye veye e priye pou ou pa antre nan tantasyon. Lespri a dispoze, men chè la fèb." **39** Konsa, yon lòt fwa Li te ale priye, e te di menm mo yo. **40** Ankò, Li te vini e te twouve yo t ap dòmi, paske zye yo te byen lou. Ni yo pa t konnen kisa pou yo ta di Li. **41** Li te vini yon twazyèm fwa e te di yo: " Dòmi toujou e pran repo nou. Sa sifi. ʰLè a fin rive. Gade, Fis a Lòm nan ap trayi pou rive nan men pechè yo. **42** Leve! An ale nou! Gade, sila a ki trayi M nan parèt."

43 ⁱNan menm moman an, pandan Li toujou t ap pale, Judas, youn nan douz yo, te vin parèt, akonpanye pa yon foul avèk nepe ak baton ki te sòti nan chèf prèt yo, avèk skrib yo, ak ansyen yo. **44** Alò, sila ki t ap trayi Li a, te bay yo yon siyal lè l te di: "Nenpòt moun ke m bo, se Li menm. Sezi Li e mennen Li ale anba gad yo." **45** Lè l rive, l ale lapoula bò kote Li, e te di: ʲ"Mèt!", e te bo Li. **46** Yo te mete men sou Li e te sezi Li. **47** Men yon sèten mesye nan sila ki te kanpe la yo te rale nepe li. Li te frape esklav a wo prèt la, e te koupe retire zòrèy li. **48** Jésus te reponn e te di yo: "Èske nou vini avèk nepe ak baton pou arete M, konsi nou ta kab kont yon vòlè? **49** Chak jou Mwen te avèk nou ᵏnan tanp la ap enstwi, e nou pa t janm sezi M. Men sa fèt pou Ekriti yo kapab akonpli." **50** Konsa, yo tout te kouri kite Li.

51 Yon sèten jennonm t ap swiv Li, abiye sèl ak yon dra lèn ki kouvri kò l toutouni. Jennom yo te sezi li, **52** men li te rale kò l pou l kite dra a, e chape toutouni.

53 ˡYo te mennen Jésus ale vè wo prèt la. Tout chèf prèt avèk ansyen yo, ak skrib yo te reyini ansanm. **54** Pierre te swiv Li a yon distans, jouk L antre nan lakou wo prèt la. Li te chita avèk ofisye yo e t ap ᵐchofe kò li bò kote dife a. **55** Alò, chèf prèt yo avèk tout ⁿkonsèy la t ap eseye twouve temwayaj kont Jésus, pou mete L a lanmò. Men yo pa t twouve anyen. **56** Paske anpil t ap bay fo temwayaj kont Li, men temwayaj yo pa t koresponn. **57** Kèk te kanpe e te bay fo temwayaj kont Li. Yo t ap di: **58** "Nou te tande Li di: ᵒ"Mwen va detwi tanp sa ki fèt avèk men, e nan twa jou, mwen va bati yon lòt ki fèt san men.'" **59** Epi menm nan sa a, temwayaj yo pa t koresponn.

60 Wo prèt la te leve. Li te vini devan, e te kesyone Jésus. Li te di: "Èske ou pa reponn kesyon yo? Kisa ke moun sa yo ap temwaye konsa kont ou yo?" **61** Men Li te rete an silans, e pa t reponn yo. ᵖAnkò wo prèt la te poze L kesyon e t ap di Li: "Èske Ou menm se Kris la, Fis a Sila Ki Beni an?"

62 Jésus te reponn li: "Se Mwen. Nou va wè ᑫFis a Lòm nan vin chita bò dwat Pwisans lan, e ʳvini avèk nwaj nan syèl yo."

63 Konsa, wo prèt la te ˢchire rad li. Li te di: "Kisa nou bezwen kòm temwayaj ankò? **64** Nou tande ᵗblasfèm nan! Kisa sa sanble selon nou menm?"

Konsa, yo tout te kondane Li, ke Li te merite lanmò. **65** Epi kèk te kòmanse ᵘkrache sou Li, e bat Li avèk kout pwen. Yo t ap di L: ᵛ"Pwofetize!" Ofisye yo te fwape L ak kalòt nan figi.

ᵃ **14:32** Mat 26:36-46 ᵇ **14:33** Mc 9:15 ᶜ **14:34** Mat 26:38 ᵈ **14:35** Mat 26:45 ᵉ **14:36** Wo 8:15
ᶠ **14:36** Mat 26:39 ᵍ **14:38** Mat 26:41 ʰ **14:41** Mc 14:35 ⁱ **14:43** Mat 26:47-56 ʲ **14:45** Mat 23:7
ᵏ **14:49** Mc 12:35 ˡ **14:53** Mat 26:57-68 ᵐ **14:54** Mc 14:67 ⁿ **14:55** Mat 5:22 ᵒ **14:58** Mat 26:61
ᵖ **14:61** Mat 26:63 ᑫ **14:62** Sòm 110:1 ʳ **14:62** Dan 7:13 ˢ **14:63** Nonb 14:6 ᵗ **14:64** Lev 24:16
ᵘ **14:65** Mat 26:67 ᵛ **14:65** Luc 22:64

⁶⁶ ᵃ Pierre te anba nan lakou tribinal la. Yon fi ki sèvi nan kay a wo prèt la te vini. ⁶⁷ E lè l wè Pierre ki t ap ᵇchofe kò l, li byen gade l e te di: "Ou te la tou avèk Jésus, ᶜNazareyen an."
⁶⁸ Men Li te demanti sa, e te di: "Mwen pa menm konnen, ni konprann, kisa w ap pale a." Epi li ale sou galeri deyò a.
⁶⁹ Sèvant kay la te wè li e te kòmanse di ankò a sila ki te la yo: "Sila a se youn nan yo!" ⁷⁰ Men ankò, li t ap demanti sa a.
E apre kèk tan, sila ki te la yo t ap di ankò a Pierre: "Asireman ou se youn nan yo, ᵈpaske ou menm osi se yon Galilyen."
⁷¹ Men li te kòmanse bay madichon e joure: "Mwen pa konnen nonm sila a ke n ap pale a."
⁷² Imedyatman, kòk la te chante pou dezyèm fwa a. E Pierre te sonje jan Jésus te di l la: **"Avan ᵉkòk la chante de fwa, ou va nye M twa fwa."** Nan sonje sa a, li te kòmanse kriye.

15 ᶠNan granmmaten, chèf prèt avèk ansyen yo ak skrib yo, ansanm ak tout konsèy la te reyini lamenm. Yo te mare Jésus, e te mennen Li ale pou livre Li bay Pilate.
² ᵍPilate te kesyone L: "Èske Ou se Wa a Jwif yo?"
Li te reponn yo e te di li: **"Se ou ki di l."**

³ Chèf prèt yo te akize L byen sevè sou anpil bagay.
⁴ Pilate t ap kesyone L toujou. Li te di: "Kòmsi Ou pa reponn? Ou pa wè konbyen akizasyon y ap pote kont Ou?"
⁵ Men Jésus ʰpa t reponn anplis, jiskaske Pilate te etone.
⁶ ⁱAlò, nan fèt la, li te konn lage pou yo, yon prizonye ki chwazi selon demann pa yo.
⁷ Epi te gen yon mesye yo rele Barabbas, ki te vin pran prizon, ansanm avèk sila ki t ap fè revòlt yo. Mesye sa yo, te responsab touye moun. ⁸ Foul la te pwoche Pilate, e te kòmanse mande l fè sa ke li te gen abitid fè pou yo a. ⁹ Pilate te reponn yo. Li te mande: "Èske nou vle ke m ta lage pou nou Wa a Jwif yo?" ¹⁰ Paske li te byen konprann ke chèf prèt yo te livre Li akoz jalouzi.
¹¹ Men chèf prèt yo te chofe foul la ʲpou mande Pilate, olye sa a, pou li ta lage bay yo Barabbas.
¹² Epi Pilate te reponn yo ankò: "Ebyen, kisa pou m ta fè avèk Li menm ke nou rele Wa Jwif yo?"
¹³ Konsa, yo te rele fò: "Krisifye Li!"
¹⁴ Men Pilate t ap di yo: "Poukisa? Ki mal Li fè?" Men yo te rele pi fò: "Krisifye Li!"
¹⁵ Akoz ke li te vle satisfè foul la, Pilate te lage Barabbas pou yo. Lè li te fin fè yo bat Jésus ᵏak fwèt, li te livre L, pou L ta krisifye.
¹⁶ ˡSòlda yo te pran L antre nan lakou a (sa vle di Pretwa a). Yo te rele ansanm yon kowòt Women antye. ¹⁷ Yo te abiye Li an mov, e lè yo te fin trese yon kouwòn zepin, yo te mete l sou tèt Li. ¹⁸ Konsa, yo te kòmanse salye Li: "Sali, Wa a Jwif yo!" ¹⁹ Yo te kontinye bat tèt Li avèk yon wozo, yo te krache sou Li. Yo te mete yo ajenou, epi yo te bese devan Li. ²⁰ Lè yo te fin moke L, yo retire vètman mov la, e te mete pwòp rad Li sou Li. E yo te mennen Li deyò pou krisifye Li. ²¹ ᵐYo te pran yon mesye pa lafòs ki t ap sòti andeyò pou fè l fè kòve; Simon de Cyrène, (papa a Alexandre ak Rufus), pou pote kwa Li a.
²² Konsa, yo te ⁿmennen Li nan plas Golgotha, ki tradwi kon Plas A Zo Bwatèt. ²³ Yo te eseye bay Li ᵒdiven mele avèk myrr; men Li pa t pran li. ²⁴ Epi yo te krisifye Li e te ᵖdivize vètman Li yo pami yo menm. Yo te fè tiraj osò pou yo detèmine sa ke yo chak ta pran.
²⁵ Se te nan ᵍtwazyèm lè ke yo te krisifye Li a.
²⁶ Lenskripsyon avèk detay akizasyon kont Li an te di: ʳ"Wa a Jwif yo".
²⁷ Konsa, yo te krisifye de vòlè avèk L; youn sou men dwat Li, e youn sou men goch Li. ²⁸ Epi konsa, Lekriti sen an te akonpli ki te di: ˢ"Epi Li te konte pami malfektè yo."
²⁹ Sila ki t ap pase yo t ap voye ensilt; yo t ap ᵗsouke tèt yo e t ap di: "Gade! Ou menm

ki t ap ᵃdetwi tanp lan, e rebati li nan twa jou. ³⁰ Sove tèt Ou, e desann sou kwa a!"

³¹ Menm jan an, chèf prèt yo ansanm avèk skrib yo, t ap moke Li pami yo menm e t ap di: ᵇ"Li te sove lòt yo; Li pa kapab sove tèt Li." ³² "Kite Kris sa a, Wa Israël La, desann kwa a koulye a pou nou kapab wè e kwè!" ᶜSila ki te krisifye avèk Li yo t ap ensilte L menm jan an.

³³ ᵈLè sizyèm lè a te rive, te nèb te tonbe sou tout latè jiska nevyèm lè. ³⁴ Nan nevyèm lè a, Jésus te kriye fò avèk yon gwo vwa: **"Eloi, Eloi, lama sabachthani?"** ki tradwi **"Bondye M, Bondye M, poukisa Ou abandone Mwen?"**

ᵉ ³⁵ Lè kèk nan moun ki te la yo tande sa, yo te di: "Gade, L ap rele Élie."

³⁶ Yon moun te kouri ale pran yon eponj e te ranpli li avèk vinèg si. Li te mete l sou yon wozo, e te bay Li bwè. Li te di: "Kite l konsa! Annou wè koulye a si Élie ap vin fè L desann."

³⁷ ᶠKonsa, Jésus te pouse yon gwo kri, e te rann dènye souf li.

³⁸ ᵍVwal tanp lan te chire an de, soti anwo, jis rive anba.

³⁹ ʰLè santenye Women nan, ki te kanpe tou dwat devan Li a, te wè jan Li te rann dènye souf Li a, li te di: "Anverite, nonm sila a se te Fis Bondye a."

⁴⁰ ⁱTe gen osi, fanm ki t ap veye a yon distans. Pami yo se te Marie Magdalène, e Marie, manman a Jacques Le Mineur, avèk Joset, e Salomé. ⁴¹ Lè Li te Galilée, yo te konn swiv Li e ʲsèvi Li, e anpil lòt fanm osi te vin monte avèk Li Jérusalem.

⁴² Lè aswè te rive, akoz Jou Preparasyon an, sa vle di, jou avan Saba a, ᵏ⁴³ Joseph Arimathée ˡte vini. Li te yon manm enpòtan nan Konsèy la, e li osi t ap tann wayòm Bondye a. Li te ᵐranmase kouraj li pou ale devan Pilate, e li te mande kò Jésus a.

⁴⁴ Pilate te vle konnen si Li te gen tan mouri. Li te rele santenye Women an, e te mande l si li te mouri deja. ⁴⁵ Konsa, lè l vin konprann sa selon ⁿsantenye Women an, li te bay kò a a Joseph.

⁴⁶ Joseph te pote yon twal lèn, te desann Li, e te vlope L nan twal lèn an. Li te mete L nan tonm ki te fouye nan wòch la, e li te woule yon gwo wòch kont antre a tonm nan.

⁴⁷ ᵒMarie Magdala, avèk Marie, manman Joses te wè kote yo te mete Li.

16

ᵖLè Saba a te fini, Marie Magdala, avèk Marie, manman a Jacques, ak Salomé, te pote epis pou yo ta kab fè onksyon kò Li. ² Epi trè bonè, nan premye jou semèn nan, yo te vini nan tonm nan lè solèy la t ap fenk leve. ³ E yo t ap di youn ak lòt: "Kilès k ap woule ᵠwòch la sòti nan antre tonm nan pou nou?"

⁴ Nan gade anlè, yo te wè ke wòch la te deja gen tan woule sòti, malgre ke li te byen gwo. ⁵ ʳEpi lè yo te antre nan tonm nan, yo te wè yon jennonm ki te chita sou bò dwat, abiye ak yon vètman blan, epi yo te sezi.

⁶ Li te di yo: "Pa sezi, nou ap chache Jésus, Nazareyen ki te krisifye a. ˢLi leve. Li pa isit la. Gade, la se plas kote yo te mete L la. ⁷ Men ale, pale disip Li yo, ansanm avèk Pierre; ᵗL ap prale devan nou Galilée. La nou va wè Li jan ke Li te di nou an."

⁸ Yo te fè vit sove ale kite tonm nan, akoz tranbleman ak sezisman te gen tan pran yo. Yo pa t di anyen a pèsòn, paske yo te krent.

⁹ Alò, apre Li te leve bonè nan premye jou semèn nan, Li te parèt premyèman a ᵘMarie Magdala, moun sou sila ke Li te retire sèt move lespri yo. ¹⁰ ᵛMarie te ale bay rapò a sila ki te konn avèk Li yo pandan yo te nan doulè e t ap kriye. ¹¹ Lè yo te tande ke Li te vivan, e li te wè L, ʷyo te refize kwè sa.

¹² Epi apre sa, Li te parèt nan yon lòt fòm a ˣyo de pandan yo t ap mache fè wout yo andeyò. ¹³ Epi yo te kite la, e te ale bay rapò a lòt yo, men yo ʸpa t kwè yo nonplis.

¹⁴ Apre, Li te vin parèt a ᶻonz yo menm, pandan yo te sou tab. Li te bay yo repwòch pou enkredilite ak kè di yo, paske yo pa t kwè sila ki te wè l yo apre li te leve a.

ᵃ **15:29** Mc 14:58   ᵇ **15:31** Mat 27:42   ᶜ **15:32** Mat 27:44   ᵈ **15:33** Sòm 22:1   ᵉ **15:34** Sòm 22:1
ᶠ **15:37** Mat 27:50   ᵍ **15:38** Egz 26:31-33   ʰ **15:39** Mat 27:54   ⁱ **15:40** Luc 23:49   ʲ **15:41** Mat 27:55
ᵏ **15:42** Mat 27:57-61   ˡ **15:43** Mat 27:57   ᵐ **15:43** Jn 19:38   ⁿ **15:45** Mc 15:39   ᵒ **15:47** Mat 27:56
ᵖ **16:1** Jn 20:1-8   ᵠ **16:3** Mat 27:60   ʳ **16:5** Jn 20:11-12   ˢ **16:6** Mat 28:6   ᵗ **16:7** Mat 26:32
ᵘ **16:9** Mat 27:56   ᵛ **16:10** Jn 20:18   ʷ **16:11** Mat 28:17   ˣ **16:12** Luc 24:13-35   ʸ **16:13** Mat 28:17
ᶻ **16:14** Luc 24:36

¹⁵ Li te di yo: ᵃ"**Ale nan tout lemonn e preche bòn nouvèl la a tout kreyasyon an.** ¹⁶ **Sila ki kwè e vin batize yo, va sove; men sila ki pa kwè yo, va kondane.**ᵇ ¹⁷ **Sign sa yo ap swiv sila ki kwè yo.** ᶜ**Nan non pa M, yo va chase move lespri yo; yo va pale an lang tounèf;** ¹⁸ **yo va kenbe koulèv, e si yo bwè nenpòt pwazon mòtèl, li p ap fè yo anyen; yo va** ᵈ**mete men sou malad yo, e y ap refè."**

¹⁹ Alò, lè SENYÈ a te fin pale avèk yo, Li te monte resevwa nan syèl la, e te chita sou men dwat Bondye. ᵉ²⁰ Konsa, yo te ale deyò e te preche toupatou, pandan Senyè a te avèk yo, e te konfime pawòl pa sign ki te swiv yo. Amen.

ᵃ **16:15** Mat 28:19   ᵇ **16:16** Jn 3:18-36   ᶜ **16:17** Mc 9:38   ᵈ **16:18** Mc 5:23   ᵉ **16:19** Luc 9:51

LEVANJIL SELON LUC

1 Akoz ke nan pil moun ki deja antreprann pou rasanble yon listwa de bagay ki te [a]fèt pami nou yo, **2** jis jan ke yo te lonje bay a nou menm pa men a sila yo, ki [b]depi nan kòmansman an te wè avèk [c]pwòp zye yo, e kon sèvitè a pawòl la, te fè nou konnen yo. **3** Sa te sanble bon pou mwen tou, akoz ke m te fè yon ankèt konplè depi nan kòmansman an, pou m ekri sa pou nou ta byen konprann jan li te rive a, [d]chè ekselans Théophile. **4** Konsa, ou ta kapab konnen verite egzakt la, selon bagay ke ou te [e]enstwi yo.

5 Nan jou Hérode yo, wa Juda a, te gen yon sèten prèt ki te rele Zacharie nan [f]divizyon Abijah. Li te gen yon madanm ki soti nan fi Aaron yo, yo te rele Elizabeth. **6** Yo te toude jis devan zye Bondye. Yo te mache [g]san fot nan tout kòmandman ak devwa Senyè a. **7** Men yo pa t gen pitit, akoz Elizabeth te esteril, e yo toude te avanse nan laj.

8 Alò, li vin rive ke pandan [h]li t ap fè sèvis prèt la devan Bondye nan pwòp tan divizyon pa l, **9** selon koutim nan pozisyon li kon prèt, li te chwazi pa tiraj osò pou [i]antre nan tanp Senyè a pou brile lansan. **10** Tout foul pèp la t ap priye [j]deyò a nan lè ofrann lansan an.

11 Konsa, [k]yon zanj Bondye te parèt kote li, e te kanpe adwat lotèl lansan an. **12** Zacharie te twouble lè l te wè li, e[l]lakrent te sezi li.

13 Men zanj lan te di l: "Ou pa bezwen pè, Zacharie, paske sa ou te mande a, tande nan syèl la, e madanm ou, Elizabeth, va fè yon fis pou ou, e [m]ou va nonmen li Jean. **14** Ou va gen lajwa avèk kè kontan, e anpil moun va rejwi nan nesans li.

15 "Paske li va gran nan zye Bondye. Li p ap [n]bwè ni diven, ni gwòg; e li va ranpli avèk Lespri Sen an menm lè l toujou nan vant. **16** Li va fè anpil moun nan fis Israël yo [o]retounen a Senyè a, Bondye yo a. **17** Se li ki va ale devan Li menm, nan lespri avèk pouvwa Élie a, [p]pou fè kè a papa yo retounen a zanfan yo, e dezobeyisan yo a yon lespri ladwati; pou fè prepare yon pèp pou Bondye."

18 Zacharie te di a zanj lan: "Kijan m ap fè konnen sa? Paske [q]mwen menm se yon granmoun, e madanm mwen avanse nan laj."

19 Zanj lan te reponn li e te di: "Mwen se [r]Gabriel, ki kanpe nan prezans Bondye a. Mwen te voye pou pale ak ou, e pou pote bòn nouvèl sila a. **20** Konsa, gade. Ou va rete an silans nèt, e ou p ap kapab pale jiskaske bagay sa yo rive, paske ou pa t kwè pawòl mwen, ki va akonpli nan pwòp lè pa l la."

21 Pèp la t ap tann Zacharie, e yo te etone pa reta ke li te fè nan tanp lan. **22** Men lè l parèt li pa t kapab pale avèk yo. Konsa, yo te vin konprann ke se te yon vizyon ke li te fè nan tanp lan. Li te [s]kontinye fè sign bay yo, e te rete bèbè.

23 Lè jou a sèvis li kon prèt te fini, li te retounen lakay li. **24** Apre jou sa yo, Elizabeth te vin ansent. Li te kache pandan senk mwa, e te di: **25** "Se konsa ke Senyè a aji avè m nan jou ke Li te voye gras Li sou mwen, e Li te [t]retire wont mwen pami lèzòm".

26 Alò, nan sizyèm mwa ansent Elizabeth la, zanj Gabriel la te voye sòti nan Bondye a yon vil nan Galilée ki te rele [u]Nazareth, **27** a yon vyèj ki te fiyanse a yon nonm ki te rele Joseph, ki te sòti nan [v]desandan David yo. Vyèj la te rele Marie. **28** Lè l te antre, li te di li: "Sali a ou menm ki twouve favè! Bondye se avèk ou. Ou beni pami fanm yo!"

29 Men Marie [w]te twouble anpil pa pawòl sa a, e li t ap reflechi sou ki kalite salitasyon sa a te ye.

30 Konsa zanj lan te di l: [x]"Ou pa bezwen krent, Marie, paske ou gen tan twouve favè ak Bondye. **31** Gade byen, ou va vin ansent.

---

[a] **1:1** Wo 4:21 [b] **1:2** Jn 15:27 [c] **1:2** II Pi 1:16 [d] **1:3** Trav 23:26 [e] **1:4** Trav 18:25 [f] **1:5** I Kwo 24:10
[g] **1:6** Fil 2:15 [h] **1:8** I Kwo 24:19 [i] **1:9** Egz 30:7 [j] **1:10** Lev 16:17 [k] **1:11** Luc 2:9 [l] **1:12** Luc 2:9
[m] **1:13** Luc 1:6-63 [n] **1:15** Nonb 6:3 [o] **1:16** Mat 3:2,6 [p] **1:17** Mal 4:6 [q] **1:18** Jen 17:17
[r] **1:19** Dan 8:16 [s] **1:22** Luc 1:62 [t] **1:25** Jen 30:23 [u] **1:26** Mat 2:23 [v] **1:27** Mat 1:16-20
[w] **1:29** Luc 1:12 [x] **1:30** Mat 14:27

Ou va fè yon fis, e ou ᵃva bay li non a Jésus. ³² Li va gran e Li va rele Fis a ᵇPi Wo a; epi Senyè Bondye a va bay Li ᶜtwòn a zansèt Li a, David. ³³ Li va renye sou lakay Jacob pou tout tan, ᵈe wayòm Li an p ap janm fini."

³⁴ Marie te di a zanj lan: "Kijan bagay sa a kapab ye, paske mwen menm se yon vyèj?"

³⁵ Zanj lan te reponn. Li te di li: "Lespri Sen an va vini sou ou, e pwisans a Pi Wo a va kouvri ou avèk lonbraj Li. Pou rezon sa a, pitit sen sa a va rele Fis a Bondye. ³⁶ Epi veye byen, menm nan fanmi ou Elizabeth anplis gen tan vin ansent avèk yon fis nan vyeyès li, e li menm ki te rele esteril, koulye a, nan sizyèm mwa li. ³⁷ Paske ᵉanyen pa enposib avèk Bondye."

³⁸ M a r i e t e d i l i : "M e n g a d e , sèvant-dedike a Senyè a; kite sa fèt sou mwen selon pawòl ou." Konsa, zanj lan te kite li.

³⁹ Alò, nan moman sa a, Marie te leve. Li te sòti byen vit pou rive nan peyi kolin yo, nan yon ᶠvil yo rele Juda. ⁴⁰ Li te antre lakay a Zacharie, e te salye Elizabeth.

⁴¹ Li te rive ke lè Elizabeth te tande salitasyon Marie a, pitit la te sote nan vant li, epi Elizabeth te ᵍranpli avèk Lespri Sen an. ⁴² Li te kriye fò avèk yon gran vwa e te di: "Beni se ou pami fanm yo, e beni se fwi a vant ou an! ⁴³ Kijan bagay sa a rive m, ke manman ʰSenyè mwen an ta vin kote mwen? ⁴⁴ Paske gade byen, lè son a salitasyon ou an te rive nan zòrèy mwen, pitit la te sote nan vant mwen avèk jwa. ⁴⁵ ⁱBeni se sila a ki te kwè ke sa Senyè a te pale a ta vin akonpli."

⁴⁶ Marie te di:

ʲ"Nanm mwen ᵏegzalte Senyè a,
⁴⁷ Lespri ˡmwen gen tan rejwi nan
 Bondye, Sovè mwen an.
⁴⁸ Paske li te gade ᵐeta ba sèvant Li an;
 paske gade byen, soti nan moman sa a
 jiska tout jenerasyon yo, yo va
  rele m beni.
⁴⁹ Paske Toupwisan an
 te fè gwo bagay pou mwen.

Non Li sen.
⁵⁰ ⁿEpi mizerikòd Li sou jenerasyon
 apre jenerasyon vè sila ki krent Li yo.
⁵¹ ᵒLi fè zèv pwisan yo avèk bra Li.
 Li te gaye sila avèk panse ògèy
  nan kè yo.
⁵² Li rale fè desann chèf yo sou
  twòn yo,
 e Li ᵖegzalte sila ki enb yo.
⁵³ ᵠLi ranpli sila ki grangou yo
  avèk bon bagay;
 e Li voye rich yo ale avèk men vid.
⁵⁴ Li bay sekou a Israël, sèvitè Li a,
 kon yon sonj mizerikòd Li,
⁵⁵ jan Li te pale a zansèt nou yo,
 a ʳAbraham avèk jenerasyon Li yo
 jis pou tout tan".

⁵⁶ Marie te rete avèk li pandan anviwon twa mwa, e te retounen lakay li. ⁵⁷ Alò, lè te rive pou Elizabeth akouche, e li te fè yon fis. ⁵⁸ Vwazen li yo avèk fanmi li yo te tande ke Senyè a te ˢmontre mizerikòd Li, e yo t ap rejwi avèk li. ⁵⁹ Li te vin rive ke nan ᵗuityèm jou a, yo te vini pou sikonsi pitit la, e yo t ap rele li Zacharie, non a papa li. ⁶⁰ Men manman li te reponn e te di: "Non anverite, men ᵘl ap rele Jean." ⁶¹ Yo te di li: "Nanpwen pèsòn pami fanmi ou ki rele pa non sa a." ⁶² Konsa, yo te ᵛfè sign a papa a, pou konnen ki non li te vle bay li. ⁶³ Li te mande yon tablo, e te ekri konsa: ʷ"Non li se Jean". Yo tout te etone. ⁶⁴ ˣKonsa, nan yon sèl kou bouch li te louvri, lang li te vin lache e li te kòmanse pale e bay glwa a Bondye. ⁶⁵ Lakrent te vin tonbe sou tout sila yo ki te rete nan landwa sa a; epi tout bagay sa yo te pale nan tout ʸpeyi kolin a Juda yo. ⁶⁶ Tout sila ki te tande koze sa yo te ᶻsonje sa, e te toujou mande: "Alò, kisa nou sipoze pitit sa a va devni?" Paske men Senyè a te vrèman sou li.

⁶⁷ Papa li, Zacharie, ᵃranpli avèk Lespri Sen an, te pwofetize. Li te di:

⁶⁸ Beni se Senyè a, Bondye Israël la,
 paske li vizite nou,

ᵃ **1:31** És 7:14 ᵇ **1:32** Mc 5:7 ᶜ **1:32** II Sam 7:12-16 ᵈ **1:33** II Sam 7:13-16 ᵉ **1:37** Jen 18:4
ᶠ **1:39** Jos 20:7 ᵍ **1:41** Luc 1:67 ʰ **1:43** Luc 2:11 ⁱ **1:45** Luc 1:20-48 ʲ **1:46** I Sam 2:1-10
ᵏ **1:46** Sòm 34:21 ˡ **1:47** Sòm 35:9 ᵐ **1:48** Sòm 138:6 ⁿ **1:50** Sòm 103:17 ᵒ **1:51** Sòm 98:1
ᵖ **1:52** Job 5:11 ᵠ **1:53** Sòm 107:9 ʳ **1:55** Jen 17:7 ˢ **1:58** Jen 19:19 ᵗ **1:59** Jen 17:12
ᵘ **1:60** Luc 1:13-63 ᵛ **1:62** Luc 1:22 ʷ **1:63** Luc 1:13-60 ˣ **1:64** Luc 1:20 ʸ **1:65** Luc 1:39
ᶻ **1:66** Trav 11:21 ᵃ **1:67** Luc 1:41

Li te acheve [a]redanmsyon pou
  pèp Li a.
[69] Li te leve yon [b]kòn sali pou nou
lakay David la, sèvitè Li a.
[70] [c]Jan Li te pale pa bouch a pwofèt
  Li yo depi nan ansyen tan an,
[71] Delivrans sou [d]lènmi nou yo,
ak nan men a tout sila ki rayi nou yo;
[72] pou montre mizerikòd vè
  zansèt nou yo,
[e]e pou sonje akò sen Li an,
[73] [f]Sèman ke Li te fè a Abraham,
  zansèt nou an,
[74] pou pèmèt ke nou menm,
ki te delivre nan men lènmi nou yo,
  ta kapab sèvi Li san krent,
[75] [g]nan sentete ak ladwati devan Li,
pandan tout jou nou yo.
[76] Epi ou menm pitit, ou va rele
pwofèt a Pi Wo a;
paske ou va ale [h]devan Senyè a,
pou prepare chemen Li an;
[77] pou bay pèp Li a konesans a sali a,
[i]pou padon peche pa yo.
[78] Akoz de mizerikòd byen dous
  a Bondye nou an,
[j]k ap fè Solèy ki leve soti anwo
  a vin vizite nou.
[79] [k]Pou briye sou sila ki chita
  nan tenèb yo
ak nan lonbraj lanmò a,
pou gide pye nou nan chemen lapè a.
[80] [l]Pitit la te kontinye grandi, e te vin fò
nan lespri. Konsa, li te viv nan dezè yo jis
jou li te parèt piblikman an Israël.

2 Alò, li te rive nan jou sa yo ke yon
dekrè te sòti nan [m]César Auguste,
ke yon [n]resansman global ta vin fèt pou
tout mond lan kote moun rete. [2] Sa se te
premye resansman global ki te fèt pandan
Quirinius te gouvènè a Syrie. [3] Tout moun
te kòmanse anrejistre pou resansman an,
chak moun nan pwòp vil pa li.
[4] Anplis, Joseph te monte kite Galilée nan
vil Nazareth la, pou rive nan Juda, vil David,
ke yo rele Bethléhem nan, akoz ke [o]li te sòti
nan kay ak fanmi a David, [5] pou l ta kapab
anrejistre ansanm avèk Marie, ki te fiyanse
li, e ki te ansent.
[6] Li te vin rive ke pandan yo te la, jou yo te
vin rive pou l akouche. [7] Li te [p]bay nesans a
premye fis li, epi li te vlope Li nan twal pou
nouvo ne yo. Li te mete Li nan yon manjwa,
akoz ke pa t gen plas pou Li nan otèl la.
[8] Nan menm andwa a, te gen bèje deyò
nan chan an ki t ap okipe bann mouton yo
pandan nwit lan.
[9] Konsa yon [q]zanj Bondye te vin kanpe
sibitman devan yo, epi glwa a Bondye te
klere toutotou de yo; e yo te vin ranpli
avèk laperèz. [10] Men zanj yo te di yo:
[r]"Pa pè, paske gade, mwen pote bòn
nouvèl a gwo lajwa ki va pou tout pèp la.
[11] Paske jodi a nan vil David la, te vin ne
pou nou menm, yon [s]Sovè, ki se Kris la,
Senyè a. [12] [t]Epi sa va yon sign pou nou;
nou va twouve yon anfan vlope nan twal,
e kouche nan yon manjwa."
[13] Lapoula te parèt avèk zanj lan yon foul
lame syèl la ki t ap fè lwanj Bondye, e ap di:
[14] [u]"Glwa a Bondye nan pi wo a,
  e sou latè a, lapè pami lèzòm
  ki fè L kontan yo."
[15] Li te rive ke lè zanj yo te kite yo pou
retounen nan syèl, ke bèje yo te kòmanse
di youn ak lòt: "Alò, annou ale toudwat
Bethléhem pou wè bagay sa a ke Bondye
fè nou konprann nan."
[16] Yo te fè vit pou rive e te twouve chemen
pou rive kote Marie avèk Joseph, avèk pitit
ki te kouche nan manjwa a. [17] Alò, lè yo te
wè sa, yo te fè konnen pawòl ki te livre a
yo konsènan pitit sila a. [18] Tout moun ki te
tande sa te etone de bagay ke bèje yo t ap di
yo.
[19] Men Marie te [v]kache tout sa pou sonje
l, e li te reflechi sou yo nan kè li.
[20] Bèje yo te retounen e yo [w]t ap bay
Bondye glwa avèk lwanj pou tout sa ke yo
te tande e wè, jan ke li te pale a yo menm
nan.
[21] Lè [x]uit jou te fin pase avan sikonsizyon
Li te fèt, yo te bay Li non Jésus, menm non

---

[a] **1:68** Luc 2:38   [b] **1:69** I Sam 2:1-10   [c] **1:70** Wo 1:2   [d] **1:71** Sòm 106:10   [e] **1:72** Sòm 105:8-42
[f] **1:73** Jen 22:16   [g] **1:75** Ef 4:24   [h] **1:76** Mal 3:1   [i] **1:77** Jr 31:34   [j] **1:78** Mal 4:2   [k] **1:79** És 9:2
[l] **1:80** Luc 2:40   [m] **2:1** Mat 22:17   [n] **2:1** Mat 4:24   [o] **2:4** Luc 1:27   [p] **2:7** Mat 1:25   [q] **2:9** Luc 1:11
[r] **2:10** Mat 14:27   [s] **2:11** Mat 1:21   [t] **2:12** I Sam 2:34   [u] **2:14** Mat 21:9   [v] **2:19** Luc 2:51
[w] **2:20** Mat 9:8   [x] **2:21** Jen 17:12

ki te bay pa zanj yo avan Li te plase nan vant lan.

22 [a]Lè jou pou yo vin pirifye yo te rive selon Lalwa Moïse la, yo te mennen Li Jérusalem pou prezante Li devan Senyè a. 23 (Jan li ekri nan Lalwa Senyè a: [b]"Tout mal ki premye ouvri vant lan va rele sen a Bondye"), 24 epi pou ofri yon sakrifis selon sa ki te pale nan Lalwa Senyè a, [c]"yon pè toutrèl, oswa, de jenn pijon."

25 Konsa, te gen yon mesye Jérusalem ki te rele Siméon. Mesye sa a te jis e devwe. Li t ap [d]chache konsolasyon Israël, epi Lespri Sen an te sou li. 26 Li te revele a li menm ke li pa t ap [e]wè lanmò avan ke li te wè Kris a Senyè a. 27 Konsa, li te nan Lespri a lè l te antre nan tanp lan nan menm lè paran Jésus yo te pote pitit la, [f]pou akonpli pou Li koutim Lalwa a. 28 Epi li te ranmase li nan bwa li. Li te beni Bondye, e te di:

29 "Koulye a Senyè, W ap kite
sèvitè Ou a
[g]pati anpè selon pawòl Ou.
30 Paske zye m gen tan [h]wè
delivrans Ou,
31 ke ou prepare devan tout nasyon yo;
32 "yon limyè revelasyon pou payen yo,
epi laglwa a pèp Ou a, Israël."

33 Papa L avèk [i]manman L te etone de bagay ke yo t ap di sou Li yo.

34 Siméon te beni yo, e te di a Marie, manman Li: "Veye byen, anfan sila a fèt pou [j]tonbe ak leve a anpil moun an Israël, e pou yon sign k ap koze opozisyon. 35 Yon nepe va travèse menm nanm pa ou, jiskaske panse a kè anpil moun kapab vin revele."

36 Anplis te gen yon pwofetès, Anne, fi a Phanuel, ki te nan [k]tribi Aser. Li te avanse nan laj, e li [l]te viv avèk mari li pandan sèt ane apre maryaj la, 37 answit, kon vèv jis rive nan laj katre-ven-kat ane. Li pa t janm kite tanp lan e te sèvi lajounen kon lannwit nan [m]jèn ak lapriyè. 38 Nan menm moman sila a, li te monte, e li te bay glwa a Bondye. Li te kontinye pale de Li a tout sila ki t ap [n]chache redanmsyon Jérusalem nan.

39 Lè yo te fin acheve tout bagay selon Lalwa Senyè a, yo te retounen Galilée, nan [o]pwòp vil pa yo, nan Nazareth. 40 [p]Pitit la te kontinye grandi, e Li t ap vin fò. Li te ogmante nan sajès, e gras Bondye te sou Li.

41 Alò paran Li yo te konn ale Jérusalem chak ane nan [q]fèt Pak Jwif la. 42 Lè L te vin gen douz ane, yo te monte la selon koutim fèt la. 43 Pandan yo t ap retounen, apre [r]tout jou yo te pase, jenn gason an, Jésus te rete dèyè nan Jérusalem. Men paran Li yo pa t konnen sa. 44 Yo te sipoze ke Li te pami lòt moun yo. Yo te vwayaje pandan yon jou, e yo te kòmanse ap chache Li pami manm fanmi avèk zanmi yo.

45 Lè yo pa t twouve Li, yo te retounen Jérusalem pou chache Li. 46 Konsa apre twa jou, yo te twouve Li nan tanp lan. Li t ap chita pami mèt yo, pou tande yo, e poze yo kesyon. 47 Tout sila ki te tande Li yo [s]te etone de jan li te konprann, ak repons ke Li te bay yo.

48 Lè yo te wè Li, yo te etone. Manman Li te di Li: "Pitit mwen, Poukisa Ou trete nou konsa? Gade, [t]papa Ou ak mwen menm te enkyete, e nou t ap chache Ou."

49 Li te di yo: **"Poukisa nou t ap chache mwen? Èske nou pa t konnen ke M [u]te oblije lakay Papa M?"** 50 Men [v]yo pa t konprann pawòl ke Li te di yo a.

51 Konsa, Li te ale avèk yo, e te rive nan [w]Nazareth. Li te kontinye anba otorite yo, e manman L [x]te gade tout bagay sa yo nan kè l.

52 Epi Jésus te kontinye grandi nan sajès, ak wotè, epi nan [y]gras avèk Bondye e avèk lèzòm.

3 Alò nan kenzyèm ane pouvwa a Tibère César a, pandan [z]Ponce Pilate te Gouvènè Juda, [a]Hérode te tetrak (wa a zòn sila a), frè l Philippe te tetrak pou Liturée avèk Trachonite, e Lysanias te tetrark nan Abilène, 2 nan tan a Anne ak Caïphe kon

---

[a] 2:22 Lev 12:6-8 [b] 2:23 Egz 13:2,12 [c] 2:24 Lev 5:11 [d] 2:25 Mc 15:43 [e] 2:26 Sòm 89:48
[f] 2:27 Luc 2:22 [g] 2:29 Luc 2:26 [h] 2:30 Sòm 119:166-174 [i] 2:33 Mat 12:46 [j] 2:34 Mat 21:44
[k] 2:36 Jos 19:24 [l] 2:36 I Tim 5:9 [m] 2:37 Luc 5:33 [n] 2:38 Luc 1:68 [o] 2:39 Mat 2:23 [p] 2:40 Luc 1:80
[q] 2:41 Egz 12:11 [r] 2:43 Egz 12:15 [s] 2:47 Mat 7:28 [t] 2:48 Luc 2:49 [u] 2:49 Jn 4:34 [v] 2:50 Mc 9:32 [w] 2:51 Luc 2:3 [x] 2:51 Luc 2:19 [y] 2:52 Luc 2:40 [z] 3:1 Mat 27:2 [a] 3:1 Mat 14:1

Luc 3:3-36

wo prèt, ªpawòl Bondye a te vini a Jean, fis Zacharie a, pandan l te nan dezè a.

3 Konsa, li te vini nan ᵇtout distri ki te antoure Jourdain yo, e li t ap preche yon batèm repantans pou padon peche yo. 4 Jan sa e kri nan liv pawòl a Ésaïe yo, pwofèt la:

"Lavwa a yon mounᶜ k ap kriye
  nan dezè a,
'Prepare chemen SENYÈ a,
Fè wout Li yo dwat,
⁵ᵈ Chak vale va ranpli,
E tout gwo mòn ak ti kolin va vin bese.
Kwochi yo a va vin drese,
E move wout yo va vin swa.
⁶ᵉ Tout chè va wè delivrans
  Bondye a.'"

7 Konsa, li te kòmanse pale avèk foul la ki te sòti avè l pou batèm nan: ᶠ"Nou menm, nich vipè! Kilès ki te avèti nou sove kite kòlè k ap vini an? 8 Pou sa, pote fwi ki an akò avèk repantans yo, e pa kòmanse di a nou menm: ᵍ'Nou gen Abraham pou papa nou', paske mwen di nou ke menm nan wòch sa yo, Bondye kapab fè leve pitit a Abraham yo. 9 Anverite, rach la deja poze sou rasin a bwa yo. Konsa, chak ʰbwa ki pa donnen bon fwi va koupe e jete nan dife."

10 Foul la ki t ap kesyone li, t ap di: ⁱ"Alò, kisa pou nou ta fè?"

11 Li te reponn yo, e te di: "Ke moun ki gen de tinik lan ʲpata je avèk sila ki pa genyen an, e ke sila ki gen manje a fè menm jan an."

12 Anplis, ᵏajan kolektè kontribisyon yo te vini pou batize. Yo t ap mande l: "Mèt, kisa nou dwe fè?"

13 Li te di yo: "Pa kolekte plis ke yo mande nou pran."

14 Konsa, kèk sòlda t ap mande li: "Epi kisa pou nou menm fè"?

Li te di yo: "Pa pran lajan sou okenn moun pa lafòs, ni ˡfè fo akizasyon kont pèsòn. Rete satisfè avèk salè nou."

15 Alò, pandan pèp la t ap antisipe, e t ap reflechi nan kè yo sou Jean, ᵐpou konprann si se Kris la ke li te ye, 16 ⁿJean te reponn. Li te di yo tout: "Kanta mwen menm, mwen ap batize nou avèk dlo. Men gen Youn k ap vini ki pi pwisan pase m; menm lasèt sandal Li, mwen pa dign pou demare. Li va batize nou avèk Lespri Sen an, e avèk dife. 17 Laye vannen an deja nan men L, pou netwaye glasi a nèt, e ranmase tout ble antre nan depo Li; men l ap brile pay yo avèk ᵒdife ki pa kapab etenn."

18 Konsa, avèk anpil lòt egzòtasyon tou, Li te preche bòn nouvèl la bay pèp la.

19 Men lè l te bay ᵖHérode, tetrak la tò akoz Hérodias, madanm a frè l la, e akoz tout mechanste ke Hérode te fè yo, 20 Hérode te ogmante peche l sou sa yo. Li te vin ᵠmete Jean nan prizon.

21 ʳKonsa, li te vin rive ke lè tout pèp la t ap batize, Jésus te batize tou. Epi pandan Li t ap priye, syèl la te vin ouvri, 22 e Lespri Sen an te desann sou Li nan fòm tankou yon toutrèl. E yon vwa te sòti nan syèl la: ˢ"Ou menm se Fis byeneme Mwen an; nan Ou menm, Mwen byen kontan."

23 ᵗLè L te kòmanse ministè Li, Jésus Li menm te nan laj, anviwon trant ane, e selon kwayans moun yo, fis a Joseph, fis a Héli, 24 fis a Matthat, fis a Lévi, fis a Melchi, fis a Jannaï, fis a Joseph, 25 fis a Mattathias, fis a Amos, fis a Nahum, fis a Esli, fis a Naggaï, 26 fis a Maath, fis a Mattathias, fis a Séméï, fis a Joseph, fis a Joda, 27 fis a Joanan, fis a Rhésa, ᵘfis a Zorobabel, fis a Salathiel, fis a Néri, 28 fis a Melchi, fis a Addi, fis a Kosam, fis a Elmadam, fis a Er, 29 fis a Jésus, fis a Éliézer, fis a Jorim, fis a Matthat, fis a Lévi 30 fis a Siméon, fis a Juda, fis a Joseph, fis a Jonam, fis a Éliakim, 31 fis a Méléa, fis a Menna, fis a Mattatha, fis a Nathan, fis a David, 32 ᵛfis a Isaï, fis a Jobed, fis a Booz, fis a Salmon, fis a Naason, 33 fis a Aminadab, fis a Admin, fis a Arni, fis a Esrom, fis a Pharès, fis a Juda 34 fis a Jacob, fis a Isaac ʷfis a Abraham, fis a Thara, fis a Nachor, 35 fis a Seruch, fis a Ragau, fis a Phalek, fis a Éber, fis a Sala, 36 fis a Kaínam, fis a

---

ᵃ **3:2** Mat 3:1-10   ᵇ **3:3** Mat 3:5   ᶜ **3:4** És 40:3   ᵈ **3:5** És 40:4   ᵉ **3:6** És 40:5   ᶠ **3:7** Mat 12:34
ᵍ **3:8** Jn 8:33   ʰ **3:9** Mat 7:9   ⁱ **3:10** Luc 3:12,14   ʲ **3:11** És 58:7   ᵏ **3:12** Luc 7:29   ˡ **3:14** Egz 20:16
ᵐ **3:15** Jn 1:19   ⁿ **3:16** Mat 3:11-12   ᵒ **3:17** Mc 9:43-48   ᵖ **3:19** Mat 14:3   ᵠ **3:20** Jn 3:24
ʳ **3:21** Mat 3:13-17   ˢ **3:22** Sòm 2:7   ᵗ **3:23** Mat 4:17   ᵘ **3:27** Mat 1:12   ᵛ **3:32** Mat 1:16
ʷ **3:34** Jen 11:26-30

Arphaxad, fis a Sem, [a]fis a Noé, fis a Lamech, 37 fis a Mathusala, fis a Énoch, fis a Jared, fis a Maléléel, fis a Kaïnan, 38 fis a Énos, fis a Seth, fis a Adam, fis a Bondye.

4 [b]Jésus, ranpli avèk Lespri Sen an, te retounen soti nan Jourdain an. Li te mennen pa Lespri a nan dezè a 2 pandan [c]karant jou, e Li te vin tante pa dyab la. Li pa t manje anyen pandan jou sa yo, epi lè jou yo te fini, Li te vin grangou.

3 Konsa, dyab la te di L: "Si Ou se fis Bondye a, kòmande wòch sila a vin pen."

4 Jésus te reponn li: **"Li ekri. [d]Lòm pa viv sèlman sou pen."'**

5 [e]Konsa, li te mennen Li monte, e te montre Li tout wayòm latè yo nan yon enstan de tan. 6 Dyab la te di Li: "Mwen va bay Ou tout domenn sila a avèk glwa li, [f]paske li livre nan men m, e mwen ap bay li a sila a ke m pito. 7 Konsa, si Ou pwostène devan m, tout li ap vini pou Ou."

8 Jésus te reponn. Li te di l konsa: **"Sa ekri [g]'Ou va adore Senyè a Bondye ou a, e sèvi Li menm sèlman.'"**

9 [h]Ankò li te mennen Li Jérusalem. Li te fè L kanpe sou pwent twati tanp lan, e te di Li: "Si Ou se Fis Bondye a, voye kò Ou anba soti isit la, 10 paske sa ekri:

'Li va bay zanj Li yo chaj de ou
pou pwoteje ou,'

11 epi nan men pa yo, yo va kenbe ou, pou ou pa frape pye ou kont wòch.'"

12 Konsa, Jésus te reponn li, e te di: **"Li kon di; [i]'Nou pa pou pase Senyè a, Bondye nou nan eprèv.'"**

13 Lè dyab la te fin fè tout tantasyon yo, li te kite Li jiska yon moman konvenab.

14 [j]Jésus te retounen Galilée anba pouvwa Lespri a. [k]Nouvèl Li te gaye toupatou nan tout andwa ki antoure distri yo. 15 Li te kòmanse [l]enstwi nan sinagòg yo, e te resevwa lwanj a tout moun.

16 Li te vini Nazareth, kote Li te elve a, e kon koutim Li, [m]Li te antre nan sinagòg la nan Saba a. Li te kanpe pou li. 17 Yo te lonje bay Li liv a pwofèt Ésaïe a. Li te ouvri l e te twouve plas kote sa te ekri:

18 [n] **"Lespri Senyè a sou Mwen,
paske Li te onksyone M pou preche bòn nouvèl la a malere yo.
Li te voye M pou pwoklame libète a prizonye yo,
pou fè avèg yo vin wè, pou libere sila ki oprime yo.
19 Pou pwoklame [o]ane favorab a Senyè a."**

20 Li te [p]fèmen liv la. Li te remèt li bay atandan an, e Li te chita. Zye a tout sinagòg la te fikse sou Li. 21 Li te di yo: **"Jodi a menm, Ekriti sila a akonpli nan zòrèy nou."**

22 Epi tout moun t ap pale byen de Li, e yo te etone akoz pawòl a gras ki ap tonbe soti nan lèv Li. Yo t ap di: [q]"Se pa fis a Joseph la?"

23 Li te di yo: **"San dout nou va repete pwovèb sila pou Mwen: 'Doktè, geri pwòp tèt Ou!' Sa ke nou tande ke Ou te fè nan [r]Capernaüm, fè l isit la lakay Ou tou."'**

24 Konsa, Li te di: **"Anverite Mwen di nou, [s]nanpwen pwofèt ki byen resevwa nan pwòp vil li. 25 Men, Mwen di nou anverite, ke te gen anpil vèv nan Israël [t]nan jou Élie yo, lè syèl la te fèmen nèt pandan twazan si mwa, lè gwo grangou te rive sou tout peyi a. 26 Malgre sa, Élie pa t voye a okenn nan yo, men sèlman a[u]Sarepta, nan peyi Sidon, a yon fanm ki te yon vèv. 27 Epi te gen anpil lèp an Israël nan tan pwofèt Élie a, men okenn pa t pirifye, men [v]sèlman Naaman, yon Siryen."**

28 Konsa, tout sinagòg la te anraje lè yo te tande bagay sa yo; 29 Yo te soulve, yo te [w]pouse bourade Li deyò vil la, e te mennen Li nan 30 do ti mòn a kote vil yo te bati, pou yo ta kapab jete L anba nan falèz la. Men Li te [x]pase nan mitan yo, e Li te al fè wout Li.

31 Konsa, [y]Li te desann Capernaüm, yon vil nan Galilée. Li t ap enstwi yo nan Saba

---

[a] 3:36 Jen 5:3-32   [b] 4:1 Mat 4:1-11   [c] 4:2 Egz 34:28   [d] 4:4 Det 8:3   [e] 4:5 Mat 4:8-10   [f] 4:6 I Jn 5:9   [g] 4:8 Det 6:13   [h] 4:9 Mat 4:5-7   [i] 4:12 Det 6:16   [j] 4:14 Mat 4:12   [k] 4:14 Mat 9:26   [l] 4:15 Mat 4:23   [m] 4:16 Mat 13:54   [n] 4:18 És 61:1   [o] 4:19 És 61:1   [p] 4:20 Luc 4:17   [q] 4:22 Mat 13:55   [r] 4:23 Mat 4:13   [s] 4:24 Mat 13:57   [t] 4:25 I Wa 17:1   [u] 4:26 I Wa 17:9   [v] 4:27 II Wa 5:1-14   [w] 4:29 Nonb 15:35   [x] 4:30 Jn 10:39   [y] 4:31 Mc 1:21-28

a. ³²Yo te etone de enstriksyon Li, paske ᵃmesaj Li yo te avèk otorite.

³³Te gen yon mesye nan sinagòg la ki te posede pa lespri a yon dyab enpi, e li t ap kriye avèk yon vwa fò: ³⁴"Kite nou pou kont nou! ᵇKisa nou gen avè Ou, Jésus de ᶜNazareth? Èske Ou vini pou detwi nou? Mwen konnen ki moun Ou ye, Sila Ki Sen a Bondye a!"

³⁵Jésus te ᵈreprimande li. Li te di: **"Fè silans e sòti sou li!"** Lè dyab la te fin jete li atè a nan mitan yo, li te sòti sou li san fè l mal.

³⁶Sezisman te pran yo tout. Yo t ap diskite youn avèk lòt e t ap di: "Ki mesaj sa a? Paske avèk otorite ak pwisans Li kòmande lespri enpi yo, e yo te sòti." ³⁷ᵉNouvèl a Li menm t ap gaye toupatou nan distri ozanviwon yo.

³⁸ᶠKonsa, Li te leve kite sinagòg la, e Li te antre lakay Simon. Alò, bèlmè Simon t ap soufri anba yon gwo lafyèv, e yo te mande Li pou ede l. ³⁹Konsa Li te kanpe anwo li; Li te ᵍreprimande fyèv la. Fyèv la te kite li, epi imedyatman li te leve pou sèvi yo.

⁴⁰ʰPandan solèy la t ap kouche, tout moun ki te gen moun malad avèk plizyè kalite maladi, te pote yo vini. Li te mete men L sou yo tout, e Li t ap geri yo. ⁴¹Anplis, dyab yo t ap sòti nan anpil moun. Yo t ap kriye e t ap di: "Ou se Fis Bondye a!" Men Li t ap reprimande yo. Li ⁱpa t kite yo pale menm, paske yo te konnen ke Li te Kris la.

⁴²ʲLè jou a te rive, Li te sòti pou te ale yon kote ki pa t gen moun. Foul la t ap chache Li, e te vini kote Li. Konsa, yo te kenbe L pou anpeche Li ale.

⁴³Men Li te di yo: **"Mwen oblije preche Wayòm Bondye a nan lòt vil yo tou; ᵏpaske Mwen te voye pou rezon sa a."** ⁴⁴Konsa, Li te kontinye ap preche nan sinagògˡJudée yo.

5 ᵐAlò, li te vin pase ke foul la t ap peze sou li pou koute pawòl Bondye a, lè L t ap kanpe akote lak ke yo rele Génésareth la. ²Li te wè de kannòt ki te twouve akote lak la, men moun lapèch yo te deja desann yo, e t ap lave filè yo. ³Li te ⁿantre nan youn nan kannòt yo ki te pou Simon, e Li te mande li pou mete yo a yon ti distans de tè a. Li te chita, e te kòmanse enstwi foul la depi nan kannòt la.

⁴Lè Li te fin pale, Li te di Simon: **"Mete nou deyò nan dlo fon eᵒlage filè yo pou kenbe pwason."**

⁵Simon te reponn pou di L: ᵖ"Mèt, nou travay di tout nwit lan, e nou pa t kenbe anyen; men selon sa Ou mande a, m ap lage filè yo."

⁶ᑫLè yo te fin fè sa, yo te pran yon gwo kantite pwason. Filè yo te tanmen chire. ⁷Konsa, yo te fè sign pou moun parèy yo nan lòt kannòt yo vin ede yo. Yo te vini, e te plen tou de kannòt yo jiskaske yo te kòmanse plonje.

⁸Men lè Simon Pierre te wè sa, li te tonbe nan pye Jésus. Li te di L: "Ale lwen mwen, paske se yon pechè mwen ye, O Senyè!" ⁹Paske sezisman te pran l avèk tout zanmi li yo akoz kantite pwason yo te kenbe. ¹⁰Anplis, Jacques avèk Jean, fis Zébédée yo ki te asosye yo avèk Simon te sezi tou.

Jésus te reponn Simon:ʳ **"Pa pè, depi koulye a, se moun n ap kenbe."** ¹¹Lè yo te fin fè kannòt yo rive atè, ˢyo te kite tout bagay pou yo te swiv Li.

¹²ᵗPandan Li te nan youn nan vil yo, gade byen, te gen yon nonm ki te kouvri avèk lalèp. Lè l te wè Jésus, li te tonbe sou figi li, e li te enplore Li: "Senyè, si Ou vle, Ou kapab fè m pwòp."

¹³Li te lonje men L, e te touche li. Li te di: **"Mwen vle. Vin pwòp."** Imedyatman, lalèp la te kite li. ¹⁴Li te kòmande li pou pa di pèsòn sa: **"Men aleᵘmontre ou menm a prèt yo, e fè yon ofrann pou netwayaj ou, jan Moïse te kòmande a, kon yon temwayaj a yo menm."**

¹⁵Men ᵛnouvèl sou Li t ap gaye menm pi lwen. Gwo foul moun t ap rasanble pou tande Li, e pou geri de maladi yo. ¹⁶Men Jésus Li menm, te konn souvan chape ale nan dezè a pouʷpriye.

ᵃ **4:32** Luc 4:36 ᵇ **4:34** Mat 8:29 ᶜ **4:34** Mc 1:24 ᵈ **4:35** Mat 8:26 ᵉ **4:37** Luc 4:14
ᶠ **4:38** Mat 8:14-15 ᵍ **4:39** Luc 4:35-41 ʰ **4:40** Mat 8:16-17 ⁱ **4:41** Mat 8:16 ʲ **4:42** Mc
1:35-38 ᵏ **4:43** Mc 1:38 ˡ **4:44** Mat 4:23 ᵐ **5:1** Mat 4:18-22 ⁿ **5:3** Mat 13:2 ᵒ **5:4** Jn
21:6 ᵖ **5:5** Luc 8:24 ᑫ **5:6** Jn 21:6 ʳ **5:10** Mat 14:27 ˢ **5:11** Mat 4:20-22 ᵗ **5:12** Mat 8:2-4
ᵘ **5:14** Lev 13:49 ᵛ **5:15** Mat 9:26 ʷ **5:16** Mat 14:23

¹⁷ Li te rive yon jou pandan Li t ap enstwi, ke kèk Farizyen avèk mèt Lalwa te chita la. Yo te ᵃsòti nan chak vilaj Galilée, Juda ak Jérusalem. Konsa, ᵇpwisans a Senyè a te prezan pou l te geri moun.

¹⁸ ᶜ Kèk moun t ap pote sou yon kabann, yon nonm ki te paralize. Konsa, yo t ap eseye fè l antre pou mete l devan L. ¹⁹ Men san twouve mwayen pou fè l antre akoz foul la, yo te monte sou tèt kay la, e te fè l desann nan yon twou nan kouvèti mitan foul la, devan Jésus.

²⁰ Lè L te wè lafwa yo, Li te di: **"Mesye, peche ou yo padone".**

²¹ Skrib yo avèk Farizyen yo te kòmanse rezone. Yo t ap di: ᵈ**"Ki moun sa k ap blasfeme konsa?** ᵉ**Kilès ki kapab padone peche sof ke Bondye sèl?"**

²² Men Jésus, ki te okouran de jan yo t ap reflechi a, te reponn e te di yo: **"Poukisa nou ap reflechi nan kè nou konsa?** ²³ **Kisa ki pi fasil pou di: 'Peche ou yo padone', oubyen pou di: 'Leve mache'?** ²⁴ **Men pou nou kab konnen ke Fis a Lòm nan gen otorite sou latè pou padone peche yo,"** li te di a paralitik la: ᶠ**"Mwen di ou leve, pran kabann ou e ale lakay ou."**

²⁵ Lapoula nonm nan te leve devan yo, ranmase nat li, e li te ale lakay li ᵍranpli avèk lwanj Bondye.

²⁶ Yo tout te sezi, etone menm, e ʰt ap bay Bondye glwa. Yo te ranpli avèk lakrent, e t ap di: "Nou wè bagay ki tèlman remakab jodi a".

²⁷ ⁱApre sa, Li te sòti deyò e li te wè yon ajan kontribisyon ki te rele Levi ki te chita nan biwo kontribisyon an. Li te di li: **"Swiv Mwen".** ²⁸ Konsa, li te ʲkite tout bagay dèyè, e te leve swiv Li.

²⁹ ᵏLévi te fè yon resepsyon pou Li lakay li. Yo te gen yon gwo ˡfoul kolektè kontribisyon avèk lòt moun ki t ap manje sou tab la avèk yo. ³⁰ ᵐFarizyen yo avèk Skrib yo te kòmanse plenyen bay disip Li yo. Yo t ap di: "Poukisa nou manje e bwè avèk kolektè kontribisyon ak pechè yo?"

³¹ Jésus te reponn e te di yo: ⁿ**"Se pa sila ki ansante yo ki bezwen yon doktè, men sila ki malad yo."** ³² **Mwen pa t vini pou rele jis yo, men pechè yo a larepantans.**

³³ Yo te di Li: ᵒ"Disip a Jean yo souvan fè jèn e fè lapriyè; disip a Farizyen yo fè menm jan an. Men pa Ou yo, manje e bwè."

³⁴ Jésus te di yo: **"Nou pa kapab fè zanmi fèt maryaj yo fè jèn pandan jennonm maryaj la toujou avèk yo. Èske se pa vrè?** ³⁵ ᵖ**Men jou yo ap vini lè jennonm nan ap kite yo. Alò, yo va fè jèn nan jou sa yo."**

³⁶ Li t ap di yo yon parabòl: **"Pèsonn pa chire yon mòso twal, fè l sòti nan yon vètman nèf, pou mete l sou yon vètman ki vye. Otreman l ap non sèlman fin chire nèf la, men nèf la p ap parèt menm jan ak vye a.** ³⁷ **Epi pèsonn pa mete diven nèf nan veso vye kwi, otreman diven nèf la va pete kwi a, gaye tonbe, e vye kwi yo va vin gate.** ³⁸ **Men diven nèf la oblije vide nan po fèt avèk kwi nèf.** ³⁹ **Epi pèsonn, lè l fin bwè sa ki ansyen, pa janm vle nèf la, paske li di: 'Vye a pi bon'"**

6 ᑫAlò, li vin rive ke nan yon dezyèm Saba apre premye a, Li t ap pase nan yon chan ble. Konsa, disip Li yo t ap ranmase e manje tèt ble yo, lè yo fin fwote yo nan men yo. ² Men kèk nan Farizyen yo te di: "Poukisa nou fè sa ki pa ʳpèmi nan Saba a?"

³ Jésus te reponn yo e te di: **"Èske nou pa janm li**ˢ**sa ke David te fè lè li te grangou; li menm avèk sila ki te avèk li yo?** ⁴ **Kijan li te antre nan kay Bondye a, li te pran manje**ᵗ**pen konsakre a, ki pa t pèmi pou pèsonn manje sof ke prèt yo sèl, e li te bay a sila ki te avè l yo?"** ⁵ Li te di yo: **"Fis a Lòm nan se Senyè a Saba a."**

⁶ ᵘNan yon lòt Saba, Li te antre nan sinagòg la. Li t ap enstwi. Te gen yon mesye la avèk yon men dwat ki te sèch.

⁷ Konsa, skrib yo avèk Farizyen yo ᵛt ap veye L byen pre, pou wè si Li ta geri nan Saba a, pou yo ta kapab twouve yon rezon pou akize L.

ᵃ **5:17** Mc 1:45   ᵇ **5:17** Mc 5:30   ᶜ **5:18** Mat 9:2-8   ᵈ **5:21** Luc 7:49   ᵉ **5:21** És 43:25   ᶠ **5:24** Mat 4:24
ᵍ **5:25** Mat 9:8   ʰ **5:26** Mat 9:8   ⁱ **5:27** Mat 9:9-17   ʲ **5:28** Luc 5:11   ᵏ **5:29** Mat 9:9   ˡ **5:29** Luc 15:1
ᵐ **5:30** Mc 2:16   ⁿ **5:31** Mat 9:12,13   ᵒ **5:33** Mat 9:14   ᵖ **5:35** Mat 9:15   ᑫ **6:1** Mat 12:1-8
ʳ **6:2** Mat 12:2   ˢ **6:3** I Sam 21:6   ᵗ **6:4** Lev 24:9   ᵘ **6:6** Mat 12:9-14   ᵛ **6:7** Mc 3:2

⁸ Men Li te ªkonnen panse yo. Li te di a mesye avèk men sèch la: **"Leve vin devan."**

Konsa, li te leve vin devan.
⁹ Jésus te di yo: **"Mwen mande nou, èske se pèmi nan Saba a, pou fè byen, oubyen pou fè mal? Pou sove yon vi, oubyen pou detwi li?"** ¹⁰ Lè L^b fin gade yo tout, Li te di li: **"Lonje men ou!"**

Konsa, li te fè l. Epi men l te restore.
¹¹ Men yo menm te anraje. Yo te diskite ansanm sou sa yo ta kapab fè a Jésus.
¹² Se te nan lè sa yo ke Li te kon ale nan mòn nan pou ᶜpriye. Li te pase tout nwit lan nan lapriyè ak Bondye. ¹³ Lè li te fè jou, ᵈLi te rele disip Li yo kote Li. Konsa, Li te chwazi douz pami yo ke Li te osi nome kòm apòt: ¹⁴ Simon, ke Li te osi rele Pierre, André, frè li, Jacques, Jean, Philippe, Barthélemy; ¹⁵ ᵉMatthieu, Thomas; Jacques, fis de Alphée; Simon ki te rele Zelòt la; ¹⁶ Jude, fis a Jacques; ak Judas Iscariot, ki te devni yon moun trèt.
¹⁷ Jésus te desann avèk yo, e Li te kanpe nan yon kote pla. Te gen ᶠyon gwo foul disip Li yo, ak yon gwo foul moun ki te sòti nan tout Juda avèk Jérusalem, avèk zòn kot Tyr avèk Sidon. ¹⁸ Yo te vin pou tande Li, e pou geri de maladi yo; epi sila ki te twouble avèk lespri enpi yo t ap geri. ¹⁹ Tout foul la t ap eseye ᵍtouche Li, paske ʰpouvwa t ap sòti sou Li, e t ap geri yo tout.
²⁰ Li te leve zye L, vè disip Li yo, e te kòmanse di: ⁱ**"Beni se nou menm ki malere, paske wayòm Bondye a se pou nou.**
²¹ **"Beni se nou menm ki grangou koulye a, paske nou va satisfè. Beni se nou menm ki kriye koulye a, paske nou va ri.**
²² **"Beni se nou menm lè lèzòm rayi nou,** ʲ**izole nou, ensilte nou, e bafwe non nou kon mechan pou koz Fis a Lòm nan.**
²³ **"Fè kè kontan nan jou sa a, e sote ponpe avèk jwa, paske, gade byen, rekonpans nou gran nan syèl la. Paske se**ᵏ**menm jan an, zansèt pa yo te konn maltrete pwofèt yo.**

²⁴ **"Men malè a** ˡ**nou menm ki rich, paske nou ap resevwa tout konfò nou.**
²⁵ **"Malè a sila ki byen manje koulye a yo, paske nou va grangou.**

"Malè a nou menm ki ri koulye a, paske n ap kriye anpil.
²⁶ **"Malè a nou menm lè tout moun pale byen de nou, paske menm jan an, zansèt yo te konn aji avèk**ᵐ**fo pwofèt yo.**
²⁷ **"Men Mwen di nou menm k ap tande:** ⁿ**renmen lènmi nou yo, e fè byen a sila ki rayi nou yo.** ²⁸ **Beni sila ki bannou madichon yo.** ᵒ**"Priye pou sila ki maltrete nou yo.**
²⁹ ᵖ**"Nenpòt moun ki frape nou sou yon bò figi, ofri li lòt la tou; epi sila ki pran manto nou, pa refize li chemiz lan tou.**
³⁰ **"Bay a tout sila ki mande nou yo, e sila ki pran sa ki pou nou, pa mande l remèt li.**
³¹ **"Menm jan ke nou vle moun**ᑫ**aji avèk nou, fè l menm jan an nan menm fason an.**
³² ʳ**"Si nou renmen sila ki renmen nou yo, ki merit sa pote pou nou? Paske menm pechè yo renmen sila ki renmen yo.** ³³ **Si nou fè byen a sila ki fè byen a nou yo, ki merit sa pote pou nou? Paske pechè yo fè menm bagay la.** ³⁴ ˢ**Si nou prete a sila ke nou sipoze kapab repeye nou, ki merit sa pote pou nou? Menm pechè yo prete a pechè yo pou yo kapab resevwa anretou.**
³⁵ **"Men renmen lènmi nou yo, fè byen, e prete, san sipoze ke yo va remèt; epi rekonpans nou va gran, e nou va vin**ᵗ**fis a** ᵘ**Trè Wo a; paske Li menm, Li plen charite pou lèzòm engra e malveyan.**
³⁶ **"Fè mizerikòd menm jan ke Papa nou fè mizerikòd.**
³⁷ ᵛ**"Pa jije e nou pap jije; pa kondane, e nou p ap kondane; padone, e nou va padone.**
³⁸ **"Bay, e li va remèt a nou; bon mezi, byen peze, souke ansanm, menm debòde,**

ª **6:8** Mat 9:4   ᵇ **6:10** Mc 3:5   ᶜ **6:12** Mat 14:23   ᵈ **6:13** Mat 10:2-4   ᵉ **6:15** Mat 9:9   ᶠ **6:17** Mat 4:25
ᵍ **6:19** Mat 9:21   ʰ **6:19** Luc 5:17   ⁱ **6:20** Mat 5:3-12   ʲ **6:22** Jn 9:22   ᵏ **6:23** II Kwo 36:16
ˡ **6:24** Luc 16:25   ᵐ **6:26** Mat 7:15   ⁿ **6:27** Mat 5:44   ᵒ **6:28** Mat 5:44   ᵖ **6:29** Mat 9:3   ᑫ **6:31** Mat 7:12
ʳ **6:32** Mat 5:46   ˢ **6:34** Mat 5:42   ᵗ **6:35** Mat 5:9   ᵘ **6:35** Luc 1:32   ᵛ **6:37** Mat 7:1-5

yo va vide sou nou. ªPaske avèk mezi ou mezire a, li va mezire bay ou anretou."

39 Epi Li te anplis pale yon parabòl a yo menm: "Èske[b]yon nonm avèg kapab mennen yon nonm avèg? Èske tou de p ap tonbe nan twou? 40 c"Yon disip pa pi wo ke mèt li; men Nenpòt moun, lè li fin enstwi, ap tankou mèt li.

41 "Poukisa n ap gade pousyè ki nan zye a frè nou an, men pa okipe bout bwa ki nan zye pa nou an? 42 Oubyen kijan nou kapab di a frè nou an: 'Frè m, kite m retire pousyè sa a ki nan zye ou a, lè nou menm pa wè bout bwa ki nan zye pa nou an? Nou ipokrit, premyèman retire bout bwa nan zye nou an, e nou va wè klè pou retire pousyè ki nan zye frè nou an.

43 d"Paske nanpwen bon ab ki pote move fwi; e lòt kote, yon move ab ki pwodwi bon fwi. 44 ePaske chak ab rekonèt pa pwòp fwi li. Konsa, lèzòm pa ranmase fig frans nan bwa zepin, ni yo p ap rekòlte fwi rezen nan yon touf pikan.

45 f "Yon bon nonm, nan trezò a kè li, pote sa ki bon; epi moun mechan an nan trezò mechan an va fè parèt sa ki mechan; gpaske bouch li pale sa ki ranpli kè li.

46 h"Poukisa nou rele M 'Senyè, Senyè', e pa fè sa ke M di? 47 iChak moun ki vin kote Mwen, e ki tande pawòl Mwen yo pou aji sou yo, Mwen va montre nou ak kisa li sanble: 48 Li tankou yon nonm k ap bati yon kay, ki te fouye fon, e ki mete yon fondasyon sou wòch la; epi lè inondasyon rive, tòran dlo a pete sou kay la, men li pa t kapab souke l, akoz ke li te byen bati.

49 "Men sila ki tande e ki pa aji, se tankou yon nonm ki bati kay li sou tè a san okenn fondasyon; epi tòran dlo a pete kont li. Lapoula li vin tonbe, e destriksyon a kay sa a vin gran."

7 Lè Li te fin konplete tout diskou Li a nan tande a pèpla, jLi te ale Capernaüm. 2 Epi esklav a yon sèten santenye, ke li te renmen anpil, te malad e te prèt pou mouri. 3 Lè li te tande afè Jésus a, kchèf santenye a te voye kèk nan Jwif ansyen yo pou mande Li vin sove lavi a esklav li a. 4 Lè yo te rive kote Jésus, yo te sipliye L avèk tout kè yo. Yo te di: "Li merite pou Ou ta fè sa pou li. 5 Paske li renmen nasyon nou an. Se te li ki te bati sinagòg nou an." 6 Jésus te pran wout la avèk yo. Lè Li te vin prè kay la, santenye a te voye zanmi yo pou di L: "Senyè, pa twouble tèt Ou plis, paske mwen pa dign pou Ou ta antre menm anba twati kay mwen. 7 Pou rezon sa a, mwen pa t menm konsidere ke m te dign pou m te vin kote Ou. Men sèlman di yon mo e sèvitè mwen an va geri. 8 Paske mwen tou se yon moun plase anba otorite, avèk sòlda yo anba m. Mwen di a sila a: 'Ale', e li ale, e a yon lòt 'Vini', e li vini; e a esklav mwen 'Fè sa', e li tou fè l."

9 Alò, lè Jésus te tande sa, Li te etone de li. Li te vire di foul ki t ap swiv Li a: "**Mwen di nou, lpa menm an Israël Mwen pa t twouve yon si gran lafwa.**" 10 Epi lè sila ki te voye yo te vin retounen, yo te twouve esklav la an bòn sante.

11 Pa anpil tan apre sa, Li te ale nan yon vil yo rele Naïn. Disip Li yo t ap ale avè l akonpanye pa yon gwo foul moun. 12 Pandan Li t ap pwoche pòtay lavil la, gade, yo t ap pote yon nonm mouri. Li te sèl fis a manman l ki te yon vèv. Yon foul konsiderab te avè l. 13 Lè mSenyè a te wè l, li te gen konpasyon pou li. Li te di l: "**Pa kriye.**" 14 Li te pwoche, te touche sèkèy la, e moun potè yo te kanpe san deplase. Li te di: "**Jennnonm, Mwen di ou leve!**" 15 Moun mouri an te vin chita, e te kòmanse pale. Konsa, Jésus te remèt li bay manman l.

16 nLakrent te sezi yo tout, yo t ap bay glwa a Bondye, e te di: "Yon gran pwofèt gen tan leve pami nou!" E "Bondye vizite pèp Li a"! 17 Rapò sila a konsènan Li te gaye toupatou nan Juda ak tout landwa nan distri yo.

18 oDisip a Jean yo te bay li rapò konsènan tout bagay sa yo. 19 Konsa, li te

---

a 6:38 Mc 4:24 b 6:39 Mat 15:14 c 6:40 Mat 10:24 d 6:43 Mat 7:16-20 e 6:44 Mat 7:16
f 6:45 Mat 12:35 g 6:45 Mat 12:34 h 6:46 Mal 1:6 i 6:47 Jc 1:22 j 7:1 Mat 8:5-13 k 7:3 Mat 8:5
l 7:9 Mat 8:10 m 7:13 Luc 7:19 n 7:16 Luc 5:26 o 7:18 Mat 11:2-19

Luc 7:20–44

rele de nan disip li yo, e te voye yo kote [a]Senyè a pou mande: "Èske Ou se Sila k ap vini an, oubyen èske n ap tann yon lòt?" 20 Lè mesye yo te rive a Li menm, yo te di: "Jean-Baptiste voye nou kote Ou menm pou mande 'Èske Ou se Sila k ap vini an, oubyen èske n ap tann yon lòt?'"

21 Nan menm lè sa a, Li te [b]geri anpil moun avèk maladi, [c]afliksyon, ak move lespri; epi Li te bay vizyon a anpil moun ki te avèg. 22 Li te reponn e te di yo: **"Ale bay rapò a Jean sou sa nou wè ak tande.**[d]

'Avèg yo vin wè, bwate yo vin mache,
lepre yo vin pwòp, soud yo tande,
mò yo leve,
[e]**e malere yo gen bòn nouvèl la preche a yo menm.**
23 **Beni se sila ki pa pran ofans akoz Mwen.'"**

24 Lè mesaje a Jean yo te sòti, Li te kòmanse pale a foul la sou Jean: **"Kisa nou te ale nan dezè a pou wè? Yon wozo k ap souke pa van?** 25 **Men kisa nou te ale pou wè? Yon nonm abiye an twal swa? Gade byen, sila ki abiye byen bèl e ki viv nan richès yo se nan palè wayal yo ye.** 26 **Men kisa nou te ale wè? Yon pwofèt? Wi, Mwen di nou, se youn ki plis ke yon pwofèt.**

27 **"Se li menm sou sila yo te ekri a:**
[f]**'Veye byen, Mwen voye, mesaje Mwen devan fas Ou,**
ki va prepare chemen Ou an devan Ou.'
28 **"Mwen di nou, pami sila ki ne de fanm yo, nanpwen youn ki pi gran ke Jean; malgre sila ki pi piti nan wayòm Bondye a, pi gran pase li."**

29 Lè tout pèp la avèk kolektè kontribisyon yo te tande sa, yo te rekonèt jistis Bondye; [g]akoz yo te batize avèk batèm Jean an. 30 Men Farizyen yo avèk [h]avoka yo te rejte volonte a Bondye pou yo menm, akoz ke yo pa t batize avèk batèm a Jean an.

31 **"A kisa Mwen kapab konpare lèzòm nan jenerasyon sila a, e ak kisa yo sanble?** 32 **Yo tankou timoun ki chita nan plas mache a, e k ap rele youn lòt; epi yo di: 'Nou te jwe flit la pou ou, e ou pa t danse; nou te chante yon antèman, e ou pa t kriye.'** 33 **Paske Jean-Baptiste te vini**[i]**san manje pen, ni bwè diven; epi nou di ke li te gen yon dyab!** 34 **Fis a Lòm nan vini nan manje, ak bwè; epi nou di: 'Gade, yon nonm ki manje twòp, yon moun sou, yon zanmi a kolektè kontribisyon avèk pechè yo!** 35 **Men sajès la**[j]**jistifye pa tout pitit li yo.**

36 Alò, youn nan Farizyen yo t ap mande L pou dine avèk li. Konsa, Li te antre lakay Farizyen an, e te rete sou tab la. 37 [k]E te gen yon fanm nan vil la ki te yon pechè. Lè l vin konprann ke Li te sou tab lakay Farizyen an, li te pote yon bokal blan plen avèk pafen albat. 38 Li te kanpe dèyè Li, kote pye Li. Pandan l ap kriye, li te kòmanse mouye pye Li avèk dlo ki sòti nan zye li, epi siye yo avèk cheve li. Li te kontinye siye yo avèk cheve tèt li e bese nan pye Li, pou onksyone yo avèk pafen an. 39 Alò, lè Farizyen ki te envite Li a te wè sa, li te di a pwòp tèt li: "Si mesye sa a te [l]yon pwofèt, Li t ap konnen ki kalite moun fanm sa a ye k ap touche Li a, ke li se yon pechè."

40 Jésus te reponn li: **"Simon, Mwen gen yon bagay pou di ou."**

Li te di: "Pale, Mèt."

41 **Yon sèten moun ki prete lajan te gen de zòm ki te dwe l: youn te dwe l senk-san**[m]**denye, epi lòt la, senkant.** 42 **Lè yo** [n]**pa t kapab repeye, avèk gras, li te padone yo toulède. Pou sa, kilès nan yo k ap renmen li plis?"**

43 Simon te reponn e te di: "Mwen sipoze ke se sila ke li te padone plis la."

" Li te di li: **"Ou jije byen".**

44 Lè Li vire vè fanm nan, Li te di Simon: **"Èske ou wè fanm sa a? Mwen te antre lakay ou. Ou** [o]**pa t ban M dlo pou pye Mwen, men li mouye pye M**

---

[a] **7:19** Luc 7:13   [b] **7:21** Mat 4:23   [c] **7:21** Mc 3:10   [d] **7:22** És 35:5   [e] **7:22** És 61:1   [f] **7:27** Mal 3:1
[g] **7:29** Mat 21:32   [h] **7:30** Mat 22:35   [i] **7:33** Luc 1:15   [j] **7:35** Luc 7:29   [k] **7:37** Mat 26:6-13
[l] **7:39** Luc 7:16   [m] **7:41** Mat 18:28   [n] **7:42** Mat 18:25   [o] **7:44** Jen 18:4

avèk dlo zye li, e li te siye yo avèk cheve li. ⁴⁵ Ou pa t ᵃbo M; men li menm, depi lè M antre a li pa sispann bo pye Mwen. ⁴⁶ ᵇOu pa t onksyone tèt Mwen avèk lwil, men li te onksyone pye Mwen avèk pafen.

⁴⁷ "Pou rezon sa a Mwen di ou, peche li yo ki te anpil, vin padone, paske li te renmen anpil: men sila a ki padone piti, renmen piti."

⁴⁸ Answit Li te di li: ᶜ"Peche ou yo padone".

⁴⁹ Sila ki te sou tab avèk Li yo te kòmanse di a yo menm: ᵈ"Ki moun sa ye ki menm padone peche?"

⁵⁰ Epi Li te di a fanm nan: "Lafwa ou sove ou; ᵉale anpè."

8 Yon ti tan apre, Li te kòmanse ale de yon vil ak yon bouk a lòt, pou ᶠpwoklame e preche wayòm syèl la. Douz yo te avèk Li. ² Anplis te gen avèk yo ᵍkèk fanm ki te geri de move lespri yo ak maladi yo. Te gen Marie, ke yo te rele Magdala a, sou kilès sèt dyab yo te sòti a, ³ avèk Jeanne, madanm Chouza a, ʰentandan Hérode la, ak anpil lòt ki t ap kontribye a soutyen ki sòti nan mwayen pèsonèl yo.

⁴ Lè yon gran foul t ap rasanble, e sila yo ki sòti nan plizyè vil t ap vwayaje rive kote Li, Li te pale nan yon parabòl: ⁵ "Semè a te sòti pou simen semans li; e pandan li t ap simen, kèk te tonbe akote wout la; epi yo te vin foule anba pye, e zwazo anlè yo te manje yo. ⁶ Lòt semans te tonbe nan tè plen wòch, e pandan yo t ap grandi, yo te fennen akoz ke li pa t gen dlo. ⁷ Lòt semans te tonbe pami pikan; epi pikan yo te grandi avèk l, e te trangle yo. ⁸ Lòt semans te tonbe nan bon tè, te grandi, e te pwodwi yon rekòlt san fwa pi gran."

Pandan Li t ap di bagay sa yo, Li t ap rele fò: ⁱ"Sila ki gen zòrèy pou tande, kite l tande."

⁹ ʲDisip Li yo te kòmanse poze L kesyon sou sa ke parabòl sa a ta kapab vle di.

¹⁰ Li te di: "A nou menm li pèmi pou konnen mistè a wayòm Bondye a, men pou lòt yo, li fèt an parabòl, dekwa ke nanᵏgade, yo vin pa wè, e nan tande, pou yo pa konprann.

¹¹ "Alò, parabòl la se sa: ˡSemans lan se pawòl Bondye a.

¹² "Sila yo akote wout la se sila yo ki te tande; epi dyab la vin rache pawòl la nan kè yo, pou yo pa kwè e vin sove.

¹³ "Sila yo nan tè plen wòch la se sila yo ke lè yo tande, resevwa pawòl la avèk jwa, men yo pa gen rasin. Yo kwè pou yon tan, epi nan tan tantasyon, yo lage tonbe.

¹⁴ "Semans ki te tonbe pami pikan yo se sila yo ki te tande, epi pandan yo ap fè wout yo, yo vin trangle avèk pwoblèm pa yo ak richès a vi sa a. Konsa yo pa pote fwi ki vin mi.

¹⁵ "Semans nan bon tè a se sila yo ki te tande pawòl la avèk yon kè onèt e bon, e ki kenbe fèm, k ap pote fwi avèk pèseverans.

¹⁶ "Alò, ᵐpèsonn, lè l fin limen yon lanp pa kouvri li avèk yon veso, ni mete l anba yon kabann; men li mete li sou yon chandelye, pou sila yo ki antre kapab wè limyè a. ¹⁷ ⁿPaske pa gen anyen kache ki p ap vin parèt, ni anyen an sekrè ki p ap revele pou vin nan limyè.

¹⁸ "Pou sa, okipe nou de jan nou tande. ᵒPaske nenpòt moun ki genyen, se plis k ap bay a li menm; e a sila ki pa genyen an, menm sa li sipoze li genyen an va rache soti nan men li."

¹⁹ ᵖManman Li avèk frè L yo te vin kote L, e yo pa t kapab rive kote L akoz foul la. ²⁰ Konsa moun yo te bay Li rapò a: "Manman Ou avèk frè Ou yo kanpe deyò a e vle wè Ou."

²¹ Men Li te reponn yo e te di yo: "Manman M avèk Papa M se sila yo ᑫki tande pawòl Bondye a, e ki fè l."

²² ʳNan youn nan jou sa yo, Li te monte avèk disip Li yo nan yon kannòt. Li te di yo: "Annou pase pa lòtbò lak la." Yo te pati.

²³ Men pandan yo t ap ale sou vwal a, Li te tonbe nan dòmi. Epi yon gwo van te vin

---

ᵃ **7:45** II Sam 15:5   ᵇ **7:46** II Sam 12:20   ᶜ **7:48** Mat 9:2   ᵈ **7:49** Luc 5:21   ᵉ **7:50** Mc 5:34
ᶠ **8:1** Mat 4:23   ᵍ **8:2** Mat 27:55   ʰ **8:3** Mat 14:1   ⁱ **8:8** Mat 11:5   ʲ **8:9** Mat 13:10-23   ᵏ **8:10** És 6:9   ˡ **8:11** I Pi 1:23   ᵐ **8:16** Mat 5:15   ⁿ **8:17** Mat 10:26   ᵒ **8:18** Mat 13:12   ᵖ **8:19** Mat 12:46-50
ᑫ **8:21** Luc 11:28   ʳ **8:22** Mat 8:23-27

desann sou [a]lak la, e yo te kòmanse inonde e te vin an danje.

24 Yo te vini a Jésus e yo te fè L leve. Yo te di: [b]"Mèt, Mèt, n ap peri!"

Lè L vin leve, Li te [c]reprimande van an avèk gwo lam lanmè yo, e yo te sispann. Konsa, tan an te vin kalm.

25 Li te di yo: "**Kote lafwa nou ye?**"

Yo te ranpli avèk lakrent. Yo te etone, e te di youn lòt: "Alò, kilès nonm sa ye ki kòmande menm van avèk dlo a, e yo obeyi a?"

26 [d]Yo te kouri a vwal jouk lè yo rive nan peyi a Jerazenyen yo ki anfas Galilée. 27 Lè Li te desann atè, Li te rankontre pa yon sèten mesye nan vil la, ki te domine pa dyab. Li pa t konn mete rad depi lontan, e li pa t viv nan kay, men nan tonbo.

28 Lè l wè Jésus, li te kriye fò e te tonbe devan Li. Li te di ak yon gwo vwa: [e]"Kisa m gen avè ou Jésus, Fis a [f]Pi Wo Bondye a? Mwen sipliye ou, pa toumante mwen."

29 Paske Li te kòmande lespri enpi a pou sòti nan mesye a. Paske li te konn sezi li anpil fwa; e li te mare avèk chenn avèk fè nan pye li, e Li te kenbe anba gad. Li te konn pete tout kontrent sa yo pou dyab yo ta pouse l nan dezè a. 30 Jésus te mande li: [g]"**Kòman yo rele ou?**" E li te di: "Lejyon", paske anpil dyab te gen tan antre nan li. 31 Yo t ap sipliye L pou pa voye yo [h]nan abim nan. 32 Alò te gen yon gwo bann kochon ki t ap manje la nan mòn nan, e dyab yo te sipliye Li pou kite yo antre nan kochon yo. Konsa, Li te bay yo pèmisyon. 33 Dyab yo te sòti nan mesye a, e te antre nan kochon yo, bann nan te kouri desann pant falèz la, tonbe [i]nan lak la, e te mouri nan dlo a. 34 Lè gadyen kochon yo te wè sa ki rive a, yo te kouri ale bay rapò a nan vil la avèk tout landwa andeyò yo.

35 Pèp la te sòti vin wè sa ki te rive a, e yo te vin kote Jésus. Yo te twouve nonm ki te konn gen dyab la. Li te chita [j]nan pye Jésus, byen abiye, e nan bon tèt li. Yo te vin pè.

36 Sila yo ki te wè sa, te eksplike yo kijan nonm nan ki te [k]posede pa dyab yo, te vin geri.

37 Tout pèp Jerazenyen yo an ak landwa andeyò yo te mande pou L ta kite yo paske yo te ranpli avèk yon gwo perèz. Li te antre nan kannòt la, e te pati.

38 Men mesye a ke dyab yo te kite a te [l]sipliye L pou L ta kapab ale avèk li, men Li te voye li ale e te di: 39 "**Retounen lakay ou pou eksplike yo ki gwo bagay ke Bondye te fè pou ou.**"

Donk li te ale, e te pwoklame toupatou nan tout vil la ki gwo bagay Bondye te fè pou li.

40 [m]Lè Jésus te retounen, foul la te resevwa L byen, paske yo tout t ap tann Li.

41 [n]Konsa, te vini yon nonm ki te rele Jaïrus ki te yon ofisye sinagòg la. Li te tonbe nan pye a Jésus e te kòmanse sipliye Li pou te vini lakay li; 42 paske li te gen yon sèl fi, anviwon laj a douz lane, e li te mouri.

Men pandan Li t ap ale, foul la t ap peze Li.

43 Konsa, yon fanm, ki te koule san pou plis ke douz lane, men pa t kapab twouve gerizon pa okenn moun, 44 te pwoche dèyè Li. Li te touche arebò vètman Li, e nan menm moman an, san an te rete.

45 Jésus te di: "**Kilès ki te touche Mwen an?**"

E pandan yo tout t ap demanti ke se pa yo, Pierre te di: [o]"Mèt, foul la ap bourade ou e peze Ou."

46 Men Jésus te di: "**Yon moun vrèman te touche M, paske Mwen te konnen lè [p]pouvwa a te kite M nan.**"

47 Lè fanm nan te wè ke li t ap dekouvri, li te vini byen tranble, e te tonbe devan Li. Li te deklare nan prezans a tout moun poukisa li te touche L la ak jan li te vin geri nan menm enstan.

48 Jésus te di li: "**Fi Mwen, lafwa ou te fè ou geri; [q]ale anpè.**"

49 Pandan Li te toujou ap pale, yon moun te soti lakay [r]ofisye sinagòg la, e te di: "Pitit ou a gen tan mouri. Pa twouble Mèt la ankò."

---

[a] **8:23** Luc 5:1   [b] **8:24** Luc 5:5   [c] **8:24** Luc 4:39   [d] **8:26** Mat 8:28-34   [e] **8:28** Mat 8:29   [f] **8:28** Mc 5:7   [g] **8:30** Mat 26:53   [h] **8:31** Wo 10:7   [i] **8:33** Luc 5:11   [j] **8:35** Luc 10:39   [k] **8:36** Mat 4:24   [l] **8:38** Mc 5:18-20   [m] **8:40** Mat 9:1   [n] **8:41** Mat 9:18-26   [o] **8:45** Luc 5:5   [p] **8:46** Luc 5:17   [q] **8:48** Mc 5:34   [r] **8:49** Luc 8:41

⁵⁰ Men lè Jésus te tande sa, Li te reponn li: ᵃ**"Pa pè; sèlman kwè, e li va geri."**

⁵¹ Lè Li te rive nan kay la, Li pa t kite okenn lòt moun antre avè L, sof ke Pierre avèk Jean ak Jacques, epi manman ak papa pitit la.

⁵² Alò yo tout t ap kriye, e t ap ᵇlamante pou li; men Li te di: **"Sispann kriye, paske li pa mouri, men ᶜl ap dòmi."**

⁵³ Yo te kòmanse ap ri sou Li, paske yo te konnen ke li te mouri.

⁵⁴ Men Li menm te pran li pa lamen, Li te rele e te di: **"Pitit, leve!"**

⁵⁵ Konsa, lespri lavi li te retounen, e li te leve imedyatman. Li te bay lòd pou yo bay li yon bagay pou l manje.

⁵⁶ Paran li yo te etone, men Li te ᵈenstwi yo pou pa pale pèsonn sa ki te rive a.

9 ᵉLi te rele douz yo ansanm, e te bay yo pouvwa avèk otorite sou tout dyab, e pou geri maladi. ² Li te voye yo ale pou ᶠpwoklame wayòm Bondye a, e pou geri maladi.

³ Konsa, Li te di yo: ᵍ**"Pa pran anyen pou vwayaj nou, ni yon baton, ni yon sak, ni pen, ni lajan. Pa menm pote yon dezyèm vètman.** ⁴ **Nan nenpòt kay ke nou antre, rete la jiskaske nou kite vil sa a.** ⁵ **Pou sila yo ki pa resevwa nou, lè n ap kite vil sa a, ʰsouke pousyè sòti nan pye nou kon yon temwayaj kont yo."**

⁶ Pandan yo t ap kite la, yo te kòmanse ale pami bouk yo, ap ⁱpreche levanjil la, e te fè gerizon toupatou.

⁷ ʲAlò, Hérode, tetrak la te tande tout sa ki t ap fèt yo. Konsa, li te gravman twouble, paske kèk moun te di ke se te Jean ki te leve soti nan lanmò.

⁸ Selon kèk ᵏlòt Élie ki vin parèt, oswa youn nan ansyen pwofèt yo te leve ankò.

⁹ Hérode te di: "Mwen menm te fè yo koupe tèt a Jean, men kilès nonm sa a ye, ke m tande tout koze sa yo?" ˡLi te kontinye ap eseye pou l ta kab wè L.

¹⁰ Lè apòt yo te retounen, yo te bay Jésus yon istwa de tout sa ki te rive a.

ᵐLi te fè yo ale avè L, pou yo fè retrèt vè yon vilaj yo rele Betsaïda.

¹¹ Men foul la te konnen sa. Yo te swiv Li, e Li te resevwa yo avèk kè ouvè.

Li te kòmanse pale avèk yo sou wayòm syèl la, e te fè gerizon pou sila yo ki te bezwen geri.

¹² Alò jou a te kòmanse ap avanse, e douz yo te vin di Li: "Voye foul la ale pou yo kapab ale nan vilaj yo oswa andeyò pou yo twouve lojman. Konsa, yo ka jwenn yon bagay pou yo manje, paske nou isit la nan yon kote ki izole."

¹³ Men Li te di yo: **"Nou menm bay yo manje!"** Yo te reponn Li: "Nou pa gen plis ke senk pen avèk de pwason, sof ke petèt ke nou ta ale achte pen pou tout moun sa yo."

¹⁴ (Paske te gen anviwon senk-mil moun.) Li te di a disip Li yo: **"Fè yo chita ⁿnan gwoup de senkant chak."**

¹⁵ Konsa yo te fè; yo te fè tout moun chita.

¹⁶ Answit, Li te pran senk pen avèk de pwason yo. Li te gade vè syèl la, e Li te beni yo. Li te kase yo, e te lonje bay disip yo pou mete devan foul la.

¹⁷ Yo te manje jis vant tout moun te plen. E mòso tou kase ke yo te ranmase yo te fè douz ᵒpanyen byen ranpli.

¹⁸ ᵖLi te vin rive ke pandan Li t ap priye sèl, disip yo te toupre. Konsa, Li te poze yon kesyon. Li te mande: **"Kilès moun pèp la di ke Mwen ye?"**

¹⁹ Yo te reponn Li, e te di: "Jean-Baptiste, oswa Eli; men lòt yo, youn nan ansyen pwofèt yo ki leve ankò."

²⁰ Li te mande yo: **"Men kilès nou menm, nou di ke Mwen ye"?** Pierre te reponn. Li te di: ᑫ"Kris la a Bondye a."

²¹ Men Li te ʳavèti yo avèk severite pou yo pa pale sa a pèsonn.

²² ˢKonsa Li te di: **"Fis a Lòm nan va oblije soufri anpil bagay, e va rejte pa ansyen yo, ak chèf prèt yo, ak skrib yo. Li va vin touye, e va vin leve nan twazyèm jou a."**

²³ Li t ap di a yo tout: ᵗ**"Si Nenpòt moun vle swiv Mwen, li dwe renonse a pwòp tèt li, pran kwa li e swiv Mwen.** ²⁴ **Paske ᵘNenpòt moun ki vle sove vi li va pèdi li,**

ᵃ **8:50** Mc 5:36   ᵇ **8:52** Luc 23:27   ᶜ **8:52** Jn 11:13   ᵈ **8:56** Mat 8:4   ᵉ **9:1** Mat 10:5   ᶠ **9:2** Mat 10:7
ᵍ **9:3** Luc 10:4-12   ʰ **9:5** Luc 10:11   ⁱ **9:6** Mc 6:12   ʲ **9:7** Mc 6:14   ᵏ **9:8** Mat 16:14   ˡ **9:9** Luc 23:8
ᵐ **9:10** Mat 14:13-21   ⁿ **9:14** Mc 6:39   ᵒ **9:17** Mat 14:20   ᵖ **9:18** Mat 16:13-16   ᑫ **9:20** Jn 6:68
ʳ **9:21** Mat 8:4   ˢ **9:22** Mat 21:16-28   ᵗ **9:23** Mat 10:38   ᵘ **9:24** Mat 10:39

men sila a ki pèdi lavi li pou koz Mwen, se li ki va sove li.

²⁵ "Paske ki avantaj yon nonm gen si li vin genyen tou lemonn, e vin[a]pèdi, pou peye kon pri a, pwòp nanm li?

²⁶ [b]"Paske Nenpòt moun ki wont Mwen, ak pawòl Mwen yo, a li menm, Fis a Lòm nan va wont lè Li vini nan glwa Li, ak glwa a Papa a, e glwa a zanj sen yo.

²⁷ "Men Mwen di nou anverite, [c]gen nan sila yo ki kanpe la a ki p ap goute lanmò jouk lè ke yo wè wayòm Bondye a."

²⁸ Anviwon uit jou aprè pawòl sa yo, [d]Li te pran Pierre avèk Jean, avèk Jacques, e te monte nan mòn nan pou priye.

²⁹ Pandan Li t ap [e]priye, aspè figi Li te vin chanje, e vètman Li te vin klere kon blan briyan. ³⁰ Epi gade, de zòm t ap pale avèk Li. Se te Moïse avèk Elie, ³¹ ki te vin parèt nan glwa, e t ap pale sou afè [f]depa Li, ke Li te prèt pou acheve nan Jérusalem.

³² Alò, Pierre avèk lòt parèy li yo te vin [g]lou ak dòmi. Men lè zye pa yo te vin ouvri, yo te wè glwa Li ak de zòm sa yo ki te kanpe avèk L. ³³ Konsa, Li te vin rive ke pandan sila yo t ap kite Li, Pierre te di a Jésus: "Mèt, li bon pou nou isit la. [h]Annou fè twa tabènak; youn pou Ou, youn pou Moïse, e youn pou Elie." Men li pa t fin konprann sa li t ap di a.

³⁴ Pandan li t ap di sa, yon nyaj te fòme. Li te pase yon lonbraj sou yo, epi yo te krent lè yo te antre nan lonbraj la.

³⁵ Answit yon vwa te sòti nan lonbraj la. Li te di: [i]"Sa se fis byeneme Mwen an; koute Li!"

³⁶ Lè vwa a te pale, Jésus te twouve li sèl. Yo te [j]rete an silans, e pa t di pèsonn sa ki te rive nan jou sa yo.

³⁷ [k]Nan jou swivan an, lè yo te desann sòti nan mòn nan, yon gwo foul te rankontre Li. ³⁸ Konsa yon mesye nan foul la te rele fò: "Mèt, mwen sipliye ou pou gade wè fis mwen an, paske se li sèl gason ke m genyen. ³⁹ Yon lespri konn sezi li. Li rele fò, lespri a jete li nan gwo kriz ki fè bouch li kimen, e pandan lespri a ap kite li, li kontinye maspinen l nèt jiskaske li ale. ⁴⁰ Mwen te sipliye disip ou yo pou chase l, men yo pa t kapab."

⁴¹ Jésus te reponn: "O jenerasyon enkredil, e pèvès! Pou jis kilè M ap avèk nou, pou sipòte nou? Mennen pitit ou a isit la."

⁴² Pandan Li t ap pwoche, dyab la te voye l atè, e te jete l nan yon gwo kriz. Men Jésus te repwòche lespri enpi a; Li te geri gason an, e te remèt li bay papa l.

⁴³ Yo tout te etone akoz grandè Bondye. [l]Men pandan tout t ap admire tout sa ke Li t ap fè, Li te di a disip Li yo: ⁴⁴ "Kite pawòl sa yo penetre nan zòrèy nou; [m]paske Fis a Lòm nan va livre nan men a lèzòm."

⁴⁵ Men [n]yo pa t konprann pawòl sila a, e sans li te kache a yo menm pou yo pa t kab konprann li. Yo te pè kesyone L sou pawòl sa a.

⁴⁶ [o]Konsa, yon gwo diskisyon te leve pami yo sou kilès nan yo ki ta pi gran.

⁴⁷ Men Jésus, byen [p]okouran a sa yo t ap panse nan kè yo a, te pran yon timoun. Li te mete li kanpe akote Li. ⁴⁸ Li te di yo: [q]"Nenpòt moun ki resevwa timoun sa a nan non Mwen an resevwa Mwen; e nenpòt moun ki resevwa Mwen, resevwa Papa a, ki te voye Mwen an. Paske sila ki pi piti pami nou an, se li menm ki pi gran."

⁴⁹ [r]Jean te reponn. Li te di: "Mèt, nou te wè yon moun ki t ap chase dyab nan non Ou, e nou te eseye anpeche li akoz ke li p ap swiv ak nou."

⁵⁰ Men Jésus te di l: "Pa anpeche li [s]paske sila ki pa kont nou an pou nou."

⁵¹ Lè jou yo t ap pwoche pou L te leve, li te pran desizyon nèt [t]pou ale Jérusalem. ⁵² Li te voye mesaje yo devan Li. Konsa, yo te ale antre nan yon vil a [u]Samariten yo, pou fè aranjman pou li.

⁵³ Men yo pa t resevwa Li [v]akoz ke Li t ap vwayaje ak figi Li fikse vè Jérusalem.

---

[a] 9:25 Eb 10:34 [b] 9:26 Mat 10:23 [c] 9:27 Mat 16:28 [d] 9:28 Mat 17:1-8 [e] 9:29 Luc 3:21
[f] 9:31 II Pi 1:15 [g] 9:32 Mat 26:43 [h] 9:33 Mat 17:4 [i] 9:35 És 42:1 [j] 9:36 Mat 17:9
[k] 9:37 Mat 17:14-18 [l] 9:43 Mat 17:22 [m] 9:44 Luc 9:22 [n] 9:45 Mc 9:32 [o] 9:46 Luc 22:24
[p] 9:47 Mat 9:4 [q] 9:48 Mat 10:40 [r] 9:49 Mc 9:38-40 [s] 9:50 Mat 12:30 [t] 9:51 Luc 13:22
[u] 9:52 Mat 10:5 [v] 9:53 Jn 4:9

⁵⁴ Lè Jacques avèk Jean te wè sa, yo te di: "Senyè, èske Ou ta vle nou ᵃkòmande dife sòti nan syèl la pou devore yo?"

⁵⁵ Men Li te vire e te reprimande yo: "Nou pa konnen de ki kalite lespri nou ye; ⁵⁶ paske Fis a Lòm nan pa t vini pou detwi lavi moun, men pou sove yo." Konsa, yo te kontinye pou ale nan yon lòt vil.

⁵⁷ Pandan yo t ap prale akote wout la, ᵇyon moun te di Li: "Mwen va swiv Ou Nenpòt kote Ou ale."

⁵⁸ Jésus te di Li: **"Rena yo gen twou yo, e zwazo yo gen nich yo, men ᶜFis a Lòm nan pa gen kote pou poze tèt Li."**

⁵⁹ Konsa, Li te di a yon lòt: ᵈ**"Swiv Mwen"**.

Men li te di: "Kite m ale avan pou antere papa m."

⁶⁰ Men Li te di li: **"Kite m òyo antere mò yo; men pou ou menm, ale ᵉpwoklame toupatou wayòm Bondye a."**

⁶¹ Yon lòt osi te di: "Mwen va swiv Ou Senyè; men ᶠkite m dabò di orevwa a moun lakay mwen."

⁶² Men Jésus te di li: ᵍ**"Nenpòt moun ki mete men li sou cha a pou gade pa dèyè pa dign de wayòm Bondye a."**

10

Alò, apre sa, Senyè a te nonmen swasann-dis ʰlòt. Li te voye yo ⁱde pa de devan Li nan chak vil ak andwa kote Li menm te gen pou vini.

² Li t ap di yo: ʲ**"Rekòlt la anpil, men ouvriye yo piti. Konsa, sipliye Senyè rekòlt la pou L voye ouvriye nan chan rekòlt Li a.**

³ **"Ale fè wout nou! ᵏVeye byen, Mwen voye nou tankou jenn mouton nan mitan lou. ⁴ ˡPa pote bous, ni sak, ni soulye. Pa menm salye pèsonn nan wout la.**

⁵ **"'Nan nenpòt kay ke nou antre, premyèman mande pou Lapè rete sou kay sa a'. ⁶ Si yon nonm lapè a la, lapè nou va rete sou li; men si li pa la, li va retounen sou nou. ⁷ Rete nan kay sa a.** Manje e bwè sa ke yo mete devan nou; paske ᵐouvriye a dign de salè li. Pa kontinye pase de kay an kay.

⁸ **"Nan Nenpòt vil ke nou antre, e yo resevwa nou, ⁿmanje sa yo mete devan nou. ⁹ Geri sila yo ki malad nan li. Di yo: ᵒWayòm syèl la gen tan vin toupre nou"**.

¹⁰ **"Men nan Nenpòt vil ke nou antre, si yo pa resevwa nou, tou ale nan lari yo e di: ¹¹ ᵖMenm pousyè vil nou an ki kole nan pye nou, nou siye li kont nou menm. Men konnen sa byen; ke wayòm syèl la gen tan vin toupre nou."**

¹² **"Mwen di nou, ᵠli va pi tolerab nan jou sa pou Sodome ke pou vil sa a.**

¹³ ʳ**"Malè a nou menm, Chorazin! Malè a nou menm, Bethsaïde! Paske si mirak ki te fèt nan nou yo te konn fèt nan Tyr avèk Sidon, yo t ap vin repanti lontan sa, e vin chita nan sann abiye ak twal sak.**

¹⁴ **"Men li va pi tolerab pou ˢTyr ak Sidon nan jijman an, pase pou nou menm.**

¹⁵ **"Epi nou menm, ᵗCapernaüm, nou p ap egzalte nan syèl la, men nou ap jete anba nan sejou mò yo.**

¹⁶ ᵘ**"Sila ki koute nou an, koute Mwen; e sila ki rejte nou an, rejte Mwen. E sila ki rejte Mwen an, rejte Sila a ki voye Mwen an."**

¹⁷ Swasann-dis yo te retounen avèk jwa. Yo te di: "Senyè, menm ᵛdyab yo soumèt a nou menm nan non Ou."

¹⁸ Li te di yo: **"Mwen t ap gade ʷSatan k ap tonbe soti nan syèl la tankou yon kout loraj. ¹⁹ Veye byen, Mwen ban nou otorite pou ˣmache sou sèpan avèk eskòpyon anba pye nou, sou tout pouvwa a lènmi an, e anyen p ap fè nou mal.**

²⁰ **"Malgre sa, pa rejwi nan sa, ke lespri yo soumèt a nou menm, men rejwi paske ʸnon nou ekri nan syèl la."**

²¹ ᶻNan menm moman an, Li te rejwi anpil nan Lespri Sen an. Li te di: **"Mwen**

ᵃ **9:54** II Wa 1:9-16   ᵇ **9:57** Mat 8:19-22   ᶜ **9:58** Mat 8:20   ᵈ **9:59** Mat 4:23   ᵉ **9:60** Mat 4:23
ᶠ **9:61** I Wa 19:20   ᵍ **9:62** Fil 3:13   ʰ **10:1** Luc 9:1-52   ⁱ **10:1** Mc 6:7   ʲ **10:2** Mat 9:37-38
ᵏ **10:3** Mat 10:16   ˡ **10:4** Mat 10:9-14   ᵐ **10:7** Mat 10:10   ⁿ **10:8** I Kor 10:27   ᵒ **10:9** Mat 3:2
ᵖ **10:11** Mat 10:14   ᵠ **10:12** Jen 19:24-28   ʳ **10:13** Mat 11:21-23   ˢ **10:14** Mat 11:21   ᵗ **10:15** És 14:13-15   ᵘ **10:16** Mat 10:40   ᵛ **10:17** Luc 9:1   ʷ **10:18** Mat 4:10   ˣ **10:19** Sòm 91:13
ʸ **10:20** Egz 32:32   ᶻ **10:21** Mat 11:25-27

louwe Ou, o Papa, Senyè a syèl la avèk tè a, Ke Ou kache bagay sa yo devan saj yo ak entèlijan yo pou revele yo a zanfan yo. Wi, Papa, paske konsa sa te fè plezi nan zye Ou."

22 [a]Tout bagay te livre a Mwen menm pa Papa M, e[b]pèsòn pa konnen ki moun Fis la ye, sof ke Papa a, e ki moun Papa a ye, sof ke Fis la, ak Nenpòt moun ke Fis la revele L.

23 [c]Li te vire vè disip yo Li te di an prive: **"Beni se zye ki wè bagay ke nou gen tan wè a.** 24 **Paske Mwen di nou, ke anpil nan pwofèt avèk wa yo te vle wè bagay ke nou wè yo, men yo pa t wè yo, ni tande bagay ke nou tande yo, e yo pa t tande yo."**

25 [d]Epi vwala, yon sèten avoka te kanpe pou pase l nan leprèv. Li te di L: "Mèt, kisa pou m ta fè pou eritye lavi etènèl?"

26 Li te pale li: **"Kisa ki ekri nan Lalwa a? Kijan ou li li?"**

27 Li te reponn:
[e] "Ou va renmen Senyè a, Bondye ou a
avèk tout kè ou, avèk tout nanm ou, avèk tout fòs ou,
e avèk tout panse ou, epi vwazen ou tankou tèt ou."

28 Li te di li: **"Ou reponn byen kòrèk. [f]Fè sa, e ou va viv."**

29 Men li te vle [g]jistifye tèt li. Li te di a Jésus, "E kilès ki vwazen mwen?"

30 Jésus te reponn e te di: **"Yon sèten mesye t ap [h]desann sòti Jérusalem pou rive Jéricho. Li te tonbe pami vòlè yo. Yo te pran rad li. Yo te bat li, e yo te kite l mwatye mouri.**

31 **"Konsa, pa aza, yon sèten prèt t ap desann nan wout sa a. Lè l te wè li, li te vin pase sou lòtbò wout la.**

32 **"Menm jan an, yon Levit tou, lè l te rive kote a, li te wè l, e te vin pase sou lòtbò.**

33 **"Men yon sèten** [i]**Samariten, ki t ap fè yon vwayaj, te rive sou li. Lè l te wè l, li te gen konpasyon.** 34 **Li te vini kote li, te mete lwil avèk diven sou blesi li yo, e te panse yo. Li te vin mete li sou pwòp bèt pa li, e te mennen li nan yon pansyon pou l pran swen li.** 35 **Nan landemen, li te rale kòb de denye. Li te bay yo a mèt otèl la e te di l: 'Pran swen li, epi nenpòt sa ke ou depanse, lè m tounen, mwen va remèt ou li.'**

36 **"Kilès nan twa sa yo ou kwè ki te fè prèv ke se te yon bon vwazen a mesye ki te tonbe nan men vòlè yo?"**

37 Li te reponn: "Sila ki te gen konpasyon pou li a." Konsa Jésus te di l: **"Ale fè menm bagay la".**

38 Pandan yo t ap vwayaje, Li te antre nan yon sèten vil. Konsa, yon fanm yo rele [j]Marthe te resevwa Li lakay li.

39 Li te gen yon sè yo te rele [k]Marie, ki anplis t ap koute pawòl Senyè a, byen chita nan pye Li. 40 Men [l]Marthe te gen tèt chaje akoz tout sèvis lakay yo. Li te pwoche Jésus, e te di: "Senyè, èske sa pa fè Ou anyen ke sè m nan kite m ap fè tout sèvis la pou kont mwen? Alò, di l vin ede m."

41 Men Senyè a te reponn li, e te di: **"Marthe, Marthe, ou** [m]**enkyete e twouble pa anpil bagay,** 42 [n]**men se yon sèl bagay ki nesesè. Marie te chwazi sila ki bon an, e sa p ap retire soti nan men li."**

11 Li te rive ke pandan Li t ap priye nan yon sèten kote, lè L te fini, youn nan disip Li yo te di Li: Senyè, montre nou kijan pou nou priye, menm jan ke Jean osi te montre disip li yo.

2 Li te di yo: [o]**"Lè n ap priye, di:**
'Papa nou ki nan syèl la,
ke non Ou kapab Sen.
Ke wayòm Ou kapab vini.
Ke volonte ou kapab fèt sou latè a,
menm jan kon nan syèl la.
3 **Bannou chak jou pen nou pou jounen an.**
4 **Konsa, padone peche nou yo, paske nou**
menm osi padone tout sila ki [p]**dwe nou.**
Pa mennen nou nan tantasyon, men delivre nou de sila ki mechan an.'"

---

[a] **10:22** Jn 3:35 [b] **10:22** Jn 10:15 [c] **10:23** Mat 13:16-17 [d] **10:25** Mat 19:16-19 [e] **10:27** Det 6:5
[f] **10:28** Lev 18:5 [g] **10:29** Luc 16:15 [h] **10:30** Luc 18:31 [i] **10:33** Mat 10:5 [j] **10:38** Luc 10:40
[k] **10:39** Luc 10:42 [l] **10:40** Luc 10:38-41 [m] **10:41** Mat 6:25 [n] **10:42** Sòm 27:4 [o] **11:2** Mat 6:9-13
[p] **11:4** Luc 13:4

5 Answswit, Li te di yo: "Sipoze ke youn nan nou ta gen yon zanmi, e nou ale kote li a minwi pou di li: 'Zanmi, prete m twa mòso pen. 6 Mwen gen yon zanmi ki vini, soti nan yon vwayaj, e mwen pa gen anyen pou mete devan l.' 7 Depi anndan, li va di: 'Pa deranje m! Pòt la fèmen deja. Pitit mwen yo avèk mwen menm deja nan kabann nan, e mwen pa kapab leve pou bay ou anyen.' 8 Mwen di nou, menm si li p ap leve bay li anyen paske li se zanmi li, men [a]akoz pèsistans li, l ap leve pou bay li kont sa li bezwen.

9 "Donk Mwen di nou: [b]Mande, e nou va resevwa. Chache e nou va twouve. Frape, e l ap ouvri bannou. 10 Paske tout moun ki mande, va resevwa. Sila a ki chache, va twouve. E a sila a ki frape, l ap ouvri.

11 "Alò, sipoze ke youn nan papa nou yo resevwa yon demann de fis li pou yon pen. Li p ap bay li yon wòch olye de pen. Se pa sa? O si li mande pou yon pwason, èske li va bay li yon kolèv? 12 Oubyen si li mande li pou bay li yon ze, èske l ap bay li yon eskòpyon? 13 [c]Si nou menm ki mechan, alò, konnen kijan pou bay bon kado a pitit nou yo, konbyen anplis Papa nou nan syèl la va bay Lespri Sen an a sila yo ki mande Li?"

14 [d]Answit, Li t ap chase yon dyab nan yon bèbè. Lè dyab la te fin sòti, gason bèbè a te pale. Konsa, foul la te etone.

15 Men kèk nan yo te di: [e]"Li chase dyab yo pa [f]Béelzébul, mèt dyab yo." 16 Gen Lòt yo, pou teste L, [g]t ap mande L yon sign ki sòti nan syèl la. 17 [h]Men Li te konnen panse yo. Li te di yo: "Nenpòt wayòm ki divize kont tèt li va detwi. E yon kay divize kont tèt li ap tonbe. 18 [i]Si Satan osi divize kont tèt li, kijan wayòm li an va kanpe? Paske nou di ke Mwen chase dyab yo pa Béelzébul. 19 Men si Mwen menm pa [j]Béelzébul chase dyab yo, pa kilès fis nou yo konn chase yo? Konsa, se yo menm k ap jij nou yo. 20 Men, si Mwen chase dyab yo ak [k]dwèt Bondye a, alò, [l]wayòm syèl la gen tan vini sou nou. 21 Lè yon nonm fò, plen zam, veye pwòp kay li, byen li yo rete ansekirite. 22 Men lè yon moun avèk plis fòs pase l vin atake l, li bat li, e li retire nan men li tout zam li yo, pou l vin divize piyaj la. 23 [m]Sila ki pa avèk Mwen an, kont Mwen; e sila ki pa rasanble avè Mwen an, ap gaye. 24 [n]Lè lespri enpi kite yon nonm, li travèse kote ki sèch pou chache repo. Lè l pa twouve, li di: 'Mwen va retounen lakay mwen kote m sòti a.' 25 Lè l vini, li touve l byen bale, e mete an lòd. 26 Answit li sòti pou chache pran sèt lòt dyab pi mal pase li menm, e yo vin antre pou viv la. Konsa, dènye eta a nonm sa a pi mal pase premye a."

27 Pandan Jésus t ap di bagay sa yo, youn nan fanm yo nan foul la te leve vwa li. Li te di Li: [o]"Beni se vant ki te pote Ou a, e tete kote Ou te souse a."

28 Men Li te di: "Okontrè, beni se [p]sila yo ki tande pawòl Bondye a, e ki swiv li."

29 Pandan foul la t ap ogmante, Li te kòmanse di: [q]"Jenerasyon sila a se yon jenerasyon pèvès; l ap chache yon sign, men okenn sign p ap bay, sof ke sign a Jonas la. 30 Paske menm jan ke [r]Jonas te vin yon sign pou Ninivit yo, menm jan an Fis a Lòm nan va ye pou jenerasyon sila a.

31 [s] "Rèn Sid la va leve avèk lèzòm a jenerasyon sila a nan jijman, e kondane yo; akoz li menm te vini soti nan lekstremite tè a pou tande sajès a Salomon, e konsa, veye byen, gen yon bagay pi gran pase Salomon isit la.

32 "Lèzòm Niniv yo va kanpe avèk jenerasyon sila a nan jijman an, e kondane li, paske [t]yo te repanti lè Jonas te preche. Konsa, veye byen, gen yon bagay pi gran ke Jonas isit la.

33 [u] "Pèsòn, lè l fin limen yon lanp pa mete li nan yon kote an kachèt, ni anba

---

[a] 11:8 Luc 18:5   [b] 11:9 Mat 7:7-11   [c] 11:13 Mat 7:11   [d] 11:14 Mat 9:32-34   [e] 11:15 Mat 9:24
[f] 11:15 Mat 10:25   [g] 11:16 Mat 12:38   [h] 11:17 Mat 12:25-29   [i] 11:18 Mat 4:10   [j] 11:19 Mat 10:25
[k] 11:20 Egz 8:19   [l] 11:20 Mat 3:2   [m] 11:23 Mat 12:30   [n] 11:24 Mat 12:43-45   [o] 11:27 Luc 23:29
[p] 11:28 Luc 8:21   [q] 11:29 Mat 16:4   [r] 11:30 Jon 3:4   [s] 11:31 I Wa 10:1-10   [t] 11:32 Jon 3:5
[u] 11:33 Mat 5:15

yon panyen, men sou yon chandelye, pou sila ki antre yo kapab wè limyè a.

³⁴ "Lanp a kò nou se zye nou. Lè zye nou klè, tout kò nou osi ranpli avèk limyè; men lè l pa bon, kò nou osi ranpli avèk tenèb.

³⁵ "Alò, veye ke limyè nan nou an pa tenèb.

³⁶ "Si donk, tout kò nou ranpli avèk limyè, san tenèb ladann, li va klere nèt, tankou lè lanp klere nou avèk reyon li."

³⁷ Alò, lè L fin pale, yon Farizyen te mande Li pou dine avè L. Li te antre e te repoze sou tab la. ³⁸ Lè Farizyen an te wè sa, li te etone, paske Li pa t fè ᵃdevwa lave men L avan manje a.

³⁹ Men Senyè a te di: ᵇ"Nou menm Farizyen yo netwaye tas la pa deyò, ansanm ak plato a. Men anndan nou ranpli avèk vòl ak mechanste. ⁴⁰ ᶜ Nou menm bann ensanse, èske Sila ki te fè deyò a, pa t fè anndan an tou? ⁴¹ Men ᵈbay sa ki anndan an kòm charite, e konsa tout bagay ap ᵉpwòp pou nou.

⁴² "Men ᶠmalè a nou menm, Farizyen yo! Paske nou ᵍpeye ladim, mant, ak lari de tout epis jaden an. Malgre sa, nou neglije la jistis avèk lanmou Bondye. Men bagay sa yo nou te dwe fè, san neglije lòt yo. ⁴³ Malè a nou menm, Farizyen yo! Paske nou renmen ʰchèz a chèf nan sinagòg yo, ak salitasyon respè nan mache yo. ⁴⁴ Malè a nou menm! Paske nou tankou tonm kache, pou moun mache sou yo san ke yo pa menm konnen."

⁴⁵ Youn nan ⁱavoka yo te reponn Li: "Mèt, lè Ou di sa, W ap ensilte nou osi."

⁴⁶ Konsa, Li te di: "Malè a nou menm, avoka yo osi! Paske ʲnou chaje kò a moun avèk chaj ki lou, pandan nou menm, nou p ap menm manyen chaj sa yo avèk youn nan dwèt nou.

⁴⁷ ᵏ"Malè a nou menm! Paske nou bati tonm a pwofèt yo, pandan se zansèt nou yo ki te touye yo. ⁴⁸ Konsa, nou vin temwen yo, e vin dakò avèk zak a zansèt nou yo. Paske se te yo menm ki te touye yo, e se nou ki bati tonm yo.

⁴⁹ ˡ"Pou rezon sa, sajès a Bondye te di: "Mwen va voye bay yo pwofèt ak apòt. Kèk yo va touye, e kèk yo va pèsekite; ⁵⁰ jiskaske tout san a pwofèt yo ki te vèse ᵐdepi fondasyon mond lan kapab chaje kont jenerasyon sila a, ⁵¹ soti nan san Abel la, jis rive nan ⁿsan a Zacharie, ki te peri antre nan otèl la ak kay Bondye a. Wi, Mwen di nou, li va chaje kont jenerasyon sila a.

⁵² "Malè a nou menm, avoka yo! Paske yo pran nan men nou kle konesans lan. Nou pa t antre nou menm, e sila ki t ap antre ladann yo, nou te anpeche yo."

⁵³ Lè L te kite la, skrib yo avèk Farizyen yo te kòmanse vin move anpil. Yo te kesyone L byen pre sou anpil sijè, ⁵⁴ paske yo t ap eseye fòme yon konplo kont Li pou kenbe L nan yon pawòl ke Li ta petèt pale.

12 Antre tan an, apre anpil milye moun te rasanble ansanm jiskaske youn t ap mache sou lòt, Li te kòmanse pale a disip Li yo dabò: ᵒ"Veye ledven Farizyen yo ki se ipokrizi.

² ᵖ"Men pa gen anyen ki kouvri ki p ap vin parèt, e ki kache ki p ap konnen. ³ Konsa, Nenpòt sa ke nou di nan tenèb va tande nan limyè, e sa nou te pale ak vwa ba, menm nan chanm pa anndan yo va pwoklame sou ᵠtwati kay yo.

⁴ "Mwen di nou, ʳzanmi Mwen yo, pa pè sa yo ki kapab touye kò a, men apre sa pa gen plis ke yo kab fè. ⁵ "Men Mwen avèti nou kilès pou nou krent; ˢkrent Sila a ki lè L fin touye, gen otorite pou jete nan lanfè; wi, Mwen di nou, krent Li!

⁶ "Èske ᵗsenk zwazo pa vann pou de santim? Malgre sa, nanpwen youn nan yo ki bliye devan Bondye. ⁷ ᵘAnverite, menm cheve nan tèt nou yo kontwole. Pa krent, nou gen bokou plis valè pase anpil zwazo.

ᵃ **11:38** Mat 15:2   ᵇ **11:39** Mat 23:25   ᶜ **11:40** Luc 12:20   ᵈ **11:41** Luc 12:33   ᵉ **11:41** Tit 1:15
ᶠ **11:42** Mat 23:23   ᵍ **11:42** Lev 27:30   ʰ **11:43** Mat 23:6   ⁱ **11:45** Mat 22:35; Mat 23:27
ʲ **11:46** Mat 23:4   ᵏ **11:47** Mat 23:29   ˡ **11:49** I Kor 1:24-30   ᵐ **11:50** Mat 25:34   ⁿ **11:51** II Kwo 24:20-21   ᵒ **12:1** Mat 16:6-11   ᵖ **12:2** Mat 10:26   ᵠ **12:3** Mat 10:27   ʳ **12:4** Jn 15:13-15
ˢ **12:5** Eb 10:31   ᵗ **12:6** Mat 10:29   ᵘ **12:7** Mat 10:30

⁸ "Mwen di nou, tout sila yo ki ᵃkonfese M devan lèzòm, Fis a Lòm nan va konfese l tou devan zanj a Bondye yo; ⁹ men ᵇsila ki refize rekonèt Mwen devan lòm, va rejte devan zanj Bondye yo.

¹⁰ ᶜ"Epi Nenpòt moun ki pale yon mo kont Fis a Lòm nan, li va padone; men sila ki fè blasfèm kont Lespri Sen an, p ap padone.

¹¹ "Lè yo mennen nou devan sinagòg yo, ak gwo chèf avèk otorite yo, pa ᵈtwouble nou de kisa nou va pale kòm defans nou, ni kisa nou gen pou di; ¹² paske ᵉLespri Sen an va montre nou nan menm lè sa a, kisa nou dwe di."

¹³ Yon moun nan foul la te di Li: "Mèt, pale frè m nan pou divize eritaj la avè m."

¹⁴ Men Li te di li: ᶠ"Mesye, kilès ki te mete M jij oswa medyatè antre nou?"

¹⁵ Answit Li te di yo: ᵍ"Fè atansyon, e veye kont tout kalite lanvi; paske menm lè yon moun gen anpil richès, lavi li se pa sa li posede."

¹⁶ Konsa, Li te bay yo yon parabòl: "Tè a pou yon sèten nonm rich te trè bon, e te pwodwi anpil."

¹⁷ "Epi li te kòmanse reflechi avèk pwòp tèt li: 'Kisa pou m ta fè; akoz ke m pa gen depo pou mete rekòlt mwen yo?'

¹⁸ "Answit li te di: Men kisa m ap fè; m ap retire tout depo ke m genyen yo, e m ap bati pi gwo pou mete tout rekòlt mwen yo. ¹⁹ Epi mwen va di a nanm mwen: ʰ'Nanm, ou gen anpil byen rezève pou anpil ane; pran repo ou, manje, bwè, e rejwi ou.'

²⁰ "Men Bondye te di l: 'Alò nonm ensanse! Menm nwit sa a, ⁱnanm ou ap rachte de ou; e ʲkoulye a, kilès k ap mèt a sa ou prepare yo?'

²¹ "Konsa se mesye la kiᵏranmase trezò li pou li menm, men ki pa rich anvè Bondye."

²² Li te di sa a disip Li yo: ˡ"Pou rezon sa a, Mwen di nou, pa twouble pou lavi, pou sa nou va manje, ni pou kò nou, konsi, pou kijan nou ap abiye nou. ²³ Paske lavi plis ke manje, e kò a plis ke vètman.

²⁴ "Konsidere ᵐkòbo yo, paske yo pa simen, ni yo pa rekòlte; epi yo pa gen depo ni pwotèj, men Bondye bay yo manje. Konbyen plis valè nou genyen pase zwazo yo.

²⁵ "Epi kilès nan nou ki kab fè kè twouble a ogmante menm ⁿyon èdtan nan longè lavi li? ²⁶ Si pou sa nou pa kapab fè menm yon ti bagay, poukisa nou fè kè twouble pou lòt bagay?

²⁷ "Konsidere flè lis yo, jan yo grandi; yo pa travay ni fè twal, men Mwen di nou ke menmᵒSalomon nan tout glwa li pa t abiye li menm tankou youn nan sa yo. ²⁸ Men si Bondye abiye zèb nan chan yo ki jodi a vivan, e demen ap jete nan founèz la, konbyen anplis li va abiye nou, ᵖo moun ti lafwa piti!

²⁹ "Konsa, pa mande kisa nou va manje, ni kisa nou va bwè, e paᑫkontinye enkyete nou. ³⁰ Paske tout bagay sa yo, tout nasyon nan mond lan chache yo avèk lanvi pa yo; men Papa nou konnen ke nou bezwen bagay sa yo. ³¹ Men chache wayòm Li, e ʳbagay sa yo va vini a nou tou.

³² "Pa krent, ˢti bann nan, paske ᵗPapa nou te chwazi avèk jwa pou bannou wayòm nan.

³³ ᵘ"Vann sa nou posede, e bay kado lacharite. Fè pou kont nou bous ki p ap janm ize, yon trezò ki p ap kab gate nan syèl la, kote vòlè pa pwoche, ni papiyon detwi. ³⁴ Paske ᵛkote trezò nou ye, se la kè nou va ye tou.

³⁵ "Rete abiye tout tan, ʷbyen parèt, avèk lanp nou toujou limen.

³⁶ "Fè tankou mesye k ap tann mèt yo lè l retounen apre fèt maryaj la, pou yo kapab ouvri pòt la imedyatman lè l fin frape. ³⁷ Beni se esklav sila yo ke mèt la va twouve ˣk ap byen veye lè l vini. Anverite Mwen di nou keʸli va mare senti li pou sèvi yo. Li va fè yo repoze

ᵃ 12:8 Mat 10:32	ᵇ 12:9 Mat 10:33	ᶜ 12:10 Mat 12:31-32	ᵈ 12:11 Mat 6:25	ᵉ 12:12 Mat 10:20
ᶠ 12:14 Mi 6:8	ᵍ 12:15 I Tim 6:6-10	ʰ 12:19 Ekl 11:9	ⁱ 12:20 Job 27:8	ʲ 12:20 Sòm 39:6
ᵏ 12:21 Luc 12:33	ˡ 12:22 Mat 6:25-33	ᵐ 12:24 Job 38:41	ⁿ 12:25 Sòm 39:5	ᵒ 12:27 I Wa 10:4-7
ᵖ 12:28 Mat 6:30	ᑫ 12:29 Mat 6:31	ʳ 12:31 Mat 6:33	ˢ 12:32 Jn 21:15-17	ᵗ 12:32 Ef 1:5-9
ᵘ 12:33 Mat 19:21	ᵛ 12:34 Mat 6:21	ʷ 12:35 Ef 6:14	ˣ 12:37 Mat 24:42	ʸ 12:37 Luc 17:8

sou tab la, e li va vini pou bay yo sèvis. ³⁸ ᵃMenm si l vini nan dezyèm oubyen twazyèm lè nwit lan, e li twouve yo konsa, se beni esklav sa a va ye.

³⁹ ᵇ"Men, byen konnen sa, ke si mèt kay la te konnen a kilè vòlè a t ap vini, li pa t ap kite l kase kay la. ⁴⁰ Nou tou, rete vijilan; paske Fis a Lòm nan ap vini nan yon ᶜlè ke nou pa ta sipoze.

⁴¹ "Pierre te di: 'Senyè, èske W ap bay parabòl sa pou nou, oubyen ᵈpou tout lòt yo tou?'"

⁴² Senyè a te reponn: "Alò, ᵉkilès ki se jeran fidèl e abil ke mèt li va mete an chaj tout lòt sèvitè yo, pou bay yo manje yo nan lè li dwe fèt? ⁴³ Beni se ᶠesklav sila a ke mèt la twouve ap fè sa lè l vini an. ⁴⁴ Anverite Mwen di nou ke li va mete li an chaj de tout byen li yo.

⁴⁵ "Men si esklav la di nan kè l: Mèt mwen ap mize pou rive, epi li kòmanse bat esklav yo, ni fanm, ni gason, epi manje, bwè, e vin sou; ⁴⁶ mèt esklav sa a va vini nan yon jou ke li pa prevwa, nan yon lè ke li pa konnen, e li va koupe li an mòso, e mete li yon kote avèk enkwayan yo.

⁴⁷ "Alò esklav sa a ki te konnen volonte a mèt li a; men pa t prepare ni aji an akò avèk volonte l, va ᵍresevwa anpil kout fwèt. ⁴⁸ Men sila ki pa t ʰkonnen, men te fè zak ki te merite kou, p ap resevwa plis ke kèk.

"Pou tout sila yo ki te resevwa anpil konprann, anpil ap egzije de yo; e a sila ki te konfye anpil, a li menm y ap mande menm plis.

⁴⁹ "Mwen vini pou voye dife sou latè; e kijan Mwen ta kontan si li te deja limen!

⁵⁰ "Men Mwen gen yon ⁱbatèm pou M pase, e kijan sa twouble M jiskaske li fin acheve!

⁵¹ ʲ"Èske nou sipoze ke Mwen te vini pou bay lapè sou latè? Mwen di nou non, men olye sa, divizyon. ⁵² Paske depi koulye a, senk moun nan yon kay va divize, twa kont de, e de kont twa.

⁵³ Yo va divize, ᵏpapa kont fis, e fis kont papa; manman kont fi, e fi kont manman; bèlmè kont bèlfi, e bèlfi kont bèlmè."

⁵⁴ L i t a p d i a n p l i s a f o u l l a : ˡ"L è nou wè yon nwaj k ap leve nan lwès, imedyatman nou di :'L ap fè lapli', e se konsa sa rive. ⁵⁵ Epi lè nou wè yon van sid k ap soufle, nou di: ᵐL ap fè chalè', e se konsa sa rive. ⁵⁶ Ipokrit nou ye! ⁿNou konnen kijan pou nou analize aparans a tè a, avèk syèl la, men poukisa nou pa analize tan prezan sila a?

⁵⁷ "ᵒPoukisa nou menm pou kont nou pa jije sa ki bon? ⁵⁸ Paske ᵖpandan nou ap rive devan majistra avèk advèsè nou, menm nan wout la, fè yon efò pou antann avè l; pou li pa mennen nou devan jij la, e jij la livre nou a ofisye jistis la, k ap jete nou nan prizon. ⁵⁹ Mwen di nou, nou p ap sòti la jiskaske nou fin peye dènye ᵠsantim nan."

13 Alò, nan menm lè sa a, te gen kèk moun prezan ki te bay Li yon rapò sou Galileyen sila yo, ke ʳPilate te mele san yo avèk sakrifis pa yo.

² Jésus te reponn yo: ˢ"Èske nou sipoze ke Galileyen sa yo te pi gwo pechè pase tout lòt Galileyen yo akoz yo te soufri sò sa a? ³ Mwen di nou: 'Non', men amwenske nou repanti, nou tout ap peri konsa. ⁴ Oubyen èske nou sipoze ke lè tou nan ᵗSiloé a te tonbe sou diz-uit yo, e te touye yo, ke yo te koupab pase tout lòt moun ki t ap viv Jérusalem yo?

⁵ "Mwen di nou non, men amwenske nou repanti, nou tout va peri menm jan an."

⁶ Li te kòmanse pale parabòl sila a: "Yon sèten mesye te gen yon ᵘpye fig frans ki te plante nan chan li. Li te vini pou chache fwi sou li, e li pa t twouve anyen. ⁷ Konsa, li te di a jeran chan rezen yo: 'Gade, depi twa lane m ap vini la pou chache fwi, sou pye sila a,

---

ᵃ **12:38** Mat 24:43   ᵇ **12:39** Mat 24:43-44   ᶜ **12:40** Luc 12:47-48   ᵈ **12:41** Luc 12:47-48
ᵉ **12:42** Mat 24:45-51   ᶠ **12:43** Luc 12:42   ᵍ **12:47** Det 25:2   ʰ **12:48** Lev 5:17   ⁱ **12:50** Mc 10:38
ʲ **12:51** Mat 10:34-36   ᵏ **12:53** Mi 7:6   ˡ **12:54** Mat 16:2   ᵐ **12:55** Mat 20:12   ⁿ **12:56** Mat 16:3
ᵒ **12:57** Luc 21:30   ᵖ **12:58** Mat 5:25,26   ᵠ **12:59** Mc 12:42   ʳ **13:1** Mat 27   ˢ **13:2** Jn 9:2
ᵗ **13:4** Né 3:5   ᵘ **13:6** Mat 21:19

san twouve anyen. ªKoupe retire li nèt! Poukisa menm l ap okipe espas tè a?' ⁸ Li te reponn pou di l: 'Kite li nan plas li mesye, pou lane sila a toujou, jis lè ke m fouye tè otou de li pou mete angrè. ⁹ Si li pote fwi lane pwochèn, sa bon, men si sa pa fèt, koupe l jete.'"

¹⁰ Konsa, li t ap ᵇenstwi nan youn nan sinagòg yo nan Saba a. ¹¹ Epi vwala, te gen yon fanm ki t ap vèse san pandan diz-uit lane. Li te gen yon ᶜmaladi ki te fèt pa yon move lespri, ki fè l koube doub, e li pa t kapab drese menm.

¹² Lè Jésus te wè l, Li te rele li vini. Li te di l: **"Fanm, ou lib de enfimite ou a".** ¹³ Li te ᵈpoze men Li sou li, e imedyatman, li te drese dwat ankò, e te kòmanse bay lwanj a Bondye.

¹⁴ Men ofisye sinagòg la, byen move akoz Jésus te geri nan Saba a, te di foul la kòm repons: ᵉ"Gen sis jou pou travay kapab fèt. Konsa, vini pandan jou sa yo pou geri, men pa nan jou Saba a."

¹⁵ Men Senyè a te reponn li: **"Nou ipokrit, ᶠèske nou chak nan Saba a pa demare bèf li, oswa bourik li sou manjwa a pou l kab mennen l al bwè? ¹⁶ Alò, fanm sa a, ᵍyon fi Abraham, jan li ye a, mare pa Satan pandan diz-uit ane byen long, èske li pa t dwe lage nan chèn sila a nan jou Saba a?"**

¹⁷ Pandan ke Li t ap di sa a, tout advèsè Li yo te imilye, men ʰtout foul la te rejwi yo nan tout mèvèy ke Li t ap fè yo.

¹⁸ Konsa ⁱLi t ap di: **"A kisa wayòm Bondye a sanble, e a kilès Mwen kapab konpare li? ¹⁹ Se tankou yon grenn moutad ke yon mesye te ale jete nan pwòp jaden li. Li te grandi e li te vin tounen yon pyebwa, epi ʲzwazo anlè yo te vin fè nich nan branch li."**

²⁰ Ankò Li te di: ᵏ**"A kilès pou M ta konpare wayòm syèl la? ²¹** ˡSe tankou ledven ke yon fanm te pran e mete nan twa mezi farin jiskaske tout te vin leve."

²² Li t ap pase de yon vil a yon lòt, pou bay enstriksyon pandan Li t ap ᵐfè wout Li vè Jérusalem. ²³ Konsa, yon moun te di Li: "Senyè, èske se sèlman kèk moun k ap sove?"

Li te reponn yo: ²⁴ ⁿ**"Fè efò pou antre pa pòt etwat la; paske anpil, Mwen di nou, va eseye antre, e yo p ap kapab. ²⁵ Depi mèt kay la leve eᵒfèmen pòt la, epi konsa, n ap kanpe deyò pou di: 'Senyè, ouvri pou nou'. Alò, li va reponn, e va di nou:** ᵖ**'Mwen pa konnen nou, ni kote nou sòti'.**

²⁶ **"Konsa, nou**ᑫ**va kòmanse di: 'Nou te manje bwè nan prezans Ou, e Ou te enstwi nan lari nou yo.'**

²⁷ **"Epi Li va di: 'Mwen di nou, Mwen pa konnen kote nou sòti.** ʳ**Kite Mwen, nou tout ki fè inikite.' ²⁸ Va gen kriye fò, ak manje dan**ˢ**nan plas sa a lè nou wè Abraham, Isaac avèk Jacob ak tout pwofèt yo nan wayòm syèl la, men nou menm, k ap jete deyò. ²⁹ Yo**ᵗ**va sòti nan lès, ak lwès, e nan nò avèk sid, epi yo va repoze sou tab la nan wayòm syèl la.**

³⁰ **"Gade byen, gen**ᵘ**kèk moun ki dènye ki va vin premye, e kèk moun ki premye ki va vin dènye."**

³¹ Nan menm jou sa a, kèk Farizyen te pwoche. Yo te di L: "Ale kite isit la, paske ᵛHérode vle touye Ou."

³² Li te reponn yo: **"Ale di rena sa a 'Gade, Mwen chase move lespri yo, e Mwen fè gerizon jodi a, ak demen. Epi nan twazyèm jou a** ʷ**bi m va fin acheve. ³³ Malgre sa, Mwen oblije fè wout Mwen jodi a, demen ak jou apre a, paske li pa kapab fèt pou yon**ˣ**pwofèt ta peri andeyò Jérusalem.'"**

³⁴ **O Jérusalem, Jérusalem, vil**ʸ**ki touye pwofèt yo, e lapide sila ki te voye kote li yo! Kijan souvan Mwen te vle rasanble pitit nou yo ansanm tankou yon poul ranmase pitit li yo anba zèl li, men nou pa t fè sa!**

³⁵ **"Gade, lakay nou rete nan men nou dezole, epi Mwen di nou, nou p ap wè M

ᵃ **13:7** Mat 3:10 ᵇ **13:10** Mat 4:23 ᶜ **13:11** Luc 13:16 ᵈ **13:13** Mc 5:23 ᵉ **13:14** Egz 20:9
ᶠ **13:15** Luc 14:5 ᵍ **13:16** Luc 19:9 ʰ **13:17** Luc 18:43 ⁱ **13:18** Mat 13:31 ʲ **13:19** Éz 17:23
ᵏ **13:20** Mat 13:24 ˡ **13:21** Mat 13:33 ᵐ **13:22** Luc 9:51 ⁿ **13:24** Mat 7:13 ᵒ **13:25** Mat 25:10
ᵖ **13:25** Mat 7:23 ᑫ **13:26** Luc 3:8 ʳ **13:27** Sòm 6:8 ˢ **13:28** Mat 8:12 ᵗ **13:29** Mat 8:11
ᵘ **13:30** Mat 19:30 ᵛ **13:31** Mat 14:1 ʷ **13:32** Eb 2:10 ˣ **13:33** Mat 21:11 ʸ **13:34** Luc 19:41

ankò jiskaske nou di: ᵃ"Beni se Sila a ki vini nan non Senyè a!'"

14
Li te rive ke lè L te antre lakay a youn nan dirijan Farizyen yo, nan Saba a pou manje pen, yo t ap veye L de prè.

² Epi la devan li, te gen yon nonm ki t ap soufri avèk maladi kò anfle.

³ Konsa, Jésus te reponn e te pale avèk avoka a ak Farizyen yo. Li te mande: ᵇ"Èske se pèmi pou geri nan Saba a oubyen non?"

⁴ Men yo te rete san pale. Li te kenbe li, geri li, e te voye l ale.

⁵ Li te di yo: ᶜ"Kilès nan nou k ap gen yon fis, oswa yon bèf tonbe nan yon pwi, ki p ap imedyatman rale l sòti nan yon jou Saba?"

⁶ ᵈEpi yo pa t kapab reponn sa menm.

⁷ Alò, Li te kòmanse pale an parabòl a sila ki te envite yo, lè L te wè jan yo t ap ᵉchwazi chita nan plas donè sou tab la. Li t ap di yo: ⁸ "Lè nou envite pa yon moun nan yon fèt maryaj, ᶠpa pran plas donè paske yon moun pi distenge pase ou kapab deja envite pa mèt la. ⁹ Epi sila ki te envite nou toulède a ka petèt vin di ou: 'Bay plas ou a nonm sila a, e answit akᵍgwo wont, w ap vin okipe dènye plas la'.

¹⁰ "Men, lè nou envite, ale chita nan dènye plas la, dekwa ke lè sila a ki te envite nou an vini, li kapab di nou: 'Zanmiʰvin pi devan'. Konsa, nou va gen onè nan zye a tout moun ki chita sou menm tab sa a avèk nou.

¹¹ ⁱ"Paske tout sila yo ki leve tèt yo va vin desann, e sila yo ki desann tèt yo, va vin leve."

¹² Anplis, Li te ale di a sila a ki te envite L la: "Lè w ap fè yon bankè oswa yon soupe, pa envite ni zanmi ou, ni frè ou, ni fanmi ou, ni vwazen ki rich yo, otreman yo ta kab envite ou anretou, e sa va sèvi kòm rekonpans a ou menm.

¹³ "Men lè w ap fè yon resepsyon, envite malere yo, sila ki bwate yo, ki kokobe yo, ak avèg yo. ¹⁴ Konsa ou va beni, paske yo pa gen mwayen pou remèt ou sa; paske yo va remèt ou sa nanʲrezirèksyon moun ki jis yo."

¹⁵ Lè youn nan sila ki te chita sou tab avèk Li yo te tande sa, li te di Li: ᵏ"Beni se tout moun ki va manje pen nan wayòm Bondye a!"

¹⁶ Men Li te di li: "Yonˡmesye t ap fè yon gwo bankè, e li te envite anpil moun. ¹⁷ Nan lè bankè a, li te voye esklav Li pou di sila ki te envite yo: 'Vini! Tout bagay pare koulye a.'

¹⁸ "Men yo tout ansanm te kòmanse fè eskiz.

"Premye a te di li: 'Mwen achte yon mòso tè, e Mwen bezwen ale wè l. Silvouplè, eskize mwen.'

¹⁹ "Yon lòt te di: 'Mwen fenk achte senk pè bèf kabwa, e mwen pral eseye yo. Silvouplè, eskize mwen.'

²⁰ "Epi Yon lòt te di: ᵐ'Mwen fenk marye ak yon fi, e pou rezon sa a, mwen pa kapab vini.'

²¹ "Esklav la te retounen rapòte sa a mèt li. Answit mèt kay la te vin fache, e te di a esklav li a: 'Ale depi koulye a nan tout lari ak wout vil yo, e mennen isit la malere yo, bwate yo, avèg ak kokobe yo.'

²² "Konsa, esklav la te di: "Mèt, sa ou te mande gen tan fèt, e malgre sa, gen espas toujou.

²³ "Mèt la te di a esklav la: 'Ale nan gran ri yo ak sou kote kloti yo, epi fòse yo antre, pou kay mwen an kapab byen plen. ²⁴ Paske mwen di nou ke pa gen nan moun sila yo ki te envite k ap goute manje mwen an.'"

²⁵ Alò, gwo foul la t ap prale avè l, e Li te vire di yo: ²⁶ ⁿ"Si Nenpòt moun vini a Mwen, e li pa rayi pwòp papa li, avèk manman li, ak madanm, ak pitit, frè, sè, wi, e menm pwòp vi li, li pa kapab disip Mwen. ²⁷ Nenpòt moun kiᵒpa pote pwòp kwa li pou swiv Mwen, li pa kapab disip Mwen.

²⁸ "Paske kilès nan nou lè li vle bati yon tou fòterès, pa chita avan pou kalkile frè yo pou wè si li gen kont mwayen pou fin fè l? ²⁹ Otreman, lè l fin fè fondasyon an,

---

ᵃ **13:35** Sòm 118:26	ᵇ **14:3** Mat 12:2	ᶜ **14:5** Mat 12:11	ᵈ **14:6** Mat 22:46	ᵉ **14:7** Mat 23:6
ᶠ **14:8** Pwov 25:6-7	ᵍ **14:9** Luc 3:8	ʰ **14:10** Pwov 25:6,7	ⁱ **14:11** II Sam 22:28	ʲ **14:14** Jn 5:29
ᵏ **14:15** Rev 19:9	ˡ **14:16** Mat 22:2-14	ᵐ **14:20** Det 24:5	ⁿ **14:26** Mat 10:37	ᵒ **14:27** Mat 10:38

e li p ap kab fin fè l, tout sila k ap obsève l yo ap vin pase l nan betiz. ³⁰ Yo va di: 'Mesye sa a te kòmanse bati, e li pa kapab fini.'

³¹ "Oubyen ki wa, lè li pati pou rankontre yon lòt wa nan batay, li p ap dabò[a]kalkile si l ap gen ase de fòs avèk di-mil moun pou rankontre lòt la k ap vin kont li avèk ven-mil? ³² Otreman, pandan lòt la toujou lwen, l ap voye yon delegasyon pou mande kondisyon pou fè lapè.

³³ "Konsa, nanpwen youn nan nou ki kapab disip Mwen si li pa[b]renonse ak tout sa li posede.

³⁴ "Konsa, sèl la bon; men si menm[c]sèl la, pèdi gou li, avèk kisa li va reprann gou l. ³⁵ Li initil ni pou tè a, ni pou fimye a; fòk li jete. [d]Sila ki gen zòrèy la, kite l tande."

15 Alò tout [e]kolektè kontribisyon yo avèk pechè yo t ap vin toupre L pou koute Li. ² Ni Farizyen yo, ni skrib yo te kòmanse plenyen. Yo t ap di: "Mesye sa a resevwa pechè yo e [f]manje avèk yo."

³ Donk Li te di yo parabòl sila a. Li te di: ⁴ [g]"Ki moun pami nou, si li gen yon santèn mouton e li vin pèdi youn, li p ap kite Katreven-diznèf la nan chan patiraj la, pou ale dèyè sila ki pèdi a, jiskaske li twouve l? ⁵ E lè l twouve li, l ap mete l sou zepòl li, e l ap rejwi. ⁶ Lè l rive lakay li, l ap rele ansanm tout zanmi avèk vwazen li yo, e l ap di yo: 'Rejwi avè m, paske mwen twouve mouton m ki te pèdi a!'

⁷ "Mwen di nou ke menm jan an, va gen plis jwa nan syèl la sou yon pechè ki repanti, ke sou katreven-diznèf moun ki pa bezwen repanti.

⁸ "Oubyen, ki fanm, si li gen dis pyès lajan, e vin pèdi youn nan yo, li p ap limen yon lanp, e bale kay la pou l chache avèk atansyon jiskaske li twouve l? ⁹ Lè l twouve l, l ap rele tout zanmi li yo ansanm, e l ap di yo: 'Rejwi avè m, paske mwen twouve pyès lajan ke m te pèdi a!'

¹⁰ "Menm jan an konsa, Mwen di nou, gen lajwa[h]nan prezans zanj Bondye yo, sou yon sèl pechè ki repanti."

¹¹ Ankò li di: "Yon sèten mesye te gen de fis; ¹² Pi jenn nan te di a papa li: 'Papa, ban m[i]pati pa m nan eritaj ki tonbe pou mwen an.' Donk, li te[j]divize byen li pami yo.

¹³ "Pa anpil jou apre, pi jenn fis la te rasanble tout bagay pou te fè yon vwayaj nan yon peyi byen lwen, kote li te gaspiye tout eritaj li a nan yon vi banbòch. ¹⁴ Alò, lè l te fin depanse tout, yon gwo grangou te parèt nan peyi sila a, e li te kòmanse vin nan bezwen. ¹⁵ Donk, li te ale anplwaye tèt li a yon sitwayen nan peyi sila a, e li te voye li nan chan an pou bay kochon yo manje. ¹⁶ Epi li te anvi plen vant li avèk po kochon yo t ap manje yo, e pèsòn pa t bay li anyen.

¹⁷ "Men lè li te vin reflechi byen, li te di: 'Konbyen nan ouvriye papa m yo ki gen kont pen, men mwen ap mouri isit la avèk grangou. ¹⁸ Mwen va leve ale vè papa m', e mwen va di l: 'Papa, mwen peche kont syèl la, e nan zye ou. ¹⁹ Mwen pa ankò dign pou rele fis ou. Fè m tankou youn nan anplwaye ou yo.' ²⁰ Donk, li te leve, e te ale kote papa l.

"Men pandan l te toujou byen lwen, papa li te wè li. Li te gen konpasyon pou li. Li te kouri[k]anbrase l e te bo li. ²¹ Epi fis la te di li: 'Papa, mwen peche kont syèl la, e nan zye ou. Mwen pa ankò dign pou m kapab rele fis ou.

²² "Men papa a te di a esklav li yo: 'Fè vit pote[l]pi bèl vètman ki genyen an, mete li sou li, e [m]mete yon bag nan men li ak soulye nan pye li. ²³ Anplis mennen jenn ti bèf byen gra a; touye li, e annou manje pou fè fèt. ²⁴ Paske konsa, fis mwen an te[n]mouri; koulye a li vivan ankò. Li te pèdi, men mwen jwenn li ankò.' Epi yo te kòmanse fè fèt la.

²⁵ "Alò, pi gran fis la te nan chan an. Lè li te vin toupre kay la, li te tande mizik avèk moun k ap danse. ²⁶ Li te rele youn

---

[a] **14:31** Pwov 20:18   [b] **14:33** Fil 3:7   [c] **14:34** Mat 5:13   [d] **14:35** Mat 11:5   [e] **15:1** Luc 5:29
[f] **15:2** Mat 9:11   [g] **15:4** Mat 18:12-14   [h] **15:10** Mat 10:32   [i] **15:12** Det 21:17   [j] **15:12** Luc 15:30
[k] **15:20** Jen 45:14   [l] **15:22** Za 3:4   [m] **15:22** Jen 41:42   [n] **15:24** Mat 8:22

nan sèvitè yo, e te kòmanse fè ankèt pou mande kisa bagay sa yo ta kapab ye. ²⁷ "Li te di li: 'Frè ou a vini, e papa ou touye jenn ti bèf byen gra a, paske li rejwenn li ankò sen e sof.'

²⁸ "Men li te vin fache, e li pa t dakò antre. Papa l te soti. Li te kòmanse plede avè l.

²⁹ "Men li te reponn e te di a papa l: "Gade, pandan konbyen ane m ap sèvi ou, e mwen pa janm neglije yon lòd ou; men malgre sa, ou pa janm ban mwen yon kabrit pou m ta kapab fè fèt avèk zami mwen yo. ³⁰ Men lè fis sila a te vini, li menm ki devore[a] byen ou avèk pwostitiye yo, ou te touye ti bèf byen gra a, pou li.

³¹ "Papa a te di l: 'Fis mwen, ou toujou avè m, e tout sa ke m gen se pou ou. ³² Men nou te dwe fè fèt, e rejwi, paske frè ou sa a[b] te mouri, e li kòmanse ap viv ankò. Li te pèdi, e koulye a, li retwouve.'"

16 Alò, Li t ap osi di a disip yo: "Te gen yon sèten mesye rich ki te gen yon jeran. Konsa, yon rapò te vin rive ke li t ap[c] gaspiye byen li yo. ² Li te rele li, e te di li: 'Kisa ke m tande sou ou la a? Bay yon kontwòl sou jerans ou, paske ou pa kab jeran ankò.'

³ "Jeran an te di a pwòp tèt li: 'Kisa m ta fè, paske mèt mwen ap retire jerans lan nan men mwen? Mwen pa gen ase fòs pou m fouye, e mwen wont mande lacharite. ⁴ Mwen konnen kisa mwen va fè, pou lè yo retire m nan jerans lan, pou moun yo kab resevwa m lakay pa yo a.'

⁵ "Konsa, li te rele chak moun ki te dwe mèt li a. Li te kòmanse di a premye a: 'Konbyen ou dwe mèt mwen an?'

⁶ "Li te di: 'San mezi lwil'. E li te di li: 'Pran nòt ou e chita byen vit pou ekri senkant.'

⁷ "Answit, li te di a yon lòt: 'Epi konbyen ou dwe?'

"Li te reponn: 'San mezi ble.' E li te di li: 'Pran nòt ou pou ekri katreven.'

⁸ "Konsa, mèt la te fè konpliman a jeran enjis la, paske li te aji avèk yon koken sajès. Paske fis a laj sila yo pi koken nan relasyon a moun parèy yo pase[d] fis a limyè yo.

⁹ "Mwen di nou: 'Fè zanmi pou tèt nou pa mwayen a[e] richès enjis yo; pou lè l echwe, yo kapab resevwa nou nan kay ki etènèl yo.

¹⁰[f] "Sila a ki fidèl nan yon ti bagay piti, ap fidèl osi nan bagay ki gran. E sila ki enjis nan ti bagay piti, ap enjis osi nan bagay ki gran.

¹¹ "Donk, si nou pa fidèl nan sèvis[g] richès enjis yo, kilès ki va konfye nou vrè richès yo. ¹² Epi si nou pa fidèl nan sèvis ak sa ki pou yon lòt, kilès ki va bannou sa ki pou nou?

¹³[h] "Okenn sèvitè pa kapab sèvi de mèt; paske swa l ap rayi youn, e renmen lòt la, oswa l ap kenbe a youn e meprize lòt la. Nou pa kapab sèvi Bondye, ak richès yo."

¹⁴ Alò, Farizyen yo ki te[i] renmen lajan anpil t ap koute tout bagay sa yo, e yo t ap moke L.

¹⁵ Li te di yo: "Nou menm se sila yo ki jistifye pwòp tèt nou nan zye lèzòm, men[j] Bondye konnen kè nou. Paske sila ki gen gwo valè pami lèzòm yo, yo abominab nan zye Bondye.

¹⁶[k] "Lalwa avèk pwofèt yo te pwoklame jiska Jean. Depi lè sa a [l]bòn nouvèl a wayòm Bondye a preche, e tout moun ap fòse antre ladann. ¹⁷[m] Men li pi fasil pou syèl la avèk tè a vin disparèt pase pou yon sèl mak oubyen lèt Lalwa ta anile.

¹⁸[n] "Nenpòt moun ki divòse ak madanm li pou marye avèk yon lòt fè adiltè; e sila a ki marye a youn ki divòse ak yon mari, fè adiltè.

¹⁹ "Alò, te gen yon sèten mesye rich ki te toujou abiye an mov ak lèn fen, e ki t ap viv nan gran richès chak jou.

²⁰ "Alò, yon sèten mesye pòv ki te rele Lazare te[o] kouche devan pòtay li, kouvri nèt avèk maleng. ²¹ Li te

---

[a] **15:30** Pwov 29:3   [b] **15:32** Luc 15:24   [c] **16:1** Luc 15:13   [d] **16:8** Jn 12:36   [e] **16:9** Mat 6:24
[f] **16:10** Mat 25:21-23   [g] **16:11** Luc 16:9   [h] **16:13** Mat 6:24   [i] **16:14** II Tim 3:2   [j] **16:15** I Sam 16:7
[k] **16:16** Mat 4:12   [l] **16:16** Mat 11:23   [m] **16:17** Mat 5:18   [n] **16:18** Mat 5:32   [o] **16:20** Trav 3:2

byen anvi resevwa sèl ti mòso ki t ap tonbe soti sou tab mesye rich la. Anplis menm chen te konn vin pou niche maleng li yo.

22 "Epi li rive ke nonm malere a te mouri, e li te vin pote pa zanj yo pou rive nan sen[a]Abraham nan. Konsa, mesye rich la te mouri tou, e li te antere. 23 Nan[b]plas sejou mò yo, li te nan toumant. Li te leve zye li, e te wè Abraham byen lwen, ak Lazare nan sen li. 24 Li te kriye fò, e te di: [c]"Papa Abraham, fè m gras, voye Lazare pou li kapab mete dwèt li nan dlo pou rafrechi lang mwen! Paske mwen nan doulè ekstrèm nan [d]flanm sa a.

25 "Men Abraham te di: 'Pitit, sonje ke pandan lavi [e]ou, ou te resevwa bon bagay yo. E menm jan an, Lazare te resevwa move bagay yo. Men koulye a, l ap konsole isit la, e ou menm nan gran doulè. 26 Anplis de sa, antre nou avèk ou menm, gen yon gran vid byen etabli pou anpeche sila isit yo ki vle travèse kote ou a, e ke pèsòn pa kapab travèse soti la a pou rive kote nou menm nan.'

27 "Pou sa li te di: 'Alò, mwen sipliye ou Papa, pou ou voye li lakay papa m— 28 Pwiske mwen gen senk frè—pou li kapab [f]avèti yo, pou ke yo menm tou pa vini nan plas toumant sa a.'

29 "Men Abraham te di: 'Yo gen [g]Moïse avèk pwofèt yo. Kite yo tande yo.'

30 "Men li te di: 'Non. Papa Abraham, men si yon moun ta sòti nan mò a, ale kote yo, yo va repanti!'[h]

31 "Men li te di yo: 'Si yo pa koute Moïse avèk pwofèt yo, nonpli, yo p ap kwè menm si yon moun leve soti nan lanmò.

17 Li te di a disip Li yo: [i]"Li nesesè ke wòch k ap fè moun chite yo vin parèt, men malè a sila a ke atravè l sa rive! 2 [j]Li ta miyò pou li si yon wòch moulen te pann nan kou li, e te jete nan mitan lanmè, pase ke li ta fè youn nan pitit sa yo vin tonbe.

3 "Fè atansyon! [k]Si frè nou peche, reprimande l; e si li repanti, padone l. 4 Epi si li peche kont nou[l]sèt fwa pa jou, e retounen vè nou sèt fwa pou di 'Mwen repanti', padone l."

5 Alò, apòt yo te di: "Senyè, fè nou gen plis lafwa!"

6 Senyè a te di: "Si nou te gen lafwa tankou yon[m]grenn moutad, nou ta di a pye sikomò sila a, 'Derasine ou e ale plante ou nan lanmè;' konsa, li ta obeyi nou.

7 "Men kilès nan nou, ki te gen yon esklav ki t ap laboure tè a, oswa k ap okipe mouton, ki va di li lè li vini soti nan chan an, vini koulye a pou chita manje? 8 Men èske li p ap di li: [n]"Prepare yon bagay pou m manje; mete rad pwòp sou ou, e sèvi m pandan mwen ap manje ak bwè? E aprè, ou va manje e bwè'? 9 Li p ap remèsye esklav la paske li te fè bagay ki te kòmande yo. Èske se pa vrè?

10 "Konsa, nou menm tou lè nou fè tout bagay ke yo kòmande nou fè, nou di: 'Nou se esklav ki pa dign; nou fè sèlman sa ke nou dwe fè.'"

11 Pandan Li te nan wout vè Jérusalem, [o]Li t ap pase antre Samarie ak Galilée.

12 Pandan Li t ap antre nan yon sèten vilaj, dis lepre ki te [p]kanpe a yon distans te rankontre L. 13 Yo te leve vwa yo e t ap di: "Jésus, [q]Mèt, fè nou gras!"

14 Lè Li te wè yo, Li te di yo: [r]"Ale montre nou menm a prèt yo." Pandan yo t ap prale, yo te vin pirifye.

15 Men youn nan yo, lè l wè ke li te geri, te vire retounen e te [s]bay glwa a Bondye avèk yon vwa byen fò. 16 Li te tonbe sou figi li nan pye Jésus, e t ap bay Li remèsiman. Li te yon Samariten.

17 Jésus te reponn e te di: "Se pa dis ki te pirifye? Men nèf yo—-kote yo ye? 18 Èske pa t gen youn ki te vire tounen pou[t]bay glwa a Bondye sof etranje sila

---

a 16:22 Jn 1:18   b 16:23 Mat 11:23   c 16:24 Luc 3:8   d 16:24 Mat 25:41   e 16:25 Luc 6:14
f 16:28 Trav 2:40   g 16:29 Luc 4:17   h 16:30 Luc 3:8   i 17:1 Mat 18:7   j 17:2 Mat 18:6
k 17:3 Mat 18:15   l 17:4 Mat 18:21   m 17:6 Mat 13:31   n 17:8 Luc 12:37   o 17:11 Luc 9:52
p 17:12 Lev 13:45   q 17:13 Luc 5:5   r 17:14 Lev 14:1-32   s 17:15 Mat 9:8   t 17:18 Mat 9:8

a?" ¹⁹ Epi Li te di li: **"Leve al fè wout ou. ᵃLafwa ou geri ou."**

²⁰ Alò, lè L te kesyone pa Farizyen yo sou ᵇkilè wayòm a Bondye a t ap vini, Li te reponn yo e te di: **"Wayòm syèl la p ap vini avèk sign ak mirak pou nou kab wè; ²¹ ni yo p apᶜdi: 'Men li isit la!' Oubyen 'men li la!' Paske, veye byen, wayòm syèl la nan mitan nou."**

²² Ankò Li te di a disip yo: ᵈ**"Jou yo ap vini lè nou va anvi wè youn nan jou Fis a Lòm yo, e nou p ap wè l. ²³ ᵉYo va di nou: 'Gade la! Gade isit la!' Pa ale, e pa kouri dèyè yo.**

²⁴ ᶠ**"Paske menm jan ak loray, lè l fè ekleraj nan yon pati nan syèl la briye jis rive nan lòt pati syèl la, se konsa Fis a Lòm nan va ye nan jou Li a. ²⁵ ᵍMen dabò, fòk li soufri anpil bagay e rejte pa jenerasyon sila a.**

²⁶ ʰ**"Menm jan ke sa te rive nan tan Noé a, se konsa l ap ye nan jou Fis a Lòm yo. ²⁷ "Yo t ap manje, yo t ap bwè, yo t ap marye e bay nan maryaj jis rive jou ke Noé te antre nan lach la; konsa, delij la te parèt e te detwi yo tout.**

²⁸ **"Se te menm jan ke sa te rive nanⁱ jou Lot yo; yo t ap manje, yo t ap bwè, yo t ap achte, yo t ap vann, yo t ap plante, yo t ap bati.**

²⁹ **"Men nan jou ke Lot te sòti nan Sodome nan, dife avèk souf te tonbe tankou lapli e te detwi yo tout.**

³⁰ **"Li va menm jan nan jou ke Fis a Lòm nanʲap revele a. ³¹ Nan jou sa a, sila a kiᵏ sou twati kay, e ki gen byen nan kay la, pa pou desann pou pran yo. Menm jan an, sila ki nan chan an pa pou vire touen.**

³² ˡ**"Sonje madanm a Lot.**

³³ ᵐ **"Nenpòt moun ki chache sove lavi li va pèdi li, e Nenpòt moun ki pèdi lavi li va konsève l.**

³⁴ **"Mwen di nou ke nan nwit sa a, ap gen de moun nan yon sèl kabann; youn ap pran, e lòt la ap rete. ³⁵ Va gen de fanm k ap moulen nan menm kote a. Youn va pran, e lòt la va rete. ³⁶ De mesye va nan chan an. Youn ap pran, e lòt la va rete."**

³⁷ Konsa yo te reponn: "Ki kote, Senyè?" E Li te di yo: **"Koteⁿkadav la ye, se la votou yo va rasanble."**

18

Alò, Li t ap di yo yon parabòl pou montre ke nan tout tan yo te ᵒdwe priye, e pa ᵖdekouraje. ²Li t ap di: **"Te gen nan yon sèten vil, yon jij ki pa t pè Bondye, ni pa tᵠrespekte moun.**

³ **"Alò, Te gen yon vèv nan menm vil sa a, e li te toujou ap vin kote li pou di l: 'Ban m pwoteksyon kont advèsè mwen an.'**

⁴ **"Nan kòmansman, li pa t dakò, men apre li te vin di tèt li: 'Malgre ke m pa pè Bondye, niʳrespekte moun, ⁵ menˢakoz ke vèv sa a an mède m, mwen va bay li pwoteksyon legal. Otreman li ap kontinye vin kote mwen tout tan, e l ap fatige m nèt.'"**

⁶ Epi ᵗSenyè a te di: **"Koute byen sa ke jij enjis la te vle di. ⁷ Alò, èske Bondye p ap fè jistis pouᵘsila Li chwazi yo, ki kriye a Li lajounen kon lannwit, epi èske Li vaᵛfè anpil reta sou yo?**

⁸ **"Mwen di nou ke Li va fè jistis pou yo byen vit. Sepandan lè Fis a Lòm nan vini, ʷèske Li va twouve lafwa sou latè?"**

⁹ Li te anplis pale parabòl sila a pou kèk moun ki teˣ kwè nan tèt yo ke yo te jis, eʸte gade lòt yo kòm piba. ¹⁰ **"De mesyeᶻ te monte nan tanplan pou priye, yon Farizyen, e lòt la yon kolektè kontribisyon.**

¹¹ **"Farizyen an teᵃkanpe e t ap priye konsa a li menm: 'Bondye, mwen remèsye Ou ke mwen pa tankou lòt moun; twonpè yo, enjis yo, adiltè yo, oswa menm tankou kolektè kontribisyon sila a. ¹² Mwen fè jèn de fwa chak semèn. Mwenᵇpeye ladim sou tout sa mwen fè.' ¹³ Men kolektè kontribisyon an te kanpe a yon distans, eᶜpa t menm dakò pou leve zye li vè syèl**

ᵃ **17:19** Mat 9:22	ᵇ **17:20** Luc 19:11	ᶜ **17:21** Luc 17:23	ᵈ **17:22** Mat 9:15	ᵉ **17:23** Mat 24:23
ᶠ **17:24** Mat 24:27	ᵍ **17:25** Mat 16:21	ʰ **17:26** Mat 24:37-39	ⁱ **17:28** Jen 19	ʲ **17:30** Mat 16:27
ᵏ **17:31** Mat 24:17	ˡ **17:32** Jen 19:26	ᵐ **17:33** Mat 10:39	ⁿ **17:37** Mat 24:28	ᵒ **18:1** Luc 11:5-10
ᵖ **18:1** II Kor 4:1	ᵠ **18:2** Luc 18:4	ʳ **18:4** Luc 18:2	ˢ **18:5** Luc 11:8	ᵗ **18:6** Luc 7:13
ᵘ **18:7** Mat 24:22	ᵛ **18:7** II Pi 3:9	ʷ **18:8** Luc 17:26	ˣ **18:9** Luc 16:15	ʸ **18:9** Wo 14:3,10
ᶻ **18:10** I Wa 10:5	ᵃ **18:11** Mat 6:5	ᵇ **18:12** Luc 11:42	ᶜ **18:13** Esd 9:6	

la, men li[a]t ap bat lestomak li, e t ap di: "Bondye, fè gras a mwen, ki pechè a.

14 "Mwen di nou ke mesye sa a te desann lakay li jistifye pase lòt la, paske[b]nenpòt moun ki leve tèt li va vin imilye, e sila a ki imilye tèt li a, va vin leve."

15 [c]Alò, yo t ap pote menm tibebe bay li pou Li ta kapab touche yo, men lè disip yo te wè sa, yo te kòmanse reprimande yo.

16 Men Jésus te rele yo, e te di: "Kite timoun yo vin kote Mwen, e pa anpeche yo, paske wayòm Bondye a se pou sila yo ki tankou yo menm.

17 "Anverite, Mwen di nou: [d]"Nenpòt moun ki pa resevwa wayòm Bondye a tankou yon timoun, li p ap antre ladan l menm.'"

18 [e]Konsa, yon sèten direktè te kesyone L e te di: "Bon mèt, kisa pou m ta fè pou eritye lavi etènèl?"

19 Jésus te mande l: "Poukisa ou rele M bon? Nanpwen pèsòn ki bon sof ke Bondye sèl. 20 Ou konnen kòmandman yo. [f]'Pa fè adiltè, pa touye moun, pa vòlè, pa fè fo temwayaj, onore papa ou avèk manman ou.'"

21 Li te di: "Tout bagay sa yo mwen fè yo depi nan jenès mwen".

22 Lè Jésus te tande sa, Li te di li: "Yon sèl bagay ou manke toujou. [g]Vann tout sa ke ou posede e separe yo bay malere. Konsa ou va gen richès nan syèl la, epi vin swiv Mwen."

23 Men lè li te tande bagay sa yo, li te vin byen tris, paske li te gen anpil richès.

24 Lè l wè tristès li, Jésus te gade l, e te di: [h]"Tèlman li difisil pou sila ki rich yo antre nan wayòm Bondye a! 25 [i]Li pi fasil pou yon chamo pase nan zye a yon egwi, pase pou yon nonm rich ta antre nan wayòm Bondye a."

26 Sila yo ki te tande sa te di: "Alò, kilès ki kapab sove?"

27 Men Li te di: [j]"Bagay ki pa posib avèk lòm posib avèk Bondye."

28 Konsa, Pierre te di: "Gade byen, [k]nou kite pwòp kay nou pou swiv Ou."

29 Li te di yo: "Anverite Mwen di nou ke [l]pa gen pèsòn ki te kite kay, oswa madanm, oswa paran, oswa zanfan yo, pou koz a wayòm syèl la, 30 ki p ap resevwa bokou plis nan tan sila a, e [m]nan laj k ap vini an, lavi etènèl."

31 [n]Answit Li te pran douz yo sou kote, e te di yo: "Veye byen, n ap monte Jérusalem, e tout bagay ki te ekri pa pwofèt yo konsènan Fis a Lòm nan va vin acheve. 32 [o]Paske Li va livre a etranje yo, e li va moke, maltrete, e y ap krache sou Li. 33 Lè yo fin bat Li avèk fwèt, yo va touye Li. Epi nan twazyèm jou a, l ap leve ankò."

34 Men [p]disip yo pa t konprann anyen nan bagay sa yo. Pawòl sa te kache a yo menm, e yo pa t konprann bagay ki t ap pale yo.

35 [q]Pandan Jésus t ap pwoche Jérico, yon sèten mesye avèg te chita akote wout la pou mande charite.

36 Alò, li te tande foul la ki t ap pase, e te kòmanse mande kisa sa te ye. 37 Yo te reponn Li ke Jésus de Nazareth t ap pase.

38 Konsa, li te kòmanse rele fò, e te di: "Jésus, [r]Fis a David la, Fè m gras!"

39 Sila yo ki t ap dirije chemen an t ap pale sevèman avè l pou fè silans; men li te kriye pi fò, "Jésus, [s]Fis a David la, Fè m gras!"

40 Jésus te kanpe, e te bay lòd pou yo voye l kote Li. Lè l te vin toupre, Li te kesyone l: 41 "Kisa ou vle M fè pou ou?"

Epi Li te di: "Senyè, mwen vle vin wè ankò."

42 Jésus te di li: "Resevwa vizyon ou; [t]lafwa ou fè ou geri."

43 Imedyatman, li te vin wè ankò. Konsa, li te kòmanse swiv Li e li t ap [u]bay glwa a Bondye. Lè tout moun te wè sa, yo te bay lwanj a Bondye.

19

Li te [v]antre Jérico e t ap travèse. 2 La te gen yon mesye yo te rele Zachée. Li te chèf a kolektè kontribisyon yo, e li te rich. 3 Zachée t ap fè efò pou ta kab wè kilès Jésus te ye, paske li te piti

---

[a] 18:13 Luc 23:48   [b] 18:14 Mat 23:12   [c] 18:15 Mat 19:13-15   [d] 18:17 Mat 18:3   [e] 18:18 Luc 10:25-28
[f] 18:20 Egz 20:12-16   [g] 18:22 Mat 19:21   [h] 18:24 Mat 19:23   [i] 18:25 Mat 19:24   [j] 18:27 Mat 19:26
[k] 18:28 Luc 5:11   [l] 18:29 Mat 6:33   [m] 18:30 Mat 12:32   [n] 18:31 Mat 20:17-19   [o] 18:32 Mat 16:21
[p] 18:34 Mc 9:32   [q] 18:35 Mat 20:20-34   [r] 18:38 Luc 18:38; 9:27   [s] 18:39 Luc 18:38; Mat 9:27
[t] 18:42 Mat 9:22   [u] 18:43 Mat 9:8   [v] 19:1 Luc 18:35

Luc 19:4-36

nan tay. ⁴ Donk li te kouri devan yo, e li te monte yon pyebwa ki rele[a]sikomò pou l ta kapab wè Li, paske Li te gen pou pase pa la.

⁵ Lè Jésus te rive nan lye a, Li te gade anlè, e te di: **"Zachée, fè vit desann, paske jodi a fòk Mwen rete lakay ou."**

⁶ Li te kouri desann, e te resevwa Li avèk jwa.

⁷ Lè yo te wè sa, yo tout te kòmanse plenyen pou di: "Li vin rete lakay a yon pechè."

⁸ Zachée te kanpe e te di a Senyè a: "Gade byen, Senyè, menm mwatye sa ke m posede, m ap bay a malere yo, e si m te twonpe nenpòt moun de nenpòt bagay, mwen va remèt [b]kat fwa sa."

⁹ Jésus te di li: **"Jodi a delivrans gen tan vini nan kay sa a, paske li menm tou, se [c]yon fis Abraham. ¹⁰ Paske [d]Fis a Lòm nan vini pou chache e sove sa ki te pèdi."**

¹¹ Pandan yo t ap koute bagay sa yo, Li te kontinye bay yon parabòl, akoz ke [e]Li te toupre Jérusalem, e yo te sipoze ke [f]wayòm a Bondye a t ap parèt imedyatman. ¹² Akoz sa a, Li te di: [g]**"Yon sèten prens te vwayaje nan yon peyi byen lwen pou resevwa yon wayòm pou li menm, e answit, pou li retounen. ¹³ Konsa, li te rele dis nan esklav li yo, e te bay yo dis mìn, e te di yo: 'Fè biznis avèk sa jiskaske Mwen retounen.**

¹⁴ **"Men sitwayen li yo te rayi li, e yo te voye yon delegasyon dèyè l pou di: 'Nou pa vle nonm sa renye sou nou.'**

¹⁵ **"Lè l te retounen, apre li te resevwa wayòm nan, li te kòmande ke esklav sa yo ke li te bay kòb la, vin kote l pou li ta kapab konnen ki biznis yo te reyisi fè.**

¹⁶ **"Premye a te parèt e te di: Mèt, min ou an fè dis min anplis."**

¹⁷ **"Li te di li: 'Trè byen fèt, bon esklav! Akoz ke ou [h]fidèl nan yon ti bagay tou piti, vin pran otorite sou dis vil.'**

¹⁸ **"Dezyèm nan te vini, e te di: 'Min ou an Mèt, li fè senk min anplis.'** ¹⁹ **Li te di li osi: 'E w ap vin responsab senk vil.'**

²⁰ **"Yon lòt te vini e te di: 'Mèt, men min ou an ke m te konsève nan yon mouchwa; ²¹ paske mwen te pè ou, akoz ke ou menm se yon moun trè egzijan. Ou ranmase sa ke ou pa t depoze, e rekòlte sa ke ou pa t simen.'**

²² **"Li te di li: "Esklav mechan, pa pwòp pawòl ou, mwen va jije ou. Èske ou pa t konnen ke m se yon moun egzijan, ke m ranmase sa ke m pa t depoze, e rekòlte sa ke m pa t simen? ²³ Alò, poukisa ou pa t mete kòb la labank, e lè m te vini, mwen ta twouve li avèk enterè?'**

²⁴ **"Answit li te di a sila ki te kanpe la yo, 'Tou pran min li an, e bay li a sila ki gen dis la.'**

²⁵ **"Men yo te di li: 'Mèt, li gen dis deja.'**

²⁶ [i]**"Mwen di nou ke a tout moun ki gen, plis y ap resevwa, men a sila a ki pa genyen an, menm sa ke li genyen an va pran nan men l.**

²⁷ **"Men [j]lènmi M sa yo ki pa t vle M renye sou yo a, mennen yo isit la, e touye yo nan prezans mwen."**

²⁸ Lè L fin pale bagay sa yo, Li [k]te pran devan pou monte vè Jérusalem.

²⁹ [l]Lè L te pwoche Bethphagé ak Béthanie, toupre mòn ki rele Mòn Oliv la, Li te voye de nan disip Li yo devan. ³⁰ Li te di: **"Ale nan vil anfas ou a. La, pandan nou ap antre, nou va twouve yon jenn bourik, sou li, moun poko monte menm. Demare l, mennen l vin isit la. ³¹ Si Nenpòt moun mande nou poukisa nou ap demare li, se konsa nou va reponn: 'Senyè a gen bezwen li.'"**

³² Donk sila ki te voye yo te ale, e yo te twouve li jan ke li te di yo a. ³³ Pandan yo t ap demare jenn bourik la, mèt li te mande yo: "Poukisa nou ap demare jenn bourik la?"

³⁴ Yo te di: "Senyè a gen bezwen li."

³⁵ [m]Yo te mennen l kote Jésus, epi yo te voye rad pa yo sou bourik la, e te mete Jésus sou li.

³⁶ Pandan li t ap prale, yo t ap ouvri rad yo sou wout la.

---

a **19:4** I Wa 10:27   b **19:8** Egz 22:1   c **19:9** Luc 3:8   d **19:10** Mat 18:11   e **19:11** Luc 9:51
f **19:11** Luc 17:20   g **19:12** Mat 25:14-30   h **19:17** Luc 16:10   i **19:26** Mat 13:12   j **19:27** Luc 19:4
k **19:28** Mc 10:32   l **19:29** Mat 21:1-9   m **19:35** Mat 21:4-9

³⁷ Lè L t ap pwoche toupre kote pou desann Mòn Oliv la, tout foul disip yo te kòmanse ᵃlouwe Bondye avèk jwa e avèk yon gran vwa, pou tout mirak ke yo te wè yo. ³⁸ Yo t ap rele: ᵇ"Beni se Wa a ki vini nan non Senyè a! Lapè nan syèl la, avèk glwa nan trè wo a!"

³⁹ ᶜKèk nan Farizyen yo ki te nan foul la, te di Li: "Mèt, reprimande disip ou yo!"

⁴⁰ Men Li te reponn e te di: **"Mwen di nou, si sila yo rete an silans, ᵈmenm wòch yo va pran rele."**

⁴¹ Lè l te pwoche Jérusalem Li te wè vil la e Li te komanse ᵉkriye sou li. ⁴² Li t ap di: **"Si ou te konnen nan jou sa, menm ou menm, bagay ki konn fè lapè! Men koulye a, bagay sa yo kache de zye ou.** ⁴³ **"Paske jou yo ap vini sou ou lè lènmi ou yo va ᶠfè monte yon barikad devan ou, antoure ou, e kwense nou ladann tout kote.** ⁴⁴ **Konsa, yo va raze ou a nivo latè avèk zanfan ou tout ladann. Ni ᵍyo p ap kite nan ou menm yon wòch sou yon lòt, akoz ke ou pa t rekonèt lè ou te vizite a."**

⁴⁵ ʰJésus te antre nan tanp lan e te kòmanse pouse mete deyò sila ki t ap vann yo, ⁴⁶ Li te di yo: **"Li ekri. ⁱ'Lakay Mwen va yon kay lapriyè, men nou fè l vin yon kav vòlè.'"**

⁴⁷ Chak jou Li t ap ʲenstwi nan tanp lan, men chèf prèt ak skrib yo avèk direktè yo pami pèp la t ap eseye detwi Li. ⁴⁸ Men yo pa t kab twouve anyen ke yo ta kab fè, paske tout pèp la t ap akwoche sou chak pawòl Li te pale.

20 ᵏNan youn nan jou ke Li t ap enstwi pèp la nan tanp lan, e preche bòn nouvèl la, chèf prèt yo avèk skrib yo avèk ansyen yo te vin parèt devan Li. ² Yo te mande Li: "Fè nou konnen pa ki otorite Ou fè bagay sa yo, oswa se kilès ki te bay Ou otorite sa a?"

³ Jésus te reponn yo: **"Mwen ap poze nou yon kesyon, epi fè M konnen:** ⁴ **Èske batèm a Jean an te sòti nan syèl la, oswa nan lòm?"**

⁵ Yo te rezone pami yo, e te di: "Si nou di 'Nan syèl la', l ap di: "Ebyen, poukisa nou pa t kwè li? ⁶ Men si nou di: 'Nan lòm', tout pèp la va lapide nou avèk wòch jiskaske nou mouri, paske yo konvenk ke Jean te yon ˡpwofèt." ⁷ Konsa, yo te reponn ke yo pa t konnen kote sa sòti.

⁸ Jésus te reponn yo: **"Ni Mwen p ap di nou pa ki otorite ke M fè bagay sa yo."**

⁹ ᵐ Li te kòmanse di pèp la parabòl sila a: **Yon mesye te plante yon chan rezen. Li te lwe li a kiltivatè yo, e li te ale nan yon vwayaj ki te dire anpil.** ¹⁰ **Nan tan rekòlt la, li te voye yon esklav kote kiltivatè yo pou yo ta kapab bay li kèk nan rekòlt chan an. Men ouvriye ki okipe lyàn rezen yo te bat li, e te voye li ale men vid.** ¹¹ **Alò, li te eseye voye yon lòt esklav. Yo te bat li tou, e te maltrete l jiskaske se te yon eskandal. Konsa, yo te voye li ale men vid.** ¹² **Konsa, li te eseye voye yon twazyèm. Sila a osi yo te blese e te mete l deyò.** ¹³ **Mèt chan an te di: "Kisa pou m ta fè la a? M ap voye fis byeneme mwen an. Petèt yo va ⁿrespekte li.**

¹⁴ **Men lè ouvriye ki te okipe lyàn rezen yo te wè li, yo te rezone youn avèk lòt konsa: 'Sa se eritye a. Annou touye li pou eritaj la kapab pou nou.'** ¹⁵ **Donk yo te jete li deyò chan rezen an, e te touye li. Pou sa, kisa mèt chan rezen an ap fè yo?** ¹⁶ **Li va vin ᵒdetwi ouvriye chan sa yo, e li va bay chan rezen an a lòt."**

Lè yo te tande li, yo te di: "Pa janm kite sa fèt!"

¹⁷ Alò, Li te gade yo, e te di: **"Ebyen sou kilès sa ekri:** ᵖ
'Wòch ke sila ki t ap bati yo
  te rejte a;
sila a te devni ᑫlang prensipal la.'?
¹⁸ ʳ**Tout moun ki tonbe sou**
  wòch sa a,
va kraze an mòso; men sou nenpòt moun ke li menm tonbe,
l ap gaye li tankou pousyè."

ᵃ **19:37** Luc 18:43   ᵇ **19:38** Sòm 118:26   ᶜ **19:39** Mat 21:15   ᵈ **19:40** Hab 2:11   ᵉ **19:41** Luc 13:34-35
ᶠ **19:43** Ekl 9:14   ᵍ **19:44** Mat 24:2   ʰ **19:45** Jn 2:13-16   ⁱ **19:46** És 56:7   ʲ **19:47** Mat 26:55
ᵏ **20:1** Mat 21:23-27   ˡ **20:6** Mat 11:9   ᵐ **20:9** Mat 21:33-46   ⁿ **20:13** Luc 18:2   ᵒ **20:16** Mat 21:41
ᵖ **20:17** Sòm 118:22   ᑫ **20:17** Ef 2:20   ʳ **20:18** Mat 21:44

¹⁹ Skrib yo avèk chèf prèt yo [a]te eseye mete men sou Li, nan menm lè sa a, men yo te pè pèp la. Paske yo te byen konprann ke Li te pale parabòl sa a kont yo menm. ²⁰ [b]Donk yo te veye li, e te voye espyon ki te pretann ke se te moun jis yo te ye, pou yo ta kapab kenbe Li nan yon pawòl, pou yo ta kab livre Li devan lalwa a ak otorite gouvènè a. ²¹ Yo te poze Li kesyon. Yo te mande l: "Mèt, nou konnen ke Ou pale e enstwi byen dwat, ke Ou pa nan patipri a pèsòn, men enstwi chemen Bondye a ak verite. ²² Èske Li pèmi pou nou [c]peye taks a César, oubyen non?"

²³ Men Li te konprann koken yo. Li te reponn yo: ²⁴ **"Montre M yon kòb denye. Se pòtre avèk enskripsyon a kilès moun li genyen?"** Yo te di: "César".

²⁵ Li te di yo: **"Pou sa, [d]bay a César sa ki pou César, e a Bondye, sa ki pou Bondye."**

²⁶ Yo pa t kapab [e]kenbe L nan yon pawòl nan prezans a pèp la; e byen etone pa repons Li, yo te vin rete an silans. ²⁷ Alò kèk nan [f]Sadiseyen yo te vin kote L, (sa yo ki di ke pa gen rezirèksyon). ²⁸ Yo te kesyone L, konsa: "Mèt, Moïse te ekri pou nou ke [g]si frè a yon mesye mouri avèk yon madanm, san li pa fè pitit, frè li a ta dwe pran madanm li, e fè reyisi yon posterite pou frè li a. ²⁹ Alò, konsa, te gen sèt frè. Premye a te pran yon madanm, e li te mouri san pitit. ³⁰ Konsa, dezyèm nan, ³¹ epi twazyèm nan te pran l. Epi menm jan an, tout nan sèt yo te pran l, e tout te mouri san kite pitit. ³² Finalman, fanm nan te mouri tou. ³³ Konsa, nan rezirèksyon an, se madanm a kilès l ap ye? Paske toule sèt moun yo te genyen li kòm madanm."

³⁴ Jésus te di yo: **"Fis a laj sila yo marye e bay moun nan maryaj. ³⁵ Men sila yo ki konsidere dign pou rive nan laj sila a, e rezirèksyon [h]a mò yo, pa marye, ni yo pa bay moun nan maryaj. ³⁶ Ni, yo pa kapab mouri ankò, paske yo tankou zanj, e se [i]fis a Bondye, fis a rezirèksyon an. ³⁷ Men ke [j]mò yo leve, te montre menm pa Moïse nan pasaj sou touf bwa ki t ap boule a, kote li rele Senyè a** *Bondye Abraham nan, Bondye Isaac la ak Bondye a Jacob la.* **Alò, Li pa Bondye a mò yo, men Bondye a vivan an, pou tout sila ki ³⁸ viv de Li yo."**

³⁹ Kèk nan skrib yo te reponn e te di: "Mèt, Ou pale byen." ⁴⁰ Paske[k]yo pa t gen kouraj pou poze L kesyon sou anyen ankò.

⁴¹ Alò Li te di yo, **"Kijan sa fèt ke yo di ke Kris la se Fis a David? ⁴² Paske David, li menm di nan liv Sòm Yo:** [m]
'**Senyè a te di a Senyè mwen an, chita bò dwat Mwen,**
⁴³ [n]**Jiskaske M fè lènmi ou yo yon ti ban pou lonje pye ou.'**
⁴⁴ **Konsa, David rele Li Senyè, e kijan se fis Li ke li ye a?'"**

⁴⁵ [o]Pandan tout pèp la t ap koute, Li te di a disip yo: ⁴⁶ **"Fè atansyon de skrib yo [p]ki renmen mache toupatou ak gwo abiman long, e ki renmen salitasyon respè nan mache yo, ak chèz pi enpòtan nan sinagòg yo, ak plas a lonè nan bankè yo; ⁴⁷ ki devore kay a vèv yo, e pou yo ka pran pòz, yo ofri gwo priyè long yo. Sila yo va resevwa pi gwo kondanasyon."**

21

[q]Alò, Li leve zye li e te wè moun rich yo ki t ap mete ofrann nan bwat kès nan tanp lan. ² Konsa, Li te wè yon sèten vèv pòv ki t ap mete [r]de ti pyès monnen an kwiv. ³ Li te di: **"Anverite Mwen di nou, ke fanm pòv sila a te mete plis pase yo tout; ⁴ paske yo te mete ofrann selon abondans yo; men li menm, nan povrete li, li te mete tout sa li te gen [s]pou l viv."**

⁵ [t]Alò, pandan kèk moun t ap pale de tanp lan, kijan li te byen dekore avèk bèl bijou, ak kado konsakre yo, Li te di: ⁶ **Pou bagay sa yo ke nou ap gade la a, jou a va vini lè [u]p ap rete yon sèl wòch sou lòt ki p ap chire dekonble.**

⁷ Yo te mande L: "Mèt, kilè bagay sa yo ap rive? Epi ki sign k ap demontre ke yo prèt pou rive?"

---

[a] 20:19 Luc 19:47   [b] 20:20 Mc 3:2   [c] 20:22 Mat 17:5   [d] 20:25 Mat 22:21   [e] 20:26 Luc 11:54
[f] 20:27 Mat 22:23-33   [g] 20:28 Det 25:5   [h] 20:35 Mat 12:32   [i] 20:36 Wo 8:16   [j] 20:37 Mc 12:26
[k] 20:40 Mat 22:46; Mat 22:32   [l] 20:41 Mat 22:41-46   [m] 20:42 Sòm 110:1   [n] 20:43 Sòm 110:1
[o] 20:45 Mat 23:1-7   [p] 20:46 Luc 11:43   [q] 21:1 Mc 12:4-44   [r] 21:2 Mc 12:42   [s] 21:4 Mc 12:44
[t] 21:5 Mat 24   [u] 21:6 Luc 19:44

⁸ Li te di: "Veye byen pou nou pa twonpe; paske anpil moun ap vini nan non Mwen, e yo va di: ᵃ'Mwen se Li menm', e, 'Lè a toupre'. ᵇPa kouri dèyè yo. ⁹ Lè nou tande afè lagè, avèk boulvèsman, pa enkyete; paske fòk bagay sa yo rive avan, men lafen an poko ap rive."

¹⁰ Ankò, Li te di yo: "Nasyon va leve kont nasyon, e wayòm kont wayòm. ¹¹ Va gen gran tranbleman de tè, e nan plizyè andwa, epidemi avèk gwo grangou. Va gen gwo laperèz avèk gwo sign ki sòti nan syèl la. ¹² Men avan tout bagay sa yo, ᶜyo va mete men sou nou, yo va pèsekite nou, e yo va livre nou nan sinagòg avèk prizon yo. Yo va mennen nou devan wa ak gouvènè yo pou koza non Mwen. ¹³ ᵈSa va ouvri yon chemen pou temwayaj nou. ¹⁴ ᵉPou sa, pran desizyon avan lè pou pa prepare defans nou. ¹⁵ Paske ᶠMwen va ban nou pawòl avèk sajès pou okenn nan advèsè nou yo pa kapab reziste ni demanti. ¹⁶ Men Nou va trayi menm pa paran nou, frè, manm fanmi nou avèk zanmi nou. Yo va mete kèk nan nou a lanmò. ¹⁷ Nou va rayi pa tout moun akoz non Mwen. ¹⁸ Men ᵍpa menm yon cheve nan tèt nou p ap peri.

¹⁹ ʰPa pèseverans nou, nou va reyisi genyen lavi nou.

²⁰ Men lè nou wè Jérusalem ⁱantoure pa lame, nan moman sa a, rekonèt ke dezolasyon li toupre. ²¹ Answit ʲnan lè sa a, sila ki nan Juda yo va oblije sove pou ale nan mòn yo, sila ki nan mitan vil yo va oblije sòti, e sila ki andeyò yo p ap pou antre nan vil la. ²² Paske jou sa yo se ᵏjou vanjans yo, pou tout bagay ki ekri yo kapab vin akonpli. ²³ Malè a sila yo k ap pote pitit, ak sila yo ki nouris nan jou sa yo, paske va gen gwo ˡtwoub sou tè a, e kòlè sou pèp sila a. ²⁴ Yo va tonbe pa lam nepe, e yo va mennen kòm kaptif pou antre nan tout nasyon yo. Jérusalem va ᵐfoule anba pye pa payen yo jiskaske ⁿtan payen yo fin acheve.

²⁵ Konsa, va gen sign nan solèy la, lalin ak zetwal yo, e sou latè, sezisman pami nasyon yo, ak gwo malantandi akoz laraj lanmè a ak lanm lanmè yo. ²⁶ Moun va pèdi kapasite akoz laperèz, avèk twòp refleksyon sou sa k ap rive nan mond lan. Paske pouvwa nan syèl yo ap vin ebranle. ²⁷ Answit yo va wè ᵒFis a Lòm nan k ap vini nan yon nyaj avèk pouvwa, ak gran glwa. ²⁸ Men lè bagay sa yo kòmanse fèt, ranje kò nou, e leve tèt nou, ᵖpaske delivrans nou ap toupre.

²⁹ Answit Li te di yo yon parabòl: Veye byen pye figye frans lan, avèk tout pyebwa yo. ³⁰ Depi yo pouse fèy, nou va wè sa, e nou va ᵠkonnen pou kont nou ke gran sezon chalè a toupre kounye a. ³¹ Menm jan an, nou menm tou, lè nou wè bagay sa yo ap fèt, rekonèt ke ʳwayòm Bondye a toupre. ³² Anverite Mwen di nou, ke jenerasyon sila a p ap pase avan tout bagay sa yo rive. ³³ ˢSyèl la avèk tè a va pase, men pawòl Mwen yo p ap pase.

³⁴ ᵗVeye nou, swa kè nou va vin lou nan banbòch ak bwason avèk enkyetid lavi yo, paske jou sa a va vini sou nou sibitman. ³⁵ Paske li va vini kon yon piyej sou tout sila yo ki rete sou fas tout tè a. ³⁶ Men ᵘrete vijilan tout tan avèk lapriyè pou nou kapab gen fòs pou chape de tout bagay sila yo ki prèt pou rive, e pou kanpe devan Fis a Lòm nan."

³⁷ Alò pandan jounen an, Li t ap ᵛenstwi nan tanp lan; men nan aswè, Li te konn ale deyò pou pase nwit lan sou ʷmòn ki rele Olivye a. ³⁸ Epi tout pèp la te toujou leve granmmaten pou vin kote Li nan tanp lan pou koute Li.

22

ˣAlò, fèt Pen San Ledven an ki rele Pak Jwif la, t ap pwoche. ² Konsa, Chèf prèt avèk skrib yo ʸt ap chache kijan

---

ᵃ **21:8** Jn 8:24   ᵇ **21:8** Luc 17:23   ᶜ **21:12** Mat 10:19-22   ᵈ **21:13** Phm 1:12   ᵉ **21:14** Luc 12:11
ᶠ **21:15** Luc 12:12   ᵍ **21:18** Mat 10:30   ʰ **21:19** Mat 19:22   ⁱ **21:20** Luc 19:43   ʲ **21:21** Luc 17:31
ᵏ **21:22** És 63:4   ˡ **21:23** Dan 8:19   ᵐ **21:24** Rev 11:2   ⁿ **21:24** Wo 11:25   ᵒ **21:27** Dan 7:13
ᵖ **21:28** Luc 18:7   ᵠ **21:30** Luc 12:57   ʳ **21:31** Mat 3:2   ˢ **21:33** Mat 5:18   ᵗ **21:34** Mat 24:42-44
ᵘ **21:36** Mc 13:33   ᵛ **21:37** Mat 26:55   ʷ **21:37** Mat 21:1   ˣ **22:1** Egz 12:1-27   ʸ **22:2** Mat 12:14

Luc

yo ta kapab mete L a lanmò; paske yo te pè pèp la.

³ ªKonsa, Satan te antre nan Judas ki te rele Iscariot, ki te konte pami douz yo. ⁴ Li te sòti, e te diskite avèk chèf prèt avèk ᵇofisye yo sou jan li ta kapab trayi Li a yo menm. ⁵ Yo te kontan, e te vin dakò pou bay li la jan. ⁶ Donk, li te antann li avèk yo, e te kòmanse chache yon bon okazyon pou livre Li bay yo kote pa t gen foul moun.

⁷ ᶜAlò, te rive premye jou Pen San Ledven an pandan lè yo te oblije fè sakrifis jenn mouton an. ⁸ Li te voye ᵈPierre avèk Jean e te di: **"Ale prepare Pak la pou nou pou nou kab manje li."**

⁹ Yo te mande li: "Ki kote Ou vle nou prepare l?"

¹⁰ Li te di yo: **"Gade, lè nou antre nan vil la, yon mesye k ap pote yon vaz dlo va vin rankontre nou. Swiv li pou antre nan kay kote li antre a."** ¹¹ Nou va di a mèt kay la: **"Mèt la di nou, 'Kote chanm vizitè a kote Mwen kapab manje Pak la avèk disip Mwen yo?'** ¹² **Epi li va montre nou yon gwo chanm anlè, byen founi. Prepare li la."**

¹³ Yo te pati e te twouve tout bagay jan li te di yo a. Yo te prepare Pak la.

¹⁴ ᵉLè lè a te rive, Li te repoze a tab, e apòt yo te avèk L. ¹⁵ Li te di yo: **"Mwen te seryezman anvi manje Pak sa a avèk nou avan Mwen soufri;** ¹⁶ **paske Mwen di nou, Mwen p ap janm manje li ankò, ᶠjiskaske li vin akonpli nan wayòm Bondye a."** ¹⁷ ᵍLè l te fin pran yon tas, e te beni li, Li te di: **"Pran sa a, e pataje li pami nou menm.** ¹⁸ **Paskeʰ Mwen di nou, Mwen p ap bwè fwi rezen an depi kounye a jiskaske wayòm Bondye a vini."**

¹⁹ Lè L te fin pran yon pen e te ⁱbeni li, Li te kase l. Li te bay yo e te di: **"Sa se kò M ki bay pou nou menm. Fè sa nan memwa a Mwen menm."** ²⁰ Menm jan an, Li te pran tas la lè yo te fin manje e te di: **"Tas sa se ʲakò nèf de san Mwen an ki vide ᵏnèt pou nou.** ²¹ ¹ **Men gade, men la a sila ki trayi Mwen an; li la avè M sou tab la.** ²² **Paske anverite, Fis a Lòm nan va ale ᵐjan sa te deja detèmine a. Men malè a moun ki trayi Li a!"**

²³ Konsa, yo te kòmanse diskite pami yo kilès nan yo ke li ta kapab ye pou ta fè bagay sa a.

²⁴ Te leve osi yon diskisyon pami yo sou kilès nan yo ki te konsidere kòm pi gran. ²⁵ ⁿMen Li te di yo: **"Waa payen yo domine yo, e sila ki gen otorite sou yo, yo rele 'byenfetè'.** ²⁶ **Men se pa konsa pou nou menm, ᵒmen fòk sila a ki pi gran pami nou an vin tankou pi piti a, e direktè a tankou sèvitè a.** ²⁷ **Paske, kilès ki pi gran an, sila a ki repoze a tab la, oubyen sila k ap sèvi a? Se pa sila ki repoze a tab la? Men ᵖMwen menm, mwen pami nou kòm sila k ap sèvi a.**

²⁸ **Nou menm se sila yo ki te kanpe avè M nan toutᵠeprèv Mwen yo.** ²⁹ **Epi menm jan an ke Papa M ban Mwen ʳyon wayòm, Mwen bannou li,** ³⁰ **pou nou kapab manje e bwè sou tab Mwen nan wayòm Mwen an. Konsa, ˢnou va chita sou douz twòn yo pou jije douz tribi Israël yo.**

³¹ **Simon, Simon, veye byen. ᵗSatan mande pèmisyon pouᵘvanne nou tankou ble.** ³² **Men Mwen teᵛpriye pou ou, pou lafwa ou pa pèdi; e pou ou, nan lè ke ou retounen ankò, kab bay frè ou yo fòs."**

³³ ʷMen li te di Li: "Senyè, avèk Ou, mwen prepare pou m ale ni nan prizon, ni a lanmò!"

³⁴ Li te reponn: **"Mwen di ou, Pierre, ke kòk la p ap gen tan chante jodi a avan ou di twa fwa ke ou pa rekonèt Mwen."**

³⁵ Li te di yo: ˣ**"Lè Mwen te voye nou deyò san bous, ni sak, ni sapat la, nou pa t manke anyen; se pa sa?"** E yo te di: "Non, anyen".

³⁶ Li te di yo ankò: **"Men koulye a, nenpòt moun ki gen yon bous, fòk li pran l avè l; menm jan an tou, yon sak. E nenpòt moun ki pa gen, fòk li vann**

ª **22:3** Mat 26:14-16	ᵇ **22:4** I Kwo 9:11	ᶜ **22:7** Mat 26:17-19	ᵈ **22:8** Trav 3:1-11	ᵉ **22:14** Mat 26:20
ᶠ **22:16** Luc 14:15	ᵍ **22:17** I Kor 10:16	ʰ **22:18** Mat 26:29	ⁱ **22:19** Mat 14:9	ʲ **22:20** Mat 26:28
ᵏ **22:20** Egz 24:8	ˡ **22:21** Sòm 41:9	ᵐ **22:22** Trav 2:23	ⁿ **22:25** Mat 20:25-28	ᵒ **22:26** Mat 23:11
ᵖ **22:27** Mat 20:28	ᵠ **22:28** Eb 2:18	ʳ **22:29** Mat 5:3	ˢ **22:30** Mat 19:28	ᵗ **22:31** Job 1:6
ᵘ **22:31** Am 9:9	ᵛ **22:32** Jn 17:9-15	ʷ **22:33** Mat 26:33-35	ˣ **22:35** Mat 10:9	

manto li, pou achte youn nepe. ³⁷ Paske Mwen di nou ke sa ki ekri a oblije akonpli nan Mwen. ᵃ*'E Li te konte pami malfektè yo.'* Paskeᵇsa ki gen referans a Mwen menm nan gen pou ranpli."

³⁸ Yo te di: "Senyè, gade, men de ᶜnepe." E Li te di yo: **"Sa sifi."**

³⁹ Li te sòti, e te kontinye ᵈkòm abitid Li, vè Mòn Olivye a. Disip Li yo osi te swiv Li. ⁴⁰ Lè L te rive la, Li te di yo: **"Priye pou nou pa antre nan tantasyon."**ᵉ

⁴¹ Konsa, Li te kite yo pou rive vè distans ke yon moun kab voye yon wòch, e Li te mete L sou jenou pou priye. ⁴² Li t ap di: **"Papa, si se volonte Ou, rete tas sa a sou Mwen;** ᶠ**malgre pa selon volonte M, men ke pa W la kapab fèt."**

⁴³ Alò, yon ᵍzanj syèl la te parèt a Li menm pou bay Li fòs. ⁴⁴ ʰAk gwo toumant, Li t ap priye avèk entansite. Swè Li te vin tankou gwo gout san ki t ap tonbe atè.

⁴⁵ Lè L te leve soti nan lapriyè, Li te vin kote disip yo e te twouve yo nan dòmi akoz tristès yo. ⁴⁶ Li te di yo: **"Poukisa nou ap dòmi? Leve e** ⁱ**priye pou nou pa antre nan tantasyon."**

⁴⁷ ʲPandan Li te toujou ap pale, men yon foul te parèt avèk sila ki te rele Judas a, youn nan douz yo, ki t ap mennen yo. Li te pwoche Jésus pou bo L. ⁴⁸ Men Jésus te di li: **"Judas, èske w ap trayi Fis a Lòm nan avèk yon bo?"**

⁴⁹ Lè sila ki te antoure Li yo te wè sa ki t ap fèt la, yo te di: "Senyè, èske n ap frape avèk ᵏnepe a"? ⁵⁰ Konsa, youn nan yo te frape esklav a wo prèt la, e te koupe zòrèy dwat li.

⁵¹ Men Jésus te reponn e te di: **"Anmwens, kite m fè sa a"** epi Li te touche zòrèy la, e te geri li. ⁵² Jésus te di a chèf prèt avèk ˡofisye a tanp ki te vini kont Li yo: **"Nou vini avèk nepe ak baton tankou nou t ap vini kont yon vòlè?** ⁵³ **Pandan ke Mwen te avèk nou chak jou nan tanp lan, nou pa t mete men sou Mwen; men lè sa a avèk pouvwa tenèb la se lè pa nou an."**

⁵⁴ Lè yo te fin arete Li, yo te mennen L ale, e te fè L rive lakay wo prèt la. Men ᵐPierre t ap swiv a yon distans. ⁵⁵ ⁿApre yo te fin sanble dife nan mitan lakou tribinal la, e te chita ansanm, Pierre te chita pami yo. ⁵⁶ Alò, yon fi ki t ap sèvi, lè l te wè li nan limyè dife a, li te gade l toupre, e te di: "Mesye sa a te avè L tou, wi."

⁵⁷ Men Li te demanti sa, e te di: "Fanm, mwen pa konnen Li."

⁵⁸ Yon ti jan pita, ᵒyon lòt te wè l, e te di: "Ou menm se youn nan yo tou." Men Pierre te di: "Mesye, se pa mwen!"

⁵⁹ Apre anviwon yon èdtan te fin pase, yon lòt mesye te kòmanse ensiste, e te di: "Sètènman mesye sa a te avè l tou, ᵖpaske li se yon Galileyen."

⁶⁰ Men Pierre te di: "Mesye, mwen pa konnen anyen de sa w ap pale a!" E lapoula, pandan li te toujou ap pale, yon kòk te chante. ⁶¹ Senyè a te vire gade Pierre. E Pierre te sonje pawòl a Senyè a, jan li te di li a: ᑫ**"Avan kòk la chante jodi a, ou va renye M twa fwa."** ⁶² Li te sòti deyò, e te kriye byen amè.

⁶³ Alò, ʳmesye ki te kenbe Jésus yo t ap moke Li, e bat Li, ⁶⁴ Konsa, yo te mare kouvri zye Li avèk yon twal, e te di L: ˢ**"Pwofetize non; se kilès ki frape Ou a?"** ⁶⁵ Yo t ap di anpil lòt bagay kont Li, avèkᵗblasfèm.

⁶⁶ ᵘLè li te fè jou, Konsèy Ansyen a pèp la te reyini, ni chèf prèt avèk skrib yo. Yo te mennen Li nan chanm konsèy la, e t ap di: ⁶⁷ ᵛ"Si Ou menm se Kris la, di nou sa a." Men Li te di yo: **"Si Mwen di nou, nou p ap kwè;** ⁶⁸ **epi si Mwen poze nou yon kesyon, nou p ap reponn, ni lage M ale.** ⁶⁹ ʷ **Men depi koulye a,** ˣ**Fis a Lòm nan va chita sou men dwat a pwisans Bondye a."**

ᵃ **22:37** És 53:12   ᵇ **22:37** Jn 17:4   ᶜ **22:38** Luc 22:36-49   ᵈ **22:39** Luc 21:37   ᵉ **22:40** Mat 26:39; Mat 26:36-46   ᶠ **22:42** Mat 26:39   ᵍ **22:43** Mat 4:11   ʰ **22:44** Eb 5:7   ⁱ **22:46** Luc 22:40   ʲ **22:47** Mat 26:47-56   ᵏ **22:49** Luc 22:38   ˡ **22:52** Luc 22:4   ᵐ **22:54** Mat 26:58   ⁿ **22:55** Mat 26:69-75   ᵒ **22:58** Jn 18:26   ᵖ **22:59** Mat 26:73   ᑫ **22:61** Luc 22:34   ʳ **22:63** Mat 26:67   ˢ **22:64** Mat 26:68   ᵗ **22:65** Mat 27:39   ᵘ **22:66** Mat 27:1   ᵛ **22:67** Mat 26:63-66   ʷ **22:69** Mat 26:64   ˣ **22:69** Sòm 110:1

⁷⁰ Konsa, yo tout te di: "Alò, Ou menm se Fis Bondye a?" Li te reponn yo: ᵃ**"Ou pale sa, paske, Mwen Se."**

⁷¹ Answit yo te di: "Kisa nou bezwen anplis kòm temwayaj? Paske nou tande sa nou menm nan pwòp bouch Li!"

23 Alò kon yon sèl kò, yo te leve pou ᵇmennen L devan Pilate. ² ᶜYo te kòmanse akize L, e te di: "Nou te twouve mesye sa t ap egare nasyon nou an, e t ap anpeche yo peye kontribisyon yo bay César, e te di ke Li menm, Li se Kris la, yon Wa."

³ Donk Pilate te mande Li: "Èske Ou se Wa a Jwif yo?" Epi Li te reponn li: ᵈ**"Se sa ou di l la"**.

⁴ Answit Pilate te di a chèf prèt yo avèk foul la: ᵉ"Mwen pa twouve okenn koupabilite nan mesye sa a".

⁵ Men yo te kontinye ensiste, e t ap di: "L ap boulvèse pèp la, e L ap enstwi yo toupatou nan Juda, ᶠkòmanse soti nan Galilée, pou menm rive nan plas sa a."

⁶ Men lè Pilate te tande sa, li te mande si mesye sa a te yon Galileyen. ⁷ Lè l te vin aprann ke Li te anba otorite Hérode, li te voye Li vè ᵍHérode, ki te osi nan Jérusalem nan moman sa a.

⁸ Alò, Hérode te trè kontan lè l te wè Jésus; paske ʰli te vle wè L depi lontan, akoz ke li t ap tande de Li, e te espere wè l fè kalite mirak ki te fèt pa Li. ⁹ Li te kesyone Li anpil, men ⁱLi pa t reponn li menm. ¹⁰ Chèf prèt yo avèk skrib yo te kanpe la, e t ap akize Li avèk vanjans. ¹¹ Epi lè Hérode avèk sòlda li yo, te fin trete L avèk ensolans, e moke L, yo te ʲfè L abiye ak yon bèl manto, e te voye Li retounen bay Pilate. ¹² Alò nan menm jou sa a, ᵏHérode avèk Pilate te vin zanmi youn avèk lòt men avan sa, yo te lènmi youn ak lòt.

¹³ Pilate te rasanble chèf prèt yo avèk ˡofisye yo avèk pèp la. ¹⁴ Li te di yo: "Nou te mennen nonm sa a kote mwen tankou yon moun ki t ap ᵐpouse pèp la a rebelyon, e gade byen, selon egzamen ki fèt devan nou, mwen ⁿpa twouve okenn koupabilite nan Li, selon chaj ke nou fè kont Li yo. ¹⁵ Non, ni ᵒHérode pa twouve anyen, paske li te voye Li tounen bò kote nou; epi byen gade, anyen ki merite lanmò pa t fèt pa Li. ¹⁶ Konsa, mwen va ᵖpini Li, epi lage Li."

¹⁷ Alò li te oblije lage pou yo yon prizonye nan fèt la. ¹⁸ Men yo te kriye fò tout ansanm, e te di: ᑫ"Fè nonm sa ale! Libere pou nou Barabbas!" ¹⁹ (Li te yon moun ki te jete nan prizon pou yon rebelyon ki te fèt nan vil la, ak pou touye moun.)

²⁰ Pilate, ki te vle lage Jésus, te pale avèk yo ankò, ²¹ men yo te kontinye kriye fò, e te di: "Krisifye! Krisifye Li!"

²² L i t e d i y o y o n t w a z y è m f w a : "Poukisa? Ki mal mesye sa a fè? Mwen pa twouve nan Li okenn fot ki mande lanmò. Konsa, mwen va ʳpini Li, epi lage Li." ²³ Men yo te ensiste toujou, e t ap mande ak gwo vwa pou Li krisifye. Epi vwa pa yo te kòmanse vin genyen. ²⁴ Konsa, Pilate te pase lòd ofisyèl pou sede bay yo sa yo te mande a. ²⁵ Li te libere mesye ke yo t ap mande a, ki te jete nan prizon pou rebelyon ak touye moun nan, men li te livre Jésus kon volonte pa yo.

²⁶ ˢLè yo te mennen L sòti, yo te mete men sou yon Simon de Cyrène ki t ap sòti andeyò, e te mete kwa a sou li pou l ta pote l dèyè Jésus. ²⁷ Yon gran foul nan pèp la t ap swiv Li, avèk fanm yo ki t ap ᵗkriye e fè lamantasyon pou Li. ²⁸ Men Jésus, te vin vire vè yo, e te di: **"Fi Jérusalem yo, sispann kriye pou Mwen, men kriye pou nou menm, ak pou pitit nou yo. ²⁹ Paske, veye byen, jou yo ap vini lè yo va di:** ᵘ**'Beni se sila ki esteril yo, e vant ki pa t janm fè pitit yo, ak tete ki pa t janm bay timoun tete yo.' ³⁰ Alò, yo va kòmanse di a mòn yo:** ᵛ***'Tonbe sou nou, e a ti kolin yo, kouvri nou.'*** ³¹ **Paske si yo fè bagay sa yo avèk bwa ki vèt, kisa k ap rive lè l sèch."**

³² ʷDe lòt mesye ki te kriminèl yo t ap mennen sòti pou mete a lanmò avèk Li. ³³ ˣLè yo te rive nan plas yo rele Plas Tèt

---

ᵃ **22:70** Mat 26:64   ᵇ **23:1** Mat 27:2   ᶜ **23:2** Mat 27:11-14   ᵈ **23:3** Luc 22:70   ᵉ **23:4** Mat 27:23
ᶠ **23:5** Mat 4:12   ᵍ **23:7** Mat 14:1   ʰ **23:8** Luc 9:9   ⁱ **23:9** Mat 27:12,14   ʲ **23:11** Mat 27:28
ᵏ **23:12** Trav 4:27   ˡ **23:13** Luc 23:35   ᵐ **23:14** Luc 23:2   ⁿ **23:14** Luc 23:4   ᵒ **23:15** Luc 9:9
ᵖ **23:16** Mat 27:26   ᑫ **23:18** Jn 18:39   ʳ **23:22** Luc 23:16   ˢ **23:26** Jn 19:17   ᵗ **23:27** Luc 8:52
ᵘ **23:29** Mat 24:19   ᵛ **23:30** Os 10:8   ʷ **23:32** Mat 27:38   ˣ **23:33** Mat 27:33-44

Mò a, yo te krisifye Li avèk kriminèl yo, youn sou bò dwat, e youn sou bò goch. ³⁴ Men Jésus t ap di: **"Papa, padone yo; paske yo pa konnen kisa y ap fè."** Epi yo te ᵃtire osò pou divize vètman Li pami yo menm. ³⁵ Pèp la te kanpe akote, e t ap gade. Menm ofisye yo t ap moke L, e t ap di: "Li te sove lòt yo, ᵇkite Li sove pwòp tèt Li si se Kris a Bondye a, Sila Ke Li Chwazi a." ³⁶ Sòlda yo osi ki t ap moke Li, te vin kote L, pou ᶜofri Li diven si. ³⁷ Yo t ap di: ᵈ"Si Ou se Wa a Jwif yo, sove tèt Ou!" ³⁸ Alò te gen yon enskripsyon anwo Li: ᵉ"Sa Se Wa a Jwif Yo".

³⁹ ᶠYoun nan kriminèl ki te pann yo t ap voye pawòl abizif vè Li; li t ap di: "Èske se pa Kris la Ou ye? Sove tèt Ou, avèk nou!" ⁴⁰ Men lòt la te reponn ak repwòch e te di: "Èske ou pa menm pè Bondye, paske ou anba menm lòd kondanasyon an? ⁴¹ Epi nou menm avèk jistis, paske nou ap resevwa sa ke nou merite pou zèv nou yo; men mesye sila a pa fè okenn mal." ⁴² Konsa li te di: "Jésus, sonje mwen lè Ou antre nan wayòm Ou an!" ⁴³ Li te reponn li: **"Anverite Mwen di ou, jodi a, ou va avè M nan ᵍParadi."**

⁴⁴ ʰAlò se te anviwon sizyèm lè, e tenèb te tonbe sou tout latè jiska nevyèm lè. ⁴⁵ Solèy la te kache nèt, e ⁱvwal tanp lan te chire an de bout. ⁴⁶ Jésus te kriye avèk yon gwo vwa, e te di: **"Papa, ʲnan men Ou Mwen remèt lespri Mwen."** Lè L fin di sa, Li te respire dènye souf Li.

⁴⁷ ᵏAlò, lè santenye a te wè sa ki te rive a, li te kòmanse bay lwanj a Bondye, e te di: "Anverite, mesye sa a te inosan." ⁴⁸ Alò tout foul la ki te vini ansanm pou espektak sila a, lè yo te wè sa ki te rive a, yo te retounen e t ap ˡbat lestomak yo. ⁴⁹ ᵐEpi tout sila ki te rekonèt Li yo, ak fanm Galilée ki te akonpanye Li yo, te kanpe a yon distans e t ap gade tout bagay sa yo.

⁵⁰ ⁿYon mesye ki te rele Joseph, yon manm Konsèy la, te yon nonm ki te bon e jis. ⁵¹ Li pa t dakò avèk plan yo a. Se te yon mesye ki te soti Arimathée, yon vil a Jwif yo, e li ᵒt ap tann vini wayòm Bondye a. ⁵² Mesye sila a te ale kote Pilate, e te mande kò Jésus. ⁵³ Konsa, li te desann kò li, li te vlope li nan yon twal lèn, e li te depoze li nan yon tonbo ki te fouye nan wòch, kote pèsòn pa t janm te depoze. ⁵⁴ Se te ᵖJou Preparasyon an, e Saba te prèt pou kòmanse. ⁵⁵ Alò ᵠfanm ki te vini avèk Li yo depi Galilée te swiv, e te wè tonm nan ak jan kò L te depoze a. ⁵⁶ Answit yo te retounen pou ʳprepare epis avèk pafen. Epi nan Saba a, yo te repoze selon Lalwa a.

24 ˢMen nan premye jou semèn nan, nan granmmaten, yo te vini nan tonm nan, e te pote epis ke yo te fin prepare yo. ² Konsa, yo te twouve wòch la woule akote tonm nan, ³ men lè yo te antre, yo pa t twouve kò a ᵗSenyè Jésus a. ⁴ Pandan yo te twouble akoz sa, vwala sibitman, ᵘde mesye te kanpe toupre yo a ak yon abiman briyan. ⁵ Fanm yo te sezi avèk laperèz, e te bese figi yo jis atè.

Mesye yo te di yo: "Poukisa nou ap chache Sila ki vivan an pami mò yo? ⁶ ᵛLi pa la, men Li gen tan leve. Sonje ʷjan Li te pale avèk nou pandan Li te toujou Galilée a? ⁷ Li t ap di ke fòk ˣFis a Lòm nan livre nan men a moun pechè yo, pou krisifye, e leve ankò nan twazyèm jou a."

⁸ Konsa ʸyo te sonje pawòl Li yo. ⁹ Yo te retounen soti nan tonm nan e te bay rapò a tout bagay sa yo a onz yo ak tout lòt yo. ¹⁰ Alò, se te ᶻMarie Magdala, Jeanne, Marie, manman a Jacques; anplis, lòt fanm ki te avèk yo, ki t ap pale apòt yo bagay sa yo. ¹¹ Men pawòl sa yo te parèt a yo menm tankou foli, e yo te refize kwè yo. ¹² Men Pierre te leve, e te ᵃkouri nan tonm nan. Lè l te bese pou gade ladann, li te wè sèlman twal lèn ki te sèvi pou vlope a; epi li te sòti pou rive ᵇlakay li byen etone de sa ki te pase a.

ᵃ **23:34** Sòm 22:18   ᵇ **23:35** Mat 27:43   ᶜ **23:36** Mat 27:48   ᵈ **23:37** Mat 27:43   ᵉ **23:38** Mat 27:37
ᶠ **23:39** Mat 27:44   ᵍ **23:43** II Kwo 12:4   ʰ **23:44** Mat 27:45-56   ⁱ **23:45** Egz 26:31-33   ʲ **23:46** Sòm 31:5
ᵏ **23:47** Mat 27:54   ˡ **23:48** Luc 8:52   ᵐ **23:49** Mat 27:55   ⁿ **23:50** Mat 27:57-61   ᵒ **23:51** Mc 15:43
ᵖ **23:54** Mat 27:62   ᵠ **23:55** Luc 23:49   ʳ **23:56** Mc 16:1   ˢ **24:1** Jn 20:1-8   ᵗ **24:3** Luc 7:13   ᵘ **24:4** Jn 20:12   ᵛ **24:6** Mc 16:6   ʷ **24:6** Mat 17:22   ˣ **24:7** Mat 16:21   ʸ **24:8** Jn 2:22   ᶻ **24:10** Mat 27:56
ᵃ **24:12** Jn 20:3-6   ᵇ **24:12** Jn 20:10

¹³ E konsa, de nan yo t ap prale menm jou sa nan yon vil yo te rele Emmaüs, ki te anviwon a onz kilomèt de Jérusalem. ¹⁴ Yo t ap pale youn ak lòt sou tout bagay sa yo ki te fèt. ¹⁵ Pandan yo t ap pale ak diskite, Jésus Li menm te pwoche, e te kòmanse mache fè wout la ansanm avèk yo. ¹⁶ Men ᵃzye pa yo te anpeche yo rekonèt Li. ¹⁷ Li te di yo: **"Kilès pawòl sa yo ke n ap pataje youn avèk lòt konsa pandan n ap mache a, plen tristès konsa?"** ¹⁸ Youn nan yo ke yo te rele Cléopas, te reponn e te di Li: "Èske se ou sèl k ap vizite Jérusalem ki pa konnen sa ki te pase isit la nan jou sa yo?"

¹⁹ Li te di yo: **"Ki bagay"?** Epi yo te di Li: "Bagay sou Jésus de Nazareth la, ki te yon pwofèt byen fò nan zèv, ak pawòl nan zye Bondye avèk tout pèp la. ²⁰ Kijan chèf prèt yo avèk ᵇdirijan nou yo te livre li kondane a lanmò, e te krisifye Li. ²¹ Men nou t ap espere ke se te Li ki t ap fè ᶜredanmsyon Israël a. Anplis de tout sa, se twazyèm jou a depi bagay sa yo te fèt. ²² Men osi, kèk fanm pami nou te etone nou. ᵈLè yo te nan tonm nan bonè maten an, ²³ epi pa t twouve kò Li, yo te vin di ke yo te wè yon aparisyon de zanj ki te di ke Li te vivan. ²⁴ Kèk nan sila ki te avèk nou yo te ale nan tonm nan, e te twouve li vrèman menm jan ke fanm yo te di a; men Li menm, yo pa t wè L."

²⁵ Konsa, Li te reponn yo: **"O moun ki manke konprann, e ki gen kè lan pou kwè nan ᵉtout sa ke pwofèt yo te pale yo; ²⁶ᶠ Èske li pa t nesesè pou Kris la te soufri bagay sa yo, pou antre nan glwa Li?"** ²⁷ Answit, Li te kòmanse avèk ᵍMoïse, ak tout pwofèt yo, e Li te eksplike yo bagay konsènan Li menm nan tout Ekriti Sen yo.

²⁸ Konsa, yo te pwoche vil kote yo t ap prale a, e Li ʰte fè tankou Li t ap prale pi lwen. ²⁹ Men yo te ankouraje Li, e te di L: "Rete avèk nou, paskè nwit lan ap pwoche, e jounen an prèt pou fini." Konsa, Li te antre pou rete avèk yo. ³⁰ Lè Li te repoze sou tab avèk yo, Li te pran pen an; Li te ⁱbeni li, kase li, e Li te kòmanse bay yo li. ³¹ Answit ʲzye yo te vin ouvri e yo te rekonèt Li; epi Li te disparèt devan zye yo. ³² Yo te di youn ak lòt: "Èske kè nou pa t ap boule nan nou pandan Li t ap pale avèk nou sou wout la, pandan Li ᵏt ap eksplike nou Ekriti Sen yo?" ³³ Epi yo te leve menm lè a; yo te retounen Jérusalem, e yo te twouve onz yo reyini ansanm avèk ˡsila ki te avèk yo. ³⁴ Yo te di yo ke ᵐSenyè a vrèman leve, e ⁿte parèt a Simon. ³⁵ Yo te kòmanse pataje sa ki te pase nan wout la, ak jan ᵒyo te vin konnen Li nan kase pen an.

³⁶ Pandan yo t ap pale bagay sa yo, Li menm te kanpe nan mitan yo, e te di yo: **"Ke lapè rete avèk nou."**

³⁷ Men yo te etone, pè e te panse ke se te yon ᵖlespri ke yo te wè a. ³⁸ Epi Li te di yo: **"Poukisa nou twouble, e poukisa dout leve nan kè nou? ³⁹ Gade men Mwen, ak pye Mwen, ke se Mwen menm; ᑫtouche Mwen pou wè, paske yon lespri pa gen chè avèk zo, tankou nou wè ke M genyen an."** ⁴⁰ Lè l fin di sa, Li te montre yo men Li avèk pye Li. ⁴¹ Pandan yo te toujou ʳmal pou kwè akoz lajwa ak sezisman yo, Li te di yo: **"Èske nou pa gen anyen isit la pou manje?"**

⁴² Yo te bay Li yon mòso pwason boukannen. ⁴³ Li te pran l e te ˢmanje l devan yo. ⁴⁴ Alò, Li te di yo: **"Sa se pawòl Mwen yo ke Mwen te pale avèk nou pandan Mwen te toujou avèk nou an. Ke tout bagay ki ekri sou Mwen menm nan ᵗLalwa Moïse avèk Pwofèt yo avèk Sòm yo ta oblije akonpli."**

⁴⁵ Answit Li te ᵘouvri lespri pa yo pou konprann Ekriti Sen yo. ⁴⁶ Li te di yo: **"Se ᵛkonsa li ekri ke Kris la va soufri, e leve ankò soti nan lanmò nan twazyèm jou a. ⁴⁷ Epi ke repantans pou padon peche yo ta pwoklame nan non Li a ʷtout nasyon yo, kòmanse depi Jérusalem. ⁴⁸ Nou menm se ˣtemwen a bagay sa yo. ⁴⁹ Gade byen, Mwen ap voye kote

---

ᵃ **24:16** Luc 24:31 ᵇ **24:20** Luc 23:13 ᶜ **24:21** Luc 1:68 ᵈ **24:22** Luc 24:1 ᵉ **24:25** Mat 26:24
ᶠ **24:26** Luc 24:7-44 ᵍ **24:27** Jen 3:15 ʰ **24:28** Mc 6:48 ⁱ **24:30** Mat 14:19 ʲ **24:31** Luc 24:16
ᵏ **24:32** Luc 24:45 ˡ **24:33** Trav 1:14 ᵐ **24:34** Luc 24:6 ⁿ **24:34** I Kwo 15:5 ᵒ **24:35** Luc 24:30
ᵖ **24:37** Mat 14:26 ᑫ **24:39** Jn 20:27 ʳ **24:41** Luc 24:11 ˢ **24:43** Trav 10:41 ᵗ **24:44** Luc 24:27
ᵘ **24:45** Luc 24:32 ᵛ **24:46** Luc 24:26-44 ʷ **24:47** Mat 28:19 ˣ **24:48** Trav 1:8-22

nou pwomès Papa M nan. Men fòk nou rete nan vil la jiskaske nou vin abiye avèk pwisans ki sòti anwo a."

⁵⁰ Li te mennen yo deyò jiska ᵃBéthanie, e Li te leve men L yo, e te beni yo. ⁵¹ Pandan Li t ap beni yo, Li te kite yo e te leve monte nan syèl la. ⁵² Yo menm, lè yo te fin adore Li, yo te retounen Jérusalem avèk gran jwa. ⁵³ Yo te rete nan tanp lan tout tan e yo t ap bay lwanj a Bondye.

ᵃ **24:50** Mat 21:17

LEVANJIL SELON JEAN

1 Nan kòmansman, te gen Pawòl la, e Pawòl la te avèk Bondye, e Pawòl la te Bondye. [a]2 Li te nan kòmansman avèk Bondye. 3 [b]Tout bagay ki te fèt te fèt pa Li, epi san Li, anyen ki te fèt pa t vin fèt. 4 [c]Nan Li se te lavi, epi lavi se te [d]limyè a lòm. 5 [e]Limyè fè klè nan tenèb la, epi tenèb la pa t ka venk li.

6 Te [f]vin parèt yon nonm ke Bondye te voye ke yo te rele Jean. 7 Li te vini kon yon temwen, pou li ta kapab fè temwen a limyè a, [g]pou tout moun ta kapab kwè akoz li menm. 8 Se pa [h]li ki te Limyè a, men li te vini pou li ta kapab fè temwen a Limyè a.

9 Te gen [i]vrè Limyè a ke, lè l vini nan mond lan, klere tout moun. 10 Li te nan lemond, e [j]lemond te fèt pa Li, men lemond pa t rekonèt Li. 11 Li te vini a moun pa Li yo, e moun pa L yo pa t resevwa Li. 12 Men a tout sa yo ki te resevwa L, Li te bay yo pouvwa pou devni [k]pitit a Bondye, menm a sa yo ki kwè nan non Li, 13 [l]ki pa t fèt ni pa san, ni pa volonte lachè a, ni pa volonte a lòm, men pa Bondye.

14 E pawòl la te [m]vin lachè, e te viv pami nou. [n]Nou te wè glwa Li, kon glwa a sèl Fis inik a Papa a, ranpli avèk gras ak verite.

15 Jean te fè temwen a Li. Li te rele fò e te di: "Sa se Li menm de moun mwen te pale nou lè m te di: [o]'Sila ki vini apre mwen an pi wo pase m, paske li te egziste avan m.'" 16 Paske nan [p]plenitid Li, nou tout te resevwa gras sou gras. 17 Paske [q]Lalwa te bay pa Moïse, men nou te resevwa gras ak verite pa Jésus Kris. 18 Pèsòn pa janm wè Bondye. Men [r]Fis inik la, [s]ki nan sen Papa L, te fè nou konnen L.

19 E sa se [t]temwayaj a Jean, lè Jwif yo te voye prèt yo avèk Levit yo pou mande l "Ki moun ou ye?"

20 Li te konfese, li pa t nye, men li te konfese:
[u]"Mwen menm se pa Kris la."
21 Konsa yo mande li: "E byen, kisa?"
Èske ou menm se Elie?
Li te di: "Non mwen pa Li."
"Èske ou menm se [v]Pwofèt la?"
Li te reponn: "Non."

22 Konsa yo di l: "Kilès ou ye, pou nou kapab bay yon repons a sa ki te voye nou yo? Kisa ou di selon ou menm?"

23 Li te di: "Mwen menm se [w]yon vwa k ap kriye nan savann nan, 'Fè chemen Bondye a dwat', kon pwofèt la, Ésaïe te di."

24 Alò, se te Farizyen yo ki te voye yo. 25 E yo te mande l, e te di l: "Ebyen [x]poukisa w ap batize si se pa Kris la, ni Elie, ni Pwofèt la ou ye?"

26 Jean te reponn yo konsa: [y]"Mwen batize nou avèk dlo, men pami nou, kanpe youn ke nou pa konnen. 27 Se Li menm k ap vin apre mwen, ki prefere avan m, e menm [z]lasèt a sandal Li, mwen pa dign pou m ta demare."

28 Bagay sa yo te fèt nan Béthanie, [a]lòtbò Jourdain an, kote Jean t ap batize a.

29 Nan jou après li te wè Jésus ki t ap vin kote l e te di: "Men gade [b]Jenn Mouton Bondye a k ap retire peche mond lan. 30 Se te anfavè Li ke mwen te pale a lè mwen te di: [c]'Sila ki vini après mwen an pi wo pase m, paske li te egziste avan m.' 31 Epi mwen pa t rekonèt Li, men se pou Li ta kapab fè parèt a Israël, ke m te vini pou batize moun avèk dlo."

32 Jean te fè temwayaj epi te di: [d]"Mwen wè Lespri a vin desann kon yon toutrèl ki soti nan syèl la epi Li te rete sou Li. 33 Mwen pa t rekonèt Li, men sila a ki te voye m pou batize avèk dlo te di mwen, 'Li menm sou

---

[a] **1:1** Jn 17:5   [b] **1:3** Jn 1:10   [c] **1:4** Jn 5:26   [d] **1:4** Jn 8:12   [e] **1:5** Jn 3:19   [f] **1:6** Mat 3:1   [g] **1:7** Jn 1:12   [h] **1:8** Jn 1:20   [i] **1:9** I Jn 2:8   [j] **1:10** I Kor 8:6   [k] **1:12** Jn 11:52   [l] **1:13** Jn 3:5   [m] **1:14** Fil 2:7   [n] **1:14** Luc 9:32   [o] **1:15** Mat 3:11   [p] **1:16** Ef 1:23   [q] **1:17** Jn 7:19   [r] **1:18** Jn 3:16,18   [s] **1:18** Luc 16:22   [t] **1:19** Jn 1:7   [u] **1:20** Luc 3:15   [v] **1:21** Det 18:15-18   [w] **1:23** És 40:3   [x] **1:25** Det 18:15-18   [y] **1:26** Mat 3:11   [z] **1:27** Mat 3:11   [a] **1:28** Jn 3:26   [b] **1:29** És 53:7   [c] **1:30** Mat 3:11   [d] **1:32** Mat 3:16

kilès ou wè Lespri a desann epi rete sou Li a, [a]se Li menm k ap batize avèk Lespri Sen an.' [34] Mwen wè, epi mwen fè temwayaj ke sila a se [b]Fis Bondye a."

[35] Ankò [c]jou aprè Jean te kanpe avèk de nan disip li yo, [36] epi li te gade Jésus pandan Li t ap mache. Li te di: "Men gade [d]Jenn Mouton Bondye a!"

[37] De disip yo te tande l pale, epi yo te swiv Jésus.

[38] Konsa, Jésus te vire pou wè yo t ap swiv Li, e te di yo: **"Kisa n ap chache"?** Yo te di Li: [e]**"Rabbi,** ki tradwi vle di 'Mèt', se kibò w ap rete?"

[39] Li te di yo: **"Vini, nou va wè."** Pou sa yo te vini epi te wè kote Li t ap rete. Yo te rete avèk Li jou sa, paske li te vè dizyèm lè.

[40] [f]Youn nan de sa yo ki te tande Jean pale epi te swiv Li yo se te Andre, frè a Simon Pierre. [41] Li te twouve premyèman frè li, Simon, e te di Li: "Nou te twouve Mesi a, ki tradwi se Kris la."

[42] Li te mennen li kote Jésus. Jésus te gade li e te di: **"Ou se Simon,** [g]**fis a Jean. Ou va rele Céphas,"** ki tradwi vle di Pierre.

[43] Jou apre Li te vle antre nan [h]Galilée, e Li te twouve Philippe. Jésus te di li: **"Swiv mwen."**

[44] Philippe te sòti nan [i]Bethsaïda, vil André avèk Pierre a. [45] Philippe te twouve Nathanaël, e te di l: "Nou te twouve sila a ke [j]Moïse nan Lalwa avèk pwofèt yo te ekri a, Jésus de Nazareth, fis a Joseph la."

[46] Nathanaël te di l [k]"Èske yon bon bagay kapab sòti nan Nazareth?" Philippe te reponn: "Vini pou wè."

[47] Jésus te wè Nathanaël t ap vin kote Li epi te di: [l]**"Men gade, yon Izrayelit nan kilès pa gen desepsyon."**

[48] Nathanaël te di L "Kijan ou fè rekonèt mwen?" Jésus te reponn li: **"Avan** [m]**Philippe te rele ou, pandan ou te anba pye figye a, Mwen te wè ou."**

[49] Natanaël te reponn Li: "Rabbi, ki vle di 'Mèt', Ou menm se Fis Bondye a. Ou se [n]Wa Israël la."

[50] Jésus te reponn Li e te di: **"Akoz Mwen te wè ou anba pye figye a, ou kwè? W ap wè pi gwo bagay pase sa yo."** [51] E Li te di li: **"Anverite, anverite mwen di ou, w ap wè** [o]**syèl yo louvri, epi zanj Bondye yo k ap monte desann sou Fis a Lòm nan."**

2 Nan twazyèm jou a, te gen yon fèt maryaj nan [p]Cana nan Galilée, e manman a Jésus te la. [2] Jésus ansanm ak [q]disip li yo te envite nan maryaj la.

[3] Lè diven an te fini, manman a Jésus te di Li: "Nanpwen diven ankò."

[4] Jésus te di li: **"Fanm, kisa mwen gen avèk ou?** [r]**Lè M poko rive."**

[5] [s]Manman li te di sèvitè yo: "Nenpòt sa Li mande nou, fè l."

[6] La te genyen sis gwo veso dlo fèt an wòch pou [t]koutim Jwif la ke yo rele pirifikasyon, ki te kenbe ven a trant galon chak.

[7] Jésus te di yo: **"Ranpli po yo avèk dlo."** Konsa, yo te plen yo ra bouch.

[8] Epi Li di yo: **"Retire kèk pou pote bay chèf sèvitè tab yo."** Konsa yo te pote bay li.

[9] Lè chèf sèvitè a te goute dlo a [u]ki te tounen diven, li pa t konnen kote li te soti. Men sevitè ki te rale l yo te konnen. Konsa, Chèf sèvitè a te rele jennonm ki t ap marye a, [10] epi te di l: "Tout moun sèvi bon diven an avan, e lè moun yo [v]bwè kont yo, yo bay sa ki enferyè a, men ou kenbe bon diven an jis koulye a."

[11] Sa se te premye nan mirak pa L yo ke Li te fè nan Cana nan Galilée, e te montre [w]glwa Li, epi disip Li yo te kwè nan Li.

[12] Aprè sa Li te desann bò kote [x]Capernaüm, Li ansanm avèk manman [y]Li, avèk Frè Li yo, ak disip Li yo. Epi yo te rete la pou kèk jou.

[13] [z]Pak Jwif la te rive e Jésus te monte nan Jérusalem.

[14] [a]Li te jwenn nan tanp lan, sa yo ki t ap vann bèf, mouton, ak toutrèl, avèk sa ki te chita pou fè echanj lajan yo. [15] Konsa, Li te fè yon fwèt avèk kòd, pou te chase yo tout fè yo sòti nan tanp lan, ansanm ak mouton ak bèf yo. Li te vide kòb a sa ki t ap chanje

---

[a] **1:33** Mat 3:11   [b] **1:34** Mat 4:3   [c] **1:35** Jn 1:29   [d] **1:36** Jn 1:29   [e] **1:38** Mat 23:7   [f] **1:40** Mat 4:18-25
[g] **1:42** Mat 16:17   [h] **1:43** Mat 4:12   [i] **1:44** Mat 11:21   [j] **1:45** Luc 24:27   [k] **1:46** Jn 7:41-52
[l] **1:47** Wo 9:12   [m] **1:48** Mat 10:3   [n] **1:49** Mat 2:2   [o] **1:51** Éz 1:1   [p] **2:1** Jn 2:11   [q] **2:2** Jn 1:40-49
[r] **2:4** Jn 7:6-8   [s] **2:5** Mat 12:46   [t] **2:6** Mc 7:3   [u] **2:9** Jn 4:46   [v] **2:10** Mat 24:49   [w] **2:11** Jn 1:14
[x] **2:12** Mat 4:13   [y] **2:12** Mat 12:46   [z] **2:13** Det 16:1-6   [a] **2:14** Mal 3:1

lajan yo, epi te chavire tab yo. ¹⁶ A sa yo ki t ap vann ᵃtoutrèl yo Li te di: **"Pran bagay sa yo ale. Sispann fè lakay Papa M yon kay mache lavant."**

¹⁷ ᵇDisip Li yo te sonje ke li te ekri ᶜ"Zèl pou lakay Ou va devore M." ¹⁸ Konsa, Jwif yo te reponn e te di Li: ᵈ**"Ki sign otorite ou montre nou, pou dwa fè bagay sa yo?"**

¹⁹ Jésus te reponn yo: ᵉ**"Detwi tanp sila a, epi nan twa jou Mwen va fè l kanpe ankò."**

²⁰ Jwif yo te reponn: "Li te pran ᶠkarantsis ane pou bati tanp sa, epi Ou va fè l kanpe nan twa jou?"

²¹ Men Li t ap pale sou ᵍtanp kò Li a. ²² Akoz sa, lè Li te leve sòti nan lanmò a, disip Li yo te sonje sa, e yo te kwè ʰEkriti Sen yo, avèk pawòl ke Jésus te pale a.

²³ Alò, lè L te nan Jérusalem, nan ⁱPak Jwif la, pandan fèt la, anpil te kwè nan non Li, paske yo te wè sign ke Li t ap fè yo. ²⁴ Men Jésus, pou pati pa L, pa t fè yo konfyans paske ʲLi te konnen tout moun. ²⁵ Konsa, Li pa t bezwen pèson pou bay temwayaj sou lòm, ᵏpaske li te konnen Li menm sa ki te nan lòm.

3 Te genyen yon mesye pami Farizyen yo ke yo te rele ˡNicodème, yon chèf a Jwif yo. ² Mesye sila a te vin kote Li pandan lannwit epi te di L: ᵐ"Rabbi, nou konnen ke ou sòti nan Bondye kon yon Mèt. Paske pèson pa kapab fè sign sa yo ke nou wè ou fè yo anmwenske ⁿBondye avè L."

³ Jésus te reponn e te di: **"Anverite, anverite, Mwen di ou, anmwenske yon moun** ᵒ**ne ankò, li p ap kapab wè wayòm syèl la."**

⁴ Nicodème te di Li: "Kijan yon moun kapab ne lè li vin vye? Èske li kapab antre yon dezyèm fwa nan vant manman l pou l kapab fèt ankò?"

⁵ Jésus te reponn li **"Anverite, anverite, Mwen di ou, anmwenske yon moun fèt pa dlo, epi pa Lespri, li p ap kapab antre nan wayòm syèl la.** ⁶ ᵖ**Sa ki ne nan lachè se lachè, men sa ki ne nan Lespri, se Lespri.** ⁷ **Pa etone ke Mwen te di ou: 'Fòk ou ne tounèf.'** ⁸ ᑫ**Van an soufle kote li vle, epi ou tande son li, men ou pa konnen kote li soti, ni kote li prale. Se konsa li ye avèk tout sa yo ki ne nan Lespri."**

⁹ Nicodème te reponn Li: "Kijan bagay sa yo kapab ye?"

¹⁰ Jésus te reponn: **"Ou menm se** ʳ**Mèt an Israël epi ou pa konprann bagay sa yo?** ¹¹ **Anverite, anverite, Mwen di ou,** ˢ**nou pale sa ke nou konnen, e fè temwayaj de sa ke nou konn wè, e ou pa aksepte temwayaj nou.** ¹² **"Si Mwen di ou bagay konsènan latè a, epi ou pa konprann, kijan w ap kwè si Mwen di ou bagay konsènan syèl la.** ¹³ ᵗ**"Nanpwen pèson ki monte nan syèl la sof ke Li menm ki te desann sòti nan syèl la, Fis a Lòm nan menm.** ¹⁴ **"Menm jan** ᵘ**Moïse te leve sèpan an nan dezè a, konsa fòk Fis a Lòm nan** ᵛ**vin leve wo,** ¹⁵ **pou nenpòt moun ki kwè** ʷ**nan Li, kapab genyen lavi etènèl.** ¹⁶ **"Paske Bondye te** ˣ**tèlman renmen lemond, ke Li te bay sèl Fis inik Li pou nenpòt moun ki kwè nan Li pa ta peri, men ta gen lavi etènèl.** ¹⁷ **Paske Bondye pa t voye Fis Li nan lemond pou** ʸ**jije lemond, men pou lemond ta kapab sove pa Li.**

¹⁸ **"Sila ki kwè nan Li p ap jije. Men li menm ki pa kwè nan Li gen tan jije deja, paske Li pa t kwè nan non a** ᶻ**sèl Fis inik a Bondye a.**

¹⁹ **"Sa se jijman an, ke** ᵃ**limyè a te vini nan lemond, men lòm te renmen tenèb la olye limyè a. Paske zèv pa yo te mechan.**

²⁰ ᵇ**"Paske chak moun ki fè mal, li rayi limyè a, e pa vin kote limyè a, akoz perèz zèv li yo ta vin parèt.** ²¹ **Men sila ki** ᶜ**aji nan verite a, ap vini vè limyè a, pou zèv li yo kapab parèt kon zèv ki te fèt pa Bondye."**

ᵃ **2:16** Mat 21:12   ᵇ **2:17** Jn 2:2   ᶜ **2:17** Sòm 69:9   ᵈ **2:18** Mat 12:38   ᵉ **2:19** Mat 24:49   ᶠ **2:20** Esd 5:16
ᵍ **2:21** I Kor 6:19   ʰ **2:22** Sòm 16:10   ⁱ **2:23** Jn 2:13   ʲ **2:24** Trav 1:24   ᵏ **2:25** Mat 9:4   ˡ **3:1** Jn 7:50
ᵐ **3:2** Mat 23:7   ⁿ **3:2** Jn 9:33   ᵒ **3:3** II Kor 5:7   ᵖ **3:6** Jn 1:13   ᑫ **3:8** Sòm 135:7   ʳ **3:10** Luc 2:46
ˢ **3:11** Jn 1:18   ᵗ **3:13** Pwov 30:4   ᵘ **3:14** Nonb 2:19   ᵛ **3:14** Jn 12:34   ʷ **3:15** Jn 20:31   ˣ **3:16** Wo 5:8   ʸ **3:17** Luc 19:10   ᶻ **3:18** Jn 1:18   ᵃ **3:19** Jn 1:4   ᵇ **3:20** Jn 3:20-21   ᶜ **3:21** I Jn 1:6

²² Apre bagay sa yo, Jésus avèk disip Li yo te vini nan peyi Judée, e la Li t ap pase tan avèk yo epi t ap ªbatize.

²³ Konsa, Jean osi t ap batize nan Enon, toupre Salim, paske te gen anpil dlo la. E yo t ap vini e t ap batize. ²⁴ Paske ᵇJean potko jete nan prizon.

²⁵ Konsa, te leve yon diskisyon antre disip a Jean yo ak yon Jwif sou afè ᶜpirifikasyon. ²⁶ Yo te vin kote Jean pou di l, ᵈ"Rabbi, Li menm ki te avèk ou lòtbò Jourdain an, pou Li menm ke ou te bay temwayaj la. Gade, l ap batize, e tout moun ap vin kote Li."

²⁷ Jean te reponn e te di: ᵉ"Yon nonm pa kapab resevwa anyen anmwenske li sòti nan syèl la. ²⁸ Nou menm se temwen m lè mwen te di: ᶠ'Mwen menm se pa Kris la, men m te voye devan Li.'

²⁹ "Sa ki genyen madanm maryaj la se ᵍjennonm k ap marye. Zanmi li an ki kanpe epi tande l, rejwi anpil paske li tande vwa li. Konsa jwa pa m fin ranpli. ³⁰ Li menm oblije vin plis, men mwen oblije vin mwens."

³¹ ʰLi ki sòti pa anwo a, se anwo tout bagay. Li menm ki soti sou latè, se pou latè, epi pale sou zafè latè. Li menm ki sòti nan syèl la, anwo tout bagay.

³² Sa ke Li te wè epi tande, se sou sa Li ⁱbay temwayaj. Epi pa gen pèsòn ki resevwa temwayaj Li. ³³ Sila ki resevwa temwayaj Li mete so li sou sa, ke Bondye vrè. ³⁴ Paske Li menm ke Bondye voye a, pale pawòl a Bondye. ʲPaske Li bay Lespri a san mezi. ³⁵ ᵏPapa a renmen Fis la, epi te mete tout bagay nan men Li.

³⁶ Sila ki ˡkwè nan Fis la genyen lavi etènèl; men sila li ki pa obeyi Fis la, p ap wè lavi, men lakolè Bondye va rete sou li.

4 Pou sa, lè ᵐSenyè a te konnen Farizyen yo te tande Jésus t ap batize plis disip pase Jean ² (men ⁿJésus Li menm pa t ap batize, men disip Li yo t ap fè l), ³ li te kite ᵒJudée epi te pati ᵖankò pou Galilée. ⁴ Konsa, Li te oblije pase nan ᑫSamarie.

⁵ Li te vini nan yon vil Samarie yo rele Sychar, toupre ʳmoso tè ke Jacob te bay a Joseph, fis li. ⁶ Pwi a Jacob la te la. Jésus, akoz Li te byen fatige pa vwayaj la, te chita akote pwi a. Se te anviwon sizyèm lè.

⁷ Yon fanm Samariten te vini pou tire dlo nan pwi a.

Jésus te di l: "Ban M bwè". ⁸ Paske ˢdisip li yo te ale nan vil la pou achte manje.

⁹ Konsa, fanm Samariten nan te reponn Li: "Kòman Ou menm, ki se yon Jwif mande M pou bwè lè mwen menm se yon fanm Samariten?" (Paske ᵗJwif yo pa gen bon relasyon avèk Samariten yo.)

¹⁰ Jésus te reponn e te di l: **"Si ou te konnen don Bondye a, epi ki moun ki di ou 'Ban M bwè a', ou t ap mande L, e Li t ap bay ou ᵘdlo vivan an."**

¹¹ Li te di L: "Mesye, ou pa gen anyen pou rale l, epi pwi a fon. Ki kote konsa W ap twouve ᵛdlo vivan sila a? ¹² Èske Ou kapab pi gran pase papa zansèt nou yo Jacob, ki te ʷbay nou pwi a, ki te bwè ladann li menm, avèk pitit li, ak bèt li yo?"

¹³ Jésus te reponn e te di li: **"Tout moun ki bwè dlo sila a ap swaf ankò: ¹⁴ Men nenpòt moun ki bwè dlo ke Mwen bay li a, p ap janm swaf. Men dlo ke Mwen bay li a ap vini nan li tankou yon pwi k ap bay dlo jiska ˣlavi etènèl."**

¹⁵ Fanm nan te di Li: "Mesye, ʸban m dlo sa a pou m pa swaf, ni pou m pa oblije vin jis isit la pou tire l."

¹⁶ Li te di li: **"Ale rele Mari ou, epi vin isit la."**

¹⁷ Fanm nan te reponn Li e te di: "Mwen pa gen mari." Jésus te di li: "Ou pale byen: 'Mwen pa gen mari.' ¹⁸ **Paske ou te genyen senk mari, epi sila a ke ou gen koulye a se pa mari ou. Ou pale verite."**

¹⁹ Fanm nan te reponn Li: "Mesye mwen konsidere ke Ou menm se ᶻyon pwofèt. ²⁰ Papa zansèt nou yo te adore nan ᵃmòn sila a, men ou di ke se nan Jérusalem pou nou adore."

²¹ Jésus te di li: **"Fanm, kwè M, yon lè ap vini lè se pa ᵇni nan mòn sa a, ni nan Jérusalem ke ou va adore Papa a. ²² Ou**

ª **3:22** Jn 4:1-2   ᵇ **3:24** Mat 4:12   ᶜ **3:25** Jn 2:6   ᵈ **3:26** Mat 23:7   ᵉ **3:27** I Kor 4:7   ᶠ **3:28** Jn 1:20-23   ᵍ **3:29** Mat 9:15   ʰ **3:31** Mat 28:18   ⁱ **3:32** Jn 3:11   ʲ **3:34** Mat 12:18   ᵏ **3:35** Mat 28:18   ˡ **3:36** Jn 3:16   ᵐ **4:1** Luc 7:13   ⁿ **4:2** Jn 3:22-26   ᵒ **4:3** Jn 3:22   ᵖ **4:3** Jn 2:11   ᑫ **4:4** Luc 9:52   ʳ **4:5** Jen 33:19   ˢ **4:8** Jn 2:2   ᵗ **4:9** Esd 4:3-11   ᵘ **4:10** Jr 2:13   ᵛ **4:11** Jr 2:13   ʷ **4:12** Jn 4:6   ˣ **4:14** Mat 25:46   ʸ **4:15** Jn 6:35   ᶻ **4:19** Mat 21:11   ª **4:20** Det 11:29   ᵇ **4:21** Mal 1:11

adore sa ke ou pa konnen, men nou adore sa ke nou konnen, paske ᵃsali a sòti nan Jwif yo.

²³ "Men ᵇlè ap vini, e gen tan rive koulye a, lè vrè adoratè yo, va adore Papa a an espri, e anverite. Pwiske se moun konsa ke Papa a ap chache pou adore L. ²⁴ Bondye se lespri, e fòk sa yo ki adore Li, adore L ᶜan espri e anverite."

²⁵ Fanm nan te di L: "Mwen konnen ke ᵈMesye, ᵉ(sila a ke yo rele Kris la) gen pou vini. Lè L vini, L ap deklare nou tout bagay."

²⁶ Jésus te di li: ᶠ**"Mwen Menm k ap pale avèk ou a se Li."**

²⁷ Nan moman sa a, ᵍdisip Li yo te vini. Yo te etone ke Li t ap pale avèk yon fanm, men pèsòn pa t mande l: "Kisa w ap chache" ni "Poukisa w ap pale avè L."

²⁸ Konsa fanm nan te kite po dlo a e te antre nan vil la. Konsa, li te di a tout moun: ²⁹ "Vin wè yon nonm ki te di mwen tout bagay ke mwen fè. ʰNou pa sipoze ke se Li menm ki Kris la?"

³⁰ Yo te kite lavil la e t ap vin kote l.

³¹ Antre tan, disip yo t ap di L: ⁱ"Rabbi, manje."

³² Men Li te di yo: "Mwen gen manje ke nou pa konnen."

³³ Pou sa ʲdisip yo t ap di a youn lòt: "Èske ou kwè ke moun pote bay Li kèk bagay pou L manje?"

³⁴ Jésus te di yo: **"Manje M se pou fè volonte a Papa M ki voye Mwen an, e pou ᵏacheve travay Li a.**

³⁵ **"Èske nou pa konn di: 'Genyen toujou kat mwa, epi rekòlt la ap vini?' Gade, Mwen di nou leve zye nou epi gade chan yo. Yo blan avèk ˡrekòlt la.**

³⁶ **"Deja sila a ki fè rekòlt la a p resevwa salè li, e l ap ranmase fwi pou ᵐlavi etènèl. Pou sila ki simen an, ak sila ki rekòlte a kapab rejwi ansanm.** ³⁷ **Paske nan sila a, pwovèb la vrè:** ⁿ**'Youn ap simen epi yon lòt ap rekòlte.'**

³⁸ **"Mwen te voye nou pou rekòlte kote nou pa t simen. Se lòt ki te travay, epi nou te antre nan travay yo."**

³⁹ Anpil nan Samariten ki sòti nan ᵒvil sa a te kwè nan Li, akoz pawòl yo ke fanm nan te bay kon temwayaj ᵖ"Li te di mwen tout bagay ke mwen fè". ⁴⁰ Lè Samariten yo te vin kote L, yo t ap mande Li pou rete avèk yo. Li te rete la pou de jou.

⁴¹ Anpil anplis te kwè nan Li akoz pawòl Li. ⁴² Yo t ap di a fanm nan: "Se pa ankò akoz sa ou te di yo ke nou kwè. Nou te tande pou kont nou e konnen ke Sila a se ᑫSovè a mond lan."

⁴³ Apre ʳde jou Li te kite la, pou ale nan Galilée. ⁴⁴ Paske Jésus Li menm te bay temwayaj ke ˢyon pwofèt pa gen lonè nan pwòp peyi li. ⁴⁵ Konsa, lè Li rive nan Galilée, Galileyen yo te resevwa Li, paske yo ᵗte wè tout bagay ke Li te fè nan Jérusalem pandan fèt la, pwiske yo tout te ale nan fèt la.

⁴⁶ Li te vini ankò nan vil ᵘCana nan Galilée, kote Li te fè dlo tounen diven an. Te genyen yon ofisye wayal la, epi fis li te malad nan Capernaüm. ⁴⁷ Lè Li te tande ke Jésus ᵛte sòti Judée pou L antre nan Galilée, li te ale kote L e te mande L pou desann avèk li pou geri fis li a, paske li te prèt pou mouri.

⁴⁸ Pou sa, Jésus te di li: **"Anmwenske nou wè ʷsign ak mirak, nou p ap menm kwè."**

⁴⁹ Ofisye wayal la te di Li: "Mesye, vini avan pitit mwen an mouri."

⁵⁰ Jésus te di li: ˣ**"Ou mèt ale. Pitit ou ap viv."** Mesye a te kwè Jésus epi te sòti.

⁵¹ Pandan li t ap desann, esklav li yo te rankontre li pou di li ke pitit la te vivan.

⁵² Li te mande yo kilè pitit la te kòmanse refè, e yo te di li: "Ayè sou setyèm lè la fyèv la te kite li."

⁵³ Konsa papa li te konnen ke se te nan menm lè sa ke Jésus te di li: "Pitit ou a ap viv." E li menm te kwè, epi ʸtout lakay li ansanm avèk li.

ᵃ **4:22** És 2:3   ᵇ **4:23** Jn 4:21   ᶜ **4:24** Fil 3:3   ᵈ **4:25** Dan 9:25   ᵉ **4:25** Mat 1:16   ᶠ **4:26** Jn 8:24-28   ᵍ **4:27** Jn 4:8   ʰ **4:29** Mat 12:23   ⁱ **4:31** Mat 23:7   ʲ **4:33** Luc 6:13-16   ᵏ **4:34** Jn 5:36   ˡ **4:35** Mat 9:37-38   ᵐ **4:36** Mat 9:29   ⁿ **4:37** Job 31:8   ᵒ **4:39** Jn 4:5-30   ᵖ **4:39** Jn 4:29   ᑫ **4:42** Mat 1:21   ʳ **4:43** Jn 4:40   ˢ **4:44** Mat 13:57   ᵗ **4:45** Jn 2:23   ᵘ **4:46** Jn 2:1   ᵛ **4:47** Jn 4:3-54   ʷ **4:48** Dan 4:2   ˣ **4:50** Mat 8:13   ʸ **4:53** Trav 11:14

⁵⁴ Sa se te ankò dezyèm sign ke Jésus te fè lè Li te ᵃkite Judée pou L antre nan Galilée.

5

Apre bagay sa yo, te gen ᵇyon fèt Jwif, e Jésus te monte a Jérusalem. ² La nan Jérusalem toupre ᶜpòtay mouton an, gen yon basen dlo ke yo rele Béthesda, ki te gen senk galeri kouvri. ³ Nan sa yo te kouche sa yo ki te malad, avèg, oswa paralize ki t ap tann mouvman dlo a. ⁴ Paske yon zanj Senyè a te konn vini nan sèten sezon, epi antre nan basen an, epi vire dlo a. Konsa, sila ki te antre nan dlo a an premye lè dlo a vire te vin geri de nenpòt maladi ke li te genyen.

⁵ Alò yon sèten mesye ki te gen yon maladi depi trant-uit ane te la. ⁶ Lè Jésus te wè l kouche la, epi te konnen ke li te konsa depi anpil tan, Li te di l **"Èske ou ta renmen geri?"**

⁷ Mesye malad la te reponn Li: "Mesye, mwen pa gen moun pou mete m ᵈnan dlo a lè l vire, men lè m ap vini, yon lòt gen tan mache desann avan m."

⁸ Jésus te di l ᵉ**"Leve, pran kabann ou, epi mache!"**

⁹ Imedyatman, nonm nan te geri, te pran kabann li, epi te kòmanse mache. ᶠJou sa a se te jou Saba.

¹⁰ Pou sa Jwif yo t ap di Li "Se jou Saba a. ᵍLi pa pèmi pou ou pote kabann ou konsa."

¹¹ Men li te reponn yo: "Li menm ki te geri m nan, se Li menm ki di m **'Pran kabann ou mache.'"**

¹² Yo te mande li: "Ki moun sa ki te di ou **'Pran kabann ou mache a?'**"

¹³ Men li menm ki te geri pa t konnen ki moun Li te ye, paske Jésus te chape ale pandan yo te gen yon foul sou plas.

¹⁴ Apre, Jésus te twouve li nan tanp lan, e te di l: **"Gade, ou gen tan geri. ʰPa peche ankò pou anyen pi mal pa vin tonbe sou ou."**

¹⁵ Nonm nan te ale e te di ⁱJwif yo ke se te Jésus ki te geri li.

¹⁶ Alò pou rezon sa a, ʲJwif yo t ap pèsekite Jésus, paske Li t ap fè bagay sa yo nan Saba a.

¹⁷ Men Li te reponn yo e te di: **"Papa M ap travay jis koulye a, e Mwen menm ap travay tou."**

¹⁸ Men pou rezon sa, Jwif yo t ap chache plis pou yo ta kab touye L, paske non sèlman Li t ap vyole Saba a, men osi Li t ap rele Bondye Papa Li, ᵏki te fè Li vin egal avèk Bondye.

¹⁹ Pou sa, Jésus te reponn e te di yo: **"Anverite, anverite, Mwen di nou, ˡFis la pa kapab fè anyen pou kont Li, sof ke se yon bagay ke Li wè Papa a ap fè. Paske sa ke Papa a fè, Fis la ap fè yo menm jan an.** ²⁰ ᵐ**Paske Papa a renmen Fis la, epi montre Li tout bagay ke Li menm ap fè. Epi ⁿpi gwo travay pase sa, Li va montre Li, pou nou etone.** ²¹ **Paske menm jan an ke Papa a leve mò yo pou ᵒbay yo lavi, menm jan an ᵖFis la osi bay lavi a sa ke Li vle.**

²² **"Paske menm Papa a pa jije pèsòn, men ᵠLi te bay tout jijman a Fis la,** ²³ **Pou tout moun kapab bay onè a Fis la, menm jan ke yo onore Papa a. ʳMoun ki pa onore Fis la, pa onore Papa a ki te voye Li a.**

²⁴ **"Anverite, Anverite, Mwen di nou, moun ki tande pawòl Mwen, epi ˢkwè Li menm ki te voye Mwen an, genyen lavi etènèl, epi ᵗpa p vini nan jijman, men li gen tan kite lanmò, pou antre nan lavi.**

²⁵ **"Anverite, Anverite Mwen di nou ke lè ap vini e koulye a gen tan rive, lè ᵘmò yo tande vwa a Fis Bondye a. Epi ᵛsa yo ki tande ap viv.**

²⁶ **"Paske menm jan ke Papa a gen lavi nan Li menm, menm jan an ʷLi te bay Fis la osi pou gen lavi nan Li menm.** ²⁷ **Li te bay Li otorite pou ˣegzekite jijman, paske Li menm se Fis a Lòm nan.**

²⁸ **"Pa fè sezisman pou sa, paske yon lè ap vini lè ʸtout moun sa yo ki nan tonbo yo ap tande vwa Li,** ²⁹ **epi ap vin parèt. ᶻSa yo ki te fè sa ki bon ap resisite a lavi, e sa yo ki te fè sa ki mal ap resisite pou jijman.**

ᵃ **4:54** Jn 4:45   ᵇ **5:1** Det 16:1   ᶜ **5:2** Né 3:1-32   ᵈ **5:7** Jn 5:4   ᵉ **5:8** Mat 9:6   ᶠ **5:9** Jn 9:14
ᵍ **5:10** Né 13:19   ʰ **5:14** Mc 2:5   ⁱ **5:15** Jn 1:19   ʲ **5:16** Jn 1:19   ᵏ **5:18** Jn 10:33   ˡ **5:19** Mat 26:39
ᵐ **5:20** Jn 3:35   ⁿ **5:20** Jn 14:12   ᵒ **5:21** Wo 4:17   ᵖ **5:21** Jn 11:25   ᵠ **5:22** Jn 5:27   ʳ **5:23** Luc 10:16
ˢ **5:24** Jn 12:44   ᵗ **5:24** Jn 3:18   ᵘ **5:25** Luc 15:24   ᵛ **5:25** Jn 6:60   ʷ **5:26** Jn 1:4   ˣ **5:27** Jn 9:39
ʸ **5:28** Jn 11:24   ᶻ **5:29** Dan 12:2

30 "Mwen pa kapab fè anyen pou kont Mwen. Sa ke Mwen tande, Mwen jije; epi ᵃjijman Mwen jis, paske Mwen pa chache volonte pa M, men ᵇvolonte a Li menm, ki te voye Mwen an.

31 ᶜ"Si Mwen sèl fè temwayaj a Mwen menm, temwayaj la p ap vrè. 32 Gen ᵈyon lòt moun ki pote temwayaj Mwen, epi M konnen ke temwayaj ke Li pote sou Mwen menm nan vrè.

33 "Ou te voye kote Jean, epi Li ᵉte bay temwayaj a verite a. 34 Men ᶠtemwayaj ke Mwen resevwa a pa sòti nan lòm, men Mwen di nou bagay sa yo pou nou kapab sove.

35 "Li menm li te lanp ki t a brile a, ki te limen pou klere, epi nou te ᵍrejwi pou yon tan nan limyè pa l la.

36 "Men temwayaj ke Mwen genyen an pi gwo ke temwayaj Jean an. Paske ʰzèv ke Papa a te ban M pou ⁱacheve yo, menm zèv ke Mwen fè yo, temwaye de Mwen menm, ke Papa a te voye M. 37 E Papa a ki te voye M nan, ʲLi pote temwayaj de Mwen. Nou menm pa janm tande vwa Li nan okenn tan, ni nou pa janm wè fòm Li.

38 "E nou pa gen ᵏpawòl Li nan nou, pwiske nou pa kwè Sila ke Li te voye a. 39 ˡNou chache tout Ekriti Sen yo paske nou kwè ke nan yo menm nou gen lavi etènèl. E se yo menm ki temwaye de Mwen menm.

40 "Malgre, nou pa dakò pou vin kote M pou nou ta kapab gen lavi.

41 ᵐ"Mwen pa resevwa glwa ki sòti nan lòm. 42 Men Mwen konnen nou, ke nou pa genyen lamou Bondye nan nou menm.

43 "Mwen te vini nan non Papa M, e nou pa resevwa M.

"Men ⁿsi yon lòt vini nan pwòp non pa l, li menm nou va resevwa l. 44 Kijan nou kapab kwè lè nou resevwa glwa ki sòti nan youn anvè lòt, e nou pa chache °glwa a ki sòti sèlman nan ᵖsèl Bondye ki genyen an?

45 "Pa panse ke Mwen va akize nou devan Papa a. Sila a k ap akize nou an se ᑫMoïse, nan kilès nou gen tan mete espwa nou.

46 "Paske si nou te kwè Moïse, nou t ap kwè Mwen, paske ʳli te ekri selon Mwen menm. 47 Men ˢsi nou pa kwè sa ke li te ekri, kijan nou va kwè pawòl pa Mwen yo."

6

Apre bagay sa yo, ᵗJésus te ale lòtbò Lamè Galilée a (oubyen Tibériade). 2 E yon gran foul te swiv Li paske yo te wè ᵘsign ke Li t ap fè sou sa ki te malad yo. 3 ᵛJésus te monte sou mòn nan, epi la Li te chita avèk disip Li yo.

4 Alò, Pak Jwif la t ap pwoche.

5 Jésus te leve zye Li, e lè L wè yon gran foul ki t ap pwoche Li, te di a ʷPhilippe: "Kibò n ap achte pen pou sila yo kapab manje." 6 Li t ap di L sa pou ˣsonde l. Paske Li menm te konnen deja kisa Li te gen lentansyon pou fè.

7 Philippe te reponn Li: "Fòs pen pou ʸdesan denye frè jounalye pou desan jou pa t ap sifi pou chak moun twouve menm yon ti mòso."

8 Youn nan disip yo, ᶻAndré, frè a Simon Pierre te di L: 9 "Gen yon jènjan isit la ki gen senk pen fèt avèk lòj avèk ᵃde pwason, men kisa sa ye pou tout fòs kantite moun sa yo?"

10 Jésus te di: **"Fè moun yo chita."**

Te gen ᵇanpil zèb nan plas sa a. Epi anviwon ᶜsenk-mil moun te chita.

11 Konsa, Jésus te pran pen yo epi ᵈaprè Li te bay Bondye remèsiman, Li te pataje l a tout sa yo ki te chita la. Menm jan tou avèk pwason yo. Tout kantite ke yo te vle.

12 Lè yo te plen, Li te di a ᵉdisip Li yo, **"Ranmase tout mòso ki rete yo pou anyen pa pèdi."**

13 Konsa yo te ranmase yo, e yo te plen douz ᶠpanyen yo avèk ti mòso fèt pa senk pen lòj ke sa ki t ap manje yo te kite.

14 E pou sa, lè moun yo te wè sign ke Li te fè a, yo te di: "Anverite sa se ᵍPwofèt ki gen pou vini nan lemonn nan."

ᵃ **5:30** Jn 8:16 ᵇ **5:30** Jn 4:34 ᶜ **5:31** Jn 8:14 ᵈ **5:32** Jn 5:37 ᵉ **5:33** Jn 1:7-32 ᶠ **5:34** Jn 5:32 ᵍ **5:35** Mc 1:5 ʰ **5:36** Jn 10:25-38 ⁱ **5:36** Jn 4:34 ʲ **5:37** Mat 3:17 ᵏ **5:38** I Jn 2:14 ˡ **5:39** Jn 7:52 ᵐ **5:41** Jn 5:44 ⁿ **5:43** Mat 24:5 ᵒ **5:44** Wo 2:29 ᵖ **5:44** Jn 17:3 ᑫ **5:45** Jn 9:28 ʳ **5:46** Luc 24:27 ˢ **5:47** Luc 16:29-31 ᵗ **6:1** Mat 14:13-21 ᵘ **6:2** Jn 2:11-23 ᵛ **6:3** Mat 5:1 ʷ **6:5** Jn 1:43 ˣ **6:6** II Kor 13:5 ʸ **6:7** Mc 6:37 ᶻ **6:8** Jn 1:40 ᵃ **6:9** Jn 6:11 ᵇ **6:10** Mc 6:39 ᶜ **6:10** Mat 14:21 ᵈ **6:11** Mat 15:36 ᵉ **6:12** Jn 2:2 ᶠ **6:13** Mat 14:20 ᵍ **6:14** Mat 11:3

¹⁵ Lè Jésus apèsi ke yo gen lentansyon pou te vin pran L pa lafòs pou fè L wa, Li te ᵃretire kò Li ankò, epi ale nan mòn nan pou kont Li.

¹⁶ Alò, lè aswè vini, ᵇdisip Li yo te ale bò kote lamè a. ¹⁷ Yo antre nan yon kannòt, epi yo te travèse lamè a ᶜvè Capernaüm.

Li te fènwa deja, e Jésus poko te vin kote yo. ¹⁸ Lamè a te kòmanse boulvèse akoz yon gwo van ki t ap soufle.

¹⁹ Akoz sa, lè yo ta p naje ak zaviwon, a senk o sis kilomèt distans, yo te wè Jésus t ap vin vè kannòt la, tou mache sou dlo a. E yo te pè.

²⁰ Men Li te di yo: "Se Mwen menm. ᵈPa pè."

²¹ Konsa, yo te dakò pou resevwa L nan kannòt la. Epi imedyatman, kannòt la rive atè, kote yo t ap ale a.

²² Jou apre a ᵉfoul la ki te lòtbò lamè a te wè ke pa t gen lòt ti kannòt sof ke youn, epi ke Jésus pa t antre nan kannòt la avèk disip Li yo, men ke yo te kite la pou kont yo. ²³ Te gen lòt ti kannòt ki te sòti Tibériade toupre plas kote yo te manje pen an apre Senyè a ᶠte bay remèsiman an. ²⁴ Konsa, lè foul la te wè ke Jésus pa t la, ni disip Li yo, yo menm te antre nan ti kannòt yo, e te ᵍvini a Capernaüm pou chache Jésus.

²⁵ E lè yo te twouve Li lòtbò lamè a, yo te di L: ʰ"Rabbi, kilè ou rive la a?"

²⁶ Jésus te reponn yo e te di: **"Anverite, anverite Mwen di nou, nou pa chache M paske nou te wè ⁱsign yo, men paske nou te manje pen, epi te plen.**

²⁷ ʲ**"Pa travay pou manje k ap peri, men pou manje k ap dire jiska lavi etènèl, ke Fis a Lòm nan va bay nou. Pwiske sou Li, Papa a, Bondye menm, gen tan mete so Li."**

²⁸ E pou sa moun foul la te di Li: "Ki zèv nou kapab fè pou nou menm kapab fè zèv a Bondye?"

²⁹ Jésus te reponn e te di yo: **"Sa se ᵏzèv a Bondye, ke nou ta kwè nan Sila ke Li voye a."**

³⁰ Pou sa yo te di Li: ˡ"Kisa konsa ou fè kon sign, pou nou kapab wè epi kwè ou? Ki zèv ou fè?" ³¹ "Papa zansèt nou yo te manje lamàn nan dezè a. Kon li ekri a: ᵐLi te bay yo pen ki sòti nan syèl la pou yo manje.'"

³² Pou sa, Jésus te di yo: **"Anverite, anverite, Mwen di nou, se pa Moïse ki te bay nou pen ki sòti nan syèl la, men se Papa M ki bay nou vrè pen ki sòti nan syèl la. ³³ Paske pen Bondye a se sila ki ⁿdesann, sòti nan syèl la, e bay lavi a lemonn lan."**

³⁴ Pou sa yo te di L: "Senyè, toujou ᵒbay nou pen sa a".

³⁵ Jésus te di yo: ᵖ**"Mwen menm se pen lavi a. Moun ki vini kote Mwen p ap grangou, e sila ki kwè nan Mwen, ᵠp ap janm swaf.**

³⁶ **"Men ʳMwen di nou ke nou wè M, e malgre, nou pa kwè.**

³⁷ ˢ**"Tout sa ke Papa a ban Mwen yo ap vin kote Mwen, e sila a ki vin kote Mwen, Mwen p ap janm jete yo deyò.**

³⁸ **"Paske ᵗMwen pa t desann kite syèl la pou fè ᵘpwòp volonte pa M, men volonte a Li menm ki te voye M nan.** ³⁹ **E sa se volonte a Li menm ki te voye M nan, ke nan tout sa ke Li bay Mwen yo, Mwen ᵛpa pèdi anyen, men fè li leve nan dènye jou a.** ⁴⁰ **Paske sa se volonte a Papa M, ke tout moun ki wè Fis la epi ʷkwè nan Li kapab gen lavi etènèl. Epi Mwen menm va ˣfè l leve nan dènye jou a."**

⁴¹ Pou sa, Jwif yo t ap mimire paske Li te di: **"Mwen menm se ʸpen ki desann soti nan syèl la."** ⁴² E yo t ap di: "Se pa Jésus sa a, ᶻfis a Joseph la? ᵃÈske nou pa konnen ni manman L, ni papa L? Kijan Li di nou koulye a: 'Mwen sòti nan syèl la'?"

⁴³ Jésus te reponn yo e te di yo: **"Pa mimire pami nou menm.** ⁴⁴ **Pèsòn pa kapab vini a Mwen menm sof ke Papa a ki te voye M nan ᵇatire li, epi Mwen menm va fè l leve nan dènye jou a.**

ᵃ **6:15** Mat 14:22-33　ᵇ **6:16** Jn 2:2　ᶜ **6:17** Mc 6:45　ᵈ **6:20** Mat 14:27　ᵉ **6:22** Jn 6:2　ᶠ **6:23** Jn 6:11　ᵍ **6:24** Mat 14:34　ʰ **6:25** Mat 23:7　ⁱ **6:26** Jn 6:2-14　ʲ **6:27** És 55:2; Jn 3:33　ᵏ **6:29** I Tes 1:3　ˡ **6:30** Mat 12:38　ᵐ **6:31** Sòm 78:24　ⁿ **6:33** Jn 6:41-50　ᵒ **6:34** Jn 4:15　ᵖ **6:35** Jn 6:48　ᵠ **6:35** Jn 4:14　ʳ **6:36** Jn 6:26　ˢ **6:37** Jn 6:39　ᵗ **6:38** Jn 3:13　ᵘ **6:38** Mat 26:39　ᵛ **6:39** Jn 17:12　ʷ **6:40** Jn 3:16　ˣ **6:40** Mat 10:15　ʸ **6:41** Jn 6:33-58　ᶻ **6:42** Luc 4:22　ᵃ **6:42** Jn 7:27　ᵇ **6:44** Jr 31:3

45 "Li ekri nan pwofèt yo: ᵃ'E yo tout va enstwi pa Bondye.' Tout sa yo ki te tande epi enstwi pa Papa a, ap vini a Mwen.

46 ᵇ"Pa gen moun ki konn wè Papa a, sof ke sèl Sila a ki sòti nan Bondye a. Li konn wè Papa a.

47 "Anverite, anverite, Mwen di nou, sila ki kwè ᶜgen lavi etènèl. **48** ᵈMwen se pen lavi a.

49 "Papa zansèt nou yo te manje lamàn nan dezè a, e yo te mouri. **50** "Sila a se pen ki sòti desann nan syèl la. Pou moun kab manje l epi ᵉpa mouri.

51 "Mwen menm se pen vivan ki desann sòti nan syèl la. Si nenpòt moun manje pen sa a, l ap viv jis pou jamen. E pen osi ke M ap bay ᶠpou lavi lemonn nan se chè Mwen."

52 Pou sa Jwif yo te ᵍkòmanse diskite youn avèk lòt e te di: "Kijan moun sa kapab bay nou chè Li pou manje?"

53 Pou sa, Jésus te di yo: "**Anverite, anverite Mwen di nou, anmwenske nou manje chè ʰFis a Lòm nan, epi bwè san Li, nou pa gen lavi nan nou menm.**

54 "Moun ki manje chè M, epi bwè san Mwen, genyen lavi etènèl, epi M ap ⁱfè l leve nan dènye jou a. **55** Paske chè M se vrè manje a, e san Mwen se vrè bwason an.

56 "Moun ki manje chè M epi bwè san Mwen, ʲrete avè M, epi Mwen menm avèk li. **57** Kon Papa ᵏvivan an te voye M nan, e Mwen viv akoz Papa a, konsa, moun ki manje M, li menm osi va viv akoz Mwen.

58 "Sa se pen ˡki desann sòti nan syèl la. Se pa kon papa zansèt yo te manje a, e te mouri. Sila a ki manje pen sila a va viv jis pou janmen."

59 Bagay sa yo Li te di ᵐnan Sinagòg la pandan Li t ap ansegne nan Capernaüm nan.

60 Konsa, anpil nan ⁿdisip Li yo lè yo te tande sa te di: "Pawòl sa a tèlman difisil. Ki moun ki ka tande sa?"

61 Men Jésus, byen konprann ke yo t ap plenyen konsa, te di yo: "**Èske sa ᵒfè nou kilbite tonbe? 62 Kisa li ta ye konsa si nou ta wè Fis a Lòm nan k ap ᵖmonte kote Li te ye oparavan an?**

63 ᵠ"**Se Lespri a ki bay lavi. Chè a pa gen okenn benefis. Pawòl ke Mwen te pale a nou yo se Lespri, epi se lavi.**

64 "**Men gen nan nou ki pa kwè.**" Pwiske Jésus ʳte konnen depi nan kòmansman kilès nan yo ki pa t kwè, epi ˢkilès li te ye ki t ap trayi li a. **65** E Li t ap di: "**Pou rezon sa a Mwen te di nou ke pèsòn pa kapab vin kote Mwen, sof ke ᵗse Papa a ki pèmèt sa.**"

66 Akoz sa a, anpil nan ᵘdisip Li yo te retire kò yo, e pa t ap mache avèk Li ankò.

67 Pou sa, Jésus te di a ᵛdouz yo: "**Epi nou menm pa vle ale tou?**"

68 Simon Pierre te reponn Li: "Senyè, a kibo nou ta ale? Ou gen ʷpawòl lavi etènèl yo. **69** Nou te kwè, epi te vin konnen ke Ou se ˣLi Menm ki Kris la, Fis a Bondye vivan an."

70 Jésus te reponn yo: ʸ"**Èske se pa Mwen menm ki te chwazi nou, douz la, epi youn nan nou se yon dyab?**" **71** Konsa Li t ap refere a Judas Iscariot, ᶻfis a Simon an, paske li menm, youn nan douz yo, t ap vin trayi Li.

7 Apre bagay sa yo, Jésus ᵃt ap mache nan Galilée. Li pa t dakò pou mache nan Judée pwiske Jwif yo ᵇt ap chache pou touye L.

2 Koulye a, fèt a Jwif yo, ᶜFèt Tonèl yo, t ap pwoche. **3** ᵈFrè Li yo te di L: "Kite isit la epi ale nan Judée pou disip pa W yo osi kapab wè zèv ke Ou ap fè yo. **4** Paske pèsòn pa fè anyen nan sekrè lè li vle rekonèt an piblik. Si Ou fè bagay sa yo, Ou bezwen montre Ou menm a tout monn lan." **5** Paske menm ᵉfrè Li yo pa t kwè nan Li.

6 Pou sa, Jésus te di yo: ᶠ"**Lè M poko rive, men lè pa nou toujou bon.**

ᵃ **6:45** És 54:13   ᵇ **6:46** Jn 1:18   ᶜ **6:47** Jn 3:36   ᵈ **6:48** Jn 6:35-51   ᵉ **6:50** Jn 3:36   ᶠ **6:51** Jn 1:29
ᵍ **6:52** Jn 9:16   ʰ **6:53** Mat 8:20   ⁱ **6:54** Jn 6:39   ʲ **6:56** Jn 15:4   ᵏ **6:57** Mat 16:16   ˡ **6:58** Jn 3:15
ᵐ **6:59** Mat 4:23   ⁿ **6:60** Jn 2:2   ᵒ **6:61** Mat 11:6   ᵖ **6:62** Jn 3:13   ᵠ **6:63** II Kor 3:6   ʳ **6:64** Jn 2:25   ˢ **6:64** Mat 10:4   ᵗ **6:65** Mat 13:11   ᵘ **6:66** Jn 2:2   ᵛ **6:67** Mat 10:2   ʷ **6:68** Jn 6:63
ˣ **6:69** Mc 1:24   ʸ **6:70** Jn 15:16-19   ᶻ **6:71** Jn 12:4   ᵃ **7:1** Jn 4:3   ᵇ **7:1** Jn 5:18   ᶜ **7:2** Lev 23:34
ᵈ **7:3** Mat 12:46   ᵉ **7:5** Mat 12:46   ᶠ **7:6** Mat 26:18

⁷ ᵃ"Lemonn pa kapab rayi nou. Men Li rayi Mwen, paske Mwen temwaye sou li ke ᵇzèv li yo mechan.

⁸ "Monte nan fèt la nou menm. Mwen pa ale nan fèt sila a, paske ᶜlè Mwen poko fin acheve." ⁹ Lè L fin di yo bagay sa yo, Li te rete nan Galilée.

¹⁰ Men lè ᵈfrè Li yo te ale nan fèt la, alò, Li menm tou te monte. Pa an piblik, men kòmsi an sekrè.

¹¹ Konsa, Jwif yo ᵉt ap chache pou Li nan fèt la e t ap di: "Kote Li ye?"

¹² Epi te gen anpil pale pami foul la ki t ap fèt sou Li. ᶠKèk t ap di: "Li se yon bon moun." Lòt t ap di: "Non, okontrè l ap egare moun yo." ¹³ Malgre sa, pèsòn pa t pale ovètman konsènan Li, paske ᵍyo te pè Jwif yo.

¹⁴ Men se lè yo te rive nan mitan fèt la ke Jésus te monte nan tanp lan, e te kòmanse ʰansegne.

¹⁵ Pou sa, ⁱJwif yo te etone, e t ap di "Kijan nonm sa a vin edike konsa, konsi Li pa te janm enstwi?"

¹⁶ Pou sa, Jésus te reponn yo e te di: ʲ"Lenstriksyon pa M se pa pa M, men se pou Li menm ki te voye M nan.

¹⁷ ᵏ"Si nenpòt moun dakò pou fè volonte L, l ap konnen enstriksyon an, si Li sòti nan Bondye, oubyen si Mwen pale pou kont Mwen. ¹⁸ Sila ki pale pou kont li ˡchache pwòp glwa pa li, men Sila k ap chache glwa a Sila ki te voye L la; Li menm se verite, e pa gen linikite nan Li.

¹⁹ ᵐ"Èske Moïse pa t bay nou lalwa, men malgre sa, pa gen nan nou ki swiv lalwa? Poukisa nou ap ⁿchache touye M?"

²⁰ Foul la te reponn Li: ᵒ"Ou gen yon move lespri! Kilès k ap chache touye W la?"

²¹ Jésus te reponn yo e te di: "Mwen te fè ᵖyon sèl zèv, e nou tout etone.

²² "Sou kont sila a, ᵠMoïse te bay nou sikonsizyon (pa paske li te soti nan Moïse, men nan ʳpapa zansèt yo), e nan Saba a, nou sikonsize yon moun. ²³ ˢSi yon moun resevwa sikonsizyon nan Saba a, pou anpeche lalwa Moïse la vyole, èske nou fache avè M akoz ke Mwen te fè yon moun geri nèt nan Saba a.

²⁴ "Pa ᵗjije selon aparans, men jije avèk jijman ki jis."

²⁵ Pou sa, kèk nan pèp Jérusalem la t ap di: "Se pa mesye sila a ke y ap chache touye a? ²⁶ Epi gade, L ap pale devan tout moun, e yo p ap di L anyen. ᵘOtorite yo pa petèt sipoze konnen ke sa se Kris La? ²⁷ Men ᵛnou menm konnen kote mesye sa a sòti. Men nenpòt lè Kris La vini, pèsòn p ap konnen kote Li sòti."

²⁸ Akoz sa a, Jésus te rele fò nan tanp lan e te enstwi e te di: "Nou non sèlman konnen Mwen e kote Mwen sòti. ʷMwen pa t vini pou kont Mwen, men Li menm ki te voye M nan vrè. Li menm ke nou pa konnen an. ²⁹ Mwen konnen Li paske Mwen ˣsòti nan Li, e ʸLi te voye M."

³⁰ E yo ᶻt ap chache pou sezi Li, men pèsòn pa t mete men sou Li, paske lè Li poko te rive.

³¹ Men ᵃanpil nan foul la te kwè nan Li, e t ap di: "Lè Kris la vini, èske nou sipoze l ap fè plis ᵇsign pase sa mesye sila a gen tan fè yo?"

³² Farizyen yo te tande foul la ki t ap repete bagay sa yo konsènan Li. Epi chèf prèt yo avèk Farizyen yo te voye ᶜofisye yo pou sezi Li.

³³ Pou sa, Jésus te di: ᵈ"Pou yon ti tan anplis, Mwen avèk nou. Apre, M ap prale a Li menm ki te voye M nan. ³⁴ ᵉNou va chache M, e nou p ap twouve M. E kote Mwen ye, nou p ap kab vini."

³⁵ Pou sa Jwif yo te di youn ak lòt: "Kote mesye sa a prale pou nou p ap kab twouve L? Ou pa sipoze ke L ap prale ᶠnan dyaspora pami Grèk yo, pou l enstwi Grèk yo? ³⁶ Kisa li t ap di la a: ᵍ"Nou va chache M, e nou p

---

ᵃ **7:7** Jn 15:18   ᵇ **7:7** Jn 3:19   ᶜ **7:8** Jn 7:6   ᵈ **7:10** Mat 12:46   ᵉ **7:11** Jn 11:56   ᶠ **7:12** Jn 7:40-43   ᵍ **7:13** Jn 9:22   ʰ **7:14** Mat 26:55   ⁱ **7:15** Jn 1:19   ʲ **7:16** Jn 3:11   ᵏ **7:17** Sòm 25:9-14   ˡ **7:18** Jn 5:41   ᵐ **7:19** Jn 1:17   ⁿ **7:19** Mc 11:18   ᵒ **7:20** Mat 11:8   ᵖ **7:21** Jn 5:2-16   ᵠ **7:22** Lev 12:3   ʳ **7:22** Jen 17:1   ˢ **7:23** Mat 12:2   ᵗ **7:24** Lev 19:15   ᵘ **7:26** Luc 23:13   ᵛ **7:27** Jn 6:42   ʷ **7:28** Jn 8:42   ˣ **7:29** Jn 6:46   ʸ **7:29** Jn 3:17   ᶻ **7:30** Mat 21:46   ᵃ **7:31** Jn 2:23   ᵇ **7:31** Jn 2:11   ᶜ **7:32** Mat 26:58   ᵈ **7:33** Jn 12:35   ᵉ **7:34** Jn 7:36   ᶠ **7:35** Sòm 147:2   ᵍ **7:36** Jn 7:34

ap twouve M; epi **Kote Mwen ye, nou p ap kab vini?"**

37 Nan ᵃdènye jou fèt la, Jésus te kanpe e te kriye: **"Si nenpòt moun swaf, kite L vin kote Mwen epi bwè!** 38 **Sila ki kwè nan Mwen,** ᵇ**tankou Ekriti Sen an di: 'Sòti nan pi fon anndan l va fè koule rivyè dlo vivan yo.'"** 39 Men sa, Li te pale ᶜkonsènan Lespri a, ke sa ki te kwè nan Li yo ta resevwa. Paske Lespri a poko te parèt, akoz Jésus poko te vini nan glwa Li.

40 Kèk nan moun yo, lè yo te tande pawòl sa yo, t ap di: "Vrèman, sa se ᵈpwofèt la."

41 Lòt t ap di: "Sa se Kris la". Men toujou lòt t ap di: ᵉ"Asireman nou pa ta kwè Kris la ta pral sòti nan Galilée! 42 Èske Ekriti Sen an pa konn di ke Kris la va sòti ᶠnan ras David, epi nan Bethléem, vil kote David te ye a?"

43 Konsa, te gen yon ᵍdivizyon nan foul la akoz Li. 44 ʰKèk te vle sezi Li, men pèsòn pa t mete men l sou Li.

45 Konsa, ⁱofisye yo te vin kote chèf prèt ak Farizyen yo e te di yo: "Poukisa nou pa t mennen Li?"

46 Ofisye yo te reponn: ʲ"Janmen yon moun pa pale tankou moun sa a pale."

47 Pou sa, Farizyen yo te reponn yo: ᵏ"Èske Li gen tan egare nou menm tou? 48 Èske gen pami ˡgwo chèf Farizyen yo ki kwè nan Li? 49 Men foul sa a ki pa konnen Lalwa, gen madichon."

50 ᵐNicodème (ki te vin kote Li avan an, epi te youn nan yo) te di yo: 51 ⁿ"Lalwa pa nou pa jije yon moun avan ke premyèman li tande li epi konnen ki sa li fè. Èske sa konn fèt?"

52 Yo te reponn li e te di: ᵒ"Èske ou menm sòti nan Galilée tou? Egzaminen Lekriti yo epi ou va wè ke nanpwen pwofèt ki sòti nan Galilée." 53 E tout moun ale lakay yo.

8 Men Jésus te ale nan ᵖMòn Oliv la. 2 Gran maten a Li te vini ankò nan tanp lan, e tout pèp la t ap vin kote Li. E ᑫLi te chita, pou kòmanse enstwi yo. 3 Skrib yo ak Farizyen yo te mennen yon fanm ki te kenbe nan adiltè e te fè l chita nan mitan yo.

4 Yo te di Li: "Mèt, fanm sa te kenbe nan adiltè, nan zak la menm. 5 Epi nan Lalwa ʳMoïse la, li te kòmande nou pou nou te lapide yon fanm konsa ak wòch. Kisa ou menm di?" 6 Yo t ap di sa pou yo ta kapab ˢsonde l pou yo ta twouve mwayen pou akize Li. Men Jésus te bese, e te ekri atè a avèk dwat Li.

7 Men lè yo te pèsiste avèk demann sa a, Li te leve dwat epi te reponn yo: ᵗ**"Sila a ki pa gen peche pami nou, kite l se premye moun pou voye yon wòch sou li."** 8 Ankò Li te bese e te kòmanse ekri atè a.

9 Lè yo tande sa, yo te kòmanse kite kote a youn pa youn. Sa te kòmanse avèk pi granmoun pami yo. Konsa, yo te kite Li la pou kont Li avèk fanm nan ki te rete menm kote li te ye a nan mitan lakou a.

10 Jésus te leve, e te di li: **"Fanm, kote yo ye? Nanpwen youn ki kondane ou?"** 11 Li te di: "Pa youn, Senyè." Jésus te di ᵘ**"Ni Mwen menm, mwen pa kondane ou nonplis. Ale, epi depi koulye a,** ᵛ**pa peche ankò."**

12 Ankò Jésus te pale avèk yo e te di: ʷ**"Mwen se limyè a lemonn. Sila a ki swiv Mwen p ap mache nan tenèb, men l ap gen limyè lavi a."**

13 Pou sa, Farizyen yo te di Li: ˣ"Ou fè temwayaj pwòp tèt ou. Konsa temwayaj Ou pa vrè."

14 Jésus te reponn e te di yo: **"Menmsi Mwen pote pwòp temwayaj pa M, temwayaj Mwen vrè, paske Mwen konnen** ʸ**kote Mwen sòti, e kote M ap prale, men nou pa konnen kote Mwen sòti, ni kote M ap prale.**

15 **"Nou menm nou jije pa lachè, men** ᶻ**Mwen p ap jije pèsòn.** 16 **Men menmsi** ᵃ**Mwen jije, jijman Mwen vrè, paske Mwen pa sèl, men Mwen avèk Li menm ki te voye M nan.**

17 **"Menm nan** ᵇ**lalwa pa w la Li te ekri ke temwayaj a de moun vrè.** 18 **Mwen se Sila ki pote temwayaj pou pwòp tèt Mwen menm, e anplis,** ᶜ**Papa

---

ᵃ **7:37** Lev 23:36 ᵇ **7:38** És 44:3 ᶜ **7:39** Jl 2:28 ᵈ **7:40** Mat 21:11 ᵉ **7:41** Jn 1:46 ᶠ **7:42** Sòm 89:4
ᵍ **7:43** Jn 9:16 ʰ **7:44** Jn 7:30 ⁱ **7:45** Jn 7:32 ʲ **7:46** Mat 7:28 ᵏ **7:47** Jn 7:12 ˡ **7:48** Luc 23:13
ᵐ **7:50** Jn 3:1 ⁿ **7:51** Egz 23:1 ᵒ **7:52** Jn 1:46 ᵖ **8:1** Mat 21:1 ᑫ **8:2** Mat 26:55 ʳ **8:5** Lev 20:10
ˢ **8:6** Mat 16:1 ᵗ **8:7** Det 17:7 ᵘ **8:11** Jn 3:17 ᵛ **8:11** Jn 5:14 ʷ **8:12** Jn 1:4 ˣ **8:13** Jn 5:31
ʸ **8:14** Jn 8:28 ᶻ **8:15** Jn 3:17 ᵃ **8:16** Jn 5:30 ᵇ **8:17** Det 17:6 ᶜ **8:18** Jn 5:37

a ki te voye M nan pote temwayaj sou Mwen."

¹⁹ Pou sa yo te di Li: "Kote Papa ou?" Jésus te reponn yo: "**Nou pa konnen ni Mwen, ni Papa M. Si nou te [a]konnen Mwen, nou ta konnen Papa M tou.**"

²⁰ Pawòl sa yo Li te pale nan trezò a, pandan [b]Li t ap enstwi nan tanp lan. Men pèsòn pa t sezi Li, paske [c]lè Li poko te rive.

²¹ Li te di yo ankò: "**M ap prale, e [d]nou va chache M, e va mouri nan peche nou. Kote M ap prale, nou p ap kab vini.**"

²² Pou sa, Jwif yo t ap di: "Asireman Li p ap vin touye tèt Li. Konsi l ap di e**"Kote m ap prale, nou p ap kab vini?**'"

²³ Li t ap di yo: [f]"**Nou sòti pa anba, men Mwen sòti pa anwo. Nou a lemonn sila a; [g]Mwen pa a lemonn sila a.** ²⁴ **Pou sa, Mwen te di nou ke nou tout va mouri nan peche nou yo. Paske anmwenske nou kwè [h]ke Mwen menm se Sila a, nou va mouri nan peche nou yo.**"

²⁵ Epi yo t ap di Li: "Ki moun Ou ye?" Epi Jésus te di yo "**Menm sa a Mwen t ap di nou depi kòmansman.** ²⁶ **Mwen gen anpil bagay pou pale e pou jije konsènan nou. [i]Sinon, Li menm ki te voye M nan vrè. E bagay ke M te tande de Li yo, sa yo Mwen pale a lemonn.**"

²⁷ Yo pa t konprann ke Li t ap pale avèk yo konsènan Papa a.

²⁸ Pou sa, Jésus te di yo: "**Lè nou [j]leve Fis a Lòm nan, nou va konnen ke Mwen menm se Li menm, e ke M pa fè anyen pou kont Mwen, men Mwen pale bagay sa yo tankou Papa a te enstwi Mwen.** ²⁹ **E Li ki te voye M nan avèk Mwen. [k]Li pa t kite M pou kont Mwen, paske Mwen toujou fè bagay ki fè L kontan.**" ³⁰ Pandan Li t ap pale, [l]anpil moun te vin kwè nan Li.

³¹ Konsa, Jésus t ap pale avèk Jwif yo ki te kwè nan Li, [m]"**Si nou kontinye nan Pawòl Mwen, anverite, nou se disip Mwen.** ³² **E nou va konnen laverite a, e [n]verite a va fè nou lib.**"

³³ Yo te reponn Li: o"**Nou se pitit Abraham. Nou pa t janm esklav a pèsòn. Kijan ou kapab di 'nou va vin lib?'**"

³⁴ Jésus te reponn yo "**Anverite, anverite, Mwen di nou, [p]tout moun ki fè peche se esklav a peche a.** ³⁵ "**Epi esklav la pa p toujou rete nan kay la, men [q]Fis la ap toujou la.** ³⁶ **Se pou sa, si Fis la [r]fè nou lib, nou ap vrèman lib.** ³⁷ "**Mwen konnen ke nou se pitit [s]Abraham, men nou ap chache touye M, paske pawòl Mwen pa gen plas nan nou.** ³⁸ **Mwen pale bagay ke M gen tan wè avèk Papa M. E nou menm tou fè bagay ke nou te tande de [t]papa pa nou.**"

³⁹ Yo te reponn Li e te di: "Abraham se Papa nou".

Jésus te di yo: u"**Si nou se pitit Abraham, fè zèv Abraham yo.** ⁴⁰ **Men jan li ye a, nou ap chache pou touye M, yon nonm ki [v]di nou laverite ke M te tande depi nan Bondye.** "**Sila a, Abraham pa t janm fè.** ⁴¹ **Nou ap fè pwòp zèv papa nou.**"

Yo te di Li: "Nou pa t fèt kon pitit deyò. [w]Nou gen yon sèl papa, Bondye."

⁴² Jésus te di yo: "**Si Bondye te Papa nou, [x]nou ta renmen M, paske Mwen sòti nan Li, e se nan Li ke M vini. Mwen pa vini pou kont Mwen, men se Li ki voye M.**

⁴³ "**Poukisa nou pa konprann sa ke M ap di a? Se paske nou pa kapab [y]tande pawòl Mwen.**

⁴⁴ z"**Nou se pitit a papa nou, dyab la. Epi [a]nou vle fè volonte a papa nou. Li te yon asasen depi nan kòmansman, e li pa kanpe nan verite a, paske nanpwen verite nan li. Lè li manti, li manti pou kont li, paske se yon mantè li ye, epi papa a tout manti.**

⁴⁵ "**Men akoz ke [b]Mwen pale laverite, nou pa kwè M.** ⁴⁶ **Kilès nan nou ki gen

---

a 8:19 Jn 7:28   b 8:20 Jn 7:14   c 8:20 Jn 7:30   d 8:21 Jn 7:34   e 8:22 Jn 7:35   f 8:23 Jn 3:31
g 8:23 Jn 17:14-16   h 8:24 Mat 24:5   i 8:26 Jn 3:33   j 8:28 Jn 3:14   k 8:29 Jn 8:16   l 8:30 Jn 7:31   m 8:31 Jn 15:7   n 8:32 Jn 8:36   o 8:33 Mat 3:9   p 8:34 Wo 6:16   q 8:35 Luc 15:31
r 8:36 Jn 8:32   s 8:37 Mat 3:9   t 8:38 Jn 8:41-44   u 8:39 Wo 9:7   v 8:40 Jn 8:26   w 8:41 Det 32:6
x 8:42 I Jn 5:1   y 8:43 Jn 5:25   z 8:44 I Jn 3:8   a 8:44 Jn 7:17   b 8:45 Jn 18:37

prèv ke M peche? Si Mwen pale laverite, poukisa nou pa kwè M?

⁴⁷ ᵃ"Sila ki se pou Bondye, tande pawòl a Bondye. Men nou pa tande, paske nou pa pou Bondye."

⁴⁸ Jwif yo te reponn e te di Li: "Èske nou pa di vrèman ke Ou se yon Samariten epi ke Ou gen yon move lespri?"

⁴⁹ Jésus te reponn: **"Mwen pa ᵇgen yon move lespri. Men Mwen onore Papa M, e nou dezonore M.** ⁵⁰ Men ᶜMwen pa chache glwa pa M. Men gen youn ki chache, epi ki jije.

⁵¹ **"Anverite, anverite Mwen di nou, si nenpòt moun kenbe pawòl Mwen, li p ap janm ᵈwè lanmò."**

⁵² Jwif yo te di Li: "Koulye a nou konnen ke Ou gen yon move lespri. Abraham te mouri, e pwofèt yo osi. Men Ou di: 'Si nenpòt moun ᵉkenbe pawòl Mwen, li p ap janm wè lanmò.' ⁵³ Anverite Ou ᶠpa pi gran pase Papa zansèt nou, Abraham ki te mouri an? Pwofèt yo te mouri tou. Ki moun menm Ou fè pretansyon ke Ou ye?"

⁵⁴ Jésus te reponn yo: **"Si Mwen bay glwa a Mwen menm, glwa sa a pa anyen. ᵍSe Papa M ki fè M resevwa glwa. De kilès ke ou di M: 'Li se Bondye Nou.'**

⁵⁵ **"Nou poko vin rekonèt Li, ʰmen Mwen menm, mwen konnen Li. Si Mwen di ke M pa konnen L, Mwen ta yon mantè tankou nou menm, men Mwen vrèman konnen Li, e kenbe pawòl Li.**

⁵⁶ **"Papa zansèt nou, Abraham ⁱte rejwi pou wè jou sa a, e Li te wè l, e te ranpli avèk jwa."**

⁵⁷ ʲPou sa, Jwif yo te di L: "Ou poko gen senkant ane, e Ou te gen tan wè Abraham?"

⁵⁸ Jésus te di yo **"Anverite, avan Abraham te la, ᵏMwen se."**

⁵⁹ Konsa, yo pran wòch pou lapide Li, men Li te kache kò Li, e te kite tanp la.

9 Pandan Li t ap pase, Li te wè yon nonm ki te avèg depi nesans Li. ² Konsa, disip Li yo te mande: "Rabbi, kilès ki te peche. Mesye sa, oswa ˡparan li yo pou li ta fèt avèg?"

³ Jésus te reponn: **"Se pa mesye sila, ni paran li yo. Men se te ᵐpou zèv a Bondye ta kapab parèt nan Li. ⁴ Fòk nou fè zèv a Li menm ki te voye M nan ⁿpandan li fè jou. Lannwit lan ap vini lè pèsòn p ap kab travay. ⁵ Pandan Mwen nan lemonn, Mwen se ᵒlimyè lemonn."**

⁶ Lè L di sa, Li ᵖkrache atè, e te fè ajil avèk krache a, e te mete l sou zye li. ⁷ Li te di l: **"Ale lave nan ᵠbasen Siloé a"** (ki te vle di "Ranvoye").

Epi konsa, li te ale lave, e lè l tounen, li te wè.

⁸ Vwazen yo ak sa yo ki te konn wè l lè l te konn mande charite, t ap di, "Se pa li menm ki te konn ʳchita mande a?"

⁹ Lòt t ap di: "Se li menm", men lòt toujou te di "Non, men li byen sanble li".

Li menm t ap di toujou, "Mwen menm se li".

¹⁰ Pou sa yo te di li: "Ebyen, kijan zye ou te louvri?"

¹¹ Li te reponn yo: "Nonm nan yo rele Jésus a te fè labou epi te fè yon onksyon pou zye m, epi Li di mwen: 'Ale nan ˢSiloé a epi lave'. Konsa, Mwen te ale lave, epi mwen te wè."

¹² Yo te mande li: "Kote Li?"

Li te reponn yo: "Mwen pa konnen".

¹³ Yo te mennen sila a ki te avèg la devan Farizyen yo. ¹⁴ ᵗAlò, se te nan jou Saba ke Jésus te fè ajil la e te louvri zye li.

¹⁵ ᵘAnkò konsa, Farizyen yo t ap mande li kijan li te vin wè, epi li te di yo: "Li aplike ajil sou zye m, e mwen te lave, e mwen wè".

¹⁶ Pou sa, kèk nan Farizyen yo t ap di: "Nonm sa a pa sòti nan Bondye, paske Li ᵛpa kenbe Saba a."

Men lòt t ap di: "Kijan yon mesye ki se yon pechè kapab fè tout mirak sa yo?" Epi te gen yon divizyon pami yo.

¹⁷ Ankò, yo te di a moun avèg la: "Kisa ou di pou Li, konsi se Li menm ki ouvri zye ou yo?"

Li te di: "Li se yon ʷpwofèt."

¹⁸ ˣJwif yo pa t kwè ke li te avèg pou l te vin wè, jis lè yo rele paran a sila a ki te resevwa vizyon li. ¹⁹ Yo te kesyone yo

---

ᵃ **8:47** I Jn 4:6	ᵇ **8:49** Jn 7:20	ᶜ **8:50** Jn 5:41	ᵈ **8:51** Mat 16:28	ᵉ **8:52** Jn 8:55	ᶠ **8:53** Jn 4:12
ᵍ **8:54** Jn 7:39	ʰ **8:55** Jn 7:29	ⁱ **8:56** Mat 13:17	ʲ **8:57** Jn 1:19	ᵏ **8:58** Egz 3:14	ˡ **9:2** Egz 20:5
ᵐ **9:3** Jn 11:4	ⁿ **9:4** Jn 7:33	ᵒ **9:5** Mat 5:14	ᵖ **9:6** Mc 7:33	ᵠ **9:7** Né 3:15	ʳ **9:8** Trav 3:2-10
ˢ **9:11** Jn 9:7	ᵗ **9:14** Jn 5:9	ᵘ **9:15** Jn 9:10	ᵛ **9:16** Mat 12:2	ʷ **9:17** Det 18:15	ˣ **9:18** Jn 1:19

konsa e te mande: "Èske sa se pitit ou, ke ou di te fèt avèg la? Ebyen, kijan li wè koulye a?" ²⁰ Paran li te reponn yo epi te di: "Nou konnen ke sa se pitit nou, e ke li te fèt avèg. ²¹ Men kijan li wè koulye a, nou pa konnen. Mande li. Li rive sou laj li. Li ka pale pou kont li." ²² Paran li te pale konsa paske yo te ᵃkrent Jwif yo. Pwiske Jwif yo te deja dakò ke si nenpòt moun te konfese L kon Kris la, ᵇyo ta mete l deyò nan sinagòg la. ²³ Pou rezon sa a, paran li yo te di: ᶜ"Li rive sou laj li. Mande li."

²⁴ Konsa yon dezyèm fwa yo te rele nonm nan ki te avèg la, epi te di li: ᵈ"Bay glwa a Bondye, nou konnen ke mesye sa a se yon pechè." ²⁵ Pou sa, li reponn yo: "Si L se yon pechè, mwen pa konnen, men yon bagay mwen konnen. Ke m te avèg, e koulye a mwen wè." ²⁶ Yo te mande l konsa: "Kisa Li te fè ou? Kijan Li te ouvri zye ou?" ²⁷ Li te reponn yo: ᵉ"Mwen te di nou sa deja, men ᶠnou pa t koute m. Poukisa nou vle tande sa ankò? Èske nou vle vin disip Li yo tou?" ²⁸ Konsa, yo te joure li e te di: "Ou se disip Li, men ᵍnou se disip a Moïse. ²⁹ Nou konnen ke Bondye te pale a Moïse, men pou mesye sila a, ʰnou pa konnen kote Li sòti." ³⁰ Mesye a te reponn yo e te di: "Men yon choz byen etonan. Ke nou pa konnen kote Li sòti, men Li te ouvri zye mwen. ³¹ Nou konnen ke ⁱBondye pa tande pechè yo, men si nenpòt moun gen lakrent Bondye, e fè volonte L, l ap koute li. ³² Depi kòmansman tan an, nou pa janm tande ke pèsòn ouvri zye a yon moun ki te fèt avèg. ³³ ʲSi moun sa a pa t sòti nan Bondye, Li pa t kab fè anyen." ³⁴ Yo te reponn li e te di: "Ou te fèt nèt nan peche! Èske ou ap enstwi nou?" Konsa, ᵏyo te mete l deyò.

³⁵ Jésus te tande ke yo te ˡmete l deyò. E Li te twouve li e te di: **"Èske ou kwè nan Fis a Lòm nan?"**

³⁶ Li te reponn: ᵐ"Se kilès Li ye, Senyè, pou m kab kwè nan Li?" ³⁷ Jésus te di li: **"Non sèlman ou konn wè L deja, men ⁿse Li menm k ap pale avèk ou."** ³⁸ Li di: "Senyè, mwen kwè!" E li te ᵒadore Li. ³⁹ Jésus te di: ᵖ**"Pou jijman Mwen te vini nan monn sila a, ᑫpou sa yo ki pa wè kapab vin wè, e sa yo ki wè kapab vin avèg."** ⁴⁰ Sila nan Farizyen yo ki te avèk Li te tande bagay sa yo e te di Li: ʳ"Èske se nou menm ki avèg tou a?" ⁴¹ Jésus te reponn yo: ˢ**"Si nou te avèg, nou pa t ap gen peche, men akoz ke nou di: 'Nou wè', peche nou la toujou."**

10 **Anverite, anverite, Mwen di nou, sila ki pa antre nan pak mouton an pa pòt la, men monte pou l antre yon lòt jan, li menm se yon ᵗvòlè ak yon brigan. ² Men moun ki antre pa pòt la se ᵘbèje mouton yo. ³ Pou li menm, gadyen pòt la va ouvri, epi mouton yo tande ᵛvwa l. Li rele pwòp mouton li yo pa non yo, e mennen yo deyò. ⁴ Nenpòt lè L fè soti tout sa ki pou li yo, li ale devan yo, e mouton yo swiv li, paske yo rekonèt ʷvwa li. ⁵ Men yon etranje, yo p ap janm swiv li, men ap sove ale kite li, paske yo pa rekonèt ˣvwa etranje yo.**

⁶ ʸKalite pawòl sa a, Jésus te sèvi pou pale avèk yo, men yo pa t konprann bagay sa yo ke Li t ap di yo.

⁷ Pou sa, Jésus te di yo ankò, **"Anverite, anverite, Mwen di nou, Mwen menm se ᶻpòt la pou mouton yo. ⁸ Tout sa yo ki te vini avan M se ᵃvòlè ak brigan, men mouton yo pa t tande yo. ⁹ ᵇ"Mwen se pòt la. Si nenpòt moun antre pa Mwen, li va sove e va antre, sòti pou twouve patiraj. ¹⁰ "Vòlè a vini sèlman pou l vòlè, touye, ak detwi.**

"Mwen te vini pou yo [a]ta kapab gen lavi, pou yo ta ka genyen l an abondans. [11] [b]"Mwen menm se bon bèje a. Bon bèje a ap bay vi Li pou mouton yo. [12] "Sila a ki se yon ouvriye jounalye epi pa yon [c]bèje, ki pa mèt mouton yo, wè lou ap vini epi li kouri kite mouton yo. Lou a vin pran yo, epi gaye yo. [13] Li sove ale, paske se yon ouvriye jounalye, e afè mouton pa konsène l.

[14] "Mwen se bon bèje a. [d]Mwen rekonèt sa yo ki pou Mwen, e pa Mwen yo rekonèt Mwen. [15] Menm jan ke [e]Papa a rekonèt Mwen, Mwen rekonèt Papa a. Mwen bay vi Mwen pou mouton yo.

[16] "Epi Mwen gen [f]lòt mouton ki pa nan pak sa a. Fòk Mwen mennen yo tou. Epi yo va tande vwa M. Yo va vini yon sèl pak avèk yon bèje.

[17] "Pou rezon sa a, Papa a renmen M, paske Mwen [g]bay lavi Mwen pou M kab reprann li ankò. [18] [h]Okenn moun pa pran li nan men M, men Mwen bay li avèk pwòp volonte M. Mwen gen otorite pou bay li, e Mwen gen otorite pou reprann li ankò. Kòmandman sila a Mwen te resevwa l depi nan men Papa M."

[19] Konsa te leve [i]yon divizyon pami Jwif yo akoz pawòl sa yo.

[20] Anpil t ap di: [j]"Li gen yon dyab epi [k]Li fou. Poukisa nou ap koute Li?"

[21] Lòt t ap di: "Pawòl sa yo se pa pawòl a yon move lespri. [l]Yon dyab p ap kab ouvri zye a yon moun ki avèg. Nou ta kwè sa?"

[22] Nan lè sa, Fèt Dedikasyon an t ap pase nan Jérusalem. [23] Se te nan tan livè, epi Jésus t ap mache nan tanp lan sou [m]galeri Salomon an.

[24] Pou sa, Jwif yo te rasanble antoure Li, epi t ap di Li: "Pou konbyen de tan W ap kenbe nou an sispann? Si ou menm se Kris la, fè nou konnen klè."

[25] Jésus te di yo: "Mwen te di nou, e nou pa kwè M. Zèv ke M fè nan non Papa M yo, sa yo fè temwayaj de Mwen." [26] Men nou pa kwè, paske nou pa mouton Mwen yo.

[27] "Mouton pa M yo [n]tande vwa M, e yo swiv Mwen. [28] E Mwen bay yo [o]lavi etènèl, e yo p ap janm peri. E pèsòn p ap kab rachte yo nan men M.

[29] "Papa M ki te ban Mwen yo, pi gran pase tout moun. E pèsòn p ap kab rachte yo nan men a Papa a. [30] [p]Mwen avèk Papa a se youn."

[31] Jwif yo te [q]leve pran wòch ankò pou lapide L.

[32] Jésus te reponn yo: "Mwen te montre nou anpil bon zèv ki te sòti nan Papa a. Pou kilès ladan yo n ap lapide M nan?"

[33] Jwif yo te reponn: "Pou bon zèv, nou pa lapide Ou, men pou [r]blasfèm nan. Paske Ou menm ki se yon nonm, [s]pran poz ke se Bondye ou ye."

[34] Jésus te reponn yo: "Èske li pa te ekri nan Lalwa pa w la ke: [t]'Mwen di ke se dye yo nou ye'?

[35] "Si Li te rele yo dye yo, sila ki te resevwa pawòl Bondye yo (epi Ekriti Sen yo p ap kapab chanje), [36] èske ou di a Li menm, Sila a ke Papa a te fè sen, epi [u]voye nan lemonn nan: 'W ap blasfeme' akoz Mwen di ke Mwen menm se Fis Bondye a?

[37] [v]"Si Mwen pa fè zèv a Papa M, pa kwè M. [38] Men si M fè yo, malgre ou pa kwè M, kwè zèv yo pou ou kapab konnen epi konprann ke [w]Papa a nan Mwen, e Mwen nan Papa a."

[39] Pou sa, yo [x]t ap chache ankò pou kenbe L, men Li te evite men yo.

[40] Li te ale [y]ankò lòtbò Jourdain an nan plas kote Jean te premye konn batize a. Li te demere la.

[41] Anpil te vin kote L e t ap di: "Malgre Jean pa t fè yon sign, [z]tout bagay li te di selon mesye sa a se te vrè." [42] Anpil moun te kwè nan Li la.

11 Alò, yon sèten mesye te malad. Lazare a Béthanie, vilaj kote Marie ak sè li [a]Marthe te rete a.

---

[a] **10:10** Jn 5:40   [b] **10:11** És 40:11   [c] **10:12** Jn 10:2   [d] **10:14** Jn 10:27   [e] **10:15** Mat 11:27   [f] **10:16** És 56:8   [g] **10:17** Jn 10:11-18   [h] **10:18** Mat 26:53   [i] **10:19** Jn 7:43   [j] **10:20** Jn 7:20   [k] **10:20** Mc 3:21   [l] **10:21** Egz 4:11   [m] **10:23** Trav 3:11   [n] **10:27** Jn 10:4-16   [o] **10:28** Jn 17:2   [p] **10:30** Jn 17:2   [q] **10:31** Jn 8:59   [r] **10:33** Lev 24:16   [s] **10:33** Jn 5:18   [t] **10:34** Sòm 82:6   [u] **10:36** Jn 3:17   [v] **10:37** Jn 10:25   [w] **10:38** Jn 14:10-20   [x] **10:39** Jn 7:20   [y] **10:40** Jn 1:28   [z] **10:41** Jn 1:27-30   [a] **11:1** Luc 10:38

² Se te sè Lazare, Marie ki te ᵃonksyone Senyè a avèk lwil chè a, epi te siye pye Li avèk cheve li. Se frè li, Lazare, ki te malad. ³ Konsa, sè yo te voye kote Li pou di L: "Senyè, ᵇsila ke ou renmen an malad."

⁴ Men lè Jésus te tande sa, Li te di: **"Maladi sa a se pa a lanmò, ᶜmen pou glwa Bondye, pou Fis a Lòm nan kapab resevwa glwa de li."** ⁵ Konsa, Jésus te renmen ᵈMarthe ak sè li, ak Lazare. ⁶ Pou sa, lè L tande ke Li te malad, Li te rete de jou anplis nan plas kote Li te ye a. ⁷ Apre sa, Li te di a disip Li yo: ᵉ**"Annou ale nan Judée ankò."**

⁸ Disip Li yo te di Li: "Rabbi, fenk koulye a Jwif yo t ap ᶠeseye lapide Ou, epi W ap prale la ankò?"

⁹ Jésus te reponn yo: ᵍ**"Èske pa gen douz è de tan nan yon jounen? Si yon moun mache nan la jounen a li p ap chape tonbe, paske li wè limyè a mond sila a. ¹⁰ Men si yon moun mache lannwit, l ap tonbe, paske limyè a pa nan li."**

¹¹ Sa, Li te di, epi apre sa, Li te di yo: **"Zanmi nou Lazare ʰgen tan tonbe nan dòmi. Men m ap prale pou M ka fè l leve nan dòmi."**

¹² Konsa, disip Li yo te di L: "Senyè, si li tonbe nan dòmi, l ap refè." ¹³ Alò ⁱJésus t ap pale de lanmò Li, men yo te konprann ke Li t ap pale de yon vrè dòmi.

¹⁴ Pou sa, Jésus te di yo byen klè: **"Lazare gen tan mouri, ¹⁵ e pou koz pa nou, Mwen kontan ke M pa t la pou nou kapab kwè. Annou ale kote l."**

¹⁶ Pou sa, Thomas, ke yo rele osi ʲDidyme, te di disip parèy li yo: "Annou ale avèk Li pou nou kapab mouri avè L."

¹⁷ Konsa, lè Jésus te vini, Li te twouve ke Li te deja nan tonm nan depi kat jou. ¹⁸ ᵏBéthanie te prè Jérusalem. Anviwon twa kilomèt distans.

¹⁹ Anpil nan Jwif yo te deja vin kote Marthe ak Marie ˡpou konsole yo konsènan frè yo.

²⁰ Pou sa, lè ᵐMarthe te tande ke Jésus t ap vini, li te ale rankontre Li. Men Marie te toujou chita nan kay la.

²¹ Konsa, Marthe te di a Jésus: "Senyè, ⁿsi Ou te la, frè m nan pa t ap mouri. ²² Menm koulye a, mwen konnen ke ᵒnenpòt bagay ke Ou mande Bondye, Bondye ap bay Ou li."

²³ Jésus te di li: **"Frè ou ap leve ankò."**

²⁴ Marthe te reponn Li: ᵖ"Mwen konnen ke li ap leve ankò nan rezirèksyon an nan dènye jou a."

²⁵ Jésus te reponn Li: ᑫ**"Mwen se rezirèksyon an ak lavi a. Moun ki kwè nan Mwen va viv, menm si li mouri. ²⁶ E tout moun ki viv e kwè nan Mwen, ʳp ap janm mouri. Èske ou kwè sa?"**

²⁷ Li te di Li: "Wi, Senyè, Mwen gen tan kwè ke Ou se ˢKris la, Fis a Bondye, menm Li menm ki vini nan mond lan."

²⁸ Lè li te di sa, li te ale, e te rele Marie, sè li, e te di l apa: ᵗ"Mèt la rive, e L ap mande pou ou." ²⁹ E lè li tande sa, li te leve vit, epi t ap vin kote Li. ³⁰ Jésus poko te rive nan bouk la, men ᵘte toujou nan plas kote Marthe te rankontre Li a. ³¹ ᵛJwif yo ki t ap konsole li nan kay la te wè l leve vit e sòti. Epi yo sipoze ke li t ap ale nan tonm nan pou kriye.

³² Konsa, lè Marie te vini kote Jésus, li te tonbe nan pye Li, e te di L: "Senyè, ʷsi Ou te isit la, frè m nan pa t ap mouri."

³³ Konsa, lè Jésus te wè l t ap kriye, epi Jwif ki te avè l yo t ap kriye, Li ˣte vrèman etone nan fon lespri Li, e te twouble. ³⁴ Li te di: **"Kibò nou mete Li?"**

Yo te di Li: "Senyè, vin wè."

³⁵ Jésus te ʸkriye.

³⁶ E Jwif yo t ap di: "Gade kijan Li ᶻte renmen l." ³⁷ Men kèk nan yo te di: "Èske nonm sila a ᵃki te louvri zye a sa ki te avèg la, pa t kab anpeche moun sa a mouri osi?"

³⁸ Pou sa, Jésus, ankò, etone byen fon nan lespri li, te vin bò kote tonm nan. Se te yon ᵇkav e yon wòch te apiye sou Li.

ᵃ **11:2** Luc 7:38   ᵇ **11:3** Jn 11:5-36   ᶜ **11:4** Jn 9:3   ᵈ **11:5** Jn 11:1   ᵉ **11:7** Jn 10:40   ᶠ **11:8** Jn 8:59   ᵍ **11:9** Luc 13:33   ʰ **11:11** Mat 27:52   ⁱ **11:13** Mat 9:24   ʲ **11:16** Jn 20:24   ᵏ **11:18** Jn 11:1   ˡ **11:19** Job 2:11   ᵐ **11:20** Luc 10:38-42   ⁿ **11:21** Jn 11:32-37   ᵒ **11:22** Jn 9:31   ᵖ **11:24** Dan 12:2   ᑫ **11:25** Jn 1:4   ʳ **11:26** Jn 6:47-50,51   ˢ **11:27** Mat 16:16   ᵗ **11:28** Mat 26:18   ᵘ **11:30** Jn 11:20   ᵛ **11:31** Jn 11:19-33   ʷ **11:32** Jn 11:21   ˣ **11:33** Jn 11:38   ʸ **11:35** Luc 19:41   ᶻ **11:36** Jn 11:3-5   ᵃ **11:37** Jn 9:7   ᵇ **11:38** Mat 27:60

⁣³⁹ Jésus te di: **"Retire wòch la."** Marthe, sè mò a te di Li: "Senyè, pou lè sa, li va santi. Li la depi kat jou."

⁴⁰ Jésus te di li: ᵃ**"Èske Mwen pa t di ou ke si Ou kwè, ou va wè glwa Bondye?"**

⁴¹ Epi konsa, yo te retire wòch la. Jésus ᵇte leve zye Li e te di: ᶜ**"Papa, Mwen remèsye Ou ke Ou tande M.** ⁴² **Mwen te konnen ke Ou tande M tout tan, men** ᵈ**akoz pèp la ki kanpe antoure M, Mwen te di sa, pou yo kapab kwè ke Ou te voye Mwen."**

⁴³ Lè L fin te di bagay sa yo, Li te kriye avèk yon gwo vwa: **"Lazare, sòti deyò."** ⁴⁴ E sila ki te mouri an te sòti ᵉbyen mare men ak pye yo avèk twal ki te vlope l, e ᶠyon twal ki te vlope figi li.

Jésus te di yo: **"Demare l epi lage l."**

⁴⁵ Pou sa, anpil nan sa ᵍki te vin kote Marie yo, e ki te wè sa Li te fè a, te kwè nan Li. ⁴⁶ Men kèk nan yo te ale nan ʰFarizyen yo e te di yo sa ke Jésus te fè a.

⁴⁷ Konsa, ⁱchèf prèt yo avèk Farizyen yo te ʲkonvoke yon gran konsèy. Yo t ap di: "Kisa n ap fè, pwiske nonm sila a ap fè anpil sign." ⁴⁸ "Si nou kite Li kontinye konsa, tout moun ap kwè nan Li, epi Women yo ap vin pran ni ᵏplas nou, ni nasyon nou."

⁴⁹ Men youn nan yo, Caïphe, ˡki te granprèt pou lane sila a, te di yo: "Nou pa konnen anyen, ⁵⁰ ni nou pa kontwole ke ᵐli ta meyè pou nou si yon moun ta mouri pou pèp la, pou tout nasyon an pa peri." ⁵¹ Alò li pa t di sa pou kont li, men ⁿakoz ke li te wo prèt nan lane sa a, li t ap fè pwofesi ke Jésus t ap mouri pou nasyon an. ⁵² E pa sèlman pou nasyon sila a, men ke Li ta kab ᵒranmase ansanm pou fè yon sèl, tout pitit Bondye ki te gaye a letranje yo. ⁵³ Depi jou sa, yo t ap ᵖfè plan pou touye L.

⁵⁴ Pou sa, Jésus ᵠpa t ankò mache an piblik pami Jwif yo, men te kite la pou ale nan peyi toupre dezè a, nan yon vil yo rele Éphraïm. Li te rete la avèk disip Li yo.

⁵⁵ Alò, Pak Jwif la te pwòch, epi anpil te kite andwa andeyò yo pou monte nan Jérusalem, ʳpou yo ta kab vin pirifye. ⁵⁶ Konsa, yo ˢt ap di youn ak lòt pandan yo kanpe nan tanp lan: "Kisa nou panse. Èske Li p ap menm vini nan fèt la?" ⁵⁷ Alò, ᵗchèf prèt yo ak Farizyen yo te bay lòd pou si nenpòt moun te konnen kote Li ye, yo dwe bay rapò pou yo ta kab sezi L.

12

Pou sa a, sis jou avan fèt la Jésus te vini nan Béthanie, kote Lazare, moun Li te fè leve sòti nan lanmò a te ye a. ² Konsa, yo te prepare yon manje pou li la.

ᵘMarthe t ap sèvi, men Lazare te youn nan yo ki te sou tab avèk Li. ³ Nan lè sa a, ᵛMarie te pran yon liv pafen yo rele nà ki te koute trè chè, e te vide sou pye a Jésus e te siye yo avèk cheve li. Kay la te ranpli avèk sant pafen sa a.

⁴ Men ʷJudas Iscariot, youn nan disip Li yo, ki te gen lentansyon pou trayi Li, te di: ⁵ "Poukisa pafen sila a pa t vann pou twa san denye, pou yo ta bay malere yo?" ⁶ Alò, li pa t di sa paske li te konsène pou malere yo, men paske se te yon vòlè li te ye. Epi konsi li ˣte responsab lajan nan bwat kès la, li te konn piyaje ʸsa ke yo mete ladann.

⁷ Pou rezon sa a, Jésus te di **"Pa deranje l, li te konsève sa a pou** ᶻ**jou lantèman M.** ⁸ ᵃ**Paske malere yo ap toujou avè w, men Mwen, ou p ap toujou genyen M."**

⁹ Konsa, gran foul Jwif yo te dekouvri ke Li te la, e yo te vini non sèlman akoz Jésus, men pou yo ta ka wè Lazare ᵇke Li te leve sòti nan lanmò a.

¹⁰ Men chèf prèt yo te mete tèt yo ansanm pou yo ta kapab anplis mete Lazare a lanmò. ¹¹ Paske ᶜakoz li menm, anpil nan Jwif yo t ap kite e t ap kwè nan Jésus.

¹² Nan jou aprè a, yon ᵈgran foul ki te vini nan fèt la, lè yo tande ke Jésus t ap vini nan Jérusalem, ¹³ te pran branch pye palmis, e te ale rankontre Li, e te kòmanse kriye "Ozana, ᵉozana, beni sila a ki vini nan non Senyè a, Wa Israël la."

¹⁴ Jésus te twouve yon jenn bourik e te chita sou li. Tankou li ekri, ¹⁵ ᶠ"Pa pè, O fi a

Sion. Gade byen, Wa ou ap vini, byen chita sou yon jenn bourik."

16 Nan kòmansman, disip Li yo pa t konprann [a]bagay sa yo, men lè Jésus te resevwa glwa, Yo sonje ke yo te ekri sou Li e ke yo te fè L bagay sa yo.

17 Konsa, [b]pèp la ki te avè L lè Li te rele Lazare deyò nan tonm nan, e te fè l leve sòti nan lanmò a, t ap toujou fè temwayaj de Li. 18 [c]Pou koz sa, foul la te ale rankontre Li, paske yo te tande ke Li te fè sign sila a. 19 Akoz sa a, Farizyen yo te di youn ak lòt: "Nou wè ke nou p ap fè anyen ki bon. Gade, lemonn ap kouri dèyè Li."

20 Konsa, te gen sèten [d]Grèk pami yo ki t ap monte pou adore nan fèt la. 21 Yo te ale kote Philippe ki te sòti nan [e]Bethsaïda nan Galilée, e te kòmanse mande li: "Mesye, nou vle wè Jésus."

22 Philippe te vin di [f]André. E André ak Philippe te di Jésus sa.

23 Jésus te reponn yo e te di: **"Lè a rive pou Fis a Lòm nan kapab [g]resevwa glwa.** 24 **"Anverite, anverite, Mwen di nou, [h]sof ke yon grenn ble tonbe nan tè epi mouri, li rete pou kont li, men si li mouri, l ap fè anpil fwi.** 25 [i]**Moun ki renmen vi li va pèdi l, e moun ki rayi vi li nan mond sa a va konsève li jiska lavi etènèl.**

26 **"Si nenpòt moun ap sèvi Mwen, fòk li swiv Mwen. E [j]kote Mwen ye, la sèvitè Mwen va ye tou. Si nenpòt moun ap sèvi Mwen, Papa a va onore li.**

27 [k]**"Koulye a nanm Mwen vin twouble. Epi kisa M ap di: 'Papa, sove M de lè sa a'? Men se pou rezon sa a ke M te rive nan lè sa a.** 28 **Papa, ke non Ou kapab resevwa glwa!"**

Yon [l]vwa te sòti nan syèl la: "Mwen te non sèlman bay li glwa a, men Mwen va bay li glwa ankò."

29 Foul la ki te kanpe la epi te tande sa, te di ke yo tande loraj. Lòt yo te di: [m]"Yon zanj pale avèk Li."

30 Jésus te reponn e te di: [n]**"Vwa sa a pa t vini pou kòz pa M, men pou kòz pa nou.** 31 **Koulye a jijman vini sou mond sa a. Koulye a** [o]**mèt mond sa a va jete deyò.** 32 **E Mwen, si Mwen** [p]**gen tan leve wo anwo tè a, va** [q]**atire tout moun kote Mwen menm."** 33 Men Li te di sa [r]pou montre ki kalite mò Li ta pral mouri an.

34 Pou sa, foul la te reponn Li: "Nou te tande nan Lalwa ke [s]Kris la ap la jis pou jamen. E kijan ou kapab di: **'Fis a Lòm nan oblije leve wo?'** Kilès Fis a Lòm sila a?"

35 Akoz sa, Jésus te di yo: **"Pou yon ti tan anplis, limyè a pami nou. Mache pandan nou gen limyè a, pou tenèb la pa gen tan pran nou. Sila ki** [t]**mache nan tenèb la pa konnen kote l ap prale.** 36 **Pandan nou gen limyè a, kwè nan limyè a pou nou kapab vini fis a limyè a."** Bagay sa yo Jésus te pale, epi Li ale kache kò Li pou yo pa jwenn Li.

37 Men malgre ke Li te fè tout sign sa yo devan yo, toujou yo pa t kwè nan Li. 38 Pou pawòl a pwofèt la, Ésaïe, ta kapab akonpli lè l te di: [u]

"Senyè, kilès ki kwè nan rapò nou?
E a kilès bra Letènèl la devwale?"

39 Pou rezon sa, yo pa t kab kwè.

Paske Ésaïe te di ankò: 40 [v]
"Li te fè zye yo avegle, e te fè kè yo di,
sof ke yo wè avèk zye yo, apèsi
avèk kè yo,
epi vin konvèti, epi Mwen ta geri yo."

41 Bagay sa yo, Ésaïe te di paske [w]li te wè glwa Li, e akoz ke li te wè glwa Li, li te pale sou Li.

42 Malgre sa, menm anpil nan [x]gran chèf yo te kwè nan Li, men akoz Farizyen yo, yo pa t konfese sa a, akoz krent ke yo ta [y]vin mete deyò nan sinagòg la. 43 [z]Paske yo te gen lanvi pou lwanj a lòm olye lwanj Bondye.

44 Jésus te kriye e te di: [a]**"Sila a ki kwè nan Mwen, pa kwè nan Mwen, men nan Li menm ki te voye Mwen an.** 45 [b]**Sila a ki wè M, wè Li menm ki te voye Mwen an.**

---

[a] 12:16 Mc 9:32   [b] 12:17 Jn 11:42   [c] 12:18 Luc 19:37   [d] 12:20 Jn 7:35   [e] 12:21 Mat 11:21
[f] 12:22 Jn 1:44   [g] 12:23 Jn 7:39   [h] 12:24 Wo 14:9   [i] 12:25 Mat 10:39   [j] 12:26 Jn 14:3
[k] 12:27 Mat 26:38   [l] 12:28 Mat 3:17   [m] 12:29 Trav 23:9   [n] 12:30 Jn 11:42   [o] 12:31 Jn 14:30
[p] 12:32 Jn 3:14   [q] 12:32 Jn 6:44   [r] 12:33 Jn 18:32   [s] 12:34 Sòm 110:4   [t] 12:35 I Jn 1:6   [u] 12:38 És 53:1
[v] 12:40 És 6:10   [w] 12:41 És 6:1   [x] 12:42 Luc 23:13   [y] 12:42 Jn 9:22   [z] 12:43 Jn 5:41-44
[a] 12:44 Mat 10:40   [b] 12:45 Jn 14:9

46 ᵃMwen te vini kon yon limyè nan mond lan, pou tout moun ki kwè nan Mwen pa rete nan tenèb.

47 "Si nenpòt moun tande pawòl Mwen yo, e pa kenbe yo, Mwen pa jije li. Paske ᵇMwen pa t vini nan lemonn pou jije lemonn, men pou sove lemonn.

48 ᶜ"Sila a ki rejte Mwen, epi pa resevwa pawòl Mwen yo, gen youn k ap jije li. ᵈPawòl ke Mwen te pale a se li k ap jije li nan dènye jou a.

49 "Paske Mwen pa t pale pou kont Mwen, men Papa a, Li menm, ki te voye M ᵉte kòmande Mwen kisa pou M pale, e kisa pou M di. **50** E Mwen konnen ke ᶠkòmandman Li se lavi etènèl. Pou sa, se konsa Mwen pale; ᵍmenm sa ke Papa a di Mwen yo, konsa Mwen pale."

13 Alò, avan ʰFèt Pak Jwif la, Jésus te byen okouran ke lè Li te rive epi ke Li t ap kite mond sa a pou ale ⁱkote Papa a. Konsa Li te renmen moun pa Li yo ki te nan lemonn. Li te renmen yo jiska lafen.

2 Pandan yo t ap soupe, ʲdyab la te deja mete nan kè Judas, fis Simon an, pou trayi Li.

3 Jésus, ᵏbyen konnen ke Papa a te mete tout bagay nan men Li, e ke ˡLi te sòti nan Bondye, e t ap retounen a Bondye, **4** te leve nan soupe a. Li te retire gwo vètman Li. Li te pran yon twal e te vlope l nan kò Li. **5** Li te vide dlo nan basen an e te kòmanse ᵐlave pye a disip Li yo, e siye yo avèk twal ki te vlope L la.

6 E konsa, lè L rive nan Simon Pierre, li te di Li: "Senyè, w ap lave pye mwen?"

7 Jésus te reponn e te di Li: **"Sa ke M ap fè la a koulye a, ou p ap konprann, men** ⁿ**pita, ou va konprann."**

8 Pierre te di Li: "Ou p ap janm lave pye mwen!" Jésus te reponn li: ᵒ"Si Mwen pa lave ou, ou p ap gen pati nan Mwen."

9 Simon Pierre te di Li: "Senyè, pa sèlman pye mwen, men anplis men mwen ak tèt mwen."

10 Jésus te di li: **"Sila a ki gen tan benyen sèlman bezwen lave pye li. Men tout rès li pwòp.** ᵖ**Nou menm nou pwòp, men pa tout pami nou."** **11** Paske ᑫLi te konnen kilès ki t ap trayi Li, e pou rezon sa a Li te di: **"Se pa tout nan nou ki pwòp."**

12 Konsa, lè Li te lave pye yo, e te ʳreprann vètman Li yo, Li te apiye sou tab la ankò, e te di yo: **"Èske nou konnen kisa Mwen gen tan fè nou la a?** **13** Nou rele M 'Mèt', epi ˢ'Senyè', e nou gen rezon, paske se sa Mwen ye. **14** Pou sa, si Mwen,** ᵗ**Senyè a ak Mèt la lave pye nou, nou osi dwe lave pye youn a lòt.** **15** Paske Mwen te bay nou ᵘyon egzanp ke nou menm osi dwe fè tankou Mwen te fè pou nou.

16 "Anverite, anverite, Mwen di nou, yon ᵛesklav pa pi gran pase mèt li. Ni yon moun ki voye pa pi gran pase sila ki voye l la. **17** Si nou konnen bagay sa yo, nou ʷbeni si nou fè yo.

18 "Se pa a nou tout ke M pale. Mwen konnen sila ke M te chwazi yo. Men se pou Lekriti sen yo kapab akonpli. ˣSila ki manje pen Mwen an te leve talón li kont Mwen.'

19 "Depi koulye a, ʸM ap di nou avan li rive, pou lè li rive, nou kapab kwè ke ᶻMwen menm se Li.

20 "Anverite, anverite, Mwen di nou, ᵃsila a ki resevwa nenpòt moun ke M voye, resevwa M. E sila ki resevwa Mwen, resevwa Li menm ki te voye Mwen an."

21 Lè Jésus te fin di sa, Li te ᵇvin twouble nan lespri L, e te fè temwayaj e te di: **"Anverite, anverite Mwen di nou ke youn nan nou ap trayi M."**

22 Disip yo te kòmanse gade youn a lòt, ᶜsan okenn lide sou kilès nan yo Li t ap pale a.

ᵃ **12:46** Jn 1:4   ᵇ **12:47** Jn 3:17   ᶜ **12:48** Luc 10:16   ᵈ **12:48** Det 18:18   ᵉ **12:49** Jn 14:31
ᶠ **12:50** Jn 6:68   ᵍ **12:50** Jn 5:19   ʰ **13:1** Jn 11:55   ⁱ **13:1** Jn 13:3   ʲ **13:2** Jn 6:70   ᵏ **13:3** Jn 3:35
ˡ **13:3** Jn 8:42   ᵐ **13:5** Jen 18:4   ⁿ **13:7** Jn 13:12   ᵒ **13:8** Sòm 51:2,7   ᵖ **13:10** Jn 15:3   ᑫ **13:11** Jn 6:64   ʳ **13:12** Jn 13:4   ˢ **13:13** Jn 11:2   ᵗ **13:14** Jn 11:2   ᵘ **13:15** I Pi 5:3   ᵛ **13:16** Mat 10:24
ʷ **13:17** Mat 7:24   ˣ **13:18** Sòm 41:9   ʸ **13:19** Jn 14:29   ᶻ **13:19** Jn 8:24   ᵃ **13:20** Mat 10:40
ᵇ **13:21** Jn 11:33   ᶜ **13:22** Mat 26:21

²³ Te gen youn ki t ap apiye sou Jésus, sila ke Li te renmen anpil la.ᵃ ²⁴ Konsa, Simon Pierre te fè l siyal, e te di li: "Di nou kilès nan nou ke L ap pale a." ²⁵ Sila ki t ap ᵇapiye sou pwatrin Jésus e te di Li: "Senyè, kilès li ye?"

²⁶ Pou sa, Jésus te reponn: **"Sila a ke M ap bay mòso pen ke M pral tranpe bay li a."** Lè L tranpe mòso a Li te pran li bay Judas, ᶜfis a Simon Iscariot.

²⁷ Epi apre mòso a, Satan ᵈte antre nan li. Konsa, Jésus te di l: **"Sa w ap fè a, fè vit."**

²⁸ Pèsòn pami sa yo sou tab la pa t konnen pou ki rezon Li te di l sa. ²⁹ Kèk te sipoze ke se te akoz Judas ᵉte en bwat kès la, epi ke Jésus t ap di l: "Ale achte bagay nou bezwen pou fèt la," oubyen petèt ke li ta dwe bay kèk choz a malere yo.

³⁰ Apre li te resevwa mòso a, li te sòti nan menm moman an. E ᶠli te lannwit.

³¹ Konsa, lè l gen tan ale, Jésus te di: **"Koulye a Fis a Lòm nan gen tan resevwa glwa, epi ᵍBondye resevwa glwa nan Li. ³² Si Bondye resevwa glwa nan Li, ʰBondye osi ap resevwa glwa Li, nan Li menm, epi va resevwa glwa Li koulye a menm."**

³³ **"Pitit Mwen yo, Mwen avèk nou pou ⁱyon ti tan anplis. ʲNou ap chache M, e tankou Mwen te di Jwif yo, koulye a M ap di nou tou. Kote M ap ale, nou p ap kab vini.**

³⁴ **"Yon kòmandman nèf Mwen bay nou. ᵏKe nou renmen youn a lòt menm jan ke Mwen renmen nou. Konsa renmen youn a lòt. ³⁵ ˡKonsa, tout moun ap konnen ke nou menm se disip Mwen yo, si nou gen lamou youn pou lòt."**

³⁶ Simon Pierre te di Li: "Senyè, kibò W ap prale?" Jésus te reponn li: ᵐ**"Kote M ap prale a, ou p ap kapab ale koulye a, men pita, ou va swiv Mwen."**

³⁷ Pierre te di Li: "Senyè, poukisa mwen pa kapab swiv Ou koulye a? ⁿMwen va bay vi m pou Ou."

³⁸ Jésus te di: **"Èske ou va bay vi ou pou Mwen? Anverite, anverite, Mwen di ou, ᵒavan kòk la gen tan chante, ou va rejte Mwen twa fwa."**

14 ᵖ**"Pa kite kè nou twouble. Kwè nan Bondye, e kwè anplis nan Mwen.**

² **"Nan kay Papa M gen anpil chanm. Si li pa t konsa, Mwen t ap di nou sa. Paske ᑫM ap prale pou prepare yon plas pou nou. ³ E si Mwen ale pou prepare yon plas pou nou, ʳM ap vini ankò pou resevwa nou a Mwen menm, ke ˢkote Mwen ye, nou kapab la tou. ⁴ E nou konnen chemen kote M ap prale a."**

⁵ ᵗThomas te di Li: "Senyè, nou pa konnen kote W ap prale a. Kijan nou kapab konnen chemen an?"

⁶ Jésus te di li: **"Mwen se ᵘchemen, verite ak lavi a. Pèsòn p ap vini nan Papa a, sof ke pa Mwen. ⁷ ᵛSi nou te konnen Mwen, nou ta konnen Papa M tou. Depi koulye a, nou konnen Li, e wè Li."**

⁸ ʷPhilippe te di Li: "Senyè, montre nou Papa a, epi l ap sifi pou nou."

⁹ Jésus te di Li: **"Èske Mwen gen tout tan sa a avèk nou, e ou poko vin rekonèt Mwen, Philippe? ˣSila ki gen tan wè M, gen tan wè Papa a. Kijan ou di: 'Montre m Papa a?' ¹⁰ Èske ou pa kwè ke ʸMwen nan Papa a, e Papa a nan Mwen? ᶻ"Pawòl ke Mwen pale ou yo, Mwen pa pale pa volonte pa M, men Papa a, ki rete nan Mwen fè travay Li. ¹¹ Kwè Mwen, ke ᵃMwen nan Papa a, e ke Papa a nan Mwen. Oubyen apa de sa, ᵇkwè menm akoz zèv mwen yo.**

¹² **"Anverite, anverite, Mwen di nou, moun ki kwè nan Mwen, zèv ke Mwen fè yo, li menm va fè yo tou, e ᶜpi gwo zèv**

ᵃ **13:23** Jn 19:26   ᵇ **13:25** Jn 21:20   ᶜ **13:26** Jn 6:71   ᵈ **13:27** Luc 22:3   ᵉ **13:29** Jn 12:6
ᶠ **13:30** Luc 22:53   ᵍ **13:31** Jn 14:13   ʰ **13:32** Jn 17:1   ⁱ **13:33** Jn 7:33   ʲ **13:33** Jn 7:34
ᵏ **13:34** Lev 19:18   ˡ **13:35** I Jn 3:14   ᵐ **13:36** Jn 13:33   ⁿ **13:37** Mat 26:33-35   ᵒ **13:38** Mc 14:30   ᵖ **14:1** Jn 14:27   ᑫ **14:2** Jn 13:33-36   ʳ **14:3** Jn 14:18-28   ˢ **14:3** Jn 12:26   ᵗ **14:5** Jn 11:16
ᵘ **14:6** Jn 10:9   ᵛ **14:7** Jn 10:9   ʷ **14:8** Jn 1:43   ˣ **14:9** Jn 1:1   ʸ **14:10** Jn 1:14   ᶻ **14:10** Jn 5:19
ᵃ **14:11** Jn 10:38   ᵇ **14:11** Jn 5:36   ᶜ **14:12** Jn 5:20

pase sa yo l ap fè. Paske Mwen ap ale kote Papa a.

13 "Konsa, ᵃnenpòt bagay ke nou mande nan non Mwen, M ap fè li pou Papa a kapab resevwa glwa nan Fis la. 14 Si nou mande M nenpòt bagay ᵇnan non Mwen, M ap fè l.

15 ᶜ"Si nou renmen M, nou va kenbe kòmandman Mwen yo.

16 "Konsa, M ap mande Papa a, e Li va bay nou yon lòt ᵈkonseye, pou Li kapab avèk nou jis pou janmen. 17 Sa se ᵉLespri verite a, ke lemonn nan pa kapab resevwa, paske li pa wè Li, ni konnen Li. Men nou konnen Li, paske Li rete avèk nou, epi Li va nan nou.

18 "Mwen p ap kite nou kon òfelen. ᶠM ap vin kote nou. 19 Apre yon ti tan, ᵍlemonn p ap wè M ankò. Men nou menm ap wè m. ʰAkoz ke Mwen viv, nou menm ap viv tou. 20 Nan jou sa nou ap konnen ke ⁱMwen menm nan Papa a, e nou nan Mwen, e Mwen nan nou.

21 ʲ"Moun ki gen kòmandman Mwen yo, e kenbe yo, se li ki renmen M. E li menm ki renmen M, ap renmen pa Papa Mwen, e Mwen va renmen l epi va devwale M a li."

22 Judas, se pa Iscariot la, te di Li: "Senyè, kisa menm ki rive ᵏki fè W ap devwale Ou a nou, e pa a lemonn?"

23 Jésus te reponn e te di Li: "Si nenpòt moun renmen M, li va ˡkenbe pawòl Mwen, e Papa M va renmen li, e Nou va vin kote li, epi a demere avèk li". 24 Moun ki pa renmen M pa kenbe pawòl Mwen. E ᵐpawòl sa a ke nou tande a se pa pa M, men se sa ki nan Papa ki te voye M nan.

25 Bagay sa yo Mwen pale pandan Mwen rete avèk nou an. 26 Men Konseye a, Espri Sen an, ke Papa a va voye nan non Mwen, ⁿLi va enstwi nou tout bagay, e fè nou sonje tout sa ke Mwen te di nou.

27 ᵒLapè Mwen kite avèk nou. Lapè Mwen, Mwen bay nou. Pa kon lemonn konn bay, Mwen bay nou. Pa kite kè nou twouble, ni pa kite l krent.

28 "Nou te tande ke Mwen te di nou: 'M ap prale, e Mwen va vin kote nou'. Si nou te renmen M nou ta rejwi, paske M ap prale kote Papa a. Paske ᵖPapa a pi gran pase M. 29 E koulye a ᵠMwen gen tan di nou avan li rive, pou lè l rive, nou kapab kwè.

30 "Mwen p ap pale anpil anplis avèk nou, paske ʳmèt a mond sa a ap vini, e li pa gen anyen nan Mwen. 31 Men pou lemonn kapab konnen ke Mwen renmen Papa a; jan ˢPapa a kòmande M, konsa ojis, Mwen fè l.

"Leve, annou kite isit la."

15 ᵗ"Mwen se vrè pye rezen an, epi se Papa M ki okipe pye rezen an. 2 Chak branch nan Mwen ki pa pote fwi, Li retire. E chak branch ki pote fwi, li taye pou l pote plis fwi.

3 ᵘ"Nou deja pwòp akoz pawòl ke Mwen te pale a nou an. 4 ᵛRete nan Mwen, e Mwen nan nou. Kon branch lan pa kapab pote fwi pou kont li, sof ke li rete nan pye rezen an, ni nou pa kapab, sof ke nou rete nan Mwen.

5 "Mwen se pye rezen an, nou se branch yo. Moun ki rete nan Mwen, e Mwen nan li, li ʷpote anpil fwi. Paske apa de Mwen, nou pa kapab fè anyen. 6 Si nenpòt moun pa rete nan Mwen, li ˣva jete kon yon branch, e l ap seche. Y ap ranmase yo e jete yo nan dife, epi y ap brile. 7 Si nou rete nan Mwen, e pawòl Mwen rete nan nou, ʸmande nenpòt sa nou vle, e l ap fèt pou nou. 8 Konsa, ᶻPapa M ap resevwa glwa, lè nou pote anpil fwi. E konsa, nou ᵃfè prèv ke nou se disip Mwen yo.

9 "Menm jan ke ᵇPapa a renmen M, Mwen renmen nou tou. Rete nan amou Mwen. 10 Si nou kenbe kòmandman Mwen yo, nou a pre te nan amou

---

ᵃ **14:13** Mat 7:7 ᵇ **14:14** Jn 15:16 ᶜ **14:15** Jn 14:21-23 ᵈ **14:16** Jn 7:39 ᵉ **14:17** Jn 15:26
ᶠ **14:18** Jn 14:3-28 ᵍ **14:19** Jn 16:16-22 ʰ **14:19** Jn 6:57 ⁱ **14:20** Jn 10:38 ʲ **14:21** Jn 14:15-23
ᵏ **14:22** Trav 10:40-41 ˡ **14:23** Jn 8:51 ᵐ **14:24** Jn 7:16 ⁿ **14:26** Jn 16:13 ᵒ **14:27** Jn 16:33
ᵖ **14:28** Jn 10:29 ᵠ **14:29** Jn 13:19 ʳ **14:30** Jn 12:31 ˢ **14:31** Jn 10:18 ᵗ **15:1** Sòm 80:8
ᵘ **15:3** Jn 13:10 ᵛ **15:4** Jn 6:56 ʷ **15:5** Jn 15:16 ˣ **15:6** Jn 15:2 ʸ **15:7** Mat 7:7 ᶻ **15:8** Mat 5:16
ᵃ **15:8** Jn 8:31 ᵇ **15:9** Jn 8:31

Mwen. [a]Menm jan ke Mwen te kenbe kòmandman a Papa M yo, e rete nan amou pa Li a.

[11] "Bagay sa yo Mwen pale nou, pou jwa M kapab nan nou, e ke [b]jwa nou kapab konplete. [12] Sa se [c]kòmandman Mwen, pou nou renmen youn a lòt, menm jan ke Mwen renmen nou an. [13] Pa gen pi gran amou pase sa. Ke yon moun [d]bay vi li pou zanmi li yo.

[14] "Nou se zanmi Mwen [e]si nou fè sa ke Mwen kòmande nou. [15] Mwen p ap rele nou esklav ankò, paske yon esklav pa konnen kisa mèt li ap fè. Men Mwen rele nou zanmi, paske [f]tout bagay ke Mwen tande nan Papa M, Mwen fè nou konnen.

[16] [g]"Nou pa t chwazi Mwen, men Mwen te chwazi nou, e te etabli nou pou nou ta kapab pote fwi, e ke fwi sa a ta kapab dire, pou nenpòt sa ke nou mande Papa a, nan non pa M, Li kapab bay nou li.

[17] "Sa Mwen [h]kòmande nou, pou nou renmen youn a lòt.

[18] [i]"Si lemonn rayi nou, byen konnen ke li te rayi M avan nou. [19] Si nou te apatyen a lemonn, lemonn ta renmen pa li, men akoz ke nou pa apatyen a lemonn, e ke Mwen te chwazi rachte nou nan mond sa a, [j]akoz sa yo rayi nou.

[20] "Sonje pawòl ke Mwen te di nou an: 'Yon esklav pa pi gran pase mèt li'. Si yo te pèsekite Mwen, [k]y ap pèsekite nou tou. Si yo te kenbe pawòl Mwen, yo va kenbe pawòl pa nou osi. [21] Men tout bagay sa yo, yo va fè nou pou koz a Non pa M, [l]paske yo pa konnen Sila a ki te voye M nan.

[22] [m]"Si Mwen pa t vini pou pale avèk yo, yo pa t ap gen peche, men koulye a yo pa gen eskiz pou peche yo.

[23] "Moun ki rayi M, rayi Papa M tou. [24] [n]Si Mwen pa t fè pami yo zèv ke okenn lòt pa t janm fè, yo pa t ap gen peche, men koulye a, yo wè, e yo rayi M, e Papa M tou.

[25] "Men yo te fè sa pou pawòl la ta kapab akonpli ki te ekri nan Lalwa pa yo: [o]'Yo te rayi Mwen san koz.'

[26] "Lè [p]Konseye a vini, sila a ke M ap voye bay nou sòti nan Papa a, sa se Lespri verite a, ki sòti nan Papa a, L ap fè temwayaj de Mwen. [27] E [q]nou va fè temwayaj tou, paske nou te avèk Mwen depi nan kòmansman."

16 "Mwen pale nou [r]bagay sa yo pou nou kapab evite chite.

[2] "Yo va [s]mete nou deyò nan sinagòg la, epi lè a ap vini ke y ap konprann ke se yon sèvis yo rann Bondye lè yo touye nou. [3] Bagay sa yo, yo va fè [t]paske yo pa t janm konnen Papa a, ni Mwen. [4] Men bagay sa yo Mwen te pale nou an [u]pou lè lè a rive, nou va sonje ke M te di nou sa. Epi bagay sa yo Mwen pa t di nou nan kòmansman, paske Mwen te avèk nou.

[5] "Men koulye a, [v]M ap prale a Sila a ki te voye Mwen an. E pa gen nan nou k ap mande M: 'Kibò W ap prale'? [6] Men akoz ke M te di nou bagay sa yo, [w]gwo doulè antre nan kè nou.

[7] "Men Mwen di nou laverite se nan lavantaj pa nou ke M ap prale. Paske si M pa ale, [x]Konseye a p ap vin kote nou, men si M ale, [y]M ap voye Li bay nou. [8] E Li, lè L vini, L ap konvenk lemonn konsènan peche, ladwati, ak jijman. [9] Konsènan peche, [z]paske yo pa kwè nan Mwen, [10] Selon [a]ladwati, paske Mwen ale nan Papa a, e nou p ap ka wè M ankò. [11] [b]Epi selon jijman, paske Mèt mond sa a gen tan jije.

[12] "Mwen gen anpil bagay anplis pou M ta di nou, men nou p ap kab sipòte yo koulye a. [13] Men lè Li, [c]Lespri verite a vini, Li va [d]dirije nou nan tout verite. Paske Li p ap pale pou kont Li, men sa Li tande, L ap pale. Li va montre nou tout sa ki va vini. [14] Li va [e]fè M resevwa glwa

---

[a] **15:10** Jn 8:29   [b] **15:11** Jn 3:29   [c] **15:12** Jn 13:34   [d] **15:13** Jn 10:11   [e] **15:14** Mat 12:50   [f] **15:15** Jn 8:26   [g] **15:16** Jn 6:70   [h] **15:17** Jn 15:12   [i] **15:18** Jn 7:7   [j] **15:19** Mat 10:22   [k] **15:20** I Kor 4:12   [l] **15:21** Jn 8:19-55   [m] **15:22** Jn 9:41   [n] **15:24** Jn 9:41   [o] **15:25** Sòm 35:19   [p] **15:26** Jn 14:16   [q] **15:27** Luc 24:48   [r] **16:1** Jn 15:18-27   [s] **16:2** Jn 9:22   [t] **16:3** Jn 8:19-55   [u] **16:4** Jn 13:19   [v] **16:5** Jn 7:33   [w] **16:6** Jn 14:1   [x] **16:7** Jn 14:16   [y] **16:7** Jn 14:26   [z] **16:9** Jn 15:22-24   [a] **16:10** Trav 3:14   [b] **16:11** Jn 12:31   [c] **16:13** Jn 14:7   [d] **16:13** Jn 14:26   [e] **16:14** Jn 7:39

Mwen, paske l ap pran sa ki pou Mwen, e fè nou konprann li.

¹⁵ ᵃ"Tout bagay ke Papa a genyen se pou Mwen. Pou sa, Mwen di nou Li pran sa ki pou Mwen, e devwale li a nou.

¹⁶ "Yon ti tan, e ᵇnou p ap wè M ankò, epi yon ti tan anplis, e nou va wè M."

¹⁷ Kèk nan disip Li yo te di youn a lòt: "Kisa L ap di nou la a? 'Yon ti tan, e nou p ap wè M ankò, epi yon ti tan anplis e nou va wè M' epi: 'akoz ke ᶜM ap prale nan Papa a'?" ¹⁸ Konsa yo t ap di: "Kisa L ap pale: 'Yon ti tan'? Nou pa konprann kisa L ap di."

¹⁹ ᵈJésus te konnen yo te vle kesyone L, epi Li te di yo: "Èske nou ap diskite pami nou sou sa ke M te di a: 'Yon ti tan, e nou p ap wè M ankò, epi yon ti tan anplis, e nou va wè M?'

²⁰ "Anverite, anverite, Mwen di nou, ke ᵉnou va kriye avèk lamantasyon, men lemonn va rejwi. Nou va ranpli avèk tristès, men ᶠtristès la va vin chanje an jwa. ²¹ ᵍLè yon fanm gen doulè nesans, li gen tristès, paske lè li rive, men lè l fin bay nesans a pitit la, li pa sonje soufrans lan ankò, akoz jwa ke yon pitit gen tan fèt nan lemonn.

²² "Konsa, ʰnou menm tou gen tristès koulye a. Men ⁱMwen va wè nou ankò, e kè nou ap rejwi, e pèsòn p ap retire jwa nou ankò.

²³ "E nan jou sa a ʲnou p ap menm poze M kesyon sou okenn choz. Anverite, anverite, Mwen di nou, ᵏsi nou mande Papa a pou nenpòt bagay, L ap bay nou Li nan non Mwen.

²⁴ ˡ"Jis rive koulye a nou pa mande pou anyen nan non Mwen. Mande e nou va resevwa, pou jwa nou kapab vin ranpli.

²⁵ "Bagay sa yo Mwen pale nou an ᵐparabòl. Lè a ap vini lè M p ap pale avèk nou ankò an parabòl, men M ap pale nou byen klè konsènan Papa a.

²⁶ "Nan jou sa a ⁿnou va mande nan non Mwen, e Mwen p ap di nou ke M ap mande Papa a anfavè nou. ²⁷ Paske ᵒPapa a Li menm, renmen nou paske nou renmen Mwen, e te kwè ke Mwen ᵖte sòti nan Papa a. ²⁸ Mwen te sòti nan Papa a, e te vini nan lemonn. M ap kite lemonn ankò e ap ᵠprale kote Papa a."

²⁹ Disip Li yo te di: "Alò koulye a W ap pale klè. Ou p ap ʳsèvi ak parabòl. ³⁰ Koulye a nou konnen ke Ou konnen tout bagay, e pa bezwen moun mande Ou anyen. Akoz sa, nou ˢkwè ke Ou soti nan Bondye."

³¹ Jésus te reponn yo: "Èske nou kwè koulye a? ³² Veye byen, lè a ap vini, e gen tan vini deja, ᵗpou nou vin gaye, chak a pwòp kay li, e pou kite M sèl. ᵘMen M p ap sèl, paske Papa a toujou avè M.

³³ "Bagay sa yo Mwen pale nou, pou ᵛnan Mwen, nou kapab gen lapè. Nan lemonn nou gen tribilasyon, men pran kouraj. ʷMwen venk lemonn."

17

Jésus te pale bagay sa yo. Epi ˣak zye Li leve pou gade vè syèl la, Li te di. "Papa, lè a rive. ʸBay glwa a pitit Ou, pou pitit Ou kapab bay a Ou menm. ² Menm jan ke ᶻOu te bay Li otorite sou tout chè, ᵃa tout sa ke Ou te bay Li yo, pou Li ta kapab bay lavi etènèl.

³ "E sa se lavi etènèl, ᵇpou yo kapab konnen Ou, sèl vrè Dye a, ak Jésus Kri ke Ou voye a. ⁴ ᶜMwen te bay Ou glwa sou latè, lè M te ᵈacheve travay ke Ou ban M fè a.

⁵ "E koulye a, ban M glwa ansanm avèk Ou Menm, Papa, ᵉavèk glwa ke M te gen avè W avan lemonn te egziste a.

⁶ "Mwen fè non Ou rekonèt a moun ᶠke Ou te ban Mwen nan lemonn yo. Yo te pou Ou, e Ou te ban Mwen yo. Konsa, yo kenbe pawòl Ou.

⁷ "Koulye a, yo gen tan konnen ke tout bagay ke Ou ban Mwen soti nan Ou menm. ⁸ Paske ᵍpawòl ke Ou te

---

ᵃ **16:15** Jn 17:10   ᵇ **16:16** Jn 14:18-24   ᶜ **16:17** Jn 16:5   ᵈ **16:19** Mc 9:32   ᵉ **16:20** Luc 23:27
ᶠ **16:20** Jn 20:20   ᵍ **16:21** És 13:8   ʰ **16:22** Jn 16:6   ⁱ **16:22** Jn 16:16   ʲ **16:23** Jn 16:19-30
ᵏ **16:23** Jn 15:16   ˡ **16:24** Jn 14:14   ᵐ **16:25** Mat 13:34   ⁿ **16:26** Jn 16:19-30   ᵒ **16:27** Jn 14:21-23
ᵖ **16:27** Jn 8:42   ᵠ **16:28** Jn 13:1-3   ʳ **16:29** Mat 13:34   ˢ **16:30** Jn 2:11   ᵗ **16:32** Za 13:7
ᵘ **16:32** Jn 8:29   ᵛ **16:33** Jn 14:27   ʷ **16:33** Wo 8:37   ˣ **17:1** Jn 11:41   ʸ **17:1** Jn 13:31   ᶻ **17:2** Jn 3:35   ᵃ **17:2** Jn 10:28   ᵇ **17:3** Jn 5:44   ᶜ **17:4** Jn 13:31   ᵈ **17:4** Jn 4:34   ᵉ **17:5** Jn 1:1   ᶠ **17:6** Jn 6:37-39   ᵍ **17:8** Jn 12:49

ban Mwen yo, Mwen bay yo, e yo te resevwa yo e te vrèman konprann ke [a]Mwen soti nan Ou menm. Yo te kwè ke Ou te voye Mwen.

9 [b]"Mwen mande anfavè yo. [c]Mwen pa mande pou lemonn, men pou sa ke Ou te ban Mwen yo. Paske se pou Ou yo ye.

10 [d]"Tout bagay ki pou Mwen, se pou Ou, e sa ki pou Ou, se pou Mwen. Mwen resevwa glwa nan yo.

11 "Mwen pa nan lemonn ankò. Malgre, yo menm, yo toujou nan lemonn, e Mwen vini a Ou, Papa ki Sen, kenbe yo nan non Ou, non [e]ke Ou ban Mwen an, [f]pou yo kapab vin yon sèl, menm jan ke nou menm, nou se yon sèl. 12 Pandan Mwen te avèk yo, Mwen t ap kenbe yo nan non Ou, sa ke Ou te ban Mwen yo. E Mwen te gade yo. Youn nan yo pa t pèdi sof [g]fis pèdisyon an, pou [h]Lekriti ta kapab akonpli.

13 "Men koulye a, [i]Mwen ap vini kote Ou. Konsa, [j]bagay sa yo Mwen pale nan lemonn pou yo kapab gen lajwa Mwen tou ranpli nèt nan yo menm.

14 "Mwen te bay yo pawòl Ou. E [k]lemonn rayi yo. Paske yo pa nan lemonn, menm jan ke Mwen pa nan lemonn. 15 Mwen pa mande Ou pou retire yo nan lemonn, men pou kenbe yo kont [l]sila ki mechan an. 16 [m]Yo pa nan lemonn menm jan ke Mwen pa nan lemonn. 17 [n]Fè yo vin sen pa laverite. Pawòl Ou se laverite.

18 "Kon Ou te voye M nan lemonn nan, [o]Mwen osi voye yo nan lemonn. 19 E pou koz a yo menm, Mwen vin sen Mwen menm, pou yo menm kapab [p]vin sen nan laverite.

20 "Mwen pa mande pou sila yo sèlman, men pou sa yo osi ki kwè nan Mwen pa pawòl pa yo. 21 Pou yo tout kapab fè yon sèl. [q]Menm jan ke Ou menm, Papa, Ou nan Mwen, e Mwen nan Ou, pou yo kapab nan Nou tou. Pou lemonn kapab kwè ke Ou te voye M. 22 [r]Glwa ke Ou ban Mwen an, Mwen bay yo. Pou yo kapab fè yon sèl, menm jan ke Nou fè yon sèl. 23 [s]Mwen nan yo, e Ou nan Mwen, pou yo kapab vin pafè nan linite, pou lemonn kapab konnen ke Ou te voye Mwen, e [t]te renmen yo, menm jan ke Ou renmen Mwen.

24 "Papa, Mwen vle ke yo menm tou, ke Ou ban Mwen yo, kapab avèk Mwen kote Mwen ye a, pou yo kapab wè glwa M, ke Ou ban Mwen, paske [u]Ou te renmen Mwen avan fondasyon lemonn.

25 "O Papa [v]ladwati a, malgre lemonn pa konnen Ou, Mwen konnen Ou. E sa yo konnen ke Ou te voye Mwen. 26 E [w]Mwen te fè non Ou rekonèt a yo, e yo va fè l rekonèt; pou [x]menm lamou ke Ou renmen Mwen an, kapab nan yo, epi Mwen menm nan yo."

18 Lè Jésus te pale pawòl sa yo, Li te pase avèk disip Li yo lòtbò ravin Cédron an, kote te gen yon [y]jaden. Li menm te antre la avèk disip Li yo.

2 Anplis, Judas osi, ki t ap trayi Li a te konnen plas la, pwiske Jésus te konn [z]reyini la souvan ak disip Li yo. 3 Konsa, [a]Judas, ki te deja resevwa kòwòt sòlda Women an avèk ofisye chèf prèt yo ak Farizyen yo, te vini la avèk lantèn, flanbo, ak zam.

4 Jésus, [b]byen okouran sou tout bagay ki t ap vini sou Li yo, te vin parèt epi te di yo: **"Kilès n ap chache?"**

5 Yo te reponn Li: "Jésus, Nazareyen an." Li te di yo: **"Mwen menm se Li"**. Judas osi ki t ap trayi Li a, te kanpe avèk yo. 6 Lè konsa, Li te di yo: **"Mwen menm se Li,"** yo te fè bak epi tonbe atè.

7 Ankò konsa, Li te mande yo: [c]**"Kilès n ap chache?"**

E yo te di: "Jésus, Nazareyen an."

8 Jésus te reponn: **"Mwen te di nou ke Mwen menm se Li. Si se pou sa, se Mwen nou ap chache, lese lòt yo fè wout yo."**

---

[a] **17:8** Jn 8:42   [b] **17:9** Luc 22:32   [c] **17:9** Jn 17:20   [d] **17:10** Jn 16:15   [e] **17:11** Fil 2:9   [f] **17:11** Jn 17:2   [g] **17:12** Jn 6:70   [h] **17:12** Jn 13:18   [i] **17:13** Jn 7:33   [j] **17:13** Jn 15:11   [k] **17:14** Jn 15:19   [l] **17:15** Mat 5:37   [m] **17:16** Jn 17:14   [n] **17:17** Jn 15:3   [o] **17:18** Mat 10:5   [p] **17:19** Jn 15:3   [q] **17:21** Jn 10:38   [r] **17:22** Jn 1:14   [s] **17:23** Jn 10:38   [t] **17:23** Jn 16:27   [u] **17:24** Mat 25:34   [v] **17:25** Jn 17:11   [w] **17:26** Jn 17:6   [x] **17:26** Jn 15:9   [y] **18:1** Mat 26:36   [z] **18:2** Luc 21:37   [a] **18:3** Mat 26:47-56   [b] **18:4** Jn 6:64   [c] **18:7** Jn 18:4

⁹ Pou pawòl ke Li te pale a ta kapab ᵃakonpli: **"Nan sa ke Ou te ban Mwen yo, Mwen pa t pèdi youn."**

¹⁰ Konsa, Simon Pierre ᵇki te gen yon nepe, te rale li e te frape esklav wo prèt la, epi te koupe zòrèy dwat la. Esklav la te rele Malchus.

¹¹ Konsa, Jésus te di Pierre: **"Mete nepe a nan fouwo a. ᶜTas ke Papa a ban Mwen an, èske M pa pou bwè l?"**

¹² ᵈKonsa, kòwòt women an, avèk kòmandan, avèk ofisye Jwif yo te arete Jésus, e te mare Li. ¹³ Yo te mennen Li premyèman bò kote Anne. Paske Li menm te bòpè a ᵉCaïphe, ki te wo prèt nan lane sa a. ¹⁴ Epi se te Caïphe ki te bay konsèy a Jwif yo ke li ᶠta meyè pou yon moun mouri pou benefis a tout pèp la.

¹⁵ ᵍSimon Pierre t ap swiv Jésus ansanm ak yon lòt disip.

Alò, disip sila a te rekonèt pa wo prèt la, e te antre avèk Jésus nan lakou wo prèt la, ¹⁶ ʰMen Pierre te kanpe prè pòt deyò a. Pou sa, lòt disip ki te byen rekonèt pa wo prèt la te ale deyò a e te pale avèk gadyen pòt la, epi te fè Pierre antre.

¹⁷ Fi domestik ki te okipe de pòt la te di Pierre: ⁱ**"Èske Ou pa osi youn nan disip a mesye sila a?"**

Li te di: "Se pa Mwen."

¹⁸ Epi lòt esklav yo ak ofisye ki te la yo, te fè yon dife avèk chabon, pwiske li te fè frèt e yo t ap ʲchofe kò yo. Pierre te la avèk yo tou, e te kanpe la pou chofe kò li.

¹⁹ Konsa, ᵏwo prèt la t ap kesyone Jésus konsènan disip Li yo, e sou sa Li te enstwi yo.

²⁰ Jésus te reponn Li: **"Mwen ˡpale ouvètman a lemonn. Mwen te toujou enstwi nan sinagòg yo, ak nan tanp lan, kote tout Jwif yo rasanble. E Mwen pa t pale anyen an sekrè. ²¹ Poukisa nou ap kesyone M? Mande sa yo ki tande sa ke M te pale yo. Yo konnen sa ke M te di yo."**

²² Lè Li te di sa, youn nan ᵐofisye yo te ⁿfrape Jésus, e te di: "Èske se konsa Ou reponn wo prèt la?"

²³ ᵒJésus te reponn li: **"Si Mwen pale mal, fè temwayaj a mal la, men si Mwen pale byen, poukisa Ou frape M?"**

²⁴ ᵖAkoz sa a, Anne te voye Li tou mare bay Caïphe, wo prèt la.

²⁵ ᵠAlò, Simon Pierre te kanpe ap chofe kò li. Yo te di l konsa: "Se pa ou menm tou ki youn nan disip Li yo?" Li te demanti sa e te di: "Non, se pa Mwen."

²⁶ Youn nan esklav wo prèt la, konsi, yon manm fanmi a ʳsila a ki te gen zòrèy koupe pa Pierre a te di: "Èske M pa t wè ou ˢnan jaden an avèk Li?"

²⁷ Konsa, Pierre te demanti sa ankò, epi lapoula, ᵗkòk la te chante.

²⁸ ᵘYo te mennen Jésus soti kote Caïphe, pou antre nan Tribinal la. Li te trè bonè, e yo pa t antre nan tribinal la pou yo pa vin souye, pou yo toujou ta kapab manje Pak la.

²⁹ ᵛPou sa, Pilate te soti deyò pou pale avèk yo e te di: "Ki akizasyon nou pote kont nonm sila a?"

³⁰ Yo te reponn e te di li: "Si nonm sila pa te yon malfektè, nou pa t ap livre li bay ou."

³¹ Epi Pilate te di yo: "Pran Li nou menm epi jije Li selon lalwa pa nou." Jwif yo te di li: "Li pa pèmi pou nou mete yon moun a lanmò."

³² Pou ʷpawòl ke Jésus te pale a ta kapab akonpli, ki te montre ki kalite mò Li t ap mouri.

³³ Konsa, Pilate te antre ankò nan Tribinal la, e te rele Jésus, e te di Li: ˣ**"Èske Ou se Wa a Jwif yo."**

³⁴ Jésus te reponn li: **"Èske ou mande sa pou kont ou, oubyen èske gen lòt moun ki pale ou de Mwen?"**

³⁵ Pilate te reponn: "Èske mwen menm se yon Jwif? Pwòp nasyon pa W te livre Ou ban mwen. Kisa Ou fè?"

³⁶ Jésus te reponn: ʸ**"Wayòm Mwen pa de mond sila a. Si wayòm Mwen te de mond sila a, sèvitè Mwen yo ta goumen**

pou Mwen pa ta livre a Jwif yo, men koulye a, wayòm Mwen pa de isit."

37 Pou sa, Pilate te di Li: "Alò se yon wa ke Ou ye?"

a"**Ou di byen kòrèk, ke se yon wa ke Mwen ye. Pou sa Mwen fèt, e Pou sa Mwen vini nan lemonn. Pou pote temwayaj a laverite. Tout moun ki nan laverite a tande vwa M.**"

38 Pilate te di L: "Kisa ki laverite a?" Lè l fin di sa, li te ale deyò ankò kote Jwif yo, e te di yo: b"Mwen pa twouve okenn koupabilite nan mesye sila a. 39 cMen nou gen yon koutim, ke Mwen gen pou lage pou nou yon moun nan lè Pak Jwif la. Èske konsa, nou ta renmen m lage pou nou Wa a Jwif Yo?"

40 Pou sa yo te kriye ankò e te di: d"Pa mesye sila a, men lage Barabbas". Alò, Barabbas te yon vòlè.

19 Konsa, Pilate te pran Jésus epi ete bat Li ak fwèt. 2 fSòlda yo te trese yon kouwòn pikan e te mete li sou tèt Li. Yo te abiye Li ak yon gwo vètman mov. 3 Yo t ap repete pawòl: "Sali, Wa Jwif Yo!" epi t ap gbay Li kou nan figi li.

4 Pilate te parèt deyò ankò epi te di: "Gade byen, mwen mennen L devan nou ankò pou nou ka konnen ke m hpa twouve okenn koupabilite nan Li."

5 Konsa Jésus te vin parèt iabiye avèk kouwòn pikan an ak gwo vètman mov la. Epi Pilate te di yo: "Gade nonm nan!"

6 Konsa, lè chèf prèt yo ak ofisye yo te wè Li, yo te kriye fò e te di: "Krisifye! Krisifye!"

Pilate te di yo: "Pran Li nou menm epi krisifye Li, paske jmwen pa twouve okenn koupabilite nan Li."

7 Jwif yo te reponn li: k"Nou gen yon lwa, e pa lwa sila a, Li dwe mouri paske Li te fè kòmsi se Fis a Bondye Li ye."

8 Lè Pilate te tande pawòl sila a, li te vin krent plis. 9 Li te lantre ankò nan tribinal la e te di a Jésus: "Kote Ou soti?" Men lJésus pa t reponn li.

10 Pou sa, Pilate te di L: "Ou pa pale avè m? Èske Ou pa konnen ke m gen otorite pou krisifye Ou?"

11 Jésus te reponn Li: m"**Ou pa t ap gen otorite sou Mwen si li pa t soti anwo. Konsa, sila a ki livre M bay ou a gen pi gwo peche.**"

12 Akoz sa a, Pilate te fè yon efò pou lage Li, men Jwif yo te kriye fò epi te di: n"Si ou lage nonm sila a, ou pa zanmi a César. Nenpòt moun ki fè kòmsi se yon wa li ye, se lènmi a César."

13 Lè konsa, Pilate te tande pawòl sa yo, li te mennen Jésus deyò, e te ochita sou chèz jijman an nan plas yo rele Pave a, men an Ebre Gabbatha. 14 Se te pJou Preparasyon pou Pak Jwif la.

Li te anviwon sizyèm lè. Li te di a Jwif yo: "Men Wa nou!"

15 Pou sa yo te kriye fò: q"Fè L soti, fè L soti, krisifye L!"

Pilate te di yo: "Èske m ta krisifye Wa nou an?"

Chèf prèt yo te reponn: "Nou pa gen okenn lòt wa ke César."

16 Konsa, li te rlivre Li pou krisifye. Yo te pran Li, epi te mennen L ale.

17 s Li te soti e t ap pote pwòp kwa Li vè plas ke yo rele Plas a Zo Tèt Mò a, ke nan lang Ebre yo rele Golgotha. 18 La yo te krisifye Li, ansanm avèk de lòt mesye yo, youn nan chak kote avèk Jésus nan mitan.

19 Pilate te ekri yon enskripsyon, e te mete li sou kwa a. Li te di t"Jésus de Nazareth, Wa Jwif Yo."

20 Konsa, anpil nan Jwif yo te li enskripsyon sila a, paske plas kote Jésus te krisifye a te prè vil la, e li te ekri nan uEbre, Latin ak Grèk.

21 Epi chèf prèt yo t ap di a Pilate: "Pa ekri v'Wa Jwif yo', men ke 'Li te di: "Mwen se Wa Jwif yo."'

22 Pilate te reponn w"Sa ke m ekri a, mwen ekri nèt".

23 xSòlda yo, lè yo te fin krisifye Jésus te pran tout vètman li epi fè kat pati. Yon pati pou chak sòlda, anplis tinik la. Konsa, tinik

---

a 18:37 Mat 27:11   b 18:38 Luc 23:4   c 18:39 Mat 27:15-26   d 18:40 Trav 3:14   e 19:1 Mat 27:26
f 19:2 Mc 15:16-19   g 19:3 És 50:6   h 19:4 Luc 23:4   i 19:5 Jn 19:2   j 19:6 Luc 23:4
k 19:7 Lev 24:16   l 19:9 Mat 26:63   m 19:11 Wo 13:1   n 19:12 Luc 23:2   o 19:13 Mat 27:19
p 19:14 Mat 27:62   q 19:15 Luc 23:18   r 19:16 Mat 27:26   s 19:17 Mat 27:33-44   t 19:19 Mat 27:37
u 19:20 Jn 19:13   v 19:21 Jn 19:14-19   w 19:22 Jen 43:14   x 19:23 Mat 27:35

la te yon sèl moso twal san koud soti anwo, jis rive anba.

²⁴ Akoz sa yo te di youn ak lòt, annou pa chire li, men tire osò pou li, pou deside pou kilès li dwe ye. Konsa, yo te akonpli Lekriti a ki te di:

"Yo te ᵃdivize vètman Mwen yo pami yo,
e pou rad Mwen yo tire osò."

Pou sa a, sòlda yo te fè bagay sa yo. ²⁵ Men manman Li, sè a manman Li, Marie, madanm a Cléopas, ak Marie ᵇMagdalène t ap kanpe prè kwa Jésus a.

²⁶ Konsa, lè Jésus te wè manman L ak ᶜdisip ke Li te renmen an, ki te kanpe toupre a, Li te di a manman: **"Fanm, men gade fis ou!"** ²⁷ Epi Li te di a disip la: **"Men gade manman ou!"** Depi lè sa, disip la te pran li pou rete ᵈtankou manm lakay li.

²⁸ Apre sa Jésus, byen konnen ke tout bagay te deja acheve, pou Lekriti a ta kapab akonpli, te di: ᵉ**"Mwen swaf."** ²⁹ Yon bokal ranpli avèk diven si se kanpe la. Epi ᶠyo te mete yon eponj ranpli avèk diven si a sou yon branch izòp pou te lonje l anwo vè bouch Li.

³⁰ Konsa, lè Jésus te resevwa diven si a, Li te di: **"Li se fini!"** Epi Li te bese tèt Li e te ᵍrann lespri Li.

³¹ Pou sa, Jwif yo, akoz ke se te Jou Preparasyon an, e ke ʰkò yo pa ta dwe rete sou lakwa pandan Saba a, pwiske Saba a te yon gwo jou sen, te mande Pilate pou kase janm tout moun yo, pou yo ta kapab retire yo. ³² Konsa, sòlda yo te vini e te kase janm a premye mesye a, epi lòt ki te ⁱkrisifye avèk li a. ³³ Men lè yo vini sou Jésus, yo te wè ke Li te deja mouri, epi yo pa t kase janm Li yo. ³⁴ Men youn nan sòlda yo te frennen akote Li avèk yon lans, epi imedyatman, ʲsan mele avèk dlo te soti.

³⁵ E sila a ki wè gen tan ᵏbay temwaye, epi temwayaj li vrè. E li konnen ke l ap di laverite, pou nou tout kapab kwè. ³⁶ Paske bagay sa yo te vin pase, pou Lekriti a ta kapab akonpli ˡ**"Pa menm yon zo nan Li va kase."**

³⁷ E ankò yon lòt Ekriti di ᵐ**"Yo va gade sila a ke yo pèse a."**

³⁸ ⁿApre bagay sa yo, Joseph d'Arimathée, ki te yon disip a Jésus, men an sekrè akoz perèz a Jwif yo, te mande Pilate pou l kite li pran kò Jésus. E Pilate te bay li pèmisyon.

³⁹ ᵒNicodème ki te vini premyèman kote li nan nwit lan te vini tou. Yo t ap pote yon melanj lami avèk epis lalwa ki te peze kon pwa anviwon san liv.

⁴⁰ Konsa, yo te pran kò a Jésus, epi te ᵖvlope l avèk ᵠtwal lèn avèk epis selon koutim lantèman a Jwif yo.

⁴¹ Nan plas kote Li te krisifye a, te gen yon jaden, e nan jaden an yon ʳtonm nèf kote ˢpèsòn poko te poze. ⁴² Pou sa, akoz jou ᵗPreparasyon Jwif la, e akoz ke tonm nan te prè, yo te poze Jésus la.

20

ᵘKonsa, nan premye jou semèn nan, Marie a Magdala te vini nan tonm nan bonè, pandan Li te toujou fènwa, e te wè ke wòch la te deja retire sou tonm nan. ² E li te kouri vini kote Simon Pierre ak ᵛlòt disip ke Jésus te renmen an, e te di yo: ʷ**"Yo retire Senyè a nan tonm nan e nou pa konnen kote yo mete Li."**

³ ˣKonsa, Pierre te soti ak lòt disip la, pou yo ale nan tonm nan.

⁴ Yo toulède t ap kouri ansanm. E lòt disip la te kouri vit pase Pierre, e li te rive nan tonm nan avan. ⁵ Lè l bese gade ladann, li te wè ʸtwal lèn yo atè a, men li pa t antre.

⁶ Alò, Simon Pierre t ap swiv li, epi te antre nan tonm nan. Li te wè twal lèn yo atè a, ⁷ men ᶻtwal pou figi ki te konn sou tèt Li a, pa t avèk lòt lèn yo, men te byen woule epi mete nan yon plas akote pou kont li.

⁸ Lòt disip la ᵃki te rive nan tonm nan avan te antre osi. Li te wè, e li te kwè. ⁹ Paske jiska moman sa a, ᵇyo poko te konprann Lekriti a ke fòk Li leve ankò soti nan lanmò.

ᵃ **19:24** Sòm 22:18   ᵇ **19:25** Mat 27:55   ᶜ **19:26** Jn 13:23   ᵈ **19:27** Luc 18:28   ᵉ **19:28** Sòm 69:21
ᶠ **19:29** Mat 27:48-50   ᵍ **19:30** Mat 27:50   ʰ **19:31** Det 21:23   ⁱ **19:32** Jn 19:18   ʲ **19:34** I Jn 5:6-8
ᵏ **19:35** Jn 15:27   ˡ **19:36** Egz 12:46   ᵐ **19:37** Za 12:10   ⁿ **19:38** Mat 27:57-61   ᵒ **19:39** Jn 3:1
ᵖ **19:40** Jn 11:44   ᵠ **19:40** Luc 24:12   ʳ **19:41** Mat 27:60   ˢ **19:41** Luc 23:53   ᵗ **19:42** Jn 19:14-31
ᵘ **20:1** Mat 28:1-8   ᵛ **20:2** Jn 13:23   ʷ **20:2** Jn 20:13   ˣ **20:3** Luc 24:12   ʸ **20:5** Jn 19:40   ᶻ **20:7** Jn 11:44   ᵃ **20:8** Jn 20:4   ᵇ **20:9** Mat 22:29

¹⁰ Konsa, disip yo te kite la ᵃpou retounen nan pwòp kay pa yo.

¹¹ ᵇMen Marie te kanpe deyò tonm nan. Li t ap kriye, epi konsa, pandan li t ap kriye, li te bese pou gade nan tonm nan. ¹² E li te wè ᶜde zanj abiye an blan ki chita, youn bò kote tèt la, e youn bò kote pye yo, kote kò Jésus te konn kouche a.

¹³ Yo te di li: ᵈ"Fanm poukisa w ap kriye?" Li te di yo, "Akoz ᵉyo te pran Senyè m nan, e mwen pa konnen kote yo mete L." ¹⁴ Lè li te fin di sa, li te vire, e ᶠte wè Jésus t ap kanpe la, men li ᵍpa t konnen ke se te Jésus.

¹⁵ Jésus te di li ʰ"Fanm, poukisa w ap kriye? Kilès w ap chèche?" Byen kwè ke Li te mèt jaden an, li te di L: "Mesye si ou te pote Li ale, di m kote ou mete Li, epi m ap pran L mennen L ale."

¹⁶ Jésus te di li: **"Marie!"** Li te di Li an Ebre: ⁱ"Rabouni!", ki vle di "Mèt!"

¹⁷ Jésus te di li: **"Pa touche M, paske Mwen poko monte jwenn Papa M. Men ale bò kote ʲfrè M yo e di yo ke 'Mwen ᵏmonte a Papa Mwen, e Papa pa w, Bondye Mwen, e Bondye Pa w.'"**

¹⁸ Marie ˡMagdala te vin kote disip yo e te anonse yo: "Mwen wè Senyè a," epi Li te pale yo de bagay sa yo.

¹⁹ Konsa, lè l fènwa nan menm jou sa a, premye jou nan semèn nan, lè pòt yo te fèmen kote disip yo te ye a, akoz laperèz a Jwif yo, Jésus te vini epi kanpe nan mitan yo. Li te di yo: ᵐ"Lapè avèk nou." ²⁰ E lè Li te di sa, ⁿLi te montre yo tou de men li yo, ak akote li. Pou sa, disip yo te rejwi lè yo te wè Senyè a.

²¹ Pou sa, Jésus te di yo ankò: **"Lapè avèk nou. ᵒKon Papa a te voye M nan, osi, Mwen voye nou."**

²² E lè Li te di sa, li te soufle sou yo e te di yo: **"Resevwa Lespri Sen an.**

²³ ᵖ**"Si nou padonnen peche a nenpòt moun, peche yo ap gen tan padonnen. E si nou kenbe peche a nenpòt moun, y ap kenbe."**

²⁴ Men ᵠThomas, youn nan douz yo ke yo te rele Didyme, pa t avèk yo lè Jésus te vini an. ²⁵ Pou sa, lòt disip yo t ap di li: "Nou gen tan wè Senyè a!" Men li te di yo: "Anmwenske m wè mak klou yo ʳnan men L, epi mete dwat mwen kote klou yo te ye a, e fouye men m akote L, mwen p ap kwè."

²⁶ Uit jou pi tà, disip Li yo te anndan, epi Thomas te avèk yo. Jésus te vini lè pòt yo te fèmen. Li te kanpe nan mitan yo, e te di: ˢ**"Lapè avèk nou!"**

²⁷ Alò Li te di a Thomas ᵗ**"Lonje dwat ou la, e wè men M. Epi lonje men ou la, e mete l akote Mwen e pa vin enkredil, men kwè."**

²⁸ Thomas te reponn: "Senyè mwen, e Bondye mwen!"

²⁹ Jésus te di li: **"Paske ou wè M, ou kwè? ᵘBeni se sila yo ki pa t wè, men te kwè."**

³⁰ ᵛKonsa, anpil lòt sign Jésus osi te fè nan prezans disip Li yo, ki pa ekri nan liv sa a. ³¹ Men sila yo te ekri pou nou kapab kwè ke Jésus se Kris la, Fis a Bondye. Epi ke nan ʷkwè sa a, nou kapab gen lavi etènèl nan non Li.

21 Apre bagay sa yo, Jésus te vin parèt ankò a disip yo bò kote ˣLanmè Tibériade la, e se konsa li te vin parèt.

² Yo te ansanm. Simon Pierre, Thomas, ke yo rele Didyme, e Nathanaël de Cana nan Galilée, e ʸfis a Zébédée yo e de lòt nan disip Li yo.

³ Simon Pierre te di yo: "M ap prale fè lapèch."

Yo te di li: "N ap prale avè w tou." Yo ale deyò e te antre nan kannòt la, e ᶻnwit sa a, yo pa t kenbe anyen.

⁴ Men lè bajou te kase, Jésus te kanpe arebò lanmè a, men disip yo ᵃpa t konnen ke se te Jésus.

⁵ Konsa, Jésus te di yo: **"Pitit yo, ᵇèske nou pa gen kèk grenn pwason?"**

Yo te reponn Li: "Non."

ᵃ **20:10** Luc 24:12   ᵇ **20:11** Mc 16:5   ᶜ **20:12** Mat 28:2   ᵈ **20:13** Jn 20:15   ᵉ **20:13** Jn 20:2
ᶠ **20:14** Mat 28:9   ᵍ **20:14** Jn 21:4   ʰ **20:15** Jn 20:13   ⁱ **20:16** Mc 10:51   ʲ **20:17** Mat 28:10
ᵏ **20:17** Jn 7:33   ˡ **20:18** Luc 24:10-23   ᵐ **20:19** Luc 24:36   ⁿ **20:20** Luc 24:39-40   ᵒ **20:21** Jn 17:18
ᵖ **20:23** Mat 16:19   ᵠ **20:24** Jn 11:16   ʳ **20:25** Jn 20:20   ˢ **20:26** Luc 24:36   ᵗ **20:27** Luc 24:40
ᵘ **20:29** I Pi 1:8   ᵛ **20:30** Jn 21:25   ʷ **20:31** Jn 3:15   ˣ **21:1** Jn 6:1   ʸ **21:2** Mat 4:21   ᶻ **21:3** Luc 5:5
ᵃ **21:4** Luc 24:16   ᵇ **21:5** Luc 24:41

Jean 21:6-25

⁶ E Li te di yo ᵃ**"Voye filè a sou men dwat kannòt la, e nou va kenbe kèk."**

Konsa, yo te voye l, e yo pa t kab rale fè l antre akoz gran kantite pwason yo.

⁷ ᵇKonsa, disip ke Jésus te renmen an te di Pierre: "Se Senyè a."

Lè Simon Pierre te tande ke se te Senyè a, li te mete vètman li, paske li te retire rad li pou travay la, e te voye kò li nan lanmè a.

⁸ Men lòt disip yo te vini nan ti kannòt la, paske yo pa t lwen tè a, men sèlman anviwon san mèt, pou rale filè plen pwason an. ⁹ E lè yo te desann atè, yo te wè yon ᶜdife chabon deja prepare, avèk pwason sou li, ak pen.

¹⁰ **Jésus te di yo: "Pote kèk nan ᵈpwason ke nou fenk kenbe yo."**

¹¹ Simon Pierre te monte e te rale filè a atè a, byen plen gwo pwason, san-senkant-twa, e malgre ke te gen gran kantite sa a, filè a pa t chire.

¹² Jésus te di yo: **"Vin pran ᵉti dejene."**

Okenn nan disip yo pa t tante kesyone L: "Ki Moun Ou ye?" paske yo te konnen ke se te Senyè a.

¹³ Jésus te vini. Li te pran ᶠpen an, epi te bay yo, ansanm ak pwason an.

¹⁴ Sa koulye a se ᵍtwazyèm fwa ke Jésus te vin parèt a disip yo, depi Li te leve soti nan lanmò a.

¹⁵ Konsa, lè yo te fin dejene, Jésus te di a Simon Pierre: **"Simon, fis a Jean, ʰèske ou renmen M plis ke sa yo?"**

Li te di Li: "Wi Senyè. Ou konnen ke m renmen Ou."

Li te di li: "Okipe Mouton Mwen yo."

¹⁶ Li te di li ankò yon dezyèm fwa: **"Simon, fis a Jean, èske ou renmen M?"**

Li te reponn Li: **"Wi Senyè, Ou konnen ke m renmen Ou."**

Li te di li: ⁱ**"Fè bèje mouton Mwen yo."**

¹⁷ Li te di li yon twazyèm fwa: **"Simon, fis a Jean, èske ou renmen M?"**

Pierre te vin tris akoz ke Li di li yon twazyèm fwa: **"Èske ou renmen M?"**

E li te di Li: "Senyè, ʲOu konnen tout bagay. Ou konnen ke Mwen renmen Ou."

Jésus te di Li: **"Okipe mouton Mwen yo.**

¹⁸ **Anverite, anverite Mwen di ou, lè ou te pi jenn, ou te konn mare sentiwon ou, e mache kote ou te pito. Men lè ou vin vye, ou va lonje men ou epi yon lòt ap mare sentiwon ou e mennen ou kote ou pa vle ale."**

¹⁹ Sila Li te di pou montre pa ᵏki kalite mò li ta bay glwa a Bondye a. E lè Li te pale sa, Li te di L: **"Swiv Mwen!"**

²⁰ Pierre te vire gade pa dèyè e te wè ˡdisip ke Jésus te renmen an t ap swiv li. Sila ki te ᵐapiye sou sen Li nan dènye soupe a, e te di: "Senyè, kilès k ap trayi Ou a?"

²¹ Epi Pierre, lè l te wè li, te di a Jésus: "Senyè, e pou nonm sila a?"

²² Jésus te di li: **"E si Mwen vle li rete jis lè Mwen vini, kisa sa ap ye pou ou? Ou menm, ⁿswiv Mwen!"**

²³ Konsa, pawòl sa te kouri pami tout frè yo ke disip sila a pa t ap mouri. Men Jésus pa t di li ke li pa t ap mouri, men sèlman **"Si Mwen vle li rete ᵒjis lè Mwen vini, kisa sa ye pou ou?"**

²⁴ Sa se disip ki ᵖfè temwayaj a tout bagay sa yo, e te ekri bagay sa yo, e nou konnen ke temwayaj li vrè.

²⁵ Epi genyen osi ᑫanpil lòt bagay ke Jésus te fè, ke si yo te ekri an detay, mwen pa sipoze ke tou lemonn ta kapab kenbe liv ki t ap ekri yo.

ᵃ **21:6** Luc 5:4 ᵇ **21:7** Jn 13:23 ᶜ **21:9** Jn 18:18 ᵈ **21:10** Jn 6:9-11 ᵉ **21:12** Jn 21:15 ᶠ **21:13** Jn 21:9 ᵍ **21:14** Jn 20:19-26 ʰ **21:15** Mat 26:33 ⁱ **21:16** Mat 2:6 ʲ **21:17** Jn 16:30 ᵏ **21:19** II Pi 1:14 ˡ **21:20** Jn 21:7 ᵐ **21:20** Jn 13:25 ⁿ **21:22** Mat 8:22 ᵒ **21:23** Mat 16:27 ᵖ **21:24** Jn 15:27 ᑫ **21:25** Jn 20:30

TRAVAY APÒT YO (ZÈV APÒT YO)

1 Premye istwa ke m te ekri a, chè [a]Théophile, sou tout bagay ke Jésus te [b]kòmanse fè ak enstwi yo, ² jis rive jou lè Li te monte nan syèl la [c]apre Li te fin bay lòd selon Lespri Sen an, a apòt ke Li te chwazi yo. ³ A sila yo osi [d]Li te prezante tèt li vivan apre soufrans Li, e avèk anpil prèv konvenkan, Li te parèt a yo menm pandan karant jou, e te pale avèk yo de bagay ki te konsène wayòm syèl la.

⁴ Li te rasanble yo ansanm e te kòmande yo: [e]**"Pa kite Jérusalem, men tann [f]sa ke Papa a te pwomèt la; sa ke nou te tande de Mwen menm nan. ⁵ Paske Jean te batize avèk dlo, men nou va batize avèk Lespri Sen an [g]pa a anpil jou de kounye a."**

⁶ Donk, lè yo te reyini ansanm, yo t ap poze Li kesyon, e t ap di: "Senyè [h]èske se nan lè sa a ke W ap restore Wayòm lan an Israël?"

⁷ Li te di yo: **"Se pa nou menm ki pou konnen ni lè ni tan ke [i]Papa a gen tan fikse pa otorite pa L. ⁸ Men Nou va resevwa pouvwa lè [j]Lespri Sen an vini sou nou. Nou va [k]temwen Mwen ni nan Jérusalem, ni nan Juda ak Samarie, e jis rive nan dènye ekstremite latè."**

⁹ Lè Li te fin di bagay sa yo [l]Li te vin leve anlè pandan yo t ap gade, e yon nyaj te resevwa L. Li te vin disparèt jiskaske yo pa t wè Li.

¹⁰ Pandan yo t ap toujou gade byen fikse nan syèl la, pandan Li t ap prale, epi vwala [m]de mesye ak vètman blan te kanpe akote L; ¹¹ E yo menm osi te di: "Moun Galilée yo, poukisa nou kanpe ap gade nan syèl la? Jésus sila a, ki leve kite nou, pou ale nan syèl la, va [n]vini menm jan ke nou wè L ale nan syèl la".

¹² Alò, yo te [o]retounen Jérusalem sòti nan mòn yo rele Olivier a, ki toupre Jérusalem, a distans mache yon jou Saba. ¹³ Lè yo te antre nan vil la, yo te ale nan [p]chanm anlè kote yo t ap rete a; [q]sa vle di, Pierre Jean, Jacques André, Philippe, Thomas, Barthélemy, Matthieu, Jacques, ki te fis Alphée a, Simon, Zelòt la, ak Judas, fis a Jacques la. ¹⁴ Sa yo avèk yon sèl panse yo [r]t ap toujou pèsevere nan lapriyè, ansanm avèk fanm yo, ak Marie, manman a Jésus, ak frè Li yo.

¹⁵ Nan lè sa a, Pierre te kanpe nan mitan frè yo (yon asanble de anviwon san ven moun ki te la ansanm) e te di: ¹⁶ "Frè m yo, Ekriti a te oblije vin akonpli, jan Lespri Sen an te anonse oparavan pa bouch David konsènan Judas [s]ki te vin yon gid a sila ki te arete Jésus yo. ¹⁷ Paske li te konte pami nou, e te resevwa pati pa li, nan [t]èv sila a.

¹⁸ "Alò mesye sila te vin [u]achte yon chan avèk pri mechanste li a; e te tonbe tèt devan; vant li te fann e zantray li te vide sòti. ¹⁹ Epi sa te vin byen koni pa tout sila ki te rete Jérusalem yo; pou ke [v]nan pwòp lang pa yo, yo te rele chan sa a Hakeldama, ki vle di chan san an.

²⁰ "Paske sa ekri nan liv Sòm Yo: [w]
 'Kite kote li rete a vin devaste;
 e pa kite pèsòn rete ladan l';
 [x]'Kite yon lòt moun vin pran
 pozisyon pa li a'. [y]

²¹ "Donk, li nesesè ke pami moun ki akonpanye nou tout tan ke [z]Senyè Jésus te antre sòti pami nou yo, ²² kòmanse nan batèm Jean, jis rive jou ke Li te anlève soti nan mitan nou an, youn nan sila yo ta dwe devni yon temwen avèk nou de rezirèksyon Li."

²³ Konsa yo te mete devan de mesye, Joseph ke yo te rele Barsabbas, ki te anplis rele Justus, ak [a]Matthias. ²⁴ Yo te priye, e te di: "Ou menm, Senyè [b]ki konnen kè

---

[a] **1:1** Luc 1:3 [b] **1:1** Luc 3:23 [c] **1:2** Mat 28:19 [d] **1:3** Mat 28:17 [e] **1:4** Luc 24:49 [f] **1:4** Jn 14:24 [g] **1:5** Trav 2:1-4 [h] **1:6** Mat 17:11 [i] **1:7** Mat 24:36 [j] **1:8** Trav 2:1-4 [k] **1:8** Luc 24:48 [l] **1:9** Luc 24:50,51 [m] **1:10** Luc 24:4 [n] **1:11** Mat 16:27 [o] **1:12** Luc 24:52 [p] **1:13** Mc 14:15 [q] **1:13** Mat 10:2-4 [r] **1:14** Trav 2:42 [s] **1:16** Mat 26:47 [t] **1:17** Trav 1:25 [u] **1:18** Mat 27:3-10 [v] **1:19** Mat 27:8 [w] **1:20** Sòm 69:25 [x] **1:20** Sòm 109:8 [y] **1:20** Sòm 109:8 [z] **1:21** Luc 24:3 [a] **1:23** Trav 1:26 [b] **1:24** Mat 3:16

Travay 1:25–2:28

tout moun, montre nou kilès nan de zòm sa yo Ou chwazi a, ²⁵ pou okipe èv ᵃapòt sila a ke Judas te vire kite pou ale nan pwòp plas li a."

²⁶ Yo te ᵇfè tiraj osò pou yo, e osò a te tonbe pou Matthias. Konsa, li te ajoute pami onz apòt yo.

2 Lè ᶜjou Pannkòt la te rive, yo tout te ansanm nan yon sèl plas. ² Sibitman, te sòti nan syèl la yon bwi tankou yon van vyolan k ap kouri, e li te ranpli ᵈtout kay kote yo te chita a. ³ Konsa, te parèt a yo menm, lang tankou dife, ki t ap gaye pou kont yo, e te vin poze sou yo chak. ⁴ Yo tout te vin ᵉranpli avèk Lespri Sen an, e yo te kòmanse ᶠpale avèk lòt lang jan Lespri a t ap bay yo kapasite eksprime.

⁵ Alò, te gen Jwif ki t ap viv Jérusalem; ᵍlèzòm fidèl jwif ki te sòti nan tout nasyon anba syèl la. ⁶ Konsa, lè ʰbwi a te fèt, foul la te reyini ansanm, e te sezi, paske yo tout t ap tande yo pale nan pwòp lang pa yo.

⁷ Yo te etone, yo te sezi e te di: "Alò, èske tout moun sa yo k ap pale la yo pa ⁱGalileyen? ⁸ E kijan ke nou tout tande yo nan pwòp lang natal pa nou? ⁹ Patyen yo, Mèd yo, Elamit yo, moun Mésopotamie yo, Judée ak Cappadoce yo ʲPont ak ᵏAsie yo ¹⁰ Phrygie ak Pamphylie yo, Égypte ak teritwa Libye yo vwazen ak Cyrène, e sila ki t ap vizite Rome yo, Jwif ak pèp payen ki te konvèti a relijyon Jwif yo, ¹¹ ˡCrétois ak Arabe yo, Nou tande yo nan pwòp lang pa nou, k ap pale tout zèv pwisan Bondye yo!"

¹² ᵐYo tout te toujou sezi, byen konfonn, e te di youn ak lòt: "Kisa sa vle di?"

¹³ Men te gen lòt ki t ap moke yo, e t ap di: "Yo plen avèk diven dous".

¹⁴ Men Pierre, ki te kanpe fèm avèk ⁿonz yo, te leve vwa li e te deklare a yo menm: "Moun a Judée yo, ak nou tout ki rete Jérusalem yo, kite sa byen konnen pami nou, e prete atansyon a pawòl mwen. ¹⁵ Paske moun sa yo pa sou, tankou nou ta kwè a ᵒpaske se sèlman twazyèm è nan jounen an. ¹⁶ Men sa ki te pale pa pwofèt Joël la:

¹⁷ ᵖ'Epi li va fèt nan dènye jou
   yo', Bondye di:
Ke Mwen va vin vide Lespri Mwen
   sou tout Limanite.
Fis nou yo ak fi nou yo va pwofetize,
Jenn nonm nou yo va fè vizyon yo,
e granmoun nou yo va fè rèv.
¹⁸ Menm sou sèvitè Mwen yo; ni
   fi, ni gason,
nan jou sa yo Mwen va vide
   Lespri Mwen,
e yo va pwofetize.
¹⁹ Mwen va fè parèt mèvèy anwo
   nan syèl la,
ak sign anba sou latè;
san avèk dife, avèk vapè lafimen.
²⁰ Solèy la va vin nwa, e lalin nan
   va tounen san,
avan gran jou mèvèy Senyè a vini.
²¹ E li va rive ke ᵍtout moun
ki rele Non Senyè a va sove.'

²² "Moun Israël yo, koute pawòl sila yo: ʳJésus, yon nonm Nazareth, ke Bondye te temwaye devan nou pa mirak, mèvèy, ak sign, ke Bondye te acheve nan Li nan mitan nou, jan nou menm byen konnen an, ²³ nonm sila a, livre selon plan ak ˢavan konesans Bondye, nou te kloue sou yon kwa pa men lèzòm san prensip Bondye yo, e te mete li a lanmò. ²⁴ Men ᵗBondye te fè L leve ankò, e te mete fen a doulè lanmò a, paske se te enposib pou li ta kapab kenbe L.

²⁵ 'Paske David te di sou Li:
ᵘ'Mwen te toujou wè Senyè a devan
   fas mwen an;
paske Li sou men dwat mwen, pou
   m pa janm ebranle".
²⁶ Donk, kè m te kontan, e lang
   mwen te bay lwanj.
Anplis de sa, chè mwen va repoze
   nan espwa,
²⁷ paske ᵛOu p ap abandone nanm
   mwen nan sejou mò yo,
ni kite Sen Ou an sibi dekonpozisyon
   an.
²⁸ Ou fè m konnen chemen lavi yo;

ᵃ **1:25** Wo 1:5   ᵇ **1:26** Lev 16:8   ᶜ **2:1** Lev 23:15   ᵈ **2:2** Trav 4:31   ᵉ **2:4** Trav 4:8,31   ᶠ **2:4** I Kwo 12:1
ᵍ **2:5** Luc 2:25   ʰ **2:6** Trav 2:2   ⁱ **2:7** Mat 26:73   ʲ **2:9** Trav 18:2   ᵏ **2:9** Trav 6:9   ˡ **2:10** Mat 23:15
ᵐ **2:12** Trav 2:7   ⁿ **2:14** Trav 1:26   ᵒ **2:15** I Tes 5:7   ᵖ **2:17** Jl 2:28-32   ᵍ **2:21** Wo 10:13
ʳ **2:22** Trav 3:6   ˢ **2:23** Luc 22:22   ᵗ **2:24** Mat 28:5,6   ᵘ **2:25** Sòm 16:8-11   ᵛ **2:27** Trav 2:31

Ou va ranpli m ak kè kontan avèk Prezans Ou.'

29 "Frè m yo, mwen kapab di nou avèk konfyans selon zansèt nou David, ke li te mouri, li te [a]antere, e ke tonm li la avèk nou jiska jodi a. 30 Konsa, akoz ke li David te yon pwofèt, e te konnen ke [b]Bondye te sèmante a li menm yon pwomès pou fè youn nan desandan li yo chita sou twòn li an, 31 li te gade pi lwen e te pale sou rezirèksyon Kris la [c]ke 'Li pa t ni abandone nan sejou mò yo, ni kite chè L dekonpoze.' 32 Jésus sila [d]Bondye te fè leve ankò a, de sa, nou tout te temwen.

33 "Konsa, akoz Li te leve wo rive kote [e]men dwat Bondye, e [f]te resevwa nan Papa a, pwomès Lespri Sen an, li te fè vide sa ke nou wè, ak tande a.

34 "Paske se pa t David ki te monte nan syèl la, men se te li menm ki di:

[g]'SENYÈ a te di a Senyè m nan,
   chita bò dwat Mwen
35 Jiskaske M fè lènmi ou yo vin yon
   ti ban pou mete pye ou.'

36 "Donk, kite tout lakay Israël la konnen san dout ke Bondye fè Li ni [h]Senyè, ni [i]Kris la —Jésus sila a ke nou te krisifye a."

37 Alò, lè yo te tande sa, yo te vin santi doulè jis nan kè yo, e te di a Pierre ak lòt apòt yo: "Frè yo [j]kisa pou nou ta fè?"

38 Pierre te di yo: [k]"Repanti e ke chak en de nou vin [l]batize nan non Jésus Kri pou padon a peche nou yo, e nou va resevwa don Lespri Sen an. 39 Paske pwomès la se pou nou, pou pitit nou yo, e pou tout sila ki byen lwen yo, ak tout kantite ke Senyè a, Bondye nou an va rele a Li menm."

40 Avèk anpil lòt pawòl li te temwaye solanèlman e te kontinye egzòte ak ankouraje yo, e te di: "Sove nou de [m]jenerasyon moun mechan sila a!"

41 Alò, sa yo ki te resevwa pawòl li yo te batize. E konsa, te vin ogmante nan menm jou a, a anviwon twa mil [n]nanm. 42 Yo te [o]toujou dilijan nan swiv enstriksyon apòt yo ak nan amitye fratènèl, [p]nan kase pen, ak lapriyè.

43 Tout moun te kontinye sanse gen lakrent ak gran respè, e anpil [q]mèvèy ak sign te toujou ap fèt pa apòt yo.

44 Tout sila ki te kwè yo te ansanm, e [r]te mete tout byen yo ansanm: 45 Yo te [s]vann tè yo ak byen yo, e t ap pataje yo avèk tout moun, selon bezwen a yo chak. 46 [t]De jou an jou yo t ap kontinye nan tanp lan avèk inite nan panse yo. Yo t ap kase pen de kay an kay, e te pran repa yo ansanm avèk lajwa ak senserite de kè. 47 Yo t ap bay Bondye lwanj, e te [u]gen bon relasyon avèk tout moun yo.

Bondye te [v]ogmante de jou an jou sila ki t ap sove yo.

3 Alò, Pierre avèk Jean t ap monte nan tanp lan vè [w]nevyèm è, lè lapriyè.

2 Konsa, yon sèten mesye ki te bwate depi li sòti nan vant manm l t ap pote pa kèk lòt moun. Yo [x]te konn mete l chak jou nan pòtay tanp lan ke yo rele Bel, kote li te konn mande charite a moun ki t ap antre nan tanp yo. 3 Lè l te wè [y]Pierre avèk Jean prèt pou antre nan tanp lan, li te mande yo lacharite.

4 Pierre te [z]fikse zye yo sou li. Ansanm avèk Jean, li te di: "Gade nou!"

5 Konsa, li te kòmanse koute yo, anatandan pou yo bay li yon kichòy.

6 Men Pierre te di: "Nou pa gen lajan, ni lò, men sa ke mwen genyen an, m ap bay ou li. [a]Nan non Jésus Kri de Nazarèt, mache!"

7 Li te sezi li pa men dwat li pou fè l leve. Lapoula, janm li avèk pye l te vin pran fòs.

8 Konsa [b]li te vòltije e te vin kanpe dwat e mache. Li te antre nan tanp lan avèk yo, li t ap mache e vòltije pandan li t ap bay lwanj a Bondye.

9 [c]Tout pèp la te wè li t ap mache e bay Bondye lwanj. 10 Yo te rekonèt li kòm sila ki te konn chita devan tanp lan [d]nan pòt ki te rele Bel la, pou mande lacharite, e yo te etone e sezi pou sa ki te rive l la.

---

a **2:29** I Wa 2:10   b **2:30** Sòm 132:11   c **2:31** Mat 11:23   d **2:32** Trav 2:24   e **2:33** Trav 5:31
f **2:33** Trav 1:4   g **2:34** Sòm 110:1   h **2:36** Luc 2:11   i **2:36** Trav 2:23   j **2:37** Luc 3:10,14,15
k **2:38** Mc 1:15   l **2:38** Trav 8:12,16   m **2:40** Det 32:5   n **2:41** Trav 3:23   o **2:42** Trav 1:14
p **2:42** Luc 24:30   q **2:43** Trav 2:22   r **2:44** Trav 4:32,37   s **2:45** Mat 19:21   t **2:46** Trav 5:42
u **2:47** Trav 5:14   v **2:47** Trav 2:41   w **3:1** Sòm 55:17   x **3:2** Luc 16:20   y **3:3** Luc 22:8
z **3:4** Trav 10:4   a **3:6** Trav 2:22   b **3:8** Trav 14:10   c **3:9** Trav 4:16   d **3:10** Jn 9:8

Travay 3:11–4:13

¹¹ Pandan li t ap kenbe sou Pierre ak Jean, tout moun, byen etone, te kouri bò kote yo nan ᵃpòtay yo rele Salomon an.

¹² Lè Pierre te wè sa, li te reponn a pèp la: "Moun Israël yo, poukisa nou sezi de sa oubyen poukisa nou fikse nou konsa, kòmsi se pa pwòp pouvwa nou oubyen sentete nou ke nou te fè l mache a?

¹³ "Bondye Abraham nan, Isaac, ak Jacob la, Bondye a zansèt nou yo, te bay glwa a ᵇsèvitè Li a, Jésus Kri ke nou te livre ak nye nan prezans a Pilate lè li menm te byen deside pou lage L.

¹⁴ "Men nou te nye Sila ki Sen e Jis la, e te ᶜmande yo livre bannou yon asasen, ¹⁵ e te touye Prens Lavi a, sila menm ke ᵈBondye te fè leve soti nan lanmò a, de sila, nou te ᵉtemwen.

¹⁶ "Konsa, sou baz ᶠlafwa nan non Li, se non Jésus ki bay mesye sa a, ke nou wè e konnen an, fòs. Wi, se lafwa ki sòti nan Li ki bay mesye sila a sante pafè, nan prezans a nou tout.

¹⁷ "E koulye a, frè yo, mwen konnen ke nou te aji ᵍnan inyorans, menm jan ke chèf nou yo te fè osi. ¹⁸ Men bagay ke ʰBondye te anonse oparavan yo, pa bouch a tout pwofèt yo, ⁱke Kris Li a ta soufri; konsa, Li gen tan fin akonpli.

¹⁹ "Donk ʲrepanti e retounen, pou peche nou yo kapab efase e pou tan rafrechisman yo kapab sòti nan prezans Senyè a; ²⁰ epi pou Li kapab voye Jésus, Kris la ki te deziye pou nou avan lè, ²¹ Li menm ke syèl la oblije resevwa jiskaske tan ᵏrestorasyon tout bagay ke ˡBondye te pale pa bouch a pwofèt sen Li yo depi nan tan ansyen an.

²² "Moïse te di: ᵐ"Senyè Bondye a va fè leve pou nou yon pwofèt tankou mwen ki sòti nan frè nou yo. A Li menm, nou va prete atansyon a tout sa Li di nou. ²³ ⁿE li va rive ke tout nanm ki pa okipe pwofèt sila ᵒva detwi nèt pami pèp la.'

²⁴ "Epi menm jan an ᵖtout pwofèt ki pale, depi Samuel ak tout sila ki te swiv li yo, osi te anonse jou sa yo.

²⁵ "Se nou menm ki se fis a pwofèt yo, ak akò ke Bondye te fè avèk zansèt nou yo, lè yo te di Abraham: ᑫ'Nan posterite ou, tout fanmi sou latè yo va beni'.

²⁶ " Bondye te leve sèvitè Li a, e Li te voye Li kote nou avan, pou beni nou lè l fè chak en de nou vire kite mechanste nou yo."

4 Pandan yo t ap pale ak pèp la, prèt avèk kaptenn gad tanp lan avèk ʳSadiseyen yo te rive kote yo. ² Yo te byen deranje paske yo t ap enstwi pèp la e t ap pwoklame ˢnan non Jésus rezirèksyon a lanmò yo. ³ Yo te mete men sou yo, e te ᵗmete yo nan prizon pou jis rive nan demen, paske li te gen tan fènwa. ⁴ Men anpil nan sila yo ki te tande mesaj la te kwè, e ᵘfòs kantite moun ki te kwè yo te vini toupre senk-mil.

⁵ Nan landemen, ᵛchèf yo, avèk ansyen ak skrib yo te reyini ansanm nan Jérusalem. ⁶ ʷAnne, wo prèt la te la, avèk Caïphe, Jean, Alexandre, ak tout sila ki te desandan wo prèt yo. ⁷ Lè yo te kanpe yo nan mitan yo, yo te kòmanse mande yo: "Pa ki pouvwa, oswa nan ki non nou te fè sa a?"

⁸ Alò, Pierre ˣranpli avèk Lespri Sen an, te di yo: "Chèf ak ansyen a pèp la, ⁹ Si nou parèt devan tribinal jodi a pou ʸbenefis ki fèt a yon moun malad, kòmsi, kijan nonm sa a te fè geri, ¹⁰ kite li byen konnen pami nou tout, ak tout Israël, ke ᶻpa non a Jésus Kri, Nazareyen ke nou te krisifye a, ke Bondye te fè leve soti nan lanmò a, pa non de sila a menm, mesye sa a a kanpe devan nou an bòn sante. ¹¹ 'Se Li menm ki ᵃwòch ki te rejte pa nou menm ki t ap bati yo, men ki vin fè wòch ang prensipal la.'

¹² "Konsa, pa gen sali nan ᵇokenn lòt. Paske nanpwen lòt non anba syèl la ki bay pami lòm pa kilès nou dwe sove."

¹³ Alò, lè yo te wè ᶜkonfyans a Pierre avèk Jean, e te konprann ke yo pa t gen anpil edikasyon ni enstriksyon, yo te etone. Yo ᵈte rekonèt yo kon moun ki te

---

ᵃ **3:11** Jn 10:23 ᵇ **3:13** Trav 3:26 ᶜ **3:14** Mat 27:20 ᵈ **3:15** Trav 2:24 ᵉ **3:15** Luc 24:48
ᶠ **3:16** Trav 3:6 ᵍ **3:17** Jn 15:21 ʰ **3:18** Trav 2:23 ⁱ **3:18** Trav 17:3 ʲ **3:19** Trav 2:38
ᵏ **3:21** Mat 17:11 ˡ **3:21** Luc 1:70 ᵐ **3:22** Det 18:15,18 ⁿ **3:23** Det 18:19 ᵒ **3:23** Lev 23:29
ᵖ **3:24** Luc 24:27 ᑫ **3:25** Jen 22:18 ʳ **4:1** Mc 12:18 ˢ **4:2** Trav 3:15 ᵗ **4:3** Trav 5:18
ᵘ **4:4** Trav 2:41 ᵛ **4:5** Luc 23:13 ʷ **4:6** Luc 3:2 ˣ **4:8** Trav 2:4 ʸ **4:9** Trav 3:7 ᶻ **4:10** Trav 2:22
ᵃ **4:11** Sòm 118:22 ᵇ **4:12** Mat 1:21 ᶜ **4:13** Trav 4:31 ᵈ **4:13** Jn 7:15

avèk Jésus yo. ¹⁴ Epi lè yo te wè mesye ki te geri a te kanpe la avèk yo, yo pa t gen repons pou bay.

¹⁵ Men lè yo fin mande yo ᵃkite konsèy la, yo te fè konferans ansanm. ¹⁶ Yo te di: "Alò ᵇkisa pou nou fè avèk mesye sa yo? Paske li byen klè a tout sila ki rete Jérusalem yo ke ᶜyon mirak byen enpòtan te fèt pa yo, e nou pa kapab di ke se pa vrè.

¹⁷ "Men pou sa pa rive pi lwen pami pèp la, annou avèti yo pou yo pa pale ankò a okenn moun ᵈnan non sila a." ¹⁸ Yo te rele yo, e te ᵉkòmande yo pou yo pa pale ni enstwi menm nan non Jésus a.

¹⁹ Men Pierre avèk Jean te reponn yo e te di: ᶠ"Si li bon devan Bondye pou obeyi a nou menm olye a Bondye, nou mèt jije. ²⁰ Paske ᵍnou menm, nou pa kapab sispann pale sa ke nou te wè ak tande."

²¹ Konsa, lè yo te fin menase yo anplis, yo te lage yo, paske yo pa t kapab twouve baz pou pini yo, e ʰakoz perèz a pèp la, paske yo tout t ap ⁱbay Bondye glwa pou sa ki te rive a. ²² Paske mesye a ki te resevwa mirak sila a, te gen plis ke karant ane.

²³ Lè yo te fin lage yo, yo te ale bò kote moun pa yo, e te rapòte a tout moun sa ke chèf prèt yo avèk ansyen yo te di yo. ²⁴ Lè yo te tande sa, yo te leve vwa yo a Bondye ansanm, e te di: "O Bondye, se te Ou menm ki te ʲfè syèl la ak tè a, lanmè, ak tout sa ki ladann, ²⁵ ki ᵏpa Lespri Sen an, selon bouch a Zansèt nou David te di:

ˡ"Poukisa nasyon yo anraje konsa;
e poukisa pèp yo anvizaje yon
bagay anven?

²⁶ ᵐWa sou latè yo ap pran pòz yo
e gwo chèf yo ap mete tèt yo ansanm
kont Senyè a
ak kont Kris Li a.'

²⁷ "Paske vrèman, nan vil sa a, yo te rasanble ansanm kont ⁿsèvitè sen Ou an, Jésus, ke ou menm te onksyone a; Hérode ak Ponce Pilate ansanm avèk nasyon payen yo ak pèp Israël la, ²⁸ pou fè nenpòt bagay ke men Ou ak ᵒvolonte Ou te deja planifye, pou fèt. ²⁹ E koulye a, Senyè, byen gade menas ke yo fè, e kite sèvitè ki mare ak Ou yo ᵖpale pawòl Ou avèk tout konfyans, ³⁰ pandan W ap lonje men Ou pou fè gerizon ᵠsign ak mirak yo k ap fèt nan non a sèvitè Sen Ou an, Jésus."

³¹ Lè yo te fin priye, plas kote yo te reyini an te vin souke. Yo tout te ʳranpli avèk Lespri Sen an, e yo te ˢpale pawòl Bondye a avèk kouraj.

³² Tout nan gran foul a ki te kwè yo te vin yon sèl nan kè ak nanm. Pa t gen youn nan yo ki te gen byen ki te reklame pou pwòp tèt yo, men ᵗtout bagay te pou tout moun. ³³ ᵘAvèk gran pouvwa, apòt yo t ap bay temwayaj a rezirèksyon Jésus Kris la, e lagras an abondans te vini sou yo tout. ³⁴ Paske pa t gen yon moun pami yo ki te nan bezwen, pwiske sila ki te mèt tè yo oubyen kay yo ᵛte vann yo e pote benefis a vant lan bay, ³⁵ pou ʷmete yo nan pye apòt yo. Konsa, yo ˣte distribiye a chak en ki te gen nenpòt bezwen.

³⁶ Joseph, yon Levit ki te ne an ʸChypre ke yo rele osi Barnabas, pa apòt yo, ki vle di Fis ᶻAnkourajman an ³⁷ te gen yon mòso tè. Li te vann li e te pote kòb la mete l nan pye apòt yo.

5 Men yon sèten mesye ke yo te rele Ananias ak Saphira, madanm li, te vann yon moso tè. ² Men li te kenbe yon pati nan pri a pou li menm, avèk konesans madanm li. Konsa, li te pote yon sèten pati, e te ᵃmete l nan pye apòt yo.

³ Men Pierre, te di: "Ananias, poukisa ᵇSatan ranpli kè ou pou bay manti a Lespri Sen an e pou kenbe yon pati nan pri tè a an kachèt. ⁴ Pandan li te rete pa t vann nan, èske li pa t nan men ou? E lè li te fin vann nan, èske li pa t toujou sou kontwòl pa w? Poukisa ou kalkile bagay sa a nan kè ou? Se pa a moun ke ou bay manti a, men ᶜa Bondye."

⁵ Ananias, lè l te tande bagay sa yo, te tonbe atè e te respire dènye souf li. Yon

---

ᵃ **4:15** Mat 5:22	ᵇ **4:16** Jn 11:47	ᶜ **4:16** Trav 3:7-10	ᵈ **4:17** Jn 15:21	ᵉ **4:18** Trav 5:28
ᶠ **4:19** Trav 5:28	ᵍ **4:20** I Kwo 9:16	ʰ **4:21** Trav 5:26	ⁱ **4:21** Mat 9:8	ʲ **4:24** Egz 20:11
ᵏ **4:25** Trav 1:16	ˡ **4:25** Sòm 2:1	ᵐ **4:26** Sòm 2:2	ⁿ **4:27** Trav 3:13	ᵒ **4:28** Trav 2:23
ᵖ **4:29** Fil 1:14	ᵠ **4:30** Jn 4:48	ʳ **4:31** Trav 2:4	ˢ **4:31** Fil 1:14	ᵗ **4:32** Trav 2:44	ᵘ **4:33** Trav 1:8
ᵛ **4:34** Mat 19:21	ʷ **4:35** Trav 4:37	ˣ **4:35** Trav 2:45	ʸ **4:36** Trav 13:4	ᶻ **4:36** Trav 11:23
ᵃ **5:2** Trav 4:35,37	ᵇ **5:3** Mat 4:10	ᶜ **5:4** Trav 5:3,9		

[a]gwo laperèz te vini sou tout sila ki te tande bagay sa yo.

⁶ Jennjan yo te leve li, [b]vlope li nan yon twal e te pote l deyò pou te antere l.

⁷ Nan anviwon twazèdtan, madanm li, san konnen sa ki te rive a, te antre.

⁸ Pierre te di li: "Di m si ou te vann tè a pou [c]yon pri konsa?" Li te di: "Wi, pou yon pri konsa".

⁹ Alò, Pierre te di li: "Poukisa ke nou dakò ansanm pou [d]tante Lespri Senyè a? Vwala, pye a sila ki te antere mari ou yo parèt nan pòt la, e yo va pote ou deyò a tou."

¹⁰ Konsa [e]li te tonbe atè e te rann dènye souf li. Jennjan yo te antre, yo twouve li tou mouri e te pote l ale. Yo te antere li bò kote mari li.

¹¹ Yon [f]gwo laperèz te vin tonbe sou tout legliz la, e sou tout sila ki te tande bagay sa yo.

¹² Pa men apòt yo, anpil sign ak mirak te fèt pami pèp la, e yo tout te an akò nan Galri Salomon an.

¹³ Pou lòt yo, pa t gen pèsòn ki te gen kouraj pou vin jwenn avèk yo, men [g]pèp la te bay yo lwanj. ¹⁴ Konsa, anpil [h]kwayan nan non Senyè a, yon fòs kantite gason avèk fi t ap ajoute tout tan pami yo. ¹⁵ Yo t ap menm pote malad yo e mete yo nan lari; yo te fè yo kouche sou kabann ak palèt, pou [i]menm yon ti kras lonbraj Pierre, lè l pase, ta kapab tonbe sou nenpòt nan yo.

¹⁶ Te vini osi foul ki te sòti nan vil ki te antoure Jérusalem yo, ki t ap pote moun malad, ak sila ki te twouble pa move Lespri yo, e yo tout te geri.

¹⁷ Men wo prèt la te vin leve, ak tout sila ki te avèk li yo (sa vle di [j]Sadiseyen yo), e yo te jalou anpil. ¹⁸ Yo te mete men sou apòt yo, e te [k]mete yo nan yon prizon piblik.

¹⁹ Men [l]yon zanj Bondye te ouvri pòt prizon an pandan lannwit, e te fè yo sòti, e te di: ²⁰ "Ale, kanpe pale ak pèp la nan tanp lan [m]tout pawòl lavi a."

²¹ Lè yo te tande sa, yo te antre nan tanp lan granmmaten, e yo te kòmanse enstwi.

Men lè [n]wo prèt la te vini, ansanm ak sila ki te avèk li yo, yo te reyini yon gran konsèy avèk tout ansyen Israël yo. Konsa yo te voye kote prizon an pou fè yo vini.

²² Men lè [o]jandam yo te vini, yo te twouve ke yo pa t nan prizon an. Konsa yo te retounen pou te bay rapò a. ²³ Yo te di: "Nou te twouve prizon an byen fèmen e byen sere avèk gad yo ki te kanpe devan pòt la, men lè nou te louvri li, nou pa twouve pèsòn ladann."

²⁴ Lè wo prèt la avèk [p]kaptenn kò gad tanp lan te tande sa, yo te vin enkyete pou kote pwoblèm sa a ta vin rive.

²⁵ Men yon moun te vin di yo: "Gade, mesye sa yo ke nou te mete nan prizon an kanpe nan tanp lan e y ap enstwi pèp la."

²⁶ Alò, yo te ale avèk kaptenn lan ak jandam yo, e te mennen yo vini san vyolans; paske [q]yo te krent pèp la, pou yo pa ta lapide yo avèk wòch.

²⁷ Lè yo te mennen yo, yo te fè yo kanpe devan [r]konsèy la pou wo prèt la kesyone yo. ²⁸ Li te di yo konsa: "Èske nou pa t bay nou yon lòd byen klè pou nou pa kontinye enstwi nan non sila a? E malgre sa a, nou fin ranpli tout Jérusalem avèk enstriksyon nou yo, e nou [s]gen entansyon voye san mesye sa a sou nou."

²⁹ Alò Pierre avèk apòt yo te reponn e te di: [t]"Nou oblije obeyi a Bondye olye a lòm. ³⁰ [u]Bondye a zansèt nou yo [v]te fè leve Jésus, ke nou te touye pann sou yon kwa a. ³¹ [w]Se Li menm Bondye te fè leve wo kote men dwat Li, tankou yon Prens, e yon [x]Sovè, pou bay a Israël repantans, ak padon pou peche yo. ³² Nou te [y]temwen a bagay sa yo; e anplis Lespri Sen an ke Bondye bay a sila ki obeyi Li yo."

³³ Lè yo te tande sa, yo te [z]byen blese, e te fè plan pou touye yo.

³⁴ Alò, yon nonm nan konsèy la ke yo te rele [a]Gamaliel te kanpe, yon pwofesè nan Lalwa ki te gen bon repitasyon pami tout

---

[a] **5:5** Trav 2:43   [b] **5:6** Jn 19:40   [c] **5:8** Trav 5:2   [d] **5:9** Trav 15:10   [e] **5:10** Éz 11:13   [f] **5:11** Trav 2:43
[g] **5:13** Trav 2:47   [h] **5:14** II Kwo 6:15   [i] **5:15** Trav 19:12   [j] **5:17** Mat 3:7   [k] **5:18** Trav 4:3
[l] **5:19** Mat 1:20,24   [m] **5:20** Jn 6:63,68   [n] **5:21** Trav 4:6   [o] **5:22** Mat 26:58   [p] **5:24** Trav 4:1
[q] **5:26** Trav 4:21   [r] **5:27** Mat 5:22   [s] **5:28** Mat 23:35   [t] **5:29** Trav 4:19   [u] **5:30** Trav 3:13
[v] **5:30** Trav 2:24   [w] **5:31** Trav 2:33   [x] **5:31** Luc 2:11   [y] **5:32** Luc 24:48   [z] **5:33** Trav 2:37
[a] **5:34** Trav 22:3

pèp. Li te mande yo mete apot yo deyò pou yon moman.

³⁵ Li te di yo: "Moun Israël yo, veye nou menm ak sa nou gen entansyon fè avèk mesye sila yo, ³⁶ Paske pa anpil jou avan sa, te leve yon Theudas ki t ap pretann li menm te ᵃyon pèsonaj, epi yon gwoup kat-san òm te vin jwenn avèk li. Men yo te touye li, e tout sila ki te swiv li yo te vin gaye, e pa t reyalize anyen.

³⁷ "Apre mesye sila a, Judas, Galileyen an, te leve nan jou ᵇresansman an, e li te atire kèk moun dèyè l. Li menm tou te peri, e tout sila ki te swiv li yo te vin gaye.

³⁸ "Donk, nan ka prezan an, mwen di nou, rete lwen de moun sa yo, e pa okipe yo, paske si plan oubyen aksyon sa a ᶜsòti nan lòm, li va boulvèse. ³⁹ Men si se nan Bondye, nou p ap kab boulvèse yo; sinon nou kab menm twouve ke n ap ᵈgoumen kont Bondye menm."

⁴⁰ Yo te koute konsèy li. Apre yo te rele apòt yo antre, yo te ᵉbat yo avèk fwèt, e te kòmande yo pou yo pa pale nan non Jésus, e te lage yo.

⁴¹ Donk yo te kite konsèy la; yo te al fè wout yo, e t ap ᶠrejwi ke yo te konsidere dign pou soufri mepri ᵍpou non Li.

⁴² ʰEpi chak jou nan tanp lan, sòti nan yon kay a yon lòt, yo te kontinye enstwi ak preche Jésus kòm Kris la.

6 Alò nan lè sa a pandan ⁱdisip yo t ap vin ogmante plis, yon plenyen te vin leve nan pati a ʲJwif Grèk yo kont Jwif natal yo, paske vèv pa yo te neglije nan separasyon manje chak jou a.

² Donk, douz yo te rele rasanble ak disip yo e te di: "Li pa bon pou nou neglije pawòl Bondye a pou nou sèvi tab yo. ³ Konsa, frè yo, chwazi pami nou sèt mesye ak bon jan repitasyon ᵏranpli ak Lespri a e ak sajès, pou nou kapab mete an chaj tach sila a. ⁴ Men nou menm nou va ˡdedye nou a lapriyè ak ministè a pawòl Bondye a."

⁵ Pawòl sila a te fè plezi a tout asanble a, e yo te chwazi ᵐÉtienne, yon nonm ranpli ak lafwa e ak Lespri Sen an, ak Philippe, Prochore, Nicanor, Timon, Parménas, epi Nicolas, yon konvèti nan relijyon a Jwif yo ki sòti Antioche. ⁶ Epi sila yo te mennen devan apòt yo, e lè yo te fin ⁿfè lapriyè, yo te ᵒpoze men sou yo.

⁷ Pawòl Bondye a te kontinye gaye, e kantite disip yo te kontinye ogmante anpil nan Jérusalem, e yon gran nonb pami prèt yo t ap vin obeyisan a ᵖlafwa a.

⁸ Epi Étienne, ranpli avèk gras ak pouvwa, te fè ᵍmèvèy ak mirak pami pèp la.

⁹ Men kèk moun ki te sòti nan sa ke yo te rele Sinagòg Dèzòm Lib, ki te gen moun ʳSireneyen ak moun Alexandryen yo, e kèk moun Cilicie ak Asie, te leve pou diskite avèk Étienne. ¹⁰ Men yo pa t kapab fè fas avèk sajès ak Lespri ki t ap fè l pale a.

¹¹ Alò, an sekrè yo te fè moun yo di: "Nou tande li pale pawòl blasfèm kont Moïse ak kont Bondye".

¹² Konsa, yo te soulve pèp la, ansyen yo ak skrib yo. Yo te ˢsezi li, e te trennen li pou mennen l devan konsèy la. ¹³ Yo te mete devan ᵗfo temwayaj ki te di: "Nonm sila a tout tan ap pale kont ᵘlye sakre sila a, ak Lalwa. ¹⁴ Paske nou konn tande li di ke ᵛNazareyen sila a, Jésus, va detwi plas sila a e chanje koutim ke Moïse te bannou yo."

¹⁵ Konsa, yo tout nan konsèy la te fikse zye yo sou li, e yo te wè figi li tankou figi a yon zanj.

7 Wo prèt la te di: "Èske bagay sa yo se vrè?"

² Li te di: "Koute m ʷfrèm yo ak ˣansyen mwen yo!" Bondye laglwa a te parèt devan zansèt nou, Abraham lè li te nan Mésopotamie, avan ke li te rete Charran. ³ E Li te di li: ʸ"Kite peyi ou, ak fanmi ou, pou vini nan peyi ke Mwen menm va montre ou a".

⁴ ᶻKonsa, li te kite peyi a Kaldeyen yo pou vin rete nan Charran. ᵃDepi la, lè papa l te vin mouri, Bondye te fè l deplase vin nan peyi sila a kote nou rete koulye a. ⁵ Men Li pa t ba li yon eritaj ladann, ni menm yon moso tè, men menm lè li pa t

---

ᵃ **5:36** Trav 8:9   ᵇ **5:37** Luc 2:2   ᶜ **5:38** Mc 11:30   ᵈ **5:39** Pwov 21:30   ᵉ **5:40** Mat 10:17   ᶠ **5:41** I Pi 4:14,16   ᵍ **5:41** Jn 15:21   ʰ **5:42** Trav 2:46   ⁱ **6:1** Trav 11:26   ʲ **6:1** Trav 9:29   ᵏ **6:3** Trav 2:4   ˡ **6:4** Trav 1:14   ᵐ **6:5** Trav 6:8   ⁿ **6:6** Trav 1:24   ᵒ **6:6** Nonb 8:10   ᵖ **6:7** Trav 13:8   ᵍ **6:8** Jn 4:48   ʳ **6:9** Mat 27:32   ˢ **6:12** Luc 20:1   ᵗ **6:13** Mat 26:59-61   ᵘ **6:13** Mat 24:15   ᵛ **6:14** Mat 26:61   ʷ **7:2** Jn 8:42   ˣ **7:2** Jen 11:31   ʸ **7:3** Jen 12:1   ᶻ **7:4** Jen 11:31   ᵃ **7:4** Jen 12:4,5

gen pitit, [a]Li te pwomèt li ke Li ta ba li sa kòm yon posesyon, e a desandan aprè li yo.

[6] Men [b]Bondye te pale konsa: Ke desandan li yo ta etranje nan yon peyi etranje, pou yo ta nan esklavaj e maltrete pandan kat-san lane. [7] "Epi nenpòt nasyon ki ta mete yo nan esklavaj, Bondye te di: 'Mwen Menm, Mwen va jije', [c]epi apre sa, yo va sòti la pou sèvi Mwen nan plas sila a."

[8] Li [d]te bay li akò sikonsizyon an, epi [e]Abraham te vin papa a Isaac, Li te sikonsi li nan uityèm jou a. Isaac te vin papa a Jacob, e Jacob a douz patriyach yo.

[9] Patriyach yo [f]te vin jalou de Joseph e yo te vann li an Égypte. Men Bondye te avèk li [10] e Li te delivre li nan tout afliksyon li yo. Konsa li [g]te bay li favè avèk sajès devan Pharaon, wa Égypte la, e te fè li vin gouvènè sou Égypte, ak tout lakay li.

[11] Alò [h]yon gwo grangou te parèt nan tout Égypte ak Canaan, avèk gwo mizè, e zansèt nou yo pa t kab twouve manje. [12] Men [i]lè Jacob te tande ke te gen manje an Égypte, li te voye zansèt nou yo la pou premye fwa a.

[13] Nan dezyèm vizit la [j]Joseph te fè frè l yo dekouvri ki moun li te ye, e [k]fanmi Joseph te vin entwodwi an Pharaon. [14] Alò [l]Joseph te voye envite Jacob, papa li avèk tout fanmi li pou vin kote l. Te gen swasann-kenz moun antou.

[15] Konsa, [m]Jacob te desann an Égypte e li menm avèk zansèt nou yo te mouri la. [16] Depi la kò yo te deplase retounen nan [n]Sichem, pou te antere yo nan tonm nan ke Abraham te achte pou yon sòm lajan nan men fis a Hémor an Sichem yo.

[17] Men pandan [o]tan a pwomès ke Bondye te pwomèt a Abraham nan t ap pwoche [p]pèp la te vin ogmante e te miltipliye an Égypte, [18] jiskaske [q]Yon lòt wa te leve sou Égypte ki pa t konnen anyen de Joseph. [19] Se te li menm ki te sèvi gwo koken pou pran avantaj sou ras nou an, e maltrete zansèt nou pou yo ta kab [r]fè zanfan pa nou yo pa t kab viv.

[20] Se te nan tan sila a ke [s]Moïse te ne. Li te byen bèl nan zye Bondye, e li te okipe pandan twa mwa lakay papa li. [21] Epi lè l te abandonen, fi [t]Pharaon an te pran li e te nouri li kòm pwòp fis pa li. [22] Moïse te enstwi nan tout [u]konesans Ejipsyen an, e li te vin yon nonm byen fò nan pawòl ak nan zak.

[23] Men lè l t ap pwoche laj karant ane, [v]sa te antre nan tèt li pou vizite frè li yo, fis Israël yo.

[24] Konsa, lè l te wè youn nan yo byen maltrete, li te defann li, e te vanje pou sila ki te oprime a, e konsa, te touye Ejipsyen an. [25] Li te sipoze ke frè li yo te konprann ke Bondye t ap bay yo delivrans atravè li menm, men yo pa t konprann.

[26] [w]"Nan jou swivan an, li te parèt a yo menm pandan yo t ap goumen youn avèk lòt. Li te eseye rekonsilye yo nan lapè e te di: 'Moun yo, se frè nou ye. Poukisa nou ap fè mal a youn lòt?'

[27] "Men sila ki t ap fè frè l la mal la te bourade l e te di: [x]'Kilès ki te fè ou yon chèf ak jij sou nou? [28] [y]Èske ou gen entansyon touye m menm jan ke ou te touye Ejipsyen an ayè a?'

[29] "Akoz pawòl sila a [z]Moïse te sove ale, e te vin yon etranje nan peyi Madian, kote li te vin papa a de fis.

[30] "Apre karant ane te pase, [a]Yon zanj te parèt a li menm nan dezè Mòn Sinaï nan flanm a yon touf bwa. [31] Lè Moïse te wè l, li te etone de sa l te wè a. Lè l te pwoche pou gade pi pre, vwa Senyè a te vini sou li: [32] [b]'Mwen menm se Bondye a zansèt nou yo, Bondye Abraham nan, Isaac ak Jacob la'. Moïse te tranble avèk laperèz e pa t menm vle pran chans gade.

[33] [c]"Men SENYÈ a te di l: 'Retire sapat nan pye ou, paske lye kote ou kanpe a se tè sen. [34] [d]Mwen anverite wè soufrans pèp Mwen an an Égypte e tande plent yo, e Mwen gen tan vini desann pou delivre

---

[a] **7:5** Jen 12:7   [b] **7:6** Jen 13:15   [c] **7:7** Egz 3:12   [d] **7:8** Jen 17:10   [e] **7:8** Jen 21:2-4   [f] **7:9** Jen 37:11,28
[g] **7:10** Jen 39:21   [h] **7:11** Jen 41:54   [i] **7:12** Jen 42:2   [j] **7:13** Jen 45:1-4   [k] **7:13** Jen 45:16
[l] **7:14** Jen 45:9,10,17,18   [m] **7:15** Jen 46:1-7   [n] **7:16** Jen 23:16   [o] **7:17** Jen 15:13   [p] **7:17** Egz 1:7
[q] **7:18** Egz 1:8   [r] **7:19** Egz 1:22   [s] **7:20** Egz 2:2   [t] **7:21** Egz 2:5   [u] **7:22** I Wa 4:30   [v] **7:23** Egz 2:1
[w] **7:26** Egz 2:1   [x] **7:27** Egz 2:14   [y] **7:28** Egz 2:14   [z] **7:29** Egz 2:15,22   [a] **7:30** Egz 3:1   [b] **7:32** Egz 3:6
[c] **7:33** Egz 3:5   [d] **7:34** Egz 3:7

yo. Vini koulye a e Mwen va voye ou an Égypte.'

35 "Menm Moïse sila a ke yo te [a]rejte lè yo te di: 'Kilès ki te fè ou yon chèf e yon jij?' Se sila a ke Bondye te voye pou li ta kapab non sèlman yon chèf, men yon liberatè avèk èd zanj ki te parèt kote li nan touf bwa a. 36 [b]Mesye sila a te mennen yo sòti, e te fè [c]mèvèy ak sign nan peyi Égypte, ak nan Lamè Wouj, epi pandan karant ane nan dezè a. 37 Se te Moïse sila a ki te di a fis Israël yo: [d]'Bondye va fè leve pou nou yon pwofèt tankou mwen ki sòti nan frè nou yo.'

38 "Sa se li menm ki te nan [e]asanble nan dezè a; ki te avèk zanj ki t ap pale avè l sou Mòn Sinaï a, e avèk zansèt nou yo, ki te te resevwa [f]pawòl vivan yo pou pase bannou.

39 "Zansèt nou yo pa t dakò obeyisan a li menm, men yo te [g]rejte l, e nan kè yo, yo te vire tounen an Égypte. 40 [h]Konsa yo di a Aaron: 'Fè pou nou dye yo ki va ale devan nou. Paske Moïse sila a ki te mennen nou sòti an Égypte la, nou pa menm konnen kisa ki rive li.' 41 Nan tan sa a yo te fè yon jenn bèf. Yo te pote yon sakrifis pou zidòl la, e yo t ap rejwi yo nan [i]zèv a pwòp men yo.

42 "Men Bondye te vire do Li, e te livre yo pou adore dye a zetwal syèl yo, jan sa ekri nan liv pwofèt yo:

[j]'Se pa t a Mwen menm ke nou te ofri
ofrann ak sakrifis
karant ane nan dezè a, O lakay Israël.
43 [k]Men nou te pran anplis, tabènak
Moloch la,
ak zetwal a dye Remphan an;
imaj ke nou te fè pou adore yo.
Pou sa a Mwen osi va retire nou jis
rive lòtbò Babylone.'

44 "Zansèt nou yo te gen [l]tabènak temwayaj nan dezè a, menm jan ke Sila ki te pale avèk Moïse la te kòmande li pou [m]fè, selon modèl ke li te wè a.

45 "Konsa, zansèt nou yo ki te resevwa li nan lè pa yo, te [n]pote li avèk Josué lè l te depouye nasyon ke Bondye te chase devan yo jis rive nan tan David la. 46 [o]David te twouve favè nan zye Bondye, e te mande pou li ta kapab jwenn yon mezon pou Bondye Jacob la abite. 47 Men se te [p]Salomon ki te bati yon kay pou Li.

48 "Poutan [q]Trè Wo a pa rete nan kay ki fèt pa men moun, jan pwofèt la di a:

49 [r]'Syèl la se twòn Mwen,
E tè a se ban pou pye Mwen.
Ki kalite kay ou kapab fè pou Mwen?'
'Oubyen ki plas ki gen pou repo
Mwen?
50 Se pa t men Mwen ki te fè tout
bagay sa yo?'

51 "Nou menm, ki se moun [s]kou rèd e ensikonsi nan kè, avèk zòrèy ki toujou ap reziste a Lespri Sen an, n ap fè menm bagay ke zansèt nou yo te konn fè yo. 52 [t]Kilès nan pwofèt yo ke zansèt nou yo pa t pèsekite? Yo te touye sila yo ki avan lè te anonse ke [u]Sila Ki Jis la t ap vini; ke nou menm koulye a trayi e asasine. 53 Nou menm ki te resevwa Lalwa kòm yon [v]òdonans pa zanj yo, te vyole li."

54 Alò, lè yo te tande sa, yo te [w]blese byen fon, e t ap manje dan yo sou li.

55 Men [x]ranpli avèk Lespri Sen an, li te fikse zye l anwo nan syèl la e te wè glwa Bondye ak Jésus ki t ap kanpe bò men dwat Bondye. 56 Li te di: "Gade byen, Mwen wè [y]syèl la vin louvri, e Fis a lòm nan ki kanpe bò men dwat Bondye."

57 Konsa yo te kriye fò avèk yon gwo vwa, e te kouvri zòrèy yo. Yo te kouri sou li ansanm a lafwa, 58 e lè yo te fin pouse li [z]deyò vil la, yo te kòmanse lapide l avèk wòch. Temwen sila yo te [a]depoze vètman yo nan pye a yon jennonm yo te rele Saul.

59 Yo te kontinye lapide Étienne pandan li te [b]rele Senyè a, e te di: "Senyè Jésus, resevwa Lespri mwen". 60 Konsa, [c]li te tonbe sou jenou li, e te kriye avèk yon gwo vwa: "Senyè, pa kenbe peche sa a kont yo!" Lè l fin di sa, li te mouri.

---

[a] **7:35** Egz 2:14 [b] **7:36** Egz 12:41 [c] **7:36** Egz 7:3 [d] **7:37** Det 18:15,18 [e] **7:38** Egz 19:17 [f] **7:38** Det 32:47 [g] **7:39** Nonb 14:3 [h] **7:40** Egz 32:1,23 [i] **7:41** Rev 19:20 [j] **7:42** Am 5:25 [k] **7:43** Am 5:26,27 [l] **7:44** Egz 25:8-9 [m] **7:44** Egz 25:40 [n] **7:45** Det 32:49 [o] **7:46** II Sam 7:8 [p] **7:47** I Wa 6:1-38 [q] **7:48** Luc 1:32 [r] **7:49** És 66:2 [s] **7:51** Egz 32:9 [t] **7:52** II Kwo 36:1 [u] **7:52** Trav 3:14 [v] **7:53** Det 33:2 [w] **7:54** Trav 5:33 [x] **7:55** Trav 2:4 [y] **7:56** Jn 1:51 [z] **7:58** Lev 24:14-16 [a] **7:58** Trav 22:20 [b] **7:59** Trav 9:21 [c] **7:60** Luc 22:41

8 Saul te fin dakò nèt ak lanmò li.

Depi nan jou sa a, yon gran pèsekisyon te kòmanse kont legliz la nan Jérusalem. Yo tout, sof ke apòt yo, te gaye toupatou nan rejyon Juda avèk Samarie yo. ² Kèk moun fidèl te antere Étienne. Yo te fè yon gwo lamantasyon sou li.

³ Men [a]Saul te kòmanse ravaje legliz la. Li t ap antre de kay an kay pou rale fè sòti ni fanm, ni gason pou mete yo nan prizon.

⁴ Konsa [b]sila ki t ap gaye konsa yo, te ale toupatou e te preche pawòl la.

⁵ [c]Philippe te desann nan vil Samarie. Li te kòmanse preche Kris la bay yo.

⁶ Foul la avèk yon sèl panse t ap bay atansyon yo a sa ke Philippe te di yo, paske yo te wè e te tande mèvèy ke li t ap fè yo. ⁷ Paske nan ka anpil moun ki te genyen lespri enpi yo, lespri yo t ap sòti nan yo. Yo te sòti pandan yo t ap rele avèk yon gwo vwa, e anpil moun ki te [d]paralize e bwate te geri. ⁸ Donk, te gen [e]anpil moun ki t ap rejwi nan vil sila a.

⁹ Alò, te gen yon nonm yo te rele Simon, ki te konn pratike [f]maji nan vil la. Li t ap fè pèp Samarie a sezi, konsi li t ap vante tèt li, ke li menm te yon moun pwisan.

¹⁰ Konsa, yo tout, soti nan pi piti jiska pi gran, te ba li anpil atansyon, e te di: [g]"Mesye sila a se li ke yo rele Gran Pouvwa Bondye a." ¹¹ Yo te koute li, paske pandan anpil tan li te konn etone yo avèk [h]metye maji sila a.

¹² Men lè yo te kwè Philippe ki t ap [i]preche bòn nouvèl wayòm Bondye a nan non Jésus Kris la, yo t ap batize; fanm, kou gason menm jan an. ¹³ Menm Simon te vin kwè, epi apre li te batize li te kontinye avèk Philippe. Akoz li te wè anpil [j]sign ak [k]mirak ki t ap fèt, li te etone tout tan.

¹⁴ Alò, lè [l]apòt nan Jérusalem yo te tande ke Samarie te resevwa pawòl Bondye a, yo te voye [m]Pierre avèk Jean bay yo. ¹⁵ Lè yo te vin desann, yo te priye [n]pou yo ta kapab resevwa Lespri Sen an. ¹⁶ Paske Li [o]potko tonbe sou okenn nan yo. Yo te sèlman batize nan non Senyè a Jésus. ¹⁷ Alò, yo te [p]mete men sou yo, epi yo te [q]resevwa Lespri Sen an.

¹⁸ Koulye a, lè Simon te wè ke Lespri a te bay lè apòt yo te poze men sou moun yo, li menm te ofri yo lajan. ¹⁹ Li te di: "Ban mwen otorite sila a osi, pou tout sila ke m poze men m sou yo kapab resevwa Lespri Sen an."

²⁰ Men Pierre te di li: "Ke lajan ou an peri avè w, paske ou te panse ke ou ta kapab [r]vin genyen don Bondye a avèk lajan. ²¹ Ou pa gen [s]ni pati ni plas nan bagay sa a, paske kè ou pa dwat devan Bondye. ²² Pou sa, repanti de mechanste ou, e priye Senyè a pou, [t]si posib, entansyon kè ou kapab vin padone. ²³ Paske mwen wè ke ou nan fyèl anmè e [u]mare nan inikite."

²⁴ Men Simon te reponn e te di: [v]"Priye a Senyè a pou mwen, nou menm, pou anyen nan sa nou di yo pa vin rive m."

²⁵ Alò, lè yo te fin temwaye solanèlman, e te pale [w]pawòl Senyè a, yo te fè wout yo pou retounen Jérusalem. Konsa, tou, yo te [x]preche bòn nouvèl la nan anpil vilaj Samariten.

²⁶ Men [y]yon zanj Senyè a te pale ak Philippe e te di: "Leve, ale nan sid nan wout ki desann soti Jérusalem vè Gaza a." (Sa se yon wout nan dezè.)

²⁷ Konsa, li te leve ale, epi konsa, [z]te gen yon lenik Etyopyen, yon ofisye atache a Candace, larèn Etyopyen yo. Li te an chaj tout trezò li, e [a]te la nan Jérusalem pou adore Bondye. ²⁸ Li t ap retounen, epi pandan li chita nan cha li, li t ap li liv pwofèt Ésaïe a.

²⁹ Alò [b]Lespri a te di Philippe: "Ale jwenn cha sila a".

³⁰ Philippe te kouri kote li. Konsa, li te tande ke li t ap li Ésaïe pwofèt la, epi li te mande l: "Èske ou konprann sa w ap li a?"

³¹ Li te reponn: "Kijan mwen ta kapab, amwenske yon moun gide m?" Li te envite Philippe monte chita avè l.

³² Alò, pòsyon lekriti li t ap li a se te sila a:

---

[a] 8:3 Trav 9:1,13,21 [b] 8:4 Trav 8:1 [c] 8:5 Trav 6 [d] 8:7 Mat 4:24 [e] 8:8 Jn 4:40-42 [f] 8:9 Trav 8:11
[g] 8:10 Trav 14:11 [h] 8:11 Trav 8:9 [i] 8:12 Trav 1:3 [j] 8:13 Trav 8:6 [k] 8:13 Trav 19:11 [l] 8:14 Trav 8:1
[m] 8:14 Luc 22:8 [n] 8:15 Trav 2:38 [o] 8:16 Mat 28:19 [p] 8:17 Trav 6:6 [q] 8:17 Trav 2:4 [r] 8:20 II Wa 5:16 [s] 8:21 Det 10:9 [t] 8:22 És 55:7 [u] 8:23 És 58:6 [v] 8:24 Jen 20:7 [w] 8:25 Trav 13:12
[x] 8:25 Trav 8:40 [y] 8:26 Trav 5:19 [z] 8:27 Sòm 68:31 [a] 8:27 I Wa 8:41 [b] 8:29 Trav 8:39

[a]"Li te mennen kon yon mouton nan labatwa.

Kon yon jenn mouton an silans devan sa k ap taye lenn sou do l, li pa t louvri bouch li.

33 [b]Nan imilyasyon, jistis li te rachte. Kilès ki va deklare a jenerasyon pa L la?
Paske vi Li retire sou tè a."

34 Lenik lan te reponn Philippe e te di: "Silvouplè, a kilès pwofèt la ap di sa a? A li menm, oubyen a yon lòt?"

35 Alò, Philippe te louvri bouch li e te [c]kòmanse soti nan lekriti sen sila a, li te preche Jésus a li menm. 36 Pandan yo t ap prale nan wout la, yo te vin toupre yon dlo. Konsa, linik lan te di: [d]"Men gade, dlo! Kisa ki anpeche m ta batize." 37 Philippe te reponn: "Si ou kwè avèk tout kè ou, ou kapab." Li te reponn e te di: "Mwen kwè ke Jésus Kris se Fis Bondye a." 38 Li te kòmande cha a rete. Yo tou de te desann nan dlo a, Philippe avèk lenik lan, e li te batize li.

39 Lè yo te sòti nan dlo a, [e]Lespri Senyè a te vin pran Philippe, e lenik lan pa t wè l ankò, men te kontinye wout li ak rejwisans.

40 Men Philippe te twouve li menm nan [f]Azot. Pandan li t ap travèse, li te [g]kontinye preche bòn nouvèl la nan tout vil yo jiskaske li te rive Césarée.

9 [h]Alò, Saul, toujou t ap respire menas ak asasina kont disip a Senyè yo, jis li rive devan wo prèt la. 2 Li te mande li bay li [i]lèt a sinagòg Damas yo pou si li te twouve nenpòt moun ki nan Chemen an, fanm kou gason, li ta kapab mennen yo mare a Jérusalem.

3 Pandan li t ap fè wout la, li rive ke li t ap pwoche Damas, epi [j]sibitman, yon gran limyè ki sòti nan syèl la te klere tout ozanviwon li. 4 [k]Li te tonbe atè e te tande yon vwa ki t ap di l: **"Saul, Saul, poukisa w ap pèsekite M?"**

5 Li reponn: "Kilès Ou ye, Senyè?"
Li te di: **"Mwen se Jésus ke w ap pèsekite a. 6 Men leve, antre nan vil la, e [l]ou va tande kisa ou dwe fè."**

7 Mesye ki te vwayaje avèk l yo te kanpe san di anyen. Yo [m]te tande vwa a, men yo pa t wè pèsòn.

8 Saul te leve atè a, e [n]malgre zye li te louvri, li pa t kab wè anyen. Yo te mennen li pa lamen, e te fè l rive Damas. 9 Li pa t kab wè pandan twa jou, ni li pa t manje, ni bwè.

10 Alò, te gen yon disip nan Damas ke yo te rele [o]Ananias. Senyè a te di l [p]nan yon vizyon: "Ananias!"
Li te reponn: "Men mwen, Senyè."

11 Senyè a te di li: **"Leve ale nan ri ke yo rele Dwat la, e mande lakay Judas, pou yon mesye [q]Tarse ke yo rele Saul. Paske, gade byen, l ap priye. 12 Li gen tan wè deja nan yon vizyon yon mesye ke yo rele Ananias antre pou [r]poze men l sou li, pou l wè ankò."**

13 Men Ananias te reponn: "Senyè, mwen tande de anpil moun sou mesye sila a; [s]kijan li te fè sen ou yo mal Jérusalem. 14 Isit la menm, li [t]gen otorite ki sòti nan chèf prèt yo pou mare tout sila ki [u]rele Non Ou yo."

15 Men Senyè a te di li: "Ale paske [v]li menm se yon enstriman ki chwazi pa Mwen pou pote non Mwen devan etranje, wa yo, ak fis Israël yo. 16 Paske [w]Mwen va montre li konbyen li oblije soufri pou non Mwen."

17 Konsa, Ananias te sòti. Li te antre nan kay la, e lè l fin [x]poze men l sou li, li te di: "Frè Saul, Senyè Jésus a ki te parèt devan ou nan wout la lè ou t ap vini an, Li voye m pou ou kapab wè ankò e pou ou kapab ranpli avèk Lespri Sen an."

18 Imedyatman bagay tankou kal te sòti tonbe nan zye li, e li vin wè ankò. Li te leve e te batize. 19 Li te pran manje e te reprann fòs li.

Alò, pandan kèk jou, li te avèk disip ki te Damas yo. 20 Epi imedyatman, li te kòmanse pwoklame Jésus [y]nan sinagòg yo e t ap di: "Li se [z]Fis Bondye a".

21 Tout sila ki t ap tande li yo te etone tout tan, e t ap di: "Èske sa se pa sila

---

a **8:32** És 53:7	b **8:33** És 53:8	c **8:35** Luc 24:27	d **8:36** Trav 10:47	e **8:39** I Wa 18:12	f **8:40** Jos 11:22
g **8:40** Trav 8:25	h **9:1** Trav 9:1-22	i **9:2** Trav 9:14,21	j **9:3** I Kwo 15:8	k **9:4** Trav 22:7
l **9:6** Trav 9:16	m **9:7** Jn 12:29	n **9:8** Trav 9:18	o **9:10** Trav 22:12	p **9:10** Trav 10:3,17,19
q **9:11** Trav 9:30	r **9:12** Mc 5:23	s **9:13** Trav 8:3	t **9:14** Trav 9:2,21	u **9:14** Trav 7:59
v **9:15** Trav 13:2	w **9:16** Trav 20:23	x **9:17** Trav 2:4	y **9:20** Trav 13:5	z **9:20** Trav 13:33

ki nan Jérusalem te ªdetwi sila yo ki te envoke non sa a, e ki te vini isit la ekspre pou mennen yo mare devan chèf prèt yo?"

²² Men Saul te kontinye ap vin pi fò, e t ap konfonn Jwif ki te rete Damas yo avèk prèv ke Jésus sila a se Kris la.

²³ Lè ᵇanpil jou te fin pase, Jwif yo te fè konplo ansanm pou yo ta touye li, ²⁴ men konplo yo te vin konnen pa Saul. Yo te veye pòtay yo lajounen kon lannwit pou yo ta kapab mete l a lanmò.

²⁵ Men disip li yo te pran li nan lannwit, e yo te fè l desann sou miray la nan yon gwo panyen.

²⁶ Konsa, ᶜlè Saul te vini Jérusalem, li te eseye pran kontak avèk disip yo, men yo te pè l. Yo pa t kwè ke li te yon disip.

²⁷ Men ᵈBarnabas te pran li e te mennen l devan apòt yo. Paul te eksplike yo ki jan li te wè Senyè a sou wout la. Ke Li te pale avèk li, epi ki jan nan Damas li te pale avèk kouraj nan non Jésus.

²⁸ Li te avèk yo pou antre nan Jérusalem.

²⁹ Li t ap ᵉpale avèk anpil kouraj nan non Senyè a. Li t ap pale e diskite avèk ᶠJwif Grèk yo men yo t ap eseye mete l a lanmò.

³⁰ Men lè tout frè yo te vin konprann sa, yo te mennen li desann ᵍCésarée, e ʰte voye li ale Tarse.

³¹ Donk ⁱlegliz la nan tout Juda, Galilée, ak Samarie te vin gen lapè, e te vin fò. Yo te kontinye nan lakrent Senyè a, ak rekonfò Lespri Sen an, e te kontinye grandi.

³² Alò pandan Pierre t ap vwayaje nan rejyon sa yo, li te desann osi bò kote ʲfidèl ki te rete nan Lydde yo. ³³ La li te twouve yon sèten mesye ke yo te rele Enée, ki pa t kab leve sou kabann li depi uit ane, paske li te paralize.

³⁴ Pierre te di li: "Enée, Jésus Kri geri ou. Leve e fè kabann ou." Nan menm enstan li te leve.

³⁵ Tout moun ki te rete nan Lydde ak Saron yo te wè l, e yo te vire ᵏvè Senyè a.

³⁶ Alò, nan ˡJoppé te gen yon sèten disip ke yo te rele Tabitha (ki tradwi an Grèk kon Dorcas). Fanm sa a te ranpli avèk zèv konpasyon ak charite ke li t ap fè tout tan.

³⁷ Li te rive nan lè sa a ke fanm sila a te tonbe malad e te mouri. Lè yo te lave kò li, yo te fè l kouche nan yon chanm anlè.

³⁸ Lydde te toupre Joppé, e ᵐdisip yo te tande Pierre te la. Konsa yo te voye de mesye bò kote li pou sipliye l: "Pa fè reta! Vin kote nou"!

³⁹ Pierre te leve e te ale avèk yo. E lè l vini, yo te mennen li nan ⁿchanm anlè a. Tout vèv yo te kanpe bò kote li e t ap kriye. Yo te montre li tout vètman ak rad ke Dorcas te konn fè lè l te avèk yo.

⁴⁰ Men Pierre te voye yo tout deyò, e te mete l sou jenou l pou l priye, e pandan l ap vire bò kote kò a, li te di: ᵒ"Tabitha, leve."

Li te louvri zye li, e lè l te wè Pierre, li te chita.

⁴¹ Li te bay li men li e te fè l leve. Konsa Pierre te rele tout ᵖfidèl yo avèk vèv yo e li te prezante li vivan.

⁴² Sa te vin konnen toupatou nan Joppé, eᵠanpil moun te kwè nan Senyè a.

⁴³ Apre sa li te rete anpil jou nan Joppé avèk yon ʳbòs tanè ke yo rele Simon.

10 Alò, te gen yon sèten nonm nan Césarée ke yo te rele Corneille, yon santenye nan ˢkowòt Italyen an. ² Li te yon mesye fidèl ᵗki te gen lakrent Bondye avèk tout lakay li, ki te ᵘbay anpil charite a pèp Jwif la, e li te priye Bondye kontinyèlman.

³ Anviwon ᵛnevyèm è nan jounen an, li te wè byen klè ʷnan yon vizyon, yon zanj Bondye ki te vin kote li e te di l: "Corneille!"

⁴ Ak zye l fikse sou li, e gwo laperèz, e te di: "Kisa li ye, Senyè?"

Zanj la te di li: "Priyè ou avèk charite ou ˣkon yon rekèt, gen tan monte devan Bondye. ⁵ Koulye a, voye kèk moun ʸJoppé e mande pou yon mesye yo rele Simon, ki rele osi Pierre. ⁶ Li rete lakay a yon bòs tanè yo rele ᶻSimon ki rete bò lanmè a."

⁷ Lè zanj ki t ap pale avè l la te ale, li te rele de nan sèvitè li yo, avèk yon sòlda fidèl

nan lafwa ki te sèvi li tout tan. ⁸ Lè l te fin eksplike yo tout bagay, li te voye yo ᵃJoppé.

⁹ Nan jou apre a, pandan yo te nan chemen yo, ap pwoche vil la ᵇPierre te ale sou do kay la nan anviwon sizyèm è pou priye. ¹⁰ Men li te vin grangou, e li te vle manje. Men pandan yo t ap fè preparasyon an, li te ᶜtonbe nan yon rèv. ¹¹ Konsa, li te wè ᵈsyèl la louvri, epi yon bagay tankou yon gwo dra te lonje desann bò kat kwen li yo jiska atè. ¹² Ladann l te gen tout kalite bèt kat pye ak kreyati ki rale atè ak zwazo syèl yo. ¹³ Yon vwa te vini sou li: "Leve, Pierre, touye e manje!"

¹⁴ Men Pierre te di: "Sa p ap janm fèt, Senyè, paske ᵉMwen pa janm manje anyen ki pa sen e pwòp."

¹⁵ Ankò yon vwa te vini a li menm, pou dezyèm fwa: ᶠ**"Sa ke Bondye gen tan fè pwòp, pa konsidere l ankò pa sen."**

¹⁶ Sa te rive twa fwa; epi imedyatman, bagay la te vin remonte nan syèl la.

¹⁷ Alò, Pierre te byen twouble nan lespri li sou sa vizyon li te wè te siyifi a. Epi konsa ᵍmesye ki te voye pa Corneille yo, lè yo te fin mande tout direksyon pou kay Simon, te parèt nan pòtay la. ¹⁸ Yo te rele anlè, pou mande si Simon, ke yo rele osi Pierre a te rete la.

¹⁹ Pandan Pierre t ap reflechi sou vizyon an ʰLespri a te di l: "Gade, gen twa mesye k ap chache ou. ²⁰ Alò, leve desann eskalye a pou ⁱakonpanye yo san doute anyen. Paske se Mwen menm ki voye yo."

²¹ Pierre te desann vè moun yo. Li te di yo: "Se mwen menm nou ap chache a. Se pou ki rezon nou vini an?"

²² Yo te di: "Corneille, yon sòlda santenye, yon nonm dwat e ʲki krent Bondye, e ki byen pale pa tout nasyon Jwif la, te diri je pa yon zanj pou voye kote ou pou vini lakay li pou tande ᵏyon mesaj de ou menm."

²³ Konsa, li te envite yo antre, e li te bay yo lojman.

Nan jou swivan a, li te leve. Li te sòti avèk yo, e kèk nan frè Joppé yo te akonpanye li. ²⁴ Nan youn jou pi tà, li te antre ˡCésarée.

Alò, Corneille t ap tann yo. Li te rele ansanm fanmi ak zanmi ki pwòch li yo. ²⁵ Lè Pierre te antre, Corneille te rankontre li, e te tonbe nan pye li pou ᵐadore li.

²⁶ Men Pierre te leve l e te di: ⁿ"Kanpe non, mwen menm se sèlman yon moun."

²⁷ Pandan li t ap pale avèk li, li te antre, e te twouve ᵒanpil moun deja reyini. ²⁸ Pierre te di yo: "Nou menm nou konnen kijan sa kont lalwa pou yon nonm ki se yon Jwif vin asosye avèk yon etranje, ni pou vizitè li. Men ᵖBondye te deja montre m ke mwen pa dwe rele pèsòn pa sen oubyen pa pwòp. ²⁹ Se pou rezon sa ke m te vini menm san okenn objeksyon lè yo te fè mwen vini an. Konsa, mwen mande pou ki sa nou fè mwen vini an?"

³⁰ Corneille te di: "Kat jou pase jis nan menm lè sa a, mwen t ap fè jèn e priye lakay mwen nan nevyèm è a; epi vwala ᵠyon nonm te kanpe devan mwen avèk vètman ki t ap briye. ³¹ Li te di: 'Corneille, priyè ou gen tan tande e ofrann ou yo gen tan sonje devan Bondye. ³² Pou sa, voye ʳJoppé pou envite Simon, ke yo rele osi Pierre, pou vin kote nou. Li rete lakay Simon, ki se bòs tanè bò lanmè a.' ³³ Pou sa, mwen te fè ou vin touswit, e ou tèlman emab, ke ou vini. Alò, koulye a, nou tout isit la, prezan devan Bondye pou tande tout sa ke ou kòmande pa Senyè a."

³⁴ ˢLè l louvri bouch li, Pierre te di: "Vrèman, mwen konprann koulye a, ke ᵗBondye se pa youn ki fè patipri pou pèsòn, ³⁵ men nan tout nasyon yo, sila a ki ᵘgen lakrent Li, e ki fè sa ki bon, byen resevwa devan Li menm. ³⁶ Pawòl ke Li te voye a fis Israël yo, pou preche ᵛlapè atravè Jésus Kri a—Ke Li se ʷSenyè a tout moun.

³⁷ "Nou menm nou konnen bagay ki te pase nan tout Judée a, ki te kòmanse nan Galilée, apre batèm ke Jean te pwoklame a; ³⁸ sou Jésus de Nazareth la, jan Bondye te bay li onksyon avèk Lespri Sen an, e avèk pwisans, Li ˣte ale toupatou e t ap

---

ᵃ **10:8** Trav 9:36 ᵇ **10:9** Trav 10:9-32 ᶜ **10:10** Trav 11:5 ᵈ **10:11** Jn 1:51 ᵉ **10:14** Lev 11:20-25
ᶠ **10:15** Mat 15:11 ᵍ **10:17** Trav 10:8 ʰ **10:19** Trav 8:29 ⁱ **10:20** Trav 15:7-9 ʲ **10:22** Trav 10:2
ᵏ **10:22** Trav 11:14 ˡ **10:24** Trav 8:40 ᵐ **10:25** Mat 8:2 ⁿ **10:26** Trav 14:15 ᵒ **10:27** Trav 10:24
ᵖ **10:28** Trav 10:14,35 ᵠ **10:30** Trav 10:3-6,30-32 ʳ **10:32** Jn 4:9 ˢ **10:34** Mat 5:2 ᵗ **10:34** Det 10:17
ᵘ **10:35** Trav 10:2 ᵛ **10:36** Ef 2:17 ʷ **10:36** Wo 10:12 ˣ **10:38** Mat 4:23

fè byen, jan Li te geri tout moun ki te oprime pa dyab la, paske Bondye te avè L.

39 "Nou se temwen a tout bagay ke Li te fè nan peyi Jwif yo, ak nan Jérusalem. Anplis yo te [a]mete Li a lanmò lè yo te pann Li sou yon kwa. 40 [b]Bondye te fè l leve nan twazyèm jou a, e te pèmèt ke Li te vin vizib 41 [c]pa a tout pèp la, men a temwen ki te chwazi oparavan pa Bondye yo; a nou menm ki te manje e bwè avèk Li apre Li te leve soti nan lanmò a. 42 Konsa, Li te kòmande nou pou preche a pèp la, epi solanèlman, temwaye ke Li se Sila a ki te nome pa Bondye, kòm [d]Jij a vivan e a mò yo.

43 "A Li menm, tout pwofèt yo pote temwayaj, ke selon [e]non Li tout moun ki kwè nan Li resevwa padon pou peche yo."

44 Pandan Pierre te toujou ap pale pawòl sa yo, [f]Lespri Sen an te tonbe sou tout sila yo ki t ap koute mesaj la.

45 [g]Tout kwayan sikonsi ki te vini avèk Pierre yo te etone paske [h]don Lespri Sen an te vèse sou etranje yo tou. 46 Paske yo te tande yo [i]pale an lang, e egzalte Bondye.

Alò, Pierre te reponn: 47 [j]"Èske pèsòn kapab refize dlo pou sa yo ta kapab batize, sila [k]ki te resevwa Lespri Sen an, menm jan ak nou?" 48 Epi li te kòmande yo pou batize [l]nan non Jésus Kri.

Alò, yo te mande li pou rete la avèk yo pandan kèk jou.

11 Alò, apòt yo ak [m]frè fidèl yo ki te nan tout Judée te tande ke pèp etranje yo osi te resevwa pawòl Bondye a. 2 Men lè Pierre te vin monte Jérusalem, [n]sila ki te sikonsi yo te vin pa dakò avèk li. 3 Yo t ap di: [o]"Ou te ale kote moun ensikonsi yo, e te manje avèk yo."

4 Konsa, Pierre te kòmanse eksplike yo istwa a [p]nan lòd ke tout bagay te rive yo. Li te di: 5 [q]"Mwen te nan vil Joppé, e mwen te nan lapriyè. Nan yon pwofon somèy mwen te fè yon vizyon; yon sèten objè ki te vin desann kon yon gwo dra ki kenbe nan kat kwen soti nan syèl la, e li te vini tou dwat devan mwen. 6 Lè m te fikse zye m sou li, e t ap gade l, mwen te wè bèt latè a kat pye, bèt sovaj, reptil, ak zwazo syèl yo. 7 Konsa, mwen te tande yon vwa ki te di m: **'Leve Pierre; touye e manje.'**

8 "Men mwen te di: 'Non Senyè, paske anyen ki pa sen, oswa ki pa pwòp pa janm antre nan bouch mwen.'

9 "Men yon vwa ki soti nan syèl la te reponn yon dezyèm fwa: [r]**"Sa ke Bondye fè pwòp, pa konsidere l ankò pa sen.'**

10 Sa te fèt twa fwa, epi tout bagay yo te rale monte ankò nan syèl la.

11 "Epi gade byen, nan moman sa a, twa mesye ki te voye kote mwen sòti Césarée, te parèt devan kay la kote nou te rete a.

12 "Lespri a te di m ale avèk yo [s]san krent. Sis frè sila yo osi te ale avè m, e nou te antre nan kay mesye a.

13 "Epi li te rapòte kijan li te wè zanj lan kanpe lakay li a, e te di: 'Voye Joppé pou fè Simon, ke yo rele osi Pierre, vin isit la. 14 Li va pale nou [t]pawòl yo. Ak yo menm nou va sove, nou menm avèk [u]tout lakay nou.'

15 "Epi lè mwen te kòmanse pale [v]Lespri Sen an te vin tonbe sou yo [w]menm jan ke li te fè sou nou nan kòmansman an. 16 Konsa, mwen te sonje pawòl Senyè a, jan Li te konn di a: [x]**'Jean te batize avèk dlo, men nou va batize avèk Lespri Sen an.'**

17 "Donk, si [y]Bondye te bay yo menm don ak nou, lè nou te vin kwè nan Senyè Jésus Kri a, kilès mwen te ye pou m ta kab anpeche Bondye?"

18 Lè yo te tande sa a, yo te vin kalme, e te bay Bondye glwa. Yo te di: "Ebyen konsa, Bondye akòde a lòt nasyon yo tou, [z]repantans ki mennen a lavi a."

19 [a]Answit, moun ki te gaye akoz pèsekisyon ki te leve a, ansanm ak zafè Étienne nan, te fè wout yo pou Phénicie, Chypre, ak Antioche, e yo t ap pale pawòl la a Jwif yo sèlman.

20 Men te gen nan yo, moun Chypre ak Cyrène ki te vini Antioche. E yo te kòmanse

---

[a] **10:39** Trav 5:30 [b] **10:40** Trav 2:24 [c] **10:41** Jn 14:19,22 [d] **10:42** Jn 5:22,27 [e] **10:43** Luc 24:47
[f] **10:44** Trav 11:15 [g] **10:45** Trav 10:23 [h] **10:45** Trav 2:33,38 [i] **10:46** Trav 2:4 [j] **10:47** Trav 8:36
[k] **10:47** Trav 2:4 [l] **10:48** Trav 2:38 [m] **11:1** Trav 1:15 [n] **11:2** Trav 10:45 [o] **11:3** Mat 9:11
[p] **11:4** Luc 1:3 [q] **11:5** Trav 10:9-32 [r] **11:9** Trav 10:15 [s] **11:12** Trav 15:9 [t] **11:14** Trav 10:22
[u] **11:14** Jn 4:53 [v] **11:15** Trav 10:44 [w] **11:15** Trav 2:4 [x] **11:16** Trav 1:5 [y] **11:17** Trav 10:45,47
[z] **11:18** II Kwo 7:10 [a] **11:19** Trav 8:1,4

pale ak Grèk yo osi, e t ap [a]preche Senyè Jésus a.

21 [b]Men la a Senyè a te avèk yo, e yon gran kantite ki te kwè te vire vè Senyè a.

22 Nouvèl yo te rive nan zòrèy a legliz la nan Jérusalem, e yo te voye [c]Barnabas Antioche.

23 Konsa, lè l rive, e te wè [d]gras Bondye a, li te rejwi. Li te kòmanse ankouraje yo tout, pou yo avèk yon sèl panse, ta rete fidèl a Senyè a. 24 Paske li te yon bon moun. Li te [e]ranpli ak Lespri Sen an, ak lafwa. Konsa, anpil moun te adisyonen a Senyè a.

25 Barnabas te kite [f]Tarse pou ale jwenn Saul. 26 Lè li te twouve li, li te mennen l Antioche. Pandan yon ane antye yo te reyini avèk legliz la, e yo te enstwi anpil moun.

Disip yo te premyèman rele [g]"Kretyen" la a, nan Antioche.

27 Alò nan tan sa a, [h]kèk pwofèt te sòti Jérusalem pou rive Antioche. 28 Youn nan yo ke yo te rele [i]Agabus te kanpe. Li te kòmanse endike pa Lespri a, ke an verite, t ap gen yon gwo grangou nan tout mond lan. Epi se sa menm ki te rive sou règn Claude la.

29 Epi selon mwayen ke nenpòt disip te genyen, yo chak te detèmine pou voye asistans pou sekou a [j]frè yo nan Judée. 30 [k]Se konsa yo te fè, e te voye l pa men Barnabas ak Saul pou livre bay ansyen yo.

12 Alò, vè lè sila a, Wa Hérode te mete men l sou kèk moun ki te apatyen a legliz la pou l maltrete yo. 2 Li [l]te mete Jacques, frè a Jean a lanmò avèk yon nepe.

3 Lè l te wè ke sa te [m]fè Jwif yo kontan, li te avanse pou l arete Pierre tou. Sa se te pandan jou Pen San Ledven yo. 4 Lè l te sezi li, li te mete l nan prizon, e te livre li a kat ekip sòlda pou yo te veye l, avèk entansyon [n]apre Pak la, pou mennen l devan pèp la.

5 Yo te kenbe Pierre nan prizon an, men legliz Bondye a t ap priye fò pou li.

6 Nan menm nwit lan lè Hérode te prèt pou mennen l devan l, Pierre t ap dòmi antre de sòlda. Li te [o]byen anchene avèk de chenn, e jandam yo devan pòt la t ap veye prizon an.

7 Epi vwala [p]yon zanj Senyè a [q]te parèt sibitman, e yon limyè te briye nan kacho a. Li te frape bò kote Pierre. Li fè l leve, e te di l: "Leve vit!"

Konsa, chenn yo te tonbe kite men l.

8 Zanj lan te di l: "Mare senti ou e mete sapat ou". Li te fè sa, epi li te di li: "Vlope ou ak manto a e swiv mwen."

9 Konsa, li te ale deyò e te kontinye swiv li. Li pa t fin konnen si sa ki t ap fèt pa zanj lan te vrè, men te sipoze ke se te [r]yon vizyon ke li t ap fè. 10 Lè yo te fin pase premye ak dezyèm gad yo, yo te rive a yon pòtay an fè ki te mennen nan lantre vil la. Li te [s]ouvri pou yo pou kont li. Yo te pase ale deyò, e te desann nan yon ri. Imedyatman zanj lan te kite li.

11 Lè Pierre te vin reflechi klè, li te di: "Koulye a mwen konnen san dout ke [t]Senyè a te voye zanj Li pou te delivre m nan men Hérode, ak tout sa ke pèp Jwif la t ap atann."

12 Lè li te fin konprann sa, li te ale lakay Marie, manman a [u]Jean ki osi te rele Marc. La, anpil moun te reyini ansanm e t ap priye. 13 Lè l te frape nan pòtay la, yon sèvant kay la ki te rele Rhode te vin reponn. 14 Lè l te rekonèt vwa Pierre a [v]akoz kè kontan li, li pa t ouvri pòt la, men te kouri anndan, e te anonse ke Pierre te kanpe devan pòtay la.

15 Yo te di li: "Ou fin pèdi tèt ou!" Men li te kontinye ensiste ke se te konsa. Yo t ap di: "Se [w]zanj li".

16 Men Pierre te kontinye frape sou pòtay la. Lè yo te louvri pòt la, yo te wè li. Yo te etone. 17 Men li te fè yon sinyal avèk men l, pou yo fè silans, e te eksplike yo jan Senyè a te mennen li sòti nan prizon an. Li te di: "[x]Fè Jacques ak frè yo konnen bagay sa yo." Konsa, li te pati e te ale yon lòt kote.

18 Lè jounen an te rive, se pa ti kras tenten ki te genyen pami sòlda yo sou sa ki te rive Pierre a.

19 Lè Hérode te chache li e li pa t twouve l, li te egzamine gad yo e te kòmande pou [y]yo

---

[a] **11:20** Trav 5:42   [b] **11:21** Luc 1:66   [c] **11:22** Trav 4:36   [d] **11:23** Trav 13:43   [e] **11:24** Trav 2:4
[f] **11:25** Rejwi 9:11   [g] **11:26** Trav 26:28   [h] **11:27** Luc 11:49   [i] **11:28** Trav 21:10   [j] **11:29** Trav 11:1
[k] **11:30** Trav 12:25   [l] **12:2** Mat 4:21   [m] **12:3** Trav 24:27   [n] **12:4** Egz 12:1-27   [o] **12:6** Trav 21:33
[p] **12:7** Trav 5:19   [q] **12:7** Luc 2:9   [r] **12:9** Trav 9:10   [s] **12:10** Trav 5:19   [t] **12:11** Dan 3:28
[u] **12:12** Trav 12:25   [v] **12:14** Luc 24:41   [w] **12:15** Mat 18:10   [x] **12:17** Mc 6:3   [y] **12:19** Trav 16:27

te egzekite. Li te desann, soti Judée pou ale Césarée e t ap pase tan an la. ²⁰ Alò, Hérode te byen fache avèk moun Tyr ak Sidon yo. Men yo te vin kote l ansanm lè yo te fin fè zanmi avèk Blaste, asistan pèsonèl a wa a, yo t ap fè demann lapè, akoz ke [a]peyi pa yo te resevwa, manje nan men a peyi wa a.

²¹ Nan jou apwente a, Hérode te mete sou li tout rad wayal yo. Li te pran chèz li sou twòn nan, e te kòmanse livre yon diskou piblik a yo menm.

²² Konsa, pèp la t ap kriye: "Se vwa a yon dye, pa a yon moun!" ²³ Imedyatman [b]yon zanj Senyè a te frape l paske li pa t bay Bondye glwa. Konsa li te vin manje pa vè, e te mouri.

²⁴ Men [c]pawòl Senyè a te kontinye grandi e te vin miltipliye.

²⁵ Barnabas ak Saul te retounen Jérusalem [d]lè yo te fin akonpli misyon pa yo a. Yo te pran Jean avèk yo ki te osi rele Marc.

13 Alò te gen nan Antioche, nan legliz ki te la a, pwofèt ak [e]mèt yo; Barnabas ak Simon ki te rele Niger, ak Lucius de Cyrène, ak Manaen ki te grandi avèk Hérode, tetrak la (youn nan kat wa yo), ak Saul.

² Pandan yo t ap fè sèvis pou Senyè a, e t ap jene, Lespri Sen an te di: "Mete apa pou Mwen Barnabas ak Saul, pou [f]travay ke mwen rele yo a."

³ Alò, lè yo te fin fè jèn nan ak lapriyè, yo te [g]poze men sou yo e te voye yo ale.

⁴ [h]Konsa, ranvoye pa Lespri Sen an, yo te desann Séleucie. Depi la yo te pran yon bato pou Chypre. ⁵ Lè yo te rive Salamine, yo te kòmanse pwoklame pawòl Bondye a nan sinagòg Jwif yo. Anplis [i]Jean te la pou ede yo.

⁶ Lè yo te fin travèse tout lil la, jis rive nan Paphos yo twouve yon sèten [j]majisyen Jwif, yon [k]fo pwofèt ke yo te rele Bar-Jésus ⁷ ki te avèk [l]pwokonsil la, Sergius Paulus, yon nonm byen entèlijan. Mesye sa te rele Barnabas avèk Saul pou vini pou l ta kapab tande pawòl Bondye a.

⁸ Men majisyen an, Elymas (se konsa non li tradwi) t ap opoze yo, e t ap chache detounen pwokonsil la kont [m]lafwa a.

⁹ Men Saul, ki te osi konnen kon Paul, [n]ranpli avèk Lespri Sen an, te fikse zye li sou li. ¹⁰ Li te di: "Ou menm ki ranpli ak desepsyon ak fwod, ou menm [o]fis a dyab la, ou menm lènmi a tout ladwati, èske ou p ap janm sispann fè kwochi chemen dwat a Senyè a? ¹¹ Koulye a, gade byen [p]men Bondye sou ou, ou va vin avèg e ou p ap wè solèy la pandan yon tan."

Imedyatman, yon brouya avèk yon fènwa te tonbe sou li, e li te ale toupatou pou chache moun pou ta mennen l pa lamen.

¹² Answit, pwokonsil la te vin kwè lè li te wè sa ki te rive a, byen etone de [q]doktrin Senyè a.

¹³ Alò, Paul avèk konpanyon li yo te monte sou lanmè a soti Paphos. Yo te rive nan vil Perge nan Pamphylie. [r]Jean te kite yo la pou retounen Jérusalem.

¹⁴ Men kontinye soti Perge yo te rive [s]Antioche Pisidie a. Nan jou Saba a yo te antre nan sinagòg la, e yo te chita. ¹⁵ Aprè Lalwa ak [t]Pwofèt yo [u]te fin li, ofisye yo te voye kote yo e te di: "Frè yo, si nou gen nenpòt pawòl pou egzòte pèp la, pale."

¹⁶ Paul te kanpe. Li te fè sinyal avèk men l, e te di: "Lezòm Israël yo, ak nou menm ki [v]krent Bondye, koute: ¹⁷ Bondye a pèp Israël sa a te chwazi zansèt nou yo, e te [w]fè pèp la onore pandan sejou yo nan peyi Égypte. Epi avèk yon bra leve [x]Li te mennen yo sòti ladann. ¹⁸ [y]Pandan anviwon yon tan de karant ane, konsa, li te sipòte yo nan dezè a.

¹⁹ "Lè L te fin detwi [z]sèt nasyon nan tè Canaan an, Li te [a]divize tè pa yo a kòm eritaj. Sa te pran anviwon kat san senkant ane. ²⁰ Apre bagay sa yo, Li te [b]bay yo jij yo jiska Samuel, pwofèt la.

---

[a] 12:20 I Wa 5:11 [b] 12:23 II Sam 24:16 [c] 12:24 Trav 6:7 [d] 12:25 Trav 12:12 [e] 13:1 Wo 12:6 [f] 13:2 Trav 9:15 [g] 13:3 Trav 6:6 [h] 13:4 Trav 4:36 [i] 13:5 Trav 12:12 [j] 13:6 Trav 8:9 [k] 13:6 Mat 7:15 [l] 13:7 Trav 13:8,12 [m] 13:8 Trav 6:7 [n] 13:9 Trav 2:4 [o] 13:10 Mat 13:38 [p] 13:11 Egz 9:3 [q] 13:12 Trav 8:25 [r] 13:13 Trav 12:17 [s] 13:14 Trav 14:19,21 [t] 13:15 Trav 13:27 [u] 13:15 Trav 15:21 [v] 13:16 Trav 10:2 [w] 13:17 Egz 1:7 [x] 13:17 Egz 12:51 [y] 13:18 Nonb 14:34 [z] 13:19 Det 7:1 [a] 13:19 Jos 14:1 [b] 13:20 Jij 2:16

²¹ "Yo te ᵃmande pou yon wa, epi Bondye te bay yo ᵇSaul, Fis a Kis la, yon nonm nan tribi Benjamin an pou karant ane.

²² "Lè L te fin retire li, Li te fè leve David pou l ta kapab wa sou yo. Selon Li, te temwaye e te di: ᶜ'Mwen twouve David, fis a Jessé a, yon nonm selon pwòp kè Mwen ki va fè tout volonte M'.

²³ "Soti nan desandan a nonm sila a, selon pwomès la, Bondye te fè vini a Israël ᵈyon Sovè, Jésus.

²⁴ "Avan Li te vini ᵉJean te preche yon batèm repantans pou tout pèp Israël la. ²⁵ Alò, pandan Jean t ap konplete pakou li, ᶠli te kontinye ap mande: 'Kisa nou sipoze ke mwen ye? Mwen se pa Li menm nan. Men gade byen, youn ap vini aprè mwen e sapat a pye li, mwen pa menm dign pou delase.

²⁶ "Frè yo, Fis a fanmi Abraham yo, sila pami nou ki krent Bondye yo, a nou mesaj ᵍsali sila a voye. ²⁷ Paske sila ki rete Jérusalem yo, avèk gouvernè pa yo, pa t rekonèt ni Li menm, ni pawòl a pwofèt yo, malgre, yo konn li toupatou chak Saba a. Men yo te akonpli bagay sa yo lè yo te kondane Li. ²⁸ Malgre yo pa t twouve okenn choz ki merite lanmò, yo te ʰmande Pilate pou li ta fè l mouri. ²⁹ Epi lè yo te ⁱfin akonpli tout sa ki te ekri konsènan Li yo, yo te ʲretire Li sou kwa a, e yo te mete l nan yon tonm.

³⁰ "Men Bondye te leve Li soti nan lanmò. ³¹ Konsa, pandan anpil jou, sa yo ki te sòti Galilée pou monte Jérusalem avè L yo, ᵏte wè li, menm sila yo ki koulye a se ˡtemwen Li a pèp la.

³² "Konsa, nou preche a nou menm bòn nouvèl a ᵐpwomès ki te fèt a zansèt nou yo, ³³ ke Bondye te akonpli pou zanfan pa nou yo, lè l te resisite Jésus a, menm jan ke sa osi ekri nan dezyèm Sòm nan:

ⁿ'Ou se Fis Mwen;
jodi a Mwen fè Ou.'

³⁴ "Selon reyalite ke Li te leve soti nan lanmò, pou l pa ankò retounen nan pouriti, Li te pale konsa: ᵒ'Mwen va ban nou benediksyon a David ki sen e byen asire yo.'

³⁵ "Konsa, Li pale osi nan yon lòt Sòm ke ᵖ'Ou p ap kite pa W, Sila Ki Sen an, sibi pouriti.'

³⁶ "Paske David, apre li te sèvi ᵠplan Bondye a nan jenerasyon pa l la, te dòmi. Li te vin plase pami zansèt li yo, e li te sibi dekonpozisyon. ³⁷ Men Sila ke Bondye te ʳfè leve a, pa t sibi dekonpozisyon menm.

³⁸ "Konsa, kite sa vin konnen a nou menm, frè yo, ke ˢatravè Li menm, padon pou peche yo pwoklame a nou menm. ³⁹ Selon Li menm, ᵗtout moun ki kwè yo, vin lib de tout bagay ke nou pa t kapab libere pa Lalwa Moïse la.

⁴⁰ "Konsa, fè atansyon, pou sa ki te pale ᵘnan pwofèt yo pa vini sou nou:

⁴¹ ᵛ'Gade byen mokè yo;
Vin etone, e peri!
Paske M ap acheve yon zèv nan
   jou nou yo,
yon zèv ke nou p ap janm kwè,
menmsi yon moun ta eksplike nou li.'"

⁴² Pandan Paul ak Barnabas t ap sòti, pèp la te kontinye mande pou yo ta kapab pale yo bagay sa yo ankò nan pwochen ʷSaba a. ⁴³ Alò, lè sinagòg la te lage, anpil nan Jwif yo ak ˣpèp etranje ki te vin krent Bondye yo, te swiv Paul ak Barnabas. Yo te pale avèk yo pou ankouraje yo kontinye nan ʸgras Bondye a.

⁴⁴ Nan ᶻpwochen Saba a, prèske tout vil la te vin rasanble pou koute pawòl Bondye a.

⁴⁵ Men lè ᵃJwif yo te wè foul la, yo te ranpli avèk jalouzi, e yo te kòmanse pale kont bagay ke Paul te pale yo, e t ap fè blasfèm.

⁴⁶ Paul ak Barnabas te pale avèk gwo kouraj. Yo te di: "Li te nesesè pou pawòl Bondye a ta pale a nou menm ᵇavan. Men akoz ke nou refize l, e jije pwòp tèt nou endign pou lavi etènèl la, gade byen ᶜn ap vire bò kote pèp etranje yo. ⁴⁷ Paske konsa Senyè a te kòmande nou:

ᵃ **13:21** I Sam 8:5 ᵇ **13:21** I Sam 9:1 ᶜ **13:22** I Sam 13:14 ᵈ **13:23** Luc 2:11 ᵉ **13:24** Mc 1:1-4 ᶠ **13:25** Mat 3:11 ᵍ **13:26** Jn 6:68 ʰ **13:28** Mat 27:22,23 ⁱ **13:29** Trav 26:22 ʲ **13:29** Luc 23:53 ᵏ **13:31** Trav 1:3 ˡ **13:31** Luc 24:48 ᵐ **13:32** Wo 4:13 ⁿ **13:33** Sòm 2:7 ᵒ **13:34** És 55:3 ᵖ **13:35** Sòm 16:10 ᵠ **13:36** Trav 13:22 ʳ **13:37** Trav 2:24 ˢ **13:38** Luc 24:47 ᵗ **13:39** Trav 10:43 ᵘ **13:40** Luc 24:44 ᵛ **13:41** Hab 1:5 ʷ **13:42** Trav 13:14 ˣ **13:43** Trav 17:4 ʸ **13:43** Trav 11:23 ᶻ **13:44** Trav 13:14 ᵃ **13:45** Trav 13:50 ᵇ **13:46** Trav 3:26 ᶜ **13:46** Trav 18:6

[a]"Mwen plase nou kòm yon limyè pou pèp etranje yo, pou nou ta pote delivrans jiska dènye ekstremite tè a.'"

⁴⁸ Lè pèp etranje yo te tande sa, yo te kòmanse rejwi e t ap bay glwa a pawòl Bondye a. Konsa, tout sila ki [b]te nome pou lavi etènèl yo te kwè. ⁴⁹ [c]Pawòl Senyè a te gaye nan tout rejyon an.

⁵⁰ Men Jwif yo te chofe fanm fidèl yo, ak chèf ki t ap dirije vil yo, pou [d]fòmante yon pèsekisyon kont Paul ak Barnabas, e te chase yo deyò teritwa yo.

⁵¹ Men [e]yo te souke pousyè a, fè l sòti nan pye yo, kòm yon sign kont yo, e yo te ale Icone.

⁵² Epi disip yo te kontinye [f]ranpli avèk jwa, e avèk Lespri Sen an.

14

Nan Icone [g]yo te antre nan sinagòg a Jwif yo ansanm, e yo te pale nan yon jan [h]ki te fè yon gran foul, ni Jwif, ni Grèk kwè.

² Men Jwif ki [i]pa t kwè yo te boulvèse lespri pèp etranje yo, e te vin fè yo vin egri kont frè fidèl yo.

³ Malgre sa, yo te rete la pou anpil tan, e [j]t ap pale avèk kouraj. Yo te depann de Senyè a, ki t ap temwaye de pawòl lagras Li a, e te pèmèt ke sign ak mèvèy te vin fèt pa men pa yo.

⁴ [k]Men moun vil yo te divize. Kèk te pran pati a [l]Jwif yo, e kèk vè apòt yo.

⁵ Lè Jwif yo avèk ofisye yo ansanm ak pèp etranje yo te tante maltrete yo, e te fè plan [m]lapide yo, ⁶ yo te vin okouran de sa a, e te sove ale nan vil Lycaonie, Lystre, ak [n]Derbe yo, ak tout rejyon ozanviwon an. ⁷ Epi la Yo te kontinye [o]preche bòn nouvèl la.

⁸ Nan Lystre te chita yon [p]sèten mesye, ki pa t gen fòs nan pye li. Li te bwate depi li sòti nan vant manman L, e li pa t janm te mache. ⁹ Mesye sa a t ap koute Paul pandan li t ap pale. Lè Paul te fikse zye l sou li, e te wè ke li te gen [q]lafwa pou l ta geri, ¹⁰ li te di avèk yon vwa fò: "Kanpe dwat sou pye ou!" [r]Konsa, li te vòltije kanpe, e te kòmanse mache.

¹¹ Lè foul la te wè sa Paul te fè a, yo te leve vwa yo nan langaj Likaonyen an [s]"Se dye yo ki vin sanble ak moun e ki desann vè nou."

¹² Konsa, yo te rele Barnabas Jupiter, e Paul Mercure, akoz ke se te li menm ki te chèf pou pale.

¹³ Alò, prèt Jupiter a, ki te gen tanp li fenk deyò vil la, te mennen towo bèf avèk kolye flè yo devan pòtay yo pou l [t]te ofri sakrifis yo ansanm avèk foul la.

¹⁴ Men lè apòt yo, Barnabas ak Paul te tande sa, yo te [u]chire rad yo. Yo te kouri nan mitan foul la e t ap rele ¹⁵ "Mesye yo, poukisa nou ap fè bagay sa yo? Nou menm tou se lòm, ki fèt menm jan ak nou. Nou pòte bòn nouvèl la a nou menm, pou nou kapab vire kite vye bagay sila yo pou vire vè Bondye vivan an [v]ki te fè syèl la, tè a, lanmè a ak tout sa ki ladann. ¹⁶ Nan jenerasyon ki pase yo, Li te [w]pèmèt tout nasyon yo fè pwòp chemen yo. ¹⁷ Men malgre sa [x]Li pa t kite tèt Li menm san temwayaj. Li te fè sa ki bon e te bay nou lapli ki te sòti nan syèl la. Anplis Li te bay sezon ak fwi yo, ki te satisfè kè nou avèk manje, ak kè kontan."

¹⁸ Malgre tout pawòl sa yo, se te avèk difikilte ke yo te anpeche foul la fè sakrifis a yo menm.

¹⁹ Men Jwif ki te sòti Antioche ak Icone yo te vin parèt e te mennen foul la. Pou sa a, yo [y]te lapide Paul avèk wòch e te rale l sòti nan vil la. Yo te konnen se mouri, li te mouri.

²⁰ Men pandan [z]disip yo te kanpe antoure li, li te leve, e te antre nan vil la.

Nan pwochen jou a, li te sòti avèk Barnabas pou rive Derbe. ²¹ Apre yo te fin preche levanjil nan vil sa a, e [a]te fè anpil disip, yo te retounen Lystre, Icone ak Antioche. ²² La yo t ap ranfòse nanm a disip yo. Yo t ap ankouraje yo pou kontinye nan [b]lafwa, e te di: [c]"Se ak anpil tribilasyon nou oblije antre nan Wayòm Bondye a." ²³ [d]Lè yo te fin nome ansyen yo nan chak legliz, [e]priye ak jene, yo te

---

[a] **13:47** És 42:6 [b] **13:48** Wo 8:28 [c] **13:49** Trav 13:12 [d] **13:50** Trav 16:14 [e] **13:51** Mat 10:14
[f] **13:52** Trav 2:4 [g] **14:1** Trav 13:5 [h] **14:1** Trav 2:47 [i] **14:2** Jn 3:36 [j] **14:3** Trav 4:29 [k] **14:4** Trav 17:4
[l] **14:4** Trav 13:45,50 [m] **14:5** Trav 14:19 [n] **14:6** Trav 14:20 [o] **14:7** Trav 14:15,21 [p] **14:8** Trav 3:2
[q] **14:9** Mat 9:28 [r] **14:10** Trav 3:8 [s] **14:11** Trav 28:6 [t] **14:13** Dan 2:46 [u] **14:14** Nonb 14:6
[v] **14:15** Egz 20:11 [w] **14:16** Trav 17:30 [x] **14:17** Trav 17:26 [y] **14:19** Trav 14:5 [z] **14:20** Trav 11:25
[a] **14:21** Trav 2:47 [b] **14:22** Trav 6:7 [c] **14:22** Jn 16:33 [d] **14:23** Tit 1:5 [e] **14:23** Trav 13:3

plase yo nan men Senyè a, de Li menm ke yo te vin kwè a. [24] Konsa, yo te travèse [a]Pisidie, pou rive [b]Pamphylie. [25] Lè yo te fin pale pawòl la nan Perge, yo te desann Attalie. [26] Soti la yo te pran bato a vwal pou rive Antioche. Se te la menm yo te [c]premyèman kòmande pa gras Bondye a pou zèv ke yo te fenk fin akonpli a. [27] Yo te rive e reyini tout legliz la ansanm. Yo te komanse bay rapò a tout bagay ke Bondye te fè avèk yo, ak jan Li te louvri [d]pòt lafwa a pèp etranje yo. [28] La yo te pase anpil tan avèk [e]disip yo.

15

[f]Alò kèk mesye te desann sòti Judée e te kòmanse enstwi frè yo: "Amwenske nou vin sikonsi selon koutim Moïse la, nou pa kapab sove." [2] Lè Paul ak Barnabas te fè yon gran diskisyon ak [g]deba avèk yo, lòt frè yo te detèmine ke Paul ak Barnabas ak kèk lòt nan yo ta dwe monte Jérusalem vè lòt apòt yo ak lansyen yo konsènan pwoblèm sila a. [3] Konsa [h]voye pa legliz la, yo t ap travèse Phénicie ak Samarie, e t ap bay an detay istwa konvèsyon pèp etranje yo. Sa te fè kè a tout frè yo kontan anpil.

[4] Lè yo te rive Jérusalem, yo te resevwa pa legliz la avèk tout apòt ak ansyen yo. Konsa, yo te bay yon [i]rapò konple de tout sa ke Bondye te fè avèk yo.

[5] Men [j]kèk nan gwoup Farizyen ki te kwayan yo te kanpe e te di: "Li nesesè pou [k]sikonsi yo, e pou fè yo swiv Lalwa Moïse la."

[6] [l]Apòt ak ansyen yo te vin reyini ansanm pou egzamine afè sila a.

[7] Apre anpil diskisyon, Pierre te kanpe e te di yo: "Frè yo, nou konnen ke nan tan pase yo, Bondye te fè yon chwa pami nou, ke pa bouch mwen, pèp etranje yo ta dwe tande pawòl [m]levanjil la, e vin kwè. [8] Bondye [n]ki konnen kè a, te temwaye a yo menm, e te [o]bay yo Lespri Sen an, menm jan ke Li te fè nou an. [9] [p]Li pa t fè distenksyon antre nou ak yo, e te netwaye kè yo pa lafwa.

[10] "Alò konsa, poukisa nou [q]mete Bondye a leprèv la a lè nou plase sou kou a disip yo yon jouk ke ni zansèt nou yo, ni nou menm pa t kapab pote? [11] Men nou kwè ke nou sove pa [r]lagras a Senyè Jésus a, menm jan ak yo menm."

[12] Tout foul la te rete an silans. Yo t ap koute Barnabas ak Paul lè yo t ap [s]eksplike ki sign ak mirak Bondye te fè atravè yo menm pami pèp etranje yo.

[13] Apre yo te fin pale [t]Jacques te reponn e te di: "Frè yo, koute mwen. [14] [u]Simon eksplike nou jan Bondye te premyèman pran pami pèp etranje yo, yon pèp pou non Li. [15] Epi avèk sa a, pawòl a [v]pwofèt yo dakò, jis jan sa ekri a:

[16] [w]'Apre bagay sa yo Mwen
   va retounen.
Mwen va rebati tabènak David
   ki te tonbe a.
Mwen va rebati ranblè li yo,
   e Mwen va restore li
[17] pou [x]tout rès limanite a kapab
   chache Bondye,
ak tout pèp etranje yo ki rele pa
   non Mwen,'
[18] di Senyè a ki [y]fè tout bagay sila yo
   konnen depi nan tan ansyen an.

[19] "Konsa, se [z]jijman pa m pou nou pa twouble sila k ap tounen vè Bondye yo ki soti pami pèp etranje yo, [20] men pou nou ekri yo pou yo evite bagay ki sèvi kon sakrifis pou zidòl, ak [a]imoralite seksyèl, ak [b]vyann sa ki toufe, ak san. [21] Paske [c]Moïse, depi nan ansyen jenerasyon yo gen kwayan nan chak vil sa yo ki preche li, paske li kon li nan sinagòg yo chak Saba."

[22] Answit li te sanble bon pou disip ak ansyen yo, avèk tout legliz la, pou chwazi moun pami yo pou voye Antioche avèk Paul ak Barnabas: Jude ki rele Barsabas, ak [d]Silas, mesye ki te konn dirije pami frè yo. [23] Yo te voye lèt sa a avèk yo:

---

[a] **14:24** Trav 13:14 [b] **14:24** Trav 13:13 [c] **14:26** Trav 11:23 [d] **14:27** I Kwo 16:9 [e] **14:28** Trav 11:26
[f] **15:1** Trav 15:24 [g] **15:2** Trav 15:7 [h] **15:3** Trav 20:38 [i] **15:4** Trav 14:27 [j] **15:5** Trav 26:5
[k] **15:5** I Kwo 7:18 [l] **15:6** Trav 11:30 [m] **15:7** Trav 20:24 [n] **15:8** Trav 1:24 [o] **15:8** Trav 2:4
[p] **15:9** Trav 10:28,34 [q] **15:10** Trav 5:9 [r] **15:11** Wo 3:24 [s] **15:12** Trav 14:27 [t] **15:13** Trav 12:17
[u] **15:14** Trav 15:7 [v] **15:15** Trav 13:40 [w] **15:16** Am 9:11 [x] **15:17** Am 9:12 [y] **15:18** És 45:21
[z] **15:19** Trav 15:28 [a] **15:20** Lev 18:6-23 [b] **15:20** Lev 17:14 [c] **15:21** Trav 13:15
[d] **15:22** Trav 15:27,32,40

"ᵃApòt ak frè yo ki se ansyen yo, a frè yo nan Antioche ak Syrie, ak Cilicie, ki sòti nan pèp etranje yo, salitasyon.

²⁴ "Akoz ke nou tande ke kèk nan nou ki pa t resevwa enstriksyon de nou menm, ap ᵇtwouble nou avèk pawòl k ap boulvèse nanm nou, ²⁵ ᶜli te sanble bon pou nou, akoz nou tout te vin dakò ansanm, pou chwazi kèk mesye pou voye kote nou avèk byeneme nou yo, Barnabas ak Paul. ²⁶ Se mesye yo ki ᵈriske lavi yo pou non a Senyè nou an, Jésus Kri.

²⁷ "Konsa, nou voye ᵉJude ak Silas ki yo menm va osi bay rapò a menm bagay sila yo pa pawòl nan bouch yo.

²⁸ "Paske li te parèt bon ᶠpou Lespri Sen an ak nou menm pa mete sou nou okenn fado ke lesansyèl sa yo: ²⁹ pou nou evite ᵍbagay ki sèvi kon sakrifis pou zidòl, san, bagay ki toufe, ak imoralite seksyèl. Si nou kenbe tèt nou lib de bagay sila yo, nou va fè byen. Orevwa."

³⁰ Donk, lè yo te voye yo ale, yo te ʰdesann Antioche. Yo te ransanble tout asanble a ansanm pou te livre lèt la. ³¹ Lè yo te li li, yo te rejwi yo akoz ankourajman li te bay. ³² Jude ak Silas, ki te ⁱpwofèt yo menm osi, te ankouraje e ranfòse frè yo avèk yon mesaj byen long.

³³ Apre yo fin pase tan la a, frè yo te voye yo anpè, pou retounen kote sila ki te voye yo. ³⁴ Men li te sanble bon pou Silas pou l te rete la.

³⁵ Konsa, Paul ak Barnabas te rete Antioche ansanm ak anpil lòt, pou ʲpreche e enstwi pawòl Senyè a.

³⁶ Apre kèk tan, Paul te di Barnabas: "Annou retounen pou vizite ᵏchak vil kote nou te pwoklame pawòl Senyè a pou nou wè kijan yo ye."

³⁷ Barnabas te vle pran ˡJean Marc pou ale avèk yo tou.

³⁸ Men Paul te ensiste ke yo pa ta dwe pran li ki te ᵐabandone yo nan Pamphylie, e pa t akonpanye yo nan travay la.

³⁹ Yo te vin tèlman pa dakò ke yo te separe youn de lòt. Barnabas te pran Marc avè l e te pran bato a vwal pou ⁿChypre.

⁴⁰ Men Paul te chwazi ᵒSilas e te pati. Frè yo te remèt li nan gras Senyè a. ⁴¹ Li te vwayaje travèse ᵖSyrie ak Cilicie, pou ranfòse legliz yo.

16

Paul te vini osi nan Derbe ak Lystre. Yon disip yo te rele ᵠTimothée te la, Fis a yon ʳfanm Jwif ki te yon kwayan, men papa li te yon Grèk. ² Tout ˢfrè fidèl ki te nan Lystre avèk Icone yo te pale byen de li. ³ Paul te vle Timothée ale avè l. Pou rezon sa a, ᵗli te fè li sikonsi, akoz Jwif ki te nan landwa sila yo. Paske yo tout te konnen ke papa l se te yon Grèk.

⁴ Alò, pandan yo t ap travèse vil yo, yo t ap livre bay ᵘdesizyon a ki te detèmine pa apòt yo ak ansyen yo nan Jérusalem. ⁵ Donk ᵛlegliz yo t ap ranfòse nan lafwa, e yo t ap ʷgrandi an nonb chak jou.

⁶ Yo te travèse rejyon a Phrygie ak ˣGalatie, akoz ke yo te anpeche pa Lespri Sen an pou pale pawòl la an Asie. ⁷ Lè yo te vini Mysie, yo te eseye antre Bithynie, men ʸLespri Jésus a pa t pèmèt yo. ⁸ Lè yo te kite Mysie, yo te desann ᶻTroas.

⁹ Konsa, yon vizyon te parèt a Paul nan nwit lan. Yon sèten mesye Macédoine te kanpe e t ap di l: "Vin ᵃMacédoine pou ede nou." ¹⁰ Lè li te wè vizyon an, imedyatman nou te ᵇchache ale Macédoine, byen konprann ke Bondye te rele nou pou preche levanjil la a yo menm.

¹¹ Donk, nou te pran vwal sou lanmè soti ᶜTroas. Nou te kouri tou dwat pou Samothrace, e nan jou swivan an, pou Néapolis. ¹² Nou te kite la pou ᵈPhilippes, yon vil prensipal nan distri Macédoine nan, yon koloni Women. Nou te rete nan vil sa pandan kèk jou.

¹³ Nan ᵉjou Saba a, nou te ale deyò pòtay la bò kote yon rivyè kote nou te sipoze ta genyen yon kote pou lapriyè. Nou te chita e

---

ᵃ **15:23** Trav 15:2 ᵇ **15:24** Gal 1:7 ᶜ **15:25** Trav 15:28 ᵈ **15:26** Trav 9:23 ᵉ **15:27** Trav 15:22,32
ᶠ **15:28** Trav 5:32 ᵍ **15:29** Trav 15:20 ʰ **15:30** Trav 15:22 ⁱ **15:32** Trav 13:1 ʲ **15:35** Trav 8:4
ᵏ **15:36** Trav 13:4,13,14,51 ˡ **15:37** Trav 12:12 ᵐ **15:38** Trav 13:13 ⁿ **15:39** Trav 4:36
ᵒ **15:40** Trav 15:22 ᵖ **15:41** Mat 4:24 ᵠ **16:1** Trav 17:14 ʳ **16:1** II Tim 1:5 ˢ **16:2** Trav 16:40
ᵗ **16:3** Gal 2:3 ᵘ **16:4** Trav 15:28 ᵛ **16:5** Trav 9:31 ʷ **16:5** Trav 2:47 ˣ **16:6** Trav 18:23
ʸ **16:7** Luc 24:49 ᶻ **16:8** Trav 16:11 ᵃ **16:9** Trav 16:10,12 ᵇ **16:10** Trav 16:10-17 ᶜ **16:11** Trav 16:8
ᵈ **16:12** Trav 20:6 ᵉ **16:13** Trav 13:14

te kòmanse pale ak fanm ki te vin rasanble la yo. [14] Yon sèten fanm yo te rele Lydie, ki te sòti nan vil Thyatire, yon machann twal mov, yon [a]adoratris Bondye, te tande nou. Senyè a te [b]louvri kè l pou reponn a bagay ke Paul t ap pale yo. [15] Lè li menm ak [c]tout lakay li te batize, li te ankouraje nou e te di: "Si nou jije mwen fidèl a Senyè a, vin lakay mwen pou rete." E li te konvenk nou de sa.

[16] Li te vin rive ke pandan nou t ap ale nan plas lapriyè a, te gen yon sèten jenn fanm-esklav avèk yon [d]Lespri divinasyon. Li te konn fè anpil kòb pou mèt li yo akoz ke li te konn pale moun davans sa ki t ap rive yo. [17] Li te swiv Paul avèk nou menm, e li t ap kriye fò san sès, e t ap di: "Mesye sa yo se sèvitè yo a [e]Bondye Trè Wo a, k ap pwoklame a nou menm, youn chemen sali a." [18] Li te kontinye ap fè sa pandan anpil jou.

Men Paul te vrèman enève. Li te vire e te di a Lespri a: "Mwen kòmande ou [f]nan non Jésus Kri a pou sòti nan li!" E lespri a te sòti de li nan menm moman an.

[19] Men lè mèt li yo te wè ke tout espwa yo pou [g]fè kòb te disparèt, yo te sezi Paul ak Silas. Yo te [h]trennen yo nan mache a devan otorite yo. [20] Lè yo te mennen yo a chèf majistra yo, yo te di: "Mesye sa yo se Jwif yo k ap boulvèse vil nou an. [21] Y ap [i]pwoklame koutim ki pa pèmèt pou nou aksepte ni obsève kòm Women."

[22] Konsa, foul la te leve ansanm kont yo. Chèf majistra yo te chire rad yo. Yo te kòmande pou yo bat yo avèk baton. [23] Lè yo te fin bay yo anpil kou, yo te jete yo nan prizon, e te kòmande [j]jandam prizon an pou veye yo de prè. [24] Li menm, akoz ke li resevwa lòd sa a, te jete yo nan prizon pa anndan an, e te tache pye yo [k]nan chèn.

[25] Men anviwon minwi Paul avèk Silas t ap priye e [l]chante chan lwanj a Bondye. Lòt prizonye yo t ap koute yo.

[26] Konsa, sibitman te vin gen yon gwo tranbleman detè, ki souke menm fondasyon kay prizon an. Imedyatman [m]tout pòt prizon an te vin louvri, e [n]chèn tout moun te vin detache.

[27] [o] Jandam prizon an te leve nan dòmi, e lè l te wè tout pòt yo te vin ouvri, li te rale nepe [p]pou touye tèt li, paske li te sipoze ke prizonye yo te chape. [28] Men Paul te kriye ak yon vwa fò pou di l: "Pa fè tèt ou mal! Nou tout la!" [29] Jandam nan te rele pou limyè, e te kouri antre ap tranble avèk laperèz. Konsa, li te tonbe devan [q]Paul ak Silas, [30] te mennen yo deyò, e li te mande yo: "Mesye yo [r]kisa mwen dwe fè pou m ta sove?"

[31] Yo te reponn: "Kwè nan Senyè a Jésus, e ou va sove, ou menm avèk [s]lakay ou." [32] Yo te pale li pawòl Senyè a, ansanm ak tout sila ki te lakay li yo.

[33] Li te pran yo [t]nan menm lè nwit sa a, li te lave blesi yo, e imedyatman, li te batize, li menm avèk tout lakay li. [34] Li te mennen yo lakay li e te mete manje devan yo. Li te rejwi anpil, akoz li te kwè nan Bondye avèk [u]tout lakay li.

[35] Alò, lè jounen an te rive, chèf majistra yo te voye jandam yo pou di: "Lage moun sa yo."

[36] [v]Jandam prizon an te fè rapò sa a bay Paul. Li te di: "Chèf majistra yo gen tan voye lage nou. Konsa, vin deyò kounye a e ale [w]anpè."

[37] Men Paul te di yo: "Yo gen tan bat nou an piblik san jijman, [x]moun ki se sitwayen Women, e yo te jete nou nan prizon. Alò, koulye a y ap voye nou ale an sekrè? Anverite, non! Men kite yo vini yo menm, pou mete nou deyò."

[38] Jandam yo te bay rapò a pawòl sila yo bay chèf majistra yo. [y]Yo te pè lè yo te tande ke se te Women yo te ye. [39] Yo te vini pou te fè apèl ak yo, e lè yo te fin lage yo, yo te mande yo [z]pou kite vil la.

---

[a] **16:14** Trav 18:7 [b] **16:14** Luc 24:45 [c] **16:15** Trav 11:4 [d] **16:16** Lev 19:31 [e] **16:17** Mc 5:7
[f] **16:18** Luc 10:17 [g] **16:19** Trav 16:16 [h] **16:19** Trav 17:6 [i] **16:21** Est 3:8 [j] **16:23** Trav 16:27,36
[k] **16:24** Job 13:27 [l] **16:25** Ef 5:19 [m] **16:26** Trav 12:10 [n] **16:26** Trav 12:7 [o] **16:27** Trav 16:23,36
[p] **16:27** Trav 12:19 [q] **16:29** Trav 16:19 [r] **16:30** Trav 2:37 [s] **16:31** Trav 11:14 [t] **16:33** Trav 16:25
[u] **16:34** Trav 11:14 [v] **16:36** Trav 16:27 [w] **16:36** Trav 15:33 [x] **16:37** Trav 22:25-29 [y] **16:38** Trav 22:29
[z] **16:39** Mat 8:34

⁴⁰ Yo te kite prizon an e te antre lakay Lydie. Lè yo te wè frè yo, yo te ankouraje yo, e yo te pati.

17 Alò, lè yo te fin vwayaje travèse Amphipolis ak Apollonie, yo te rive ᵃThessalonique, kote te gen yon sinagòg Jwif.

² Selon abitid Paul, li te ale kote yo. Pandan twa ᵇSaba li te rezone avèk yo sou Ekriti Sen yo. ³ Li te bay eksplikasyon ak evidans ke Kris la ᶜte oblije soufri e ᵈleve ankò soti nan lanmò. Li t ap di: "Jésus sila a, ke mwen ap pwoklame a nou an, se Kris la."

⁴ Kèk nan yo te vin kwè, e te vin jwenn avèk Paul ak Silas, ansanm avèk yon gran kantite ᵉGrèk ki te krent Bondye, ak yon kantite ᶠfanm enpòtan.

⁵ Men ᵍJwif yo te vin jalou, e te mennen kèk mesye mechan sòti nan mache a. Yo te fòme yon ekip ajitatè, e te mete tout vil la nan yon tapaj. Lè yo te rive lakay Jason, yo t ap chache mennen yo deyò bay pèp la.

⁶ Men lè yo pa t twouve yo, yo te kòmanse rale Jason ak kèk lòt nan frè yo devan otorite vil yo. Yo t ap rele: "Mesye sa yo k ap boulvèse tout ʰmond lan rive isit la tou. ⁷ Se Jason ki ⁱresevwa yo. Yo tout aji kont dekrè César a. Y ap di gen yon lòt wa, Jésus!" ⁸ Foul la ak chèf yo te byen twouble lè yo tande bagay sa yo.

⁹ Lè yo te resevwa yon bon garanti nan men ʲJason ak lòt yo, yo te lage yo.

¹⁰ Frè yo, konsa, te voye Paul ak Silas ale nan ᵏBérée pandan nwit lan. Lè yo te rive, yo te antre nan sinagòg Jwif yo.

¹¹ Alò, Jwif sila yo te pi nòb pase sila nan ˡThessalonique yo, paske yo te resevwa pawòl la avèk yon gwo anvi. Yo te egzamine Ekriti yo chak jou pou wè si bagay sa yo se te konsa. ¹² Konsa, anpil nan yo te vin kwè, ansanm avèk plizyè mesye ak fanm Grèk enpòtan yo.

¹³ Men lè Jwif Thessalonique yo te vin konprann ke pawòl Bondye a te pwoklame pa Paul nan ᵐBérée, yo te vini la osi pou yo ajite ak chofe foul la.

¹⁴ Alò, imedyatman frè yo te voye Paul deyò pou ale jis kote lanmè a, e ⁿSilas ak ᵒTimothée te rete la. ¹⁵ Alò, sila ki t ap gide Paul yo te mennen li jiska ᵖAthènes. Yo te kite li la, epi lè yo fin resevwa lòd pou fè Silas ak Timothée vin kote l pi vit ke posib, yo te ale.

¹⁶ Pandan Paul t ap tann yo nan ᵍAthènes, lespri li te pwovoke anndan l akoz li te wè ke vil la te ranpli nèt avèk zidòl.

¹⁷ Konsa, li t ap rezone ʳnan sinagòg la avèk Jwif yo ˢak pèp etranje ki te krent Bondye yo, e nan mache a chak jou avèk sila ke li te konn rakontre.

¹⁸ Anplis, kèk nan filosòf Epikiryen ak Stoyik yo t ap diskite avè l. Kèk t ap di: "Kisa mesye ki renmen pale anpil sa a ta vle di?" Lòt yo t ap di: "Li sanble ke l ap pwoklame kèk lòt kalite dye etranje" —akoz ke li t ap preche ᵗJésus ak rezirèksyon an.

¹⁹ Konsa, yo te ᵘpran li e te mennen li nan Aréopage la. Yo te di l: "Èske ou kapab eksplike nou nouvo ansèyman sila a, ke w ap pwoklame a. ²⁰ Paske w ap pote kèk bagay byen dwòl nan zòrèy nou. Konsa, nou vle konnen kisa bagay sa yo vle di." ²¹ (Alò, tout Atenyen yo ak lòt etranje ki t ap ᵛvizite la yo te konn pase tout tan yo nan pale, oswa nan tande kèk lide nèf.)

²² Konsa, Paul te kanpe nan mitan Aréopage la, e te di: "Mesye Athènes yo, mwen wè ke nou se moun ʷki renmen adore nan tout sans. ²³ Paske pandan mwen t ap travèse e t ap egzamine ˣobjè adorasyon nou yo, mwen te twouve yon otèl avèk enskripsyon sa a: "A Dye Enkoni an!" Konsa, sila ke nou ap adore san konnen an, mwen pwoklame L a nou.

²⁴ ʸ"Bondye ki te fè mond lan avèk tout bagay ki ladann yo, akoz Li se ᶻSenyè syèl la ak tè a, pa rete nan tanp ki fèt pa men a lòm. ²⁵ Ni li pa sèvi pa men moun ᵃkòmsi Li

---

ᵃ **17:1** Trav 17:11,13   ᵇ **17:2** Trav 13:14   ᶜ **17:3** Trav 3:18   ᵈ **17:3** Jn 20:9   ᵉ **17:4** Trav 13:43
ᶠ **17:4** Trav 13:50   ᵍ **17:5** Trav 17:13   ʰ **17:6** Mat 24:14   ⁱ **17:7** Luc 10:38   ʲ **17:9** Trav 17:5
ᵏ **17:10** Trav 17:13   ˡ **17:11** Trav 17:1   ᵐ **17:13** Trav 17:10   ⁿ **17:14** Trav 15:22   ᵒ **17:14** Trav 16:1
ᵖ **17:15** Trav 17:16,21   ᵍ **17:16** Trav 17:15,21   ʳ **17:17** Trav 9:20   ˢ **17:17** Trav 17:4   ᵗ **17:18** Trav 4:2
ᵘ **17:19** Trav 23:19   ᵛ **17:21** Trav 2:10   ʷ **17:22** Trav 25:19   ˣ **17:23** II Tes 2:4   ʸ **17:24** És 42:5
ᶻ **17:24** Det 10:14   ᵃ **17:25** Job 22:2

te bezwen yon bagay. Paske se Li menm ki bay moun lavi, souf ak tout bagay.

26 "Se Li menm ki te fè sòti nan yon sèl òm, tout nasyon a lòm yo, pou viv sou tout sifas tè a, e ki te deja ªdetèmine fòs tan yo ta pase ladann, ak lizyè pou kote yo ta viv yo; 27 pou yo ta chèche Bondye, si petèt yo ta lonje men yo e twouve L, ᵇmalgre ke Li pa lwen de chak en de nou.

28 "'Paske ᶜnan Li nou viv, nou fè mouvman, e nou egziste menm, jan kèk nan powèt nou yo konn di: paske nou menm tou se pitit Li.' 29 Konsa, akoz ke nou se pitit a Bondye, nou ᵈpa dwe panse ke lanati diven an se tankou lò, lajan, oswa wòch; yon imaj ki fòme pa da ak refleksyon a lòm.

30 "Bondye ᵉpa t konte tan inyorans sa yo, men koulye a Li deklare ke lòm toupatou dwe repanti, 31 paske Li deja fikse yon jou ladann ke ᶠLi va jije lemonn nan ladwati atravè yon nonm ke Li nome, e te founi prèv a tout moun lè L te fè L leve, sòti nan lanmò a."

32 Alò, lè yo te tande de ᵍrezirèksyon lanmò a, kèk te kòmanse moke l, men lòt yo te di: "Nou dwe tande ou ankò konsènan sa a".

33 Konsa Paul te sòti nan mitan yo.

34 Men kèk moun te vin jwenn li e te kwè. Pami sila yo te gen osi Denys, moun Aréopage la, yon fanm ki te rele Damaris, e kèk lòt avèk yo.

18
Apre bagay sa yo li te kite Athènes e te ale ʰCorinthe.

2 Epi li te twouve yon sèten Jwif la ki te rele ⁱAquilas, yon moun Pont ki te fenk vin sòti Italie avèk madanm li Priscille, paske Claude te kòmande tout Jwif yo pou kite Rome. Paul te ale kote yo. 3 Akoz li te gen menm metye a, li te rete avèk yo, e ʲyo t ap travay, paske se moun ki fè tant yo te ye. 4 Li t ap rezone nan sinagòg la chak ᵏSaba pou l konvenk Jwif yo ak Grèk yo pou kwè.

5 Men lè Silas ak Timothée te desann soti Macédoine, Paul te kòmanse dedye tèt li nèt a pawòl la, pou ˡtemwaye solanèlman a Jwif yo ke se te ᵐJésus ki te Kris la. 6 Men lè yo te reziste, e te fè blasfèm, li te souke rad li, e te di yo: "Ke ⁿsan nou vini sou pwòp tèt nou! Mwen inosan. Depi koulye a ᵒmwen va ale kote pèp etranje yo."

7 Answit li te kite la pou ale lakay a yon sèten nonm ki te rele Titius Justus, yon adoratè ᵖBondye, ki te gen kay li toupre sinagòg la.

8 ᵠCrispus, dirijan sinagòg la, te vin kwè nan Senyè a ʳavèk tout lakay li, e anpil nan Korentyen yo, lè yo te tande sa, yo te vin kwè, e yo te batize.

9 Epi Senyè a te di Paul nan yon ˢvizyon pandan nwit lan: "**Pa pè ankò, men kontinye pale, e pa fè silans;** 10 **paske Mwen avèk ou, e nanpwen moun k ap atake ou pou fè ou mal, paske Mwen gen anpil moun nan vil sa a."** 11 Konsa, li te rete la pandan en an si mwa, e li t ap enstwi pawòl Bondye a pami yo.

12 Men pandan Gallion te pwokonsil Achaië ᵗJwif yo avèk yon sèl vwa te leve kont Paul, e te mennen l devan ᵘchèz jijman an. 13 Yo t ap di: "Nonm sila ap fè moun kwè pou adore Bondye ᵛkont lalwa a."

14 Men lè Paul te prèt pou ʷlouvri bouch li, Gallion te di a Jwif yo: "Si se te yon ka a yon enjistis, oswa yon krim visye, O Jwif yo, li ta rezonab pou m ta bay nou soutyen. 15 Men si gen ˣkesyon konsènan pawòl, oswa non, oswa pwòp lwa pa nou, okipe sa nou menm. Mwen pa gen enterè nan jije bagay sa yo."

16 Epi li te chase yo sòti devan ʸchèz jijman an.

17 Konsa, yo tout te sezi ᶻSosthène, mèt sinagòg la, e te kòmanse bat li devan chèz jijman an. Men Gallion pa t okipe bagay sa yo menm.

18 Paul, apre li te rete pandan anpil jou ankò, te kite frè yo pou te monte sou lanmè a pou rive Syrie, e avèk li te gen Priscille ak Aquilas. Nan Cenchrées ªli te fè yo pase

---

ª **17:26** Det 32:8	ᵇ **17:27** Det 4:7	ᶜ **17:28** Job 12:10	ᵈ **17:29** És 40:18	ᵉ **17:30** Trav 14:16
ᶠ **17:31** Sòm 9:8	ᵍ **17:32** Trav 17:18,31	ʰ **18:1** Trav 18:8	ⁱ **18:2** Trav 18:18,26	ʲ **18:3** Trav 20:34
ᵏ **18:4** Trav 13:14	ˡ **18:5** Trav 20:21	ᵐ **18:5** Trav 17:3	ⁿ **18:6** II Sam 1:16	ᵒ **18:6** Trav 13:46
ᵖ **18:7** Trav 13:43	ᵠ **18:8** II Sam 1:16	ʳ **18:8** Trav 13:46	ˢ **18:9** Trav 9:10	ᵗ **18:12** I Tes 2:1
ᵘ **18:12** Mat 27:19	ᵛ **18:13** Jn 19:7	ʷ **18:14** Mat 5:2	ˣ **18:15** Trav 23:29	ʸ **18:16** Mat 27:19
ᶻ **18:17** I Kwo 1:1	ª **18:18** Nonb 6:2,5,9,18			

razwa sou cheve tèt li, paske li t ap swiv yon ve.

¹⁹ Yo te rive ᵃÉphèse, e li te kite yo la. Alò, li menm te antre nan sinagòg la pou te rezone avèk Jwif yo. ²⁰ Lè yo te mande li pou rete avèk yo pou plis tan, li pa t dakò, ²¹ men li te kite yo e t ap di: "Mwen va retounen kote nou ankò ᵇsi Bondye vle". E li te pran bato a vwal pou soti Éphèse.

²² Lè l te rive ᶜCésarée, li te monte pou salye legliz la, e li te desann ᵈAntioche.

²³ Lè l te fin pase kèk tan la, li te sòti e te travèse youn apre lòt, nan rejyon a ᵉGalatie a ak Phrygie kote li te ranfòse tout disip yo.

²⁴ Alò, yon sèten Jwif ki te rele ᶠApollos, ki te ne nan Alexandrie, yon nonm ki te konn pale byen, e ki te fò nan Ekriti Sen yo te vini Éphèse. ²⁵ Mesye sa te enstwi ᵍnan chemen Bondye a. E avèk fevè Lespri a, li t ap pale e t ap enstwi byen klè tout bagay konsènan Jésus, men te konnen sèlman ʰbatèm a Jean an. ²⁶ Li te kòmanse pale avèk gwo kouraj nan sinagòg la. Men lè ⁱPriscille ak Aquilas te tande l, yo te rale l akote pou te eksplike li chemen Bondye a pi klè.

²⁷ Lè Apollos te vle travèse a Achaïe, frè yo te ankouraje li, e te ekri a ʲdisip yo pou ankouraje li. Lè l te rive, li te anpil èd pou sila ki te kwè pa gras yo. ²⁸ Paske avèk pouvwa li te demanti Jwif yo an piblik, e li te montre ᵏatravè Ekriti Sen yo ke ˡJésus se te Kris la.

19 Li te rive pandan ke ᵐApollos te Corinthe, Paul te travèse ⁿpeyi pi wo a e te vini Éphèse pou twouve kèk disip. ² Li te mande yo: ᵒ"Èske nou te resevwa Lespri Sen an lè nou te kwè a?"

Yo te reponn li: "Non, nou pa menm konn tande si gen yon Lespri Sen."

³ Li te di: "Ebyen, nan kisa konsa nou te batize?"

Yo te reponn: ᵖ"Nan batèm a Jean an".

⁴ Konsa, Paul te di: ᑫ"Jean te batize avèk batèm a repantans lan, e te di pèp la pou kwè nan Sila ki t ap vini apre li a, sa vle di, nan Jésus." ⁵ Lè yo te tande sa, yo te ʳbatize nan non Senyè a Jésus Kri. ⁶ Pandan Paul te ˢpoze men l sou yo, Lespri Sen an te vini sou yo, e yo te kòmanse ᵗpale avèk lang ak pwofetize. ⁷ Te gen an tou, anviwon douz mesye.

⁸ Paul te antre nan ᵘsinagòg la, e te kontinye pale avèk gran kouraj pandan anviwon twa mwa. Li t ap rezone pou fè yo kwè ᵛselon wayòm Bondye a.

⁹ Men lè ʷkèk t ap vin en san sib e dezobeyisan, e t ap pale mal de ˣChemen an devan foul la, li te kite yo e te separe disip yo. Konsa, yo t ap rezone chak jou nan lekòl Tyrannus la. ¹⁰ Sa te fèt pandan dezan, pou tout sila ki te rete an ʸAsie yo ta tande pawòl Senyè a, ni Grèk, ni Jwif.

¹¹ Bondye t ap fè mirak ᶻekstrawòdinè pa men Paul ¹² ᵃjiskaske yo te kòmanse pote menm mouchwa avèk rad kò li pou malad yo; konsa malad yo te vin geri, e move Lespri yo te vin sòti.

¹³ Men osi kèk nan Jwif ᵇki te konn chase move lespri yo, ki te ale soti yon kote a yon lòt, te eseye rele non Jésus sou sila ki te gen move lespri yo, e t ap di: "Mwen bay ou lòd pa Jésus ke Paul preche a." ¹⁴ Sèt fis a Scéva yo, yon chèf prèt Jwif, t ap fè sa a.

¹⁵ Epi move lespri yo te reponn e te di yo: "Mwen rekonèt Jésus, e mwen konnen Paul, men ki moun nou ye?"

¹⁶ Mesye ki te gen move Lespri a te vòltije sou yo tout e te tèlman domine yo, ke yo te kouri kite kay la toutouni, e blese.

¹⁷ Bagay sa te vin konnen pa tout moun, ni Jwif, ni Grèk ki te rete ᶜÉphèse. Lakrent te vin tonbe sou yo tout, e non Jésus Kri a t ap vin pi gran.

¹⁸ Anpil osi, nan sila ki te kwè yo, yo te kontinye vini pou konfese e devwale tout sa ke yo te konn pratike yo. ¹⁹ Anpil nan sila ki te konn pratike maji yo te vin pote liv yo, e te kòmanse boule yo devan zye a tout moun. Yo te kontwole pri a yo e te twouve l kòm

---

ᵃ **18:19** Trav 18:21,24   ᵇ **18:21** Wo 1:10   ᶜ **18:22** Trav 8:40   ᵈ **18:22** Trav 11:19   ᵉ **18:23** Trav 16:6
ᶠ **18:24** Trav 19:1   ᵍ **18:25** Trav 9:2   ʰ **18:25** Luc 7:29   ⁱ **18:26** Trav 18:2,18   ʲ **18:27** Trav 11:26
ᵏ **18:28** Trav 8:35   ˡ **18:28** Trav 18:5   ᵐ **19:1** I Kwo 1:12   ⁿ **19:1** Trav 18:23   ᵒ **19:2** Trav 8:15
ᵖ **19:3** Luc 7:29   ᑫ **19:4** Mat 3:11   ʳ **19:5** Trav 8:12,16   ˢ **19:6** Trav 8:17   ᵗ **19:6** Trav 2:4
ᵘ **19:8** Trav 9:20   ᵛ **19:8** Trav 1:3   ʷ **19:9** Trav 14:4   ˣ **19:9** Trav 9:2   ʸ **19:10** Trav 16:6
ᶻ **19:11** Trav 8:13   ᵃ **19:12** Tit 5:5   ᵇ **19:13** Mat 12:27   ᶜ **19:17** Trav 18:19

senkant mil [d]pyès dajan. [20] Konsa pawòl Senyè a [a]t ap grandi ak pwisans, e t ap renye.

[21] Alò apre bagay sa yo te fini, Paul te pwopoze nan Lespri a, pou lè l te fin travèse Macédoine ak Achaïe, pou [b]ale Jérusalem. Li te di: "Apre mwen fin rive la [c]mwen dwe wè Rome tou." [22] Li te rete an Asie pandan yon tan, men te voye [d]Timothée ak [e]Érastre, de moun ki te konn sèvi li yo, pou yo antre Macédoine.

[23] Anviwon lè sa a, te vin pase yon gwo tapaj konsènan Chemen an.

[24] Paske te gen yon sèten nonm ki te rele Démétris, yon òfèv ki te konn fè imaj an ajan pou tanp Artimis la, e afè [f]kòb ke li t ap ranmase pa t yon ti kras bagay pou moun ak metye sila a. [25] Li te vin rasanble moun sa yo, avèk tout ouvriye ki te gen metye parèy a sa a, e te di: "Mesye yo, nou konnen ke lavi nou depann de biznis sila a. [26] Nou wè ak tande ke non sèlman an Éphèse, men nan prèske tout Asie a, Paul sila a gen tan fè kwè e detounen yon kantite konsiderab nan pèp la. L ap di ke [g]dye ki fèt pa men yo se pa dye yo ye menm. [27] Se pa sèlman yon gwo danje ke metye sa va tonbe nan malgade, men osi ke tanp gwo deyès la, Artimis va vin san valè, e ke li menm ke tout Asie a ak [h]lemonn adore, va menm rache sou twòn li, e pèdi mayifisans li."

[28] Lè yo te tande sa, yo te vin ranpli ak raj. Yo te kòmanse kriye fò e t ap di: "Gran se Artimis [i]Efezyen yo!" [29] Vil la te ranpli avèk boulvèsman sa a. Yo te kouri avèk yon sèl panse antre nan teyat la, e te trennen Gaïus ak [j]Aristarque, vwayajè parèy ak Paul ki sòti Macédoine yo.

[30] Lè Paul te vle antre nan asanble a, [k]disip yo te anpeche li. [31] Anplis, kèk nan ofisye Lazi ki te zanmi li yo te voye di l plizyè fwa pou l pa antre nan teyat la.

[32] [l]Alò konsa, kèk nan yo t ap rele yon bagay, e kèk yon lòt, paske tout asanble a te nan konfizyon. Pifò pa t menm konnen pou ki rezon yo te vin reyini ansanm nan.

[33] Jwif yo te mennen Alexander devan foul a. Li t ap [m]fè sinyal avèk men l, konsi li t ap prezante yon defans a foul la. [34] Men lè yo te vin konprann ke se te yon Jwif li te ye, yon gwo kri te leve pami foul la. Yo te kontinye rele pandan anviwon dezè de tan: "Gran se Artimis a Efezyen yo!"

[35] Apre li te fin kalme foul la, sekretè vil la te di: "Mesye [n]Éphèse yo, se ki moun pami nou ki pa konnen, lavil Éphèse se gadyen tanp a gran Artimis la, imaj a sila ki te tonbe sòti nan syèl la? [36] Alò akoz ke bagay sa yo pa kapab demanti, nou ta dwe rete kalm e pa fè anyen ki pa saj. [37] Paske nou fè mesye sila yo vini isit la, ki pa ni [o]vòlè tanp lan, ni yo pa blasfeme deyès nou an. [38] Donk alò, si Démétris ak ouvriye ki avè l yo gen yon plent kont nenpòt moun, tribinal yo louvri, e [p]pwokonsil yo disponib; kite yo pote plent kont youn lòt.

[39] "Men si nou vle yon bagay anplis ke sa, sa gen pou regle nan asanble jistis la. [40] Paske vrèman, nou an danje akizasyon de soulèvman akoz sa ki pase la jodi a. Nanpwen rezon pou li. Konsa, nou p ap kapab rann kont pou asanble a ki an dezòd konsa." [41] Lè l fin di sa, li te ranvwaye asanble a.

20 Aprè tapaj la te fin sispann, Paul te voye pou [q]disip yo. Lè l fin ekzòte yo, li te pran konje de yo, e li te sòti pou ale [r]Macédoine. [2] Lè l te fin travèse tout distri sila yo e te bay yo anpil ekzòtasyon, li te rive nan peyi Grèce.

[3] Li te pase twa mwa la, epi lè Jwif yo te fè yon [s]konplo kont li, pandan li t ap pral pran bato a vwal pou Syrie a, li te fè desizyon pou retounen pa Macédoine. [4] Li te akonpanye pa Sopater de Bérée, fis a Pyrrhus la, anplis [t]Aristarque ak Second, de Théssalonique, ak Gaius de Derbe ak Timothée ak Tychique ak [u]Trophime ki sòti an Asie. [5] Men sila yo te ale avan, e t ap tann [v]nou [w]Troas.

---

[d] 19:19 Luc 15:8   [a] 19:20 Trav 6:7   [b] 19:21 Trav 20:16   [c] 19:21 Trav 23:11   [d] 19:22 Trav 16:1
[e] 19:22 Wo 16:23   [f] 19:24 Trav 16:16,19   [g] 19:26 Det 4:28   [h] 19:27 Mat 24:14   [i] 19:28 Trav 18:19
[j] 19:29 Trav 20:4   [k] 19:30 Trav 19:19   [l] 19:32 Trav 21:34   [m] 19:33 Trav 12:17   [n] 19:35 Trav 18:19
[o] 19:37 Wo 2:22   [p] 19:38 Trav 13:7   [q] 20:1 Trav 11:26   [r] 20:1 Trav 16:9   [s] 20:3 Trav 9:23
[t] 20:4 Trav 19:29   [u] 20:4 Trav 21:29   [v] 20:5 Trav 16:10   [w] 20:5 Trav 16:8

⁶ Nou te pran bato a vwal soti ˣPhilippes, apre ʸjou a Pen San Ledven yo. Nou te vin jwenn yo Troas nan senk jou, e te rete la pandan sèt jou. ⁷ Nan premye jou nan semèn nan, lè nou te rasanble ansanm pou ᵃkase pen, Paul te kòmanse pale avèk yo. Li te gen entansyon pati nan pwochen jou a, e li te pwolonje mesaj li a jiska minwi. ⁸ Te gen anpil lanp nan ᵇchanm anlè kote nou te reyini ansanm nan.

⁹ Alò, te gen yon sèten jennonm ke yo te rele Eutychus, ki te chita nan rebò fenèt la, k t ap tonbe nan yon pwofon somèy.

Pandan Paul te kontinye ap pale, dòmi te vin pran l, e li te tonbe soti nan twazyèm etaj la, e yo te vin ranmase l mouri.

¹⁰ Men Paul te desann e te tonbe sou li, epi apre li fin anbrase l, ᶜli te di: "Pa twouble, paske lavi li nan li." ¹¹ Lè Paul te fin remonte ᵈe te fin kase pen pou manje, li te pale avèk yo pandan anpil tan jis rive nan granmmaten, e answit te pati. ¹² Yo te pran jennonm nan ale tou vivan, e yo te byen rekonfòte.

¹³ Men ᵉnou menm, nou te fè avan pou pran bato k ap rive Asòs, kote nou te fè plan pou Paul ta monte bato a. Se konsa li te aranje sa, akoz ke li menm t ap pase pa tè. ¹⁴ Epi lè l te rankontre nou Asòs, nou te pran li abò, e te vini Mitilèn.

¹⁵ Soti la nan bato a vwal la, jou swivan an, nou te rive anfas Chios. Jou apre a nou te travèse Samòs, e jou swivan a nou te rive ᶠMilèt.

¹⁶ Paske Paul te fè desizyon pou depase Éphèse pou l pa ta oblije pase tan an Asie. Li t ap prese pou l te ᵍrive Jérusalem, si se te posib ʰnan jou Fèt Lapannkot la.

¹⁷ Soti nan Milèt li te voye Ephèse pou rele ⁱansyen a legliz yo pou rive kote l. ¹⁸ Lè yo te vin kote l, li te di yo: "Nou menm, nou konnen ke ʲdepi premye jou ke m te mete pye m an Asie a, kijan mwen te avèk nou tout tan ¹⁹ pou sèvi Senyè a avèk tout imilite, ak dlo nan zye m, e avèk gwo traka ki te vini sou mwen akoz ᵏkonplo a Jwif yo. ²⁰ Kòman mwen ˡpa t fè bak pou m te kab deklare a nou tout bagay ki te itil, e te enstwi nou an piblik, e de kay an kay. ²¹ Se Konsa mwen t ap temwaye seryezman e konplètman a Jwif yo e a Grèk yo, de ᵐrepantans anvè Bondye, ak lafwa nan Senyè nou an, Jésus Kri.

²² "Koulye a, gade byen, mare pa Lespri a, ⁿmwen sou chemen pou rive Jérusalem, san menm konnen sa ki va rive m la, ²³ sof ke Lespri Sen an temwaye solanèlman a mwen nan chak vil, pou di ke se kout kòd mare, avèk afliksyon k ap tann mwen. ²⁴ Men ᵒmwen pa konsidere lavi m nan okenn sans gen gwo valè pou mwen menm, pou m ta kapab ᵖfini ak kous mwen e ak ministè ke mwen te resevwa soti nan Jésus Kri a, pou m temwaye seryezman e konplètman, de levanjil gras Bondye a.

²⁵ "Epi koulye a, veye byen, mwen konnen ke nou tout, pami sila mwen te pase, e te ᵠpreche wayòm nan, p ap wè figi m ankò. ²⁶ Alò, mwen temwaye a nou nan jou sa, ke ʳmwen inosan de san tout moun. ²⁷ Paske mwen pa t fè bak pou deklare a nou tout ˢvolonte a Bondye a nèt.

²⁸ "Veye byen pou nou menm, e pou tout bann twoupo a, pami sila Lespri Sen an te fè nou gadyen, pou fè bèje a legliz Bondye a, legliz ke ᵗLi te achte avèk pwòp san Li.

²⁹ "Mwen konnen ke apre mwen pati, ᵘlou sovaj va vini pami nou, loup ki p ap fè gras menm a bann twoupo a. ³⁰ Pami nou menm lèzòm va leve e va pale move bagay, pou antrene ᵛdisip yo pou yo ta swiv yo. ³¹ Konsa, rete vijilan. Byen sonje ke pou yon dire a twa zan, lannwit kon lajounen mwen pa t sispann egzòte nou ʷavèk dlo nan zye m.

³² "Epi koulye a, mwen ˣrekòmande nou a Bondye ak pawòl lagras Li, ki kapab ranfòse nou, e bannou eritaj pami tout sila ki sen yo.

³³ ʸ"Mwen pa janm anvi ni lajan, ni lò, ni rad a lòt moun. ³⁴ Nou menm nou konnen ke ᶻmen sa yo te sèvi a pwòp bezwen m yo ak mesye ki te avè m yo. ³⁵ Nan tout bagay,

---

ˣ 20:6 Trav 16:12	ʸ 20:6 Trav 12:3	ᵃ 20:7 Trav 2:42	ᵇ 20:8 Trav 1:13	ᶜ 20:10 Mat 9:23
ᵈ 20:11 Trav 2:42	ᵉ 20:13 Trav 16:10	ᶠ 20:15 Trav 20:17	ᵍ 20:16 Trav 19:21	ʰ 20:16 Trav 2:1
ⁱ 20:17 Trav 11:30	ʲ 20:18 Trav 18:19	ᵏ 20:19 Trav 20:3	ˡ 20:20 Trav 20:27	ᵐ 20:21 Trav 2:38
ⁿ 20:22 Trav 17:16	ᵒ 20:24 Trav 21:13	ᵖ 20:24 Trav 13:25	ᵠ 20:25 Mat 4:23	ʳ 20:26 Trav 18:6
ˢ 20:27 Trav 13:36	ᵗ 20:28 Ef 1:7,14	ᵘ 20:29 Éz 22:27	ᵛ 20:30 Trav 11:26	ʷ 20:31 Trav 20:19
ˣ 20:32 Trav 14:23	ʸ 20:33 I Kwo 9:4-18	ᶻ 20:34 Trav 18:3		

mwen te montre nou ke nan travay di konsa, nou dwe toujou ede fèb yo, e sonje pawòl a Senyè Jésus yo, ke Li menm te di: **'Li pi beni pou bay, pase resevwa.'** "

36 Lè l te fin di bagay sa yo, li te [a]mete l a jenou, e te priye avèk yo tout.

37 Konsa, yo te kòmanse kriye fò. Yo te [b]anbrase Paul, e t ap bo l anpil. 38 Yo te ranpli ak gwo lapèn, sitou sou [c]pawòl li te pale a, ke yo pa t ap wè fas li ankò. Konsa yo te akonpanye li rive nan bato a.

21 Lè nou te rive [d]nou te kite yo pou pran bato a vwal.

Nou te kouri toudwat pou Cos, jou apre a pou Rhodes, epi soti la a pou Patara. 2 Lè nou te twouve yon bato ki t ap travèse vè [e]Phénicie, nou te monte e pran vwal. 3 Lè nou te vin wè [f]Chip, kite l agoch, e te kontinye kouri bato pou Syrie, e te rive nan Tyr, paske se la bato a te gen pou debake chaj li.

4 Apre nou fin twouve disip yo, nou te rete la pandan sèt jou. Yo menm te kontinye ap di Paul [g]selon Lespri a pou l pa mete pye l Jérusalem.

5 Lè l rive ke jou nou yo pou rete la te fini, nou te pati fè wout nou, pandan yo menm avèk madanm ak timoun yo te akonpanye nou jiskaske nou te kite vil la. Apre nou te [h]mete nou ajenou bòdmè a pou fè lapriyè, nou te di orevwa a youn lòt. 6 Answit, nou te monte bato a, e yo te retounen[i]lakay yo ankò.

7 Lè nou te fin fè vwayaj la sòti [j]Tyr, nou te rive Ptolémaïs. Lè nou te fin salye frè yo, nou te rete avèk yo pandan yon jou.

8 Nan jou apre a nou te sòti e te rive Césarée. Nou te antre lakay [k]Philippe, evanjelis la, ki te youn nan sèt yo. Nou te rete avèk li. 9 Alò, nonm sa a gen kat fi vyèj ki te [l]pwofetès.

10 Pandan nou te rete la pandan kèk jou, yon sèten pwofèt ki te nome Agabus te desann sòti Judée. 11 Epi lè l te vini kote nou, li te pran sentiwon a Paul; li te mare pwòp pye l ak men l, e te di: [m]"Men sa ke Lespri Sen an di: Se konsa ke Jwif nan Jérusalem yo [n]va mare nonm ki mete sentiwon sila a e va livre li nan men pèp etranje yo."

12 Lè nou te tande sa, nou menm, menm jan avèk rezidan lokal yo, nou te kòmanse mande l pou [o]pa monte Jérusalem.

13 Paul te reponn yo: "Kisa nou ap fè la a, n ap kriye pou kase kè m? Paske mwen prepare non sèlman pou m mare, men menm pou m ta mouri Jérusalem pou [p]non Senyè Jésus a."

14 Epi Akoz ke li pa t kab konvenk, nou te tonbe an silans e t ap di: "Ke volonte a Senyè a fèt!"

15 Apre jou sa yo, nou te prepare pou [q]kòmanse fè wout nou pou monte Jérusalem. 16 Anplis, Kèk nan disip Césarée yo te vini avèk nou, e te mennen nou kote Mnanson ki sòti Chypre, yon [r]disip depi anpil tan avèk sila nou te vin rete.

17 Apre nou te rive Jérusalem [s]frè fidèl yo te resevwa nou avèk kè kontan.

18 Jou swivan an Paul te antre avèk nou vè [t]Jacques, epi tout ansyen yo te la. 19 Apre li te salye yo, li te [u]kòmanse pale youn pa youn, tout bagay ke Bondye te fè pami pèp etranje yo atravè [v]ministè pa li a.

20 Lè yo te tande sa yo te kòmanse [w]bay glwa a Bondye. Yo te di li: "Ou wè, frè, konbyen milye ki gen pami Jwif yo nan sila ki te kwè yo, e yo tout te ranpli ak [x]zèl pou Lalwa a. 21 Konsa, yo konn tande de ou, ke w ap enstwi tout Jwif k ap viv pami pèp etranje yo pou renonse a Moïse, e k ap pale yo pou yo [y]pa sikonsi pitit yo, ni pou yo pa mache selon [z]koutim nou yo. 22 Alò, kisa ki dwe fèt? Sètènman yo va tande ke ou gen tan vini.

23 "Alò, fè sa ke nou di ou a. Nou gen kat mesye ki [a]anba yon ve. 24 Pran yo avèk ou, [b]pirifye ou menm ansanm avèk yo, e peye depans pou yo kapab taye tèt yo. Konsa, tout moun va konnen ke pa gen anyen nan tout

---

[a] **20:36** Trav 9:40 [b] **20:37** Luc 15:20 [c] **20:38** Trav 20:25 [d] **21:1** Trav 16:10 [e] **21:2** Trav 11:19
[f] **21:3** Trav 4:36 [g] **21:4** Trav 20:23 [h] **21:5** Luc 22:41 [i] **21:6** Jn 19:27 [j] **21:7** Trav 12:20
[k] **21:8** Trav 6:5 [l] **21:9** Luc 2:36 [m] **21:11** Trav 8:29 [n] **21:11** Trav 21:33 [o] **21:12** Trav 21:15
[p] **21:13** Trav 5:41 [q] **21:15** Trav 21:12 [r] **21:16** Trav 15:7 [s] **21:17** Trav 1:15 [t] **21:18** Trav 12:17
[u] **21:19** Trav 14:27 [v] **21:19** Trav 1:17 [w] **21:20** Mat 9:8 [x] **21:20** Trav 15:1 [y] **21:21** I Kwo 7:18
[z] **21:21** Trav 6:14 [a] **21:23** Nonb 6:13-21 [b] **21:24** Jn 11:55

Travay 21:25–22:8

sa ke moun di de ou yo, men ke ou menm osi mache nan lòd, epi swiv Lalwa a.

25 "Men konsènan pèp etranje, ki te kwè yo, nou te ekri [c]selon desizyon nou, ke yo ta dwe evite vyann ki ofri kon sakrifis a zidòl, ak san, ak sa ki toufe, e ak imoralite seksyèl."

26 Alò Paul te pran mesye yo avè l nan jou swivan an. Li te pirifye li menm ansanm avèk yo. Yo te [a]antre nan tanp lan e te bay avètisman ke yo t ap konplete jou pirifikasyon yo jiskaske sakrifis la te ofri pou yo chak.

27 Lè [b]sèt jou yo te prèske fini [c]Jwif Asie yo, lè yo te wè l nan tanp lan, te kòmanse soulve foul la pou mete men sou li. 28 Yo t ap kriye fò: "Mesye Israël yo, vin bay nou konkou! [d]Sa se mesye ki preche a tout moun kont pèp nou an ak Lalwa a, ak kote sila a. Anplis de sa, li gen tan fè Grèk yo antre nan tanp lan, e te souye lye sen sa a." 29 Paske avan yo te konn wè Trophime, [e]Efezyen an nan vil la avèk li, e yo te sipoze ke Paul te mennen l nan tanp lan.

30 Alò tout vil la te leve, e pèp la te kouri ansanm pou te kenbe Paul. Yo te [f]rale l deyò tanp lan, epi nan menm moman an, pòt yo te vin fèmen. 31 Pandan yo t ap chache pou touye l, yon rapò te rive devan kòmandan [g]Kowòt Women an, ke tout Jérusalem te boulvèse. 32 Lapoula li te [h]pran sòlda yo avèk santenye yo, e te kouri desann kote yo. Lè yo te wè sòlda yo avèk kòmandan an, yo te sispann bat Paul.

33 Kòmandan an te parèt, e te kenbe li. Li te kòmande pou li [i]mare avèk [j]de chenn, e li te kòmanse mande l ki moun li te ye, ak kisa li fè. 34 Men pami foul la [k]kèk t ap rele yon bagay, e kèk yon lòt bagay. Lè l pa t kapab twouve laverite ki koze tout boulvèsman an, li te mande yo mennen l nan kazèn nan.

35 Lè l te rive nan [l]eskalye a, sòlda yo te pote li akoz vyolans a foul la; 36 paske yon gran foul moun te kontinye ap swiv yo, e t ap rele: [m]"Touye li!"

37 Pandan Paul te prèt pou antre nan [n]kazèn nan, li te mande kòmandan an: "Èske m kapab di ou yon bagay?"

E li te reponn: "Ou konn pale Grèk? 38 Alò se pa ou menm [o]Ejipsyen an ki kèk tan pase te soulve yon revòlt, e te mennen kat mil òm asasen pou rive nan dezè a?"

39 Men Paul te di: [p]"Mwen se yon Jwif ki sòti Tarse nan Cilicie, yon sitwayen a yon vil ase enpòtan. Mwen mande w, kite m pale avèk pèp la."

40 Lè l te bay permisyon, Paul, te vin kanpe sou eskalye a. Li te fè sinyal a foul la avèk men l. Lè te vin gen yon gwo silans, li te pale avèk yo nan lang [q]Ebre, e te di,

22 [r]"Frè yo ak papa yo, tande defans mwen ke m ap ofri nou koulye a."

2 Epi lè yo te tande ke li t ap pale avèk yo an Ebre, yo te vin kalme plis; e li te di: [s]3 t"Mwen menm se yon Jwif, fèt a Tarse nan Cilicie, men leve nan vil sila a, edike anba [u]Gamaliel, byen disipline selon lalwa zansèt nou yo, avèk anpil zèl pou Bondye, menm jan ke nou menm ye jodi a. 4 [v]Mwen te pèsekite [w]Chemen sila a jiska lanmò. Mwen te mare e te mete nan chenn ni fanm, ni gason pou mete nan prizon, 5 kòm osi [x]wo prèt la ak tout [y]konsèy ansyen yo kapab temwaye. Nan men yo, mwen te resevwa osi lèt pou tout frè yo, e te pati pou Damas, pou m ta kapab mennen menm sila ki te la Jérusalem yo kòm prizonye, pou yo ta kab pini.

6 [z]"Men li te rive ke lè m te nan wout, e t ap pwoche Damas nan anviwon midi, sibitman yon limyè briyan te klere sòti nan syèl la, tou antoure mwen. 7 Mwen te tonbe atè e te tande yon vwa ki te di m: **'Saul, Saul, poukisa w ap pèsekite M?'**

8 "Epi mwen te reponn: "Kilès ou ye, Senyè?"

"E Li te di mwen: **'Mwen se [a]Jésus de Nazareth, ke w ap pèsekite a.'**

---

[c] **21:25** Trav 15:19,29   [a] **21:26** Nonb 6:13   [b] **21:27** Nonb 6:9; 13:20   [c] **21:27** Trav 20:19
[d] **21:28** Trav 6:13   [e] **21:29** Trav 18:19   [f] **21:30** II Wa 11:15   [g] **21:31** Trav 10:1   [h] **21:32** Trav 23:27
[i] **21:33** Trav 20:23   [j] **21:33** Trav 12:16   [k] **21:34** Trav 19:32   [l] **21:35** Trav 21:40   [m] **21:36** Luc 23:18
[n] **21:37** Trav 21:34   [o] **21:38** Trav 5:36   [p] **21:39** Trav 9:11   [q] **21:40** Jn 5:2   [r] **22:1** Trav 7:2
[s] **22:2** Trav 21:40   [t] **22:3** Trav 9:1-22   [u] **22:3** Trav 5:34   [v] **22:4** Trav 8:3   [w] **22:4** Trav 9:2
[x] **22:5** Trav 9:1   [y] **22:5** Luc 22:66   [z] **22:6** Trav 9:3-8   [a] **22:8** Trav 26:9

⁹ "Sila ki te avè m yo ᵇte wè limyè a, men ᶜpa t konprann vwa a Sila a ki t ap pale avèk mwen an.

¹⁰ "Epi mwen te di: ᵈ'Kisa pou m ta fè, Senyè?'

"Senyè a te reponn mwen: **'Leve, ale antre Damas. La ou va vin tande tout sa ki nome pou ou ta fè.'**

¹¹ "Men akoz ke m ᵃpa t kab wè akoz briyans a limyè a, mwen te mennen pa lamen pa sila ki te avè m yo pou te vini Damas.

¹² "Yon sèten ᵇAnanias, yon mesye fidèl pa règ Lalwa a, e byen pale pa tout Jwif ki te rete la yo ¹³ te vin kote mwen, te kanpe toupre m, e te di mwen: ᶜ'Frè Saul, resevwa vizyon ou! Epi nan menm moman an, mwen te gade anlè e te wè li.

¹⁴ "Li te di: ᵈ'Bondye a zansèt nou yo te nome ou pou konnen volonte l, pou ᵉwè Sila Ki Jis la, e pou tande yon pawòl ki sòti nan bouch Li. ¹⁵ Paske ou va ᶠyon temwen pou Li a tout moun de sila ou wè ak tande yo. ¹⁶ Koulye a poukisa ou fè reta? Leve, batize e ᵍlave peche ou yo, pandan w ap rele non Li.

¹⁷ "Konsa li te rive ke lè m te retounen Jérusalem e t ap priye nan tanp lan, ke m te ʰtonbe nan yon pwofon somèy. ¹⁸ Epi mwen te wè Li t ap di mwen: ⁱ'**Fè vit! Sòti Jérusalem vit, paske yo p ap aksepte temwayaj ou de Mwen menm.'** ¹⁹ Epi mwen te di mwen: 'Senyè, yo menm yo konprann ke nan yon sinagòg apre lòt, ʲmwen te konn mete yo nan prizon, e te konn bat sila ki te kwè nan Ou yo. ²⁰ Menm ᵏlè san a temwen ou, Étienne t ap vèse, mwen osi te kanpe byen dakò e t ap veye vètman a sila ki t ap touye l yo.'

²¹ "Men Li te di mwen: **'Ale, pwiske Mwen va voye ou byen lwen ˡkote pèp etranje yo.'**"

²² Jiska pwen sa a, yo te koute l, e alò yo te leve vwa yo e te di: "Retire sou latè a yon nonm konsa; ᵐli pa merite viv!"

²³ Pandan yo t ap rele konsa, yo t ap ⁿretire gwo vètman yo pou voye pousyè anlè, ²⁴ kòmandan an te bay lòd pou yo mennen l anndan kazèn nan, e t ap di ke li ta dwe ᵒegzamine plis avèk kout fwèt pou l ta kapab detèmine rezon an yo t ap rele kont li konsa.

²⁵ Men lè yo te tire kò l avèk kòd fèt an kwi, Paul te di a santenye a ki te kanpe akote a: "Èske li pèmi pou ou fwete yon ᵖsitwayen Women ki pa menm kondane?"

²⁶ Lè santenye a te tande sa, li te ale kote kòmandan an, e te di l: "Kisa w ap fè? Paske nonm sa a se yon Women."

²⁷ Kòmandan an te parèt e te mande l: "Di mwen, Èske se yon Women ou ye?"

E li te di: "Wi."

²⁸ Kòmandan an te reponn: "Mwen te twouve tit sitwayen sa a ak yon gwo sòm lajan."

Paul te di: "Men mwen te ne sitwayen."

²⁹ Konsa, sila ki t ap kesyone li yo, te lage L imedyatman; epi ᵠkòmandan an osi te pè lè li te vin konprann ke se te yon sitwayen Women ke li te ye, paske li te mete li nan chèn.

³⁰ Men nan pwochen jou a, akoz ke li te ʳanvi konnen poukisa Jwif yo te akize l la, li te demare li, e li te bay lòd pou wo prèt yo avèk konsèy la reyini. Konsa yo te mennen Paul devan yo, e te fè l chita devan yo.

23

Paul te gade konsèy la avèk atansyon, e te di: "Frè yo ˢmwen viv lavi m avèk yon trè bon konsyans devan Bondye jiska jodi a."

² Wo prèt la, Ananias te kòmande sila ki te kanpe akote l yo pou ᵗfrape l sou bouch li.

³ Konsa, Paul te di li: "Bondye pral frape ou, ou menm miray ki blanchi avèk lacho! Èske ou ᵘchita pou jije m selon Lalwa a, e nan vyolasyon Lalwa a, ou pase lòd pou yo frape m?"

⁴ Men sila ki te akote yo te di: "Èske se ensilte w ap ensilte wo prèt Bondye a?"

⁵ Paul te reponn: "Mwen pa t okouran, frè m yo, ke li te wo prèt la. Paske sa ekri: ᵛ'Nou pa pou pale mal a yon chèf a pèp nou an'".

ᵇ **22:9** Trav 26:13	ᶜ **22:9** Trav 9:7	ᵈ **22:10** Trav 16:30	ᵃ **22:11** Trav 9:8	ᵇ **22:12** Trav 9:10	
ᶜ **22:13** Trav 9:17	ᵈ **22:14** Trav 3:13	ᵉ **22:14** Trav 9:17	ᶠ **22:15** Trav 23:11	ᵍ **22:16** Trav 2:38	
ʰ **22:17** Trav 10:10	ⁱ **22:18** Trav 9:29	ʲ **22:19** Trav 8:3	ᵏ **22:20** Trav 7:58	ˡ **22:21** Trav 9:15	
ᵐ **22:22** Trav 25:24	ⁿ **22:23** Trav 7:58	ᵒ **22:24** Trav 22:29	ᵖ **22:25** Trav 16:37	ᵠ **22:29** Trav 22:24	
ʳ **22:30** Trav 23:28	ˢ **23:1** Trav 24:16	ᵗ **23:2** Jn 18:22	ᵘ **23:3** Lev 19:15	ᵛ **23:5** Egz 22:28	

⁶ Men byen konprann ke yon pati se te Sadiseyen yo, e lòt la, Farizyen yo, Paul te kòmanse kriye fò nan konsèy la: "Frè m yo, mwen menm se yon Fariziyen, yon fis a Farizyen. Mwen ap jije devan tribinal a pou ʷesperans nan rezirèksyon a mò yo!" ⁷ Pandan li te di sa, te vin rive gen yon gran dezakò antre Farizyen yo ak Sadiseyen yo, epi asanble a te divize. ⁸ Paske Sadiseyen yo di ke ᵃnanpwen rezirèksyon, ni zanj, ni lespri, men Farizyen yo rekonèt yo tout.
⁹ Konsa, te vin rive gen yon gwo tapaj. Kèk nan skrib pati Farizyen yo te kanpe e te kòmanse diskite byen cho. Yo t ap di: "Nou pa twouve okenn fot avèk nonm sila a. Si seᵇ yon lespri oswa yon zanj te pale ak li, annou pa goumen kont Bondye!"
¹⁰ Pandan konfli a tap devlope, kòmandan an te pè pou yo pa ta chire Paul an mòso. Konsa, li te kòmande sòlda yo pou desann, retire li pami yo ak lafòs, e ᶜmennen l nan kazèn nan.
¹¹ Men nan nwit swivan an, Senyè a te kanpe akote l e te di: **"Pran kouraj, paske ᵈmenm jan ke ou temwaye seryezman e konplètman pou kòz mwen Jérusalem nan, menm jan an ou oblije temwaye nan Rome osi."**
¹² Lè jounen an te rive ᵉJwif yo te fòme yon konplo. Yo te vin mare ansanm anba yon sèman, pou yo pa ta ni manje, ni bwè jiskaske yo te touye Paul. ¹³ Te gen plis ke karant moun ki te fòme konplo sila a. ¹⁴ Yo te vini a chèf prèt ak ansyen yo, e te di: "Nou vin ᶠmare ansanm anba yon sèman serye e konplè pou pa goute anyen jiskaske nou touye Paul. ¹⁵ Alò, konsa, ou menm avèk ᵍkonsèy la avèti kòmandan an pou l mennen l desann kote nou, kòmsi nou t ap pral detèmine ka li a pi pre. E pou pati pa nou, nou prè pou touye l avan li rive pre kote a."
¹⁶ Men fis a sè Paul la te tande a fè konplo sila a, e li te vin antre ʰkazèn nan pou te enfòme Paul.
¹⁷ Konsa, Paul te rele youn nan santenye kote l yo e te di li: "Mennen jennonm sila a kote kòmandan an paske li gen yon rapò pou bay li."
¹⁸ Alò li te pran li, e te mennen li bay kòmandan an e te di l: "Paul ⁱprizonye a te rele mwen vè jennonm sila a pou vin kote w akoz li gen yon bagay pou di w."
¹⁹ Kòmandan an te pran l pa lamen, e te rale l akote pou mande l an prive: "Kisa ou gen kòm rapò pou ban mwen an?"
²⁰ Li te di: "Jwif yo gen tan fin dakò pou mande ou mennen Paul devan ʲkonsèy la demen, kòmsi yo t ap pral mande plis enfòmasyon sou li menm. ²¹ Pa kwè yo, paske ᵏplis ke karant nan yo ap tann pou atake l. Yo gen tan mare yo menm anba yon sèman pou yo pa ni manje ni bwè jiskaske yo touye l; koulye a y ap tann ou vin bay pèmisyon."
²² Kòmandan an te kite jennonm nan ale. Li te di l: "Pa di pèsòn ke ou pale bagay sa yo avè m."
²³ Konsa, li te rele de nan santenye yo. Li te di yo: "Ale fè de-san sòlda prè pou twazyèm lè nwit lan, pou pati pou ˡCésarée, avèk swasann-dis chevalye, ak de-san sòlda ak lans." ²⁴ Yo te gen osi pou prepare cheval pou mete Paul, pou fè l rive sòf kote ᵐFélix gouvènè a. ²⁵ Epi li te ekri yon lèt nan fòm sila a:
²⁶ Claude Lysias, a ⁿtrè ekselan Gouvènè Félix; Salitasyon.
²⁷ "Lè mesye sa a te arete pa Jwif yo, e te prèt pou l te touye pa yo, mwen ᵒte vini sou yo avèk sòlda yo pou sekouri l, akoz ke m ᵖte vin konprann ke li te yon sitwayen Women. ²⁸ Epi akoz ke mwen te ᵠvle konprann chaj ke yo te pote kont li an, mwen te fè l rive devan Konsèy pa yo a. ²⁹ Konsa, mwen te vin twouve ke li te akize sou kesyon konsènan pwòp lwa pa yo, men pa anba ʳokenn akizasyon ki te merite lanmò oubyen prizon.
³⁰ "Lè m te ˢenfòme ke ta gen yon konplo kont li, mwen te voye li kote ou sibitman, e osi te enstwi akizatè li yo pou mennen chaj kont li yo devan ou."

ʷ **23:6** Trav 24:15,21 ᵃ **23:8** Mat 22:23 ᵇ **23:9** Jn 12:29 ᶜ **23:10** Trav 21:34 ᵈ **23:11** Trav 19:21 ᵉ **23:12** Trav 9:23 ᶠ **23:14** Trav 23:12,21 ᵍ **23:15** Trav 22:30 ʰ **23:16** Trav 21:34 ⁱ **23:18** Ef 3:1 ʲ **23:20** Trav 22:30 ᵏ **23:21** Trav 23:12,14 ˡ **23:23** Trav 8:40 ᵐ **23:24** Trav 23:26,33 ⁿ **23:26** Luc 1:3 ᵒ **23:27** Trav 21:32 ᵖ **23:27** Trav 22:25-29 ᵠ **23:28** Trav 22:30 ʳ **23:29** Trav 23:9 ˢ **23:30** Trav 23:20

³¹ Konsa, sòlda yo selon lòd pa yo, te pran Paul pou mennen l nan nwit lan devan Antipatris. ³² Men nan pwochen jou a yo te ᵗkite chevalye yo ale avè l, e yo te retounen nan Kazèn nan. ³³ Lè sa yo te rive Césarée e te livre lèt la bay ᵘGouvènè a, yo te prezante Paul devan l.

³⁴ Lè li te fin li l, li te mande nan ki ᵃpwovens li te sòti, e lè li te vin aprann ke ᵇse te Cilicie, ³⁵ li te di: "Mwen va bay ou yon odyans apre ᶜakizatè ou yo vin rive tou." Konsa, li te bay lòd pou yo ta kenbe l nan Pretwa Hérode la.

24

Apre senk jou wo prèt la ᵈAnanias te vin desann avèk kèk ansyen, avèk yon sèten avoka ki te rele Tertulle. Yo te pote chaj kont Paul yo bay gouvènè a. ² Apre Paul te fin konvoke, Tertulle te kòmanse akize l e te di a gouvènè a: "Akoz ke atravè ou menm, nou te rive gen anpil lapè, epi akoz vizyon ou menm, refòm ap fèt pou nasyon sila a, ³ nou rekonèt sa, nan chak aspè, e toupatou ᵉtrè ekselan Félix, avèk tout rekonesans. ⁴ Men pou m pa fatige ou plis, mwen mande w pou pèmèt nou nan bonte ou, pou tande nou an brèf.

⁵ "Paske nou twouve nonm sila a yon vrè pès, e yon mesye ki soulve konfli pami tout Jwif yo nan tout mond lan, yon chèf de fil ᶠsèkt a Nazareyen yo. ⁶ Li te menm eseye ᵍsouye tanp lan. Epi konsa, nou te arete li. ⁷ Men Lysias, kòmandan an te parèt, epi avèk anpil vyolans, te rache li nan men nou.

⁸ "Lè ou egzamine li pou kon tou konsènan tout bagay sila yo, ou kapab verifye bagay sou sila nou akize li yo."

⁹ ʰJwif yo tou te vin jwenn nan atak la, e yo t ap sètifye ke tout bagay sila yo se te vrè.

¹⁰ Lè ⁱgouvènè a te fè l sinyal pou l pale, Paul te reponn: "Byen konesan, ke depi anpil ane, ou se yon jij nan nasyon sila, se avèk jwa ke m ap fè defans mwen. ¹¹ Akoz ke ou kapab note ke pa plis ke nan ʲdouz jou pase mwen te monte Jérusalem pou m adore. ¹² ᵏNi nan tanp lan, ni nan sinagòg yo, ni nan vil la li menm, yo pa t janm twouve mwen nan diskisyon avèk okenn moun, ni ˡkoze okenn boulvèsman. ¹³ ᵐNi yo pa kapab pwouve ou de chaj sou sila yo akize mwen koulye a.

¹⁴ "Men sa mwen admèt a nou, ke selon ⁿChemen an, ke yo rele yon sèkt, se vrè ke m sèvi Bondye a zansèt nou yo, e kwè tout bagay ki an akò avèk Lalwa a ak sa ki ekri nan pwofèt yo. ¹⁵ Mwen posede yon esperans nan Bondye, ke ᵒmoun sa yo osi konsidere presye, ke an verite, va gen yon rezirèksyon ni pou sila ki jis yo ak sila ki enjis yo. ¹⁶ Akoz sa, mwen menm, tou, mwen fè tout sa ki posib pou toujou ᵖkenbe yon konsyans ki tout tan san repwòch devan Bondye, ak devan lèzòm.

¹⁷ "Alò, apre plizyè ane, mwen ᵠte vin pote yon don a nasyon mwen an e prezante ofrann m. ¹⁸ Nan sa a, yo te twouve mwen okipe nan tanp lan, deja ʳpirifye, san okenn foul, ni konfli. Men te gen sèten Jwif ki sòti an Asie— ¹⁹ ki ta dwe prezan devan ou pou ˢfè akizasyon, si yo ta gen anyen kont mwen. ²⁰ Oubyen pito kite mesye sila yo, yo menm di ki move zak yo te twouve lè mwen te kanpe devan ᵗkonsèy la, ²¹ ot ke sèl pawòl sa a ke m te ᵘrele lè m te kanpe pami yo a: 'Pou rezirèksyon a mò yo y ap jije mwen jodi a.'"

²² Men Félix, ki te gen yon konesans pi egzakt de ᵛChemen an, te repouse yo, e t ap di: "Lè Lysias kòmandan an vin desann, mwen va deside ka ou a". ²³ Answit Li te bay lòd a santenye a pou l ʷretire l nan gadavi a, men avèk yon sèten libète, e pa anpeche okenn nan ˣzanmi li yo sèvi li.

²⁴ Men kèk jou pita, Félix te rive avèk Drusille, madanm li ki te yon Jwif, epi te voye rele Paul, pou koute li pale sou ʸlafwa nan Jésus Kri a. ²⁵ Men pandan li t ap diskite sou ladwati, tanperans, ak ᶻjijman ki gen pou vini an, Félix te vin pè. Li te di: "Pou moman sa a, ale. Lè m jwenn tan, m a konvoke ou." ²⁶ Nan menm tan an, tou, li t ap espere ke Paul ta

---

ᵗ **23:32** Trav 23:23 ᵘ **23:33** Trav 23:24,26 ᵃ **23:34** Trav 25:1 ᵇ **23:34** Trav 21:39 ᶜ **23:35** Trav 23:30
ᵈ **24:1** Trav 23:2 ᵉ **24:3** Trav 23:26 ᶠ **24:5** Trav 15:5 ᵍ **24:6** Trav 21:28 ʰ **24:9** I Tes 2:16
ⁱ **24:10** Trav 23:24 ʲ **24:11** Trav 21:18,27 ᵏ **24:12** Trav 25:8 ˡ **24:12** Trav 24:18 ᵐ **24:13** Trav 25:7
ⁿ **24:14** Trav 9:2 ᵒ **24:15** Dan 12:12 ᵖ **24:16** Trav 23:1 ᵠ **24:17** Trav 11:29 ʳ **24:18** Trav 21:26
ˢ **24:19** Trav 23:30 ᵗ **24:20** Mat 5:22 ᵘ **24:21** Trav 23:6 ᵛ **24:22** Trav 24:14 ʷ **24:23** Trav 23:35
ˣ **24:23** Trav 23:16 ʸ **24:24** Trav 20:21 ᶻ **24:25** Trav 10:42

[a]bay li lajan pou lage l. Akoz sa, li te konn voye rele l souvan pou pale avè l.

²⁷ Men apre dezan te pase, Félix te ranplase pa Porcius Festus, e pou te jwenn favè ak Jwif yo, li te kite Paul anprizone.

25 Konsa, Festus, apre twa jou [a]nan pwovens lan, te kite Césarée pou monte Jérusalem.

² Chèf prèt yo ak dirijan a pèp Jwif yo te [b]pote chaj kont Paul. Konsa, yo t ap mande yo favè ³ ke li ta fè pa yo nan jijman a kont Paul, pou fè l vini Jérusalem. Men yo te gen lentansyon pou touye l nan wout.[c]

⁴ Answit Festus te reponn ke [d]Paul t ap kenbe nan gadavi Césarée, e ke li menm t ap sòti talè. ⁵ "Konsa", li te di: "Kite prensipal moun pami nou yo ale avè m, e si gen yon bagay ki mal nan nonm sa a, kite yo pouswiv sa nan lajistis."

⁶ Apre Festus te fin pase plis ke di jou pami yo, li te desann Césarée. Nan pwochen jou a li te pran chèz li [e]devan tribinal la, e te kòmande yo fè Paul vini.

⁷ Apre Paul te rive, Jwif ki te desann sòti Jérusalem yo te kanpe antoure li. Yo t ap pote anpil chaj byen serye kont li [f]ke yo pa t kab pwouve.

⁸ Paul te di nan pwòp defans li: [g]"Mwen pa fè okenn ofans ni kont Lalwa Jwif yo, ni kont tanp lan, ni kont César."

⁹ Men Festus [h]ki te vle plè Jwif yo, te reponn Paul. Li te di: "Èske ou dakò pou monte Jérusalem pou pase nan jijman devan mwen sou chaj sila yo?"

¹⁰ Men Paul te di: "Mwen kanpe devan [i]tribinal César a, kote mwen dwe jije a. Mwen pa fè okenn mal a Jwif yo, jan ou menm osi byen konnen an. ¹¹ Si konsa, mwen se yon malfektè, e mwen fè yon bagay ki merite lanmò, mwen pa refize mouri; men si okenn nan bagay sila ke yo akize m yo pa verite, pèsòn pa kapab livre mwen a yo. Mwen [j]fè apèl mwen a César."

¹² Konsa Apre Festus te fè yon konferans avèk konseye li, li te reponn: "Se a César ke ou fè apèl; se a César ke ou va ale."

¹³ Alò lè kèk jou te pase, Wa Agrippa avèk Bérnéice te rive [k]Césarée pou prezante omaj yo a Festus. ¹⁴ Pandan yo t ap pase anpil jou la, Festus te mete ka a Paul la devan wa a, e t ap di: "Genyen yon sèten nonm ke Félix te [l]kite kòm prizonye. ¹⁵ Epi lè m te Jérusalem, chèf prèt avèk ansyen Jwif yo te [m]pote chaj kont li, pou mande yon santans kondanasyon kont li.

¹⁶ "Mwen te [n]reponn yo ke se pa koutim a Women yo pou livre okenn moun avan sila ki akize a wè akizatè li yo fasafas e vin gen chans pou fè defans li kont chaj yo. ¹⁷ Donk, apre yo te fin ransanble la a, mwen pa t fè reta, men nan pwochen jou a, te pran chèz mwen sou [o]tribinal la, e te kòmande mesye sila a vin devan mwen. ¹⁸ Lè akizatè yo te kanpe, yo te kòmanse pote chaj krim, men pa tankou mwen ta sipoze a. ¹⁹ Yo te senpleman gen kèk [p]pwen malantandi sou relijyon pa yo, ak sou yon sèten mesye mouri, Jésus, ke Paul te pwoklame toujou vivan. ²⁰ [q]Kòmsi mwen pa t menm konprann jan pou m ta fè yon ankèt sou bagay sila yo, mwen te mande si li te dakò pou ale Jérusalem pou pase nan jijman sou zafè sila yo. ²¹ Men lè Paul te [r]fè apèl pou desizyon Anperè a, mwen te kòmande li kenbe nan gadavi jiskaske m voye li kote César."

²² Answit [s]Agrippa te di a Festus: "Mwen ta renmen osi tande mesye sa mwen menm".

Li te reponn: "Demen ou va tande l".

²³ Konsa, nan pwochen jou a, lè [t]Agrippa te parèt ansanm avèk Bérnéice, pami gwo zafè, li te antre nan sal odyans lan, akonpanye ak kòmandan yo ak lòm pi enpòtan nan vil yo, epi sou kòmand Festus, Paul te mennen antre.

²⁴ Festus te di: "Wa Agrippa, e tout moun ki prezan avèk nou la a, ou wè nonm sila a, sou kilès [u]tout pèp Jwif la te fè vin kote mwen, ni nan Jérusalem, ni isit la, pou te deklare byen fò ke [v]li pa t dwe viv ankò a. ²⁵ Men mwen te twouve ke li [w]pa t fè okenn bagay ki te merite lanmò;

---

[a] 24:26 Trav 24:17 [a] 25:1 Trav 23:34 [b] 25:2 Trav 24:1 [c] 25:3 Trav 9:24 [d] 25:4 Trav 24:23
[e] 25:6 Mat 27:19 [f] 25:7 Trav 24:13 [g] 25:8 Trav 6:13 [h] 25:9 Trav 12:3 [i] 25:10 Mat 27:19
[j] 25:11 Trav 25:21,25 [k] 25:13 Trav 8:40 [l] 25:14 Trav 24:27 [m] 25:15 Trav 24:1 [n] 25:16 Trav 25:4
[o] 25:17 Mat 27:19 [p] 25:19 Trav 18:15 [q] 25:20 Trav 25:9 [r] 25:21 Trav 25:11 [s] 25:22 Trav 9:15
[t] 25:23 Trav 25:13 [u] 25:24 Trav 25:2,7 [v] 25:24 Trav 22:22 [w] 25:25 Trav 23:29

epi akoz ke li menm te ˣfè apèl a Anperè a, mwen te deside voye l.

²⁶ "Deja mwen pa gen anyen definitif pou ekri a mèt mwen. Donk mwen mennen li devan nou tout, e espesyalman devan ou, Wa Agrippa, pou lè ankèt la fèt, pou mwen kapab gen yon bagay pou m ekri. ²⁷ Paske li sanble dwòl pou mwen voye yon prizonye, epi pou m pa endike osi chaj kont li."

26

ᵃAgrippa te di a Paul: "Ou gen dwa pale pou tèt ou."

Epi Paul te lonje men li pou te kòmanse fè defans li. ² "Konsènan tout bagay ke mwen akize pa Jwif yo, mwen konsidere ke mwen gen gwo chans, Wa Agrippa, pou m kapab fè defans mwen devan ou jodi a; ³ Sitou paske ou se yon ekspè nan tout ᵇkoutim ak kesyon pami pèp Jwif yo. Pou sa, mwen mande w pou koute mwen avèk pasyans.

⁴ "Alò konsa, tout Jwif yo konnen ᶜkalite vi mwen depi nan jenès mwen, ki soti nan kòmansman an ki te pase pami pwòp nasyon mwen, ak nan Jérusalem. ⁵ Paske yo konnen mwen depi lontan, si yo dakò temwaye. Mwen te viv kon yon ᵈFarizyen, selon sèkt ki pi disipline nan tout relijyon nou an.

⁶ "Konsa, koulye a, mwen kanpe devan tribinal la ᵉpou lespwa ᶠpwomès ki te fèt pa Bondye a zansèt nou yo. ⁷ Pwomès pou sila douz tribi yo gen esperans wè reyalize, pandan yo rete fidèl nan sèvi Bondye lajounen ak lannwit. Se pou ᵍesperans sa a, o Wa, mwen akize pa Jwif yo. ⁸ Poukisa pami nou, nou twouve li enkwayab ʰke Bondye kapab leve mò yo?

⁹ "Alò ⁱmwen te reflechi a mwen menm, ke mwen te oblije aji avèk anpil fòs kont non a Jésus de Nazareth la. ¹⁰ Epi sa, mwen ʲte fè menm Jérusalem; non sèlman ke m te fèmen anpil nan sen sila yo nan prizon, men avèk otorite ke m te resevwa soti nan chèf prèt yo, lè yo te mete yo a lanmò mwen te dakò pou yo aji kont yo. ¹¹ Epi ᵏpandan mwen te pini yo souvan nan tout sinagòg yo, mwen te eseye fòse yo fè blasfèm. Tèlman mwen te anraje avèk yo, mwen te kouri dèyè yo menm nan vil etranje yo.

¹² "Pandan mwen te angaje konsa, mwen te ˡfè yon vwayaj nan Damas avèk otorite ak pèmisyon a chèf prèt yo. ¹³ Nan mitan jounen an, O Wa, mwen te wè sou wout la yon gwo limyè ki sòti nan syèl la, pi briyan ke solèy la, ki te briye toupatou ozanviwon m ak sila ki t ap fè vwayaj la avè m yo. ¹⁴ Epi lè nou tout te tonbe atè, mwen te tande yon vwa ki t ap di m nan ᵐlang Ebre a: **'Saul, Saul, poukisa w ap pèsekite Mwen? Se difisil pou ou pou voye pye ou kont pikan yo.'**

¹⁵ "Konsa, mwen te reponn: 'Ki moun Ou ye, Senyè?'

"E Senyè a te di: **'Mwen se Jésus ke w ap pèsekite a. ¹⁶ Men leve kanpe sou pye ou. Se pou rezon sa ke m te parèt kote ou; pou ⁿnome ou kòm yon sèvitè ak yon temwen, non sèlman a bagay ke ou wè, men osi a bagay ke Mwen menm va fè vin parèt a ou menm; ¹⁷ k ap delivre ou ᵒde pèp Jwif la, ak pèp etranje yo, pami sila m ap voye ou yo, ¹⁸ pou ᵖlouvri zye yo pou yo kapab tounen kite tenèb la pou limyè a, e domèn Satan pou sila a Bondye, pou yo kapab resevwa padon peche yo ak yon eritaj pami sila ki sanktifye pa lafwa nan Mwen yo.'**

¹⁹ "Konsa, Wa Agrippa, mwen pa t dezobeyisan a vizyon selès la, ²⁰ men mwen te kontinye deklare ᵠpremyèman a moun Damas yo, e osi ak moun Jérusalem yo, e answit moun tout rejyon Judée a, e menm ak pèp etranje yo, pou yo ta dwe repanti, vire vè Bondye, e fè zèv ki apatyen ak repantans lan.

²¹ "Pou rezon sa a, kèk Jwif te ʳsezi mwen nan tanp lan e te eseye mete m a lanmò. ²² Alò, avèk èd Bondye ke m te twouve, mwen kanpe jiska jou sa a pou temwaye a piti kòm gran, pou pa pale anyen men sa ke ˢpwofèt yo ak Moïse te di ki t ap pral rive yo. ²³ Ke Kris la te gen pou soufri, e akoz ᵗrezirèksyon Li soti nan lanmò a, Li ta devni premye pou

---

ˣ 25:25 Trav 25:11 ᵃ 26:1 Trav 9:15 ᵇ 26:3 Trav 6:14 ᶜ 26:4 Gal 1:13 ᵈ 26:5 Trav 23:6
ᵉ 26:6 Trav 24:15 ᶠ 26:6 Trav 13:32 ᵍ 26:7 Trav 24:15 ʰ 26:8 Trav 23:6 ⁱ 26:9 Jn 16:2
ʲ 26:10 Trav 8:3 ᵏ 26:11 Mat 10:17 ˡ 26:12 Trav 9:3-8 ᵐ 26:14 Trav 21:40 ⁿ 26:16 Trav 22:14
ᵒ 26:17 I Kwo 16:35 ᵖ 26:18 És 35:5 ᵠ 26:20 Trav 9:19 ʳ 26:21 Trav 21:27 ˢ 26:22 Trav 10:43
ᵗ 26:23 I Kwo 15:20,23

pwoklame limyè a, ni a pèp Jwif la, ni a pèp etranje yo."

²⁴ Pandan Paul t ap di sa nan defans li, Festus te di ak yon gwo vwa: "Paul, tèt ou fin pati! ᵘGran konesans ou fè ou vin fou."

²⁵ Men Paul te reponn li: "Mwen pa pèdi tèt mwen ᵃtrè ekselan Festus, men mwen pale pawòl ak verite byen rezonen. ²⁶ Paske Wa a okuran de ᵇtout bagay sila yo, e mwen pale ak li osi avèk konfyans, akoz ke m konvenk ke anyen nan bagay sila yo pa kapab chape anba atansyon li, akoz ke nanpwen anyen ki fèt nan yon kwen. ²⁷ Wa Agrippa, èske ou kwè nan pwofèt yo? Mwen konnen ke ou kwè."

²⁸ Agrippa te reponn a Paul: "Ak yon ti bourade konsa, ou vlè pèswade m pou devni yon ᶜKretyen?"

²⁹ Paul te reponn: "Mwen ta vle devan Bondye, ke menm si se ak piti, oswa ak gran, ke non sèlman ou menm, men tout sila ki koute mwen nan jou sa a, ta kapab vini menm jan ke mwen ye a, sof pou ᵈchèn sila yo."

³⁰ ᵉWa a te leve avèk gouvènè a, ak Bérnéice, ak sila ki te chita avèk yo. ³¹ Epi lè yo te ale akote, yo te kòmanse pale youn ak lòt. Yo t ap di: ᶠ"Mesye sila a p ap fè anyen ki merite lanmò oubyen prizon."

³² Epi Agrippa te di a Festus: "Mesye sa a ta gen dwa ᵍlibere si li pa t fè apèl a César."

27 Lè yo te deside ke nou ta pran vwal pou ʰItalie, yo te pwosede livre Paul avèk kèk lòt prizonye bay yon santenye ki manm nan kowòt Auguste la, ki te nome Julius. ² Nou te anbake nan yon bato Adramityen ki te prèt pou pran vwal pou rejyon akote kot Asie. Nou te monte nan lanmè a, akonpanye pa ⁱAristarque, yon Masedonyen ki soti Théssalonique.

³ Pwochen jou a nou te antre kote Sidon. Julius ʲte byen trete Paul e te ᵏpèmèt li ale bò kote zanmi li yo, kote li te resevwa swen. ⁴ Soti la nou te monte sou lanmè a pou te pran vwal anba pwoteksyon ˡChypre akoz van an ki te kontrè. ⁵ Lè nou te fin travèse lanmè a toupre kot ᵐCilicie ak Pamphylie, nou te rive nan Myra, nan Lycie. ⁶ La santenye a te twouve yon ⁿbato Alexandryen ki t ap pran vwal pou Italie, e li te fè nou anbake. ⁷ Nou te navige byen lantman pandan anpil jou, epi avèk difikilte te rive akote Nid, akoz ke van pa t pèmèt nou ale pi lwen. Akoz sa nou te pran vwal anba pwoteksyon ᵒCrète la, toupre Salmone. ⁸ Konsa, avèk difikilte, nou te ᵖvwayaje pou rive a yon sèten kote ke yo rele Beau-Ports, toupre lavil Lasea a.

⁹ Lè anpil tan te fin pase, vwayaj la te vin andanje akoz ke tan ᑫFèt Jèn nan te fin pase, e Paul te kòmanse avèti yo. ¹⁰ Li te di yo, "Mesye yo, mwen prevwa ke vwayaj la va an verite gen ʳdonmaj ak gwo pèt, non sèlman pou bagay nou pote ak bato a, men anplis pou lavi nou."

¹¹ Men santenye a te plis enfliyanse pa ˢpilòt la ak kaptenn bato a, ke pawòl a Paul yo. ¹² Akoz pò a pa t bon pou pase sezon livè a, majorite a te rive a yon desizyon pou retounen sou lanmè a pou wè si yo ta kab rive Phoenix, yon pò nan ᵗCrète, anfas sidwès ak nòdwès pou pase sezon livè a la.

¹³ Lè yon van sid byen modere te vin parèt, avèk kalkil la ke yo vin reyisi plan an, yo leve lank bato a, e yo te kòmanse ᵘpran vwal pou swiv Crète, toupre kot la. ¹⁴ Men avan anpil tan, yon van vyolan, ke yo te rele Euraquilon te desann soti atè e te ᵛvin vole sou yo. ¹⁵ Konsa, lè bato a te pran nan li, li pa t kab fè fas a van an, e nou te kite l pran nou pou lèse nou pouse pa van an.

¹⁶ Pandan nou t ap kouri anba pwoteksyon a yon ti lil ke yo rele Clauda, nou te prèske pa t kab mete bato a anba kontwòl. ¹⁷ Lè yo te fin leve l, yo te sèvi ak kab pou ranfòse bato a. Akoz pè ke yo ta ʷvin echwe nan bafon Syrte la, yo te desann gwo vwal la, epi konsa kite van an pouse yo avanse.

¹⁸ Nan demen, pandan nou t ap jete toupatou avèk vyolans akoz van a, yo te kòmanse ˣvide chaj yo pote nan lanmè. ¹⁹ Nan twazyèm jou a, yo te jete tout

---

ᵘ **26:24** Jn 7:15 ᵃ **26:25** Trav 23:26 ᵇ **26:26** Trav 26:3 ᶜ **26:28** Trav 11:26 ᵈ **26:29** Trav 21:33
ᵉ **26:30** Trav 25:23 ᶠ **26:31** Trav 23:29 ᵍ **26:32** Trav 28:18 ʰ **27:1** Trav 18:2 ⁱ **27:2** Trav 19:29
ʲ **27:3** Trav 27:43 ᵏ **27:3** Trav 24:23 ˡ **27:4** Trav 4:36 ᵐ **27:5** Trav 21:39 ⁿ **27:6** Trav 28:11
ᵒ **27:7** Trav 2:11 ᵖ **27:8** Trav 27:13 ᑫ **27:9** Lev 16:29-31 ʳ **27:10** Trav 27:21 ˢ **27:11** Rev 18:17
ᵗ **27:12** Trav 2:11 ᵘ **27:13** Trav 27:8 ᵛ **27:14** Mc 4:37 ʷ **27:17** Trav 27:26,29 ˣ **27:18** Jon 1:5

aparèy pou manevre bato a nan lanmè avèk pwòp men yo. [20] Akoz ni solèy, ni etwal pa t parèt pandan anpil jou, e se pa yon ti kras tanpèt ki t ap atake nou an, depi la, tout espwa pou nou ta sove te disparèt.

[21] Lè yo te fin fè anpil tan san manje, Paul te kanpe nan mitan yo e te di yo: [a]"Mesye yo, nou te dwe swiv konsèy mwen an pou nou pa pran lanmè a soti Crète pou envite fè rive donmaj ak pèt sila yo. [22] Men koulye a mwen ankouraje nou pou [b]pran kouraj, paske p ap gen pèt lavi pami nou, men sèlman chaj bato a. [23] Paske nan menm nwit sa a, yon zanj a Bondye a Sila ke m apatyen, e Sila [c]ke m sèvi, te kanpe devan mwen. [24] Konsa li te di: 'Pa pè anyen Paul. [d]Ou dwe kanpe devan César. Gade byen, Bondye gen tan ba ou tout sila ki ap vwayaje avèk ou yo.' [25] Akoz sa, mesye yo [e]pran kouraj. Paske mwen gen konfyans nan Bondye ke sa va fini menm jan ke Li te di mwen an. [26] Men fòk nou [f]echwe sou yon sèten [g]lil."

[27] Men lè katòzyèm nwit lan te vin rive, pandan van a t ap pouse vire nou nan Lanmè Adriatique la, anviwon minwi, yo te kòmanse vin konprann ke yo t ap pwoche vè yon tè. [28] Lè Yo te sonde, yo te twouve ke se te a ven bwas pwofondè; epi yon ti kras pi lwen, yo te sonde ankò, e te twouve li a kenz bwas. [29] Nan pè pou nou ta [h]kouri atè yon kote sou wòch, yo voye kat lank pa dèyè bato yo e te espere pou jounen an vin rive. [30] Men pandan mesye lanmè yo t ap eseye chape kite bato a, yo te deja lonje desann [i]ti kannòt bato a nan lanmè a, sou pretèks ke yo t ap lonje lank pa devan yo, [31] Paul te di santenye a ak sòlda yo: "Si moun sa yo pa rete nan bato a, nou menm nou p ap kab sove."

[32] Alò, sòlda yo te koupe kòd a kannòt bato a, e te kite l tonbe lib.

[33] Jiskaske joune a te prèt pou pwente, Paul t ap ankouraje yo tout pou pran kèk bagay pou manje, e t ap di: "Jodi a fè katòzyèm jou ke nou ap veye san rete, ale san manje, e pa pran anyen. [34] Konsa, mwen ankouraje nou pou pran kèk manje, paske sa se pou prezève nou; paske [j]pa menm yon cheve nan tèt a okenn nan nou p ap peri." [35] Lè l fin di sa, li te pran pen e te [k]remèsye Bondye nan prezans a tout moun. Li te kase li e te kòmanse manje. [36] [l]Yo tout te ankouraje e yo menm yo tout te pran manje. [37] Nou tout nan bato a se te de-san-swasann-sèz [m]moun. [38] Lè yo te manje kont yo, yo te kòmanse fè bato a pi lejè pa [n]voye ble nan lanmè a.

[39] Lè jounen an te vin rive [o]yo pa t rekonèt tè a, men yo te wè yon pò avèk yon plaj, e yo te pran kouraj pou dirije bato a vè li si l te posib. [40] Konsa, yo te [p]jete lank yo, e te kite yo nan lanmè a, pandan nan menm moman an yo t ap lage kòd gouvènay yo, yo te monte vwal devan an pou van an pran l; konsa yo te tire vè plaj la. [41] Men yo te vin frape a yon resif kote de lanmè te rankontre, yo te kouri echwe batimán an; pwent avan bato a te kole rèd, e pa t kapab deplase, men dèyè a te kòmanse kraze an moso akoz gwo vag lanmè a.

[42] Sòlda yo te fè plan pou touye tout prizonye yo, pou okenn nan yo pa ta chape naje nan lanmè a.

[43] Men santenye a [q]ki te vle fè Paul rive sof, te anpeche entansyon yo a, e te kòmande ke sila ki te kapab naje, vòltije nan lanmè a avan pou naje rive atè, [44] epi rès la ta swiv yo, kèk sou mòso bwa, e lòt yo sou plizyè lòt bagay pou kite bato a.

Konsa li te rive, ke yo [r]tout te vin rive sof atè.

28 Lè yo tout te fin rive sof [s]nou te vin twouve ke [t]lil la te rele Malte. [2] [u]Natif peyi yo te byen resevwa nou ak yon dousè ekstrawòdinè. Akoz lapli a ki te vin fèmen sou nou, avèk anpil fredi, yo te limen yon dife e te resevwa nou tout.

[3] Men lè Paul te ranmase yon pakèt bwa e te mete yo sou dife a, yon vipè te sòti akoz chalè a e te tache nan men l.

[4] Lè natif yo te wè bèt la k ap pann soti nan men li, yo te kòmanse di youn ak lòt: [v]"San dout mesye sa a se yon asasen, epi malgre li

---

[a] 27:21 Trav 27:10   [b] 27:22 Trav 27:25,36   [c] 27:23 Wo 1:9   [d] 27:24 Trav 23:11   [e] 27:25 Trav 27:22,36
[f] 27:26 Trav 27:29   [g] 27:26 Trav 28:1   [h] 27:29 Trav 27:17,26   [i] 27:30 Trav 27:16   [j] 27:34 Mat 10:30
[k] 27:35 Mat 14:19   [l] 27:36 Trav 27:22,25   [m] 27:37 Trav 2:41   [n] 27:38 Jon 1:5   [o] 27:39 Trav 28:1
[p] 27:40 Trav 27:29   [q] 27:43 Trav 27:3   [r] 27:44 Trav 27:22,31   [s] 28:1 Trav 27:39   [t] 28:1 Trav 27:26
[u] 28:2 Trav 28:4   [v] 28:4 Luc 13:2,4

sove soti nan lanmè a, jistis p ap kite li viv." ⁵ Konsa, li te souke retire bèt la jete nan dife a, men l pa t gen anyen. ⁶ Men yo t ap atann ke li vin anfle e sibitman tonbe mouri. Men apre yo te tann pandan anpil tan e pa t wè anyen rive li, yo te reflechi yon lòt jan e te ᵃkòmanse di ke li te yon dye.

⁷ Alò, toupre kote sila a, te gen tè ki te pou mesye pi enpòtan nan lil la, ke yo te rele Publius, ki te bannou byenveni. Li te byen emab e li te bay nou lojman pandan twa jou.

⁸ Li te vin rive ke papa a Publius te kouche byen malad avèk lafyèv ak dyare. Paul te ale wè li e lè li te fin priye pou li, li te ᵇpoze men l sou li e te geri li.

⁹ Aprè sa te fin fèt, tout lòt moun sou lil la ki te gen maladi t ap vin kote li e t ap geri. ¹⁰ Anplis, yo te onore nou avèk anpil mak respè, e lè nou t ap pran vwal, yo te founi nou tout sa nou te bezwen.

¹¹ Nan fen twa mwa yo nou te pran vwal sou yon ᶜbato Alexandryen ki osi te pase sezon livè a nan lil la. Li te gen Frè Jimo yo kon òneman devan an kòm tèt bato a.

¹² Apre nou te antre o pò nan Syracuse, nou te rete la pandan twa jou.

¹³ Soti la, nou te pran vwal pou antoure rive nan Reggio. Yon jou pita, yon van sid te parèt, e nan dezyèm jou a nou te rive Pouzzles. ¹⁴ La nou te twouve kèk frè ki te envite nou rete avèk yo pandan sèt jou, e konsa nou te rive Rome.

¹⁵ Epi ᵈfrè fidèl yo, lè yo te tande de nou, te vini la soti nan distans pou rive nan Mache Appuis la avèk Twa Tavernes pou rankontre nou. Lè Paul te wè yo, li te remèsye Bondye e te pran kouraj.

¹⁶ Lè nou te antre Rome, Paul te ᵉjwenn pèmisyon pou rete pou kont li, avèk sòlda ki t ap veye l la.

¹⁷ Apre twa jou Paul te rele ansanm moun ki te pi enpòtan pami mesye Jwif yo. Lè yo te vin ansanm, li te kòmanse ap di yo: "Frè yo ᶠmalgre mwen pa t fè anyen kont pèp nou an, oubyen ᵍkoutim zansèt nou yo, konsa, mwen te livre kòm prizonye soti Jérusalem nan men Women yo. ¹⁸ Epi lè yo menm te egzamine mwen, yo te dakò pou lage m paske yo ʰpa t twouve baz pou mete m a lanmò. ¹⁹ Men lè Jwif yo te vin pa dakò, mwen te oblije fè apèl a César, pa akoz ke m te gen okenn akizasyon kont nasyon mwen an. ²⁰ Pou rezon sa a, donk mwen te mande wè nou pou pale avèk nou, paske mwen ap pote chenn sa a pou ⁱlespwa Israël la."

²¹ Yo te di li: "Nou pa t ni resevwa lèt sòti Judée konsènan ou, ni pa t gen okenn nan ʲfrè yo ki te vin isit la pou rapòte oswa pale anyen mal de ou menm. ²² Men nou dezire tande de ou menm sa ke ou panse. Paske konsènan ᵏsèkt sa a, se byen koni pami nou menm ke yo pale kont li toupatou."

²³ Lè yo te fikse yon jou pou Paul, yo te vini kote lojman li an an gran nonb. Li t ap eksplike yo nan ˡtemwayaj klè e konplè de wayòm Bondye a ak nan eseye fè yo kwè konsènan Jésus, soti nan Lalwa Moïse la ak nan pwofèt yo depi granmmaten jis rive nan aswè. ²⁴ ᵐKèk te vin kwè akoz bagay ki te pale yo, men lòt yo te refize kwè. ²⁵ Lè yo pa t dakò youn avèk lòt, yo te kòmanse pati lè Paul te fin pale dènye pawòl sila a: "Lespri Sen an te gen rezon lè l te pale atravè Ésaïe, pwofèt a zansèt nou yo, ²⁶ Lè l te di:

ⁿ"Ale nan pèp sa epi di:
"Nou va toujou tande,
men nou p ap konprann.
Nou va toujou gade,
men nou p ap wè anyen.
²⁷ Paske kè a moun sa yo vin di.
Zòrèy pa yo, yo manke tande.
E yo fèmen zye yo;
otreman pou yo ta wè avèk zye yo,
tande avèk zòrèy yo,
konprann avèk kè yo,
e retounen, pou Mwen ta geri yo.'

²⁸ "Konsa, Kite l byen konnen a nou menm, ke ᵒdelivrans sila gen tan voye osi a pèp etranje yo. Yo menm va koute." ²⁹ Lè li te fin pale pawòl sa yo, Jwif yo te pati, e yo t ap diskite pami yo menm.

³⁰ Konsa, Paul te rete la pandan dezan nan pwòp chanm li ke li te lwe a. Li te trè kontan resevwa tout sila ki te vin wè li yo. ³¹ Li t

---

ᵃ **28:6** Trav 14:11 ᵇ **28:8** Mat 9:18 ᶜ **28:11** Trav 27:6 ᵈ **28:15** Trav 1:15 ᵉ **28:16** Trav 24:23
ᶠ **28:17** Trav 25:8 ᵍ **28:17** Trav 6:14 ʰ **28:18** Trav 23:29 ⁱ **28:20** Trav 24:5 ʲ **28:21** Trav 3:17
ᵏ **28:22** Trav 24:14 ˡ **28:23** Trav 1:3 ᵐ **28:24** Trav 14:14 ⁿ **28:26** És 6:9 ᵒ **28:28** Sòm 98:3

ap ᵖpreche wayòm Bondye a, e t ap enstwi konsènan Senyè a Jésus Kri, avèk tout libète, san anpèchman.

ᵖ **28:31** Mat 4:23

WOMEN YO

1 Paul, yon sèvitè-atache nèt a Jésus Kri, aple kòm apot [a]mete apa pou bòn nouvèl Bondye a, **2** ke Li te pwomèt oparavan atravè [b]pwofèt Li yo nan Ekriti Sen Yo, **3** konsènan Fis Li a ki te ne de yon desandan David [c]selon lachè, **4** ki te deklare [d]Fis Bondye a avèk pouvwa akoz rezirèksyon Li, ki te fè L sòti nan lanmò, atravè Lespri sentete a, Jésus Kri, Senyè nou an. **5** Pa Li menm nou te resevwa gras e te rele kòm apot pou fè parèt [e]obeyisans lafwa a pami tout etranje yo pou koz Sen Non Li. **6** Pami sila yo nou menm osi te [f]rele pa Jésus Kri. **7** A tout sila yo ke Bondye renmen anpil nan Rome, ke Li te rele kòm [g]sen yo: gras anvè nou avèk lapè ki sòti nan Bondye, Papa nou, ak Senyè a Jésus Kri.

8 Premyèman [h]mwen remèsye Bondye mwen an selon Jésus Kri pou nou tout, ke lafwa nou ap pwoklame toupatou nan lemond. **9** Paske Bondye ke mwen [i]sèvi nan lespri mwen lè m preche levanjil Fis Li a, se temwen m ke m ap nonmen non nou san rete nan lapriyè mwen yo. **10** Toujou nan priyè mwen yo, m ap mande Bondye [j]nan volonte L, dènyèman, pou L kite m vin wè nou. **11** Paske [k]mwen anvi wè nou pou m kapab bannou kèk don Lespri a, pou nou kapab byen etabli. **12** Sa vle di, pou mwen menm kapab ankouraje ansanm avèk nou pandan mwen pami nou, nou chak pa lafwa a lòt, lafwa pa nou ak lafwa pa m tou.

13 Mwen pa vle nou pa okouran, frè m yo, ke souvan mwen konn fè plan pou vin wè nou (malgre sa pa t realize). Mwen ta renmen sa fèt pou m kapab rekòlte [l]kèk fwi pami nou tou, menm jan ak tout lòt nasyon etranje yo. **14** [m]Mwen gen obligasyon ni pou Grèk ni pou moun ki baba; ni pou sila ki saj ni pou sila ki ensanse yo. **15** Donk, Pou pati pa m, mwen gen gwo anvi pou [n]preche levanjil la a nou menm osi ki nan Rome.

16 Paske mwen [o]pa wont de levanjil la [p]paske se li ki pouvwa Bondye a pou sove tout moun ki kwè yo. Li la avan pou Jwif la, e dabò Grèk la tou. **17** Paske se nan levanjil sa a ke ladwati Bondye revele soti nan lafwa pou rive nan lafwa, jan sa ekri a: [q]"Men moun ki jis la ap viv pa lafwa".

18 Paske [r]lakòlè Bondye parèt soti nan syèl la kont tout enkwayans ak tout enjistis a lòm ki kache verite a ak enjistis. **19** Paske [s]sa ke tout moun konnen de Bondye a, byen klè pou yo, paske Bondye te fè l parèt a klè. **20** Paske depi nan kreyasyon mond lan tout aspè envizib Li yo, pouvwa etènèl Li ak nati diven Li an te parèt byen a klè. Sa [t]byen konprann menm selon sa Li te kreye. Konsa, yo rete san eskiz. **21** Paske malgre yo te konnen Bondye, yo pa t bay Li lonè kòm Bondye, ni bay Li remèsiman, men yo te vin [u]egare nan panse yo. Yo te vin ranpli avèk foli, e kè yo te vin fonse tounwa.

22 Nan [v]pretann ke yo te saj, yo te vin fou, **23** epi te [w]ranplase laglwa a Bondye enkonwonpi a pou yon imaj ki sanblab a lòm konwonpi ak zwazo, bèt kat pye, ak bèt k ap rale sou vant yo. **24** Konsa [x]Bondye te livre yo a konvwatiz kè yo ak tout sa ki pa pwòp, pou kò yo te kapab dezonore pami yo menm. **25** Paske yo te ranplase verite Bondye a ak yon [y]bann manti, yo te adore e sèvi kreyati a olye de Kreyatè a, ki beni pou tout tan an. Amen.

26 Pou rezon sila a Bondye te livre yo a [z]pasyon k ap avili yo. Paske fanm pa yo te ranplase fonksyon lanati a pa sa ki pa nan nati a. **27** Epi menm jan mesye yo te abandone fonksyon natirèl fanm nan pou vin boule nan dezi anvè youn pou lòt; [a]gason avèk gason k ap fè zak malpwòp e k ap resevwa nan pwòp kò pa yo pinisyon

---

[a] **1:1** Trav 9:15   [b] **1:2** Luc 1:70   [c] **1:3** Jn 1:14   [d] **1:4** Mat 4:3   [e] **1:5** Trav 6:7   [f] **1:6** Jd 1
[g] **1:7** Trav 9:13   [h] **1:8** I Kor 1:4   [i] **1:9** Trav 24:14   [j] **1:10** Trav 18:21   [k] **1:11** Trav 19:21   [l] **1:13** Jn 4:36   [m] **1:14** I Kor 9:16   [n] **1:15** Wo 5:20   [o] **1:16** Mc 8:38   [p] **1:16** I Kor 1:18,24   [q] **1:17** Hab 2:4
[r] **1:18** Wo 5:9   [s] **1:19** Trav 14:17   [t] **1:20** Job 12:7-9   [u] **1:21** II Wa 17:15   [v] **1:22** Jr 10:14
[w] **1:23** Det 4:16-18   [x] **1:24** Wo 1:26,28   [y] **1:25** És 44:20   [z] **1:26** I Tes 4:5   [a] **1:27** Lev 22:22

yo merite pou erè yo a.²⁸ Menm jan yo pa t trouve l bon ankò pou rekonèt Bondye, ᵃBondye te livre yo a yon panse tòde pou fè bagay ki pa pwòp sa yo. ²⁹ Yo te vin ranpli avèk tout kalite enjistis, mechanste, konvwatiz, ak mal. Yo te plen ak anvi, touye moun, konfli, desepsyon, malis, tripotay. ³⁰ Yo vin Medizan, lènmi a Bondye, ensolan, awogan, ògeye, envantè a mechanste ᵇdezobeyisan a paran yo, ³¹ san konprann, san entegrite ᶜsan lanmou, e san mizerikòd. ³² Malgre yo konnen òdonans Bondye a, ke sila ki pratike bagay sa yo ᵈmerite lanmò, yo non sèlman fè yo, men yo vin konplètman dakò avèk sila ki pratike yo tou.

2 Konsa, nou vin san eskiz; nou tout ki pote jijman yo. Nan menm moman ke nou ᵉjije lòt yo, nou kondannen pwòp tèt nou. Paske nou menm ki jije yo, pratike menm bagay sa yo. ² Epi nou konnen ke li jis lè jijman Bondye a tonbe sou sila ki pratike bagay sa yo. ³ Men èske ou sipoze sa ᶠo lòm; ke lè ou jije sila ki pratike bagay sa yo, epi ou menm ou fè menm bagay yo, ke ou va chape de jijman Bondye a? ⁴ Oubyen èske ou panse ke ᵍrichès a bonte Li, tolerans ak pasyans Li se yon bagay lejè, san nou konprann ke se bonte Bondye menm ki mennen nou nan larepantans? ⁵ Men akoz de tèt ak kè di nou, ʰnou ap ranmase vanjans Bondye ⁱpou dènye gran jou kòlè a, lè Bondye ap fè vin parèt tout jijman jis Li yo. ⁶ Li menm ʲva rann jijman a chak moun selon tout zèv li. ⁷ Sila yo ki ᵏpèsevere nan fè byen, va twouve glwa, lonè, imòtalite, ak lavi etènèl; ⁸ men sila yo ki ranpli ak anbisyon pèsonèl e ki pa obeyi verite a, men ki obeyisan sèlman a lenjistis, ap twouve lakòlè ak lendiyasyon Bondye. ⁹ Va genyen tribilasyon ak gran doulè pou tout nanm pami lòm ki fè mechanste ˡpremyèman pou Jwif la, men osi pou Grèk la.

¹⁰ Men ᵐlaglwa, lonè ak lapè pou tout moun ki fè byen, premyèman pou Jwif la, men osi pou Grèk la. ¹¹ Paske avèk Bondye ⁿpa gen patipri. ¹² Paske tout moun ki fè peche ᵒsan Lalwa a va peri osi san Lalwa a, e tout moun ki fè peche anba Lalwa a va jije pa Lalwa a. ¹³ Paske se pa ᵖsila ki tande Lalwa a ki jis devan Bondye, men se sila ki obeyi Lalwa a ki jistifye. ¹⁴ Paske lè pèp etranje yo ki pa gen Lalwa a, fè pa ᵠensten sa ke Lalwa a mande, sila yo, san menm gen lalwa a, vini yon lwa pou kont yo. ¹⁵ Konsa yo demontre ke ʳzèv Lalwa yo se byen ekri nan kè yo. Se pwòp konsyans yo ki bay temwayaj, epi panse yo, pafwa ap bay kondanasyon e pafwa ap defann yo. ¹⁶ Nan jou sa a selon levanjil mwen an, ˢBondye ap jije tout sekrè a lèzòm selon Jésus Kri.

¹⁷ Men si nou pote tit "Jwif", ᵗdepann de Lalwa, e vante tèt nou nan Bondye, ¹⁸ konnen volonte Li, e ᵘvin dakò avèk tout bagay ki nesesè, paske se nou menm ki enstwi selon Lalwa a, ¹⁹ si nou rete byen si ke nou menm se gid avèg yo, yon limyè pou sila ki nan tenèb yo, ²⁰ yon korektè pou ensanse yo, yon pwofesè pou sila ki poko gen matirite yo, akoz ke nou gen Lalwa a kòm ᵛvrè baz konesans ak verite a; ²¹ konsa, nou menm ʷki enstwi lòt yo, èske nou pa enstwi pwòp tèt nou? Nou menm ki preche ke yon moun pa dwe vòlè, èske nou vòlè? ²² Nou menm ki di ke yon moun pa dwe fè adiltè, èske nou fè adiltè? Nou menm ki rayi zidòl yo, èske nou konn vòlè tanp yo? ²³ Nou menm ki ˣvante tèt nou nan Lalwa a, malgre nou vyole Lalwa a, èske nou dezonore Bondye? ²⁴ Paske jan sa ekri a: ʸ"Non Bondye a blasfeme pa etranje yo akoz de nou". ²⁵ Paske anverite, sikonsizyon gen valè si nou ap pratike Lalwa a, men si nou se yon transgresè Lalwa a, ᶻsikonsizyon sa a gen tan vini ensikonsizyon. ²⁶ ᵃDonk, si yon nonm ki pa fizikman sikonsi ᵇswiv tout règleman Lalwa yo, èske ensikonsizyon li

---

ᵃ **1:28** Wo 1:24 ᵇ **1:30** II Tim 3:2 ᶜ **1:31** II Tim 3:3 ᵈ **1:32** Wo 6:2 ᵉ **2:1** II Sam 12:5-7
ᶠ **2:3** Luc 12:14 ᵍ **2:4** Wo 9:23 ʰ **2:5** Det 32:34 ⁱ **2:5** Sòm 110:5 ʲ **2:6** Sòm 62:12 ᵏ **2:7** Luc 8:15
ˡ **2:9** Wo 1:16 ᵐ **2:10** Wo 2:7 ⁿ **2:11** Det 10:17 ᵒ **2:12** Trav 2:23 ᵖ **2:13** Mat 7:21,24
ᵠ **2:14** Trav 10:35 ʳ **2:15** Wo 2:14,27 ˢ **2:16** Trav 10:42 ᵗ **2:17** Mi 3:11 ᵘ **2:18** Fil 1:10
ᵛ **2:20** Wo 3:31 ʷ **2:21** Mat 23:3 ˣ **2:23** Mi 3:11 ʸ **2:24** És 52:5 ᶻ **2:25** Jr 4:4 ᵃ **2:26** I Kwo 7:19
ᵇ **2:26** Wo 8:4

an pa konsidere kòm sikonsizyon? ²⁷ Epi li menm ki pa sikonsi fizikman, si li gade lalwa a, èske li p ap ᵃjije nou, ki malgre nou gen chak lèt lalwa a ak sikonsizyon, se vyolatè lalwa a? ²⁸ Paske ᵇsa ki fè yon moun Jwif se pa sa ki parèt deyò a. Ni vrè sikonizyon an se pa sa ki fèt nan chè eksteryè a. ²⁹ Men yon vrè Jwif se sila ki sikonsi pa anndan. ᶜSikonsizyon an se sa ki fèt nan kè, pa Lespri Sen an, men pa selon lèt lalwa. ᵈLwanj pa li pa sòti nan lòm, men nan Bondye.

3 Konsa, ki avantaj Jwif la genyen? Oubyen ki benefis sikonsizyon genyen? ² Anpil nan tout aspè. Premyèman ᵉJwif yo te konfye avèk tout pawòl ki sòti nan bouch Bondye yo. ³ Answit kisa? Si ᶠkèk pa t kwè, enkwayans pa yo p ap chanje fidelite Bondye anvè yo. Se pa sa? ⁴ Ke sa pa janm fèt! Olye de sa, annou ensiste ke Bondye toujou vrè, malgre tout moun se mantè, jan sa ekri a: ᵍ"Ke Ou kapab jistifye nan pawòl Ou yo, e Ou kapab gen rezon lè Ou jije."

⁵ Men si enjistis nou montre jistis Bondye, kisa nou kapab di? Èske Bondye ki dechennen lakòlè Li a, enjis? ʰ(M ap pale tankou yon moun)? ⁶ Ke sa pa janm fèt! Otreman, kòman ⁱBondye va jije lemond? ⁷ Men si akoz manti pa m ʲverite Bondye a vin parèt jis pou glwa Li, ᵏpoukisa yo toujou jije m kòm yon pechè? ⁸ Epi poukisa nou pa di (jan kèk ènmi konn di n ap di a): ˡ"Annou fè mal pou byen kapab soti?" Kondanasyon pa yo jis. ⁹ Kisa answit? Èske nou pi bon pase yo? Paditou! Paske nou deja di ke ni Jwif ni Grèk, toude koupab anba peche. ¹⁰ Jan sa ekri a:

ᵐ"Pa gen moun ki jis, pa menm youn.
¹¹ Pa gen moun ki gen konprann.
Pa gen moun ki chache Bondye.
¹² Tout detounen, ansanm yo
tout vin initil.
Pa gen moun ki fè sa ki bon;
pa menm yon sèl.

¹³ ⁿGòj pa yo se yon tonm tou louvri.
Avèk lang pa yo, yo miltipliye desepsyon.
ᵒPwazon sèpan aspik rete anba lèv yo.
¹⁴ ᵖBouch yo anmè nèt e plen ak madichon;
¹⁵ ᵠpye yo kouri rapid pou fè san koule.
¹⁶ Destriksyon ak mizè toujou rete
sou wout yo;
¹⁷ epi chemen k ap mennen lapè a,
yo pa konnen l.
¹⁸ ʳNanpwen lakrent Bondye
devan zye yo."

¹⁹ Alò, nou konnen ke nenpòt sa ke Lalwa a di, li pale ak ˢsila ki anba Lalwa yo, pou tout bouch kapab fèmen e pou tout mond lan kapab vin responsab devan Bondye. ²⁰ Paske ᵗpa zèv Lalwa a, pa gen chè k ap jistifye nan zye Li; paske selon Lalwa a, vini konesans peche.

²¹ Men koulye a, apa Lalwa sa a, nou wè ᵘladwati Bondye byen parèt pa yon temwayaj konplè de Lalwa ak pwofèt yo. ²² Se ladwati Bondye a menm atravè lafwa nan Jésus Kri pou tout sila ki kwè yo, paske ᵛpa gen patipri. ²³ Paske tout moun ʷpeche e yo tonbe kout de laglwa Bondye a. ²⁴ Men Yo ˣjistifye kòm yon kado pa gras Li atravè redanmsyon ki nan Jésus Kri a, ²⁵ Li menm ke Bondye te fè parèt piblikman kòm yon ʸviktim ekspiyatwa nan san Li atravè lafwa. Li te fè sa pou montre jistis Li. Akoz pasyans Li, Bondye pa t kontwole peche ki te fèt deja yo. ²⁶ Sa te fèt pou Li montre nou ladwati li nan tan prezan an, e pou Li ta nan menm lè a, devni Sila ki jistifye sila ki gen fwa nan Jésus yo.

²⁷ ᶻKi kote konsa nou kapab vante tèt nou? Sa pa la ankò! Pa ki kalite lwa? Pa lalwa a zèv yo? Non, men pa lalwa a lafwa a. ²⁸ Paske ᵃnou ensiste ke yon moun jistifye pa lafwa, apa de tout zèv Lalwa yo. ²⁹ Oubyen ᵇèske Bondye se sèlman pou Jwif yo? Èske Li pa Bondye pèp etranje yo tou? Wi pèp etranje yo ladann

---

ᵃ **2:27** Mat 12:41   ᵇ **2:28** Jn 8:39   ᶜ **2:29** Det 30:6   ᵈ **2:29** Jn 5:44   ᵉ **3:2** Det 4:8   ᶠ **3:3** Wo 10:16   ᵍ **3:4** Sòm 51:4   ʰ **3:5** Wo 6:19   ⁱ **3:6** Wo 2:16   ʲ **3:7** Wo 3:4   ᵏ **3:7** Wo 9:19   ˡ **3:8** Wo 6:1   ᵐ **3:10** Sòm 14:1-3   ⁿ **3:13** Sòm 5:9   ᵒ **3:13** Sòm 140:3   ᵖ **3:14** Sòm 10:7   ᵠ **3:15** És 59:7   ʳ **3:18** Sòm 36:1   ˢ **3:19** Wo 2:12; Wo 3:9   ᵗ **3:20** Sòm 142:3   ᵘ **3:21** Wo 1:17   ᵛ **3:22** Wo 10:12   ʷ **3:23** Wo 3:9   ˣ **3:24** Wo 4:4,16   ʸ **3:25** I Jn 2:2   ᶻ **3:27** Wo 2:17,23   ᵃ **3:28** Trav 13:39   ᵇ **3:29** Trav 10:34

tou. ³⁰ Anfèt akoz Bondye ᵃki va jistifye sikonsi pa lafwa yo, ak ensikonsi selon lafwa yo, se yon sèl.

³¹ Konsa, èske nou detwi Lalwa a ak lafwa? Ke sa pa janm fèt! Okontrè, se konsa nou ᵇetabli Lalwa a.

4 Konsa kisa nou kapab di ke Abraham, zansèt nou ᶜselon lachè te jwenn kon jijman? ² Paske si Abraham te jistifye pa zèv, li gen yon bagay pou vante tèt li, men ᵈpa devan Bondye. ³ Paske kisa Ekriti Sen Yo di?: ᵉ"Abraham te kwè Bondye e sa te konte kòm ladwati li." ⁴ Alò, nou konnen ke sila ki ᶠtravay la, salè li pa konte kòm yon favè, men kòm sa li merite. ⁵ Men pou sila ki pa travay la, men ᵍkwè nan Sila ki jistifye pechè yo, lafwa li ap konte kòm ladwati li. ⁶ Menm jan ke David te pale tou sou benediksyon ki vini sou moun ke Bondye deklare jis apa de zèv li yo:

⁷ ʰ"Beni se tout moun ki gen tan
    padone pou tout inikite yo,
e ke peche pa yo gen tan fin kouvri.
⁸ ⁱBeni se moun Senyè a pa rann
    kont pou peche l."

⁹ Konsa èske benediksyon sa a sou sikonsi sèlman, oubyen èske li tonbe sou ensikonsi yo tou? Paske nou di ke: ʲ"Lafwa a te konte a Abraham kòm ladwati li." ¹⁰ Konsa kòman sa te konte? Pandan li te sikonsi, oubyen pandan li te ensikonsi a? Se pa t pandan li te sikonsi a, men lè li te ensikonsi a! ¹¹ Li te ᵏresevwa sign sikonsisyon an, kòm yon so ladwati li ke li te genyen pandan li te ensikonsi a, pou li ta kapab vin papa a ˡtout sila ki kwè, menm sa yo san sikonsisyon, pou ladwati kapab konte pou yo. ¹² Li se papa a sikonsizyon, non sèlman pou sila ki sikonsi yo, men osi a sila yo ki swiv chemen lafwa ke Abraham te genyen pandan li te ensikonsi a.

¹³ Paske pwomès a Abraham ak ᵐdesandan li yo pou li te kab resevwa tout lemond kòm eritaj, pa t fèt selon lalwa, men selon ladwati lafwa a. ¹⁴ Paske ⁿsi se sila ki gen Lalwa a k ap eritye, lafwa vin pa vo anyen e pwomès la vin anile. ¹⁵ Paske Lalwa a pote lakòlè, men ᵒkote ki pa gen lalwa, pa gen vyolasyon.

¹⁶ Pou rezon sa a, se pa lafwa, pou li ta kapab pa ᵖgras, ke pwomès la ta kapab asire a tout desandan Abraham yo; non sèlman a sila ki gen Lalwa a, men osi a ᵠsila ki gen lafwa Abraham nan, ki se papa a nou tout. ¹⁷ Jan sa ekri a: ʳ"Mwen te fè ou Papa a anpil nasyon yo", devan Sila ke li (Abraham) te kwè a. Sa vle di, menm Bondye ki bay lavi a mò yo e ki fè egziste tout sila ki pa t janm egziste oparavan yo. ¹⁸ Nan espwa kont tout esperans li te kwè, pou li ta kapab vin papa a anpil nasyon, selon sa ki te pale a: ˢ"Se konsa tout desandan ou yo va ye". ¹⁹ San li pa t vin fèb nan lafwa, li te reflechi sou pwòp kò li, ki te gen tan prèske mouri paske ᵗli te gen anviwon san lane e ᵘvant Sarah a te esteril akoz laj li.

²⁰ Men, selon pwomès a Bondye a, li pa t varye menm nan konfyans li, men te vin fò nan lafwa e ᵛte toujou bay Bondye lwanj. ²¹ ʷLi te gen asirans konplè ke sa Bondye te pwomèt la, Li ta kapab fè l rive. ²² Donk ˣsa te konte osi pou li kòm ladwati. ²³ Se ʸpa t sèlman pou lakoz li sèl ke yo te ekri ke sa te konte pou li, ²⁴ men anplis pou nou osi sa te konte, kòm sila ᶻki kwè nan Li yo; Li menm ki te resisite Jésus Kri, Senyè nou an sòti nan lanmò. ²⁵ Li menm ki te ᵃlivre a lakwa a pou peche nou yo e te resisite pou jistifikasyon nou.

5 ᵇKonsa, akoz ke nou jistifye pa lafwa, nou gen lapè avèk Bondye atravè Senyè nou an Jésus Kri. ² Selon Li menm tou pa lafwa, nou te ᶜtwouve aksè a gras sa a ki fè nou kanpe fèm. Epi nou rejwi nan esperans laglwa Bondye a. ³ Pa sèlman sa, men nou ᵈrejwi nan tribilasyon nou yo, paske nou konnen ke tribilasyon sa a pote pèseverans. ⁴ E pèseverans fè bon karaktè, e bon karaktè, esperans. ⁵ Epi esperans ᵉp ap janm fè nou desi, paske lanmou

---

ᵃ **3:30** Wo 3:22   ᵇ **3:31** Mat 5:17   ᶜ **4:1** Wo 1:3   ᵈ **4:2** I Kwo 1:31   ᵉ **4:3** Jen 15:6   ᶠ **4:4** Wo 11:6
ᵍ **4:5** Jn 6:29   ʰ **4:7** Sòm 32:1   ⁱ **4:8** Sòm 32:2   ʲ **4:9** Jen 15:6   ᵏ **4:11** Jen 17:10   ˡ **4:11** Wo 3:22   ᵐ **4:13** Jen 17:4-6   ⁿ **4:14** Gal 3:8   ᵒ **4:15** Wo 3:20   ᵖ **4:16** Wo 3:24   ᵠ **4:16** Gal 3:7
ʳ **4:17** Jen 17:5   ˢ **4:18** Jen 15:5   ᵗ **4:19** Jen 17:17   ᵘ **4:19** Jen 18:11   ᵛ **4:20** Mat 9:8   ʷ **4:21** Wo 14:5   ˣ **4:22** Jen 15:6   ʸ **4:23** Wo 15:4   ᶻ **4:24** Wo 10:9   ᵃ **4:25** És 53:4; 55   ᵇ **5:1** Wo 3:28
ᶜ **5:2** Ef 2:18   ᵈ **5:3** Mat 5:12   ᵉ **5:5** Sòm 119:116

Women Yo 5:6–6:13

Bondye gen tan vide nan kè nou atravè Lespri Sen a ki te bay a nou menm nan.

⁶ Paske pandan nou te ankò san defans, nan moman an menm, ᵃKris te mouri pou sila ki te san Bondye yo. ⁷ Se pa fasil ke yon nonm ta mouri pou yon moun ki jis, men petèt pou yon bon moun, li ta kab gen kouraj pou mouri. ⁸ Men Bondye montre tout ᵇlanmou li anvè nou, ke pandan nou te ankò pechè, Kris te mouri pou nou.

⁹ Anplis ke sa, akoz ke nou gen tan jistifye ᶜpa san li, nou va sove ᵈde lakòlè Bondye a atravè Li menm. ¹⁰ Paske, si pandan nou te ankò ᵉlènmi, nou te rekonsilye a Bondye pa lanmò a Fis Li a, anplis ke sa, akoz nou gen tan rekonsilye, nou va sove pa lavi Li.

¹¹ Epi pa sèlman sa, men osi nou rejwi nan Bondye atravè Senyè nou an, Jésus Kri. Atravè Li menm nou gen tan ᶠrekonsilye. ¹² Pou sa, se konsa pa yon sèl moun peche te antre nan lemonn, e ᵍlanmò pa peche a, konsa lanmò te rive a tout moun paske tout moun fè peche. ¹³ Paske jiska Lalwa a te rive, peche ʰte deja nan lemonn, men peche pa t kapab resevwa jijman kote ki pa gen lalwa. ¹⁴ Malgre sa, lanmò te renye soti nan Adam jiska Moïse, menm sou sila ki pa t fè peche yo ⁱsanblab ak ofans Adam an, ki se te yon pòtre a Sila ki te gen pou vini an.

¹⁵ Men kado gratis la pa sanble avèk transgresyon an. Paske si akoz transgresyon a yon sèl moun, anpil moun te mouri, menm bokou plis ke sa, lagras Bondye, ak kado pa ʲlagras a yon sèl òm, Jésus Kri, vin jistifye anpil moun. ¹⁶ Kado a se pa tankou sila ki te vini pa moun ki te peche a; paske ᵏjijman an te sòti nan yon sèl transgresyon ki te bay rezilta a kondanasyon, men kado gratis la, ki te soti akoz anpil transgresyon yo, te bay kon rezilta a, jistifikasyon. ¹⁷ Paske si pa transgresyon a yon moun, lanmò te renye akoz li menm, bokou plis ke sa, sila ki resevwa gras an abondans ak kado ladwati a, ap ˡrenye nan lavi atravè Li menm, Jésus Kri.

¹⁸ Konsa, kòm pa yon transgresyon, kondanasyon a tout moun te rive, menm jan an ak yon sèl aksyon ladwati te rive ᵐjistifikasyon anvè lavi pou tout moun. ¹⁹ Paske menm jan ke dezobeyisans a yon moun te fè tout moun vin pechè, menm jan an, obeyisans a yon moun va fè anpil moun vin jis. ²⁰ Lalwa a te vini pou transgresyon an te kapab vin plis, men kote peche te vin plis ⁿlagras te abonde pi plis toujou. ²¹ Konsa, menm jan ke peche te renye nan lanmò, ᵒkonsa tou lagras te renye pa ladwati, jiska lavi etènèl nan Jésus Kri Senyè nou an.

6 Konsa, Kisa nou kapab di? Èske n ap ᵖkontinye nan peche pou lagras kapab vin plis? ² Ke sa pa janm fèt! Kijan nou menm ki te mouri a peche nou kapab kontinye viv nan li? ³ Oubyen èske nou pa konnen ke nou tout ki batize nan ᑫKris Jésus a, gen tan batize nan lanmò li? ⁴ Konsa, nou gen tan ʳantere avèk Li pa batèm nan lanmò Li a, pouke menm jan Kris te leve soti vivan nan lanmò a pa laglwa a Papa a, nou osi kapab mache nan nouvèl vi a.

⁵ Paske ˢsi nou vin sanble avèk Li nan lanmò Li, n ap vin sanble avèk Li nan rezirèksyon Li tou. ⁶ Byen rekonesan ke ᵗansyen moun nou an te krisifye avèk Li, pouke kò peche nou an ta kapab vin disparèt pou nou kab pa esklav a peche ankò. ⁷ Paske sila ki gen tan mouri an, libere de peche. ⁸ Alò ᵘsi nou gen tan mouri avèk Kris, nou kwè osi ke n ap viv avèk Li. ⁹ Paske nou konnen ke Kris ki te ᵛleve soti nan lanmò a, p ap janm mouri ankò. Lanmò pa mèt Li ankò. ¹⁰ Paske lanmò ke Li te mouri an, Li te mouri anvè peche, yon fwa pou tout, men vi ke L ap viv la, L ap viv pou Bondye. ¹¹ Menm jan konsidere nou menm kòm ʷmò ak peche, men vivan anvè Bondye nan Jésus Kri.

¹² Konsa, pa kite peche ˣreye nan kò mòtèl nou an, pou nou ta obeyi tout mal dezi li yo. ¹³ Pa kontinye ofri manm kò nou a peche kòm enstriman a lenjistis,

---

ᵃ **5:6** Wo 4:25 ᵇ **5:8** Jn 3:16 ᶜ **5:9** Wo 3:25 ᵈ **5:9** Wo 1:18 ᵉ **5:10** Wo 11:28 ᶠ **5:11** Wo 5:10
ᵍ **5:12** Wo 6:23 ʰ **5:13** Wo 4:15 ⁱ **5:14** Os 6:7 ʲ **5:15** Trav 15:11 ᵏ **5:16** I Kor 11:32 ˡ **5:17** II Tim 2:12 ᵐ **5:18** Wo 4:25 ⁿ **5:20** Wo 6:1 ᵒ **5:21** Jn 1:17 ᵖ **6:1** Wo 3:8 ᑫ **6:3** Trav 2:38
ʳ **6:4** Kol 2:12 ˢ **6:5** II Kor 2:10 ᵗ **6:6** Ef 4:22 ᵘ **6:8** Wo 6:4 ᵛ **6:9** Trav 2:24 ʷ **6:11** Wo 6:2
ˣ **6:12** Wo 6:14

men ᵃprezante nou menm a Bondye kòm moun ki deja vivan soti nan lanmò, e manm kò nou a Bondye kòm enstriman ladwati. ¹⁴ Paske ᵇpeche pa dwe mèt nou, paske ᶜnou pa anba Lalwa, men anba gras.

¹⁵ Kisa Ankò? ᵈÈske n ap fè peche paske nou pa anba Lalwa, men anba gras? Ke sa pa janm fèt! ¹⁶ Èske nou pa konnen ke lè nou livre tèt nou a yon moun kòm ᵉesklav obeyisan, nou vin esklav a sila ke nou obeyi a; swa a peche ki bay kòm rezilta lanmò, oubyen a obeyisans ki bay kòm rezilta ladwati? ¹⁷ Men mèsi Bondye, malgre nou te esklav a peche, nou te vin obeyisan nan kè nou a ᶠmenm doktrin ke nou te resevwa a. ¹⁸ Epi lè nou te ᵍlibere de peche, nou te vin esklav a ladwati.

¹⁹ M ap pale nan tèm a moun, akoz feblès lachè nou. Paske menm jan avan ʰke nou te konn prezante manm kò nou kòm esklav a salte ak linikite, ki te bay kòm rezilta, plis linikite toujou, koulye a prezante yo kòm esklav a ladwati ki bay kòm rezilta, sanktifikasyon. ²⁰ Paske ⁱlè nou te esklav de peche a, nou te lib de sa ki konsène ladwati. ²¹ Donk Ki ʲbenefis nou te twouve konsa ki soti nan bagay yo ki fè nou wont koulye a? Paske sa ki soti nan bagay sa yo se lanmò. ²² Men koulye a ke nou gen tan ᵏfin lib de peche, e vin esklav a Bondye, nou twouve benefis nou ki bay kòm benefis sanktifikasyon, e kòm rezilta, lavi etènèl. ²³ Paske salè a ˡpeche se lanmò, men kado gratis Bondye a, se lavi etènèl nan Jésus Kri, Senyè nou an.

7 Oubyen èske nou pa konnen, ᵐfrè m yo, (m ap pale avèk sila ki konnen Lalwa yo), ke Lalwa gen pouvwa sou yon moun pandan tout tan ke li vivan? ² Paske yon ⁿfanm ki marye vin mare pa lalwa a mari li pandan mari li vivan, men si mari li mouri, fanm nan vin lib de lalwa ak sa ki konsène mari li a. ³ Kidonk, si li vin jwenn yon lòt gason pandan mari li vivan an, yo va rele li yon adiltè, men si mari a mouri, li va lib de lwa a pou li pa yon adiltè, malgre li jwenn yon lòt gason.

⁴ Donk Frè m yo, nou menm tou nan kò Kris la, nou te ᵒoblije mouri ᵖa Lalwa a pou nou te kapab vin jwenn yon lòt, a Sila ki te leve soti nan lanmò a pou nou menm ta kapab pote fwi pou Bondye. ⁵ Paske pandan nou te nan lachè, Lalwa a te fè move pasyon yo ᵍleve nan nou, ki t ap travay ʳnan manm kò nou yo, pou donnen fwi pou lanmò. ⁶ Men koulye a nou gen tan fin lage de lwa sa a. Kòmsi ˢnou te mouri de sa ki te mare nou an e koulye a nou sèvi yon lòt jan avèk yon Lespri de nouvo, e pa nan lansyen sistèm a lèt lalwa a.

⁷ Donk kisa nou kapab di? Èske Lalwa se peche? Pa janm kite nou panse sa! Okontrè, mwen pa t ap konnen peche sof ke Lalwa te montre m li. Mwen pa t ap konnen anyen sou ᵗ"lanvi" si se pa Lalwa ki di m "Ou pa pou gen lanvi". ⁸ Men peche, ki te pran opòtinite atravè ᵘLalwa a, te prodwi nan mwen lanvi de tout kalite; paske san Lalwa a, peche mouri. ⁹ Yon fwa, mwen te vivan separe de Lalwa a, men lè kòmandman an te vini, peche te pran lavi, e mwen te mouri. ¹⁰ Konsa, kòmandman sa a ki te ᵛfèt pou bay lavi a, te bay lanmò kòm rezilta pou mwen. ¹¹ Paske peche, ki te pran opòtinite pa kòmandman an, ʷte twonpe mwen e akoz sa, te touye mwen. ¹² ˣAlò, konsa Lalwa a sen, e kòmandman an sen, jis e bon.

¹³ Donk èske li posib ke sa ki te bon ta devni kòz lanmò mwen? ʸKe nou pa janm panse sa! Olye de sa, se te peche ki te fè sa a, pou li ta fè m wè sa ke peche ye. Konsa li te fè m mouri ak sa ki bon an, pouke selon kòmandman an, li ta montre m kijan peche kondane nan nivo ki piwo a. ¹⁴ Paske nou konnen ke Lalwa a ᶻbaze sou lespri Bondye a menm. Men mwen menm se chè. Mwen te vann kòm esklav a peche. ¹⁵ Paske sa ke m ap fè yo, mwen pa konprann yo. Mwen p ap pratike ᵃsa ke m ta renmen fè, men m ap fè bagay ke m rayi. ¹⁶ Men si m fè bagay m pito pa vle fè a, mwen vin dakò avèk ᵇLalwa a, e admèt

---

ᵃ **6:13** Wo 12:1 ᵇ **6:14** Wo 8:6 ᶜ **6:14** Wo 7:4 ᵈ **6:15** Wo 6:1 ᵉ **6:16** Jn 8:34 ᶠ **6:17** II Tim 1:13
ᵍ **6:18** Jn 8:32 ʰ **6:19** Wo 6:13 ⁱ **6:20** Mat 6:24 ʲ **6:21** Jr 12:13 ᵏ **6:22** Jn 8:32 ˡ **6:23** Wo 6:16 ᵐ **7:1** Wo 1:13 ⁿ **7:2** I Kwo 7:39 ᵒ **7:4** Wo 7:6 ᵖ **7:4** Gal 2:19 ᵍ **7:5** Wo 7:7 ʳ **7:5** Wo 6:13,21,23 ˢ **7:6** Wo 6:2 ᵗ **7:7** Egz 20:17 ᵘ **7:8** Wo 3:20 ᵛ **7:10** Lev 18:5 ʷ **7:11** Jen 3:13
ˣ **7:12** Wo 7:16 ʸ **7:13** Luc 20:16 ᶻ **7:14** I Kwo 3:1 ᵃ **7:15** Wo 7:19 ᵇ **7:16** Wo 7:12

ke Lalwa a bon. ¹⁷ Donk Koulye a ᵃse pa mwen k ap fè l la ankò, men se peche ki rete nan mwen an. ¹⁸ Paske mwen konnen ke anyen ki bon pa rete nan mwen, sa vle di nan ᵇchè mwen. Paske bòn volonte a prezan nan mwen, men pou fè sa ki bon an pa janm fèt. ¹⁹ ᶜPaske bon bagay ke mwen vle a, mwen pa janm fè li, men mwen pratike menm mal ke m pi pa vle a. ²⁰ Men si mwen ap fè menm bagay ke m pi pa vle a, ᵈmwen pa moun k ap fè l la ankò, men se peche ki rete nan mwen an. ²¹ Donk, mwen twouve kòm ᵉprensip ke mal toujou prezan nan mwen, mwen menm ki vle fè sa ki bon an. ²² Paske, plen ak lajwa, mwen vin dakò avèk Lalwa Bondye ki a ji ᶠandedan an, ²³ men nan manm kò mwen, mwen wè yon ᵍlòt lwa k ap goumen kont Lalwa volonte lespri mwen an e k ap fè m prizonye lwa peche ki nan manm mwen yo. ²⁴ Moun mizerab ke mwen ye! Ki moun k ap libere m soti nan ʰkò lanmò sa a? ²⁵ Mèsi a Bondye atravè Jésus Kri Senyè nou an! Konsa, yon kote, nan panse m, m ap sèvi Lalwa Bondye a. Men yon lòt kote, avèk chè mwen, m ap sèvi lalwa peche a.

8 Konsa nanpwen okenn ⁱkondanasyon pou sila ki nan ʲKris Jésus yo, ki pa mache selon lachè a, men selon Lespri a. ² Paske lalwa Lespri lavi a nan Jésus Kri te libere nou de Lalwa peche ak lanmò a. ³ Paske ᵏsa ke Lalwa a pa t kab fè akoz feblès li anvè lachè a, Bondye te fè l lè Li te voye pwòp Fis li menm nan imaj a chè peche a, kòm yon ofrann pou peche. Konsa, Li te kondane peche nan lachè, ⁴ pou tout egzijans Lalwa a ta kapab akonpli nan nou menm, ki ˡpa mache ankò selon lachè, men selon Lespri a. ⁵ Paske sila ki viv selon lachè yo konsantre panse yo nan ᵐtout bagay ki konsène lachè a, men sila ki viv selon Lespri a, konsantre panse yo sou ⁿtout bagay Lespri yo. ⁶ ᵒPaske panse ki konsantre sou lachè a se lanmò, men panse ki konsantre sou Lespri a se lavi ak lapè. ⁷ Konsa, panse ki konsantre sou lachè se ᵖlènmi a Bondye, paske li pa soumèt tèt li a Lalwa Bondye. Paske li pa posib pou lachè a fè sa. ⁸ Konsa, sila ki ᵠnan lachè yo pa kapab fè Bondye plezi.

⁹ Men nou pa nan lachè a, men nan Lespri a, si vrèman Lespri Bondye a ʳrete nan nou. Men si yon moun pa gen Lespri Kris la, li pa moun pa L. ¹⁰ ˢSi Kris nan nou, malgre kò a mouri akoz peche, lespri a ap viv akoz ladwati Bondye. ¹¹ Men si Lespri de Li menm ki te resisite Jésus nan lanmò a rete nan nou, Li menm ki te ᵗfè Jésus Kri leve soti nan lanmò a ap bay lavi a kò mòtèl nou an pa Lespri Li ki rete andedan nou an.

¹² Konsa, frèm yo, nou pa anba obligasyon lachè a, pou viv selon lachè. ¹³ Paske si nou ap viv selon lachè, nou ap mouri, men si se selon Lespri a, n ap ᵘmete tout zèv lachè yo a lanmò, e n ap viv. ¹⁴ Paske, tout moun ᵛki ap dirije pa Lespri Sen Bondye a, se fis Li yo ye. ¹⁵ Paske nou ʷpa t resevwa yon Lespri esklavaj, pou fè nou retounen viv nan laperèz, men nou ˣte resevwa yon Lespri adopsyon kon fis. Pa lespri sila nou rele "Abba! Papa a.

¹⁶ Lespri a Li menm ʸtemwaye a lespri pa nou ke nou se pitit Bondye. ¹⁷ Si se pitit li nou ye, n ap ᶻeritye tou. N ap eritye de Bondye e eritye ansanm avèk Kris, si vrèman nou soufri avè l pou nou kapab vin gen glwa ansanm avè l.

¹⁸ Paske, mwen konsidere soufrans lan nan tan sa a ᵃpa kapab konpare menm avèk laglwa ki va revele a nou menm nan. ¹⁹ Paske tout kreyasyon an ap tann avèk gwo lanvi ᵇrevelasyon a fis Bondye yo. ²⁰ Paske kreyasyon an te a ᶜsibi anba ᵈkòve, pa selon pwòp volonte pa li, men akoz Bondye ki te fè l soumèt, nan esperans lan; ²¹ ke ᵉkreyasyon an li menm osi va libere soti nan esklavaj a koripsyon, pou l antre nan libète laglwa a fis Bondye yo. ²² Paske nou konnen ke jis

---

ᵃ **7:17** Wo 7:20   ᵇ **7:18** Jn 3:6   ᶜ **7:19** Wo 7:15   ᵈ **7:20** Wo 7:17   ᵉ **7:21** Wo 7:23,25   ᶠ **7:22** II Kwo 4:16   ᵍ **7:23** Wo 6:19   ʰ **7:24** Wo 6:6   ⁱ **8:1** Wo 8:34   ʲ **8:1** Wo 8:1   ᵏ **8:3** Trav 13:39   ˡ **8:4** Gal 5:16,25   ᵐ **8:5** Gal 5:19-21   ⁿ **8:5** Gal 5:22-25   ᵒ **8:6** Gal 6:8   ᵖ **8:7** Jc 4:4   ᵠ **8:8** Wo 7:5   ʳ **8:9** Jn 14:23   ˢ **8:10** Jn 17:23   ᵗ **8:11** Trav 2:24   ᵘ **8:13** Kol 3:5   ᵛ **8:14** Gal 5:18   ʷ **8:15** Eb 2:15   ˣ **8:15** Wo 8:23   ʸ **8:16** Trav 5:32   ᶻ **8:17** Trav 20:32   ᵃ **8:18** II Kwo 4:17   ᵇ **8:19** Wo 8:18   ᶜ **8:20** Jen 3:17-19   ᵈ **8:20** Sòm 39:5   ᵉ **8:21** Trav 3:21

nan lè sa a tout kreyasyon ap [a]leve vwa li nan gwo plent tankou fanm k ap fè pitit. ²³ Epi se pa sèlman sa, men nou menm osi ki gen [b]premye fwi Lespri yo, menm nou menm, nou plenyen menm jan an anndan nou, pandan n ap tann adopsyon nou kòm fis, ak redanmsyon a kò mòtèl nou an. ²⁴ Paske nou te sove nan espwa, men [c]espwa a yon bagay nou kapab wè se pa espwa. Poukisa yon moun ta espere yon bagay ke li wè deja? ²⁵ Men [d]si nou espere sa ke nou pa wè, nou ap tann li avèk gwo lanvi ak pèseverans.

²⁶ Menm jan an, Lespri a ede nou tou nan feblès nou; paske nou pa konnen kòman pou nou priye jan nou ta dwe priye a. Men [e]Lespri a Li menm entèsede pou nou avèk soupi ki pa kapab eksprime. ²⁷ Men [f]Li menm ki sonde kè yo konnen panse a Lespri a, paske Li entèsede pou tout sen yo selon volonte Bondye a.

²⁸ Konsa nou konnen ke Bondye fè [g]tout bagay mache ansanm pou byen a sila ki renmen Bondye yo, pou sila ke Li te [h]rele selon volonte Li yo. ²⁹ Paske sila ke Li te [i]konnen oparavan yo, Li te chwazi yo depi avan pou vin konfòm a limaj a Fis Li a, pou Li ta kapab premye ne pami anpil frè. ³⁰ Epi sila ke Li te chwazi oparavan yo, Li te anplis rele yo, e sila Li te rele yo, Li te [j]jistifye yo, e sila Li te jistifye yo, anplis, Li te [k]glorifye yo.

³¹ Konsa, kisa nou kapab di de bagay sa yo? [l]Si Bondye pou nou, kilès ki kab kont nou? ³² Li menm ki [m]pa t epagne pwòp Fis Li, men te livre Li pou nou tout, kijan Li ta refize bay nou tout bagay tou? ³³ Kilès k ap pote yon akizasyon kont sila ke Bondye chwazi yo? Se [n]Bondye menm ki fè moun jis. ³⁴ Kilès ki k ap kondane? Se Jésus Kri ki te mouri pou nou an, wi, pito di ki te leve a, ki rete sou men dwat Bondye, e ki [o]ap entèsede pou nou tou.

³⁵ Kilès k ap separe nou de lanmou Kris la? Èske se [p]tribilasyon, soufrans [q]pèsekisyon, grangou, toutouni, gwo danje, oubyen nepe? ³⁶ Jan sa ekri a:

[r]"Pou kòz pa w, yo mete nou a
lanmò tout lajounen.
Nou te konsidere kòm mouton ki
prè pou kòche."

³⁷ Men, nan tout bagay, nou plis ke [s]venkè atravè Sila a ki renmen nou an. ³⁸ Paske mwen konvenk ke [t]ni lanmò, ni lavi, ni zanj yo, ni wayòm yo, ni bagay k ap pase koulye a, ni bagay k ap vini pi devan, ni pouvwa yo ³⁹ ni wotè, ni pwofondè, ni lòt bagay ki kreye, pa kapab separe nou de [u]lanmou Bondye, ki nan Kris Jésus, Senyè nou an.

9 [v]M ap di nou verite nan Kris la, mwen p ap bay manti. Konsyans mwen temwaye pou mwen nan Lespri Sen an, ² ke mwen gen yon gran tristès ak doulè san rete nan kè mwen. ³ Paske mwen [w]te kab vle ke se mwen menm ki te kondane, separe de Kris pou lanmou frè m yo, fanmi mwen, [x]selon lachè. ⁴ Yo se [y]Izrayelit ki te resevwa adopsyon kòm fis yo, ak laglwa akò yo, don Lalwa a, sèvis nan tanp lan, ak tout pwomès yo; ⁵ ki gen patriyach yo, e [z]ki se zansèt a Kris la selon lachè; Li menm ki sou tout bagay, Bondye beni pou tout tan an. Amen.

⁶ Men se pa kòmsi pawòl Bondye a fè fayit. [a]Paske se pa yo tout ki Izrayelit ki sòti nan ras Israël, ⁷ ni [b]se pa tout pitit ki sòti nan Abraham ki se pitit li. Men: [c]"Selon Isaac desandan ou yo va nonmen". ⁸ Sa vle di, se pa zanfan lachè yo ki se pitit Bondye, men [d]zanfan a pwomès la ki konsidere kòm erityè yo. ⁹ Paske men pawòl a pwomès la: [e]"Nan moman apwente a, m ap vini e Sarah va gen yon fis." ¹⁰ Epi se pa sèlman sa, men te gen [f]Rebecca osi, lè li te fè jimo yo pou yon sèl moun, Isaac, papa nou. ¹¹ Paske [g]malgre jimo yo pot ko fèt e pot ko fè anyen ni byen ni mal, pou volonte Bondye selon chwa li ta kanpe, pa akoz zèv yo, men akoz Li menm, Bondye, ki fè apèl la,

---

[a] **8:22** Jr 12:4,11   [b] **8:23** Wo 8:16   [c] **8:24** Wo 4:18   [d] **8:25** I Tes 1:3   [e] **8:26** Jn 14:16
[f] **8:27** Sòm 139:1   [g] **8:28** Wo 8:32   [h] **8:28** Wo 8:30   [i] **8:29** Wo 11:12   [j] **8:30** I Kwo 6:11   [k] **8:30** Jn 17:22   [l] **8:31** Sòm 118:6   [m] **8:32** Jn 3:16   [n] **8:33** És 50:8   [o] **8:34** Wo 8:27   [p] **8:35** II Kwo 4:8
[q] **8:35** I Kwo 4:11   [r] **8:36** Sòm 44:22   [s] **8:37** Jn 16:33   [t] **8:38** I Kwo 3:22   [u] **8:39** Wo 5:8   [v] **9:1** II Kwo 11:10   [w] **9:3** Egz 32:32   [x] **9:3** Wo 11:14   [y] **9:4** Egz 4:22   [z] **9:5** Mat 1:1-16   [a] **9:6** Wo 2:28
[b] **9:7** Jn 8:23   [c] **9:7** Jen 21:12   [d] **9:8** Wo 4:13,16   [e] **9:9** Jen 18:10   [f] **9:10** Jen 25:21   [g] **9:11** Wo 4:17

¹² Li te di a Rebecca: ᵃ"Pi gran an va sèvi pi piti a". ¹³ Jan sa ekri a: ᵇ"Jacob Mwen te renmen an, men Ésaü mwen te rayi a".

¹⁴ Ki sa nou kapab di konsa? Èske gen lenjistis avèk Bondye? Fòk nou konprann sa pa janm fèt! ¹⁵ Paske Li di a Moïse: ᶜ"Mwen va bay mizerikòd a sila ke m vle bay mizerikòd, e konpasyon pou sa ke m vle gen konpasyon." ¹⁶ Konsa, sa pa depann de moun ki vle a oubyen moun ki kouri a, men de ᵈBondye ki vle bay mizerikòd la. ¹⁷ Paske ᵉLekriti a di a Farawon: "Pou rezon sa a menm, Mwen te leve ou, pou montre pouvwa Mwen nan ou, pou non Mwen kapab pwoklame toupatou nan lemonn." ¹⁸ Konsa, L ap fè mizerikòd a sila Li vle a, e l ap fè ᶠkè di a sila Li pito a.

¹⁹ Konsa nou va di m: "Poukisa Li toujou jwenn fot? ᵍKilès ki kab reziste a volonte Li." ²⁰ Okontrè, ʰkilès ou ye, o lòm, k ap bay Bondye repons lan? ⁱBagay ki moulen avèk ajil la pa kapab di a moun ki fè l la: "Poukisa ou te fè m konsa?" Se pa sa? ²¹ Èske mèt kanari a pa gen dwa sou ajil la, pou l sèvi menm sous ajil la pou fè yon kanari gwo valè e yon kanari komen? ²² Kisa, si Bondye, malgre volonte L pou montre lakòlè Li, ak fè moun wè pwisans Li, te andire avèk anpil pasyans ak veso lakòlè ʲki te prepare pou detwi yo. ²³ Epi Li te fè sa pou Li ta kapab fè wè ᵏrichès laglwa Li sou veso mizerikòd yo, ke li te prepare davans pou glwa Li, ²⁴ menm nou menm ke Li te rele osi yo, ˡnon sèlman pami Jwif yo, men anplis pami pèp etranje yo. ²⁵ Jan Li di osi nan Osée a:
ᵐ"Mwen va rele sila ki pa te pèp mwen yo, 'pèp mwen',
e sila ki pa t byeneme Mwen yo, 'byeneme'"
²⁶ "Epi li va rive ke nan plas kote Li te di yo a: ⁿ'Nou pa pèp mwen',
la menm, yo va rele yo fis a Bondye Vivan an.'"
²⁷ Ésaïe te kriye fò pou Israël:
ᵒ"Malgre fis a Israël yo anpil tankou grenn sab lanmè, se yon ti retay ki va sove".
²⁸ ᵖ"Paske Bondye va egzekite pawòl Li sou latè avèk vitès, san manke anyen.
²⁹ Epi jan Ésaïe te prevwa a:
ᑫ"Amwenske Senyè dèzame yo pa t kite yon posterite pou nou,
nou ta devni tankou Sodome;
nou ta sanble Gomorrhe."
³⁰ Konsa, kisa nou kapab di? Ke pèp etranje yo, ki pa t chache ladwati Bondye a, te twouve ladwati, ʳladwati menm ki pa lafwa a. ³¹ Men Israël ˢki t ap chèche yon lwa ladwati, pa t rive nan lwa sa a. ³² Poukisa? Paske yo pa t chèche li pa lafwa, men konsi se te pa zèv. Yo te bite, sou ᵗwòch bite a. ³³ Jis jan sa ekri a:
ᵘ"Gade, m ap mete yon wòch nan Sion k ap fè moun bite;
ᵛyon wòch k ap yon ofans,
e sila ki kwè nan Li Menm nan, p ap janm desi."

10 Frè m yo, dezi kè m ak lapriyè m a Bondye se pou tout Jwif yo kapab sove. ² Paske mwen temwaye de yo ke yo ʷgen yon zèl pou Bondye, men pa selon bon konprann yo. ³ Paske san konesans de ˣladwati Bondye a, yo te eseye etabli ladwati pa yo, e yo pa t soumèt yo menm a jistis Bondye a. ⁴ Paske ʸKris fè lalwa a ranpli pou ladwati de tout sila ki kwè yo.

⁵ Moïse te ekri ke moun ᶻki pratike ladwati ki baze sou Lalwa a ap viv pa jistis sila a. ⁶ Men ᵃladwati ki baze sou lafwa a, pale konsa: ᵇ"Pa di nan kè ou 'Kilès k ap monte nan syèl la?' (Sa vle di pou fè Kris desann) ⁷ Oubyen: 'Kilès k ap desann nan labim nan' (sa vle di pou ᶜmennen Kris sòti nan lanmò)." ⁸ Men kisa sa di? ᵈ"Pawòl la toupre ou nan bouch ou, ak nan kè ou." Sa vle di pawòl lafwa ke n ap preche a, ⁹ ke si ou konfese avèk bouch ou Jésus kòm Senyè, e kwè nan kè ou ke ᵉBondye te resisite L, soti nan lanmò, ou va sove.

ᵃ **9:12** Jen 25:23 ᵇ **9:13** Mal 1:2 ᶜ **9:15** Egz 33:19 ᵈ **9:16** Ef 2:8 ᵉ **9:17** Egz 9:16 ᶠ **9:18** Egz 4:21 ᵍ **9:19** II Kwo 20:6 ʰ **9:20** Job 33:13 ⁱ **9:20** És 29:16 ʲ **9:22** Pwov 16:4 ᵏ **9:23** Wo 2:4 ˡ **9:24** Wo 3:29 ᵐ **9:25** Os 2:23 ⁿ **9:26** Os 1:10 ᵒ **9:27** És 10:22 ᵖ **9:28** És 10:23 ᑫ **9:29** És 1:9 ʳ **9:30** Wo 1:17 ˢ **9:31** És 51:1 ᵗ **9:32** És 8:14 ᵘ **9:33** És 28:16 ᵛ **9:33** És 8:14 ʷ **10:2** Trav 21:20 ˣ **10:3** Wo 1:17 ʸ **10:4** Wo 7:1-4 ᶻ **10:5** Lev 18:5 ᵃ **10:6** Wo 9:30 ᵇ **10:6** Det 30:12 ᶜ **10:7** Eb 13:20 ᵈ **10:8** Det 30:14 ᵉ **10:9** Trav 2:24

[10] Paske avèk kè yon moun kwè ki fè l rive nan ladwati a, e avèk bouch li konfese ki fè l va sove. [11] Paske Ekriti Sen an di: [a]"Nenpòt moun ki kwè nan Li p ap desi."

[12] Paske [b]pa gen distenksyon antre Jwif ak Grèk; paske menm Senyè a se Senyè a tout moun, e Li plen richès pou tout sila ki rele Li yo. [13] Konsa, [c]"Nenpòt moun ki rele Non Senyè a ap sove." [14] Konsa kòman yo va rele Li si yo pa janm kwè? Kòman yo va kwè nan Li [d]si yo pa janm tande? Epi kòman yo va tande san [e]yon predikatè? [15] Kòman yo va preche yo si yo pa voye ba yo? Jis jan sa ekri a:

[f]"A la bèl pye a sila ki pote bòn nouvèl a bon bagay bèl yo!"

[16] Sepandan, se pa tout moun ki te aksepte bòn nouvèl la; Ésaïe di: [g]"Senyè, kilès ki kwè rapò nou an?" [17] Konsa lafwa soti nan [h]tande, e tande pa [i]pawòl a Kris la. [18] Men mwen di: "Byensi, yo pa janm tande; se pa sa?" Anfèt yo tande:

[j]"Vwa pa yo ale sou tout latè e pawòl pa yo rive jis nan dènye pwent mond lan."

Epi pawòl yo rive nan tout pwent latè a.

[19] Men mwen di: "Byensi Israël pa t konnen; se pa sa?" Dabò, Moïse di:

[k]"M ap fè nou jalou pou sa ki pa yon nasyon;
avèk yon nasyon san konprann, m ap fè nou fache."

[20] Ésaïe, ak kouraj te di: [l]"Mwen te twouve pa sila ki pa t chache M yo;
Mwen te vin parèt a sila ki pa t mande pou mwen yo."

[21] Men selon Israël Li di: "Mwen lonje men m tout lajounen bay yon pèp tèt di e dezobeyisan."

11 Konsa, mwen mande: Èske Bondye [m]rejte pèp Li a? Pa janm panse sa! Paske mwen se yon Izrayelit tou, yon desandan Abraham, ki sòti nan tribi Benjamin an. [2] Bondye [n]pa janm rejte pèp Li a ke Li te konnen oparavan an. Èske ou pa konnen sa Ekriti a di nan pasaj sou Élie, jan li te plede avèk Bondye kont Israël? [3] "Senyè [o]yo touye pwofèt ou yo; yo kraze lotèl ou yo. Se mwen sèl ki rete, e y ap chèche touye m tou." [4] Men ki repons ojis Bondye te bay li?: [p]"Mwen kenbe pou Mwen menm sèt-mil òm ki pa t mete ajenou devan Baal." [5] Nou konprann menm jan ke nan tan prezan pa nou anplis, nou twouve yon retay nan pèp la pa gras ak chwa Bondye. [6] Men [q]si se pa gras sa rive, li pa baze ankò sou zèv. Otreman li pa t ap gras ankò. Men si se pa zèv, li pa gras ankò. Otreman, zèv se pa zèv ankò.

[7] Alò, Kisa? Sa ke [r]Israël ap cheche a, sa a, li pa t twouve. Men sila yo ki te chwazi pa Bondye, te twouve l, e rès la te vin [s]di nan kè. [8] Jis jan sa te ekri a: [t]"Bondye te bay yo yon espri sòt, zye pou yo pa wè, ak zòrèy pou yo pa tande jiska menm jou sila a."

[9] Konsa, David di:

[u]"Kite tab yo devni yon pèlen ak yon pyèj;
yon wòch bite ak yon chatiman pou yo.
[10] [v]Kite zye yo vin nwa pou yo pa wè ak do yo koube pou tout tan."

[11] Konsa, mwen mande: "Yo pa t glise tonbe nèt"? Se pa sa! Sa p ap janm rive konsa! Men pa transgresyon pa yo, [w]sali a gen tan rive a pèp etranje yo pou fè yo jalou. [12] Alò, si transgresyon pa yo se richès pou mond lan, e echèk pa yo se richès pou pèp etranje yo, konbyen anplis [x]pou lè yo menm reyisi?

[13] Paske m ap pale avèk nou menm ki se pèp etranje yo. Otan ke [y]mwen menm se yon apòt a pèp etranje yo, mwen leve sèvis ministè pa m byen wo. [14] Men pou si l ta ka vin fèt (ke pa yon mwayen oswa yon lòt), si mwen ta kapab eksite pwòp pèp mwen an a jalouzi, pou m ta kapab [z]sove kèk, mwen ta fè l. [15] Paske si rejeksyon pa yo se [a]rekonsilyasyon pou

---

[a] **10:11** És 28:16   [b] **10:12** Wo 3:22,29   [c] **10:13** Jl 2:32   [d] **10:14** Ef 2:17   [e] **10:14** Trav 8:31
[f] **10:15** És 52:7   [g] **10:16** És 53:1   [h] **10:17** Gal 3:2,5   [i] **10:17** Kol 3:16   [j] **10:18** Sòm 19:4
[k] **10:19** Det 32:21   [l] **10:20** És 65:1   [m] **11:1** I Sam 12:22   [n] **11:2** Sòm 94:14   [o] **11:3** I Wa 19:10,14   [p] **11:4** I Wa 19:18   [q] **11:6** Wo 4:4   [r] **11:7** Wo 9:31   [s] **11:7** Mc 6:52   [t] **11:8** Det 29:4
[u] **11:9** Sòm 69:22   [v] **11:10** Sòm 69:23   [w] **11:11** Trav 28:28   [x] **11:12** Wo 11:25   [y] **11:13** Trav 9:15
[z] **11:14** I Kwo 1:21   [a] **11:15** Wo 5:11

tout mond lan, kisa l ap ye menm lè yo vin aksepte, sof ke lavi k ap sòti nan lanmò.

16 Si ᵃpremye mòso ki sòti nan pat pen an sen, tout rès la ap sen tou, e si rasin lan sen, tout branch yo ap sen tou. 17 Men si kèk nan ᵇbranch yo te kase retire, epi ᶜou menm, kòm yon oliv sovaj, te vin grefe pami yo, e te devni yon pati vivan avèk yo nan gwo rasin pye oliv la, 18 pa vin awogan anvè branch yo. Men si ou ta vin awogan, sonje ke ᵈse pa ou menm ki bay soutyen a rasin lan, men li menm ki bay ou soutyen. 19 ᵉKonsa ou va di: "Men branch yo te kase pou m te kab vin grefe ladan yo". 20 Se sa li ye; yo te kase akoz de enkwayans yo, men ᶠou kanpe pa lafwa ou. Pa vin fè pretansye, men gen lakrent. 21 Paske si Bondye pa t konsève branch orijinal yo, Li p ap konsève ou menm nonplis. 22 Konsa, byen gade bonte ak severite Bondye a. Anvè sila ki tonbe yo, severite, men pou ou menm, bonte Li, ᵍsi ou kontinye nan bonte Li. Otreman, l ap retire ou tou. 23 Konsa, yo menm tou ʰsi yo pa kontinye nan enkwayans yo, y ap grefe ladann ankò. Paske Bondye toujou kapab grefe yo ladann. 24 Paske si ou te koupe soti nan yon bwa ki pa nati li, te yon bwa oliv sovaj, e ou te vin grefe kont nati, nan yon bwa oliv ki kiltive, konbyen anplis tout branch sila yo ki se branch natirèl va grefe nan bwa oliv orijinal la.

25 Paske mwen pa vle nou, frè m yo, manke konprann mistè sila aⁱpouke ou vin sipoze ou plen ak sajès. Yon tèt di nan yon pati gen tan pran Israël jiskaske tout pèp etranje yo fin antre. 26 Konsa, tout Israël va sove. Jis jan sa ekri a:

ʲ"Sila k ap delivre a va sòti de Sion.
Li va retire enkwayans a Jacob."

27 ᵏ"Sa se akò Mwen avèk yo;
lè Mwen va retire peche pa yo."

28 Nan bi bòn nouvèl la, yo menm se lènmi pou benefis pa nou. Men selon bi chwa Bondye a, yo se byeneme pou ˡbenefis a zansèt yo. 29 Paske kado ak ᵐapèl Bondye pa revokab. 30 Menm jan ke yon fwa ou te nan dezobeyisans a Bondye, men koulye a Li bannou gras akoz dezobeyisans a Jwif yo, 31 konsa, yo menm tou dezobeyisan koulye a, men akoz mizerikòd Bondye gen tan bannou, yo kapab twouve gras tou. 32 Paske ⁿBondye gen tan fèmen nou tout nan dezobeyisans pou li kapab montre nou tout mizerikòd li.

33 O, pwofondè ᵒrichès a ᵖsajès ak konesans Bondye! A la ensondab Jijman Li ensondab! A la chemen Li yo depase konprann!

34 Paske ᵠ"Kilès ki konnen panse
    a Senyè a?"
Oubyen "Kilès ki kapab bay Li
    konsèy?"
35 Oswa ʳ"Kilès ki konn bay Li
    yon bagay
pou Li kapab repeye li ankò?"

36 Paske ˢsoti nan Li, atravè Li, e akoz Li se tout bagay. A Li menm laglwa jis pou tout tan, Amen.

12 Konsa, frè m yo, mwen egzòte nou pa tout mizerikòd Bondye yo, pou ᵗprezante kò nou kon yon sakrifis vivan e sen, ki se sèvis fidèl ke nou rann pou adore Bondye. 2 Pou sa a, pa konfòme nou a mond sa a, men transfòme nou pa ᵘrenouvèlman lespri nou, pou nou kapab ᵛpwouve sa ke volonte Bondye a ye; sa ki bon, akseptab e konplè san manke anyen.

3 Paske selon gras ke mwen resevwa a, mwen di a chak moun pami nou ʷpou pa panse pi wo de tèt li pase sa li ta dwe panse a; men panse avèk yon jijman rezonab, konsi, Bondye te bay chak moun yon mezi lafwa. 4 Paske ˣmenm jan ke kò nou gen anpil manm e tout manm sa yo pa gen menm fonksyon, 5 konsa nou menm tou ki anpil, nou fè ʸyon sèl kò nan Kris la, e nou chak manm youn ak lòt. 6 Akoz nou gen don ki ᶻpa menm, selon gras ke nou resevwa a, annou chak sèvi yo konsa; si se pwofetize, sèvi l selon mezi lafwa ke Bondye bannou; 7 si se ᵃfè sèvis, nan

---

ᵃ **11:16** Nonb 15:18   ᵇ **11:17** Jn 15:2   ᶜ **11:17** Ef 2:11   ᵈ **11:18** Jn 4:22   ᵉ **11:19** Wo 9:19
ᶠ **11:20** Wo 5:2   ᵍ **11:22** I Kwo 15:2   ʰ **11:23** II Kwo 3:16   ⁱ **11:25** Wo 12:16   ʲ **11:26** És 59:20   ᵏ **11:27** És 59:21   ˡ **11:28** Wo 8:28   ᵐ **11:29** Wo 8:28   ⁿ **11:32** Wo 3:9   ᵒ **11:33** Wo 2:4
ᵖ **11:33** Kol 2:3   ᵠ **11:34** És 40:13   ʳ **11:35** Job 35:7   ˢ **11:36** I Kwo 8:6   ᵗ **12:1** Wo 6:13,19
ᵘ **12:2** Ef 4:23   ᵛ **12:2** Ef 5:10,17   ʷ **12:3** Wo 11:20   ˣ **12:4** I Kwo 12:12-14   ʸ **12:5** I Kwo 12:20,27
ᶻ **12:6** Wo 12:3   ᵃ **12:7** Trav 6:1

sèvi moun, si se ᵃenstwi, nan enstwi, ⁸ si se egzòte moun, nan egzòtasyon; si se bay, bay avèk jenewozite; ᵇsi se dirije, dirije avèk dilijans, si se bay mizerikòd, bay li avèk kè kontan.

⁹ Se pou nou renmen ᶜsan ipokrizi. Rayi sa ki mal e kenbe fèm a sa ki bon. ¹⁰ ᵈSe pou nou angaje nou youn ak lòt nan lanmou fratènèl; bay preferans youn pou lòt avèk lonè. ¹¹ Pa fè bak nan dilijans, rete ᵉzele nan lespri nou, ak ᶠnan sèvis Senyè a, ¹² ᵍrejwi nou nan esperans, rete pasyan nan tribilasyon ʰpèsevere nan lapriyè. ¹³ ⁱKontribye pou bezwen a sen yo, e toujou ʲpratike ospitalite.

¹⁴ ᵏBeni sila ki pèsekite nou yo, bay benediksyon e pa bay madichon. ¹⁵ ˡRejwi avèk sila ki rejwi yo, e kriye avèk sila ki kriye yo. ¹⁶ Kenbe menm panse a youn anvè lòt. Pa kite ògèy antre nan lespri nou, men toujou asosye nou avèk sa ki enb yo. ᵐPa konprann ke se nou menm ki saj. ¹⁷ ⁿPa janm remèt mal pou mal a pèson. Respekte sa ki bon nan zye a tout moun. ¹⁸ Si se posib, otan ke li depann de nou ᵒrete anpè avèk tout moun. ¹⁹ Pa janm pran pwòp vanjans nou, byeneme mwen yo, men kite plas pou kòlè Bondye a. Paske sa ekri: ᵖ"Vanjans se pou Mwen; Mwen menm va bay rekonpans", di Senyè a.

²⁰ ᵠ"Konsa, si lènmi nou grangou,
bay li manje;
e si li swaf, bay li bwè.
Paske lè nou fè l konsa, nou sanble
moso chabon cho sou tèt li."

²¹ Pa kite nou venk pa le mal, men venk mal la avèk sa ki bon.

13 Chak moun dwe ʳobeyisan ak otorite gouvènman yo. Paske pa gen otorite sof ke li sòti nan Bondye, e sila ki egziste yo etabli pa Bondye. ² Konsa, nenpòt moun ki reziste a otorite, opoze a òdonans Bondye a. E sila ki opoze yo va resevwa kondanasyon sou pwòp tèt yo.

³ Paske ˢsila yo ki nan otorite p ap koz laperèz pou sila ki gen bon kondwit yo, men pou sila ki fè mal yo. Èske nou vle pa gen laperèz pou otorite? Fè sa ki bon e yo va bannou lwanj. ⁴ Paske li menm se sèvitè Bondye anvè nou menm pou sa ki bon. Men si nou fè sa ki mal, fòk nou pè; paske li pa pote nepe pou granmesi. Paske li se yon sèvitè Bondye, yon ᵗvanjè k ap pote kòlè sou sila ki pratike mechanste yo. ⁵ Konsa, li nesesè pou nou soumèt nou. Sa pa fèt sèlman akoz krent lakòlè a, men osi ᵘakoz bon konsyans pa nou. ⁶ Se pou sa tou ke nou toujou peye taks leta a; paske sila k ap gouvène yo se sèvitè Bondye ki te plase espre pou sèvis sa a. ⁷ ᵛBay yo tout sa ke nou dwe yo; taks a sila nou dwe taks yo, enpo a sila nou dwe enpo yo, lakrent a sila ke nou dwe krent yo, onè a sila ke nou dwe onè yo.

⁸ Pa dwe anyen a pèsòn, eksepte renmen youn lòt; paske sila ki renmen vwazen li, akonpli lalwa a. ⁹ Konsa ʷ"Pa fè adiltè, Pa touye moun, Pa vòlè, pa gen lanvi pou sa ki nan lòt", epi si gen lòt kòmandman, li ranpli nan pawòl sa a: ˣ"Ou va renmen vwazen ou tankou tèt ou." ¹⁰ Lanmou pa janm fè mal a yon vwazen, konsa ʸlanmou toujou akonpli lalwa a.

¹¹ Fè sa, paske nou konnen lè a. Lè a rive pou nou ᶻleve nan dòmi, paske delivrans nou pi prè pase lè nou te kwè a. ¹² Nwit lan prèske fini; jounen an prè. Konsa, annou mete sou kote tout ᵃzèv tenèb yo, e abiye nou ak ᵇpwotèj limyè a. ¹³ Annou ᶜgen bon kondwit tankou nan lajounen. Pa antre nan banbòch ak eksè bwè, ni nan tout zak imoral, sansyèl, goumen, ak jalouzi. ¹⁴ Men ᵈabiye nou ak Senyè Jésus Kri a e pa fè pwovizyon pou lachè ak tout dezi li yo.

14 Alò ᵉaksepte sila ki fèb nan lafwa a, men pa pou diskisyon sou tout opinyon yo. ² Yon moun gen lafwa pou li kab manje tout bagay, men ᶠsila ki fèb la manje sèlman legim. ³ Sila ki manje a pa

---

ᵃ **12:7** Trav 13:1   ᵇ **12:8** I Tim 5:17   ᶜ **12:9** II Kwo 6:6   ᵈ **12:10** Jn 13:34   ᵉ **12:11** Trav 18:25
ᶠ **12:11** Trav 20:19   ᵍ **12:12** Wo 5:2   ʰ **12:12** Trav 5:14   ⁱ **12:13** II Kwo 9:1   ʲ **12:13** Mat 25:35
ᵏ **12:14** Mat 5:44   ˡ **12:15** Job 30:25   ᵐ **12:16** Pwov 3:7   ⁿ **12:17** Pwov 20:22   ᵒ **12:18** Mc 9:50
ᵖ **12:19** Det 32:35   ᵠ **12:20** II Wa 6:22   ʳ **13:1** Tit 3:1   ˢ **13:3** I Pi 2:14   ᵗ **13:4** I Tes 4:6   ᵘ **13:5** Ekl 8
ᵛ **13:7** Mat 22:21   ʷ **13:9** Egz 20:13   ˣ **13:9** Lev 19:18   ʸ **13:10** Mat 7:12   ᶻ **13:11** Mc 13:37
ᵃ **13:12** Ef 5:11   ᵇ **13:12** Ef 6:11,13   ᶜ **13:13** I Tes 4:12   ᵈ **13:14** Job 29:14   ᵉ **14:1** Trav 28:2
ᶠ **14:2** Wo 14:1

dwe ^ameprize sila ki pa manje a, e sila ki pa manje a pa dwe jije sila ki manje a, paske Bondye aksepte li. ^{4 b}Ki moun nou ye pou jije sèvitè a yon lòt? Devan pwòp mèt pa li l ap kanpe oubyen l ap tonbe. E l ap kanpe menm, paske Bondye kapab fè l kanpe.

^{5 c}Yon moun gade yon jou kòm pi enpòtan ke yon lòt, yon lòt menm gade ke tout jou yo menm. Kite chak moun ^dvin byen konvenk nan konsyans pa li. ⁶ Sila ki kenbe enpòtans a yon jou, li fè l pou Senyè a, e sila ki pa kenbe l, se a Senyè a li pa fè l. Epi sila ki manje, se pou Senyè a ke li manje, paske li bay remèsiman a Bondye. Epi li ki pa manje, pa manje a Senyè a, paske li bay Bondye remèsiman. ⁷ Paske pa gen youn nan nou ki ^eviv pou tèt li, ni pa gen youn ki mouri pou tèt li. ⁸ Si nou viv, nou viv pou Senyè a, oubyen si nou mouri, nou mouri pou Senyè a. ^fDonk kit nou viv, oswa kit nou mouri, se a Senyè a. ⁹ Pou rezon sa a ^gKris te mouri, Li te resisite, e Li te viv ankò, pou Li te kapab ^hSenyè pou ni sa ki mouri ak sa ki vivan.

¹⁰ Men nou menm, poukisa nou jije frè nou an? Oswa, nou menm ankò, poukisa nou meprize frè nou an? Paske ⁱnou tout va kanpe devan chèz jijman Bondye a. ¹¹ Paske sa ekri:

^j"Jan Mwen vivan an, di Senyè a,
tout jenou ap bese devan Mwen,
e tout lang ap bay lwanj a Bondye".

¹² Konsa ^knou chak ap rann kont de tèt li, bay Bondye.

¹³ Konsa, annou ^lpa jije youn lòt ankò. Men olye de sa, annou detèmine pou nou ^mpa mete okenn obstak oubyen wòch k ap fè moun bite sou wout a yon frè. ¹⁴ Mwen konnen e mwen byen konvenk nan Senyè a Jésus ke ⁿpa gen anyen ki pa pwòp nan li menm; men pou sila a ki panse ke yon bagay pa pwòp, pou li menm li pa pwòp la. ¹⁵ Paske si se pou afè manje nou ke frè nou an vin blese a, ^onou p ap mache nan lanmou ankò. Pa detwi pou afè manje nou an, sila pou kilès Kris te mouri an. ¹⁶ Konsa pa kite sa ki bon bagay pou ou a, vin pale pa lòt yo kòm yon mal. ¹⁷ Paske wayòm Bondye a se pa manje ak bwè, men se ladwati ^plapè, ak lajwa nan Lespri Sen an. ¹⁸ Sila ki sèvi Kris konsa a akseptab a Bondye, e apwouve pa lèzòm. ¹⁹ Donk konsa, nou ^qpouswiv bagay k ap fè nou gen lapè yo, e k ap soutni nou youn lòt. ²⁰ Pa dechire travay Bondye a pou afè manje. Anfèt tout bagay pwòp, men ^ryo mal pou moun ki manje e ki ofanse lòt moun. ^{21 s}Se bon pou pa manje vyann ni bwè diven oubyen fè nenpòt bagay k ap fè frè ou a chite. ²² Lafwa ke ou genyen an, genyen li kòm pwòp konviksyon pa w devan Bondye. Beni se sila a ki ^tpa kondane pwòp tèt li nan sa ke li apwouve. ²³ Men ^usila ki doute a gen tan fin kondane si li manje, paske manje li a pa fèt ak lafwa; e nenpòt bagay ki pa fèt ak lafwa, se peche.

15 Alò nou menm ki fò, nou dwe sipòte feblès ^vsila ki san fòs yo, e se pa sèlman fè pwòp tèt nou plezi. ² Ke chak en de nou ^wfè kè vwazen nou alèz pou l ka jwenn tout sa ki bon, k ap fè l plen konfyans. ³ Paske ^xmenm Kris pà t fè tèt li plezi, menm jan sa ekri a: ^y"Repwòch de sila ki te repwoche ou yo te tonbe sou Mwen." ⁴ Paske ^ztout bagay ki te ekri nan tan pase yo te ekri pou enstwi nou menm; pouke selon pèseverans ak ankourajman Ekriti yo, nou ta kapab vin genyen lespwa. ⁵ Koulye a mwen priye, pou menm Bondye ki bay pèseverans ak ankourajman an ^akapab fè nou gen menm panse, youn avèk lòt atravè Jésus Kris: ⁶ Pouke nan tout akò pou nou kapab avèk yon sèl vwa bay glwa a ^bBondye, Papa a Senyè nou an, Jésus Kri.

⁷ Konsa ^caksepte youn lòt, menm jan ke Kris osi te aksepte nou pou laglwa Bondye a. ⁸ Paske mwen di ke Kris gen tan vin yon sèvitè a ^dsila ki sikonsi yo, anfavè verite a

---

^a **14:3** Luc 18:9 ^b **14:4** Wo 9:20 ^c **14:5** Gal 4:10 ^d **14:5** Wo 4:21 ^e **14:7** Wo 8:38 ^f **14:8** Luc 20:38 ^g **14:9** Rev 1:18 ^h **14:9** Fil 2:11 ⁱ **14:10** Wo 2:16 ^j **14:11** És 45:23 ^k **14:12** Mat 12:36 ^l **14:13** Mat 7:1 ^m **14:13** I Kwo 8:13 ⁿ **14:14** Trav 10:15 ^o **14:15** Ef 5:2 ^p **14:17** Wo 15:13 ^q **14:19** Sòm 34:14 ^r **14:20** I Kwo 8:9-12 ^s **14:21** I Kwo 8:13 ^t **14:22** I Jn 3:21 ^u **14:23** Wo 14:5 ^v **15:1** Wo 14:1 ^w **15:2** I Kwo 9:22 ^x **15:3** II Kwo 8:9 ^y **15:3** Sòm 69:9 ^z **15:4** Wo 4:23 ^a **15:5** Wo 12:16 ^b **15:6** Rev 1:6 ^c **15:7** Wo 14:1 ^d **15:8** Mat 15:24

Bondye a pou konfime pwomès ki te fèt a zansèt yo; [9] epi pou pèp etranje yo ta ka bay Bondye glwa pou mizerikòd Li, jan sa ekri a:

[a]"Konsa, Mwen va bay Ou lwanj
pami pèp etranje yo,
e mwen va chante Non Ou."

[10] Li di ankò:
[b]"Rejwi, O pèp etranje yo avèk
pèp Li a."

[11] Epi ankò:
[c]"Bay lwanj a Senyè a, nou tout
pèp etranje yo!
Kite tout pèp yo ba Li lwanj."

[12] Esaïe di ankò:
[d]"Li va gen rasin Jessé a;
Sila ki leve pou renye sou pèp
etranje yo.
Nan Li menm, pèp etranje yo va
mete espwa yo."

[13] Koulye a, ke Bondye esperans lan kapab ranpli nou avèk lajwa ak lapè nan lafwa pouke nou kapab plen avèk esperans pa pwisans a Lespri Sen an.

[14] Epi konsènan nou menm, frè mwen yo, mwen gen konviksyon ke nou menm, nou plen ak bonte, byen ranpli avèk [e]tout konesans, e kapab osi egzòte youn lòt. [15] Men mwen ekri nou avèk kouraj sou kèk pwen pou fè nou sonje ankò, akoz [f]gras Bondye ke mwen resevwa a, [16] pou m kapab yon [g]sèvitè Jésus Kris pou pèp etranje yo, pou m fè sèvis kòm yon prèt pou levanjil Bondye a, jis pou [h]ofrann mwen bay pèp etranje yo kapab vin akseptab, e byen sanktifye pa Lespri Sen an. [17] Konsa, nan Jésus Kri mwen gen tan twouve rezon pou vante tèt mwen nan [i]bagay ki apatyen a Bondye. [18] Mwen p ap pèmèt mwen pale de okenn bagay sof de sa ke [j]Kris gen tan akonpli atravè mwen an, kon rezilta a, obeyisans pèp etranje yo pa pawòl ak aksyon, [19] nan pouvwa sign ak mirak yo [k]nan pouvwa Lespri a, pouke soti Jérusalem jis rive nan Illyrie ak anviwon peyi a, mwen fin preche tout levanjil a Kris la. [20] Se konsa mwen vle preche levanjil la; pa kote ke Kris te deja konnen [l]pou m pa bati sou fondasyon a yon lòt moun, [21] Men jan sa ekri a:

[m]"Sila ki pa gen nouvèl Li yo va wè,
e sila ki pa tande yo va konprann".

[22] Pou rezon sa a byen souvan [n]mwen anpeche vin kote nou. [23] Men koulye a, akoz pa gen lòt andwa pou mwen nan rejyon sa yo, e depi [o]anpil ane mwen anvi vin wè nou, [24] nenpòt lè mwen ale Espagne, mwen espere wè nou pandan m ap pase. Konsa nou kapab [p]ede m fin rive la apre mwen fin [q]rejwi de prezans nou pandan kèk tan. [25] Men koulye a [r]mwen prale Jérusalem pou [s]sèvi fidèl yo. [26] Paske legliz yo nan [t]Macédoine ak Achaïe te kontan fè yon don pou malere yo pami fidèl Jérusalem yo. [27] Wi, yo te kontan fè sa, e yo dwe yo. Paske [u]si pèp etranje yo gen tan pataje bagay ki soti nan Lespri Bondye a, yo dwe remèt sèvis a yo tou ak bagay materyèl. [28] Konsa, lè m fin fè sa, e [v]mete so mwen sou fwi sa ki sòti nan yo menm nan, m ap pase bò kote nou nan wout pou m ale Espagne la. [29] Mwen konnen ke [w]lè m vin kote nou, m ap vini byen ranpli avèk benediksyon a Kris la.

[30] Koulye a mwen ankouraje nou, frè m yo, pa Senyè nou an, Jésus Kri e pa [x]lanmou Lespri a, pou [y]fè tout efò ansanm avèk mwen nan lapriyè a Bondye pou mwen menm [31] pou mwen kapab delivre anba sila yo nan Juda ki dezobeyisan, e pou [z]sèvis mwen pou Jérusalem kapab akseptab devan fidèl yo, [32] pou mwen kapab vini a nou menm nan lajwa pa [a]volonte Bondye e pou m twouve yon repo rafrechisan an konpayi de nou menm. [33] Pou koulye a [b]ke Bondye lapè a kapab avèk nou tout. Amen.

16 Mwen [c]rekòmande a nou sè nou Phoebé, yon sèvant legliz ki nan Cenchrée a. [2] Pou nou resevwa li nan non Senyè a nan yon jan ke fidèl yo ta dwe fè, e pou nou ede li nan nenpòt bezwen ke li

---

[a] 15:9 II Sam 22:50
[b] 15:10 Det 32:43
[c] 15:11 Sòm 117:1
[d] 15:12 És 11:10
[e] 15:14 I Kwo 1:5
[f] 15:15 Wo 12:3
[g] 15:16 Trav 9:15
[h] 15:16 Wo 12:1
[i] 15:17 Eb 2:17
[j] 15:18 Trav 15:12
[k] 15:19 Wo 15:13
[l] 15:20 I Kwo 3:10
[m] 15:21 És 52:15
[n] 15:22 Wo 1:13
[o] 15:23 Trav 19:21
[p] 15:24 Trav 15:3
[q] 15:24 Wo 1:12
[r] 15:25 Trav 19:21
[s] 15:25 Trav 24:17
[t] 15:26 Trav 16:9
[u] 15:27 I Kwo 9:11
[v] 15:28 Jn 3:33
[w] 15:29 Trav 19:21
[x] 15:30 Kol 1:8
[y] 15:30 I Kwo 1:11
[z] 15:31 Wo 15:25
[a] 15:32 Trav 18:21
[b] 15:33 Wo 16:20
[c] 16:1 II Kwo 3:1

kapab genyen. Paske li menm[a] se yon èd pou anpil lòt moun, ak pou mwen menm tou.

[3] Salye [b]Prisca ak Aquilas, ouvriyè yo nan travay mwen nan Jésus Kris, [4] moun ki te riske pwòp tèt yo pou lavi m. Se pa sèlman a yo menm ke m di mèsi, men a tout legliz pèp etranje yo. [5] Salye osi tout [c]legliz la ki reyini lakay yo a. Salye Épaïnète, zanmi byeneme m, ki te premye konvèti an Asie a. [6] Salye Marie ki travay di pou nou. [7] Salye Andronicus ak Junias, paran mwen yo, e [d]prizonye parèy mwen yo, ki byen remakab pami apot yo, e ki te nan Kris la avan m. [8] Salye Amplias, zanmi byeneme m nan Senyè a. [9] Salye Urbain, ouvriye parèy a nou [e]nan Kris la ak Stachys, zanmi byeneme m nan. [10] Salye Apellès, ki apwouve [f]nan Kris la; salye sila ki lakay Aristobule yo. [11] Salye Hérodion [g]fanmi mwen. Salye sila ki lakay Narcisse yo, ki nan Senyè a. [12] Salye Tryphène ak Tryphose, ouvriye nan Senyè a. Salye Perside, byeneme a, ki travay di nan Senyè a. [13] Salye [h]Rufus, yon nonm chwazi nan Senyè a, manman li osi e ki tankou manman pa m tou. [14] Salye Asyncrite, Phlégon, Hermès, Patrobas, Hermas, ak tout frè ki avèk yo. [15] Salye Philologue ak Julie, Nérée ak sè li, e Olympe, e tout [i]fidèl ki avèk yo. [16] [j]Salye youn lòt avèk yon bo ki sen. Tout legliz Kris la salye nou.

[17] Koulye a, frè mwen yo, mwen ankouraje nou pou toujou veye sou sila k ap koze e fè blokis ki kontrè a enstriksyon nou te resevwa a. [k]Vire do nou ba yo menm. [18] Paske moun konsa se esklav yo ye, pa a Senyè nou an, Kris la, men a pwòp apeti pa yo. Ak [l]pawòl ki dous e flatè, yo desi kè a inosan yo. [19] Paske rapò obeyisans nou an [m]gen tan rive toupatou. Konsa mwen rejwi de nou, men mwen vle nou saj nan sa ki bon e inosan nan sa ki mal. [20] [n]Bondye lapè a va kraze Satan anba pye nou toutalè.

Ke lagras Senyè nou an Jésus kapab avèk nou.

[21] [o]Timothée, kanmarad travay mwen, salye nou, e osi Lucius ak Jason ak Sosipater ki se fanmi mwen. [22] Mwen menm, Tertius [p]k ap ekri lèt sa a, salye nou nan Senyè a. [23] [q]Gaïus ki te ban m kote pou m rete ak tout legliz la, salye nou. Éraste, trezorye vil la salye nou ak Quartus osi, frè a. [24] Ke lagras Senyè nou an, Jésus Kri, rete avèk nou tout. Amen. [25] Koulye a, a Sila ki kapab etabli nou selon bòn nouvèl mwen an ak predikasyon a Jésus Kri a, atravè revelasyon a mistè a ke li te kenbe an sekrè pandan tout tan pase yo, [26] men koulye a ki vin manifeste, selon [r]Ekriti Sen a pwofèt yo, ak kòmandman a Bondye etènèl la, ki vin konnen pa tout nasyon yo, ki mennen rive a [s]obeyisans lafwa a. [27] A Bondye sèl ki saj la, atravè Jésus Kris [t]ki se laglwa pou tout tan an. Amen.

---

[a] **16:2** Fil 2:29 [b] **16:3** Trav 18:2 [c] **16:5** I Kwo 16:19 [d] **16:7** Kol 4:10 [e] **16:9** Wo 8:11
[f] **16:10** Wo 8:11 [g] **16:11** Wo 9:3 [h] **16:13** Mc 15:21 [i] **16:15** Wo 16:2,14 [j] **16:16** I Kwo 16:20
[k] **16:17** Mat 7:18 [l] **16:18** Kol 2:4 [m] **16:19** Wo 1:8 [n] **16:20** Wo 15:33 [o] **16:21** Trav 16:1
[p] **16:22** I Kwo 16:21 [q] **16:23** Trav 19:29 [r] **16:26** Wo 1:2 [s] **16:26** Wo 1:5 [t] **16:27** Wo 11:36

1 KORENTYEN YO

1 Paul, aple kon apot Jésus Kri pa volonte Bondye a, ak Sosthène, frè nou, ² A legliz Bondye ki nan vil Corinthe lan, a sila ki gen tan sanktifye nan Jésus Kri yo, sen ᵃpa apèl Bondye yo, avèk tout sila yo nan tout kote ki rele non Senyè nou an, Jésus Kri; Senyè pa yo e pa nou. ³ ᵇGras de nou e lapè Bondye, Papa nou an, ak Senyè a Jésus Kri.

⁴ ᶜMwen remèsye Bondye mwen an tout tan, o sijè de nou menm, pou lagras Bondye te bannou nan Jésus Kri a. ⁵ Ke nan tout bagay nou te anrichi nan Li, nan tout pawòl ak tout konesans, ⁶ menm pandan temwayaj konsènan Kris la te ᵈkonfime nan nou, ⁷ jis pou nou pa manke nan okenn don, e ᵉtann avèk enpasyans revelasyon a Senyè nou an, Jésus Kri, ⁸ ᶠki va osi konfime nou jiska lafen, san defo nan jou Senyè nou an, Jésus Kri. ⁹ ᵍBondye fidèl, selon Sila nou te rele nan amitye fratènèl avèk Fis Li a, Jésus Kri, Senyè nou an.

¹⁰ Koulye a, mwen egzòte nou, frè yo, pa non a Senyè nou an, Jésus Kri, pou nou tout vin antann nou, pou pa gen ʰdivizyon pami nou, men pou nou vin konplè nan ⁱmenm panse ak nan menm jijman. ¹¹ Paske mwen enfòme o sijè de nou menm, frè m yo, pa moun Chloé yo, ke gen konfli pami nou. ¹² Alò, men kisa m ap di. ʲNou chak ap di: "Mwen se moun Paul", "Mwen se moun ᵏApollos", "Mwen se moun Céphas", e "Mwen se moun Kris la". ¹³ Èske Kris la vin divize? Èske Paul te krisifye pou nou? Oswa èske nou te vin ˡbatize nan non Paul? ¹⁴ Mwen remèsye Bondye ke m pa t ᵐbatize okenn nan nou sof ke Crispus ak Gaïus, ¹⁵ pou okenn moun pa ka di ke nou te batize nan non mwen. ¹⁶ Alò, mwen te batize tout ⁿfanmi Stéphanas la; anplis de sa, mwen pa konnen si m te batize okenn lòt moun. ¹⁷ ᵒPaske Kris pa t voye m pou batize, men pou preche bòn nouvèl la ᵖpa avèk bèl pawòl moun save yo, pou ke kwa Kris la pa ta vin anile. ¹⁸ Paske pawòl lakwa a se foli pou ᵠsila k ap peri yo, men pou nou menm k ap sove yo, se pwisans a Bondye. ¹⁹ Paske sa ekri:

ʳ"Mwen va detwi sajès a saj yo,
e entèlijans moun save yo,
mwen va mete sou kote."

²⁰ Kote nonm saj la? Kote skrib la? Kote moun deba a ˢlaj sila a? Èske Bondye pa fè sajès a mond lan vin foli? ²¹ Paske akoz nan sajès Bondye, lemond ak ᵗsajès pa li pa t vin konnen Bondye. Konsa, Bondye te byen kontan selon foli a mesaj ki te preche a, pou sove sila ki kwè yo. ²² Paske anverite ᵘJwif yo mande pou sign, e Grèk yo chache sajès; ²³ men nou preche ᵛKris krisifye a, pou ʷJwif yo, yon wòch k ap fè moun bite, e pou pèp etranje yo, yon foli. ²⁴ Men pou sila ki aple yo, ni Jwif, ni Grèk, Kris la se ˣpwisans a Bondye, ak ʸsajès Bondye. ²⁵ Paske foli Bondye a pi saj ke lòm, e ᶻfeblès Bondye a pi fò ke lòm.

²⁶ Paske konsidere apèl nou an, frè yo, ke ᵃpa t gen anpil moun ki te saj selon lachè, ni anpil moun ki te fò, ni anpil moun nòb. ²⁷ Men Bondye te chwazi ᵇfoli a mond lan pou fè saj yo wont, e Bondye te chwazi bagay fèb a mond lan pou fè bagay ki pwisan yo vin piti. ²⁸ Konsa, Bondye chwazi bagay ki ba e meprize nan mond lan, ᶜbagay ki pa anyen, pou li kapab anile bagay ki egziste deja yo, ²⁹ pou fè ᵈpèsòn pa kapab vante tèt yo devan Bondye. ³⁰ Men selon sa ke Li menm te fè a, nou nan Jésus Kri. Se Li ki te devni pou nou ᵉsajès ki soti nan Bondye, ansanm ak ᶠjistis, sanktifikasyon, ak redanmsyon.

ᵃ **1:2** Wo 1:7   ᵇ **1:3** Wo 1:7   ᶜ **1:4** Wo 1:8   ᵈ **1:6** Wo 15:14   ᵉ **1:7** Luc 17:30   ᶠ **1:8** Wo 8:19   ᵍ **1:9** Det 7:9   ʰ **1:10** I Kor 11:18   ⁱ **1:10** Wo 12:16   ʲ **1:12** I Kor 3:4   ᵏ **1:12** Trav 18:24   ˡ **1:13** Mat 28:19   ᵐ **1:14** Trav 18:18   ⁿ **1:16** I Kor 16:15,17   ᵒ **1:17** Jn 4:2   ᵖ **1:17** I Kor 2:1,4,13   ᵠ **1:18** II Kor 2:15   ʳ **1:19** És 29:14   ˢ **1:20** Job 12:17   ᵗ **1:21** I Kor 1:27   ᵘ **1:22** Mat 12:18   ᵛ **1:23** I Kor 2:2   ʷ **1:23** I Pi 2:8   ˣ **1:24** I Kor 1:18   ʸ **1:24** I Kor 1:30   ᶻ **1:25** II Kor 13:4   ᵃ **1:26** Mat 11:25   ᵇ **1:27** I Kor 1:20   ᶜ **1:28** Wo 4:7   ᵈ **1:29** Ef 2:9   ᵉ **1:30** I Kor 1:24   ᶠ **1:30** Jr 23:5

³¹ Konsa, jan sa ekri a: "Kite sila ki vante tèt li a, vante tèt li nan SENYÈ a."

2 Lè m te vin kote nou, frè m yo, mwen ᵃpa t vini avèk yon wotè langaj oubyen sajès pou pwokame a nou temwayaj Bondye a. ² Paske mwen te detèmine pou m pa konnen anyen pami nou, sof ᵇJésus Kri, e Sila krisifye a. ³ Mwen te avèk nou nan ᶜfeblès, laperèz, ak anpil tranbleman. ⁴ Epi mesaj mwen avèk predikasyon mwen ᵈpa t fèt avèk pawòl sajès pou fè moun kwè, men nan demonstrasyon Lespri a ak pouvwa a, ⁵ pou lafwa nou pa t repoze sou sajès a lòm, men sou pouvwa Bondye a.ᵉ

⁶ Malgre sa, nou konn pale sajès pami sila ki gen tan ᶠfin grandi. Se yon sajès ki pa sòti ni nan tan sila a, ni nan chèf a tan sila yo, k ap pase. ⁷ Men nou pale sajès Bondye nan yon mistè, sajès kache ke Bondye te ᵍplanifye menm avan tan yo pou laglwa nou; ⁸ sajès ʰke okenn nan chèf a ⁱtan sila yo pa konprann. Paske si yo te konprann li, yo pa t ap krisifye Senyè laglwa a. ⁹ Men jan sa ekri a:
ʲ"Bagay ke zye pa wè e zòrèy pa tande,
ki pa janm antre nan kè a lòm;
tout sa Bondye prepare pou sila
ki renmen Li yo."

¹⁰ Paske a nou menm Bondye te revele yo ᵏpa Lespri a. Paske Lespri a toujou sonde tout bagay, menm jis nan ˡpwofondè Bondye a. ¹¹ Paske kilès pami lòm ki konnen panse a lòm eksepte ᵐlespri a lòm ki anndan li menm nan? Menm jan an, panse a Bondye yo; pèsòn pa konnen yo eksepte Lespri Bondye a. ¹² Alò, nou ⁿpa resevwa, lespri mond lan, men Lespri ki sòti nan Bondye a, pou nou kapab konnen bagay ke Bondye bannou gratis yo. ¹³ Sou bagay sa yo nou pa pale ᵒak pawòl sajès de moun ki soti nan lòm, men pito ak pawòl Lespri Sen an, ki konpare bagay lespri yo ak bagay lespri yo. ¹⁴ Men yon nonm nan eta natirèl li, ᵖpa aksepte bagay a Lespri Bondye yo, paske ᵠse foli yo ye pou li. Li pa kapab konprann yo, paske yo ka jije sèlman pa yon lespri k ap viv nan Bondye. ¹⁵ Men sila ki ʳreflechi ak yon lespri ki soti nan Bondye a, jije tout bagay, men li menm p ap jije pa okenn moun. ¹⁶ "Paske ˢkilès ki te konnen refleksyon Senyè a, pou li ta enstwi Li?" Men se panse a Kris nou genyen.

3 Epi mwen, frè m yo, mwen pa t kab pale avèk nou menm tankou moun ki ᵗplen lespri Bondye, men tankou moun lachè yo, tankou ti zanfan piti nan Kris yo. ² Mwen te bannou ᵘlèt pou nou bwè olye gwo manje; paske nou potko kab resevwa l. Anverite, menm koulye a, nou poko kapab, ³ pwiske nou toujou nan lachè. Paske akoz ᵛgen jalouzi ak konfli pami nou, èske nou pa nan lachè, epi èske nou p ap mache tankou lòm natirèl? ⁴ Paske lè ʷyoun di: "Mwen se moun Paul", epi yon lòt: "Mwen se moun Appollos", èske nou p ap aji kòmsi se lòm natirèl ke nou ye?

⁵ Alò, ki moun Apollos ye? E ki moun Paul ye? Se sèvitè pa sila nou te vin kwè yo, menm ˣjan Senyè a te bay opòtinite a yo chak. ⁶ Mwen te plante, Appollos te awoze, men Bondye te fè l grandi. ⁷ Alò, se pa ni sila ki plante a ni sila ki awoze a ki anyen, men ʸBondye ki fè l grandi a. ⁸ Alò, sila ki plante a ak sila ki awoze a se youn; men chak moun va ᶻresevwa pwòp rekonpans li selon pwòp travay li. ⁹ Paske nou se ᵃouvriye parèy avèk Bondye. Nou menm se chan Bondye a, kay la ke L ap bati a.

¹⁰ Selon ᵇgras Bondye ki te ban mwen an, kon yon mèt k ap bati byen saj, mwen te poze yon fondasyon. Men konsa, se yon lòt k ap bati sou li. Konsa, fòk chak moun pridan sou jan li bati sou li a. ¹¹ Paske pèsòn pa kapab poze okenn lòt ᶜfondasyon sof ke sila ki poze deja a, ki se Jésus Kri. ¹² Alò, si nenpòt moun bati sou fondasyon an avèk lò, ajan, bijou presye, bwa, zèb sèch, oswa pay, ¹³ ᵈzèv a chak moun va vin byen parèt. Paske lajounen va fè l vin

---

ᵃ **2:1** I Kor 1:17 ᵇ **2:2** I Kor 1:23 ᶜ **2:3** I Kor 4:10 ᵈ **2:4** I Kor 1:17 ᵉ **2:5** II Kor 4:7 ᶠ **2:6** Ef 4:13 ᵍ **2:7** Wo 8:29 ʰ **2:8** I Kor 2:6 ⁱ **2:8** I Kor 1:20 ʲ **2:9** És 64:4 ᵏ **2:10** I Jn 14:26 ˡ **2:10** Wo 11:33 ᵐ **2:11** Pwov 20:27 ⁿ **2:12** Wo 8:15 ᵒ **2:13** I Kor 1:17 ᵖ **2:14** Jn 14:17 ᵠ **2:14** I Kor 1:18 ʳ **2:15** I Kor 3:1 ˢ **2:16** És 40:3 ᵗ **3:1** I Kor 2:6 ᵘ **3:2** Eb 5:12 ᵛ **3:3** Wo 13:13 ʷ **3:4** I Kor 1:12 ˣ **3:5** Wo 12:6 ʸ **3:7** I Kwo 15:10 ᶻ **3:8** I Kor 3:14 ᵃ **3:9** Mc 16:20 ᵇ **3:10** Wo 12:3 ᶜ **3:11** És 28:16 ᵈ **3:13** I Kwo 4:5

parèt klè, akoz sa gen pou revele avèk dife. Epi dife a, li menm, va fè prèv valè zèv chak moun. ¹⁴ Si zèv a yon moun ki bati sou li a rete toujou, li va ᵃresevwa yon rekonpans. ¹⁵ Si zèv a yon moun vin brile, li va soufri pèt, men li menm, li va sove ᵇkòmsi, se pa dife.

¹⁶ Èske nou pa konnen ke ᶜnou se tanp Bondye a, e ke Lespri Bondye a rete nan nou? ¹⁷ Si yon moun detwi tanp Bondye a, Bondye va detwi li, paske tanp Bondye a sen, e se sa nou ye.

¹⁸ Pa kite pèsòn twonpe tèt li ᵈsi yon moun pami nou panse ke li saj nan tan sila a, li oblije vin fou pou li kapab vin saj. ¹⁹ Paske sajès mond sa a se foli devan Bondye. Paske sa ekri: ᵉ"Se Li menm ki kenbe saj yo nan pwòp koken pa yo." ²⁰ Epi ankò: ᶠ"Senyè a konnen panse a saj yo, ke yo initil." ²¹ Donk, pa kite pèsòn vante tèt li pou moun. Paske ᵍtout bagay se pou nou menm, ²² ʰsof ke se Paul, oswa Appollos, oswa Céphas, o lemonn, o ⁱlavi, o lanmò, bagay prezan yo, oswa bagay ki gen pou vini yo; tout apatyen de nou menm. ²³ Epi ʲnou apatyen a Kris; e ᵏKris apatyen a Bondye.

4 Kite yon moun gade nou konsa, kòm sèvitè a Kris e ˡjeran a mistè ki pou Kris yo. ² Nan ka sila a, anplis, li nesesè pou twouve jeran yo fidèl. ³ Men pou mwen se yon ti bagay tou piti pou mwen ta kab jije pa nou menm, oswa nenpòt lòt tribinal moun. Anverite, mwen pa menm jije pwòp tèt mwen. ⁴ Mwen pa konsyan de anyen kont tèt mwen. Men se pa sa ki fè m inosan, men ke sila ki jije mwen an se Senyè a. ⁵ Pou sa ᵐpa kontinye jije avan lè, men tann ⁿjiskaske Senyè a vini pou Li kapab nan menm tan eklere nan limyè bagay ki kache nan tenèb yo, e devwale tout motif ki nan kè lèzòm. Konsa, lwanj chak moun resevwa va sòti nan Bondye.

⁶ Alò, frè m yo, mwen te sèvi tout sa konsènan mwen menm ak Apollos kòm yon egzanp pou koz a nou menm. Selon sa mwen te di, mwen vle ou konprann ke nou pa pou ale pi lwen de sa ki nan ekriti sen yo, pou okenn nan nou pa ᵒvin ògeye anvè youn e kont yon lòt. ⁷ Paske kilès ki kwè ke ou pi bon? ᵖKisa nou genyen ke nou pa t resevwa? E si Nou te resevwa li, poukisa nou vante tèt nou kòmsi nou pa t resevwa l.

⁸ Nou ᵠdeja ranpli! Nou deja vin rich! Nou deja vin wa san èd nou menm! E anverite, mwen ta kontan si nou te deja wa pou nou menm ta kapab renye ansanm avèk nou. ⁹ Paske mwen panse ke Bondye te fè nou menm kòm apot pi ba ke tout; tankou moun ki ʳkondane a lanmò, paske nou te ˢgen tan vin yon spektak pou mond lan, ni pou zanj yo, ni pou moun. ¹⁰ Nou se moun fou pou kòz a Kris la, men ᵗou menm, ou saj nan Kris; nou fèb, men ou menm, ou fò; ou menm, ou byen distenge, men nou menm, nou san onè. ¹¹ Jiska moman sa a ᵘnou grangou ak swaf, mal abiye, maltrete, e san kote pou nou rete. ¹² Konsa, nou redi di nan ᵛtravay avèk pwòp men nou. ʷLè yo joure nou, nou beni yo. Lè nou pèsekite, nou sipòte sa. ¹³ Lè yo pale nou mal, nou eseye antann nou. Nou devni ˣtankou fatra a mond lan, retay nan tout bagay, menm jiska koulye a.

¹⁴ Mwen pa ekri bagay sa yo pou ʸfè nou wont, men pou avèti nou kòm pitit byeneme mwen. ¹⁵ Paske si nou te gen anpil kantite pwofesè an Kris ki pa menm kab konte, menm konsa nou pa t ap gen anpil papa. Paske nan Jésus Kris, mwen ᶻte devni papa nou akoz bòn nouvèl la. ¹⁶ Konsa, mwen egzòte nou, pou nou vin ᵃimitatè a mwen menm. ¹⁷ Se pou rezon sa a, mwen ᵇvoye bannou Timothée, ki se pitit byeneme e fidèl mwen nan Senyè a. Li va fè nou sonje chemen mwen an ki baze nan Kris, menm jan ke mwen enstwi toupatou nan tout legliz yo. ¹⁸ Alò, kèk nan nou vin ᶜawogan, kòmsi mwen pa t ap

---

ᵃ **3:14** I Kor 3:8   ᵇ **3:15** Job 23:10   ᶜ **3:16** Wo 8:9   ᵈ **3:18** I Kor 8:2   ᵉ **3:19** Job 5:13   ᶠ **3:20** Sòm 94:11   ᵍ **3:21** Wo 8:32   ʰ **3:22** I Kor 1:12   ⁱ **3:22** Wo 8:38   ʲ **3:23** II Kwo 10:7   ᵏ **3:23** I Kwoi 11:3   ˡ **4:1** Tit 1:7   ᵐ **4:5** Wo 2:1   ⁿ **4:5** Wo 2:16   ᵒ **4:6** I Kor 1:12   ᵖ **4:7** Jn 3:27   ᵠ **4:8** Rev 3:17   ʳ **4:9** Wo 8:36   ˢ **4:9** Eb 10:33   ᵗ **4:10** I Kor 3:18   ᵘ **4:11** Wo 8:35   ᵛ **4:12** Trav 18:3   ʷ **4:12** I Pi 3:13   ˣ **4:13** Lam 3:34   ʸ **4:14** I Kor 6:5   ᶻ **4:15** Nonb 11:12   ᵃ **4:16** I Kor 11:1   ᵇ **4:17** I Kor 16:10   ᶜ **4:18** I Kor 4:6

vin kote nou. ¹⁹ Men mwen ᵃva vini kote nou byento ᵇsi Bondye vle e mwen va vin fè egzamen, pa nan pawòl a sila ki awogan yo, men nan pèz pwisans yo. ²⁰ Paske wayòm Bondye a ᶜpa fèt avèk pawòl, men avèk pwisans. ²¹ Kisa nou dezire? ᵈÈske mwen dwe vin kote nou avèk yon baton, oswa avèk lanmou avèk lespri jantiyès?

5 Anverite gen rapò ke gen imoralite pami nou, yon kalite imoralite ki pa menm egziste pami pèp etranje yo; ke yon moun gen ᵉmadanm a papa li.

² Nou vin awogan, olye nou kriye anpil pou sila ki te fè zak sila a ᶠpou l ta kapab vin retire nan mitan nou.

³ Paske mwen menm, bò kote pa m, malgre mwen ᵍabsan nan kò men mwen prezan nan lespri. Mwen deja jije mesye ki fè zak sila a, tankou mwen te prezan. ⁴ Nan non Senyè nou an Jésus Kri, lè nou vin rasanble, e mwen menm avèk nou nan lespri ʰavèk pouvwa Senyè nou an Jésus, ⁵ nou gen pou ⁱlivre yon nonm konsa bay Satan pou detwi chè l, pou lespri li kapab sove ʲnan jou Senyè a Jésus.

⁶ ᵏVante tèt nou an pa bon. Èske nou pa konnen ke ˡyon ti kras ledven fè tout boul pen an leve? ⁷ Retire vye ledven an pou nou kapab vin yon boul pat tounèf; kòmsi ke nou an reyalite deja san ledven. Paske Kris, ᵐPak pa nou an, osi te sèvi kon sakrifis nou. ⁸ Konsa, annou selebre fèt la ⁿpa avèk vye ledven an, ni avèk move ledven an ak mechanste, men avèk pen san ledven nan plen senserite ak verite a.

⁹ Mwen te ekri nou nan lèt mwen an pou nou ᵒpa asosye nou avèk moun imoral yo; ¹⁰ Mwen pa t vle di tout moun imoral ki nan mond sa a, ni avèk moun lemonn ki gen lanvi, ki nan fwod, oubyen moun ᵖidolat yo; paske konsa nou ta dwe kite mond lan nèt.

¹¹ Men an reyalite, mwen te ekri nou pou nou pa asosye nou avèk nenpòt moun ke nou konn rele ᵠ"frè" si li se yon moun imoral, oubyen ranpli ak lanvi, oubyen yon moun idolat, yon medizan, yon tafyatè, oubyen yon moun ki nan fwod——pou nou pa ta menm manje avèk yon moun konsa.

¹² Paske kisa mwen gen pou fè nan jije moun deyò yo? ʳÈske se pa sila anndan legliz yo pou nou jije?

¹³ Men sila ki deyò yo, se Bondye ki pou jije yo. ˢRetire sila ki malveyan an pami nou menm.

6 Èske gen nan nou ke lè l gen yon ka kont vwazen li, li tante ale devan lalwa, devan moun en jis yo ᵗolye devan sen yo? ² Oubyen èske nou pa konnen ke ᵘse sen yo ki va jije mond lan? Si lemonn jije pa nou menm, èske nou pa konpetan pou regle ti bagay piti konsa yo? ³ ᵛÈske nou pa konnen ke nou va jije zanj yo? Konbyen anplis pou afè lavi sa a? ⁴ Donk, si konsa, nou sèvi ak tribinal pou regle pwoblèm nan lavi sa, èske nou chwazi kon jij sila ki pa kab reprezante anyen nan legliz yo? ⁵ ʷMwen di nou sa pou wont nou. Si se konsa, ke pa gen yon moun saj pami nou ki kapab deside antre frè li yo? ⁶ Men frè ale devan lalwa avèk frè, e tout sa devan ˣenkwayan yo. ⁷ Alò konsa, sa se deja yon defèt pou nou, pou n ap fè pwosè avèk youn lòt. ʸPoukisa nou pa pito soufri lenjistis? Poukisa nou pa pito aksepte sibi fwod? ⁸ Okontrè, nou menm, nou fè lenjistis ak fwod la. Nou fè sa menm kont ᶻfrè nou yo.

⁹ Oubyen èske nou pa konnen ke moun en jis yo p ap ᵃeritye wayòm syèl la? Pa twonpe tèt nou; ni moun imoral yo, ni moun idolat yo, ni efemine yo, ni omoseksyèl yo ¹⁰ ni vòlè yo, ni moun ki gen lanvi yo, ni tafyatè yo, ni medizan yo, ni sila ki nan fwod yo, p ap ᵇeritye wayòm Bondye a. ¹¹ Se konsa kèk nan nou te ye, men nou te vin lave, nou te vin sanktifye, nou te ᶜjistifye nan non Senyè a, Jésus Kri ak nan Lespri a Bondye nou an.

¹² ᵈTout bagay pèmèt pou mwen, men se pa tout bagay ki itil. Tout bagay pèmèt,

---

ᵃ **4:19** Trav 20:2   ᵇ **4:19** Trav 18:21   ᶜ **4:20** I Kor 2:4   ᵈ **4:21** II Kor 1:23   ᵉ **5:1** Lev 18:8
ᶠ **5:2** I Kor 5:13   ᵍ **5:3** Kol 2:5   ʰ **5:4** Jn 20:23   ⁱ **5:5** Luc 22:31   ʲ **5:5** I Kor 1:8   ᵏ **5:6** Jc 4:16   ˡ **5:6** Mat 16:6,12   ᵐ **5:7** Mc 14:12   ⁿ **5:8** Egz 12:19   ᵒ **5:9** II Kor 6:14   ᵖ **5:10** I Kor 10:27
ᵠ **5:11** Trav 1:15   ʳ **5:12** I Kwo 5:3-5   ˢ **5:13** Det 13:5   ᵗ **6:1** Mat 18:17   ᵘ **6:2** Dan 7:18,22,27
ᵛ **6:3** Wo 6:16   ʷ **6:5** I Kor 4:14   ˣ **6:6** II Kor 6:14   ʸ **6:7** Mat 5:39   ᶻ **6:8** I Tes 4:6   ᵃ **6:9** Trav 20:32
ᵇ **6:10** Trav 20:32   ᶜ **6:11** Wo 8:30   ᵈ **6:12** I Kor 10:23

men mwen p ap kite m domine pa anyen. ¹³ Manje se pou vant e vant se pou manje; men Bondye va mete yon fen a toulède. Men kò a se pa pou imoralite, men ªpou Senyè a; e Senyè a se pou kò a. ¹⁴ Alò, Bondye non sèlman leve Senyè a, men ᵇva osi leve nou selon pouvwa Li. ¹⁵ Èske nou pa konnen ke ᶜkò nou se manb a Kris yo ye? Èske mwen dwe pran manb kò Kris yo e fè yo vin manb a yon pwostitiye? Ke sa pa janm fèt! ¹⁶ Oubyen èske nou pa konnen ke yon moun ki jwenn tèt li avèk yon pwostitiye vin yon sèl kò avèk li? Paske Li di: ᵈ"Yo de a va devni yon sèl chè". ¹⁷ Men sila a ki vin jwenn tèt li avèk Senyè a vin ᵉyoun nan lespri avèk Li. ¹⁸ᶠKouri kite imoralite. Tout lòt peche ke yon moun fè se deyò kò a, men moun imoral la peche kont pwòp kò l. ¹⁹ Oubyen èske nou pa konnen ke ᵍkò nou se yon tanp pou Lespri Sen an, ki soti nan Bondye, ki rete nan nou, e ke nou pa mèt pwòp tèt nou? ²⁰ Paske nou te achte a yon pri; Konsa, bay glwa a Bondye avèk kò nou.

7 Alò, konsènan bagay ke nou te ekri yo, ʰli bon pou yon nonm pa touche yon fanm. ² Men akoz imoralite ka fèt, chak nonm dwe gen pwòp madanm li e chak fanm dwe gen pwòp mari li. ³ Mari a dwe akonpli devwa li anvè madanm li, e menm jan an tou, madanm lan anvè mari li. ⁴ Madanm nan pa gen otorite sou pwòp kò li, men se pou mari a, e menm jan an mari a pa gen otorite sou pwòp kò li, men se pou madanm nan. ⁵ Sispann refize youn lòt, eksepte pa akò pou yon ti tan, pou nou kapab konsakre nou nan lapriyè, e retounen ansanm ankò pou ⁱSatan pa tante nou akoz mank kontwòl tèt nou.
⁶ Men sa m wen vin di kòm yon konsesyon ak nou, men ʲpa kòm yon lòd. ⁷ Sepandan, mwen ta pito ke tout moun te menm rete tankou mwen menm. ᵏMen chak moun gen pwòp don li ki sòti nan Bondye; pou youn se yon jan, e pou yon lòt, se yon lòt jan. ⁸ Alò mwen di a sila ki poko marye yo, e ak vèv yo, ke ˡli ta bon pou yo si yo rete menm jan ak mwen menm. ⁹ Men si yo pa gen kontwòl pwòp tèt yo ᵐkite yo marye; paske li pi bon pou marye pase pou brile avèk pasyon. ¹⁰ Men a sila ki marye yo, mwen bay lòd sa yo. Se ⁿpa mwen, men se Senyè a ki bay li, ke madanm nan pa dwe kite mari li ¹¹ Men si li kite li, li dwe rete san marye, oswa rekonsilye avèk mari li. Ni mari a pa dwe divòse avèk madanm li.

¹² Men a lòt yo ᵒse mwen menm ki di l, se pa Senyè a, ke si yon frè gen yon madanm ki se yon enkwayan, e li dakò viv avèk li, fòk li pa divòse avèk li. ¹³ Epi yon fanm ki gen yon mari ki pa kwayan, e li dakò viv avèk li, li pa dwe voye mari li ale. ¹⁴ Paske mari enkwayan an vin sanktifye akoz madanm li, e madanm enkwayan an vin sanktifye akoz mari li ki kwayan, paske otreman pitit nou yo te enpi, men koulye a, yo ᵖsen. ¹⁵ Men si sila ki enkwayan an ale, kite l ale. Frè a oswa sè a pa mare nan ka sila yo, men Bondye rele nou nan ᵠlapè.

¹⁶ Paske kòman ou kab konnen o madanm, si ou va ʳsove mari ou? E kòman ou kab konnen, o mari, si ou va sove madanm ou.

¹⁷ Sèlman ˢjan Senyè a bay a chak moun nan, jan Bondye rele chak moun nan konsa, kite l mache. Epi ᵗse konsa ke m bay lòd nan tout legliz yo.

¹⁸ Èske yon moun ki te rele pa Bondye te deja sikonsi? Li pa dwe vin ensikonsi. Èske yon moun lè l rele pa Bondye tou ensikonsi? ᵘLi pa dwe vin sikonsi. ¹⁹ ᵛSikonsizyon pa anyen, e ensikonsizyon pa anyen, men sa ki enpòtan an se kenbe kòmandman Bondye a. ²⁰ ʷChak moun dwe rete nan menm kondisyon ke li te resevwa apèl la. ²¹ Èske nou te resevwa apèl la pandan nou te esklav? Pa enkyete nou pou sa, men si nou kapab osi vin lib, pito nou fè l. ²² Paske sila ki te rele pa Senyè a pandan li te esklav la, se ˣmoun lib a Senyè a; menm jan an sila ki te rele pandan li te lib la, se ʸesklav a Kris la.

ᵃ **6:13** I Kor 6:15,19   ᵇ **6:14** Jn 6:39   ᶜ **6:15** Wo 12:5   ᵈ **6:16** Jen 2:24   ᵉ **6:17** Jn 17:21-23
ᶠ **6:18** I Kor 6:9   ᵍ **6:19** Jn 2:21   ʰ **7:1** I Kor 7:8,26   ⁱ **7:5** Mat 4:10   ʲ **7:6** II Kwo 8:8   ᵏ **7:7** I Kor 7:8
ˡ **7:8** I Kor 7:1,26   ᵐ **7:9** I Tim 5:14   ⁿ **7:10** Mal 2:16   ᵒ **7:12** I Kor 7:6   ᵖ **7:14** Esd 9:2   ᵠ **7:15** Wo 14:19   ʳ **7:16** Wo 11:14   ˢ **7:17** Wo 12:3   ᵗ **7:17** I Kor 4:17   ᵘ **7:18** Trav 15:1   ᵛ **7:19** Wo 2:27,29   ʷ **7:20** I Kor 7:24   ˣ **7:22** Phm 16   ʸ **7:22** I Pi 2:16

²³ ᵃNou te achte a yon pri; pa devni esklav a lèzòm. ²⁴ Frè m yo ᵇchak moun dwe rete avèk Bondye nan menm eta ke li te resevwa apèl la.

²⁵ Alò konsènan vyèj yo, mwen pa gen okenn lòd Senyè a, men mwen bay yon refleksyon kòm yon moun ki ᶜpa mizerikòd Senyè a dign de konfyans. ²⁶ Mwen kwè ke li bon nan sikonstans boulvès nan tan kounye a ᵈpou yon nonm ta rete jan li ye a. ²⁷ Èske ou mare ak yon madanm? Pa chache vin lib. Èske ou lib de yon madanm? Pa chache yon madanm. ²⁸ Men si nou marye, nou pa peche. E si yon vyèj marye, li pa peche. Men deja moun sa yo va gen pwoblèm nan vi sa a, e m ap eseye epagne nou. ²⁹ Men mwen di sa, frè m yo, ᵉtan an ap vin kout. Depi koulye a, sila ki gen madanm yo ta dwe tankou yo pa t genyen; ³⁰ epi sila ki kriye yo, tankou yo pa t kriye; sila ki rejwi yo, tankou yo pa t rejwi, e sila ki achte yo, tankou yo pa t posede anyen; ³¹ epi sila ki itilize mond lan, tankou yo pa t ᶠitilize li anpil. Paske ᵍfòm mond sa a ap disparèt.

³² Men mwen vle nou libere de sousi sa a. Yon nonm ki ʰpa marye sousye sèlman de zafè a Senyè a, de jan li kapab fè l kontan; ³³ men yon nonm ki marye sousye de zafè a mond lan, de jan li kapab fè madanm li plezi. ³⁴ Konsa, enterè li divize. Fanm ki pa marye a ak vyèj la, sousye de zafè a Senyè a, pou li kapab sen ni nan kò, ni nan lespri; men sila ki marye a sousye de zafè a mond lan, de jan li kapab fè mari li plezi. ³⁵ Mwen di sa pou pwòp benefis pa nou; se pa pou jennen nou, men pou ankouraje sa ki bon, e pou vin gen yon angajman san distraksyon anvè Senyè a.

³⁶ Men si yon moun panse ke l ap aji yon jan ki pa dign anvè pitit fi vyèj li, si li vin gen laj ase, e si sa dwe fèt, kite li fè sa li pito. Li pa peche. Kite li marye. ³⁷ Men sila a ki kanpe fèm nan kè li, san ke li pa anba kontrent, men gen otorite sou pwòp volonte l, e ki deside sa nan pwòp kè l, pou konsève pwòp pitit fi vyèj pa li a, li va fè byen. ³⁸ Konsa, sila ki bay pwòp pitit fi li a nan maryaj ap fè byen, e sila ki pa bay li nan maryaj la ap fè mye.

³⁹ ⁱYon madanm mare selon lalwa a, ak mari li toutotan ke li vivan. Men si mari li mouri, li lib pou marye avèk sila ke li pito, men sèlman nan Senyè a. ⁴⁰ Men ʲnan refleksyon pa m, l ap pi kontan si li rete jan li ye a. E mwen panse osi ke m gen Lespri Bondye a avè m.

8 Alò, konsènan ᵏbagay ki te bay kon sakrifis a zidòl yo, nou konnen ke nou tout gen konesans. Konesans fè moun awogan, men lanmou ˡbay bon konprann. ² ᵐSi yon moun sipoze ke li konnen yon bagay, li poko ⁿkonnen jan li dwe konnen an. ³ Men si yon moun renmen Bondye, ᵒBondye konnen li.

⁴ Konsa, konsènan manje bagay ki te ofri kon sakrifis a zidòl yo, nou konnen ke pa gen anyen vrèman kon zidòl nan mond lan, e ke ᵖpa gen okenn Dye sof ke yon sèl, Bondye. ⁵ Paske, menmsi ᑫgenyen sa ke yo rele dye yo, swa nan syèl la oubyen sou tè a, kòm anverite gen anpil dye ak anpil senyè, ⁶ malgre sa, nou pa gen sof ke yon Bondye ʳPapa a. ˢDe Li menm tout bagay sòti, e nou pou Li, e yon Senyè, Jésus Kris. Pa Li menm tout bagay ye, e nou egziste pa Li.

⁷ Sepandan, se pa tout moun ki gen konesans sa a. Men ᵗkèk moun, ki abitye avèk zidòl jiska prezan, manje manje kòmsi li te sakrifye a yon zidòl, e konsyans fèb pa yo a vin souye. ⁸ Men se pa ᵘmanje k ap rekòmande nou a Bondye. Nou p ap ni pi mal si nou pa manje, ni pi bon si nou manje. ⁹ Men ᵛfè atansyon ke libète sa a pa vini, nan yon jan o yon lòt, yon wòch pou fè sila ki fèb yo chite. ¹⁰ Paske si yon moun wè ou menm, ki gen konesans, k ap manje nan yon tanp zidòl, si konsyans li fèb, l ap ankouraje manje ʷbagay ki sakrifye a zidòl yo? ¹¹ Alò, akoz konesans pa ou, sila ki fèb ˣvin pèdi, frè pou sila Kris la te mouri an. ¹² ʸKonsa, nan peche kont frè nou yo k ap blese konsyans a sila

---

ᵃ **7:23** I Kor 6:20 ᵇ **7:24** I Kor 7:20 ᶜ **7:25** II Kor 4:1 ᵈ **7:26** I Kor 7:1,8 ᵉ **7:29** Wo 13:11
ᶠ **7:31** I Kor 9:18 ᵍ **7:31** I Jn 2:17 ʰ **7:32** I Tim 5:5 ⁱ **7:39** Wo 7:2 ʲ **7:40** I Kor 7:6,25
ᵏ **8:1** Trav 15:20 ˡ **8:1** Wo 14:19 ᵐ **8:2** I Kor 3:18 ⁿ **8:2** I Kor 13:8 ᵒ **8:3** Sòm 1:6 ᵖ **8:4** Det 4:35,39
ᑫ **8:5** II Tes 2:4 ʳ **8:6** Mal 2:10 ˢ **8:6** Wo 11:36 ᵗ **8:7** Wo 14:4,22 ᵘ **8:8** Wo 14:17 ᵛ **8:9** Wo 14:13,21 ʷ **8:10** Trav 15:20 ˣ **8:11** Wo 14:15,20 ʸ **8:12** Mat 18:6

ki fèb yo, nou peche kont Kris la. ¹³ Pou sa a, ᵃsi manje koze frè mwen an chite, mwen p ap janm manje vyann ankò, pou mwen pa koze frè mwen an chite.

9 Èske mwen pa ᵇlib? Èske mwen pa yon apòt? Èske mwen pa wè Jésus, Senyè nou an? Èske nou se pa zèv mwen nan Senyè a? ² Si pou lòt yo mwen pa yon apòt, omwen mwen se yon apòt pou nou. Paske nou se ᶜso a ki fè m apòt nan Senyè a.

³ Defans mwen a sila ki jije m yo se sa: ⁴ ᵈÈske nou pa gen dwa pou nou manje ak bwè? ⁵ ᵉÈske nou pa gen dwa pou pran avèk nou yon madanm fidèl nan lafwa, menm jan ak rès apòt yo, frè a Senyè yo ak Céphas? ⁶ Oubyen èske se ᶠsèlman Barnabas ak mwen menm ki pa gen dwa sispann travay? ⁷ Kilès ki nan nenpòt tan ki sèvi ᵍkòm yon sòlda ak pwòp depans pa l? Kilès ki ʰplante yon chan rezen e ki pa manje fwi li? Oubyen kilès ki bèje yon bann mouton e ki pa itilize lèt bann mouton an?

⁸ Èske mwen pale bagay sa yo ⁱjan moun refleshi? Oubyen èske lalwa pa di menm bagay sa yo tou. ⁹ Paske sa ekri nan Lalwa Moïse la: ʲ"Nou pa pou mare bouch a bèf la pandan l ap bat rekòlt la." Èske nou kwè ke se sou zafè bèf ke Bondye ap pale a? ¹⁰ Oswa èske l ap pale espre pou nou? Wi, se ᵏpou enterè nou sa te ekri a, paske moun ki laboure tè a dwe laboure avèk espwa, e sila k ap bat rekòlt la dwe bat li avèk espwa ke l ap pataje nan rekòlt la.

¹¹ ˡSi nou te simen bagay ki apatyen a Lespri ki nan nou an, èske se twòp si nou rekòlte bagay materyèl ki soti nan nou yo? ¹² Si lòt yo gen dwa sou nou, èske nou menm pa gen plis?

Sepandan ᵐnou pa t itilize dwa sa a, men nou te sipòte tout bagay ⁿpou nou pa anpeche levanjil a Kris la. ¹³ Èske nou pa konnen ke sila ki ᵒfè sèvis adorasyon yo manje manje tanp lan, e sila ki toujou okipe lotèl la gen pòsyon pa yo sou lotèl la? ¹⁴ Menm jan an tou ᵖSenyè a te dirije sila ki pwokame levanjil yo pou twouve mwayen lavi yo nan levanjil la.

¹⁵ Men mwen ᵠpa t itilize okenn nan bagay sa yo. E mwen p ap ekri bagay sa yo pou sa kab fèt nan ka pa m nan; paske li ta pi bon pou m mouri, pase pou m kite okenn moun retire fyète m nan men m.

¹⁶ Paske si m preche levanjil la, mwen pa gen anyen pou m ta vante tèt mwen, pwiske ʳmwen anba obligasyon; paske malè a mwen menm si mwen pa preche levanjil la.

¹⁷ Paske si mwen fè sa volontèman, mwen deja gen yon ˢrekonpans. Men si se kont volonte m, mwen vin gen yon jerans ki plase sou mwen menm.

¹⁸ Konsa, kisa ki rekonpans mwen an? Sa, lè m preche levanjil la, mwen kapab ofri levanjil la ᵗsan frè, pou m pa sèvi tout dwa ke m gen nan levanjil la.

¹⁹ Paske malgre ke m lib de tout moun, mwen fè tèt mwen ᵘesklav a tout moun, pou m kapab konvenk plis moun toujou.

²⁰ ᵛPou Jwif yo mwen te vin Jwif, pou mwen te kapab konvenk Jwif yo. Pou sila ki anba Lalwa yo, kòmsi m te anba Lalwa, malgre ke mwen menm pa t anba Lalwa, pou m te kapab konvenk sila ki anba Lalwa yo.

²¹ Pou sila ki ʷsan lalwa yo, kòmsi m te san lalwa, malgre m pa t san lalwa a Bondye a, men ˣanba lalwa a Kris la, pou m te kapab konvenk sila ki san lalwa yo.

²² Pou ʸfèb yo mwen te vin fèb, pou m te kapab konvenk fèb yo. Mwen te vini ᶻtout bagay pou tout moun pou m ta kapab pa tout mwayen sove kèk.

²³ Mwen fè tout bagay pou koz a levanjil la, pou m kapab vin gen dwa patisipe ladann. ²⁴ Èske nou pa konnen ke nan sila yo ki kouri nan yon kous, yo tout kouri, men se yon sèl ki resevwa ᵃpri a? Kouri yon jan pou nou kapab genyen.

²⁵ Tout moun ki patisipe nan gran jwèt yo, egzèse disiplin nan tout bagay. Yo fè sa

---

ᵃ **8:13** Wo 14:21 ᵇ **9:1** I Kor 9:19 ᶜ **9:2** Jn 3:33 ᵈ **9:4** I Kor 9:14 ᵉ **9:5** I Kor 7:7 ᶠ **9:6** Trav 4:36 ᵍ **9:7** II Tim 2:3 ʰ **9:7** Det 20:6 ⁱ **9:8** Wo 3:5 ʲ **9:9** Det 25:4 ᵏ **9:10** Wo 4:23 ˡ **9:11** Wo 15:27 ᵐ **9:12** Trav 20:33 ⁿ **9:12** II Kor 6:3 ᵒ **9:13** Lev 6:16,26 ᵖ **9:14** Mat 10:10 ᵠ **9:15** Trav 18:3 ʳ **9:16** Trav 9:15 ˢ **9:17** Jn 4:36 ᵗ **9:18** Trav 18:3 ᵘ **9:19** II Kor 4:5 ᵛ **9:20** Trav 16:3 ʷ **9:21** Wo 2:12 ˣ **9:21** Gal 6:2 ʸ **9:22** Wo 15:1 ᶻ **9:22** I Kor 10:33 ᵃ **9:24** Fil 3:14

konsa pou resevwa yon pri k ap peri, men nou menm, pou yon pri ki p ap janm peri. ²⁶ Konsa, mwen ᵃkouri yon jan ki pa manke gwo objektif. Mwen fè bòks yon jan pou m pa pèdi mak la.

²⁷ Mwen disipline ᵇkò mwen pou fè l vin esklav mwen, sof ke petèt lè m fin preche a lòt yo, mwen menm ta vin pa kalifye.

10 Paske mwen pa vle ke nou san konprann, frè m yo, ke tout zansèt nou yo te ᶜanba nyaj la, e yo tout te pase nan lanmè a. ² Epi yo tout te ᵈbatize nan Moïse nan nyaj la ak nan lanmè a; ³ e yo tout ᵉte manje menm manje lespri a. ⁴ Yo tout ᶠte bwè menm bwason lespri a, paske yo te bwè nan yon wòch lespri ki te swiv yo; e wòch la se te Kris la. ⁵ Sepandan, avèk pifò nan yo, Bondye pa t kontan; akoz sa ᵍyo te mouri nan dezè a.

⁶ Alò, bagay sa yo te rive kòm yon egzanp pou nou, pou nou pa gen move lanvi jan ʰyo menm te gen move lanvi a. ⁷ Pa vin moun idolat tankou kèk nan yo te ye a, paske sa ekri: ⁱ"Pèp la te chita pou manje ak bwè, e te kanpe pou jwe." ⁸ Ni pou nou pa kite nou aji avèk imoralite, jan kèk nan yo te fè, e ʲvenn-twa-mil te tonbe nan yon sèl jou. ⁹ Ni nou pa pou tante Senyè a, jan ᵏkèk nan yo te fè a, e yo te detwi pa sèpan yo. ¹⁰ Ni plenyen tankou kèk nan yo te fè a, e yo ˡte detwi pa destriktè a. ¹¹ Alò, bagay sa yo te rive yo kòm yon egzanp. ᵐYo te ekri pou enstwi nou, sou sila a ⁿfen tan yo gen tan fin parèt. ¹² Konsa, kite sila ki ᵒpanse li kanpe a fè atansyon pou li pa tonbe.

¹³ Pa gen tantasyon ki parèt devan nou, ki pa menm rive devan tout moun. Men ᵖBondye fidèl. Li p ap kite nou ᵠtante plis ke sa nou kab sipòte, men avèk tantasyon an, Li va founi yon mwayen pou nou chape tou pou nou ka andire l.

¹⁴ Konsa, byeneme m yo, sove kite ʳidolatri. ¹⁵ Mwen pale, konsi, se ak moun saj. Byen jije sa ke mwen di a. ¹⁶ Lè nou ˢbeni tas beni a, èske nou pa pataje san Kris la? Lè nou kase pen an, èske nou pa pataje nan kò Kris la? ¹⁷ Paske gen yon sèl pen, nou menm ᵗki anpil la se yon sèl kò; paske nou tout pataje yon sèl pen. ¹⁸ Gade nasyon Israël la selon lachè a. Èske se pa tout sila ki ᵘmanje sakrifis ki pataje sou lotèl yo?

¹⁹ Kisa mwen vle di konsa? Ke yon bagay ki te sakrifye a zidòl se yon bagay, oswa ᵛke yon zidòl se yon bagay? ²⁰ Non, men mwen di bagay yo ke pèp payen yo sèvi nan sakrifis yo, yo ʷsakrifye bay dyab yo, e pa a Bondye; epi mwen pa vle nou devni moun k ap pataje bagay bay dyab.

²¹ ˣNou pa kapab bwè tas Senyè a ak tas a dyab yo. Nou pa kapab pataje tab a Senyè a, ak tab a dyab yo. ²² Oubyen èske nou ʸpouse Senyè a a jalouzi? Èske nou ᶻpi fò pase Li?

²³ ᵃTout bagay pèmèt, men se pa tout bagay ki itil. Tout bagay pèmèt, men se pa tout bagay ki ᵇedifye. ²⁴ Pa kite nou ᶜchache pwòp enterè pa nou, men sa ki bon pou vwazen nou. ²⁵ ᵈManje avèk bon konsyans nenpòt vyann ki vann nan mache, san poze kesyon. ²⁶ ᵉ"Paske tè a se pou Senyè a avèk tout sa ki ladann."

²⁷ Si ᶠyoun nan sila ki pa kwè yo envite nou, e nou vle ale ᵍmanje nenpòt bagay ke yo mete devan nou, avèk bon konsyans e san poze kesyon. ²⁸ Men si yon moun di nou: "Vyann sa a te sakrifye bay zidòl," pa manje l, pou kòz a sila ki te enfòme nou an, ak pou bon konsyans. Paske "Latè se pou Senyè, ak tout ki ranpli l."

²⁹ Mwen pa vle di pwòp konsyans pa nou, men konsyans pa li. Paske ʰpoukisa libète mwen vin jije pa konsyans a yon lòt? ³⁰ Si mwen patisipe avèk remèsiman, poukisa libète mwen mal jije pou sa ke mwen ⁱbay remèsiman?

³¹ Alò, konsa ʲsi nou manje oswa si nou bwè, nan nenpòt sa ke nou fè, fè yo tout a

---

ᵃ **9:26** Eb 12:1 ᵇ **9:27** Wo 8:13 ᶜ **10:1** Egz 13:21 ᵈ **10:2** Wo 6:3 ᵉ **10:3** Egz 16:4,35 ᶠ **10:4** Egz 17:6
ᵍ **10:5** Nonb 14:29,37 ʰ **10:6** Nonb 11:4,34 ⁱ **10:7** Egz 32:6 ʲ **10:8** Nonb 25:9 ᵏ **10:9** Nonb 21:5
ˡ **10:10** Nonb 16:49 ᵐ **10:11** Wo 4:23 ⁿ **10:11** Wo 13:11 ᵒ **10:12** Wo 11:20 ᵖ **10:13** I Kor 1:9
ᵠ **10:13** II Pi 2:9 ʳ **10:14** I Kor 10:7,19 ˢ **10:16** Mat 26:27 ᵗ **10:17** Wo 12:5 ᵘ **10:18** Lev 7:6,14
ᵛ **10:19** I Kor 8:4 ʷ **10:20** Det 32:17 ˣ **10:21** II Kor 6:16 ʸ **10:22** Det 32:21 ᶻ **10:22** Ekl 6:10
ᵃ **10:23** I Kor 6:12 ᵇ **10:23** Wo 14:19 ᶜ **10:24** Wo 15:2 ᵈ **10:25** Trav 10:15 ᵉ **10:26** Sòm 24:1
ᶠ **10:27** I Kor 5:10 ᵍ **10:27** Luc 10:8 ʰ **10:29** Wo 14:16 ⁱ **10:30** Wo 14:6 ʲ **10:31** Kol 3:17

laglwa Bondye. ³² ªPa ofanse ni Jwif, ni Grèk, ni legliz Bondye a.

³³ Menm jan ke mwen osi ᵇfè tout moun plezi nan tout bagay, pa pou chache pwòp enterè pa m, men enterè a anpil moun, jis pou yo kapab sove.

11 ᶜSe pou nou vin imitatè a mwen menm, menm jan ke mwen osi se imitatè a Kris la.

² Alò mwen fè nou konpliman akoz ke nou ᵈsonje mwen nan tout bagay, e nou kenbe fèm a tout sa ke m enstwi nou yo, jis jan ke m te livre yo bannou an. ³ Men mwen vle nou konprann ke Kris se ᵉtèt a tout gason, gason se tèt a fanm nan, e Bondye se tèt a Kris la. ⁴ Tout gason ki gen yon bagay sou tèt li pandan l ap priye oubyen ᶠpwofetize, dezonore tèt li. ⁵ Men chak fanm ki kite tèt li dekouvri pandan l ap priye oubyen pwofetize, dezonore tèt li. Paske li vin menm jan avèk yon fanm ki ᵍpase razwa nan tèt li. ⁶ Paske si yon fanm pa kouvri tèt li, kite li koupe cheve l tou. Men si se yon dezonè pou yon fanm koupe cheve li, oswa pase razwa nan tèt li, kite li kouvri tèt li. ⁷ Paske yon gason pa ta dwe kouvri tèt li akoz ke li se ʰimaj ak glwa a Bondye, men fanm nan se glwa a gason. ⁸ Paske ⁱgason pa soti nan fanm, men fanm soti nan gason. ⁹ Paske, gason pa t kreye pou koz a fanm nan, men ʲfanm nan pou koz a gason an. ¹⁰ Konsa, fanm nan dwe gen yon siyal otorite sou tèt li akoz zanj yo.

¹¹ Sepandan, nan Senyè a, ni fanm nan pa endepandan de gason an, ni gason an pa endepandan de fanm nan. ¹² Paske menm jan ke fanm nan sòti nan gason an, osi gason an gen nesans li atravè fanm nan; men tout bagay sòti ᵏnan Bondye. ¹³ ˡJije nou menm: èske li bon pou yon fanm priye Bondye avèk tèt li dekouvri? ¹⁴ Èske menm lanati li menm pa enstwi nou ke si yon nonm gen cheve long, se yon dezonè pou li, ¹⁵ men si yon fanm gen cheve long, se yon glwa pou li? Paske cheve li te donnen kon yon kouvèti pou li.

¹⁶ Men si yon moun ta vle diskite kont sa, ni nou menm, ni ᵐlegliz Bondye yo ⁿpa pou gen okenn lòt pratik.

¹⁷ Men lè mwen bay nou komman sila a, ᵒmwen pa fè nou konpliman, paske nou pa reyini ansanm pou sa ki pi bon men pou sa ki pi mal. ¹⁸ Paske premyèman, lè nou reyini ansanm kòm yon legliz, mwen tande ke ᵖgen divizyon pami nou, e mwen kwè yon pati nan sa gen verite. ¹⁹ Paske toujou oblije gen divizyon pami nou jis pou sila ki apwouve yo kapab vin parèt klè pami nou. ²⁰ Konsa, lè nou reyini ansanm, nou pa fè l pou nou manje manje Senyè a. ²¹ Olye sa, nan manje a, chak moun pran pwòp manje pa l avan. Yon moun grangou, e ᵠyon lòt sou. ²² Kisa! Nou pa gen kay kote nou kapab manje ak bwè? Oubyen èske nou meprize ʳlegliz Bondye a, e fè sila ki manke yo wont? Kisa m kapab di nou? Èske m dwe fè nou konpliman? Nan sa, mwen p ap fè nou konpliman.

²³ Paske mwen te resevwa soti nan Senyè a sa ke m te livre bannou an, ke ˢSenyè a Jésus, nan nwit ke Li te trayi a, te pran pen an. ²⁴ Lè L te fin bay remèsiman, li te kase li e te di: "**Pran, manje. Sa se kò Mwen ki kase pou nou. Fè sa nan memwa a Mwen menm.**" ²⁵ Menm jan an, apre soupe a li te pran tas la osi e te di: "**Tas sa a se ᵗakò tounèf nan san Mwen an. Tout tan ke nou bwè li, fè sa nan memwa a Mwen menm.**" ²⁶ Paske tout tan ke nou manje pen sa a, e bwè tas sa a, nou pwoklame lanmò Senyè a ᵘjiskaske Li vini.

²⁷ Konsa, nenpòt moun ki manje pen an oubyen bwè tas Senyè a nan yon fason ki pa dign, va ᵛkoupab de kò ak san Senyè a. ²⁸ Men yon moun dwe ʷegzamine tèt li, e konsa kite li manje pen an e bwè tas la. ²⁹ Paske sila ki manje e ki bwè nan yon jan ke li pa merite, manje e bwè jijman sou tèt li si li pa byen jije kò Senyè a.ˣ ³⁰ Pou rezon sa a, anpil pami nou fèb, malad, e kèk ʸmouri. ³¹ Men si nou te

I Kor

---

a	**10:32** Trav 24:16	b	**10:33** Wo 15:2	c	**11:1** I Kor 4:16	d	**11:2** I Tes 1:6	e	**11:3** Ef 5:23
f	**11:4** Trav 13:1	g	**11:5** Det 21:12	h	**11:7** Jen 1:26	i	**11:8** Jen 2:21-23	j	**11:9** Jen 2:18
k	**11:12** Wo 11:36	l	**11:13** Luc 12:57	m	**11:16** I Kor 7:17	n	**11:16** I Kor 4:5	o	**11:17** I Kor 11:2,22
p	**11:18** I Kor 1:10	q	**11:21** Jd 12	r	**11:22** I Kor 10:32	s	**11:23** I Kor 11:23-25	t	**11:25** Luc 22:20
u	**11:26** Jn 21:22	v	**11:27** Eb 10:29	w	**11:28** Mat 26:22	x	**11:29** Trav 7:60	y	**11:30** Trav 7:60

byen jije pwòp tèt nou, nou pa t ap vin jije. ³² Men lè nou vin jije, nou ᵃkorije pa Senyè a pou nou pa vin kondane ansanm avèk mond lan. ³³ Konsa, frè m yo, lè nou reyini ansanm pou nou manje, se pou nou tann youn lòt. ³⁴ Si yon moun ᵇgrangou, ke li manje ᶜlakay li, pou nou pa reyini ansanm pou jijman. Rès bagay yo mwen va regle yo lè m vini.

12 Alò, konsènan ᵈdon Lespri Sen yo, frè m yo, mwen pa vle nou enkonsyan de yo. ² ᵉNou konnen ke lè nou te payen, nou te ᶠmennen egare kote zidòl ki pa t kapab pale yo, nenpòt jan yo ta ka mennen nou. ³ Konsa, mwen fè nou konnen ke pa gen pèsòn k ap pale pa Lespri Bondye a ki di: "Jésus madichonnen". Ni pèsòn p ap ka di: "Jésus se Senyè a", eksepte ᵍpa Lespri Sen an.

⁴ Alò, gen ʰplizyè kalitie don, men se menm Lespri a. ⁵ Gen plizyè kalite ministè, e menm Senyè a. ⁶ Gen plizyè kalite fonksyon, men menm ⁱBondye a ki fè tout bagay fonksyone nan tout moun. ⁷ Men chak kwayan resevwa ʲdon Lespri a, pou lavantaj a tout moun. ⁸ Paske a yon moun pawòl ᵏsajès la bay selon Lespri a, e a yon lòt pawòl konesans lan selon menm Lespri a. ⁹ A yon lòt ˡlafwa pa menm Lespri a, e a yon lòt ᵐdon gerizon pa Lespri a, ¹⁰ epi a yon lòt don pou fè mirak, e a yon lòt, pwofesi, e a yon lòt ⁿkapasite pou distenge pami lespri yo, a yon lòt plizyè kalite langaj, e a yon lòt, pou entèprete lang yo. ¹¹ Men youn e menm Lespri a travay nan tout bagay sa yo, e Li ᵒdistribiye yo a chak grenn moun selon volonte Li.

¹² Paske menm jan ke kò a se yon sèl, men gen anpil manm, e tout manm kò yo, malgre ke yo anpil, yo se yon sèl kò ᵖkonsa tou Kris la ye. ¹³ Paske ᵠpa yon sèl Lespri, nou tout te batize nan yon sèl kò, kit Jwif, kit Grèk, kit esklav, kit lib, e nou tout te fèt pou ʳbwè nan yon sèl Lespri.

¹⁴ Paske ˢkò a se pa yon sèl manm, men anpil manm. ¹⁵ Si pye a ta di: "Akoz ke mwen se pa yon men, mwen pa yon pati nan kò a," se pa sa ki ta fè l okenn mwens yon pati nan kò a. ¹⁶ Epi si zòrèy la di: "Mwen pa yon zye, mwen pa yon pati nan kò a," se pa pou rezon sa a li pa omwen yon pati nan kò a. ¹⁷ Si tout kò a te yon zye, kote zòrèy la t ap ye? Si tout kò a te sèl zòrèy, kote nen pou santi t ap ye? ¹⁸ Men koulye a Bondye byen ᵗplase manm yo, yo chak nan kò a ᵘjis jan Li te vle a. ¹⁹ Si yo tout te yon sèl manm, kote kò a t ap ye? ²⁰ Men koulye a ᵛgen anpil manm, men yon sèl kò. ²¹ Konsa, zye a pa kapab di a men an: "Mwen pa bezwen ou" ni ankò, tèt la a pye yo: "Mwen pa bezwen nou." ²² Okontrè, li pi vrè ke manm kò ki sanble pi fèb yo nesesè. ²³ Epi manm nan kò yo ke nou estime mwens onorab yo, sou yo nou bay plis onè, e manm ki mwens prezantab nou yo, vin pi prezantab, ²⁴ pandan ke manm pi prezantab nou yo pa bezwen sa. Men Bondye byen ranje kò a pou bay plis onè a manm ki manke onè yo, ²⁵ jis pou pa vin gen divizyon nan kò a, men pou manm yo kapab gen menm sousi pou youn lòt. ²⁶ Si yon manm soufri, pou tout manm yo soufri avèk li. Si yon manm resevwa onè, pou tout manm yo rejwi avèk li.

²⁷ Alò ansanm, nou se kò a Kris la, e nou se chak grenn ʷmanm de li. ²⁸ Konsa, Bondye te ˣchwazi nan legliz la, premyèman ʸapot yo, dezyèmman, pwofèt yo, twazyèmman, enstriktè yo, answit don mirak yo, answit don gerizon yo, èd yo, administrasyon yo, plizyè kalite langaj yo. ²⁹ Èske se tout ki apot? Non! Èske tout se pwofèt? Non! Èske tout se enstriktè? Non! Èske se tout ki fè mirak? Non! ³⁰ Èske tout fè gerizon? Non! Èske tout pale an lang? Non! Èske tout entèprete? Non! ³¹ Men ᶻswayezman kiltive dezi pou pi gran don yo. E mwen va montre nou yon chemen ki toujou pi ekselan.

ᵃ **11:32** II Sam 7:14 ᵇ **11:34** I Kor 11:21 ᶜ **11:34** I Kor 11:22 ᵈ **12:1** I Kor 12:4 ᵉ **12:2** I Kor 6:11
ᶠ **12:2** I Tes 1:9 ᵍ **12:3** Mat 22:43 ʰ **12:4** Wo 12:6 ⁱ **12:6** I Kor 15:28 ʲ **12:7** I Kor 12:12-30
ᵏ **12:8** I Kor 2:6 ˡ **12:9** I Kor 13:2 ᵐ **12:9** I Kor 12:28,30 ⁿ **12:10** I Kor 14:29 ᵒ **12:11** I Kor 12:4
ᵖ **12:12** I Kor 12:27 ᵠ **12:13** Ef 2:18 ʳ **12:13** Jn 7:37-39 ˢ **12:14** I Kor 12:20 ᵗ **12:18** I Kor 12:28
ᵘ **12:18** Wo 12:6 ᵛ **12:20** I Kor 12:12 ʷ **12:27** Wo 12:5 ˣ **12:28** I Kor 12:18 ʸ **12:28** Ef 4:11
ᶻ **12:31** I Kor 14:1,39

13 Si mwen pale avèk ªlang a lèzòm ak zanj yo, men mwen pa gen lanmou, mwen tankou yon klòch k ap fè gwo bwi oubyen yon ᵇsenbal k ap sone. ² Si m gen don pwofesi, e konnen tout ᶜmistè ak tout konesans; epi si mwen gen tout lafwa, kòmsi pou m ta kapab deplase mòn yo, men mwen pa gen lanmou, mwen pa anyen. ³ Si mwen ᵈbay tout sa ke m posede pou bay manje a pòv yo, e si mwen ᵉlivre kò m pou brile, men mwen pa gen lanmou, sa p ap rapòte m anyen.
⁴ Lanmou ᶠpasyan, lanmou dous; li pa jalou. Lanmou pa vante tèt li e li pa awogan. ⁵ Li pa aji malonètman, ni li pa chache pwòp enterè pa l. Li pa fè kòlè ᵍpa teni kont de mal li resevwa. ⁶ Li pa rejwi nan lenjistis, men ʰrejwi nan verite a. ⁷ Li ⁱsipòte tout bagay, kwè tout bagay, espere tout bagay, andire tout bagay.
⁸ Lanmou pa janm disparèt. Si gen don ʲpwofesi, y ap vin disparèt. Si gen don ᵏlang, yo va fini. Si gen konesans, li va anile. ⁹ Paske nou ˡkonnen yon ti pati e nou pwofetize yon ti pati; ¹⁰ men lè sa ki pafè a vini, sa ki poko konplè a va disparèt. ¹¹ Lè m te timoun, mwen te konn pale tankou yon timoun, panse tankou yon timoun, rezone tankou yon timoun. Lè m te vin gran, mwen te kite bagay timoun yo. ¹² Paske koulye a nou wè twoub, konsi nan yon glas, men answit nou va wè ᵐfasafas. Koulye a m konnen yon ti pati, men answit, mwen va konnen tout bagay menm jan ke Bondye konnen tout bagay de mwen an. ¹³ Men koulye a, lafwa, lesperans, ak lanmou; rete twa bagay sa yo. Men pi gran nan bagay sa yo, se ⁿlanmou.

14 ᵒPouswiv lanmou, men ᵖdezire ak tout kè nou, don Lespri yo, sitou don pou nou kapab pwofetize a. ² Paske sila ki ᵠpale an lang yo pa pale ak moun, men ak Bondye; paske pèsòn pa konprann, men nan lespri li, li pale ʳmistè yo.

³ Men yon moun ki pwofetize pale ak moun pou ˢfè yo konprann plis, pou egzòte yo, e pou konsole yo.
⁴ Sila ki pale an lang lan, ᵗedifye tèt li, men sila ki pwofetize a edifye legliz la.
⁵ Alò, mwen ta kontan si nou tout te pale an lang ᵘmen menm plis, ke nou tout ta pwofetize. Paske pi gran an se sila ki pwofetize a, pase sila ki pale an lang lan, amwenske li entèprete, pou legliz la kapab vin edifye.
⁶ Men alò, frè m yo, si mwen vini a nou menm e m ap pale an lang, ki pwofi mwen ye pou nou si omwen mwen pa pale ak nou selon ᵛrevelasyon, konesans, pwofesi oswa enstriksyon?
⁷ Paske menm bagay ki pa gen lavi nan yo, tankou flit, oswa ap, lè yo fè yon son, si li pa yon son ki klè, kijan nou ka fè konnen si sa k ap jwe a se flit la, oswa ap la?
⁸ Paske si ʷtwonpèt la pwodwi yon son ki pa klè, kijan yon moun va prepare tèt li pou batay la?
⁹ Donk nou menm tou, sof ke nou pale an lang pawòl ki klè, kijan yo va konnen sa ki pale a? Paske si li pa konsa, se konsi, ˣnou pale pawòl anlè.
¹⁰ Genyen, petèt, anpil kalite lang nan mond lan, e okenn pa san konprann.
¹¹ Si, alò, mwen pa konprann lang lan, a sila ki pale li a, mwen va tankou yon sovaj, e sila ki pale a va yon sovaj pou mwen.
¹² Alò, nou menm osi, paske nou gen zèl pou don Lespri yo, toujou chèche ranpli ak yo pou ʸedifikasyon legliz la.
¹³ Konsa, kite sila ki pale an lang lan priye pou li kapab osi entèprete li.
¹⁴ Paske si mwen priye nan yon lang, lespri mwen priye, men entèlijans mwen rete san fwi.
¹⁵ Ki konklizyon alò? Ke mwen va priye avèk lespri a, e mwen va priye avèk entèlijans la osi. Mwen va ᶻchante avèk lespri a, e mwen va chante avèk entèlijans la osi.

ᵃ **13:1** I Kor 12:10 ᵇ **13:1** Sòm 150:5 ᶜ **13:2** I Kor 12:10,28,30; I Kor 13:2 ᵈ **13:3** Mat 6:2
ᵉ **13:3** Dan 3:28 ᶠ **13:4** Pwov 10:12 ᵍ **13:5** II Kor 5:19 ʰ **13:6** II Jn 4 ⁱ **13:7** I Kor 9:12
ʲ **13:8** I Kor 13:2 ᵏ **13:8** I Kor 13:1 ˡ **13:9** I Kor 8:2 ᵐ **13:12** Jen 32:30 ⁿ **13:13** Gal 5:6
ᵒ **14:1** I Kor 16:14 ᵖ **14:1** I Kor 12:31 ᵠ **14:2** I Kor 12:10,28,30 ʳ **14:2** I Kor 13:2 ˢ **14:3** Wo 14:19
ᵗ **14:4** Wo 14:19 ᵘ **14:5** Nonb 11:29 ᵛ **14:6** I Kor 14:26 ʷ **14:8** Nonb 10:9 ˣ **14:9** I Kor 9:26
ʸ **14:12** Wo 14:9 ᶻ **14:15** Ef 5:19

¹⁶ Otreman, si nou beni nan lespri a sèlman, kijan sila ki okipe plas moun ki san don yo va di ᵃ"Amen" lè nou bay remèsiman, paske li menm, li pa konnen sa n ap di a?

¹⁷ Paske nou ap bay remèsiman ase byen, men lòt moun nan ᵇpa edifye.

¹⁸ Mwen remèsye Bondye m, mwen pale an lang plis ke nou tout.

¹⁹ Sepandan, nan legliz la mwen pito pale senk mo avèk entèlijans mwen, pou m kapab enstwi lòt yo osi, olye di-mil mo an lang.

²⁰ Frè m yo ᶜpa fè tankou timoun nan jan nou reflechi. Nan sa ki mal la ᵈrete inosan tankou tibebe, men nan jan nou panse, reflechi tankou granmoun.

²¹ Nan Lalwa a, li ekri: ᵉ"Pa lèzòm ak lang etranje yo, e pa bouch etranje yo mwen va pale a pèp sila a, e malgre sa, yo p ap koute Mwen," di Senyè a.

²² Kidonk, lang yo se pou yon sign, pa pou sila ki kwè yo, men pou enkwayan yo; men ᶠpwofetize se yon sign, pa pou enkwayan yo, men pou sila ki kwè yo.

²³ Donk, si tout legliz la reyini ansanm e yo tout pale an lang, e moun ki san don oubyen enkwayan yo antre, èske yo p ap di ke ᵍnou fou?

²⁴ Men si nou tout ap pwofetize, e yon enkwayan oubyen yon moun ki san don antre, l ap vin ʰkonvenk pa tout bagay. Konsa, li va rele pou vin rann kont de tout bagay. ²⁵ Sekrè a kè li vin devwale, e konsa li va tonbe sou fas li pou adore Bondye e ⁱdeklare ke Bondye an verite pami nou.

²⁶ Alò ki rezilta frè m yo? Lè nou reyini, chak moun gen yon sòm, gen yon enstriksyon, gen yon revelasyon, gen yon lang, gen yon entèpretasyon. ʲKe tout bagay fèt pou edifikasyon yon lòt.

²⁷ Si yon moun pale an lang, li ta dwe pa plis ke de moun, o menm twa. Fòk li an lòd, youn apre lòt, e yon moun dweᵏentèprete.

²⁸ Men si pa gen entèprèt, li dwe rete an silans nan legliz la, e kite li pale ak tèt li e ak Bondye.

²⁹ Kite de oubyen twa ˡpwofèt pale, e kite lòt yo ᵐjije sa.

³⁰ Men si yon revelasyon vin fèt a yon moun ki chita, premye a dwe fè silans.

³¹ Paske nou tout kapab pwofetize youn apre lòt, pou nou tout kapab konprann e nou tout kapab jwenn egzòtasyon.

³² Konsa, lespri a pwofèt yo se si jè a pwofèt yo.

³³ Paske Bondye se pa yon Bondye ki mennen konfizyon, men lapè, tankou nan ⁿtout legliz a sen yo.

³⁴ Ke fanm yo rete an silans nan legliz la; paske yo pa pèmèt pou yo pale, men ᵒkite yo vin anba lòd, jan Lalwa anplis konn di a.

³⁵ Si yo dezire aprann yon bagay, kite yo mande pwòp mari yo lakay yo; paske se pa pwòp pou yon fanm pale nan legliz la.

³⁶ Ki sa a? Èske se nan nou menm pawòl Bondye a te sòti premyèman? Oubyen èske li vini a nou menm sèlman?

³⁷ ᵖSi yon moun panse ke li se yon pwofèt, oswa plen lespri, kite li rekonèt ke bagay ke mwen ekri a nou menm yo se kòmandman a Senyè a.

³⁸ Men si yon moun pa rekonèt sa, li menm, osi li p ap rekonèt.

³⁹ Konsa, frè m yo ᑫSe pou nou gen yon dezi sensè pou ʳpwofetize, e pa anpeche moun pale an lang.

⁴⁰ Men ˢtout bagay dwe fèt byen pwòp ak nan lòd.

15

Koulye a, mwen fè konnen a nou menm, frè m yo, levanjil ᵗke mwen te preche a nou an, ke osi nou te resevwa a ladann osi nou kanpe. ² Pa li menm osi nou ap sove, ᵘsi nou kenbe fèm a pawòl ke m te preche a nou an, amwenske nou te kwè anven.

³ Paske mwen te livre a nou kon bagay ki pi enpòtan nan sa ke mwen osi te resevwa a, ke Kris la te ᵛmouri pou peche nou yo selon Ekriti sen yo, ⁴ ke Li te antere, e ke Li te leve nan twazyèm jou a ʷselon Ekriti yo. ⁵ Epi ke ˣLi te parèt a Céphas, e answit, a ʸdouz yo. ⁶ Apre sa, Li te parèt a plis ke senk san frè yon sèl kou, pifò nan yo rete la jiska prezan,

---
ᵃ **14:16** Det 27:15-26   ᵇ **14:17** Wo 14:19   ᶜ **14:20** Ef 4:14   ᵈ **14:20** Mat 18:3   ᵉ **14:21** És 28:1
ᶠ **14:22** I Kor 14:1   ᵍ **14:23** Trav 2:13   ʰ **14:24** Jn 16:8   ⁱ **14:25** És 45:14   ʲ **14:26** Wo 14:19
ᵏ **14:27** I Kor 12:10   ˡ **14:29** I Kor 14:32,37   ᵐ **14:29** I Kor 12:10   ⁿ **14:33** I Kor 4:17   ᵒ **14:34** I Tim 2:11
ᵖ **14:37** II Kor 10:7   ᑫ **14:39** I Kor 12:31   ʳ **14:39** I Kor 14:1   ˢ **14:40** I Kor 14:33   ᵗ **15:1** Wo 5:2
ᵘ **15:2** Wo 11:22   ᵛ **15:3** Gal 1:4   ʷ **15:4** Sòm 16:8   ˣ **15:5** Luc 24:34   ʸ **15:5** Luc 24:36

malgre kèk nan yo ᵃgen tan mouri. ⁷ Answit Li te parèt a Jacques, e answit ᵇtout apot yo. ⁸ Epi an dènye, tankou youn pitit ki pa t fèt nan pwòp moman an, ᶜLi te parèt a mwen menm tou.

⁹ Paske mwen se ᵈpi piti a pami apot yo, e ki pa menm dign pou rele apot, paske mwen te konn ᵉpèsekite legliz Bondye a.

¹⁰ Men, pa ᶠgras Bondye, mwen sa ke mwen ye a, e gras Li anvè mwen pa anven, men mwen te ᵍtravay menm plis pase yo tout, malgre se pa t mwen, men gras a Bondye ki te avè m nan.

¹¹ Alò, kit se te pa mwen, kit se te pa yo, konsa nou te preche, epi konsa nou tout te kwè.

¹² Alò, si Kris la preche, ke Li te leve nan lanmò, kijan kèk pami nou ap di ke ʰpa gen rezirèksyon mò yo? ¹³ Si pa gen rezirèksyon pou mò yo, menm Kris la pa t leve. ¹⁴ Epi ⁱsi Kris la pa t leve, answit nou ap preche anven, e lafwa nou osi anven. ¹⁵ Anplis ke sa, nou menm vin twouve nou kòm fo temwen a Bondye, paske nou te temwaye kont Bondye, ke Li te ʲleve Kris la, ke Li pa t leve vrèman, si anfèt mò yo pa leve. ¹⁶ Paske si mò yo pa leve, menm Kris la pa t leve.

¹⁷ Epi si Kris la pa t leve, lafwa nou vin san valè, e ᵏnou toujou nan peche nou yo. ¹⁸ Answit sila ki ˡmouri nan Kris yo peri.

¹⁹ Konsa, si nou te mete espwa nou nan Kris sèlman nan vi sa a, nou pami moun ki pi pitwayab ᵐke tout moun.

²⁰ Men alò, Kris te vrèman leve soti nan lanmò, kon ⁿpremye fwi de sila ᵒki mouri yo. ²¹ Paske si se pa ᵖyon sèl moun, lanmò te vini, pa yon moun osi, rezirèksyon mò yo te vini. ²² Paske ᵍtankou nan Adam tout moun te mouri an, menm jan an tou nan Kris tout moun va gen lavi.

²³ Men chak moun nan pwòp lòd li: Kris, kon premye fwi yo, apre sa ʳsila ki nan Kris yo lè L vini. ²⁴ Answit va vini lafen, lè Li livre ˢwayòm nan a Bondye, Papa a, lè Li fin aboli tout wayòm yo, tout otorite yo, avèk tout pwisans yo. ²⁵ Paske fòk li renye ᵗjiskaske Li mete tout lènmi Li yo anba pye Li. ²⁶ Dènye lènmi ki va ᵘaboli a se lanmò.

²⁷ Paske ᵛ"Li te fè tout bagay soumèt anba pye Li." Men lè Li di: "Tout bagay soumèt", li byen klè ke Li menm ki te fè tout bagay soumèt a Li menm nan, pa ladann.

²⁸ Lè tout bagay soumèt a Li menm, answit Fis la, Li menm, osi va vin soumèt a Sila ki te soumèt tout bagay a Li menm nan, pou ʷBondye kapab tout nan tout bagay.

²⁹ Otreman, kisa sila yo ki batize pou mò yo va fè? Si mò yo pa leve menm, alò poukisa yo batize pou yo? ³⁰ Poukisa nou menm tou, nou ˣan danje a chak moman? ³¹ Mwen dakò fè nou konnen, frè m yo, pa fyète ke m gen nan nou, ak nan Jésus Kri Senyè nou an, ʸmwen mouri chak jou. ³² Si se te pou yon motif moun ke m te goumen avèk bèt sovaj chak jou an Éphèse yo, ki pwofi sa t ap ban mwen? Si mò yo pa leve ᶻ"Annou manje ak bwè, paske demen n ap mouri." ³³ ᵃPa twonpe tèt nou: "Move zanmi gate bon prensip." ³⁴ Vin reflechi byen serye jan nou ta dwe fè a, e sispann fè peche; paske kèk nan nou ᵇpa menm gen konesans a Bondye. Mwen pale sa pou fè nou wont.

³⁵ Men yon moun va di: "Kijan ᶜmò yo leve a?" Epi "avèk ki kalite kò yo ap vini?" ³⁶ Moun sòt! Sa ke nou simen pa kapab vin gen lavi amwenske li mouri; ³⁷ Epi sa ke nou simen an, nou pa simen kò a li menm, men yon senp ti grenn, petèt yon ble oubyen yon lòt bagay.

³⁸ Men Bondye bay li yon kò jis jan ke Li te dezire a, e a ᵈchak grenn semans yo yon kò pou kont li. ³⁹ Tout chè pa menm kalite chè. Gen yon chè pou lòm, e yon lòt chè pou bèt, yon lòt chè pou zwazo, e yon lòt pou pwason. ⁴⁰ Gen osi kò selès ak kò tèrès, men laglwa selès la se youn, e laglwa tèrès la se yon lòt. ⁴¹ Gen yon glwa nan solèy la, yon lòt glwa nan lalin lan, e yon lòt nan zetwal yo; paske chak zetwal apa nan glwa li.

ᵃ **15:6** Trav 7:60	ᵇ **15:7** Luc 24:33,36	ᶜ **15:8** Trav 9:3-8	ᵈ **15:9** I Tim 1:15	ᵉ **15:9** Trav 8:3
ᶠ **15:10** Wo 12:3	ᵍ **15:10** II Kor 11:23	ʰ **15:12** Trav 17:32	ⁱ **15:14** I Tes 4:14	ʲ **15:15** Trav 2:24
ᵏ **15:17** Wo 4:25	ˡ **15:18** I Kor 15:6	ᵐ **15:19** I Kor 4:9	ⁿ **15:20** I Kor 15:23	ᵒ **15:20** I Tes 4:16
ᵖ **15:21** Wo 5:12	ᵠ **15:22** Wo 5:14-18	ʳ **15:23** I Tes 4:16	ˢ **15:24** Dan 2:44	ᵗ **15:25** Sòm 110:1
ᵘ **15:26** II Tim 1:10	ᵛ **15:27** Sòm 8:6	ʷ **15:28** I Kor 12:6	ˣ **15:30** II Kor 11:26	ʸ **15:31** Wo 8:36
ᶻ **15:32** És 22:13	ᵃ **15:33** I Kor 6:9	ᵇ **15:34** Mat 22:29	ᶜ **15:35** Jn 12:24	ᵈ **15:38** Gal 1:1

⁴² Menm jan an tou pou rezirèksyon a mò yo. Li simen kòm ᵃyon kò perisab, men li leve kòm yon kò enperisab. ⁴³ Li simen nan dezonè, li leve nan ᵇlaglwa. Li simen nan feblès, li leve nan pouvwa. ⁴⁴ Li simen kòm yon ᶜkò natirèl; li leve kòm yon kò espirityèl. Si gen yon kò natirèl, anplis gen yon kò espirityèl. ⁴⁵ Menm jan an osi sa ekri: "Premye ᵈlòm nan, Adam, te devni yon nanm vivan." Dènye Adam an, Jésus Kris, yon lespri ki bay lavi. ⁴⁶ Sepandan, sa ki gen lespri a pa vini avan, men sa ki natirèl la, answit sa ki gen lespri a. ⁴⁷ Premye lòm nan ᵉsòti nan latè. Li se moun tèrès. Dezyèm lòm nan sòti nan syèl la. ⁴⁸ Jan tè a ye a, se konsa sila ki tèrès yo ye tou; e ᶠmenm jan selès la ye a, konsa selès yo ye tou. ⁴⁹ Jis jan ke nou ᵍpote imaj a tèrès la, konsa osi nou ʰva pote imaj a selès la. ⁵⁰ Alò m ap di sa, frè m yo, ke chè ak san pa kapab ⁱeritye wayòm Bondye a; ni sa ki perisab la pa kapab eritye sa ki enperisab la.

⁵¹ Gade byen, m ap di nou yon ʲmistè. Se pa nou tout ki va mouri, men nou tout va ᵏchanje, ⁵² nan yon moman, nan yon ti bat zye, nan dènye twonpèt la. Paske twonpèt la va sone, mò yo va vin leve enperisab, e ˡnou tout va vin chanje. ⁵³ Paske perisab la dwe abiye avèk enperisab la, e ᵐmòtèl sa a dwe abiye avèk imòtalite. ⁵⁴ Men lè perisab sila a fin abiye avèk enperisab la, e mòtèl sila a fin abiye avèk imòtalite a, alò va vin akonpli pawòl ki ekri a: ⁿ"Lanmò vin vale nèt pa viktwa."

⁵⁵ ᵒ"O lanmò, kote viktwa ou? O lanmò, kote doulè pikan an?" ⁵⁶ Doulè pikan lanmò a se peche, e ᵖpouvwa a peche a se Lalwa a. ⁵⁷ Men gras a Bondye, ki bannou ᑫviktwa atravè Senyè nou an, Jésus Kri. ⁵⁸ Pou sa, byeneme frè m yo, rete fidèl, san varye, toujou ranpli avèk ʳbon zèv Senyè a, avèk konesans ke travay nou nan Senyè a pa anven.

16 Koulye a konsènan ˢofrann pou sen yo; jan mwen te dirije legliz Galatie yo, konsa mwen fè nou konnen tou. ² Nan premye jou nan semèn nan, ke nou chak mete sou kote e sere, selon jan li te byen reyisi, pou okenn ᵗofrann pa fèt lè m vini. ³ Konsa, lè m rive ᵘnenpòt moun ke nou ta kab chwazi, mwen va voye yo avèk lèt pou pote kado nou an Jérusalem; ⁴ epi si li nesesè pou m ale tou, yo va ale avè m.

⁵ Men mwen va vini a nou menm apre mwen pase Macédoine, paske ᵛm ap pase Macédoine. ⁶ Petèt mwen va rete avèk nou, oswa menm pase sezon livè a, pou nou kapab ʷvoye m ale nenpòt kote ke m ta kab ale. ⁷ Paske mwen pa vle wè nou koulye a ˣsèlman an pasan; paske mwen espere rete avèk nou pou kèk tan si Dye vle. ⁸ Men mwen va rete ʸÉphèse jiska fèt pannkot la; ⁹ Paske yon ᶻpòt byen laj e efikas vin louvri a mwen menm, e gen anpil advèsè.

¹⁰ Alò, si ᵃTimothée vini, fè si ke li avèk nou san koz pou pè; paske l ap fè ᵇtravay a Bondye a, menm jan mwen ap fè l la. ¹¹ Donk, pa kite pèsòn meprize li. Men voye l al fè wout li ᶜanpè, pou li kapab vin jwenn mwen; paske m ap tann li avèk frè yo.

¹² Men konsènan ᵈApollos, frè nou an, mwen te ankouraje li anpil pou li vin jwenn nou avèk frè yo. Li pa t vle vini koulye a, men li va vini lè li gen opòtinite.

¹³ ᵉRete vijilan, kanpe fèm nan lafwa, pran kouraj, mete nou dyanm. ¹⁴ Ke tout sa ke nou fè, fèt ᶠak lanmou.

¹⁵ Alò, mwen ankouraje nou, frè m yo (nou konnen ᵍlakay Stéphanas, ke yo te premye fwi nan Achaïe e ke yo te bay tèt yo pou ʰministè a sen yo). ¹⁶ Pou ⁱnou osi vin soumèt a kalite moun sa yo e a tout moun ki ede nan zèv ak travay la. ¹⁷ Mwen rejwi de rive a Stéphanas ak Fortunatus

---

ᵃ **15:42** Wo 8:21 ᵇ **15:43** Fil 3:21 ᶜ **15:44** I Kor 2:14 ᵈ **15:45** Jen 2:7 ᵉ **15:47** Jn 3:31
ᶠ **15:48** Fil 3:20 ᵍ **15:49** Jen 5:3 ʰ **15:49** Wo 8:29 ⁱ **15:50** I Kor 6:9 ʲ **15:51** I Kor 13:2
ᵏ **15:51** II Kor 5:2,4 ˡ **15:52** I Tes 4:15,17 ᵐ **15:53** II Kor 5:4 ⁿ **15:54** És 25:8 ᵒ **15:55** Os 13:14
ᵖ **15:56** Wo 3:20 ᑫ **15:57** Wo 8:37 ʳ **15:58** I Kor 16:10 ˢ **16:1** Trav 24:17 ᵗ **16:2** II Kor 9:4
ᵘ **16:3** II Kor 3:1 ᵛ **16:5** Trav 19:21 ʷ **16:6** Trav 15:3 ˣ **16:7** II Kor 1:15 ʸ **16:8** Trav 18:19
ᶻ **16:9** Trav 14:27 ᵃ **16:10** I Kor 4:17 ᵇ **16:10** I Kor 15:58 ᶜ **16:11** Trav 15:33 ᵈ **16:12** Trav 18:24
ᵉ **16:13** Mat 24:42 ᶠ **16:14** I Kor 14:1 ᵍ **16:15** I Kor 1:16 ʰ **16:15** Wo 15:31 ⁱ **16:16** I Tes 5:12

ak Achaïcus paske yo te founi ᵃsa ki te manke nan pati a nou menm. ¹⁸Paske yo te renouvle lespri mwen ak lespri pa nou osi. Donk ᵇse pou nou rekonèt moun tankou sa yo.

¹⁹Legliz Asie yo salye nou. ᶜAquilas avèk Priscille salye nou avèk tout kè yo nan Senyè a, avèk ᵈlegliz ki lakay yo a. ²⁰Tout frè yo salye nou. ᵉSalye youn lòt avèk yon bo ki sen.

²¹Salitasyon de ᶠpwòp men pa m——Paul. ²²Si yon moun pa renmen Senyè a, li dwe modi. Maranata (Jésus ap vini). ᵍVin non, Senyè nou an! ²³ ʰKe gras Senyè a Jésus avèk nou. ²⁴Ke lanmou mwen avèk nou tout nan Jésus Kri. Amen.

ᵃ **16:17** II Kor 11:9   ᵇ **16:18** Fil 2:29   ᶜ **16:19** Trav 18:2   ᵈ **16:19** Wo 16:5   ᵉ **16:20** Wo 16:16
ᶠ **16:21** Wo 16:22   ᵍ **16:22** Fil 4:5   ʰ **16:23** Wo 16:20

2 KORENTYEN YO

1 Paul, yon apot Kris Jésus [a]pa volonte Bondye, e Timothée, frè nou, [b]a legliz Bondye ki nan Corinthe lan, avèk tout sen ki toupatou nan vil Achaïe yo: 2 [c]Lagras avèk nou ak lapè ki sòti nan Bondye, Papa nou an, ak Senyè a Jésus Kri.

3 [d]Beni se Bondye ak Papa a Senyè nou an Jésus Kri, Papa a mizerikòd yo, e Bondye a tout rekonfò yo; 4 ki [e]rekonfòte nou nan tout afliksyon nou yo pou nou kapab rekonfòte sila ki nan nenpòt afliksyon avèk menm rekonfò ke nou menm te rekonfòte pa Bondye a. 5 Paske menm jan [f]ke soufrans a Kris yo se pou nou an abondans, konsa tou rekonfò nou an abondans atravè Kris la. 6 Men si nou aflije, se [g]pou rekonfò ak sali de nou menm. Si nou rekonfòte, se pou rekonfò pa nou, ki efikas pou nou ka sipòte avèk pasyans, menm soufrans ke nou menm isit la ap soufri yo tou. 7 Konsa, espwa nou pou ou tout fonde byen fèm paske nou konnen [h]menm jan ke ou pataje soufrans nou yo avèk nou, ou menm tou ap pataje rekonfò nou yo.

8 Paske nou pa vle nou inyoran, frè m yo, de [i]afliksyon ki te vini sou nou an Asie yo, ke nou te peze anpil anpil, menm depase fòs nou, pou nou te kab menm vin dezespere de lavi nou. 9 Vrèman, nou te gen yon kondanasyon lanmò anndan nou, pou nou pa mete konfyans nan tèt nou, men nan Bondye ki fè mò yo leve a, 10 ki te delivre nou soti de yon si gran danje lanmò, e Li va delivre nou. Se [j]sou Li menm nou te mete tout espwa nou an. Epi Li va toujou delivre nou; 11 nou osi ki jwenn avèk nou menm nan lapriyè, pou remèsiman kapab bay pa [k]anpil moun pou nou, pou gras ke nou resevwa atravè priyè anpil moun.

12 Paske konfyans fyète nou an se sa; temwayaj [l]konsyans nou, ke nan sentete avèk senserite anvè Bondye, pa nan sajès lachè men nan gras Bondye a, nou kondwi tèt nou nan mond lan, e sitou vè nou menm. 13 Paske nou pa ekri okenn lòt bagay bannou, sof ke sa nou kapab li ak konprann, e m espere ke nou va konprann [m]jiska lafen. 14 Menm jan ou te osi konprann nou nan yon pati a, ke ou se rezon fyète nou nan [n]jou a Senyè nou an Jésus, menm jan tou ke ou se rezon fyète pa nou an.

15 Epi premyèman, se te nan konfyans sila ke m te gen entansyon pou vin kote nou an, pou nou ta kapab resevwa yon [o]benediksyon doub. 16 Sa vle di, pou [p]pase kote nou nan antre Macédoine, e osi nan soti Macédoine pou m vin kote nou, pou nou ta kapab ede m nan vwayaj mwen pou rive Judée. 17 Konsa, èske m te varye lè m te fè nou konnen entansyon sa a? Oswa sa ke m te pwopoze a, èske m te pwopoze li [q]selon lachè? Konsa, li ta sanble wi e non ansanm k ap di nan menm lè a? 18 Men jan [r]Bondye fidèl la, pawòl nou anvè ou menm se pa wi avèk non ansanm. 19 Paske [s]Fis Bondye a, Kris Jésus, ki te preche pami nou an, pa nou menm—mwen, Silvain, ak Timothée—pa t di wi e non, men te gen wi sèlman nan Li menm. 20 Paske malgre fòs kantite [t]pwomès Bondye yo kon bay, nan Li menm, pwomès yo se "wi"; konsa tou, pa Li menm tou, nou di "Amèn" pou laglwa Bondye atravè nou menm.

21 Koulye a, [u]Sila ki etabli nou avèk ou menm an Kris, epi ki te onksyone nou, se Bondye. 22 Se Li ki te mete so Li sou nou e te bannou Lespri a nan kè nou kòm yon pwomès.

23 Men [v]mwen rele Bondye kòm temwen nanm mwen, ke se sèl pou m fè nou gras, m pa t vin Corinthe ankò. 24 Se pa ke nou menm [w]ta domine fwa pa nou, men se

---

[a] **1:1** I Kor 1:1   [b] **1:1** I Kor 10:32   [c] **1:2** Wo 1:7   [d] **1:3** Ef 1:3   [e] **1:4** És 51:12   [f] **1:5** II Kor 4:10
[g] **1:6** II Kor 4:15   [h] **1:7** Wo 8:17   [i] **1:8** Trav 19:23   [j] **1:10** I Tim 4:10   [k] **1:11** II Kor 4:15
[l] **1:12** Trav 23:1   [m] **1:13** I Kor 1:8   [n] **1:14** I Kor 1:8   [o] **1:15** Wo 1:11   [p] **1:16** Trav 19:21   [q] **1:17** II Kor 10:2   [r] **1:18** I Kor 1:9   [s] **1:19** Mat 4:3   [t] **1:20** Wo 15:8   [u] **1:21** Wo 8:16   [v] **1:23** Wo 1:9
[w] **1:24** II Kor 4:5

ouvriye nou ye ansanm avèk ou pou lajwa ou. Paske nan lafwa a, ou deja kanpe fèm.

2 Men mwen te deside sa pou koz pa mwen, pou mwen ªpa ta vin kote nou menm nan tristès ankò. ² Paske si m ᵇfè nou tris, kilès k ap fè m kontan, sof ke sila ke m te fè tris la. ³ Sa se menm bagay ke m te ekri nou an, jis pou lè m te vini, pou mwen pa ta twouve tristès nan sila ki ta dwe fè m rejwi yo. Paske mwen gen ᶜkonfyans ke m gen nan nou tout la, pou lajwa pa m ta kapab lajwa pa nou tout. ⁴ Paske se te nan anpil afliksyon ak soufrans nan kè mwen, ke m ᵈte ekri nou avèk anpil dlo nan zye; pa pou m ta fè nou tris, men pou nou ta kapab konnen lanmou pwofon ke mwen gen pou nou an.

⁵ Men ᵉsi yon moun fè nou tris, se pa mwen li fè tris la, men, nan yon sèten sans, (jis pou m pa di twòp) a nou tout. ⁶ Si fi pou yon moun konsa se ᶠpinisyon ki te enpoze pa majorite a. ⁷ Donk okontrè, nou ta pito rekonfòte e ᵍpadone li, otreman pou yon moun konsa ta sibi yon tristès ki depase limit. ⁸ Pou sa, mwen ankouraje nou pou fè l konnen ankò, lanmou nou gen anvè li a. ⁹ Paske nan bi sa, mwen osi te ekri nou pou m te kapab teste nou, si nou ʰobeyisan nan tout bagay. ¹⁰ Men sila ke nou te padone a, mwen te padone li tou; paske anverite, sa ke m te padone a, si vrèman mwen te padone yon bagay, mwen te fè l pou koz nou ⁱnan prezans a Kris la ¹¹ pou Satan pa t kab vin pwofite de nou; paske ʲnou pa inyoran de manèv li yo.

¹² Alò, lè m te vini ᵏTroas pou levanjil a Kris la, e lè ˡyon pòt te vin ouvri pou mwen nan Senyè a, ¹³ mwen ᵐpa t gen repo nan lespri mwen, akoz mwen pa t twouve Tite, frè mwen an. Konsa, mwen te kite yo, pou mwen te kontinye vè Macédoine.

¹⁴ ⁿMen gras a Bondye, ki toujou mennen nou nan viktwa Li an Kris la, e ki toujou fè parèt nan nou yon pafen ki santi bon de konesans a Li nan tout kote. ¹⁵ Paske nou se ᵒodè santi bon a Kris la vè Bondye pami ᵖsila k ap vin sove yo, e pami sila k ap peri yo. ¹⁶ ᵠPou youn, yon movèz odè ki soti nan lanmò pou rive nan lanmò, pou lòt la, yon odè ki soti nan lavi pou rive nan lavi. E kilès nan nou ki ʳgen ase de fòs pou bagay sa yo? ¹⁷ Paske nou pa tankou anpil moun, k ap vann pawòl Bondye a. Men ˢnan senserite, devan ze Bondye, nou pale nan Kris.

3 Èske n ap kòmanse ᵗbay pwòp tèt nou lwanj ankò? Oswa èske nou menm bezwen, tankou kèk lòt moun, lèt rekòmandasyon pou nou menm, oswa petèt ki sòti de nou menm? ² ᵘNou menm nan legliz Korent se lèt nou, ki ekri nan kè nou, ki rekonèt e ki li pa tout moun. ³ Li parèt klè ke nou se yon lèt ki sòti nan Kris la, ki pran swen pa nou menm, ki pa t ekri avèk lank, men avèk Lespri Bondye vivan an, pa sou tablèt wòch, men sou ᵛtablèt kè lòm.

⁴ Yon ʷkonfyans konsa ke nou genyen atravè Kris la vè Bondye. ⁵ Se pa ke nou ase fò nan nou menm pou konsidere ke tout bagay kapab sòti nan nou menm, men ˣfòs nou an soti nan Bondye. ⁶ Ki te osi fè nou ase fò tankou sèvitè a yon ʸakò tounèf, pa selon ᶻlèt la, men selon Lespri a. Paske lèt la touye, men Lespri a bay lavi.

⁷ Men si ªzèv lanmò a, ak lèt la byen grave sou wòch te vini avèk glwa, ᵇjis pou fis Israël yo pa t kapab fikse atansyon yo sou figi Moïse akoz de glwa a figi li, malgre briyans lan te kòmanse ap bese, ⁸ kòman zèv Lespri a p ap vin pi fò avèk laglwa a? ⁹ Paske si zèv kondanasyon an gen glwa, konbyen anplis ᶜzèv ladwati a p ap ranpli avèk glwa? ¹⁰ Paske anverite, sa ki te gen glwa a, nan ka sa a pa gen glwa, akoz glwa ki depase l la. ¹¹ Paske si sa ki disparèt la te avèk glwa, bokou plis sa ki rete a gen glwa.

¹² Konsa, akoz ke nou gen yon espwa parèy a sa a, ᵈnou sèvi ak gran kouraj nan pawòl nou yo. ¹³ Se pa tankou Moïse ᵉki

---

ª **2:1** I Kor 4:21 ᵇ **2:2** II Kor 7:8 ᶜ **2:3** Gal 5:10 ᵈ **2:4** II Kor 2:9 ᵉ **2:5** I Kor 5:1 ᶠ **2:6** I Kor 5:4
ᵍ **2:7** Gal 6:1 ʰ **2:9** II Kor 7:15 ⁱ **2:10** I Kor 5:4 ʲ **2:11** Luc 22:31 ᵏ **2:12** Trav 16:7 ˡ **2:12** Trav 14:27
ᵐ **2:13** II Kor 7:5 ⁿ **2:14** Wo 1:8 ᵒ **2:15** Ef 5:2 ᵖ **2:15** I Kwo 1:18 ᵠ **2:16** Luc 2:34 ʳ **2:16** II Kor 3:5 ˢ **2:17** I Kor 5:8 ᵗ **3:1** II Kor 5:12 ᵘ **3:2** I Kor 9:2 ᵛ **3:3** Pwov 3:3 ʷ **3:4** Ef 3:12
ˣ **3:5** I Kor 15:10 ʸ **3:6** Jr 31:31 ᶻ **3:6** Wo 2:29 ª **3:7** Wo 7:5 ᵇ **3:7** Egz 34:29-35 ᶜ **3:9** Wo 1:17 ᵈ **3:12** Trav 4:13,29 ᵉ **3:13** Egz 34:33-35

te konn mete yon vwal sou figi l pou fis Israël yo pa t kab gade avèk atansyon sou fen sa ki t ap disparèt la. ¹⁴ Men tèt yo te ᵃvin di; paske jis rive nan jou sa a, nan lekti ansyen akò a, ᵇmenm vwal la rete toujou san leve, paske se jis nan Kris li vin leve. ¹⁵ Men jis rive nan jou sa a, lè ekriti Moïse la vin li, yon vwal kouvri kè yo. ¹⁶ ᶜMen nenpòt lè yon moun vire vè Senyè a, vwal la vin sòti. ¹⁷ Alò, Senyè a se Lespri a; e kote Lespri Senyè a ye, ᵈgen libète. ¹⁸ Men nou tout, avèk figi devwale ᵉk ap gade tankou nan yon miwa laglwa Senyè a ᶠk ap transfòme nan menm imaj a glwa sa a, jis rive nan glwa ki sòti nan Senyè a, ki se Lespri a.

4 Konsa, akoz ke nou gen ministè sa a, jan nou te ᵍresevwa mizerikòd la, nou pa dekouraje. ² Men nou renonse a ʰbagay ki fèt an kachèt ki fè wont yo. Nou pa mache nan riz, ni nan kase fòs pawòl Bondye a ak desepsyon, men ak demonstrasyon verite a, nou rekòmande tèt nou a konsyans tout moun devan zye Bondye. ³ Men si levanjil nou an ⁱvwale, li vwale pou sila k ap peri yo. ⁴ Nan ka sila a, ʲdye a mond sa a ᵏvwale lespri a enkwayan yo pou yo pa wè limyè levanjil la, glwa a Kris la, ki se imaj a Bondye. ⁵ Paske ˡnou pa preche tèt nou, men Kris Jésus a kòm Senyè, epi nou menm kòm sèvitè a nou tout, pou kòz a Jésus. ⁶ Paske se Bondye, ki te di: ᵐ"Limyè va klere nan tenèb la". Se Li menm nan ki ⁿte briye nan kè nou pou bay limyè de konesans a glwa Bondye a, ki se nan figi Kris Jésus a.

⁷ Men nou gen trezò sa a nan ᵒpo ki fèt avèk tè ajil, pou grandè a ᵖpouvwa ki depase tout bagay la, kapab sòti nan Bondye e pa nan nou menm. ⁸ Nou ᑫaflije nan tout fason, men nou pa kraze; nou nan konfizyon, men nou pa nan dezespwa, ⁹ pèsekite, men nou pa ʳabandone. Nou pran so, men nou pa detwi. ¹⁰ ˢNou toujou ap pote nan kò la, lanmò Jésus, pou lavi Jésus kapab vin parèt nan kò nou. ¹¹ Paske nou menm ki vivan yo toujou ap livre a lanmò pou kòz a Jésus, pou lavi Jésus kapab osi manifeste nan chè mòtèl nou an. ¹² Konsa, lanmò travay nan nou, men lavi nan ou.

¹³ Men avèk menm lespri lafwa a, selon sa ki ekri a: ᵗ"Mwen te kwè, e akoz sa mwen te pale", nou osi kwè, e akoz sa, nou pale; ¹⁴ avèk konesans ke Sila ki te ᵘleve Senyè a Jésus ᵛva leve nou osi avèk Jésus e va prezante nou avèk nou menm. ¹⁵ Paske tout bagay se pou koz a nou menm, pouke lagras k ap gaye a de plizanplis moun nan ʷkapab koz anpil remèsiman pou laglwa Bondye.

¹⁶ Donk, nou p ap dekouraje, men malgre ke lòm eksteryè nou ap dekonpoze ˣdeja lòm enteryè nou ap renouvle de jou an jou. ¹⁷ Paske ti afliksyon ʸpou yon ti tan an ap pwodwi pou nou yon pwa laglwa etènèl ki depase tout konparezon, ¹⁸ pandan ᶻnou p ap gade bagay ki vizib, men bagay ki pa vizib. Paske bagay vizib yo se pou yon ti moman, men bagay ki pa vizib yo se pou tout letènite.

5 Paske nou konnen ke si ᵃtant tèrès la ki se lakay nou an vin demoli, nou gen yon kay ki sòti nan Bondye; yon kay ki ᵇpa fèt avèk men, ki etènèl nan syèl la. ² Paske vrèman, nan kay sila a, nou ᶜplenyen avèk lanvi pou nou abiye nou ak kay nou ki nan syèl la; ³ kòmsi nou konnen ke lè nou fin mete li, nou p ap janm toutouni ankò. ⁴ Paske vrèman, pandan nou nan tant kò sa a, nou plenyen, nou anba gwo fado, paske nou pa vle dezabiye nou, men abiye nou, jis pou sa ki mòtèl la kapab anglouti pa lavi etènèl. ⁵ Alò, Sila ki te prepare nou pou menm bi sa a, se Bondye, ki te ᵈbannou Lespri Sen kòm yon pwomès la.

⁶ Konsa, toujou avèk bon kouraj, ak konesans ke ᵉpandan nou lakay nou nan kò a, nou absan de Senyè a, ⁷ paske ᶠnou mache pa lafwa, e pa selon sa nou wè. ⁸ Men, mwen di nou, nou gen bon kouraj. Nou prefere pito absan de kò a pou prezan ᵍlakay nou avèk Senyè a. ⁹ Konsa nou gen

---

ᵃ **3:14** Wo 11:7 ᵇ **3:14** Trav 13:5 ᶜ **3:16** Egz 34:34 ᵈ **3:17** Jn 8:32 ᵉ **3:18** I Kor 13:12 ᶠ **3:18** Wo 8:29 ᵍ **4:1** I Kor 7:25 ʰ **4:2** Wo 6:21 ⁱ **4:3** I Kor 2:6 ʲ **4:4** Jn 12:31 ᵏ **4:4** II Kor 3:14 ˡ **4:5** I Kor 4:15 ᵐ **4:6** Jen 1:3 ⁿ **4:6** II Pi 1:19 ᵒ **4:7** Lam 4:2 ᵖ **4:7** Jij 7:2 ᑫ **4:8** II Kor 1:8 ʳ **4:9** Sòm 129:2 ˢ **4:10** Wo 6:5 ᵗ **4:13** Sòm 116:10 ᵘ **4:14** Trav 2:24 ᵛ **4:14** I Tes 4:14 ʷ **4:15** Wo 8:28 ˣ **4:16** Wo 7:22 ʸ **4:17** Wo 8:18 ᶻ **4:18** Wo 8:24 ᵃ **5:1** Job 4:19 ᵇ **5:1** Trav 7:48 ᶜ **5:2** Wo 8:23 ᵈ **5:5** Wo 8:23 ᵉ **5:6** Eb 11:13 ᶠ **5:7** I Kwo 13:12 ᵍ **5:8** Jn 12:26

osi kòm dezi, pou, kit nou lakay, kit nou absan, ªpou fè Li menm plezi. ¹⁰ Paske nou tout dwe parèt devan ᵇchèz jijman a Kris la, pou chak moun kapab rekonpanse pou zèv li nan kò a, selon sa li te fè, kit byen kit mal.

¹¹ Konsa, avèk konesans lakrent Senyè a, nou menm ap fè tout moun kwè, men nou vin rekonèt devan Bondye; epi mwen espere ke nou ᶜrekonèt nan konsyans pa nou yo tou. ¹² Nou p ap vin pale byen de pwòp tèt nou bannou ankò, men ᵈn ap bannou yon okazyon pou vin fyè de nou, pou nou kab gen yon repons a sila ki jwenn fyète nan aparans, men pa nan kè. ¹³ Paske si nou vin ᵉdebòde, se pou Bondye. Epi si nou nan bon sans nou, se pou nou menm. ¹⁴ Paske lanmou Kris la k ap bourade nou. Konsa li mennen nou a konklizyon sa a; ke ᶠyon moun te mouri pou tout moun, kidonk, tout moun te mouri. ¹⁵ Li te mouri pou tout moun, pouke sila ki vivan yo pa ta ᵍviv pou tèt yo ankò, men pou Li menm ki te mouri an e ki te leve ankò pou yo a.

¹⁶ Pou sa a, depi koulye a nou pa rekonèt okenn moun ʰselon lachè. Malgre ke nou te konnen Kris selon lachè, deja koulye a nou pa konnen Li fason sa a ankò. ¹⁷ Donk Si yon moun nan Kris, Li se yon kreyati tounèf. ⁱAnsyen bagay yo vin pase. Gade byen, tout bagay vin tounèf. ¹⁸ Konsa, tout bagay sa yo sòti nan Bondye ʲki te rekonsilye nou a Li menm pa Kris la, e ki te bannou ministè rekonsilyasyon an. ¹⁹ Kòmsi ke ᵏBondye te nan Kris ki t ap rekonsilye mond lan a Li menm, san konte ofans pa yo kont yo menm, e Li te livre bannou, pawòl a rekonsilyasyon an.

²⁰ Konsa, nou se ambasadè pou Kris, tankou si Bondye t ap sèvi nou pou sipliye lòt. Pou sa a, nou priye nou nan non a Kris la ˡpou nou vin rekonsilye ak Bondye. ²¹ Li te fè Sila ki ᵐpa t konnen okenn peche a devni peche pou nou menm, pou nou ta kapab devni ladwati Bondye nan Li menm.

6 Epi nan ⁿtravay ansanm avèk Li menm, nou osi ankouraje ou pou nou pa resevwa lagras Bondye a anven. ² Paske Li di:

ᵒ"Nan tan akseptab la Mwen te koute nou,
e nan jou sali a Mwen te ede nou".

Gade byen, koulye a se "tan akseptab la". Gade byen, koulye a se "jou sali a". ³ Konsa,ᵖNou p ap bay kòz pou ofans nan anyen, pou ministè a pa vin pèdi valè li. ⁴ Men nan tout bagay pou n ap rekòmande tèt nou kòm sèvitè a Bondye: nanᵍanpil andirans, nan afliksyon, difikilte, ak detrès ⁵ nan ʳpran kou, nan pran prizon, nan twoub, nan travay di, nan san dòmi ˢnan grangou ⁶ nan lavi dwat, nan konesans, nan pasyans, nan bonte, nan ᵗLespri Sen an, nan vrè lanmou an ⁷ nan pawòl verite a, nan ᵘpwisans Bondye a; ak ᵛzam ladwati pou men dwat ak men goch yo, ⁸ pa laglwa ak ʷwont, pa move rapò ak bon rapò, gade kòm mantè yo, malgre sa nan verite a; ⁹ kòm enkoni malgre byen koni, kòm moun k ap mouri men gade, nou byen ˣvivan; kon sila ke y ap pini, men poko mete a lanmò, ¹⁰ kòm ʸplen ak tristès men toujou ap rejwi, kòm ᶻpòv, men ap fè anpil moun rich, kòm yon moun ki pa genyen anyen men ki posede tout bagay.

¹¹ ᵃBouch nou pale avèk libète ak nou menm, o Korentyen yo. Kè nou ouvri byen laj. ¹² Nou pa anpeche nou, men ᵇou anpeche nan pwòp afeksyon pa w. ¹³ Koulye a, ᶜnan yon echanj konsa—-m ap pale kòm si se ak timoun mwen yo—-ouvri kè nou laj pou nou tou.

¹⁴ Pa mare ansanm avèk enkwayan yo; paske ᵈki relasyon ki gen antre ladwati ak inikite, oswa ki rapò ki genyen antre limyè ak tenèb? ¹⁵ Oubyen ki ᵉamitye Kris gen avèk Bélial, oswa kisa yon kwayan gen an komen avèk yon enkwayan? ¹⁶ Oswa, ki akò tanp Bondye a gen avèk zidòl yo?

ᵃ **5:9** Wo 14:18   ᵇ **5:10** Mat 16:27   ᶜ **5:11** II Kor 4:2   ᵈ **5:12** II Kor 1:14   ᵉ **5:13** Mc 3:21   ᶠ **5:14** Wo 5:15   ᵍ **5:15** Wo 14:7-9   ʰ **5:16** Jn 8:15   ⁱ **5:17** És 43:18   ʲ **5:18** Wo 5:10   ᵏ **5:19** Kol 2:9   ˡ **5:20** Wo 5:10   ᵐ **5:21** Eb 4:15   ⁿ **6:1** I Kor 3:9   ᵒ **6:2** És 49:8   ᵖ **6:3** I Kor 8:9,13   ᵍ **6:4** Trav 9:16   ʳ **6:5** Trav 16:23   ˢ **6:5** I Kor 4:11   ᵗ **6:6** I Kor 2:4   ᵘ **6:7** I Kor 2:5   ᵛ **6:7** II Kor 10:4   ʷ **6:8** I Kwo 4:10   ˣ **6:9** II Kor 1:8,10   ʸ **6:10** Jn 16:22   ᶻ **6:10** II Kor 8:9   ᵃ **6:11** Éz 33:22   ᵇ **6:12** II Kor 7:2   ᶜ **6:13** I Kor 4:14   ᵈ **6:14** Ef 5:7-11   ᵉ **6:15** I Kor 10:21

Paske nou se tanp a Bondye vivan an. Jan Bondye te di a: [a]"Mwen va viv nan yo e mache pami yo. Mwen va Bondye pa yo e yo va pèp Mwen." [17][b]Konsa,

"'Soti nan mitan yo,
e separe de yo', di Senyè a.
'Pa touche sa ki enpi.
Mwen va akeyi nou.

[18] [c]Mwen va yon Papa pou nou,
e nou va fis ak fi pou Mwen,'
di Senyè Tou Pwisan an."

7 Konsa, paske nou gen pwomès sa yo byeneme, [d]annou netwaye tèt nou de tout saltè lachè ak lespri, e vin konplete lasentete nan lakrent Bondye.

[2] [e]Fè espas pou nou nan kè nou. Nou pa t fè pèsòn mal. Nou pa t fè pèsòn vin konwonpi, ni nou pa t pran avantaj sou okenn moun. [3] Mwen pa pale pou kondane nou, paske Mwen te di [f]avan sa, nou nan kè nou jis nou rive mouri ansanm e viv ansanm. [4] Konfyans mwen gen nan nou an gran. [g]Fyète m lè m nonmen non nou an gran. Mwen ranpli avèk [h]rekonfò. M ap debòde avèk lajwa nan tout afliksyon nou yo.

[5] Paske menm lè nou te vini Macédoine, chè nou pa t gen okenn repo, men nou te [i]aflije toupatou: [j]konfli deyò, laperèz anndan. [6] Men Bondye, ki rekonfòte sila k ap viv nan afliksyon yo, te rekonfòte nou lè [k]Tite te vini an. [7] Pa sèlman vini li an, men osi pa rekonfò avèk sila li te rekonfòte nou an, lè li te bannou rapò de dezi nou genyen an, tristès nou, zèl ke nou te gen pou mwen an; pou m te rejwi plis toujou.

[8] Paske malgre ke m te [l]koze tristès pa lèt mwen an, mwen pa regrèt sa; sepandan mwen te regrèt li. Paske mwen wè ke lèt sa a te koze tristès nou, malgre sèlman pou yon ti tan. [9] Koulye a, mwen rejwi, pa paske mwen te fè nou tris, men ke nou te vin tris jis pou mennen nou a larepantans. Paske mwen te fè nou tris selon volonte Bondye, jis pou nou pa ta soufri pèt nan okenn bagay akoz nou menm. [10] Paske tristès ki selon volonte Bondye a prodwi yon [m]repantans ki san regrè, ki mennen nan sali; men tristès a mond lan prodwi lanmò. [11] Paske gade byen avèk ki senserite menm bagay sa a, tristès sa ki sòti nan Bondye a, te vin prodwi nan nou. Kèl jistifikasyon pou nou menm, kèl endiyasyon, kèl krent, kèl [n]dezi, kèl zèl, kèl retribisyon kont lemal. Nan tout bagay nou te montre a tèt nou, nou inosan nan zafè sila a. [12] Donk, malgre [o]m te ekri nou, se pa t pou koz a sila ki te fè ofans lan, ni pou koz a sila ki te donmaje a, men pou Bondye ta kapab konfime nan ou senserite ou anvè nou menm. [13] Pou rezon sa a, nou te rekonfòte. Epi anplis de rekonfò nou, nou te rejwi menm plis pou lajwa a Tite, paske lespri li te vin rafrechi pa nou tout. [14] Paske si nan yon bagay mwen te [p]fè nou konpliman a li menm, nou pa t fè m wont. Men menm jan ke nou te pale tout bagay anverite a nou menm nan, menm jan an osi tout konpliman nou te pale Tite de nou te vin fè prèv ke se te verite. [15] Afeksyon Li anvè nou ap vin plis toujou lè li sonje obeyisans nou tout, jan nou te resevwa li avèk [q]lakrent e avèk tranbleman. [16] Mwen rejwi ke nan tout bagay [r]mwen gen konfyans nan nou.

8 Koulye a, frè nou yo, nou ta renmen fè nou konnen lagras Bondye [s]ki te vin bay nan legliz Macédoine yo. [2] Ke nan yon gran eprèv afliksyon, abondans lajwa ak gwo povrete, yo te debòde jis li vin [t]richès nan jenewozite yo. [3] Paske mwen temwaye ke [u]selon kapasite yo, e menm depase kapasite yo, yo te bay selon pwòp volonte pa yo. [4] Yo t ap byen plede avèk nou avèk anpil ankourajman, pou favè pran pa nan [v]soutyen a fidèl yo. [5] Epi sa menm, se pa jan nou te prevwa a, men yo te dabò bay tèt yo a Senyè a, e a nou menm [w]selon volonte Bondye. [6] Donk, nou te [x]ankouraje Tite ke, jan li te kòmanse oparavan an, pou li ta osi konplete nan nou zèv gras sila a. [7] Men menm jan nou toujou [y]fè ekselans ki

---

[a] **6:16** Egz 29:45   [b] **6:17** És 52:11   [c] **6:18** II Sam 7:14   [d] **7:1** I Pi 1:15   [e] **7:2** II Kor 6:12   [f] **7:3** II Kor 6:11   [g] **7:4** II Kor 7:14   [h] **7:4** II Kor 1:4   [i] **7:5** II Kor 4:8   [j] **7:5** Det 32:25   [k] **7:6** II Kor 2:13   [l] **7:8** II Kor 2:2   [m] **7:10** Trav 11:18   [n] **7:11** II Kor 7:7   [o] **7:12** II Kor 2:3,9   [p] **7:14** II Kor 7:4   [q] **7:15** I Kor 2:3   [r] **7:16** II Kor 2:3   [s] **8:1** II Kor 8:5   [t] **8:2** Wo 2:4   [u] **8:3** I Kor 16:2   [v] **8:4** Wo 15:31   [w] **8:5** I Kor 1:1   [x] **8:6** II Kor 8:17   [y] **8:7** II Kor 9:8

depase ᵃnan tout bagay, nan lafwa, nan langaj, nan konesans, nan zèl, ak nan lanmou ke nou te enspire nan ou an, gade ke ou depase osi nan zèv lagras sila a.

⁸ Mwen ᵇp ap pale sa tankou se yon lòd, men pou pwouve selon zèl a lòt yo, senserite lanmou pa nou tou. ⁹ Paske nou konnen lagras Senyè nou an Jésus Kri, ke ᶜmalgre Li te rich, pou koz nou, Li te vin pòv, pouke, nou menm, atravè povrete Li, nou ta kapab vin rich. ¹⁰ Mwen bay opinyon mwen nan ka sa a, paske sa se nan avantaj pa nou, ki, lane pase, te premye moun ᵈki te kòmanse fè non sèlman sa, men osi te gen volonte pou fè l. ¹¹ Men koulye a, fin fè li. Menm jan nou te gen ᵉbòn volonte pou fè l la, pou li kapab osi konplete pa kapasite nou. ¹² Paske si volonte a la, li akseptab ᶠselon sa ke yon moun genyen, pa selon sa ke li pa genyen. ¹³ Paske sa se pa pou fè lòt yo alèz, pandan nou pote gwo chaj, men pou gen egalite. ¹⁴ Nan tan prezan sila, abondans nou la pou satisfè ᵍbezwen pa yo, pouke abondans pa yo osi kapab vin yon sous pou bezwen pa nou, pouke kapab gen egalite. ¹⁵ Jan sa ekri a: ʰ"Sila ki te ranmase anpil la, pa t gen depase, e sila ki te ranmase piti a pa t manke."

¹⁶ Men ⁱgras a Bondye ki ʲmete menm zèl la pou nou nan kè Tite la. ¹⁷ Paske li pa t sèlman aksepte ᵏapèl nou, men akoz li te trè zele, li te vin kote nou ak pwòp volonte li. ¹⁸ Epi nou te voye avèk li ˡfrè a ki gen bon repitasyon nan bagay levanjil ki te gaye pami tout legliz yo. ¹⁹ Epi se pa sèlman sa, men li te osi ᵐchwazi pa legliz yo pou vwayaje avèk nou nan zèv lagras sila ke n ap administre pou glwa a Senyè a Li menm, e pou montre bòn volonte nou. ²⁰ N ap pran prekosyon pou pèsòn pa vin denigre administrasyon nou nan kado jenewozite sila a. ²¹ Paske nou ⁿrespekte sa ki onorab, non sèlman nan zye Senyè a, men osi nan zye lèzòm. ²² Nou te voye avèk yo, frè nou an, ke nou souvan teste, e twouve zèl nan anpil bagay, men koulye a menm pi zele akoz de gran konfyans li nan nou menm. ²³ Tankou pou Tite, li se asosye e ouvriye parèy mwen pami nou. Tankou pou frè nou yo, yo se ᵒmesaje a legliz yo, yon glwa pou Kris la. ²⁴ Konsa, piblikman devan legliz yo, montre yo prèv lanmou nou ak ᵖrezon pou gen fyète de nou.

9 Paske se pa nesesè pou m ta ekri nou sou ᵠministè sa a pou sen yo, ² paske mwen konnen volonte nou. Pou sa menm, mwen fè nou konpliman devan pèp Macédoine lan, anfèt ke Achaïe te deja prepare depi ʳane pase, e ke zèl nou te eksite pifò nan yo. ³ Men mwen te voye frè yo, pouke ˢkonpliman nou an pa ta fèt nan vid nan ka sa a, pouke ᵗjan mwen t ap di a, nou kapab byen prepare. ⁴ Pou si li pa t fèt, epi nenpòt nan ᵘMasedonyen yo ta parèt avè m, nou pa t ap desi (ak ou menm tou) e soufri wont akoz sa ki te anvizaje. ⁵ Donk, mwen te panse ke li te nesesè pou ankouraje frè yo pou yo ta ale devan nou menm pou òganize davans ᵛkado jenewozite ke nou te deja pwomèt la. Epi konsa, kado sa a ta kapab parèt kon yon kado jenewozite ki pa afekte pa lanvi de nou menm.

⁶ Sonje, ʷsila a ki simen tikal va rekòlte tikal. Men sila a ki simen an abondans va rekòlte an abondans. ⁷ Chak moun dwe fè jis jan ke li te rezone nan kè l, pa avèk ˣregrè oubyen anba presyon, paske ʸBondye renmen yon moun ki bay avèk jwa. ⁸ Epi Bondye kapab fè tout gras vin an kantite a nou menm, pou nou toujou gen kont nou nan tout bagay, pou nou kapab gen osi yon abondans nan tout bon zèv. ⁹ Jan sa ekri a:

ᶻ"Li te gaye toupatou.
Li te bay a malere yo.
Ladwati Li ap rete jis pou tout tan."

¹⁰ Koulye a Li menm ki founi semans pou sila k ap simen an avèk pen pou l manje, va founi e miltipliye semans nou an pou simen e ogmante rekòlt ladwati nou an. ¹¹ Pou konsa, nou ka ᵃanrichi nan tout

---

ᵃ **8:7** I Kor 1:5   ᵇ **8:8** I Kor 7:6   ᶜ **8:9** Fil 2:6   ᵈ **8:10** I Kor 16:2   ᵉ **8:11** II Kor 8:12,19   ᶠ **8:12** Mc 12:43   ᵍ **8:14** Trav 4:34   ʰ **8:15** Egz 16:18   ⁱ **8:16** II Kor 2:14   ʲ **8:16** Rev 17:17   ᵏ **8:17** II Kor 8:6   ˡ **8:18** I Kor 16:3   ᵐ **8:19** I Kor 16:3   ⁿ **8:21** Wo 12:17   ᵒ **8:23** Fil 2:25   ᵖ **8:24** II Kor 7:4   ᵠ **9:1** II Kor 8:4   ʳ **9:2** II Kor 8:10   ˢ **9:3** II Kor 7:4   ᵗ **9:3** I Kwo 16:2   ᵘ **9:4** Wo 15:26   ᵛ **9:5** Jen 33:11   ʷ **9:6** Pwov 11:24   ˣ **9:7** Det 15:10   ʸ **9:7** Egz 25:2   ᶻ **9:9** Sòm 112:9   ᵃ **9:11** I Kor 1:5

bagay ak tout jenewozite, ki atravè nou, ap pwodwi remèsiman a Bondye. ¹² Paske ministè sèvis don sa a se pa sèlman pou byen founi ᵃbezwen a sen yo, men va osi pou debòde ᵇatravè anpil remèsiman a Bondye. ¹³ Akoz de prèv ki te bay pa ᶜministè sèvis sila a, yo va bay Bondye glwa pou obeyisans konfesyon levanjil a Kris la, ak jenewozite don pa nou pou yo menm, ak tout lòt yo. ¹⁴ Pandan yo menm osi, nan lapriyè pou nou, y ap gen dezi wè nou akoz ke gras Bondye ki anndan nou an ki depase tout bagay. ¹⁵ Remèsiman a Bondye pou ᵈdon Li ki depase tout sa ki kapab eksprime.

10 Koulye a, mwen menm Paul, mwen ankouraje nou pa ᵉimilite ak dousè a Kris la—mwen menm ki enb lè mwen fasafas avèk nou, men plen ak kouraj anvè nou lè m absan! ² Mwen mande ke lè m prezan ke m p ap oblije vin parèt ak menm fòs kouraj la pou mwen ta vin advèsè ᶠkèk moun ki konsidere nou tankou moun ki te mache selon lachè. ³ Paske malgre ke n ap mache nan lachè, nou pa ᵍfè lagè selon lachè, ⁴ paske ʰzam lagè nou yo pa nan lachè, men ranpli ak pwisans Bondye pou detwi barikad yo. ⁵ N ap detwi tout sipozisyon avèk ⁱtout ògèy ki vin leve kont konesans Bondye a, e nou ap mennen tout panse kaptif yo nan obeyisans a Kris la. ⁶ Konsa, nou prè pou pini tout dezobeyisans, lè ʲobeyisans nou an fin ranpli.

⁷ ᵏNou menm ap gade bagay yo kòmsi, pa deyò. Si nenpòt moun gen konfyans nan tèt li ke li pou Kris, kite li konsidere sa ankò nan lespri li, ke menm jan li nan Kris la ˡnou menm osi, nou nan Li. ⁸ Paske menm si m ta vante tèt mwen yon ti kras anplis pou otorite nou ᵐke Senyè a te bay pou bati nou menm e pa pou detwi nou, mwen p ap wont. ⁹ Paske mwen pa vle li sanble ke m ta entimide nou pa lèt mwen yo. ¹⁰ Paske, yo di: "Lèt li yo lou e dyanm, men prezans pèsonèl li pa enpresyonan ditou, e ⁿjan li pale vrèman meprizab."

¹¹ Kite yon moun konsa konsidere sa; ke sa nou ye nan lèt nou yo lè nou absan, se menm moun nan ke nou ye nan aksyon lè nou la.

¹² Paske nou p ap tante sèvi kouraj nou pou konpare oswa klase nou menm avèk kèk nan sila ki ᵒrekòmande tèt yo. Men lè yo mezire tèt yo ak yo menm e konpare tèt yo avèk yo menm, yo san konprann. ¹³ Men nou p ap vante tèt nou plis ke mezi nou, men ᵖnan domèn kote Bondye te chwazi nou kòm yon mezi, pou menm rive kote nou ye a. ¹⁴ Paske nou p ap lonje depase kapasite nou menm, kòmsi li pa t rive bò kote nou, paske nou te premye pou vini jis rive kote ou nan ᵠlevanjil Kris la. ¹⁵ Nou p ap vante tèt nou depase mezi pa nou, kòmsi, nan zèv a lòt moun, men avèk espwa ke pandan ʳlafwa nou ap grandi, nou va, nan mezi nou, agrandi menm plis akoz nou menm. ¹⁶ Konsa nou ka preche levanjil menm nan zòn pi lwen nou yo, e pa vante tèt nou ˢnan travay ki te fèt nan landwa a yon lòt. ¹⁷ Men ᵗ"Sila k ap vante tèt li a, kite li vante tèt li nan Senyè a." ¹⁸ Paske se pa sila ki rekòmande tèt li a ki apwouve, men se ᵘsila ki rekòmande pa Bondye a.

11 Mwen swete ke nou ᵛta ban mwen pèmisyon pou yon ti foli; men anfèt nou ban mwen l deja. ² Paske mwen jalou pou nou avèk yon jalouzi ki sòti nan Bondye. Paske mwen te ʷfyanse nou ak yon mari, pou m ta kapab prezante nou a Kris kòm yon vyèj ki san tach. ³ Men mwen pè pou menm jan ke Eve te twonpe pa riz sèpan an, pou panse nou ta de yon fason oubyen yon lòt detounen de devosyon sensè e san tach de Kris la. ⁴ Paske si yon moun vini pou preche ˣyon lòt Jésus, ke nou menm pa t preche, oswa nou resevwa yon lòt lespri ke nou pa t resevwa, oswa yon ʸlòt levanjil ke nou pa t aksepte, nou ase tolere sa. ⁵ Paske mwen pa konsidere tèt mwen ᶻkòm enferyè a pi gran apot yo. ⁶ Men menmsi mwen manke abil nan pale, deja mwen pa konsa nan

---

ᵃ **9:12** II Kor 8:14   ᵇ **9:12** II Kor 1:11   ᶜ **9:13** Wo 15:31   ᵈ **9:15** Wo 5:15   ᵉ **10:1** Mat 11:29
ᶠ **10:2** I Kor 4:18   ᵍ **10:3** Wo 8:4   ʰ **10:4** II Kor 6:7   ⁱ **10:5** És 2:11   ʲ **10:6** II Kor 2:9   ᵏ **10:7** Jn 7:24   ˡ **10:7** I Kor 9:1   ᵐ **10:8** II Kor 13:10   ⁿ **10:10** I Kor 1:17   ᵒ **10:12** II Kor 3:1   ᵖ **10:13** Wo 12:3   ᵠ **10:14** II Kor 2:12   ʳ **10:15** I Tes 1:3   ˢ **10:16** Wo 15:20   ᵗ **10:17** Jr 9:24   ᵘ **10:18** Wo 2:29   ᵛ **11:1** Mat 17:17   ʷ **11:2** Os 2:19   ˣ **11:4** I Kor 3:11   ʸ **11:4** Gal 1:6   ᶻ **11:5** II Kor 12:11

[a]konesans. Anfèt, nan tout aspè, sa te deja fèt klè de nou tout, nan tout bagay. [7] Oubyen èske mwen te fè yon peche lè m te aksepte imilye tèt mwen pou nou menm ta kapab egzalte, paske m te preche levanjil Bondye a nou menm [b]san frè? [8] Okontrè, mwen te vòlè lòt legliz yo lè m te [c]pran kòb soutyen lan nan men yo pou sèvi nou. [9] Lè m te prezan avèk nou nan nesesite, mwen [d]pa t devni yon chaj pou okenn moun; paske lè [e]frè yo te vini sòti Macédoine, yo te satisfè tout bezwen m yo, e nan tout bagay mwen te kenbe tèt mwen pou mwen pa t vin yon chaj pou nou menm, e m va kontinye fè menm bagay la. [10] [f]Jan verite Kris la nan mwen an [g]vante tèt mwen an p ap tèmine fèt nan zòn Achaïe yo. [11] Poukisa? [h]Paske mwen pa renmen nou? [i]Bondye konnen ke m renmen nou!

[12] Men m ap kontinye fè sa ke m ap fè a [j]pou m kapab rachte okazyon de sila yo ki vle twouve yon okazyon pou moun konsidere yo egal avèk nou nan bagay ke y ap vante tèt yo. [13] Paske moun konsa yo se fo apot yo ye, [k]ouvriye twonpè k ap degize tèt yo tankou apot a Kris yo. [14] Sa pa yon gwo sipriz, paske menm [l]Satan degize tèt li tankou yon zanj limyè. [15] Konsa, se pa yon sipriz si sèvitè li yo degize tèt yo tankou sèvitè ladwati Bondye yo, ki [m]va tèmine menm jan kon pwòp zèv pa yo.

[16] [n]Ankò mwen di, ke pèsòn pa panse ke mwen fou. Men si nou panse sa, resevwa m menm tankou moun fou, pou mwen tou kapab vante tèt mwen tou piti. [17] Sa m ap di a, mwen p ap di li [o]jan Senyè a ta pale, men yon jan fou, konsi, m ap vante tèt mwen an. [18] Akoz ke [p]anpil moun vante tèt yo selon lachè, mwen va vante tèt mwen konsa tou. [19] Men nou menm [q]ki tèlman saj, tolere foli a avèk kè kontan. [20] Paske nou tolere li si yon moun [r]fè nou esklav, si yon moun devore nou, si yon moun pran avantaj de nou, si yon moun egzalte tèt li, menm si yon moun bannou kou nan figi. [21] Nan wont mwen, mwen oblije di ke nou te [s]twò fèb pa konparezon. Men nan nenpòt bagay respekte nenpòt lòt moun se plen ak kouraj (mwen pale ak foli), mwen menm, mwen gen kouraj menm jan an. [22] Èske se Ebre yo ye? [t]Mwen menm tou, mwen Ebre. Èske se Izrayelit yo ye? Mwen menm tou, mwen se Izrayelit. Èske se desandan Abraham yo ye? [u]Mwen menm tou. [23] Èske se sèvitè a Kris yo ye? (Mwen pale tankou moun fou) Mwen menm tou, [v]plis nan travay, [w]bokou plis nan pran prizon. Mwen te bat depase mezi, mwen te souvan nan danje lanmò. [24] Senk fwa mwen te resevwa nan men Jwif yo [x]trant-nèf kout fwèt. [25] Twa fwa mwen te [y]bat avèk baton, yon fwa mwen te [z]lapide avèk wòch, twa fwa mwen te nan bato ki kraze nan lanmè, yon jou ak yon nwit mwen te pase nan fon lanmè. [26] Souvan mwen te fè vwayaj, an danje nan rivyè, danje ak vòlè, danje ak pwòp moun peyi mwen, danje ak moun etranje yo [a]danje nan vil yo, danje nan dezè, danje sou lanmè, [b]e danje pami fo frè yo. [27] Mwen te nan travay, nan sikonstans difisil, nan anpil nwit san dòmi, nan grangou ak swaf, souvan [c]san manje, nan fredi e [d]san rad.

[28] Apa kondisyon ekstèn sa yo, gen fòs opresyon chak jou sou mwen pou sousi mwen gen pou [e]tout legliz yo. [29] Kilès ki vin [f]fèb, san m pa fèb tou? Kilès ki lage nan peche, san gwo sousi mwen.

[30] Si mwen dwe vante tèt mwen, m ap vante tèt mwen de sa ki apatyen a [g]feblès mwen. [31] Bondye e Papa a Senyè a Jésus [h]Li menm ki beni pou tout tan an, konnen ke m pap bay manti. [32] Nan Damas gouvènè anba Arétas, wa a t ap veye vil moun Damas yo pou l te kapab sezi mwen. [33] Se konsa mwen te kite lòt moun desann mwen nan yon panyen [i]pa fenèt nan mi an, e se konsa m te chape nan men li.

---

[a] **11:6** I Kor 12:8 [b] **11:7** Trav 18:3 [c] **11:8** I Kor 4:12 [d] **11:9** II Kor 12:13,16 [e] **11:9** Trav 18:5
[f] **11:10** Wo 9:1 [g] **11:10** I Kor 9:15 [h] **11:11** II Kor 12:15 [i] **11:11** II Kor 11:31 [j] **11:12** I Kor 9:12
[k] **11:13** Fil 3:2 [l] **11:14** Mat 4:10 [m] **11:15** Wo 2:6 [n] **11:16** II Kor 11:1 [o] **11:17** I Kwo 7:12,25
[p] **11:18** Fil 3:3 [q] **11:19** I Kor 4:10 [r] **11:20** Gal 2:4 [s] **11:21** II Kor 10:10 [t] **11:22** Fil 3:5
[u] **11:22** Wo 11:1 [v] **11:23** I Kor 15:10 [w] **11:23** II Kor 6:5 [x] **11:24** Det 25:3 [y] **11:25** Trav 16:22
[z] **11:25** Trav 14:19 [a] **11:26** Trav 21:31 [b] **11:26** Gal 2:4 [c] **11:27** II Kor 6:5 [d] **11:27** I Kor 4:11
[e] **11:28** I Kor 7:17 [f] **11:29** I Kor 8:9,13 [g] **11:30** I Kor 2:3 [h] **11:31** Wo 1:25 [i] **11:33** Trav 9:25

12 Vante tèt pa bon, men malgre ke li pa gen pwofi, kite m rive nan vizyon ak ªrevelasyon Senyè a. ² Mwen konnen yon nonm an Kris, ki katòzan pase——si se te nan kò li, m pa konnen, oubyen si se pa t nan kò li, m pa konnen, Bondye konnen——yon nonm konsa te monte nan ᵇtwazyèm syèl la. ³ Epi mwen konnen jan yon nonm konsa——si se nan kò li oubyen apa de kò li, mwen pa konnen ᶜ(Bondye konnen), ⁴ jan li te ᵈrale anwò nan ᵉParadi e li te tande pawòl ki pa t kapab eksprime, ke yon nonm pa gen pèmèt pou l pale. ⁵ Pou yon nonm konsa ak eksperyans li yo, mwen va anfle; men pou mwen, mwen p ap anfle, eksepte nan sa ki gade a ᶠfeblès mwen. ⁶ Paske si mwen vle vante tèt mwen, mwen p ap fè foli; ᵍpaske se verite m ap pale. Men m ap sispann fè sa pou pèsòn pa fè mwen kredi pou plis ke sa li wè nan mwen oubyen tande de mwen. ⁷ Akoz grandè a revelasyon yo depase tout bagay, pou rezon sa a, pou anpeche m vante tèt mwen, mwen te resevwa yon ʰpikan nan chè a, yon mesaje Satan pou toumante mwen, pou anpeche mwen vante tèt mwen. ⁸ Konsènan sa, mwen te priye Senyè a ⁱtwa fwa pou sa te kab sòti sou mwen. ⁹ Men Li te di mwen: **"Lagras mwen sifi pou ou, paske ʲpouvwa a vin konplè nan feblès".** Konsa, avèk kè kontan, mwen va pito vante tèt mwen de feblès mwen, jis pou pouvwa Kris la kapab rete nan mwen. ¹⁰ Konsa ᵏmwen byen kontan avèk feblès yo, avèk ensilt yo, avèk twoub yo, avèk pèsekisyon yo, avèk difikilte yo, pou koz a Kris. Paske lè m fèb, se nan moman sa a ke m gen fòs. ¹¹ Koulye a, mwen te gen tan vin fou. Nou menm, nou te fòse m fè sa. Anverite, mwen ta dwe felisite pa nou menm, paske ˡnan okenn jan, mwen pa t enferyè de apot pi wo yo, malgre ᵐmwen menm, mwen pa anyen. ¹² ⁿSign a yon vrè apot te fèt pami nou avèk tout pèseverans, pa sign, mèvèy ansanm ak mirak yo. ¹³ Paske nan ki sans nou te trete kòm enferyè a rès legliz yo, eksepte mwen menm, m pa t vin yon chaj pou nou? Padone mwen pou ºmal sa a.

¹⁴ Sa fè pou ᵖyon twazyèm fwa ke m prè pou vin kote nou, e mwen p ap yon chaj pou nou; paske mwen p ap chèche sa ke nou posede, men kè nou menm. Paske se pa timoun yo ki responsab pou ekonomize pou paran yo, men paran yo pou timoun yo. ¹⁵ Mwen va avèk kè kontan depanse e konsakre m pou nanm nou. ᵠSi m renmen nou plis konsa, èske nou dwe renmen m mwens? ¹⁶ Men malgre jan sa kapab ye a ʳmwen menm, mwen pa t mete chaj tèt mwen bannou. Sepandan, nonm malen ke mwen ye, mwen te vin pran nou pa riz. ¹⁷ ˢÈske mwen te pran avantaj sou nou, swa fè kòb sou nou atravè okenn nan sila ke mwen te voye bannou yo? ¹⁸ Mwen ᵗte ankouraje Tite pou ale, e mwen te voye ᵘfrè a avèk li. Èske Tite te pran okenn avantaj sou nou? Èske nou pa t kondwi tèt nou nan menm lespri a e mache sou menm pa yo?

¹⁹ Èske ou kwè ke n ap sèlman fè eskiz pwòp tèt nou devan nou menm. Anverite ᵛse te devan zye Bondye ke nou pale an Kris la. Men nou fè tout sa ʷpou edifikasyon nou, byeneme yo. ²⁰ Paske mwen pè ke petèt lè m vin kote nou, pou mwen pa twouve nou jan mwen swete l la, e pou nou pa jwenn mwen jan nou swete l la; pou petèt kapab genyen kont, jalouzi ˣmove jan, dispit, kout lang ʸtripotay, awogans, ak tapaj. ²¹ Mwen pè ke lè m vini ankò pou Bondye mwen an pa rabese m devan nou, e pou mwen pa gen tristès pou anpil nan sila ki ᶻte peche nan tan pase yo e ki pa t repanti de ᵃsalte, imoralite, ak sansyalite ke yo te fè yo.

13 Sa se twazyèm fwa m ap vin kote nou. ᵇ"Chak sa ki fèt dwe konfime pa temwayaj a de oubyen twa temwen." ² Mwen te di nou oparavan lè m te la nan dezyèm fwa a, e byenke m pa la koulye a, mwen di davans a sila yo ki te peche

---

ᵃ **12:1** I Kor 14:6   ᵇ **12:2** Det 10:14   ᶜ **12:3** II Kor 11:11   ᵈ **12:4** Éz 8:3   ᵉ **12:4** Luc 23:43
ᶠ **12:5** I Kor 2:3   ᵍ **12:6** II Kor 7:14   ʰ **12:7** Nonb 33:55   ⁱ **12:8** Mat 26:44   ʲ **12:9** I Kor 2:5
ᵏ **12:10** Wo 8:35   ˡ **12:11** II Kor 11:5   ᵐ **12:11** I Kor 3:7   ⁿ **12:12** Jn 4:48   º **12:13** II Kor 11:7
ᵖ **12:14** II Kor 13:1,2   ᵠ **12:15** II Kor 11:11   ʳ **12:16** II Kor 11:9   ˢ **12:17** II Kor 9:5   ᵗ **12:18** II Kor 8:6   ᵘ **12:18** II Kor 8:18   ᵛ **12:19** II Kor 2:17   ʷ **12:19** Wo 14:19   ˣ **12:20** Gal 5:20   ʸ **12:20** Wo 1:29   ᶻ **12:21** II Kor 13:2   ᵃ **12:21** I Kor 6:9,18   ᵇ **13:1** Det 17:6

nan tan pase yo e a tout rès moun yo tou, ke si m vini ankò, mwen p ap ªepagne pèsòn. ³ Paske se konsa nou ap chache prèv a Kris ki pale nan mwen an, e ki pa fèb anvè nou an, men ᵇbyen pwisan nan nou. ⁴ Paske malgre Li te ᶜkrisifye akoz de feblès, deja Li vivan akoz de ᵈpwisans Bondye a. Paske nou osi, nou fèb nan Li, malgre nou va viv avèk Li akoz de pwisans Bondye anvè nou.

⁵ Fè prèv tèt nou pou wè si nou nan lafwa. ᵉEgzamine tèt nou! Oubyen èske nou pa rekonèt sa nan ou menm, ke Jésus Kri nan nou—-amwenske anfèt nou ta echwe nan tès la? ⁶ Men mwen gen konfyans ke ou va vin reyalize ke nou menm, nou pa echwe nan tès la.

⁷ Koulye a, n ap priye Bondye pou ou pa fè okenn mal; se pa pou nou kapab parèt kòmsi nou vin apwouve, men pou ou kapab fè sa ki bon, menmsi li sanble nou pa apwouve. ⁸ Paske nou pa kapab fè anyen kont verite a, men sèlman pou verite a. ⁹ Paske nou rejwi lè nou fèb e ou menm vin gen fòs. Se pou sa n ap priye; ke ou kapab ᶠvin konplè. ¹⁰ Pou rezon sa a, mwen ap ekri bagay sa yo pandan mwen pa la a, jis pou lè m la, mwen p ap bezwen ᵍitilize severite mwen, selon otorite ke Senyè a te ban mwen pou bati e pa pou detwi.

¹¹ Finalman, frè m yo, rejwi. Vin konplè, vin rekonfòte ʰvin gen yon sèl panse. Viv nan lapè, epi Bondye lanmou ak lapè a va avèk nou. ¹² ⁱSalye youn lòt avèk yon beze ki sen.

¹³ ʲTout sen yo salye nou.

¹⁴ Ke lagras Senyè a Jésus Kri, lanmou Bondye a, ak ᵏdous kominyon Lespri Sen an, rete avèk nou tout. Amen.

ª **13:2** II Kor 1:23   ᵇ **13:3** II Kor 9:8   ᶜ **13:4** Fil 2:7   ᵈ **13:4** I Kor 6:14   ᵉ **13:5** I Kor 11:28
ᶠ **13:9** I Kor 1:10   ᵍ **13:10** Tit 1:3   ʰ **13:11** Wo 12:16   ⁱ **13:12** Wo 16:16   ʲ **13:13** Fil 4:22
ᵏ **13:14** Fil 2:1

GALAT YO

1 Mwen, Paul, yon apot [a]ki pa t voye pa lèzòm, ni pa okenn ajans lòm, men pa Jésus Kri, ak Bondye Papa a, ki te fè L leve soti nan lanmò— ² ak tout frè ki avèk mwen yo; a tout [b]legliz nan Galatie yo: ³ [c]Gras pou nou menm ak lapè ki sòti nan Bondye, Papa nou an, ak Senyè a, Jésus Kri, ⁴ ki [d]te bay tèt li pou peche nou yo, pou Li ta kapab delivre nou de tan mechan sila a, selon volonte [e]Bondye ak Papa nou an. ⁵ A li menm laglwa pou tout tan. Amen.

⁶ Mwen sezi ke nou ase vit ap abandone Sila ki te rele nou pa lagras a Kris la, pou [f]yon lòt levanjil; ⁷ ki pa vrèman yon lòt, men sèlman gen kèk moun k ap [g]twouble nou e ki vle defòme levanjil a Kris la. ⁸ Men menmsi nou menm, oubyen [h]yon zanj ki soti nan syèl la, ta preche a nou yon levanjil ki apa de sila nou te preche a nou menm nan, li ta dwe madichonnen. ⁹ Jan nou te di nou avan an, donk mwen di nou koulye a ankò, si [i]yon moun ap preche nou yon levanjil ki kontrè de sila nou te resevwa a, li dwe madichonnen.

¹⁰ Alò, èske koulye a mwen ap chache favè lòm, oubyen Bondye? Oubyen èske m ap fòse fè lòm plezi? Si mwen t ap toujou eseye fè lòm plezi, mwen pa t ap yon [j]sèvitè a Kris la.

¹¹ Paske [k]mwen ta fè nou konnen, frè m yo, ke levanjil ki te preche pa mwen menm nan se pa selon lòm. ¹² Paske mwen pa t ni resevwa l soti nan lòm, ni mwen pa t enstwi pou li, men mwen te resevwa l atravè yon [l]revelasyon a Jésus Kri. ¹³ Paske, nou konn tande listwa a [m]fason lavi mwen nan lafwa Jwif la; jan mwen te konn pèsekite legliz a Bondye a depase limit, e te eseye detwi li. ¹⁴ Konsa, mwen t ap avanse nan relijyon Jwif la depase anpil nan moun Jwif parèy mwen yo akoz ke mwen te ekstrèmman zele pou [n]tradisyon zansèt mwen yo. ¹⁵ Men lè Bondye, ki te mete m apa depi nan vant manman m nan, e [o]te rele mwen selon gras Li a, te kontan ¹⁶ pou revele Fis Li a nan mwen menm, pou mwen ta kapab [p]preche li pami pèp etranje yo, mwen pa t nan moman sa a konsilte avèk chè ak san. ¹⁷ [q]Ni mwen pa t monte Jérusalem pou jwenn sila ki te apot avan mwen yo, men mwen te ale an Arabie, e mwen te retounen yon fwa ankò vè Damas.

¹⁸ Answit [r]twaz an pita, mwen te monte [s]Jérusalem pou fè konesans ak Céphas, e te rete avèk li pandan kenz jou. ¹⁹ Men mwen pa t wè okenn nan lòt apot yo eksepte [t]Jacques, frè a Senyè a. ²⁰ (Alò, nan sa ke m ap ekri nou an, mwen bannou asirans [u]devan Bondye ke mwen p ap bay manti.) ²¹ Konsa [v]mwen te ale nan rejyon Syrie ak Cilicie. ²² Mwen te toujou enkoni devan zye a [w]legliz Judée ki te an Kris yo, ²³ men sèlman, yo te kontinye tande: "Sila ki te konn pèsekite nou an koulye a ap preche lafwa ke avan li te [x]eseye detwi a." ²⁴ Konsa, yo [y]t ap bay Bondye glwa akoz de mwen menm.

2 Answit, apre yon espas katòz ane mwen [z]te monte ankò Jérusalem avèk Barnabas, e mwen te pran Tite osi. ² Se te akoz yon revelasyon ke mwen te monte a. Epi konsa, mwen te soumèt devan yo menm levanjil ke mwen preche pami pèp etranje yo. Men mwen te fè sa an prive a sila ki te gen repitasyon yo, pou lakrent ke mwen [a]ta ka petèt kouri, oubyen te kouri anven. ³ Men pa menm [b]Tite ki te avèk mwen an, malgre li te yon Grèk, pa t oblije sikonsi. ⁴ Men se te akoz de [c]fo frè yo ki te antre an kachèt pou espyone libète ke nou gen nan Kris Jésus a, pou yo ta ka mennen nou nan esklavaj. ⁵ Men

---

[a] **1:1** Gal 1:11 [b] **1:2** Trav 16:6 [c] **1:3** Wo 1:7 [d] **1:4** Gal 2:20 [e] **1:4** Fil 4:20 [f] **1:6** II Kwo 11:4 [g] **1:7** Trav 15:24 [h] **1:8** II Kor 11:14 [i] **1:9** Wo 16:17 [j] **1:10** Wo 1:1 [k] **1:11** Wo 2:16 [l] **1:12** I Kor 2:10 [m] **1:13** Trav 26:4 [n] **1:14** Mat 15:2 [o] **1:15** És 49:1,5 [p] **1:16** Trav 9:15 [q] **1:17** Trav 9:19-22 [r] **1:18** Trav 9:22 [s] **1:18** Trav 9:26 [t] **1:19** Mat 12:46 [u] **1:20** Wo 9:1 [v] **1:21** Trav 9:30 [w] **1:22** I Tes 2:14 [x] **1:23** Trav 9:21 [y] **1:24** Mat 9:8 [z] **2:1** Trav 15:2 [a] **2:2** I Kor 9:24 [b] **2:3** II Kor 2:13 [c] **2:4** Trav 15:1,24

nou pa t soumèt a yo menm pandan menm yon moman, pou [a]verite levanjil la ta kapab rete avèk nou tout. [6] Men de sila ki te gen gwo repitasyon yo—sa yo te ye pa gen enpòtans pou mwen; [b]Bondye pa nan patipri—byen, sila ki te gen repitasyon yo pa t ogmante anyen anplis pou mwen. [7] Men okontrè, yo te wè ke levanjil la te konfye a mwen menm [c]pou ensikonsi yo, menm jan ke li te konfye a Pierre pou sikonsi yo. [8] Paske Sila ki te an reyalite travay atravè Pierre kòm [d]apot pou sikonsi yo, te an reyalite travay atravè mwen menm tou anvè pèp etranje yo. [9] Konsa, ak rekonesans [e]gras ke m te resevwa, Jacques, Céphas, ak Jean, ki te gen repitasyon kòm pilye lafwa yo, te ban mwen ak Barnabas lamen dwat dasosiyasyon, pou nou te kapab ale kote pèp etranje yo e yo menm kote sikonsi yo. [10] Yo te sèlman mande nou pou nou sonje pòv yo [f]bagay ke mwen te vrèman vle fè.

[11] Men lè [g]Céphas te vini Antioche, mwen te opoze a li menm nan toudwat devan l, paske li te rete kondane. [12] Paske avan moun a Jacques yo te vini, li te konn [h]manje avèk pèp etranje yo. Men lè yo te vini, li te kòmanse fè bak pou rete a leka, akoz [i]lakrent pati sikonsizyon an. [13] Rès Jwif yo te vin jwenn avèk l nan ipokrizi a, avèk rezilta ke menm [j]Barnabas te pote ale pa ipokrizi yo a. [14] Men lè mwen te wè ke yo pa t mache dwat selon [k]verite levanjil la, mwen te di a Céphas nan prezans a tout moun: "Si ou menm, kòm yon Jwif, viv kon pèp etranje yo e pa tankou Jwif, kòman ou ka fòse pèp etranje yo viv tankou Jwif?"

[15] Nou menm ki se [l]Jwif pa lanati e pa pechè ki sòti pami pèp etranje yo, [16] sepandan, nou konnen ke [m]yon nonm pa jistifye pa zèv Lalwa, men atravè lafwa an Kris Jésus a, nou menm kwè nan Kris Jésus a, pou nou kapab jistifye pa lafwa an Kris, e non pa zèv Lalwa, paske pa zèv Lalwa yo, okenn chè p ap jistifye. [17] Men si, pandan n ap chache jistifye nan Kris, nou menm osi jwenn nou kòm [n]pechè, èske konsa Kris se yon sèvitè a peche? Ke sa pa janm fèt! [18] Paske si mwen rebati sa ke, yon fwa, mwen te detwi a, mwen [o]pwouve a tèt mwen ke mwen se yon transgresè. [19] Paske selon Lalwa a [p]mwen te mouri a Lalwa a, pou mwen te kapab viv a Bondye. [20] Mwen te [q]krisifye avèk Kris, epi se pa plis Mwen ki viv, men Kris viv nan mwen. Konsa, lavi ke m viv koulye a nan lachè, mwen viv pa lafwa nan Fis a Lòm nan, ki te renmen mwen e ki te bay tèt li pou mwen. [21] Mwen pa anile lagras Bondye, paske [r]si ladwati vini selon Lalwa a, alò, Kris te mouri san rezon."

3

O nou menm moun Galatie ensanse yo! Kilès ki gen tan mete wanga sou nou konsa, pou nou refize laverite a? Nou menm devan zye a kilès, Jésus Kri te [s]piblikman prezante kòm krisifye a? [2] Sèl bagay ke m vle konnen de nou; Èske nou te resevwa Lespri a pa zèv Lalwa yo, oubyen pa [t]tande avèk lafwa? [3] Èske nou si tèlman ensanse? Èske nou te kòmanse avèk Lespri a, epi koulye a nou ap vin pafè pa lachè? [4] Èske nou te soufri tout bagay sa yo anven—[u]si vrèman se te anven? [5] Alò, èske Sila ki founi nou avèk Lespri a e ki te fè zèv mirak pami nou yo, te fè li pa zèv Lalwa yo, oubyen pa [v]tande ak lafwa. [6] Malgre sa [w]"Abraham te kwè Bondye, e sa te konte pou Li kòm ladwati." [7] Konsa, se pou nou asire ke [x]se sila ki nan lafwa yo ki se fis Abraham. [8] Lekriti sen an, ki te prevwa ke Bondye ta jistifye pèp etranje yo pa lafwa, te preche levanjil la davans a Abraham. Konsa, li te di: [y]"Tout nasyon yo va beni nan ou". [9] Alò [z]sila ki nan lafwa yo, beni pa Abraham, kwayan an.

[10] Paske tout sa ki nan zèv Lalwa yo anba yon madichon. Paske sa ekri: [a]"Modi se tout moun ki pa respekte tout bagay ki ekri nan liv Lalwa a, pou fè yo." [11] Alò, li klè ke [b]pèsòn pa jistifye pa Lalwa devan Bondye, paske [c]"Moun jis la va viv pa lafwa". [12] Sepandan, Lalwa a pa selon

---

[a] 2:5 Gal 1:6 [b] 2:6 Trav 10:34 [c] 2:7 Trav 9:15 [d] 2:8 Trav 1:25 [e] 2:9 Wo 12:3 [f] 2:10 Trav 24:17
[g] 2:11 Gal 1:18 [h] 2:12 Trav 11:3 [i] 2:12 Trav 11:2 [j] 2:13 Trav 4:36 [k] 2:14 Gal 2:5 [l] 2:15 Fil 3:4
[m] 2:16 Trav 13:39 [n] 2:17 Gal 2:15 [o] 2:18 Wo 3:5 [p] 2:19 Wo 6:2 [q] 2:20 Wo 6:6 [r] 2:21 Gal 3:21
[s] 3:1 I Kor 1:23 [t] 3:2 Wo 10:17 [u] 3:4 I Kor 15:2 [v] 3:5 Wo 10:17 [w] 3:6 Jen 15:6 [x] 3:7 Wo 4:16 [y] 3:8 Jen 12:3 [z] 3:9 Gal 3:7 [a] 3:10 Det 27:26 [b] 3:11 Gal 2:16 [c] 3:11 Hab 2:4

lafwa; okontrè: [a]"Sila ki pratike yo a va viv pa yo menm."

13 Kris te delivre nou de madichon Lalwa a, akoz Li te devni yon madichon pou nou—paske sa ekri: [b]"Modi se tout moun ki pann sou yon bwa." 14 Pouke nan Kris Jésus, benediksyon Abraham yo ta kapab vini pou pèp etranje yo, pou nou [c]ta kapab resevwa [d]pwomès a Lespri Sen an pa lafwa.

15 Frèm yo [e]m wen pale nan tèm relasyon moun ak moun; menm si se sèlman yon akò moun, depi li fin etabli, nanpwen moun k ap mete l sou kote oubyen ajoute kondisyon ladann. 16 Alò, pwomès yo te pale a Abraham ak posterite li. Li pa t di, "a posterite ou yo", kòm referans a anpil moun, men de preferans a yon sèl moun: [f]"E a posterite ou", sa se Kris. 17 Sa ke m vle di a se sa: Lalwa, ki te vini [g]kat-san-trant ane pita a, pa anile akò sa ki te deja etabli pa Bondye, kòmsi pou anile pwomès la. 18 Paske [h]si eritaj la baze sou lalwa, li pa baze sou yon pwomès ankò; men Bondye te bay li a Abraham pa mwayen de yon pwomès.

19 [i]Alò, poukisa Lalwa a? Li te ajoute akoz de transgresyon yo, ki te òdone atravè zanj yo pa a jans a yon medyatè, jiskaske semans lan ta kapab rive a Sila pwomès la te fèt la. 20 Alò [j]yon medyatè pa pou yon sèl pati, tandiske Bondye se yon sèl.

21 Konsa, èske Lalwa a vin kont pwomès a Bondye yo. [k]Ke sa pa ta janm fèt! Paske si te gen yon lwa ki ta kapab bay lavi, alò, ladwati ta vrèman baze sou Lalwa. 22 Men Lekriti sen an [l]anchene tout bagay anba peche, pou pwomès la, pa lafwa nan Jésus Kri a, ta kapab bay a sila ki kwè yo.

23 Men avan lafwa te vini, nou te kenbe kòm yon depandan anba Lalwa, sans akse a lafwa ki t ap vin revele pita. 24 Konsa, Lalwa te devni pwofesè lekòl nou, pou mennen nou a Kris, [m]pou nou ta kapab jistifye pa lafwa. 25 Men koulye a, ke lafwa rive, nou pa anba [n]yon pwofesè lekòl ankò. 26 Paske nou tout se [o]fis a Bondye pa lafwa nan Kris Jésus. 27 Paske nou tout ki te batize nan Kris la te [p]abiye tèt nou avèk Kris. 28 [q]Pa gen ni Grèk, ni Jwif, ni esklav, ni lib, pa gen ni mal ni femèl; paske nou tout se youn nan Kris Jésus. 29 Epi si nou apatyen a Kris, nou se desandan a Abraham, eritye selon [r]pwomès la.

4 Men mwen di nou, toutotan ke eritye a se yon timoun, li pa distenge ditou de yon esklav, malgre ke li se mèt a tout bagay, 2 men li anba gadyen ak sipèvizè yo jiska dat fikse pa papa a. 3 Menm jan an nou menm tou, lè nou te timoun, nou te kenbe an [s]esklavaj anba prensip [t]de baz a mond lan. 4 Men lè dat fikse a te rive, Bondye te voye Fis Li a [u]fèt de yon fanm, fèt anba Lalwa 5 pou Li ta kapab delivre sila ki te anba Lalwa yo, pou nou ta kapab resevwa adopsyon kòm [v]fis. 6 Akoz ke nou se fis, [w]Bondye te voye Lespri a Fis Li a nan kè nou pandan L ap kriye: "Abba! Papa!" 7 Konsa, nou pa yon esklav ankò, men yon fis; epi [x]si yon fis, alò, yon eritye atravè Bondye.

8 Sepandan, nan [y]lè sa a, lè nou pa t konnen Bondye, nou te esklav a sila ki pa lanati pa t dye yo menm. 9 Men koulye a, akoz nou vin konnen Bondye, oubyen pito di [z]vin konnen pa Li menm, kòman ke nou vire ankò a vye prensip de baz fèb yo, pou nou ta renmen vin esklav yo ankò? 10 Nou [a]obsève jou yo, mwa yo, sezon ak lane yo. 11 Mwen gen lakrent pou nou pou petèt mwen te travay ak nou anven.

12 Mwen priye nou [b]frè m yo, pou nou vin tankou mwen menm, paske mwen gen tan vin tankou nou. Nou pa t fè m okenn tò; 13 men nou konnen ke se te akoz yon maladi nan kò a ke m te preche levanjil la a nou menm nan premye fwa a. 14 Epi sa ki te yon traka pou nou nan kondisyon kò m nan, nou pa t ni meprize ni deteste nan mwen, men [c]nou te resevwa mwen kòm yon zanj Bondye, kòm Kris Jésus Li menm.

---

[a] **3:12** Lev 18:5   [b] **3:13** Det 21:23   [c] **3:14** Gal 3:2   [d] **3:14** Trav 2:33   [e] **3:15** Wo 3:5   [f] **3:16** Trav 3:25
[g] **3:17** Jen 15:13   [h] **3:18** Wo 4:14   [i] **3:19** Wo 5:20   [j] **3:20** I Tim 2:5   [k] **3:21** Luc 20:16   [l] **3:22** Wo 11:32   [m] **3:24** Gal 2:16   [n] **3:25** I Kor 4:15   [o] **3:26** Wo 8:14   [p] **3:27** Wo 13:14   [q] **3:28** Wo 3:22
[r] **3:29** Wo 9:8   [s] **4:3** Gal 2:4   [t] **4:3** Kol 2:8,20   [u] **4:4** Mat 1:25   [v] **4:5** Wo 8:14   [w] **4:6** Trav 16:7
[x] **4:7** Wo 8:17   [y] **4:8** I Kor 1:21   [z] **4:9** I Kor 8:3   [a] **4:10** Wo 14:5   [b] **4:12** Gal 6:18   [c] **4:14** Mat 10:40

¹⁵ Alò, kote sans benediksyon sa a gen tan ale la a? Paske mwen pran nou kòm temwen ke si te posib, nou t ap rache pwòp zye nou pou nou te ban mwen. ¹⁶ Èske konsa mwen vin lènmi nou ᵃakoz ke m di nou Verite a? ¹⁷ Yo chèche ou avèk zèl, pa pou bon rezon, men paske yo lanvi divize nou pou ou menm kapab al jwenn ak yo. ¹⁸ Men se toujou bon si nou gen zèl pou sa ki bon, e ᵇpa sèlman lè m la avè nou.

¹⁹ Pitit mwen yo, ak nou m ap fè doulè akouchman nou ankò, jiskaske ᶜKris fòme nan nou— ²⁰ Men mwen ta swete prezan avèk nou koulye a pou chanje jan mwen refleshi sou nou, paske ᵈmwen vin pa konprann nou.

²¹ Di mwen, nou menm ki vle anba Lalwa a, èske nou pa ᵉtande Lalwa a? ²² Paske li ekri ke Abraham te gen de fis ᶠyoun pa fanm ki te esklav la, e ᵍyoun pa fanm ki te lib la. ²³ Men ʰfis pa fanm ki te esklav la te fèt selon lachè, e ⁱfis a fanm ki te lib la te fèt selon pwomès la. ²⁴ Sa se parabòl senbolik; de fanm sa yo se de akò. Youn te fèt nan Mòn Sinaï k ap pote pitit ki va ʲesklav yo; li menm se Agar. ²⁵ Alò, Agar sa a se Mòn Sinaï an Arabie. Li koresponn a Jérusalem ki la jis koulye a, paske li nan esklavaj avèk pitit li yo. ²⁶ Men ᵏJérusalem ki anwo a lib. Li se manman de nou tout. ²⁷ Paske sa ekri:

ˡ"Rejwi, fanm esteril ki pa fè pitit;
eklate ak kri lajwa, ou menm ki pa nan doulè pou fè timoun nan:
paske pitit a sila ki aflije a plis an kantite pase sila ki gen mari a."

²⁸ Epi nou menm, frè m yo, kòm Isaac, nou se ᵐpitit a pwomès la. ²⁹ Men menm jan nan tan sa a, sila ki te fèt selon lachè a te ⁿpèsekite sila ki te fèt selon Lespri a, se menm jan an koulye a. ³⁰ Men kisa Lekriti Sen an di?: ᵒ"Mete fanm esklav la deyò, avèk fis li a. Paske fis a fanm esklav la pa dwe yon eritye avèk fis a fanm lib la." ³¹ Alò konsa, frè m yo, nou pa pitit a yon fanm esklav, men a yon fanm lib.

5

ᵖSe te pou libète ke Kris te fè nou lib. Konsa, kenbe fèm pou nou pa vin soumèt nou ankò a yon jouk esklavaj. ² Gade, mwen menm, Paul, di nou ke si nou resevwa ᑫsikonsizyon, Kris p ap fè nou okenn benefis. ³ Epi mwen temwaye ankò a tout moun ki resevwa sikonsizyon, ke li anba obligasyon pou ʳkenbe tout Lalwa a. ⁴ Nou gen tan vin sevre de Kris, nou menm k ap chache vin jistifye pa Lalwa. Nou ˢtonbe kite lagras. ⁵ Paske nou menm, atravè Lespri a, pa lafwa, n ap ᵗtann esperans ladwati a. ⁶ Paske nan Kris Jésus ᵘni sikonsizyon, ni ensikonsizyon pa vle di anyen, men lafwa k ap aji atravè lanmou a.

⁷ Nou t ap ᵛkouri byen! Kilès ki te vin jennen nou pou nou pa obeyi verite a? ⁸ Enfliyans sa a pa t sòti nan ʷSila ki te fè apèl de nou an. ⁹ ˣYon ti kras ledven fè tout boul pen an vin leve. ¹⁰ Mwen gen konfyans nan nou nan Senyè a, ke nou p ap adopte okenn lòt opinyon. Men sila k ap ʸtwouble nou an va pote pwòp jijman pa li, nenpòt moun li ye a.

¹¹ Men mwen, frè m yo, si mwen toujou preche sikonsizyon, poukisa mwen toujou ᶻpèsekite? Alò, konsa blòk k ap fè moun bite a, ki se lakwa a, vin aboli. ¹² Mwen swete ke sila k ap twouble nou yo ta ᵃmenm chatre pwòp kò yo.

¹³ Paske nou te rele pou libète, frè m yo. ᵇSèlman pa fè libète nou an vin tounen yon opòtinite pou lachè, men selon lanmou, pou nou sèvi youn lòt. ¹⁴ Paske tout Lalwa a akonpli nan yon pawòl, nan fraz la; ᶜ"Ou va renmen pwochen ou tankou pwòp tèt ou." ¹⁵ Men si nou ᵈmòde e devore youn lòt, fè atansyon pou nou pa fin manje youn lòt nèt.

¹⁶ Men mwen di nou ᵉmache pa Lespri a, e nou p ap akonpli dezi lachè yo. ¹⁷ Paske ᶠlachè mete dezi li yo kont Lespri a, e Lespri a kont lachè. Sila yo opoze a youn lòt, ᵍpou nou pa ta fè tout sa ke nou pito. ¹⁸ Men si nou ʰmennen pa Lespri a, nou pa anba Lalwa. ¹⁹ Alò, zèv lachè yo

Gal

ᵃ **4:16** Am 5:10   ᵇ **4:18** Gal 4:13   ᶜ **4:19** Ef 4:13   ᵈ **4:20** II Kor 4:8   ᵉ **4:21** Luc 16:29   ᶠ **4:22** Jen 16:15   ᵍ **4:22** Jen 21:2   ʰ **4:23** Wo 9:7   ⁱ **4:23** Jen 17:16   ʲ **4:24** Gal 4:3   ᵏ **4:26** Eb 12:22   ˡ **4:27** És 54:1   ᵐ **4:28** Wo 9:7   ⁿ **4:29** Jen 21:9   ᵒ **4:30** Jen 21:12   ᵖ **5:1** I Jn 8:32,36   ᑫ **5:2** Trav 15:1   ʳ **5:3** Wo 2:25   ˢ **5:4** Eb 12:15   ᵗ **5:5** Wo 8:23   ᵘ **5:6** I Kor 7:19   ᵛ **5:7** Gal 2:2   ʷ **5:8** Wo 8:28   ˣ **5:9** I Kor 5:6   ʸ **5:10** Gal 1:7   ᶻ **5:11** Gal 6:12   ᵃ **5:12** Det 23:1   ᵇ **5:13** I Kor 8:9   ᶜ **5:14** Lev 19:18   ᵈ **5:15** Gal 5:20   ᵉ **5:16** Wo 8:4   ᶠ **5:17** Wo 8:5   ᵍ **5:17** Wo 7:15   ʰ **5:18** Wo 8:14

klè: ªImoralite, salte, sansyalite ²⁰ idolatri, fè maji, fè lènmi ᵇkonfli, jalouzi, fè kòlè, dispite youn kont lòt, divizyon ²¹ lanvi, bwè tafya, banbochè, e tout bagay konsa yo, ke m avèti nou, menm jan ke m te avèti nou an, ke sila ki pratike bagay sa yo p ap ᶜeritye wayòm Syèl la.

²² Men ᵈfwi Lespri a se lanmou, lajwa, lapè, pasyans, ladousè, bonte, fidelite ²³ jantiyès, tanperans; kont bagay sa yo, pa gen lwa. ²⁴ Alò, sila ki pou Kris Jésus yo gen tan ᵉkrisifye lachè avèk tout pasyon ak dezi li yo.

²⁵ Si nou viv pa Lespri a, annou osi mache ᶠpa Lespri a. ²⁶ Pa kite nou ᵍvin gen ògèy, ni pwovoke youn lòt ni gen lanvi kont youn lòt.

6 Frè m yo, menm si yon moun vin kenbe nan nenpòt transgresyon, nou menm ki ʰposede Lespri Bondye a, restore li avèk yon lespri dousè. Epi nou chak veye sou tèt nou pou nou pa osi vin tante. ² ⁱPote fado youn pou lòt, e konsa lalwa Kris la akonpli. ³ Paske ʲsi yon moun panse ke li menm se yon bagay lè vrèman li pa anyen, li twonpe pwòp tèt li. ⁴ Men chak moun dwe ᵏegzamine pwòp zèv pa li, epi konsa li va gen rezon pou vante tèt li pou sa ke li menm fè, e pa pou sa yon lòt moun fè. ⁵ Paske ˡchak moun va pote pwòp chaj pa l.

⁶ ᵐSila k ap aprann pawòl la dwe pataje tout bon bagay avèk sila ki enstwi l la.

⁷ Pa twonpe tèt nou; ⁿBondye p ap moke; paske sa ke yon moun simen, se sa menm ke li va rekòlte. ⁸ Paske, sila ki simen pou pwòp chè li a, va, selon lachè, rekòlte koripsyon, men ᵒsila ki simen pou Lespri a, va, selon Lespri a, rekòlte lavi etènèl. ⁹ Annou pa ᵖdekouraje nan fè byen, paske lè lè a rive, nou va rekòlte si nou pa fatige. ¹⁰ Alò ᵠpandan nou gen tan an, annou fè byen ak tout moun, e sitou a sila ki nan fanmi lafwa yo.

¹¹ Gade ak kalite gwo lèt m ap ekri nou ʳavèk pwòp men mwen. ¹² Sila ki vle ˢparèt bèl nan lachè yo eseye fòse nou sikonsi; senpleman pou yo menm pa ta pèsekite pou koz lakwa a Kris. ¹³ Paske sila ki sikonsi yo pa menm ᵗkenbe Lalwa pou tèt yo, men yo desire fè nou sikonsi pou yo kapab vante tèt yo nan lachè pa nou. ¹⁴ Men ke sa pa janm fèt pou m ta vante tèt mwen, eksepte nan lakwa a Senyè nou an, Jésus Kris. Atravè Li menm mond lan fin krisifye pou mwen, e ᵘmwen menm pou mond lan. ¹⁵ Paske nan Kris Jésus, ᵛsikonsi pa anyen, ni pa sikonsi pa anyen, men nou devni yon kreyasyon tounèf. ¹⁶ Epi pou sila ki va mache pa prensip sila a, lapè ak gras sou yo, e sou ʷIsraël Bondye a.

¹⁷ Depi koulye a, pa kite pèsòn koze pwoblèm pou mwen, paske mwen pote sou kò m ˣmak a Jésus yo.

¹⁸ ʸKe gras a Senyè nou an Jésus Kris kapab rete ᶻavèk Lespri nou, frè m yo. Amen.

ª **5:19** I Kor 6:9,18 ᵇ **5:20** II Kor 12:20 ᶜ **5:21** I Kor 6:9 ᵈ **5:22** Mat 7:16 ᵉ **5:24** Wo 6:6
ᶠ **5:25** Gal 5:16 ᵍ **5:26** Fil 2:3 ʰ **6:1** I Kor 2:15 ⁱ **6:2** Wo 15:1 ʲ **6:3** Trav 5:36 ᵏ **6:4** I Kor 11:28
ˡ **6:5** Pwov 9:12 ᵐ **6:6** I Kor 9:11,14 ⁿ **6:7** Job 13:9 ᵒ **6:8** Wo 8:11 ᵖ **6:9** I Kor 15:58
ᵠ **6:10** Pwov 3:27 ʳ **6:11** I Kor 16:21 ˢ **6:12** Mat 23:27 ᵗ **6:13** Wo 2:25 ᵘ **6:14** Wo 6:2,6
ᵛ **6:15** Wo 2:26,28 ʷ **6:16** Wo 9:6 ˣ **6:17** És 44:5 ʸ **6:18** Wo 16:20 ᶻ **6:18** II Tim 4:22

EFEZYEN YO

1 Paul [a]yon apot Jésus Kri pa volonte a Bondye, a sen ki an Éphèse yo [b]ki fidèl nan Jésus Kri: 2 [c]Lagras pou nou ak lapè ki soti nan Bondye, Papa nou, ak Senyè a, Jésus Kri.

3 Beni se Bondye, Papa Senyè nou an Jésus Kri, ki te beni nou avèk tout benediksyon Lespri a [d]nan lye selès an Kris yo. 4 Jis jan [e]Li te chwazi nou nan Li, menm avan fondasyon mond lan, pou nou ta kapab sen e san fot devan Li. Nan lanmou Li, 5 li te [f]chwazi nou oparavan pou adopsyon kòm fis Li, atravè Jésus Kri, selon dous entansyon a volonte Li. 6 [g]Pou lwanj a glwa a gras Li a, ke Li te bannou ak liberalite nan [h]Li menm Ki Byeneme a. 7 [i]Nan Li nou gen redanmsyon pa san Li, padon pou transgresyon nou yo selon richès a gras Li, 8 ke Li te vide sou nou. Nan tout sajès ak konesans, 9 li te [j]fè nou konnen mistè a volonte Li, selon dous entansyon Li; sa ke li te deja planifye nan Li menm nan, 10 avèk yon plan pou fè sa dewoule [k]lè tan an fin akonpli, pou [l]reyini tout bagay nan Kris la, bagay nan syèl yo ak bagay sou latè yo. Nan Li menm 11 nou vin genyen yon eritaj osi, ki te chwazi oparavan [m]selon plan pa L. Se konsa, Li fè tout bagay mache [n]selon konsèy volonte pa Li, 12 afenke nou menm ki te premye espere nan [o]Kris la, ta kapab sèvi kòm lwanj a glwa Li. 13 Nan Li menm, nou tout osi, lè nou fin tande mesaj Verite a, Levanjil Sali a; akoz nou menm tou te kwè, nou te [p]sele nan Li menm avèk [q]Lespri Sen a pwomès la, 14 ki [r]bay a nou menm kòm yon pwomès eritaj nou an, avèk plan redanmsyon a sila ki vrèman pou Bondye yo, pou lwanj a glwa Li.

15 Pou rezon sa a, mwen menm tou [s]lè mwen te tande de lafwa nan Senyè a Jésus Kri nou an, ki egziste pami nou ak lanmou nou pou tout sen yo, 16 m [t]pa janm sispann bay remèsiman pou nou menm, pandan m ap nonmen non nou nan lapriyè 17 ke [u]Bondye a Senyè nou an Jésus Kri, Papa laglwa a, kapab bannou yon lespri sajès ak revelasyon nan konesans a Li menm. 18 M priye pou [v]zye a kè nou kapab klere, pou nou kapab konnen kisa ki esperans apèl Li a, ak sa ki richès laglwa eritaj Li a pami sen yo. 19 Epi sa ki se grandè san parèy a pouvwa Li anvè nou menm ki kwè yo, [w]selon travay de fòs pouvwa Li a. 20 Se travay sa a ke Li te fè rive an Kris la lè Li te leve li [x]soti nan lanmò a pou te fè L chita sou bò dwat Li nan lye selès yo, 21 pi wo anpil pase [y]tout gouvènans yo, tout otorite, tout pouvwa, tout wayòm, ak tout non ki nonmen, non sèlman nan tan sila a, men nan tan k ap vini an. 22 Epi Li te [z]mete tout bagay an soumisyon anba pye Jésus, e te fè Li tèt sou tout bagay a legliz la, 23 ki se [a]kò Li, yon prezantasyon konplè de Li menm ki konplete tout bagay nèt.

2 Konsa, nou te vin vivan an nan lè nou te [b]fin mouri nan transgresyon ak peche nou yo. 2 Nan sila yo menm, nou te konn mache oparavan yo, selon kous a mond sa a, selon [c]prens a pwisans de lè a, lespri a ki koulye a menm ap aji nan [d]fis a dezobeyisans yo. 3 Pami yo, nou tou te konn viv [e]nan dezi lachè nou, nan satisfè sa dezi lachè a ak lespri a te mande nou fè. Nou te [f]pa lanati, zanfan lakòlè menm jan ak tout lòt yo. 4 Men Bondye, ki rich an mizerikòd, akoz [g]gran amou Li ke Li te sèvi nan renmen nou an, 5 ki menm lè nou te deja mouri nan transgresyon nou yo, Li te fè nou viv ansanm avèk Kris. [h]Pa lagras nou te sove a. 6 Li te [i]leve nou avèk Li, epi te fè nou chita avèk Li nan lye selès yo, nan Kris Jésus, 7 pou nan tan k

---

[a] **1:1** II Kor 1:1 [b] **1:1** Kol 1:2 [c] **1:2** Wo 1:7 [d] **1:3** Ef 1:20 [e] **1:4** Ef 2:10 [f] **1:5** Wo 8:29 [g] **1:6** Ef 1:12,14 [h] **1:6** Mat 3:17 [i] **1:7** Kol 1:14 [j] **1:9** Wo 11:25 [k] **1:10** Mc 1:15 [l] **1:10** Kol 1:16,20 [m] **1:11** Wo 8:28 [n] **1:11** Wo 9:11 [o] **1:12** Ef 1:6,14 [p] **1:13** Ef 4:30 [q] **1:13** Trav 2:33 [r] **1:14** II Kor 1:22 [s] **1:15** I Kor 1:4 [t] **1:16** Wo 1:8 [u] **1:17** Jn 20:17 [v] **1:18** II Kor 4:6 [w] **1:19** Ef 3:7 [x] **1:20** Trav 2:24 [y] **1:21** Mat 28:18 [z] **1:22** Sòm 8:6 [a] **1:23** I Kor 12:27 [b] **2:1** Ef 2:5 [c] **2:2** Jn 12:31 [d] **2:2** Ef 5:6 [e] **2:3** Gal 5:16 [f] **2:3** Wo 2:14 [g] **2:4** Jn 3:16 [h] **2:5** Trav 15:11 [i] **2:6** Kol 2:12

ap vini yo, Li ta kapab montre nou ᵃrichès a gras Li ki pi gran pase tout bagay, nan dousè Li anvè nou nan Jésus Kri. ⁸ Paske se ᵇpa lagras ke nou sove atravè lafwa. E sa pa de nou menm, se kado a Bondye a. ⁹ ᶜ Li pa pa mwayen de zèv yo, pou pèsòn pa kapab vante tèt li. ¹⁰ Paske nou se èv Li, ᵈkreye an Jésus Kri pou fè bon zèv, ke Bondye te prepare davans pou nou ta kapab mache nan yo.

¹¹ Konsa, sonje, ke oparavan, nou menm, pèp etranje nan lachè yo, ki rele ᵉ"Ensikonsi" pa sila ki rele pwòp tèt yo "Sikonsi" yo, ki fèt nan lachè pa men a lòm, ¹² sonje ke nou te nan tan sa a separe de Kris, andeyò de kominote Israël la, e etranje selon ᶠakò pwomès yo, san espwa, e san Bondye nan mond lan. ¹³ Men koulye a nan Kris Jésus, nou menm ki te oparavan byen lwen, nou gen tan vin touprè ᵍpa san a Kris la. ¹⁴ Paske Li menm, Li se ʰlapè nou, ki te fè de gwoup sa yo vin yon sèl, e ki te kraze baryè miray divizyon an, ¹⁵ lè L te aboli nan lachè Li, rayisman ki se lalwa kòmandman yo ki te nan tout règ yo, pou nan Li menm, Li ta kapab fè ak de pèp sa yo, ⁱyon sèl òm tounèf e konsa etabli lapè. ¹⁶ Konsa, Li ta kapab ʲrekonsilye yo toulède nan yon sèl kò pou Bondye atravè lakwa a, ki te mete rayisman sa a lanmò. ¹⁷ "Epi ᵏLi te vin preche lapè a nou ki te byen lwen an, e lapè a sila ki te touprè yo." ¹⁸ Paske atravè Li menm, nou toulède gen aksè nan ˡyon sèl Lespri a Papa a. ¹⁹ Konsa, nou pa etranje ak moun deyò ankò, men nou se ᵐsitwayen ansanm avèk sen yo, e manm fanmi a lakay Bondye a, ²⁰ ki te bati sou fondasyon apot ak pwofèt yo, Kris Jésus Li menm kòm ⁿwòch la ki fòme ang prensipal la. ²¹ Nan Li menm tout kay la bati ansanm, epi ap grandi pou devni ᵒyon tanp ki sen nan Senyè a. ²² Nan Li menm, nou osi ap vin ᵖbati ansanm pou vini yon kote pou Lespri Bondye a kapab rete.

3 Pou rezon sa a, mwen, Paul ᵠprizonye a Kris Jésus a, pou koz a nou, pèp etranje yo, ² si vrèman nou te tande de ʳjerans a gras Bondye ke mwen te resevwa pou livre bay nou an, ³ ke ˢpa revelasyon mwen te vin konnen mistè a, sou ki mwen te deja ekri kèk mo a. ⁴ Pa referans a sa, lè nou li, nou kapab konprann konesans mwen nan ᵗmistè a Kris la, ⁵ ki, nan lòt jenerasyon yo pa t konnen pa fis a lòm yo, men koulye a li revele a ᵘsen apot Li yo ak pwofèt yo nan Lespri a. ⁶ Pou detaye byen klè, ke pèp etranje yo se erityè egal e manb parèy nan kò a, epi patisipan egal nan pwomès a Kris Jésus a selon levanjil la.ᵛ ⁷ ʷSou pwomès sa a, mwen te vin yon sèvitè selon don lagras Bondye a, ke m te resevwa selon travay pouvwa Li a. ⁸ A mwen menm, pi piti pami tout sen yo, gras sa a te bay, pou preche a pèp etranje yo, tout ˣrichès ensondab a Kris yo. ⁹ Epi pou fè tout moun wè, sa ki se jerans a ʸmistè a ki te kache pandan tan yo nan Bondye, ki te kreye tout bagay yo. ¹⁰ Pou tout sajès a Bondye a ta kapab ᶻvin konnen koulye a atravè legliz la, a tout ᵃpouvwa ak otorite nan lye selès yo. ¹¹ ᵇSa te an akò avèk plan etènèl la ke Li te reyalize nan Kris Jésus, Senyè nou an. ¹² Nan ᶜLi menm, nou gen kouraj pa lafwa pou apwoche Li ak konfyans. ¹³ Konsa, mwen mande nou pou nou pa dekouraje nan tribilasyon m ap paseᵈpou nou yo, paske yo se glwa nou.

¹⁴ Pou rezon sila a, mwen ᵉkoube jenou m devan Papa de Senyè nou, Jésus Kris. ¹⁵ Nan Li menm, tout fanmi nan syèl la ak sou tè a jwenn non yo, ¹⁶ pou Li kapab bannou, selon richès laglwa Li, ke nou kapab ranfòse avèk pouvwa, atravè Lespri Li a ki fonse nan enteryè lòm nan. ¹⁷ Pou Kris kapab demere nan kè nou pa lafwa, pou nou kapab, byen fonde e rasine nan lanmou, ¹⁸ pou nou kapab konprann avèk tout sen yo ᶠsa ki se lajè, longè, wotè, ak pwofondè a, ¹⁹ epi pou nou konnen ᵍlanmou a Kris la ki depase konesans, pou

---

ᵃ **2:7** Wo 2:4   ᵇ **2:8** Trav 15:11   ᶜ **2:9** Wo 3:28   ᵈ **2:10** Kol 3:10   ᵉ **2:11** Wo 2:28   ᶠ **2:12** Gal 3:17
ᵍ **2:13** Wo 3:25   ʰ **2:14** És 9:6   ⁱ **2:15** Gal 3:28   ʲ **2:16** II Kor 5:18   ᵏ **2:17** És 57:19   ˡ **2:18** I Kor 12:13
ᵐ **2:19** Fil 3:20   ⁿ **2:20** Sòm 118:22   ᵒ **2:21** I Kor 3:16   ᵖ **2:22** I Kor 3:9,16   ᵠ **3:1** Trav 23:18
ʳ **3:2** Ef 1:10   ˢ **3:3** Gal 1:12   ᵗ **3:4** Wo 11:25   ᵘ **3:5** I Kor 12:28   ᵛ **3:6** Gal 3:29   ʷ **3:7** I Kor 1:23,25
ˣ **3:8** Wo 2:4   ʸ **3:9** Wo 16:25   ᶻ **3:10** I Pi 1:12   ᵃ **3:10** Ef 6:12   ᵇ **3:11** Ef 1:11   ᶜ **3:12** Ef 2:18
ᵈ **3:13** Ef 3:1   ᵉ **3:14** Fil 2:10   ᶠ **3:18** Job 11:8   ᵍ **3:19** Wo 8:35,39

nou ta kapab vin ranpli nèt ak tout sa ki nan Bondye yo.

²⁰ Koulye a, a Li menm ki ᵃkapab fè bokou, bokou plis, de tout sa ke nou mande oubyen panse, selon pouvwa ki travay anndan nou an, ²¹ ᵇa Li menm laglwa nan legliz la ak nan Kris Jésus a, a tout jenerasyon yo pou tout tan e pou tout tan. Amèn.

4 Konsa, mwen menm, prizonye a Senyè a, mwen priye nou pou nou ᶜmache nan yon manyè dign de apèl avèk sila yo te rele nou an, ² avèk tout ᵈimilite ak dousè, avèk pasyans, nan montre tolerans pou youn lòt nan lanmou, ³ nan rete dilijan pou konsève ᵉlinite Lespri a, e nan lyen lapè. ⁴ ᶠGen yon kò ak yon Lespri, menm jan ke nou te rele nan yon sèl espwa de apèl nou an; ⁵ ᵍyon sèl Senyè, yon sèl lafwa, yon sèl batèm, ⁶ yon sèl Bondye e Papa ʰtout moun ki, sou tout bagay, pami tout bagay e nan tout bagay.

⁷ Men a nou chak, gras te vin bay ⁱselon mezi don a Kris la.

⁸ Konsa sa ekri:

ʲ"Lè Li te monte anlè,
Li te mennen kon kaptif,
kaptivite a menm,
e Li te bay don a lèzòm."

⁹ Alò, fraz sila a, ᵏ"Li te monte", kisa sa vle di eksepte ke Li osi te desann anba nan pati ki pi fon nan latè a? ¹⁰ Sila ki te desann nan se Li menm tou ki te monte ˡbokou pi wo pase tout syèl yo, pou Li ta kapab ᵐakonpli tout bagay.

¹¹ Konsa, Li te bay ⁿkèk kòm apot, kèk kòm pwofèt, kèk kòm evanjelis, e kèk kòm pastè ak enstriktè, ¹² ᵒpou preparasyon a fidèl yo pou zèv sèvis la, pou l ranfòse kò a Kris la, ¹³ jiskaske nou tout vin rive nan linite lafwa a, ak ᵖkonesans a Fis Bondye a, yon ᑫmoun ki gen matirite, jiska mezi a wotè ki apatyen a Kris la. ¹⁴ Kòm rezilta, nou ʳpa dwe timoun ankò, ki vannen toupatou pa chak vag lanmè a, e ki vin pote pa chak van doktrin ki fèt pa twonpri a lòm, avèk tout koken ak manèv desepsyon; ¹⁵ men pandan n ap pale verite a nan lanmou, nou dwe ˢgrandi nan tout aspè nan Sila, ki se tèt la, Kris Li menm. ¹⁶ Nan Li menm ᵗtout kò a, ki fòme e ki kenbe ansanm pa sa ke chak jwenn founi, selon pwòp fonksyon a chak grenn pati, ki fè kò a grandi pou l byen bati pou kont li nan lanmou.

¹⁷ Donk, mwen di sa e konfime ansanm avèk Senyè a ᵘpou nou pa mache ankò kòm pèp etranje yo mache, nan vanite a panse yo, ¹⁸ avèk yon konprann ki byen ᵛfonse ʷandeyò de lavi Bondye a, akoz de inyorans ki nan yo, akoz kè yo ki di. ¹⁹ Konsa yo menm, ki te vin ensansib, te ˣlivre tèt yo a tout ʸsansyalite, pou pratike tout kalite salte, e yo te vin voras. ²⁰ Men nou pa t ᶻaprann Kris nan fason sa a, ²¹ si vrèman nou ᵃte menm tande Li e ᵇte enstwi nan Li, jis nou konnen verite a se nan Jésus. ²² Sa vle di ke nan referans a jan nou te konn viv la, nou ᶜmete sou kote ᵈansyen moun nan, ki konwonpi an akò avèk pasyon twonpri yo, ²³ epi pou nou ᵉvin tounèf nan lespri a panse nou, ²⁴ pou nou kapab mete sou nou ᶠnouvo moun nan, ki fèt nan limaj Bondye, e ki te kreye nan ladwati, ak sentete de verite a.

²⁵ Pou sa, mete akote sa ki fo, ᵍ"pale verite a, nou chak avèk vwazen nou", paske nou se manm a youn lòt. ²⁶ ʰ"Fè fache, e malgre sa pa peche"; pa kite solèy la kouche pandan nou fache a, ²⁷ epi pa ⁱbay Dyab la opòtinite. ²⁸ Sila ki vòlè a pa dwe vòlè ankò, men pito, fòk li travay, pou ʲfè avèk pwòp men li sa ki bon, pou li kapab gen yon bagay pou pataje avèk sila ki gen bezwen yo. ²⁹ Pa kite okenn vye mo sal sòti nan bouch nou, men sèlman kalite mo ki bon pou ᵏedifikasyon selon bezwen moman an, pou li kapab bay gras a sila ki tande l yo. ³⁰ Pa atriste Lespri Sen Bondye ki te ˡsele nou pou jou redanmsyon an. ³¹ ᵐKe tout rankin nan kè, san wo, kòlè,

Ef

ᵃ **3:20** II Kor 9:8 ᵇ **3:21** Wo 11:36 ᶜ **4:1** Ef 2:10 ᵈ **4:2** Kol 3:12 ᵉ **4:3** Kol 3:14 ᶠ **4:4** I Kor 12:4; Ef 1:18 ᵍ **4:5** I Kor 8:6 ʰ **4:6** Wo 11:36 ⁱ **4:7** Wo 12:3 ʲ **4:8** Sòm 68:18 ᵏ **4:9** Jn 3:13 ˡ **4:10** Eb 7:6 ᵐ **4:10** Ef 1:23 ⁿ **4:11** Trav 13:1 ᵒ **4:12** II Kwo 13:9 ᵖ **4:13** Ef 1:17 ᑫ **4:13** Eb 5:14 ʳ **4:14** I Kor 14:20 ˢ **4:15** Ef 2:21 ᵗ **4:16** Wo 12:4 ᵘ **4:17** Ef 2:2 ᵛ **4:18** Wo 1:21 ʷ **4:18** Ef 2:12 ˣ **4:19** Wo 1:24 ʸ **4:19** Kol 3:5 ᶻ **4:20** Mat 11:29 ᵃ **4:21** Wo 10:14 ᵇ **4:21** Kol 2:7 ᶜ **4:22** Eb 12:1 ᵈ **4:22** Wo 6:6 ᵉ **4:23** Wo 12:2 ᶠ **4:24** Kol 3:10 ᵍ **4:25** Za 8:16 ʰ **4:26** Sòm 4:4 ⁱ **4:27** Wo 12:19 ʲ **4:28** I Tes 4:11 ᵏ **4:29** Wo 14:19 ˡ **4:30** Jn 3:33 ᵐ **4:31** Wo 3:14

zen, ak kout lang vin retire pami nou, ansanm ak tout malveyans. ³² Sèvi dousè a youn lòt, avèk bon kè, k ap padone youn lòt [a]jis jan ke Bondye nan Kris la te osi padone nou an.

5 [b]Konsa, se pou nou vin imitatè a Bondye, kòm zanfan byeneme. ² [c]Mache nan lanmou, jan Kris osi te renmen nou, e te [d]bay tèt Li pou nou, kòm yon ofrann ak yon sakrifis a Bondye, kon yon pafen ki santi bon.

³ Men ni [e]imoralite, salte, ak move lanvi pa menm dwe nonmen pami nou. Se konsa li dwe ye pami fidèl yo. ⁴ Nou pa dwe gen pawòl malonèt, pawòl san sans, avèk vye blag, ki pa dign, men de preferans, bay remèsiman a Bondye.

⁵ Paske nou konnen sa byen klè, ke pa gen ni moun imoral, ni moun ki nan salte, ni moun ki gen lanvi nan kè yo, ni moun k ap sèvi zidòl, k ap gen yon eritaj nan wayòm Kris ak Bondye a.

⁶ [f]Pa kite pèsòn twonpe nou avèk pawòl vid yo, paske akoz de bagay sa yo lakòlè Bondye vini sou fis ki pa obeyisan yo. ⁷ Konsa, pa [g]vin yon pati ak yo. ⁸ Paske avan sa nou [h]te tenèb, men koulye a nou se Limyè nan Senyè a. Mache tankou pitit a Limyè. ⁹ Paske [i]fwi a Limyè a se nan tout bonte, ladwati, ak verite, ¹⁰ [j]ki fè prev de sa k ap fè Senyè a plezi. ¹¹ Pa patisipe nan [k]zèv tenèb ki pa janm pote fwi yo, men de preferans [l]ekspoze yo. ¹² Paske se yon gwo wont pou nou menm pale de bagay ki fèt an sekrè pa yo menm. ¹³ Men tout bagay vin vizib [m]lè yo ekspoze pa limyè a, paske tout bagay ki vin vizib se limyè. ¹⁴ Pou rezon sa a Li di:

[n]"Leve, sila k ap dòmi an,
Leve sòti nan lanmò
E Kris va klere sou ou."

¹⁵ Konsa, fè atansyon sou jan nou [o]mache, pa tankou yon moun ki pa saj, men tankou yon moun ki saj. ¹⁶ [p]Fè plis ke posib avèk tan nou, paske jou yo move.

¹⁷ Konsa, pinga nou vin moun ensanse, men [q]konprann byen kisa volonte Bondye a ye. ¹⁸ Epi [r]pinga nou vin sou avèk diven, paske sa se banbòch, men se pou nou ranpli avèk Lespri a. ¹⁹ [s]Pale avèk youn lòt avèk Sòm, avèk chan, e avèk kantik Lespri Bondye yo. Chante e fè mizik avèk kè nou a Senyè a. ²⁰ [t]Toujou bay remèsiman a [u]Bondye, Papa a, pou tout bagay nan non a Senyè nou an, Jésus Kri, Papa a menm, ²¹ [v]avèk sumisyon youn lòt nan [w]lakrent Kris la.

²² [x]Madanm, se pou nou soumèt a mari nou, tankou a Senyè a. ²³ Paske [y]mari a se tèt a madanm nan, jan Kris osi se tèt a legliz la. Se Li menm ki Sovè a kò a. ²⁴ Men jan legliz la soumèt a Kris la, menm jan an madanm yo dwe soumèt yo a mari yo nan tout bagay.

²⁵ [z]Mari, renmen madanm nou, jan Kris osi te renmen legliz la, e te bay tèt Li pou Li, ²⁶ [a]pou Li te kapab fè l sen, pandan Li te netwaye li nan lave l avèk dlo e avèk pawòl la. ²⁷ Pou Li te kapab prezante legliz la a Li menm nan tout glwa li, san tach, e san pli, oubyen okenn lòt bagay konsa; men pou li ta kapab vin [b]sen e san fot. ²⁸ Donk, mari yo dwe osi [c]renmen pwòp madanm yo kon pwòp kò yo. Sila ki renmen madanm li renmen pwòp tèt li. ²⁹ Paske pèsòn pa t janm rayi pwòp chè li, men nouri li e pran swen de li, menm jan ke Kris fè osi pou legliz la. ³⁰ Paske nou se [d]manm a kò Li. ³¹ [e]"Pou rezon sila a, yon nonm va kite manman l ak papa l pou atache ak madanm li, epi yo de a va devni yon sèl chè." ³² Mistè sa a gran, men m ap pale avèk referans a Kris ak legliz la. ³³ Sepandan, se pou chak moun pami nou renmen madanm li kon pwòp tèt li, e madanm lan dwe [f]respekte mari li.

6 [g]Zanfan yo, obeyi a paran nou nan Senyè a, paske se sa ki bon. ² [h]Onore Papa ou ak manman ou, ki se premye kòmandman ki vini avèk yon pwomès; ³ pou li kapab ale

---

[a] **4:32** Mat 6:14 [b] **5:1** Mat 5:48 [c] **5:2** Wo 14:15 [d] **5:2** Gal 2:20 [e] **5:3** Kol 3:5 [f] **5:6** Kol 2:8 [g] **5:7** Ef 3:6 [h] **5:8** Ef 2:2 [i] **5:9** Gal 5:22 [j] **5:10** Wo 12:2 [k] **5:11** Wo 13:12 [l] **5:11** I Tim 5:20 [m] **5:13** Jn 3:20 [n] **5:14** És 51:17 [o] **5:15** Ef 5:2 [p] **5:16** Kol 4:5 [q] **5:17** Wo 12:2 [r] **5:18** Pwov 20:1 [s] **5:19** Kol 3:16 [t] **5:20** Wo 1:8 [u] **5:20** I Kor 15:24 [v] **5:21** Gal 5:13 [w] **5:21** II Kor 5:11 [x] **5:22** Ef 5:22—6:9; Kol 3:18—4:1 [y] **5:23** I Kor 11:3 [z] **5:25** Ef 5:28,33; Ef 5:2 [a] **5:26** Tit 2:14 [b] **5:27** Ef 1:4 [c] **5:28** Ef 5:25 [d] **5:30** I Kor 6:15 [e] **5:31** Jen 2:24 [f] **5:33** I Pi 3:2,5 [g] **6:1** Pwov 6:20 [h] **6:2** Egz 20:12

byen avèk ou, e pou ou kapab viv anpil tan sou latè. ⁴Papa yo, pa pwovoke pitit nou yo a lakòlè, men ᵃelve yo nan disiplin ak enstriksyon a Senyè a.

⁵ᵇEsklav yo, se pou nou obeyisan a sila ki mèt nou yo selon lachè, avèk lakrent ak tranbleman, nan senserite a kè nou, tankou a Kris la menm, ⁶pa sèlman devan zye, kòmsi ᶜpou fè moun plezi, men kòm esklav a Kris k ap fè tout volonte Bondye ki soti nan kè a. ⁷Avèk bòn volonte, rann sèvis ᵈtankou a Senyè a, e pa a lòm ⁸nan konesans ke ᵉnenpòt bon bagay yon moun fè, li va resevwa sa a soti nan Senyè a, kit li esklav kit li lib.

⁹Epi mèt yo, fè menm bagay yo pou yo. Sispann menase yo, lòske nou konprann ke ᶠni Mèt pa yo a ak pa nou an se nan syèl la, epi devan Li pa gen patipri.

¹⁰Anfen ᵍse pou nou vin fò nan Senyè a ak nan ʰfòs a pouvwa Li. ¹¹ⁱMete tout pwotèj Bondye a sou nou pou nou kapab kanpe fèm kont tout riz Satan yo. ¹²Paske lit nou an pa kont ʲlachè ak san, men kont wayòm yo, kont pouvwa yo, kont fòs mondyal a tenèb sila a, kont fòs lespri mechan yo nan lye selès yo. ¹³Konsa, se pou nou pran tout pwotèj a Bondye a nèt pou nou kapab ᵏreziste nan move jou a, epi lè nou fin fè tout bagay, pou nou kanpe fèm. ¹⁴Konsa, kanpe fèm, kòmsi nou te fin ˡkouvri ren nou avèk Verite a, e mete sou lestomak la ᵐpwotèj ladwati a. ¹⁵Konsa, ⁿabiye pye nou avèk preparasyon levanjil lapè a, ¹⁶e anplis de tout bagay, pran ᵒboukliye lafwa a pou nou kapab etenn tout flèch dife a Mechan an. ¹⁷Epi pran ᵖkas Sali a ak ᵠnepe Lespri a, ki se pawòl Bondye a. ¹⁸Avèk tout ʳlapriyè ak siplikasyon, priye nan Lespri a tout tan, e avèk tout sa an konsiderasyon, rete vijilan avèk tout pèseverans ak siplikasyon pou tout fidèl yo. ¹⁹ˢPriye pou mwen, pou mo yo va bay a mwen menm, pou lè m ouvri bouch mwen, mwen kapab fè konnen avèk kouraj, mistè a levanjil la, ²⁰pou sila ke mwen se yon ᵗanbasadè anchene; pou nan pwoklame li, mwen kab pale avèk kouraj, jan mwen ta dwe pale a.

²¹ᵘMen pou nou menm osi kapab konnen sikonstans mwen yo, jan mwen ye, Tychique, frè byeneme e sèvitè fidèl nan Senyè a, va fè nou konnen tout bagay. ²²Mwen te voye li kote nou pou bi sa a menm, pou nou ta kapab konnen sikonstans nou menm, e pou Li ta kapab ᵛrekonfòte kè nou.

²³Lapè avèk frè nou yo, e ʷlanmou avèk lafwa, ki soti nan Bondye, Papa a, ak Senyè a Jésus Kri. ²⁴Lagras avèk tout sila yo ki renmen Senyè nou an, Jésus Kri, avèk yon lanmou ki p ap janm varye. Amen.

ᵃ **6:4** Kol 3:21; Jen 18:19   ᵇ **6:5** Kol 3:22   ᶜ **6:6** Gal 1:10   ᵈ **6:7** Kol 3:23   ᵉ **6:8** Mat 16:27   ᶠ **6:9** Job 31:13   ᵍ **6:10** I Kor 16:13   ʰ **6:10** Ef 1:19   ⁱ **6:11** Wo 13:12   ʲ **6:12** Mat 16:17   ᵏ **6:13** Jc 4:7   ˡ **6:14** És 11:5   ᵐ **6:14** És 59:17   ⁿ **6:15** És 52:7   ᵒ **6:16** I Tes 5:8   ᵖ **6:17** És 59:17   ᵠ **6:17** Eb 4:12   ʳ **6:18** Fil 4:6   ˢ **6:19** Kol 4:3   ᵗ **6:20** II Kor 5:20   ᵘ **6:21** Ef 6:21,22; Kol 4:7-9   ᵛ **6:22** Kol 2:2   ʷ **6:23** Gal 5:6

FILIPYEN YO

1 Paul ak Timothée, sèvitè-atache nèt a Jésus Kri yo, a tout fidèl ki nan Kris Jésus ki nan vil Philippe yo, menm avèk [a]dirijan legliz ak dyak yo tou: ² [b]Lagras pou nou, ak lapè ki sòti nan Bondye, Papa nou an, e Senyè a Jésus Kri.

³ [c]Mwen remèsye Bondye mwen an nan tout fwa ke m sonje nou. ⁴ Mwen toujou ap [d]ofri lapriyè avèk jwa nan kè m nan tout priyè mwen pou nou tout, ⁵ akoz de patisipasyon nou nan [e]levanjil la depi premye jou a jiska koulye a. ⁶ Paske mwen gen konfyans menm nan bagay sa a; ke Sila ki te kòmanse fè yon bon zèv nan nou an, va byen konplete li jiska [f]jou a Kris Jésus a. ⁷ Paske li vrèman gen rezon ke m santi sa sou pati pa nou. Paske nou nan kè m akoz nou te patisipan depi lè m te nan prizon an, ni lè m t ap defann e konfime levanjil la nou te pataje gras la avè m. ⁸ Paske Bondye se temwen mwen, de jan mwen anvi wè nou tout avèk tandrès a Kris Jésus a.

⁹ Mwen priye konsa, pou [g]lanmou nou kapab ogmante ankò plis toujou nan [h]vrè konesans, avèk tout bon jijman. ¹⁰ Pou nou kapab [i]vin dakò avèk bagay ki ekselan, pou nou kapab rete sensè e san fot jiska [j]jou a Kris la; ¹¹ Se pou nou vin ranpli nèt avèk [k]fwi ladwati ki vini atravè Jésus Kri a, pou laglwa ak lwanj a Bondye.

¹² Koulye a, mwen vle nou konnen, frè m yo, ke sikonstans mwen yo [l]vin pase pou pi gran pwogrè levanjil la. ¹³ Paske anprizonman mwen pou koz a [m]Kris la vin konnen toupatou nan tout gad palè a e pa tout lòt moun yo. ¹⁴ Epi pifò nan frè nou yo mete plis konfyans nan Senyè a akoz anprizonman m nan, e yo vin gen [n]plis kouraj toujou pou pale pawòl Bondye a san krent. ¹⁵ Asireman [o]kèk nan yo menm ap preche Kris avèk lanvi ak konfli, men kèk tou ap preche l avèk senserite. ¹⁶ Dènye nan sa yo, fè l avèk lanmou, paske yo konnen ke m te chwazi pou defans a [p]levanjil la. ¹⁷ Premye sa yo pwoklame Kris [q]avèk anbisyon pèsonèl, olye santiman de bon kè, akoz yo panse ke sa ka fè m chagren nan anprizonman mwen an.

¹⁸ Alò, kisa? Sèlman nan chak ka, kit se nan pretèks kit se nan verite, Kris la pwoklame. E se nan sa mwen rejwi mwen. Wi, mwen va rejwi mwen. ¹⁹ Paske mwen konnen ke sa va sèvi pou delivrans mwen atravè [r]lapriyè nou yo, ak pwovizyon Lespri Jésus Kri a. ²⁰ Selon sensè volonte ak esperans mwen, pou m pa vin wont nan anyen, men ke avèk tout kouraj, Kris va menm koulye a, kòm toujou [s]egzalte nan kò m [t]kit se nan lavi kit se nan lanmò. ²¹ Paske pou mwen menm [u]viv se Kris e mouri se avantaj. ²² Men si mwen viv toujou nan lachè, sa va pote fwi pou travay [v]mwen. Konsa, mwen pa menm konnen kilès pou m ta pito. ²³ Men mwen sanse presyon nan toulède direksyon yo. Mwen ta [w]anvi ale, pou m kapab avèk Kris, paske sa pi bon anpil, ²⁴ men pou m rete nan lachè a pi nesesè pou koz a nou menm. ²⁵ [x]Konvenk de sa, mwen konnen ke mwen va rete pou kontinye avèk nou tout, pou pwogrè ak lajwa nou nan lafwa. ²⁶ Konsa [y]konfyans fyète nou an nan mwen kapab vin debòde nan Jésus Kri lè mwen vin bò kote nou an ankò.

²⁷ Sèlman, kondwi tèt nou nan yon fason ki [z]dign de levanjil a Jésus Kri a, pou si mwen vini wè nou oubyen rete absan, mwen kapab tande ke nou kanpe fèm nan yon sèl espri, avèk yon sèl panse, nan lite ansanm pou lafwa a levanjil la, ²⁸ san okenn perèz a lènmi nou yo, ki se yon [a]sign destriksyon pou yo menm, men sali pou nou menm, e sa anplis, soti nan Bondye. ²⁹ Paske, a nou menm [b]li te vin

---

a **1:1** Trav 20:28	b **1:2** Wo 1:7	c **1:3** Wo 1:8	d **1:4** Wo 1:9	e **1:5** Fil 1:7	f **1:6** I Kor 1:8
g **1:9** I Tes 3:12	h **1:9** Kol 1:9	i **1:10** Wo 2:18	j **1:10** I Kor 1:8	k **1:11** Jc 3:18	l **1:12** Luc 21:13
m **1:13** Fil 1:7	n **1:14** Trav 4:31	o **1:15** II Kor 11:13	p **1:16** Fil 1:5,7,12,27	q **1:17** Wo 2:8	
r **1:19** II Kor 1:11	s **1:20** I Kor 6:20	t **1:20** Wo 14:8	u **1:21** Gal 2:20	v **1:22** Wo 1:13	w **1:23** II Kor 5:8
x **1:25** Fil 2:24	y **1:26** II Kor 5:12	z **1:27** Ef 4:1	a **1:28** II Tes 1:5	b **1:29** Mat 5:11,12	

pèmèt, pou koz a Kris la, non sèlman pou kwè nan Li, men osi pou soufri pou koz Li. ³⁰ Konsa nou ap pase menm ᵃkonfli entèn ke nou te wè m pase a, e koulye a tande k ap fèt nan mwen.

2 Konsa, si gen ankourajman nan Kris, si gen konsolasyon nan lanmou, si gen ᵇamitye nan Lespri a, si gen afeksyon ak konpasyon, ² ᶜfè lajwa mwen vin konplè. Rete nan menm panse a, kenbe menm lanmou an, ak menm linite nan lespri a, byen deside sou yon sèl bi. ³ Pa fè anyen nan egoyis oubyen ak vye dezi vanite, men avèk refleksyon ki enb ᵈgade youn lòt kòm pi enpòtan ke nou menm. ⁴ Pa sèlman chèche pwòp enterè pèsonèl pa nou, men osi enterè a lòt yo.

⁵ ᵉSe pou nou genyen santiman sila nan nou menm ki te osi nan Kris Jésus a ⁶ ki, malgre Li te egziste nan fòm Bondye ᶠpa t gade egalite li avèk Bondye yon choz pou L ta kenbe di, ⁷ men te ᵍvide tèt li, e te pran fòm a yon sèvitè-atache nèt, e te ʰvin fèt nan imaj a lòm. ⁸ Kòmsi aparans Li te tankou yon moun, Li te bese tèt Li e te vin ⁱobeyisan jiska lanmò, menm lanmò sou yon kwa. ⁹ Akòz tout sa, Bondye te ʲegzalte Li byen wo, e te bay Li ᵏnon ki pi wo pase tout non yo, ¹⁰ pouke nan non a Jésus a ˡtout jenou va bese, sila ki nan syèl, sou latè, ak anba tè yo ¹¹ epi tout lang konfese ke Jésus Kri se ᵐSenyè a pou laglwa Bondye Papa a.

¹² Konsa, byeneme mwen yo, menm jan ke nou te toujou obeyi, pa sèlman nan prezans mwen, menm koulye a plis toujou nan absans mwen ⁿfè travay sali nou an avèk ᵒlakrent ak tranbleman. ¹³ Paske se ᵖBondye k ap travay nan nou, pou fòme volonte ak zèv nou yo, selon bon plezi Li.

¹⁴ Fè tout bagay san ᵠplenyen ni diskite. ¹⁵ Konsa nou va ʳsan fot e inosan, pitit a Bondye ki san repwòch nan mitan a yon ˢjenerasyon kwochi e pèvèti. Pami yo, nou vin parèt kòm limyè nan mond lan, ¹⁶ k ap kenbe fèm a pawòl lavi a, pou nan

jou a Kris la, mwen kapab gen rezon pou bay glwa, akoz ke m pa t ᵗkouri anven, ni ᵘtravay anven. ¹⁷ Men menm si mwen vin vide nèt tankou yon ᵛbwason k ap ofri kòm ʷsakrifis ak sèvis lafwa nou, mwen rejwi e mwen pataje lajwa m avèk nou tout.

¹⁸ Nou menm tou, mwen egzòte nou, rejwi menm jan an, e pataje lajwa nou avè m.

¹⁹ Men mwen espere nan Senyè a Jésus pou ˣvoye Timothée kote nou byen vit, pou m kapab ankouraje tou lè m aprann de kijan nou ye. ²⁰ Paske m pa gen okenn lòt moun ak ʸyon kè parèy a li menm, ki va vreman konsène pou byen nou. ²¹ Paske yo tout ᶻchache pwòp enterè pa yo, e pa sila a Kris Jésus a. ²² Men nou konnen ᵃprèv valè li, ke li te sèvi avè m pou avansman levanjil la, kòm yon pitit k ap sèvi papa li. ²³ ᵇKonsa, mwen espere voye li kote nou imedyatman, depi mwen wè kijan tout bagay ale avèk mwen. ²⁴ Men ᶜmwen gen konfyans mwen nan Senyè a ke mwen menm osi va vini toutalè.

²⁵ Men m te panse li te nesesè pou voye Épaphrodite, frè m nan, ᵈouvriye ak sòlda parèy mwen, e osi mesaje pa nou e sèvitè pou sa ke m bezwen. ²⁶ Paske li te trè anvi wè nou tout, e te twouble akoz ke nou te tande ke li te malad. ²⁷ Paske vrèman, li te malad jis nan pwen pou l mouri, men Bondye te fè l gras, e pa li menm sèlman, men osi mwen menm, pou mwen pa ta vin genyen tristès sou tristès. ²⁸ Konsa, mwen te voye l avèk plis enpasyans toujou, pou lè nou wè l ankò, nou kapab rejwi, e mwen kapab enkyete mwens pou nou menm. ²⁹ Konsa, resevwa li nan Senyè a avèk tout lajwa, e ᵉkenbe an wo estim moun tankou li, ³⁰ paske li te prèske mouri pou zèv a Kris la, e te riske vi li pou ᶠkonplete sa ki te manke nan sèvis nou pou mwen menm.

3 Finalman, frè m yo ᵍrejwi nou nan Senyè a! Pou m ekri menm bagay yo

---

ᵃ **1:30** Kol 1:29 ᵇ **2:1** II Kor 13:14 ᶜ **2:2** Jn 3:29 ᵈ **2:3** Wo 12:10 ᵉ **2:5** Mat 11:29 ᶠ **2:6** Jn 5:18
ᵍ **2:7** II Kor 8:9 ʰ **2:7** Eb 2:17 ⁱ **2:8** Mat 26:39 ʲ **2:9** Mat 28:18 ᵏ **2:9** Ef 1:21 ˡ **2:10** És 45:23 ᵐ **2:11** Jn 13:13 ⁿ **2:12** Eb 5:9 ᵒ **2:12** II Kor 7:15 ᵖ **2:13** Wo 12:3 ᵠ **2:14** I Kor 10:10
ʳ **2:15** Luc 1:6 ˢ **2:15** Det 32:5 ᵗ **2:16** Gal 2:2 ᵘ **2:16** És 49:4 ᵛ **2:17** II Tim 4:6 ʷ **2:17** Nonb 28:6,7
ˣ **2:19** Fil 2:23 ʸ **2:20** I Kor 16:10 ᶻ **2:21** I Kor 10:24 ᵃ **2:22** Wo 5:4 ᵇ **2:23** Fil 2:19 ᶜ **2:24** Fil 1:25
ᵈ **2:25** Wo 16:3,9,21 ᵉ **2:29** I Kor 16:18 ᶠ **2:30** I Kor 16:17 ᵍ **3:1** Fil 2:18

ankò pa yon pwoblèm pou mwen, e se yon pwotèj pou nou menm. ² Veye ᵃchen yo, veye ᵇouvriye mechan yo, veye fo sikonsizyon an. ³ Paske ᶜnou menm se vrè sikonsizyon an, ki ᵈadore nan Lespri Bondye a, e bay glwa nan Kris Jésus, e ki pa mete konfyans nan lachè. ⁴ Byen ke ᵉmwen menm ta kapab gen konfyans menm nan lachè. Si gen nenpòt lòt moun ki gen lide pou mete konfyans li nan lachè, mwen menm bokou plis ke sa: ⁵ ᶠsikonsi nan uityèm jou a, ne nan ᵍnasyon Israël la, nan tribi Benjamin an, yon Ebre a Ebre yo; selon Lalwa a, yon Farizyen; ⁶ kòm zele, yon ʰpèsekitè legliz la; kòm ladwati ki nan Lalwa a, ki twouve san fot.

⁷ Men ⁱnenpòt bagay ki te benefis pou mwen, mwen konte bagay sa yo kòm pèt pou koz a Kris la. ⁸ Anplis de sa, mwen konte tout bagay kòm pèt an konsiderasyon ak piwo valè ke m konnen Kris Jésus a, Senyè mwen an. ʲPou Sila mwen te soufri pèt tout bagay yo, e konte yo kòm fatra, pou m kapab genyen Kris. ⁹ E pou m ta kab twouve nan Li, pa avèk ᵏladwati pa m, ki sòti nan Lalwa a, men ki soti pa lafwa nan Kris la, ˡladwati ki sòti nan Bondye sou baz lafwa a. ¹⁰ Pou mwen kapab konnen Li, ak ᵐpouvwa a rezirèksyon Li an, ak ⁿlamitye a soufrans li yo, ki fè m konfòme menm a lanmò Li, ¹¹ pou m ta kapab ᵒrive menm nan rezirèksyon a lanmò a. ¹² Se pa ke m ᵖrive la deja oubyen ke m vin pafè deja, men mwen ap pouse pi rèd pou m kapab rive sou pèfeksyon sa a ki te fè Kris Jésus mete men l sou mwen an.

¹³ Frè m yo, mwen pa gade tèt mwen kòm youn ki rive sou li deja, men yon sèl bagay ke m fè; ᵠse bliye sa ki dèyè e lonje pa devan pou sa k ap vini an, ¹⁴ mwen pouse rive vè objektif la, pou m genyen pri wo apèl Bondyeʳnan Kris Jésus a. ¹⁵ Konsa, otan nan nou ki pafè, annou gen menm panse sa a. Epi si nan nenpòt bagay nou pa reflechi konsa ˢBondye va osi revele sa a nou. ¹⁶ Sepandan, nan menm fòs ke nou deja reyisi, annou kontinye ᵗviv pa menm prensip ke nou fin atenn deja a. Annou toujou gen menm panse.

¹⁷ Frè m yo ᵘvin swiv egzanp mwen an, e swiv sila ki mache selon ᵛmodèl ke nou gen nan nou an. ¹⁸ Paske ʷanpil moun mache, de sila mwen te souvan di nou yo, e koulye a mwen di nou ankò menm avèk dlo nan zye m, ke yo se lènmi ˣlakwa a Kris la, ¹⁹ ki gen pou fen, destriksyon, ki gen pou dye pa yo ʸapeti yo, e ki gen pou ᶻglwa yo, wont yo, ki fikse panse yo sou bagay tèrès yo. ²⁰ Paske pou nou menm ᵃsitwayènte nou se nan syèl la. E soti nan li menm, n ap tann ak enpasyans yon Sovè, Senyè a, Jésus Kri, ²¹ ki va ᵇtransfòme move kò sila a, pou l vin konfòme ak kò laglwa pa Li a. Li va fè sa pa egzèsis a pouvwa ke Li genyen pou soumèt tout bagay anba otorite pa L.

4 Konsa, frè byeneme mwen yo, ke mwen trè anvi wè, nou menm ki lajwa m ak kouwòn mwen yo, se konsa pou nou kanpe fèm nan Senyè a, byeneme mwen yo.

² Mwen ankouraje Évodie e mwen ankouraje Syntyche pou ᶜviv an amoni nan Senyè a. ³ Vrèman, fidèl kòlèg mwen yo, mwen mande nou osi pou ede fanm sa yo ki te pataje lit mwen an pou koz a levanjil la, ansanm avèk Clément osi ak tout lòt ouvriye parèy a mwen yo ki gen ᵈnon yo nan liv lavi a.

⁴ Toujou ᵉrejwi nou nan Senyè a! E ankò mwen va di l, rejwi nou! ⁵ Kite lespri jantiyès nou an byen koni a tout moun. ᶠSenyè a toupre. ⁶ ᵍPa enkyete nou pou anyen, men nan tout bagay pa ʰlapriyè ak siplikasyon, avèk remèsiman, fè demand nou yo byen koni a Bondye. ⁷ Epi konsa, ⁱlapè Bondye, ki plis pase tout konpreyansyon, va pwoteje kè nou ak panse nou yo nan Kris Jésus a.

ᵃ **3:2** Sòm 22:16   ᵇ **3:2** II Kor 11:13   ᶜ **3:3** Wo 2:29   ᵈ **3:3** Jn 4:23   ᵉ **3:4** II Kor 5:16   ᶠ **3:5** Luc 1:59   ᵍ **3:5** Wo 11:1   ʰ **3:6** Trav 8:3   ⁱ **3:7** Luc 14:33   ʲ **3:8** Jr 9:23   ᵏ **3:9** Wo 10:5   ˡ **3:9** Wo 9:30   ᵐ **3:10** Wo 6:5   ⁿ **3:10** Wo 8:17   ᵒ **3:11** I Kor 15:23   ᵖ **3:12** I Kor 9:24   ᵠ **3:13** Luc 9:62   ʳ **3:14** Wo 8:28   ˢ **3:15** Jn 6:45   ᵗ **3:16** Gal 6:16   ᵘ **3:17** I Kor 4:16   ᵛ **3:17** I Pi 5:3   ʷ **3:18** II Kor 11:13   ˣ **3:18** Gal 6:14   ʸ **3:19** Wo 16:18   ᶻ **3:19** Wo 6:21   ᵃ **3:20** Ef 2:19   ᵇ **3:21** I Kor 15:43-53   ᶜ **4:2** Fil 2:2   ᵈ **4:3** Luc 10:20   ᵉ **4:4** Fil 3:1   ᶠ **4:5** I Kor 16:22   ᵍ **4:6** Mat 6:25   ʰ **4:6** Ef 6:18   ⁱ **4:7** És 26:3

⁸ Finalman, frè m yo ᵃnenpòt sa ki vrè, nenpòt sa ki onorab, nenpòt sa ki dwat, nenpòt sa ki san tach, nenpòt sa ki emab, nenpòt sa ki gen bon repitasyon, si gen yon bagay ki ekselan e si gen yon bagay ki vo lwanj, se pou nou demere nan bagay sa yo. ⁹ Bagay nou te aprann, nou te resevwa, nou te tande e te wè ᵇnan mwen yo, pratike bagay sa yo; epi Bondye lapè a va avèk nou.

¹⁰ Men mwen te rejwi m wen nan Senyè a anpil, ke koulye a, finalman nou retwouve santiman nou pou mwen. An verite, nou te konsène pou mwen menm avan, men nou te manke okazyon. ¹¹ Se pa ke m pale akoz ke m gen nesesite, paske mwen vin aprann jan pou m ᶜkontan nan nenpòt sikonstans ke mwen ye a. ¹² Mwen konnen jan pou m vin imilye, e mwen konnen osi jan pou m viv nan abondans. Nan tout kalite sikonstans, mwen te aprann sekrè a vant plen ak ᵈgrangou, abondans ak soufri bezwen. ¹³ Mwen kapab fè tout bagay atravè Sila ki ᵉban m fòs la. ¹⁴ Sepandan, nou te fè byen pou ᶠpataje avè m nan soufrans mwen an.

¹⁵ Nou menm konnen osi, Filipyen yo, ke nan premye predikasyon levanjil la, lè m fin kite Macédoine, ke pa t gen legliz ki te ᵍpataje avèk mwen nan kesyon bay ak resevwa a, men nou menm sèlman. ¹⁶ Paske menm nan ʰThéssalonique, nou te voye plis ke yon fwa yon don pou satisfè bezwen mwen yo. ¹⁷ ⁱSe pa ke m chache don an pou kont li, men mwen chache pwofi ki ogmante pou kont pa nou. ¹⁸ Men konsa mwen te resevwa tout bagay nèt e mwen genyen an abondans. Mwen byen founi depi m te resevwa nan men ʲÉpaphrodite sa ke nou te voye a, yon pafen ki santi bon, yon sakrifis akseptab, ki byen fè Bondye plezi. ¹⁹ Epi ᵏBondye mwen an va founi tout bezwen nou yo selon richès Li nan glwa nan Kris Jésus a. ²⁰ Koulye a, ˡa Bondye nou an ak Papa a, ᵐlaglwa pou tout tan e pou tout tan. Amèn.

²¹ Salye chak fidèl nan Kris Jésus a. ⁿFrè ki avè m yo salye nou. ²² ᵒTout fidèl yo salye nou, sitou sila ki lakay César yo.

²³ Ke ᵖlagras Senyè a Jésus Kri kapab avèk nou tout. Amen

ᵃ **4:8** Wo 14:18   ᵇ **4:9** Fil 3:17   ᶜ **4:11** II Kor 9:8   ᵈ **4:12** I Kor 4:11   ᵉ **4:13** II Kor 12:9   ᶠ **4:14** Eb 10:33   ᵍ **4:15** II Kor 11:9   ʰ **4:16** Trav 17:1   ⁱ **4:17** I Kor 9:11   ʲ **4:18** Fil 2:25   ᵏ **4:19** II Kor 9:8   ˡ **4:20** Gal 1:4   ᵐ **4:20** Wo 11:36   ⁿ **4:21** Gal 1:2   ᵒ **4:22** II Kwo 13:13   ᵖ **4:23** Wo 16:20

KOLOSYEN YO

1 Paul, yon apot Jésus Kri [a]pa volonte a Bondye, ak Timothée, frè nou an ² A sen ak frè fidèl an Kris ki te Colosse yo: [b]Gras pou nou, ak lapè ki soti nan Bondye, Papa nou an.

³ [c]Nou bay remèsiman a Bondye [d]Papa a Senyè nou an, Jésus Kri; pandan nou toujou ap priye pou nou. ⁴ [e]Paske nou te tande de lafwa nou nan Kris Jésus, ansanm ak lanmou ke nou gen pou tout fidèl yo; ⁵ Akoz de lespwa ki [f]rezève pou nou nan syèl la, jan nou te [g]tande deja nan pawòl verite Levanjil la, ⁶ ki te vini a nou menm, jis menm jan nan tou mond lan, k ap bay [h]fwi tout tan, e k ap ogmante, menm jan li t ap fèt nan nou menm tou, depi jou nou te [i]tande de li a, e te konprann gras Bondye nan verite a; ⁷ menm jan ke nou te aprann de [j]Épaphras, sèvitè-atache, byeneme, parèy a nou an, ki se yon sèvitè fidèl an Kris sou pati pa nou, ⁸ ki te osi enfòme nou de [k]lanmou nou nan Lespri a.

⁹ Pou rezon sa a tou, depi jou nou te tande de li a [l]nou pa t sispann priye pou nou e mande pou nou ta kapab ranpli avèk konesans a volonte Li, nan tout [m]sajès lespri a ak bon konprann, ¹⁰ pou nou kapab [n]mache nan yon fason dign de Senyè a, pou fè Li plezi nan tout bagay, pote fwi nan tout bon zèv e grandi nan konesans a Bondye, ¹¹ ki ranfòse ak tout pouvwa, selon pwisans laglwa Li a, pou vin genyen pèseverans ak pasyans; avèk lajwa, ¹² pou bay remèsiman a Papa a, ki te kalifye nou pou pataje [o]nan eritaj a fidèl yo nan [p]Limyè a. ¹³ Paske Li te delivre nou soti nan [q]wayòm tenèb la, e Li te transfere nou nan wayòm a Fis byeneme Li a. ¹⁴ [r]Nan Li menm nou gen redanmsyon, ak padon pou peche yo.

¹⁵ Li se imaj a Bondye envizib la [s]premye ne a tout kreyasyon an. ¹⁶ Paske pa Li menm, tout bagay te kreye, nan syèl la ak sou tè a, vizib e envizib kit se wayòm yo, kit se pouvwa yo, kit se wa yo, kit se otorite yo—[t]tout bagay te kreye pa Li menm e pou Li menm. ¹⁷ Li [u]avan tout bagay, e se nan Li tout bagay kenbe ansanm. ¹⁸ Li se osi tèt a [v]kò a legliz la. Epi Li se kòmansman an, premye ne ki sòti nan lanmò a, pou Li menm kapab vin gen premye plas nan tout bagay. ¹⁹ Paske se te bon plezi [w]Papa a pou tout plenitud Bondye a ta vin rete nan Li, ²⁰ epi selon Li menm, pou [x]rekonsilye tout bagay a Li menm, kit bagay ki sou latè yo kit bagay ki nan syèl yo, lè L te fin fè lapè pa [y]san lakwa Li a.

²¹ Epi menmsi [z]otrefwa, nou te etranje, e te lènmi nan jan nou te konn panse, ak angaje nan move zak, ²² men koulye a Li rekonsilye nou nan [a]kò lachè Li a atravè lanmò, pou prezante nou devan Li [b]sen, san fot e san repwòch— ²³ Si vrèman nou kontinye nan lafwa byen [c]etabli, e fèm, e nou pa kite esperans levanjil ke nou te tande a, ki te pwoklame [d]nan tout kreyasyon anba syèl la, e sou li menm mwen, Paul, te fèt kòm yon sèvitè.

²⁴ Alò, mwen rejwi nan soufrans mwen yo pou koz a nou, e nan lachè m [e]mwen fè pati pa m pou benefis kò Li a, ki se legliz la, pou ranpli sa ki manke nan soufrans lafliksyon a Kris yo. ²⁵ Sou legliz sila a mwen te fèt kòm yon sèvitè selon [f]jesyon Bondye a, ki te plase sou mwen pou benefis pa nou, pou m ta kapab vin akonpli predikasyon pawòl Bondye a, ²⁶ [g]ki se mistè ki te kache depi laj ak jenerasyon pase yo, men ki koulye a, manifeste a fidèl Li yo. ²⁷ A yo menm Bondye te gen volonte pou fè konnen kisa ki se richès laglwa a mistè sila a pami pèp etranje yo, ki se Kris nan nou,

---

[a] **1:1** I Kor 1:1   [b] **1:2** Wo 1:7   [c] **1:3** Wo 1:8   [d] **1:3** Wo 15:6   [e] **1:4** Ef 1:15   [f] **1:5** II Tim 4:8
[g] **1:5** Ef 1:13   [h] **1:6** Wo 1:13   [i] **1:6** Ef 4:21   [j] **1:7** Kol 4:12   [k] **1:8** Wo 15:30   [l] **1:9** Ef 1:16
[m] **1:9** Ef 1:17   [n] **1:10** Ef 4:1   [o] **1:12** Trav 20:32   [p] **1:12** Trav 26:18   [q] **1:13** Ef 6:12   [r] **1:14** Wo 3:24   [s] **1:15** Wo 8:29   [t] **1:16** Jn 1:3   [u] **1:17** Jn 1:1   [v] **1:18** Ef 1:23   [w] **1:19** Ef 1:5   [x] **1:20** II Kor 5:18   [y] **1:20** Ef 2:13   [z] **1:21** Wo 5:10   [a] **1:22** Wo 7:4   [b] **1:22** Ef 1:4   [c] **1:23** Ef 3:17
[d] **1:23** Trav 2:5   [e] **1:24** II Tim 1:8   [f] **1:25** Ef 3:2   [g] **1:26** Wo 16:25

esperans laglwa a. ²⁸ Konsa nou pwoklame Li ak ᵃegzòtasyon chak moun, e enstwi chak moun ak tout sajès, pou nou kapab prezante chak moun konplè an Kris Jésus. ²⁹ Pou rezon sila a osi, mwen ᵇtravay, e mwen lite pa ajans Bondye, k ap travay avèk pwisans nan mwen an.

2 Paske mwen vle fè nou konnen jan ᶜlit la gran pou nou menm ansanm ak sila ki Laodicée yo, e menm pou tout sila ki pa t, pèsonèlman, wè figi mwen yo; ² pou ᵈkè pa yo kapab ankouraje, akoz ke yo vin trese ansanm nan lanmou an. Se konsa yo atenn tout richès ki sòti nan asirans konplè a bon konprann nan, ki pwodwi kòm rezilta, vrè konesans mistè Bondye a, ki se Kris la, Li menm. ³ Nan Li menm kache ᵉtout trezò sajès ak konesans yo. ⁴ Mwen di sa pou pèsòn pa twonpe nou avèk ᶠdiskou ki kab sedwi moun. ⁵ Paske menm si mwen ᵍabsan nan kò a, malgre sa mwen avèk nou nan Lespri a, epi m ap rejwi pou wè bon disiplin ak stabilite lafwa nou nan Kris la.

⁶ Konsa, menm jan nou te resevwa Kris Jésus Senyè a, se konsa pou nou ʰmache nan Li. ⁷ Menm jan ke nou te byen ⁱanrasine e kounye a, nou byen bati nan Li, e etabli nan lafwa nou, menm jan nou te enstwi a, plenn avèk remèsiman an.

⁸ Veye ke pèsòn pa fè nou prizonye atravè ʲfilosofi ak fo manèv, pa tradisyon a lòm yo, nan prensip de baz mond lan, olye de pa Kris. ⁹ Paske nan Li menm ᵏtout aspè konplè a Bondye a egziste nan fòm a yon kò fizik. ¹⁰ Epi nan Li menm nou vin ˡkonplè nèt, paske se Li menm ki chèf an tèt sou tout ᵐwayòm ak otorite yo. ¹¹ Konsa, nan Li menm ⁿnou te sikonsi avèk yon sikonsizyon ki fèt san men, ki retire kò lachè a pa sikonsizyon a Kris la. ¹² Nou te ᵒantere avèk Li nan batèm nan. Nan li menm, nou te anplis ᵖresisite avèk Li pa lafwa kon yon zèv Bondye, ki te leve Li sòti nan lanmò a. ¹³ Lè nou te ᵠmouri nan transgresyon nou yo ak nan

ensikonsizyon lachè nou an, Li te fè nou vivan ansanm avèk Li, lè l te padone tout transgresyon nou yo. ¹⁴ Konsa Li te anile ʳsètifika dèt nou ki te fòme pa dekrè kont nou yo, ki te parèt kòm lènmi nou. Konsa, Li te mete l sou kote, lè L te kloue li sou kwa a. ¹⁵ Lè Li te fin ˢdezame gouvènè ak otorite yo, Li te fè yo vin afiche piblikman e te triyonfe sou yo pa Li menm.

¹⁶ Konsa, pa kite pèsòn ᵗaji kòm jij nou konsènan ᵘmanje oubyen bwason, ni respè a yon jou fèt oubyen yon lalin tounèf oubyen yon jou Saba. ¹⁷ Bagay sila yo se ᵛlonbraj a sila ki dwe vini an; men vrè sibstans lan apatyen a Kris. ¹⁸ Pa kite pèsòn kontinye ʷprive nou de prim nou an pa riz fo imilite ak adorasyon zanj yo, ki baze pozisyon li sou vizyon yo li te fè, ki anfle san rezon ak ògèy pa panse chanèl li, ¹⁹ ki pa kenbe fèm a Tèt la. Paske se nan Li menm ˣtout kò a ye a, ki vin founi e kenbe ansanm pa jwenti ak ligaman yo, ki grandi avèk yon kwasans ki sòti nan Bondye.

²⁰ ʸSi nou te mouri avèk Kris a prensip de baz mond yo, poukisa, kòmsi nou t ap viv nan mond lan, nou soumèt nou a kalite dekrè konsa, kòm ²¹ "Pa manyen, pa goute, pa touche!" ²² (Ki tout fè referans a ᶻbagay ki fèt pou peri pandan y ap sèvi yo)—an akò avèk ᵃkòmandman ak enstriksyon a lòm yo? ²³ Bagay sa yo ki gen, asireman, aparans a sajès nan ᵇkwayans relijye ki fèt pou kont li, avèk imilyasyon de li menm, ak move tretman kò a, men ki pa gen okenn valè kont plezi lachè a.

3 Konsa, si nou te ᶜleve avèk Kris, chache bagay anwo yo, kote Kris la ye a, ᵈchita sou men dwat Bondye a. ² ᵉFikse panse nou sou bagay anwo yo, pa sou bagay ki sou latè yo. ³ Paske nou te ᶠmouri, e lavi nou vin kache avèk Kris nan Bondye. ⁴ Lè Kris, ki se lavi nou an, vin revele, alò, nou osi va revele avèk Li nan laglwa.

⁵ ᵍKonsa, konsidere manm kò tèrès nou yo kòm mouri de imoralite, salte, pasyon,

---

ᵃ **1:28** I Kor 3:16 ᵇ **1:29** I Kor 15:10 ᶜ **2:1** Kol 1:29 ᵈ **2:2** Ef 6:22 ᵉ **2:3** És 11:2 ᶠ **2:4** Wo 16:18
ᵍ **2:5** I Kor 5:3 ʰ **2:6** Kol 1:10 ⁱ **2:7** Ef 3:17 ʲ **2:8** Ef 5:6 ᵏ **2:9** II Kor 5:19 ˡ **2:10** Ef 3:19
ᵐ **2:10** I Kor 15:24 ⁿ **2:11** Wo 2:29 ᵒ **2:12** Wo 6:4 ᵖ **2:12** Ef 2:6 ᵠ **2:13** Ef 2:1 ʳ **2:14** Ef 2:15
ˢ **2:15** Ef 4:8 ᵗ **2:16** Wo 14:3 ᵘ **2:16** Mc 7:19 ᵛ **2:17** Eb 8:5 ʷ **2:18** I Kor 9:24 ˣ **2:19** Ef 1:23 ʸ **2:20** Wo 6:2 ᶻ **2:22** I Kor 6:13 ᵃ **2:22** És 29:13 ᵇ **2:23** Kol 2:18 ᶜ **3:1** Kol 2:12
ᵈ **3:1** Sòm 110:1 ᵉ **3:2** Mat 16:23 ᶠ **3:3** Wo 6:2 ᵍ **3:5** Wo 8:13

move dezi, ak renmen lajan, ki vin menm jan avèk idolatri. [6] Paske se akoz bagay sa yo ke [a]lakòlè Bondye va vini sou fis a dezobeyisans yo. [7] Konsa, [b]nan yo, nou tou te konn mache, lè nou t ap viv nan yo. [8] Men koulye a, nou menm tou [c]mete yo tout sou kote; [d]Move san, kòlè, mechanste, kout lang, ak move jouman ki sòti nan bouch nou. [9] [e]Pa bay manti a youn lòt, akoz ke nou te mete sou kote ansyen moun nan avèk abitid mechan li yo, [10] epi te [f]mete sou nou nouvo moun nan k ap renouvle a yon vrè konesans selon imaj a Kreyatè, li. [11] Yon renouvèlman konsa [g]pa gen distenksyon antre Grèk ak Jwif, sikonsi ak ensikonsi, ni moun Scythe, esklav, ak moun lib, men Kris se tout bagay, e nan tout bagay.

[12] Konsa, tankou sila ki te chwazi pa Bondye yo, ki sen ak byeneme, mete sou nou yon [h]kè konpasyon, tandrès [i]imilite, jantiyès, ak pasyans; [13] ki sipòte youn lòt e [j]padone youn lòt. Nenpòt moun ki gen plent kont yon lòt; jis jan ke Senyè a te padone nou an, se menm jan an nou dwe fè l tou.

[14] Anplis de tout bagay sa yo, mete sou nou lanmou, ki se bon kòl pou konplete [k]inite a. [15] Kite [l]lapè Kris la renye nan kè nou. Pou li menm, vrèman, nou te rele nan [m]yon sèl kò, e se pou nou rekonesan. [16] Kite [n]pawòl a Kris la rete an abondans nan nou, avèk tout sajès nan [o]enstwi ak korije youn lòt avèk sòm, kantik, ak chan lespri yo, k ap chante avèk rekonesans Bondye nan kè nou.

[17] [p]Nenpòt sa nou fè nan pawòl oubyen nan zèv, fè tout bagay nan non Senyè a Jésus, e bay remèsiman atravè Li menm, a Bondye Papa a.

[18] [q]Madanm yo, se pou nou soumèt a mari nou, jan sa pwòp a Senyè a.

[19] [r]Mari yo, renmen madanm nou e pa vin fache kont yo.

[20] [s]Zanfan yo, se pou nou obeyisan a paran nou yo nan tout bagay, paske sa fè Senyè a plezi anpil.

[21] [t]Papa yo, pa fè pitit nou yo fache pou yo pa vin dekouraje.

[22] [u]Esklav yo, nan tout bagay, obeyi a sila ki mèt nou yo sou tè a, pa sèlman avèk yon sèvis ekstèn, jan sila ki sèlman fè moun plezi yo, men avèk yon kè sensè, nan lakrent Senyè a. [23] Nenpòt sa nou fè, fè travay nou avèk tout kè nou [v]kòmsi se pou Senyè a, olye se pou lòm. [24] [w]Konnen byen ke nan Senyè a nou va resevwa yon eritaj kòm rekonpans. Se Senyè Kris la ke nou sèvi. [25] Paske sila ki fè mal la va resevwa konsekans a mal ke li te fè a, epi [x]sa, san patipri.

4 Mèt yo, bay esklav nou yo sa ki jis e rezonab, epi [y]konnen ke nou osi gen yon Mèt nan syèl la.

[2] [z]Konsakre nou menm a lapriyè. Rete vijilan nan li avèk yon atitid remèsiman. [3] Priye an menm tan pou nou menm osi, pou Bondye kapab ouvri pou nou yon [a]pòt pou pawòl la, pou nou kapab pwoklame [b]mistè a Kris la, akoz se pou li menm, mwen menm osi gen tan anprizone, [4] pou m kapab fè li klè [c]nan fason ke m ta dwe pale a.

[5] [d]Kondwi tèt nou avèk sajès anvè moun deyò yo, pou [e]fè plis ke posib avèk tan an. [6] [f]Ke pawòl nou yo toujou ranpli ak gras, kòmsi yo te asizonnen avèk sèl, pou nou kapab konnen jan pou nou reponn a chak moun.

[7] [g]Pou tout afè mwen yo, Tychique, frè byeneme, sèvitè fidèl ak sèvitè-atache parèy m nan Senyè a, va pote enfòmasyon bannou. [8] [h]Paske mwen gen tan voye li kote nou eksprè pou rezon sa a, pou nou kapab konnen sikonstans nou yo e pou li kapab [i]ankouraje kè nou. [9] Epi avèk li [j]Onésime, frè byeneme e fidèl nou an, ki se youn nan nou. Yo va enfòme nou sou tout sitiyasyon an isit la.

---

[a] **3:6** Wo 1:18   [b] **3:7** Ef 2:2   [c] **3:8** Ef 4:22   [d] **3:8** Ef 4:31   [e] **3:9** Ef 4:25   [f] **3:10** Ef 4:24
[g] **3:11** Wo 10:12   [h] **3:12** Gal 5:22   [i] **3:12** Ef 4:2   [j] **3:13** Ef 4:32   [k] **3:14** Jn 17:23   [l] **3:15** Jn 14:27
[m] **3:15** Ef 2:16   [n] **3:16** Wo 10:17   [o] **3:16** Kol 1:28   [p] **3:17** I Kor 10:31   [q] **3:18** Kol 3:18—4:1
[r] **3:19** Ef 5:25   [s] **3:20** Ef 6:1   [t] **3:21** Ef 6:4   [u] **3:22** Ef 6:5,7,8   [v] **3:23** Ef 6:7   [w] **3:24** Ef 6:8
[x] **3:25** Det 10:17   [y] **4:1** Ef 6:9   [z] **4:2** Trav 1:14   [a] **4:3** Trav 14:27   [b] **4:3** Ef 3:3,4   [c] **4:4** Ef 6:20   [d] **4:5** Ef 5:15   [e] **4:5** Ef 5:16   [f] **4:6** Ef 4:29   [g] **4:7** Kol 4:7-9; Ef 6:21-22   [h] **4:8** Ef 6:22
[i] **4:8** Kol 2:2   [j] **4:9** Phm 10

¹⁰ Aristarque, prizonye parèy a mwen an, voye salitasyon bannou; ak Marc, kouzen a ªBarnabas la, (se sou li, nou te resevwa enstriksyon yo; si li vin kote nou, resevwa l byen). ¹¹ Anplis, Jésus ke yo rele Justus la. Sa yo se sèl ouvriye pou wayòm Bondye ᵇki sòti nan sikonsizyon an, e yo te ankouraje mwen anpil.

¹² ᶜÉpaphras, ki se youn nan nou, yon sèvitè-atache nèt a Jésus Kri, voye salitasyon bannou. Li ap toujou batay rèd pou nou nan priyè li yo, pou nou kapab kanpe konplè e byen asire nan tout volonte Bondye a. ¹³ Paske mwen fè temwayaj li, ke li gen yon gwo sousi pou nou ak pou sila ki ᵈLaodicée ak Hiérapolis yo.

¹⁴ ᵉLuc, doktè byeneme a, voye salitasyon li bannou, e Démas tou. ¹⁵ Salye frè ki Laodicée yo e osi Nymphas ak ᶠlegliz ki lakay li a. ¹⁶ Lè lèt sa a li pami nou, kite yo li l osi nan legliz Lawodiseyen yo; e nou menm, pou pati pa nou ᵍli lèt mwen an k ap vini soti Laodicée a. ¹⁷ Epi di ʰArchippe, "Byen okipe ⁱèv ke nou te resevwa nan Senyè a, pou nou kapab akonpli li".

¹⁸ Mwen, Paul, mwen ʲekri salitasyon sa a avèk pwòp men mwen. Sonje ᵏchenn mwen yo. Ke lagras avèk nou.

ª **4:10** Trav 4:36   ᵇ **4:11** Trav 11:2   ᶜ **4:12** Kol 1:7   ᵈ **4:13** Kol 2:1   ᵉ **4:14** II Tim 4:11   ᶠ **4:15** Wo 16:5   ᵍ **4:16** I Tes 5:27   ʰ **4:17** Phm 2   ⁱ **4:17** II Tim 4:5   ʲ **4:18** Fil 1:7   ᵏ **4:18** I Kor 16:21

I TESALONISYEN YO

1 ᵃPaul, ᵇSilvain ak Timothée a legliz Tesalonisyen yo nan Bondye, Papa a ak Senyè a, Jésus Kri: Lagras pou nou ak lapè.

² ᶜNou bay remèsiman a Bondye tout tan pou nou tout e nonmen non nou nan lapriyè nou yo. ³ San rete nou sonje travay lafwa nou an, ak èv ᵈlanmou nou yo; jan nou te ᵉkenbe fèm nan esperans de Senyè nou an, Jésus Kri, devan prezans a Bondye, Papa nou. ⁴ Nou konprann, frè byeneme pa Bondye yo, chwa ᶠLi menm de nou an. ⁵ Ke levanjil pa nou an pa t vini a nou menm nan pawòl sèlman, men osi ᵍnan pouvwa ak nan Lespri Sen an. Li te vini avèk tout asirans, jis jan ou konnen ki kalite moun nou te ye pami nou an, pou koz a nou.

⁶ Nou osi te devni ʰimitatè a nou menm e a Senyè a. Konsa, nou te resevwa pawòl la nan anpil tribilasyon, avèk ⁱlajwa Lespri Sen an. ⁷ Konsa, nou te devni yon egzanp pou tout kwayan nan ʲMacédoine ak nan Achaïe yo. ⁸ Paske ᵏpawòl a Senyè a te deklare soti nan nou menm, non sèlman nan Macédoine ak Achaïe, men osi chak kote ke lafwa nou anvè Bondye te vin konnen, pou nou pa bezwen di anyen.

⁹ Paske yo menm bay rapò de nou; sou jan ou te resevwa nou, ak jan nou ˡte vire vè Bondye pou kite zidòl yo, pou sèvi yon Bondye vivan e vrè, ¹⁰ epi pou ᵐtann Fis Li a soti nan syèl la. Sila Li te fè leve soti nan lanmò a, ki se Jésus, ki ⁿdelivre nou anba kòlè k ap vini an.

2 Paske nou menm konnen, frè m yo, ke aparans nou pami nou menm nan ᵒpa t anven. ² Men apre nou te deja soufri e ᵖmaltrete nan Philippes, jan nou konnen an, nou te gen kouraj nan Bondye nou an pou ᑫpale levanjil la avèk nou malgre anpil opozisyon.

³ Paske egzòtasyon nou an pa soti ni nan erè, ni nan ʳsalte, ni ˢnan fason pou twonpe moun. ⁴ Men jis jan nou te vin apwouve pa Bondye a pou ᵗvin konfye nou levanjil la; alò nou pale, pa pou fè lòm plezi, men pou Bondye ki egzamine kè nou yo.

⁵ Paske nou pa t janm vini avèk pawòl k ap flate moun, jan nou konnen an, ni avèk yon ᵘpretèks pou fè lajan (Bondye se temwen) ⁶ ni nou pa t ᵛchache glwa ki sòti nan lòm, ni nan nou menm, ni nan lòt yo, menmsi kòm apot a Kris, nou ta dwe montre otorite nou. ⁷ Men nou te pwouve nou ʷplen dousè pami nou, tankou yon manman nouris ki byen pran swen pwòp pitit li.

⁸ Avèk bon jan afeksyon ke nou te gen pou nou an, nou te byen kontan ˣpataje non sèlman levanjil a Bondye a, men osi pwòp lavi nou, paske nou te devni trè chè a nou menm.

⁹ Paske nou sonje, frè yo ʸtravay ak difikilte nou. Jan nou te travay lannwit kou lajounen pou nou pa t yon ᶻchaj pou okenn nan nou. Konsa nou te pwoklame a nou menm levanjil a Bondye a. ¹⁰ Nou se temwen, e Bondye osi ᵃde jan nou te konpòte ak devwe nou an, dwat e san fot anvè nou menm, kwayan yo.

¹¹ Jis kon nou konnen jan nou t ap ᵇegzòte, ankouraje e plede ak nou chak, tankou ᶜyon papa ta dwe fè pwòp pitit li, ¹² pou nou ta kab ᵈmache nan yon fason ki dign pou Bondye kap rele nou antre nan pwòp wayòm ᵉak laglwa Li a.

¹³ Pou rezon sa a, nou, tout tan, bay Bondye remèsiman ke lè nou te resevwa ᶠpawòl Bondye nou te tande de nou an, nou te aksepte li ᵍpa kòm yon pawòl a lòm, men pou sa li vrèman ye a, pawòl Bondye a, ki anplis fè travay li nan nou menm ki kwè yo.

ᵃ **1:1** II Tes 1:1 ᵇ **1:1** II Kor 1:19 ᶜ **1:2** Wo 1:8 ᵈ **1:3** I Kor 13:13 ᵉ **1:3** Wo 8:25 ᶠ **1:4** II Pi 1:10 ᵍ **1:5** Wo 15:19 ʰ **1:6** I Kor 4:16 ⁱ **1:6** Trav 13:52 ʲ **1:7** Wo 15:26 ᵏ **1:8** Kol 3:16 ˡ **1:9** Trav 14:15 ᵐ **1:10** I Kor 1:7 ⁿ **1:10** Wo 5:9 ᵒ **2:1** II Tes 1:10 ᵖ **2:2** Trav 14:5 ᑫ **2:2** Trav 17:1-9 ʳ **2:3** I Tes 4:7 ˢ **2:3** II Kwo 4:2 ᵗ **2:4** Gal 2:7 ᵘ **2:5** Trav 20:33 ᵛ **2:6** Jn 5:41,44 ʷ **2:7** II Tim 2:24 ˣ **2:8** II Kor 12:15 ʸ **2:9** II Tes 3:8 ᶻ **2:9** II Kor 11:9 ᵃ **2:10** II Kor 1:12 ᵇ **2:11** I Tes 5:14 ᶜ **2:11** I Kor 4:14 ᵈ **2:12** Ef 4:1 ᵉ **2:12** II Kor 4:6 ᶠ **2:13** Wo 10:17 ᵍ **2:13** Mat 10:20

¹⁴ Paske nou menm, frè m yo, nou te devni imitatè a legliz Bondye nan Kris Jésus ki ᵃan Judée yo. Konsa, nou ᵇte andire menm soufrans sa yo nan men a pwòp moun peyi parèy a nou yo, jan yo menm te andire l nan men a Jwif yo.

¹⁵ ᶜSila ki te touye Senyè a Jésus ak pwofèt yo, e ki te fòse nou sòti. Yo p ap fè Bondye plezi, men yo se lènmi a tout moun. ¹⁶ Yo anpeche nou pale avèk etranje yo pou yo kapab sove. Kon rezilta yo toujou ᵈranpli mezi peche pa yo. Men lakolè gen tan vini sou yo pi rèd.

¹⁷ Men nou menm, frè yo, akoz ke nou te separe de nou pou yon ti tan—ᵉkòmsi an pèsòn, men pa an espri—nou tout te pi empasyan ak lanvi pou wè figi nou. ¹⁸ Paske nou tout te vle vin kote nou—mwen menm, Paul, plis ke yon sèl fwa—e malgre sa, Satan ᶠte anpeche nou.

¹⁹ Paske kilès ki esperans nou, oubyen ᵍlajwa nou, oubyen kouwòn egzaltasyon an? Èske se pa menm nou menm nan, nan prezans a Senyè nou an nan ʰmoman retou Li a. ²⁰ Paske nou se ⁱlaglwa ak lajwa nou.

3 Konsa, lè nou pa t kapab andire l ankò, nou te panse ke li te pi bon pou yo kite nou dèyè nan ʲAthènes sèl. ² Konsa, nou te voye ᵏTimothée, frè nou ak ouvriye Bondye parèy a nou nan levanjil a Kris la, pou ranfòse e ankouraje nou nan lafwa nou, ³ pou pèsòn pa twouble pa afliksyon sila yo, paske nou konnen ke ˡnou te destine pou sa. ⁴ Paske, vrèman, lè nou te avèk nou an, nou te konn ap di nou davans ke nou t ap pral soufri afliksyon yo, ᵐe se konsa li te vin pase, jan nou konnen an.

⁵ Pou rezon sa a, lè mwen pa t kapab andire li ankò, mwen osi te voye enfòme de lafwa nou, avèk krent pou ⁿtantatè a ta ka petèt vin tante nou, e pou ᵒtravay nou an ta anven.

⁶ Men koulye a, ke ᵖTimothée gen tan menm vin jwenn nou soti kote nou, li te pote bannou bòn nouvèl de ᵠlafwa ak lanmou nou, e ke nou toujou panse avèk tandrès de nou menm, e anvi wè nou jis jan ke nou anvi wè nou tou a. ⁷ Pou rezon sa a, frè m yo, nan tout detrès ak afliksyon nou yo, nou te rekonfòte de nou menm atravè lafwa nou. ⁸ Paske koulye a, nou vrèman ap viv, si nou ʳkanpe fèm nan Senyè a.

⁹ Paske ˢki remèsiman nou kapab bay Bondye anretou pou tout jwa ki fè nou rejwi devan Bondye akoz ou menm? ¹⁰ Antretan ᵗlajounen kou lannwit, nou kontinye ap priye fò pou nou kab wè figi nou, e pou nou kapab ᵘkonplete sa ki manke nan konnesans lafwa nou.

¹¹ Koulye a, ke Bondye e Papa nou an ᵛLi Menm, ak Jésus, Senyè nou an, dirije chemen nou anvè ou menm. ¹² Epi ke Senyè a kapab fè nou grandi e ʷogmante nan lanmou youn pou lòt, e pou tout moun, jis jan nou osi fè pou nou an. ¹³ Pou Li kapab ˣetabli kè nou san fot, nan sentete devan Bondye, Papa nou an, nan lè retou Senyè nou an avèk tout sen Li yo.

4 Alò, finalman, frè m yo, nou mande e ankouraje nou nan Senyè a Jésus, ke menm jan nou te resevwa lenstriksyon nan men nou an, ak jan nou ta dwe ʸmache pou ᶻfè Bondye plezi a (menm jan ke vrèman n ap mache a), pou nou kapab fè plis pwogrè toujou. ² Paske nou konnen ki kòmandman nou te bannou yo pa otorite Senyè a Jésus.

³ Paske sa se volonte Bondye; pou nou vin sen nèt. Konsa, ᵃpa fè imoralite seksyèl, ⁴ ke ᵇchak nan nou kapab konnen jan pou posede pwòp veso li nan sanktifikasyon ak lonè, ⁵ pa nan ᶜpasyon lanvi lachè, tankou payen ki ᵈpa konnen Bondye yo; ⁶ epi pou pèsòn pa transgrese e ᵉvòlè frè l nan bagay sila, paske ᶠSenyè a se vanjè a nan tout bagay sila yo, jis jan nou te osi di nou deja a, e te avèti nou byen serye a.

⁷ Paske Bondye pa t rele nou ᵍpou fè salte, men nan sanktifikasyon. ⁸ Donk, sila ki rejte sa a, p ap rejte lòm, men Bondye ki ʰbannou Lespri Sen Li an.

ᵃ **2:14** Gal 1:22   ᵇ **2:14** Trav 17:5   ᶜ **2:15** Luc 24:20   ᵈ **2:16** Jen 15:16   ᵉ **2:17** I Kor 5:3   ᶠ **2:18** Wo 1:13   ᵍ **2:19** Fil 4:1   ʰ **2:19** Mat 16:27   ⁱ **2:20** II Kor 1:14   ʲ **3:1** Trav 17:15   ᵏ **3:2** II Kor 1:1   ˡ **3:3** Trav 9:16   ᵐ **3:4** I Tes 2:14   ⁿ **3:5** Mat 4:3   ᵒ **3:5** II Kwo 6:1   ᵖ **3:6** Trav 18:5   ᵠ **3:6** I Tes 1:3   ʳ **3:8** I Kwo 16:13   ˢ **3:9** I Tes 1:2   ᵗ **3:10** II Tim 1:3   ᵘ **3:10** II Kor 13:9   ᵛ **3:11** I Tes 5:23   ʷ **3:12** Fil 1:9   ˣ **3:13** I Kor 1:8   ʸ **4:1** Ef 4:1   ᶻ **4:1** II Kor 5:9   ᵃ **4:3** I Kor 6:18   ᵇ **4:4** I Kwo 7:2,9   ᶜ **4:5** Wo 1:26   ᵈ **4:5** Gal 4:8   ᵉ **4:6** I Kor 6:8   ᶠ **4:6** Wo 12:19   ᵍ **4:7** I Tes 2:3   ʰ **4:8** Wo 5:5

⁹ Alò, jan pou ªlanmou pou frè nou yo, nou pa bezwen pèsòn ekri nou, paske nou menm, nou te ᵇenstwi pa Bondye pou nou renmen youn lòt. ¹⁰ Paske, vrèman ᶜnou pratike sa anvè tout frè ki an Macédoine yo. Men nou egzòte nou, frè yo, pou nou fè plis pwogrè toujou, ¹¹ epi pou nou fè l dezi nou pou mennen yon vi kalm, pou nou okipe nou de pwòp zafè pa nou, e ᵈtravay avèk men nou, jis jan nou te rekòmande nou an. ¹² Konsa nou kapab ᵉkonpòte nou byen anvè moun deyò legliz yo, e ᶠpou nou pa manke anyen.

¹³ Men nou pa vle nou manke konnen, frè m yo, de sila ki mouri yo, pou nou pa atriste menm jan ak lòt ki pa gen ᵍokenn espwa yo. ¹⁴ Paske si nou kwè ke Jésus te mouri e te leve ankò, ʰmenm jan an, Bondye va pote avèk Li menm sila ki gen tan mouri nan Jésus yo.

¹⁵ Paske nou di nou sa selon pawòl Senyè a, pou ⁱnou menm ki vivan yo, e ki rete jiska ʲvini Senyè a, nou p ap rive avan sila ki gen tan mouri yo.

¹⁶ Paske Senyè a Li menm va desann soti nan syèl la avèk yon gwo kri, avèk vwa akanj lan e avèk ᵏtwonpèt Bondye a. Konsa, mò an Kris yo va leve premyèman. ¹⁷ Epi ˡnou menm ki vivan, e ki rete yo, va jwenn nou ansanm avèk yo nan nyaj yo pou rankontre Senyè a anlè. Se konsa, nou va avèk Senyè a jis pou tout tan.

¹⁸ Pou sa a, rekonfòte youn lòt avèk pawòl sa yo.

5 Alò, konsènan ᵐtan ak epòk yo, frè m yo, nou pa bezwen ekri nou anyen. ² Paske nou menm, nou konnen trè byen ke ⁿjou a Senyè a va vini sou nou tankou yon vòlè lannwit. ³ Pandan y ap di "Lapè ak sekirite", alò ᵒdestriksyon va vini sou yo sibitman, tankou ᵖdoulè a yon fanm k ap fè pitit. E yo p ap chape.

⁴ Men nou menm, frè m yo, nou pa nan ᵍtenèb, pou jou a ta siprann nou tankou yon vòlè. ⁵ Paske nou tout se ʳfis a limyè e fis lajounen an. Nou pa apatyen a lannwit ni a tenèb. ⁶ Konsa, annou pa ˢdòmi tankou ᵗlòt yo konn fè a, men annou rete vijilan e rezoli. ⁷ Paske sila ki dòmi yo, fè dòmi yo a nan lannwit; e sila kap vin sou yo ᵘvin sou lannwit. ⁸ Men paske nou apatyen a lajounen, annou rete rezoli. Annou fin mete sou nou ᵛpwotèj lestomak lafwa ak lanmou an, e kòm ʷkas, lesperans sali a.

⁹ Paske Bondye pa t destine nou a ˣlakòlè, men pou nou vin ʸgen Sali atravè Senyè nou an, Jésus Kri. ¹⁰ ᶻLi te mouri pou nou pou kit nou vivan kit nou mouri, nou va viv ansanm avèk Li.

¹¹ Konsa, annou ankouraje youn lòt, e ªremonte youn lòt, jis jan n ap fè a.

¹² Men nou mande nou, frè m yo, pou nou apresye sila ᵇki travay avèk dilijans pami nou yo, e ki ᶜresponsab nou nan Senyè a pou bannou lenstriksyon e korije nou. ¹³ Fòk nou ba yo gwo estim nan lanmou akoz de travay yo.

ᵈViv nan lapè avèk youn lòt.

¹⁴ Nou egzòte nou anpil, frè m yo, avèti moun san ᵉprensip yo, ankouraje ᶠsila ki manke kouraj yo, ede fèb yo, aji nan pasyans avèk tout moun. ¹⁵ Veye pou ᵍpèsòn pa rann youn lòt mal pou mal, men toujou chache sa ki bon pou youn lòt e pou tout moun.

¹⁶ ʰSe pou nou rejwi nou tout tan. ¹⁷ Priye san rete. ¹⁸ Nan tout bagay ⁱbay remèsiman, paske sa se volonte Bondye pou nou nan Kris Jésus a.

¹⁹ ʲPa etenn Lespri Sen an. ²⁰ Pa meprize ᵏpawòl pwofetik yo. ²¹ Men ˡbyen egzamine tout bagay. Kenbe fèm a sa ki bon an ²² e evite tout kalite mal.

²³ Koulye a, ke Bondye lapè a, Li menm, ki sanktifye nou nèt la, e ke ᵐlespri nou, nanm nou ak kò nou kapab konsève nèt ⁿsan repwòch jis nan vini a Senyè nou an, Jésus Kri.

ᵃ **4:9** Jn 13:34   ᵇ **4:9** I Jn 2:27   ᶜ **4:10** I Tes 1:7   ᵈ **4:11** Trav 18:3   ᵉ **4:12** Wo 13:13   ᶠ **4:12** Ef 4:28   ᵍ **4:13** Ef 2:12   ʰ **4:14** Wo 14:9   ⁱ **4:15** I Kor 15:52   ʲ **4:15** I Tes 2:19   ᵏ **4:16** Mat 24:31   ˡ **4:17** I Kor 15:52   ᵐ **5:1** Trav 1:7   ⁿ **5:2** I Kor 1:8   ᵒ **5:3** II Tes 1:9   ᵖ **5:3** Jn 16:21   ᵍ **5:4** Trav 26:18   ʳ **5:5** Luc 16:8   ˢ **5:6** Wo 13:11   ᵗ **5:6** Ef 2:3   ᵘ **5:7** Trav 7:15   ᵛ **5:8** És 59:17   ʷ **5:8** Ef 6:17   ˣ **5:9** I Tes 1:10   ʸ **5:9** II Tes 2:13   ᶻ **5:10** Wo 14:9   ª **5:11** Ef 4:29   ᵇ **5:12** Wo 16:6,12   ᶜ **5:12** Eb 13:17   ᵈ **5:13** Mc 9:50   ᵉ **5:14** II Tim 3:6,7,11   ᶠ **5:14** És 35:4   ᵍ **5:15** Wo 12:17   ʰ **5:16** Fil 4:4   ⁱ **5:18** Ef 5:20   ʲ **5:19** Ef 4:30   ᵏ **5:20** Trav 13:1   ˡ **5:21** I Kor 14:29   ᵐ **5:23** Luc 1:46   ⁿ **5:23** II Pi 3:14

24 ªFidèl se Sila ki rele nou an, e Li osi va fè l rive konsa.
25 Frè m yo ᵇpriye pou nou.
26 ᶜSalye tout frè yo avèk yon bo ki sen.
27 Mwen bay ou lòd nan non Senyè a pou ᵈfè lèt sa a li bay tout frè yo.
28 Ke ᵉlagras Senyè nou an, Jésus Kri avèk nou. Amen.

ª **5:24** I Kor 1:9   ᵇ **5:25** Ef 6:19   ᶜ **5:26** Wo 16:16   ᵈ **5:27** Kol 4:16   ᵉ **5:28** Wo 16:20

II TESALONISYEN YO

1 Paul, Silvain ak Timothée, a [a]legliz Tesalonisyen yo, nan Bondye, Papa nou an, e Senyè a, Jésus Kri: **2** [b]Gras pou nou ak lapè Bondye, Papa a, e Senyè a, Jésus Kri.

3 Nou ta dwe toujou [c]bay remèsiman a Bondye pou nou menm, frè m yo, nan jan sa merite a, paske lafwa nou gen tan grandi anpil, e [d]lanmou a nou chak pou youn lòt ap grandi menm plis toujou. **4** Konsa, nou menm, nou [e]pale avèk fyète de nou pami [f]legliz a Bondye yo, pou pèseverans ak lafwa nou nan mitan tout pèsekisyon ak soufrans ke nou andire yo. **5** Sa se yon sign byen klè de jijman dwat Bondye anvè nou [g]ke nou konsidere dign pou wayòm Bondye a, de li menm nou vrèman ap soufri a.

6 Paske se byen jis pou Bondye rann afliksyon a sila ki aflije nou yo, **7** epi pou bay repo a nou menm ki aflije ak nou yo [h]lè Senyè a Jésus va vin parèt nan syèl la avèk zanj pwisan Li yo nan flanm dife yo. **8** Konsa L a bay chatiman a sila [i]ki pa konnen Bondye yo, e a sila [j]ki pa obeyisan a levanjil Senyè Jésus nou a.

9 Sila yo va peye pinisyon [k]destriksyon etènèl la, lwen prezans Senyè a ak laglwa a pouvwa Li a. **10** Lè Li vini pou L kapab [l]glorifye nan sen Li yo nan [m]jou sa a, e pou L kapab admire pami tout moun ki kwè yo— paske nou te kwè temwayaj pa nou a.

11 Pou rezon sa a osi, nou toujou priye pou nou, pou [n]Bondye kapab konte nou dign de apèl nou an, e ranpli tout dezi pou fè sa ki bon ak zèv lafwa yo avèk fòs, **12** pou [o]non a Senyè Jésus nou an kapab vin glorifye nan nou, e nou nan Li, pa lagras Bondye nou an ak Senyè a, Jésus Kri.

2 Alò, nou mande nou, frè nou yo, konsènan [p]vini a Senyè nou an, Jésus Kri, ak [q]reyinyon nou ansanm avèk Li a, **2** pou nou pa pèdi bon sans ak ekilib nou twò vit pa ni yon [r]lespri, ni yon [s]mesaj, ni yon lèt, kòmsi y ap di sòti nan nou menm, ak efè ke jou Senyè a gen tan rive deja.

3 Pa kite okenn moun nan okenn sans twonpe nou, paske li p ap vini amwenske gwo renye lafwa nan Bondye a ta fèt avan, e [t]nonm peche a, fis a [u]pèdisyon an, ta vin parèt. **4** Li va opoze e egzalte tèt li pi wo pase tout kalite bagay yo rele Dye oubyen tout sa ki adore, pou li kapab pran plas li nan tanp Bondye a, e [v]prezante tèt li kòm Bondye.

5 Èske nou pa sonje [w]lè m te toujou avèk nou an, mwen t ap di nou bagay sa yo? **6** Konsa, nou konnen [x]kisa ki anpeche li koulye a, pouke nan lè li a, li kapab vin parèt. **7** Paske [y]mistè nonm a peche a ap travay deja; sèlman Sila k ap anpeche li kounye a, va fè sa jiskaske li vin retire nan wout la.

8 Nan moman sa a, nonm a peche a va vin parèt; sila ke Bondye va touye [z]avèk souf ki soti nan bouch li a, e fè sa fini ak aparisyon retou a Li menm nan. **9** Sa se, sila kap vini an akò avèk aktivite Satan, avèk tout pouvwa, [a]sign, ak fo mirak, **10** epi avèk tout desepsyon mechanste pou [b]sila ki peri yo, paske yo pa t resevwa lanmou [c]a verite a, jis pou yo ta kapab sove.

11 Pou rezon sa a, [d]Bondye va voye sou yo yon lespri twonpè pou yo kapab kwè sa ki fo a, **12** pou yo tout kapab jije ki [e]pa t kwè nan verite a, men ki te [f]pran plezi nan mechanste.

13 Men nou ta dwe bay remèsiman pou nou menm, frè m yo, byeneme nan Senyè a, akoz [g]Bondye te chwazi nou depi nan kòmansman an pou sali atravè sanktifikasyon [h]pa Lespri a ak lafwa nan verite a. **14** Se te pou sa Li te [i]rele nou

---

[a] 1:1 Trav 17:1   [b] 1:2 Wo 1:7   [c] 1:3 Wo 1:8   [d] 1:3 I Tes 3:12   [e] 1:4 II Kor 7:4   [f] 1:4 I Tes 2:14
[g] 1:5 Luc 20:35   [h] 1:7 Luc 17:30   [i] 1:8 Gal 4:8   [j] 1:8 Wo 2:8   [k] 1:9 Fil 3:19   [l] 1:10 És 49:3
[m] 1:10 És 2:1   [n] 1:11 I Wa 22:22   [o] 1:12 És 24:15   [p] 2:1 I Tes 2:19   [q] 2:1 Mc 13:27   [r] 2:2 I Jn 4:1   [s] 2:2 II Tes 2:15   [t] 2:3 Dan 7:25   [u] 2:3 Jn 17:12   [v] 2:4 És 14:14   [w] 2:5 I Tes 3:4   [x] 2:6 II Tim 2:7   [y] 2:7 Rev 17:5,7   [z] 2:8 És 7:4   [a] 2:9 Mat 24:24   [b] 2:10 I Kor 1:18   [c] 2:10 II Tes 2:12,13
[d] 2:11 I Wa 22:22   [e] 2:12 Wo 2:8   [f] 2:12 Wo 1:32   [g] 2:13 Ef 1:4   [h] 2:13 I Tes 4:7   [i] 2:14 I Tes 2:12

atravè levanjil nou an, pou nou ta kapab vin genyen laglwa Senyè nou an, Jésus Kri.

¹⁵ Konsa, frè m yo, kanpe fèm e ᵃkenbe ak tradisyon ke yo te enstwi nou yo, kit se pa pawòl kit se pa lèt a nou an.

¹⁶ ᵇKoulye a, ke Senyè nou an, Jésus Kri, Li menm, ak Bondye, Papa nou an, ki renmen nou e ki bay nou rekonfò etènèl ak bon espwa pa lagras la ¹⁷ ᶜrekonfòte nou e ranfòse kè nou nan tout bon zèv ak pawòl.

3 Finalman, frè m yo ᵈpriye pou nou pou pawòl a Senyè a kapab gaye vit e vin glorifye, jis jan sa te fèt osi avèk nou an, ² epi pou nou kapab ᵉdelivre de moun pèvès e mechan yo, paske se pa tout ki gen lafwa.

³ Men ᶠSenyè a fidèl, e Li va ranfòse nou e pwoteje nou de mechan an. ⁴ Nou gen konfyans nan Senyè a konsènan nou menm, ke nou ᵍap fè e va kontinye fè sa ke nou kòmande yo. ⁵ Ke Senyè a ʰdirije kè nou nan lanmou Bondye a, ak nan kenbe fèm nan Kris la.

⁶ Alò, nou kòmande nou, frè yo, nan non Senyè nou an, Jésus Kris, pou nou ⁱrete lwen de tout frè ki mennen yon vi san prensip e ki pa an akò avèk tradisyon ke nou te resevwa de nou menm yo.

⁷ Paske nou menm, nou konnen jan nou ta dwe ʲswiv egzanp nou an, paske nou pa t aji nan yon fason dezòd pami nou. ⁸ Ni nou pa t manje pen a lòt moun san peye pou li, men avèk ᵏtravay ak difikilte, nou te kontinye travay lajounen kou lannwit pou nou te kab pa vini yon chaj lou pou okenn nan nou. ⁹ Se pa paske nou pa gen ˡdwa sa a, men pou nou te kab ofri tèt nou kòm yon modèl pou nou, pou nou ta kapab swiv egzanp nou an.

¹⁰ Paske menm lè nou te avèk nou an, nou te konn ban nou lòd sa a: ᵐsi yon moun pa vle travay, alò, li pa dwe manje nonplis. ¹¹ Paske nou tande ke kèk pami nou ap mennen yon vi dezòd, ke yo pa travay menm, men k ap ⁿaji kòm antre bouch yo nan zafè a lòt moun. ¹² Alò, moun konsa yo, nou kòmande e egzòte nan Senyè a, Jésus Kri, pou yo ᵒtravay nan yon jan ki kalm pou manje pwòp pen pa yo. ¹³ Men pou nou, frè m yo ᵖpa fatige nan fè sa ki bon.

¹⁴ Si yon moun pa obeyi a enstriksyon nou an nan lèt sa, pran nòt de moun sa a, e ᑫpa asosye nou avè l pou ʳli kab vin wont. ¹⁵ Malgre sa, pa gade l kòm yon lènmi, men ˢegzòte li kòm yon frè.

¹⁶ Koulye a, ke Senyè lapè a, Li menm, kontinye ban nou lapè nan tout sikonstans. ᵗKe Senyè a avèk nou tout!

¹⁷ Mwen, Paul ekri salitasyon sa a ᵘavèk pwòp men m, e sa se mak ki idantifye m nan chak lèt; se konsa ke m ekri.

¹⁸ ᵛKe lagras Senyè nou an, Jésus Kri, rete avèk nou tout. Amen.

ᵃ **2:15** I Kor 11:2   ᵇ **2:16** I Tes 3:11   ᶜ **2:17** I Tes 3:2   ᵈ **3:1** I Tes 5:25   ᵉ **3:2** Wo 15:31
ᶠ **3:3** I Kor 1:9   ᵍ **3:4** I Tes 4:10   ʰ **3:5** I Tes 3:11   ⁱ **3:6** Wo 16:17   ʲ **3:7** I Tes 1:6   ᵏ **3:8** I Tes 2:9
ˡ **3:9** I Kor 9:4-18   ᵐ **3:10** I Tes 4:11   ⁿ **3:11** I Tes 5:13   ᵒ **3:12** I Tes 4:11   ᵖ **3:13** Gal 6:9   ᑫ **3:14** II Tes 3:6   ʳ **3:14** Tit 2:8   ˢ **3:15** I Tes 5:14   ᵗ **3:16** Rt 2:4   ᵘ **3:17** I Kor 16:21   ᵛ **3:18** Wo 16:20

I TIMOTHÉE

1 Paul, yon apot a Kris Jésus [a]selon kòmandman Bondye a, Sovè nou an, e a Kris Jésus ki se esperans nou. ² A Timothée, vrè pitit mwen nan lafwa mwen an: [b]lagras, mizerikòd, ak lapè ki soti nan Bondye Papa a, e Senyè nou an, Jésus Kri.

³ Jan mwen te ankouraje ou sou depa mwen pou Macédoine nan, rete an Éphèse pou nou kapab enstwi sèten moun pou yo pa [c]enstwi yon lòt doktrin nèf; ⁴ ni pou yo pa prete atansyon a [d]fo istwa ak jeneyaloji ki pa janm fini, e ki ankouraje espekilasyon olye pou yo fè avanse jerans Bondye pa lafwa a.

⁵ Men bi a enstriksyon nou an se lanmou ki [e]soti nan yon kè san tach, bon konsyans ak yon lafwa ki sensè. ⁶ Paske kèk moun, nan e gare kite bagay sa yo pou vin detounen nan [f]diskou ki pa pote fwi, ⁷ ki [g]ta vle mèt k ap enstwi lalwa, menmsi yo pa menm konprann ni sa y ap di a, ni sijè ke yo pale avèk plen konfyans lan.

⁸ Men nou konnen ke [h]Lalwa bon, si yon moun itilize li nan yon fason lejitim. ⁹ Reyalize ke Lalwa pa fèt pou yon nonm ki dwat, men pou sila ki san prensip e ki [i]rebèl yo, pou sila ki [j]san Bondye ak pechè yo, pou sila ki pa sen ak mechan yo, pou sila ki touye papa oswa manman yo, pou asasen yo, ¹⁰ epi pou [k]moun imoral ak moun k ap mennen vi gason ak gason, fanm ak fanm yo, e sila ki fè komès esklav ak mantè yo, e sila ki bay fo temwayaj ak tout lòt kalite bagay ki kontrè a bon doktrin yo, ¹¹ selon levanjil laglwa Bondye ki beni an, li menm ke yo te [l]konfye m nan.

¹² Mwen remèsye Kris Jésus Senyè nou an, ki te [m]ranfòse mwen, paske Li te konsidere mwen fidèl e te mete m an sèvis: ¹³ malgre ke avan sa, mwen te yon blasfematè, yon [n]pèsekitè e yon agresè vyolan. Malgre sa, mwen te resevwa gras akoz mwen te aji avèk inyorans nan enkwayans. ¹⁴ Konsa, [o]lagras Senyè nou an te plis ke anpil, avèk lafwa ak lanmou ki twouve nan Kris Jésus a. ¹⁵ [p]Li se yon vrè pawòl, ki merite aksepte pa tout moun, ke Kris Jésus te vini nan mond lan pou sove pechè yo, pami sila yo, mwen menm se premye a. ¹⁶ Malgre tout, se pou rezon sa a, ke mwen te twouve gras; pouke nan mwen, kòm chèf pami pechè yo, Jésus Kris ta kapab [q]montre pasyans pafè Li a, kòm yon egzanp pou sila ki ta kwè nan Li yo pou lavi etènèl.

¹⁷ Koulye a, pou Wa etènèl la, imòtèl la, envizib la, [r]sèl Bondye a; lonè ak laglwa pou tout tan e pou tout tan. Amen.

¹⁸ Lòd sa a mwen konfye a ou menm, Timothée, fis mwen an, ki an akò avèk [s]pwofesi a konsènan ou menm ki te fèt deja, ke pa yo menm, ou te mennen [t]bon konba a, ¹⁹ nan kenbe [u]lafwa ak yon bon konsyans, ke kèk moun te rejte, e te fè nofraj nan sa ki gen rapò a lafwa yo. ²⁰ Pami sila yo, se Hyménée ak [v]Alexandre, ke mwen te [w]livre a Satan pou yo kab aprann pou yo pa fè blasfèm.

2 Dabò, alò, mwen ankouraje pou [x]siplikasyon ak priyè, rekèt ak remèsiman fèt pou tout moun, ² [y]pou wa ak tout sila ki nan otorite yo, pou nou kapab mennen yon vi trankil e kalm nan tout sentete ak dignite.

³ Sa bon e akseptab nan zye [z]Bondye, Sovè nou an, ⁴ [a]ki dezire pou tout moun vin sove e vini a konesans a verite a. ⁵ Paske gen [b]yon Bondye, yon [c]medyatè osi antre Bondye ak lòm, ki se nonm nan, Jésus Kri, ⁶ ki te bay tèt li kòm ranson pou tout moun, temwayaj ke Li te bay nan [d]pwòp lè li a. ⁷ Pou sa, mwen te chwazi kòm predikatè ak apot (m ap bannou verite, mwen p ap bannou manti), kòm yon

---

[a] **1:1** Tit 1:3   [b] **1:2** Wo 1:7   [c] **1:3** Wo 16:17   [d] **1:4** I Tim 4:7   [e] **1:5** II Tim 2:22   [f] **1:6** Tit 1:10
[g] **1:7** Jc 3:1   [h] **1:8** Wo 7:12,16   [i] **1:9** Tit 1:6,10   [j] **1:9** I Pi 4:18   [k] **1:10** I Kor 6:9   [l] **1:11** Gal 2:7
[m] **1:12** Trav 9:22   [n] **1:13** Trav 8:3   [o] **1:14** Wo 5:20   [p] **1:15** I Tim 3:1   [q] **1:16** Ef 2:7   [r] **1:17** Jn 5:44   [s] **1:18** I Tim 4:14   [t] **1:18** II Kor 10:4   [u] **1:19** I Tim 1:5   [v] **1:20** II Kor 4:14   [w] **1:20** I Kor 5:5
[x] **2:1** Ef 6:18   [y] **2:2** Esd 6:10   [z] **2:3** Luc 1:47   [a] **2:4** I Tim 4:10   [b] **2:5** Wo 3:30   [c] **2:5** Gal 3:20
[d] **2:6** I Tim 6:15

mèt [a]pou enstwi pèp etranje yo nan lafwa ak verite a.

8 Konsa, mwen vle moun tout kote priye; [b]vin leve men sen yo, san kòlè ak doute. **9** Menm jan an, mwen vle [c]fanm yo abiye yo menm avèk vètman ki kòrèk, senp e avèk desans, pa avèk cheve trese ak lò oswa pèl oswa rad ki koute chè, **10** men, de preferans, pa mwayen a bon zèv, jan sa kòrèk pou fanm ki nonmen non Bondye yo.

11 Yon fanm dwe resevwa enstriksyon an silans ak tout soumisyon.[d] **12** [e]Men mwen pa pèmèt yon fanm enstwi oubyen ekzèse otorite sou yon gason, men li rete an silans. **13** [f]Paske se te Adam ki te kreye avan, e answit, Eve. **14** Epi se pa t Adam ki te twonpe a, men [g]fanm nan te twonpe, e yo te tonbe nan transgresyon. **15** Men fanm yo va sove nan fè pitit si yo kontinye nan [h]lafwa ak lanmou, sentete ak kontwòl tèt yo.

3 Sa se yon vrè pawòl: Si yon nonm ta vle devni yon [i]pastè, se yon bon zèv li dezire fè a. **2** [j]Yon pastè, alò, dwe san repwòch, mari a yon madanm, tanpere, pridan, respektab, emab, avèk yon kapasite pou enstwi. **3** Li pa dwe bwè diven ak eksè, oswa agresif, men janti, pezib, e [k]lib de lanmou lajan. **4** Li dwe yon moun ki [l]jere pwòp kay li byen, e ki kenbe pitit li yo anba bon kontwòl avèk tout dignite; **5** (men si yon moun pa konnen kijan pou l jere pwòp kay li, kijan li va pran swen [m]legliz Bondye a?) **6** Fòk li pa yon nouvo konvèti, pou li kab pa vin ògeye, e tonbe nan kondanasyon ki fèt pa pèlen Dyab la. **7** Li dwe [n]gen bon repitasyon avèk sila ki deyò legliz yo, pou li pa tonbe nan repwòch ak [o]pèlen Satan.

8 Dyak yo, menm jan an, dwe se moun ki gen dignite, ki pa ipokrit, oubyen renmen bwè diven ak twòp eksè, oubyen renmen lajan twòp **9** [p]men ki kenbe a mistè lafwa a avèk yon konsyans ki pwòp. **10** [q]Mesye sa yo dwe, osi, pase tès avan; answit, kite yo sèvi kòm dyak si yo pa gen repwòch.

11 Fanm yo dwe menm jan an, dign [r]pa nan fè medizans, men tanpere, fidèl nan tout bagay.

12 Dyak yo dwe [s]mari a yon sèl fanm, [t]bon diri jan a pitit yo ak pwòp lakay yo. **13** Paske sila ki sèvi byen kòm dyak yo [u]resevwa pou tèt yo, yon wo pozisyon ak gwo konfyans nan lafwa ki nan Kris Jésus a.

14 M ap ekri bagay sa yo bannou, avèk esperans ke m ap vin kote nou avan lontan, **15** men an ka ke mwen pran reta, mwen ekri yo pou nou kab konnen kijan yon moun ta dwe kondwi tèt li nan [v]kay Bondye a, ki se legliz a Bondye vivan an, ki se pilye ak soutyen verite a.

16 San gen diskisyon, gran se mistè lavi sentete a:

Sila ki
Te [w]revele nan lachè a,
Te jistifye nan Lespri a
Te wè pa zanj yo,
Te [x]pwoklame pami nasyon yo,
Te resevwa kwayans mond lan,
Te leve wo nan laglwa a.

4 Men [y]Lespri a di byen klè ke nan dènye tan yo, kèk moun va tonbe kite lafwa pou prete atansyon a Lespri twonpè ak doktrin a dyab yo, **2** epi pa mwayen ipokrizi a mantè yo, vin [z]make nan pwòp konsyans pa yo, kòmsi li brile avèk fè etanp ki cho; **3** moun ki entèdi maryaj, e k ap rekòmande evite manje, ke [a]Bondye te kreye pou pataje avèk remèsiman pa sila ki kwè e ki konnen verite yo. **4** Paske tout bagay kreye pa Bondye, bon, e anyen pa dwe rejte, si li [b]resevwa avèk remèsiman, **5** paske li sanktifye pa mwayen [c]pawòl Bondye a ak lapriyè.

6 Nan montre bagay sa yo a frè yo, nou va yon bon sèvitè a Kris Jésus, e nou va nouri tout tan nan pawòl lafwa ak bon doktrin ke nou [d]deja ap swiv yo. **7** Men pa okipe vye listwa mond yo ki fèt pou vye fanm yo.

---

[a] **2:7** Ef 3:8 [b] **2:8** Sòm 63:4 [c] **2:9** I Pi 3:3 [d] **2:11** I Kor 14:34 [e] **2:12** I Kor 14:34 [f] **2:13** Jen 2:7,22
[g] **2:14** Jen 3:6,13 [h] **2:15** I Tim 1:14 [i] **3:1** Trav 20:28 [j] **3:2** Tit 3:2-4 [k] **3:3** I Tim 3:8 [l] **3:4** Tit 3:12
[m] **3:5** I Kor 10:32 [n] **3:7** II Kor 8:21 [o] **3:7** II Tim 2:26 [p] **3:9** I Tim 1:5,19 [q] **3:10** I Tim 5:22
[r] **3:11** II Tim 3:3 [s] **3:12** I Tim 3:2 [t] **3:12** I Tim 3:4 [u] **3:13** Mat 25:21 [v] **3:15** Ef 2:21
[w] **3:16** Jn 1:14 [x] **3:16** Wo 16:26 [y] **4:1** Jn 16:13 [z] **4:2** Ef 4:19 [a] **4:3** Jen 9:3 [b] **4:4** Wo 14:6
[c] **4:5** Jen 1:25,31 [d] **4:6** II Tim 3:10

Sou lòt kote, disipline tèt ou [a]pou vi sentete a. ⁸Paske [b]disiplin pou kò a sèlman, pa gen gran avantaj men vi sentete a gen avantaj nan tout jan, paske li kenbe pwomès pou [c]lavi koulye a, e osi pou lavi k ap vini an.

⁹[d]Sa se yon vrè Pawòl ki merite aksepte pa tout moun. ¹⁰Paske se pou sa nou travay ak fè efò a. Nou gen tan fikse [e]esperans nou sou Bondye vivan an, ki se [f]Sovè a tout moun, sitou a kwayan yo.

¹¹[g]Preskri e enstwi bagay sa yo.

¹²Pa kite pèsòn gade ou ba akoz jenès ou, men de preferans nan pawòl, kondwit [h]lanmou, lafwa, ak yon vi san tach, prezante tèt ou kòm [i]yon egzanp a sila ki kwè yo.

¹³Jiskaske m vini, bay enpòtans a [j]li lekriti sen yo an piblik, a egzòtasyon ak enstriksyon.

¹⁴Pa neglije don Lespri Bondye ki nan ou a, ki te bay a ou menm pa yon pawòl pwofetik avèk [k]men Ansyen ki te poze sou ou [l]yo.

¹⁵Konsakre ou seryezman a bagay sa yo; antre ladan yo, pou pwogrè ou kapab klè a tout moun.

¹⁶[m]Prete anpil atansyon a tèt ou e ak enstriksyon ou an. Pèsevere nan bagay sa yo, paske lè ou fè sa, ou va asire Sali tèt ou ak sila ki tande ou yo.

5 [n]Pa bay repwòch ki di a yon granmoun, men, de preferans, rezone ak li tankou yon papa, a jèn mesye yo tankou frè yo, ²a fanm avanse nan laj yo tankou manman, e jèn fanm yo tankou sè. Ak tout, san tach.

³Onore vèv ki [o]vrèman vèv yo; ⁴men si yon vèv gen pitit, oswa pitit pitit, [p]yo dwe, dabò, aprann pratike respè anvè pwòp fanmi pa yo, e repaye pwòp paran pa yo, paske sa [q]akseptab devan zye Bondye.

⁵Alò, sila ki vrèman yon vèv, e ki kite sèl la, fikse tout espwa l sou Bondye e kontinye nan siplikasyon ak lapriyè la jounen kon lannwit. ⁶Men sila ki [r]viv nan plezi a, mouri menm pandan ke li ap viv la. ⁷[s]Preskri bagay sa yo tou pou yo kapab vin san repwòch. ⁸Men si yon moun pa bay soutyen a sila ki pou li yo, e sitou a sila ki lakay li yo, li [t]gen tan kite lafwa e vin pi mal ke yon enkwayan.

⁹Yon vèv [u]dwe mete nan lis la sèlman si li pa gen mwens ke swasant ane, e te madanm a yon sèl moun, ¹⁰avèk repitasyon [v]bon zèv, si li te elve timoun, si li te konn [w]resevwa etranje byen, si li te lave pye a sen yo, si li te konn ede sila ki nan gwo pwoblèm yo, e si li te devwe tèt li a tout bon zèv.

¹¹Men refize mete jèn vèv nan lis la, paske lè yo vin gen [x]dezi sansyèl kont Kris la, y ap vle marye. ¹²Konsa y ap vin merite kondanasyon paske yo mete sou kote ve ke yo te fè deja a. ¹³An menm tan an, yo va aprann vin parese, pandan yo prale de kay an kay. E pa senpleman parese, men osi nan [y]fè tripotay ak antre bouch nan zafè a moun, [z]nan pale bagay ki pa bon pou pale.

¹⁴Konsa, mwen vle jèn vèv yo [a]marye, fè pitit, okipe kay, pou pa bay lènmi an plas pou repwòch. ¹⁵Paske kèk nan yo [b]deja detounen pou swiv Satan.

¹⁶Si yon fanm ki se yon kwayan [c]gen vèv ki depann de li, li dwe asiste yo e legliz la pa dwe pote chaj sa a, pou li kapab asiste sila ki vrèman vèv yo.

¹⁷[d]Ansyen ki dirije byen yo, dwe konsidere dign de doub onè, sitou sila ki [e]travay di nan predikasyon ak enstriksyon yo. ¹⁸Paske Lekriti a di: [f]"Nou pa dwe mete mizo nan bouch a bèf la pandan l ap moulen sereyal la," epi: "Ouvriye a dign de salè li."

¹⁹Pa resevwa yon akizasyon kont yon ansyen eksepte sou baz a [g]de oswa twa temwen.

²⁰Sila ki kontinye nan peche yo [h]repwoche yo nan prezans a tout moun, pou lòt yo tou kapab pè fè peche.

²¹[i]Mwen solanèlman chaje ou nan prezans

---

[a] 4:7 I Tim 4:8   [b] 4:8 Kol 2:23   [c] 4:8 Mat 6:33   [d] 4:9 I Tim 1:15   [e] 4:10 II Kor 1:10   [f] 4:10 I Tim 2:4   [g] 4:11 I Tim 5:7   [h] 4:12 Tit 2:7   [i] 4:12 I Tim 1:14   [j] 4:13 II Tim 3:15   [k] 4:14 Trav 6:6   [l] 4:14 Trav 11:30   [m] 4:16 Trav 20:28   [n] 5:1 Lev 19:32   [o] 5:3 Trav 6:1   [p] 5:4 Ef 6:2   [q] 5:4 I Tim 2:3   [r] 5:6 Jc 5:5   [s] 5:7 I Tim 4:11   [t] 5:8 II Tim 2:12   [u] 5:9 I Tim 5:16   [v] 5:10 Trav 9:36   [w] 5:10 I Tim 3:2   [x] 5:11 Rev 18:7   [y] 5:13 II Tes 3:11   [z] 5:13 Tit 1:11   [a] 5:14 I Kor 7:9   [b] 5:15 I Tim 1:20   [c] 5:16 I Tim 5:4   [d] 5:17 Trav 11:30   [e] 5:17 I Tes 5:12   [f] 5:18 Det 25:4   [g] 5:19 Det 17:6   [h] 5:20 Gal 2:14   [i] 5:21 Luc 9:26

a Bondye, a Kris Jésus e a zanj chwazi Li yo, pou kenbe prensip sa yo san favorize pèsòn, e pa fè anyen nan yon lespri patipri. [22] [a]Pa poze men sou okenn moun twò vit, e konsa vin pataje nan peche a lòt yo. Kenbe tèt ou lib de peche.

[23] Pa bwè dlo sèl ankò, men [b]pran yon ti diven pou koz a vant ou ak maladi yo k ap boulvèse ou.

[24] Peche kèk moun vin toutafè klè, li ale devan yo pou jijman. Pou lòt yo, peche pa yo vini aprè yo.[c] [25] Menm jan an tou, zèv ki bon yo toutafè klè, e [d]sila ki pa konsa yo, p ap kapab kache.

6 Tout sila ki [e]anba jouk esklavaj yo dwe gade pwòp mèt yo kòm moun ki dign de tout onè pou pèsòn pa kapab pale mal kont non a Bondye e ak doktrin nou an. [2] Sila ki gen kwayan kòm mèt yo pa dwe derespekte yo paske yo se [f]frè yo, men dwe sèvi yo plis toujou, paske sila ki pataje benefis yo se kwayan e byeneme. Enstwi e preche prensip sa yo.

[3] Si yon moun [g]apenstwi yon lòt doktrin, e pa dakò avèk bon pawòl sen, sila ki soti nan Senyè nou an, Jésus Kri, e avèk doktrin ki konfòm ak sentete a, [4] li se yon moun ògeye e pa konprann anyen, men li gen yon obsesyon pou poze kesyon diskisyon e fè kont pou mo [h]ki sòti nan lanvi, konfli, jouman, ak sispèk moun mal, [5] diskisyon san rete antre[i]moun ak panse konwonpi e san verite, ki [j]sipoze ke vi sentete a se yon mwayen pou fè pwofi.

[6] Men vi sentete a vrèman gen [k]anpil pwofi lè l akonpanye ak kontantman. [7] Paske [l]nou pa t pote anyen nan mond lan, donk nou p ap kab retire anyen ladann pou soti nonplis.

[8] Si nou [m]genyen manje avèk rad, avèk sa yo, nou dwe kontan.

[9] [n]Men sila ki vle vin rich yo, tonbe nan tantasyon, yon pèlen plen foli ak move dezi ki konn plonje moun nan destriksyon ak pèdisyon. [10] Paske [o]lanmou lajan se yon rasin a tout kalite mechanste, e kèk moun, akoz gwo lanvi pou li, gen tan [p]vin egare soti nan lafwa e pèse pwòp tèt yo ak anpil gwo doulè.

[11] Men [q]kouri kite bagay sa yo, ou menm, moun Bondye a, e kouri dèyè ladwati, vi sentete, lafwa, lanmou, pèseverans, ak tandrès. [12] [r]Mennen bon konba lafwa a. Kenbe fèm a lavi etènèl la pou sila ou te rele a, e te fè bon konfesyon nan prezans a anpil temwen yo. [13] [s]Mwen kòmande ou nan prezans Bondye, ki bay lavi a tout bagay yo, e nan Kris Jésus ki te [t]temwaye bon konfesyon devan Ponce Pilate la, [14] pou ou kenbe kòmandman an san tach oubyen repwòch, jiska [u]aparisyon Senyè nou an, Jésus Kri. [15] Li va fè rive nan [v]tan konvenab li—Sila ki beni e ki se sèl Souveren an, Wa a tout wa yo e Senyè tout senyè yo. [16] [w]Sila sèl ki posede imòtalite a e ki rete nan limyè ke nou pa kapab menm apwoche a; Sila ke pèsòn pa janm wè oubyen pa kab wè a. A Li menm, lonè ak tout pouvwa pou tout tan e pou tout tan. Amen.

[17] Enstwi sila ki [x]rich nan mond sa yo pou pa vin ògeye ni plase espwa yo nan richès ki pa sèten, men nan Bondye [y]ki founi nou an abondans tout bagay nou bezwen pou fè nou kontan. [18] Enstwi yo pou fè sa ki bon, pou vin rich nan [z]bon zèv, pou [a]renmen bay, e toujou prèt pou pataje. [19] Konsa, y ap toujou [b]ranmase nan pwòp depo yo trezò a yon bon fondasyon pou lavni, pou yo kapab [c]kenbe fèm a sa ki se vrèman lavi a.

[20] O Timothée, gade byen [d]sa ki konfye a ou menm nan, e [e]evite pale pawòl mond lan, pawòl vid e san sans, ak tout diskou fo pawòl yo rele "konesans" lan, [21] ke kèk moun te pwofese, e konsa yo te vin [f]egare kite lafwa. Ke lagras avèk nou. Amen.

---

a **5:22** I Tim 3:10   b **5:23** I Tim 3:8   c **5:24** Rev 14:13   d **5:25** Pwov 10:9   e **6:1** Ef 6:5
f **6:2** Gal 3:28   g **6:3** Tit 1:3   h **6:4** Trav 18:15   i **6:5** II Tim 3:8   j **6:5** II Pi 2:3   k **6:6** Luc 12:15-21
l **6:7** Job 1:21   m **6:8** Pwov 30:8   n **6:9** Pwov 15:27   o **6:10** Kol 3:5   p **6:10** Jc 5:19   q **6:11** II
Tim 2:22   r **6:12** I Tim 1:18   s **6:13** I Tim 5:21   t **6:13** II Kor 9:13   u **6:14** II Tes 2:8   v **6:15** I Tim 2:6
w **6:16** I Tim 1:17   x **6:17** Mat 12:32   y **6:17** Trav 14:17   z **6:18** I Tim 5:10   a **6:18** Wo 12:18
b **6:19** Mat 6:20   c **6:19** I Tim 6:12   d **6:20** II Tim 1:12,14   e **6:20** II Tim 2:16   f **6:21** II Tim 2:18

II TIMOTHÉE

1 Paul [a]yon apot a Kris Jésus pa volonte Bondye, selon pwomès lavi ki nan Kris Jésus, ² a Timothée [b]fis byeneme mwen an: Lagras, mizerikòd, ak lapè Bondye, Papa a, e Kris Jésus, Senyè nou an.

³ [c]Mwen remèsye Bondye ke mwen sèvi avèk yon bon konsyans jan zansèt mwen yo te fè a, pandan mwen sonje ou tout tan nan lapriyè mwen yo lannwit kon lajounen ⁴ [d]avèk lanvi pou m wè ou [e]menm lè mwen sonje dlo ki te sòti nan zye ou, pou m kapab ranpli avèk jwa.

⁵ Paske mwen sonje [f]lafwa sensè ki nan ou a, ki te dabò rete [g]nan grann ou, Lois ak manman ou, Eunice, e mwen byen si ke li nan ou tou. ⁶ Pou rezon sa a, mwen fè ou sonje pou rechofe [h]don Bondye ki nan ou depi mwen te poze menm sou ou a.

⁷ Paske Bondye pa bannou yon [i]lespri timidite, men pouvwa, lanmou ak disiplin.

⁸ Konsa [j]pa fè wont de temwayaj Senyè nou an, ni mwen menm nan, prizonye Li a, men vin jwenn ansanm avè m nan [k]soufrans pou levanjil la selon pouvwa Bondye a, ⁹ ki te sove nou e te [l]rele nou avèk yon apèl ki sen, [m]pa selon zèv nou yo, men selon pwòp bi ak gras pa L, ki te bay a nou menm nan Kris Jésus depi tout letènite, ¹⁰ men koulye a, ki vin revele pa aparans a Sovè nou an, Kris Jésus, ki te [n]aboli lanmò e te pote lavi ak imòtalite nan limyè, atravè levanjil la. ¹¹ [o]Pou li menm, mwen te chwazi kòm predikatè, apot, ak pwofesè pou ale vè etranje yo. ¹² Pou rezon sa a, mwen osi soufri bagay sa yo, men [p]mwen pa wont; paske mwen konnen nan kilès mwen kwè a, e mwen konvenk ke Li kapab pwoteje sa ke m livre a Li menm nan jiska jou sa a.

¹³ [q]Kenbe fèm a pawòl sen ke ou tande de mwen yo, nan [r]lafwa ak lanmou ki nan Kris Jésus a.

¹⁴ Veye byen, selon lespri Sen ki [s]demere nan nou an, trezò kite konfye a ou a.

¹⁵ Ou byen okouran ke tout moun ki an Asie yo, te [t]vire kite m, pami yo menm, Phygelle ak Hermogène.

¹⁶ Ke Senyè a bay mizerikòd a [u]lakay Onésiphore, paske Li te souvan konsole m, e li pa t wont pou chenn mwen yo; ¹⁷ men lè li te Rome, li te chèche mwen avèk dilijans e li te jwenn mwen. ¹⁸ Ke Senyè a fè li jwenn mizerikòd Senyè a nan [v]jou sa a—e ke ou konnen trè byen tout sèvis li te rann nan Éphèse.

2 Konsa, ou menm, fis mwen an [w]se pou ou dyanm nan gras ki nan Kris Jésus a. ² Bagay [x]ke ou te tande de mwen nan prezans a anpil temwen yo, konfye yo a moun ki fidèl, ki kapab osi enstwi lòt yo.

³ [y]Soufri difikilte avèk mwen, tankou yon bon sòlda a Kris Jésus. ⁴ Nanpwen sòlda an sèvis ki [z]mele tèt li nan zafè lavi kotidyèn, pou li kapab fè plezi a sila ki te enskri li kòm sòlda a.

⁵ Osi, si yon moun nan [a]konpetisyon nan spò, li p ap genyen pri a amwenske li fè konpetisyon an selon règ yo.

⁶ [b]Kiltivatè ki travay di a ta dwe premyè pou resevwa pòsyon pa l nan rekòlt la.

⁷ Konsidere sa ke m di a, paske Senyè a va ba ou bon konprann nan tout bagay.

⁸ Sonje Jésus Kri [c]leve soti nan lanmò, desandan a David la, selon levanjil mwen an. ⁹ Pou li menm, mwen [d]soufri difikilte, menm anprizone kòm yon kriminèl; men pawòl Bondye a pa anprizone. ¹⁰ Pou rezon sa a, mwen andire tout bagay, pou [e]koz a sila ki te chwazi yo, pou yo kapab osi vin jwenn sali ki nan Kris Jésus a e avèk li, laglwa etènèl.

¹¹ "Sa se yon vrè pawòl:
Paske [f]si nou te mouri avèk Li,
nou va osi viv avèk Li.

---

[a] **1:1** II Kor 1:1   [b] **1:2** I Tim 1:2   [c] **1:3** Wo 1:8   [d] **1:4** II Tim 4:9,21   [e] **1:4** Trav 20:37   [f] **1:5** I Tim 1:5   [g] **1:5** Trav 16:1   [h] **1:6** I Tim 4:14   [i] **1:7** Jn 14:27   [j] **1:8** Mc 8:38   [k] **1:8** II Tim 2:3,9   [l] **1:9** Wo 8:28   [m] **1:9** Ef 2:9   [n] **1:10** I Kor 15:26   [o] **1:11** I Tim 2:7   [p] **1:12** II Tim 1:8,16   [q] **1:13** Tit 1:9   [r] **1:13** I Tim 1:14   [s] **1:14** Wo 8:9   [t] **1:15** II Tim 4:10,16   [u] **1:16** II Tim 4:10,16   [v] **1:18** I Kor 1:8   [w] **2:1** Ef 6:10   [x] **2:2** II Tim 1:13   [y] **2:3** II Tim 1:8   [z] **2:4** II Pi 2:20   [a] **2:5** I Kor 9:25   [b] **2:6** I Kor 9:10   [c] **2:8** Trav 2:24   [d] **2:9** II Tim 1:8   [e] **2:10** Luc 18:7   [f] **2:11** Wo 6:8

¹² Si nou andire,
nou va osi renye avèk Li.
Si nou ᵃrejte Li,
Li tou va rejte nou.
¹³ Si nou pa fidèl
ᵇLi rete fidèl;
paske Li pa kapab nye pwòp tèt Li."

¹⁴ Fè yo sonje bagay sa yo, eᶜanchaje yo solanèlman nan prezans a Bondye pou yo pa ᵈgoumen sou pawòl yo, ki initil e ki mennen nan destriksyon sila k ap tande yo. ¹⁵ Se pou ou dilijan pou ᵉprezante tèt ou apwouve bay Bondye, kòm yon ouvriye ki pa bezwen wont, ki livre byen klè pawòl verite a.

¹⁶ Men evite ᶠpale pawòl anven a mond sa a, paske l ap fè nou soti lwen lafwa Bondye a. ¹⁷ Epi pawòl sa yo va gaye tankou pwazon nan san. Pami yo, ᵍHyménée ak Philète: ¹⁸ Moun ki te egare kite verite yo nan di ke ʰrezirèksyon an gen tan fèt deja a, e konsa yo te boulvèse lafwa a kèk moun.

¹⁹ Malgre ⁱfondasyon Bondye a kanpe byen fèm, e li gen so sila a sou li: "Senyè a konnen sila ki pou Li yo", epi: "Ke tout moun ki nonmen non Senyè a rete lwen mechanste."

²⁰ Alò, nan yon gran mezon, pa gen sèlman veso an lò ak lajan, men osi veso an bwa ak kanari. ʲYon pati pou onore e yon pati pou dezonore. ²¹ Konsa, si yon nonm netwaye tèt li de ᵏbagay sa yo, li va yon veso lonè, sanktifye, itil pou Mèt la, prepare pou tout bon zèv.

²² Alò, sove kite move dezi a jenès yo; men pouswiv ladwati, lafwa, lanmou ak lapè, avèk sila ki rele non Senyè yo ˡavèk yon kè ki san tach. ²³ Men refize diskisyon ki sòt e san bon rezon yo, paske ou konnen ke y ap ᵐprodwi konfli.

²⁴ Yon sèvitè-atache nèt a Senyè a pa dwe renmen fè kont, men se pou li janti ak tout moun, avèk ⁿyon kapasite pou l enstwi e pasyan lè yo fè li lenjistis, ²⁵ avèk dousè, korije sila ki nan opozisyon yo, pou ᵒsi petèt Bondye kapab bay yo repantans k ap mennen yo a ᵖkonesans verite a, ²⁶ pou yo kapab twouve bon sans pa yo, pou chape anba ᵍpèlen a Dyab la, ki kenbe yo kaptif pou fè volonte l.

3 Men konprann sa, ke ʳnan dènye jou yo, tan difisil yo va vini. ² Paske lèzòm va renmen pwòp tèt yo ˢrenmen lajan, ᵗògeye, awogan, blasfematè, dezobeyisan a paran yo, engra, san lafwa, ³ ᵘsan lanmou, san kapasite pou antann yo, medizan ᵛsan kontwòl tèt yo, brital, moun ki rayi sa ki bon, ⁴ trèt, enpridan awogan, renmen plezi olye de renmen Bondye; ⁵ k ap kenbe yon fòm ʷsentete, sepandan yo nye pouvwa li. Evite moun konsa yo. ⁶ Paske pami yo menm, gen moun ki ˣantre nan kay yo e pran an kaptif fanm ki fèb akoz chaj peche yo, e ki mennen pa ʸmove lanvi de tout kalite, ⁷ k ap toujou aprann e ki pa janm ᶻrive a konesans verite a.

⁸ Jis jan ke Jannès ak Jambrès te opoze a Moïse la, konsa moun sa yo opoze verite a; ᵃlèzòm ak lespri konwonpi, ki rejte sa ki konsène lafwa a. ⁹ Men yo p ap fè plis pwogrè, paske ᵇfoli yo va parèt klè a tout moun, jis jan ke foli a Jannès ak Jambrès te osi parèt a klè a.

¹⁰ Alò, ou te ᶜswiv ansègnman mwen an, kondwit, bi, lafwa, pasyans ᵈlanmou, pèseverans ¹¹ ᵉpèsekisyon, ak soufrans, jan sa te rive m Antioche, Icone ak Lystre la. ᶠA la pèsekisyon m te andire, e nan yo tout, Senyè a te delivre m! ¹² Vrèman, tout moun ki dezire viv yon vi sentete nan Kris Jésus ᵍva pèsekite.

¹³ Men moun mechan ak moun twonpè yo va avanse soti nan mal pou rive nan pi mal ʰnan twonpe moun ak vin twonpe.

¹⁴ Sepandan, ou menm ⁱkontinye nan bagay ke ou te aprann yo, e vin konvenk, nan konnen de ki moun ou te aprann yo a. ¹⁵ Depi timoun, ou te konnen ʲLekriti

---

ᵃ **2:12** Mat 10:33   ᵇ **2:13** Wo 3:3   ᶜ **2:14** I Tim 5:21   ᵈ **2:14** I Tim 6:4   ᵉ **2:15** Wo 6:13
ᶠ **2:16** I Tim 6:20   ᵍ **2:17** I Tim 1:20   ʰ **2:18** I Kor 15:12   ⁱ **2:19** És 28:16   ʲ **2:20** Wo 9:21
ᵏ **2:21** II Tim 2:16-18   ˡ **2:22** I Tim 1:5   ᵐ **2:23** Tit 3:9   ⁿ **2:24** I Tim 3:2   ᵒ **2:25** Trav 8:22
ᵖ **2:25** I Tim 2:4   ᵍ **2:26** I Tim 3:7   ʳ **3:1** I Tim 4:1   ˢ **3:2** Luc 16:14   ᵗ **3:2** Wo 1:30   ᵘ **3:3** Wo 1:31
ᵛ **3:3** I Tim 3:11   ʷ **3:5** I Tim 3:6   ˣ **3:6** Jd 1:4   ʸ **3:6** Tit 3:3   ᶻ **3:7** II Tim 2:25   ᵃ **3:8** I Tim 6:5
ᵇ **3:9** Luc 6:11   ᶜ **3:10** I Tim 4:6   ᵈ **3:10** I Tim 6:11   ᵉ **3:11** II Kor 11:23-27   ᶠ **3:11** Wo 15:31
ᵍ **3:12** Jn 15:20   ʰ **3:13** Tit 3:3   ⁱ **3:14** Tit 1:13   ʲ **3:15** Jn 5:47

sakre yo, ki kapab [a]bay ou sa jès ki mennen moun a sali atravè lafwa ki nan Kris Jésus a. [16][b]Tout le kriti sen an en spire pa Bondye, e pwofitab pou enstwi, pou konvenk, pou korije, e pou fòme moun nan ladwati. [17] Konsa, chak moun Bondye a kapab konplè e byen [c]prepare pou tout bon zèv.

4 Mwen anchaje ou solanèlman, nan prezans Bondye ak Kris Jésus a, ki [d]dwe jije vivan ak mò yo, pa aparans ak wayòm Li an: [2] Preche [e]pawòl la; pa neglije fè l ni nan sezon favorab ak nan lè l pa favorab; [f]reprimande, repwoche, egzòte, avèk anpil pasyans ak enstriksyon. [3] Paske [g]tan an va vini lè yo pa sipòte doktrin ki sen yo, men akoz yo vle sa ki fè zòrèy yo plezi, yo va ranmase pou kont yo, pwofesè ki dakò avèk pwòp dezi pa yo. [4] Konsa, [h]yo va vire zòrèy yo kite verite a akote pou fo istwa yo.

[5] Men ou menm, rete tanpere nan tout bagay, sipòte difikilte yo, fè travay a yon evanjelis, akonpli [i]ministè ou la.

[6] Paske mwen deja ap [j]vide kòm yon ofrann bwason, e [k]lè pou m ale a gen tan rive. [7] [l]Mwen mennen bon konba a, mwen fin fè kous la, mwen kenbe lafwa. [8] A lavni m ap [m]gen kouwòn ladwati a, ki prepare pou mwen deja, ke Senyè a, jij ladwati a, va ban m nan [n]jou sila a; e pa sèlman de mwen menm, men osi a tout moun ki renmen aparisyon Li an.

[9] [o]Fè tout efò pou vini kote mwen byen vit, [10] paske [p]Démas, ki renmen [q]mond prezan sila a, te abandone m, e te ale Thessalonique. Crescens te ale Galatie, Tite te ale Dalmatie. [11] Se sèl [r]Luc ki avè m. Pran Marc e mennen l vini avè w, paske li itil a mwen pou zèv mwen an. [12] Men [s]Tychique, mwen te voye li Éphèse. [13] Lè ou vini, pote manto ke m te kite [t]Troas avèk Carpus la, menm ak liv yo, sitou woulo yo.

[14] [u]Alexandre, bòs fòjewon an, te fè mwen anpil mal. Senyè a va rann li sa selon zèv li. [15] Veye kont li ou menm, paske li te opoze ak fòs a enstriksyon nou an.

[16] Nan premye defans mwen an, pèsòn pa t ban m soutyen yo, men yo tout te kite m. [v]Ke sa pa kontwole kont yo. [17] Men Senyè a te kanpe avèk mwen e te [w]ban m fòs pou pwoklamasyon an ta kapab [x]fin akonpli nèt, e pou tout pèp etranje yo kapab tande. Se konsa, mwen te sove soti nan bouch a lyon an.

[18] Anplis, Senyè a va delivre m de tout zèv mechan yo, e va mennen m san danje nan [y]wayòm selès Li a. A Li menm, laglwa pou tout tan e pou tout tan. Amen.

[19] Salye Prisca ak [z]Aquillas, ak [a]tout kay Onésiphore a.

[20] [b]Éraste te rete Corinthe, men [c]Trophime, mwen te kite li malad Milet.

[21] [d]Fè tout efò pou vini avan sezon livè a. Eubulus salye ou, Pudens, Linus, Claudia, ak tout frè yo salye ou osi.

[22] Ke [e]Senyè a avèk lespri ou. Ke lagras avèk ou.

---

[a] **3:15** Sòm 119:98   [b] **3:16** Wo 4:23   [c] **3:17** II Tim 2:21   [d] **4:1** Trav 10:42   [e] **4:2** Kol 4:3
[f] **4:2** I Tim 5:20   [g] **4:3** II Tim 3:1   [h] **4:4** II Tes 2:11   [i] **4:5** Ef 4:12   [j] **4:6** Fil 2:17   [k] **4:6** Fil 1:23
[l] **4:7** I Kor 9:25   [m] **4:8** Kol 1:5   [n] **4:8** II Tim 1:12   [o] **4:9** Fil 1:4   [p] **4:10** Kol 4:14   [q] **4:10** I Tim 6:17
[r] **4:11** Kol 4:14   [s] **4:12** Trav 20:4   [t] **4:13** Trav 16:8   [u] **4:14** I Tim 1:20   [v] **4:16** Trav 7:60
[w] **4:17** I Tim 1:12   [x] **4:17** II Tim 4:5   [y] **4:18** I Kor 15:50   [z] **4:19** Trav 18:2   [a] **4:19** II Tim 1:16
[b] **4:20** Trav 19:22   [c] **4:20** Trav 20:4   [d] **4:21** II Tim 4:9   [e] **4:22** Fil 4:23

TITE

1 Paul, yon sèvitè-atache nèt a Bondye, e yon apot Jésus Kri, pou lafwa a sila ki te chwazi pa Bondye yo, ak ᵃkonesans verite ki ᵇan akò avèk vi sentete a, ² nan ᶜespwa lavi etènèl la, ke Bondye, ki pa kapab bay manti a, te pwomèt depi nan tan ansyen yo. ³ Men ᵈnan tan konvenab la, pawòl Li te manifeste, ak mesaj sila a ki te konfye m nan, selon kòmandman a ᵉBondye a, Sovè nou an, ⁴ a Tite ᶠvrè pitit mwen nan yon lafwa ke nou ᵍpataje ansanm: Lagras ak lapè Bondye, Papa a, ak Kris Jésus, sovè nou an.

⁵ Pou rezon sa a, mwen te kite ou Crète, pou ou ta kapab mete nan lòd bagay ki potko fèt yo, e ʰchwazi ansyen yo nan chak vil selon jan mwen te dirije ou a.

⁶ Kidonk, ⁱsi yon nonm san repwòch, mari a yon sèl fanm, ki gen pitit ki kwayan, e ki pa akize de dezòd ak rebelyon.

⁷ Paske pastè an tèt la dwe san repwòch, kòm ʲjeran zafè a Bondye, pa ᵏawogan, pa fache souvan, pa bwè diven twòp, pa agresif kont lòt, ni renmen lajan twòp; ⁸ men ˡemab, renmen sa ki bon, rezonab, jis, devwe, gen kontwòl tèt li, ⁹ ki ᵐkenbe fèm a pawòl lafwa a ki gen akò avèk ansèyman an, pou li kapab egzòte nan bon doktrin nan, e demanti sila ki kontredi l yo.

¹⁰ Paske gen anpil ⁿmoun rebèl ᵒmoun k ap pale pawòl anven ak moun k ap twonpe moun, sitou sila sikonsizyon yo, ¹¹ ki dwe rete an silans paske y ap boulvèse ᵖtout kay yo nèt, nan enstwi ᵠbagay ke yo pa ta dwe enstwi, pou koz a kòb ki sal.

¹² Youn nan yo, yon pwofèt de pèp yo menm te di: ʳ"Moun Crète yo se toujou mantè yo ye, bèt mechan, parese ki manje twòp". ¹³ Temwayaj sa a vrè. Pou rezon sa a ˢrepwoche yo sevèman pou yo kapab vin solid nan lafwa, ¹⁴ pa nan prete atansyon a ᵗvye istwa Jwif yo, ak kòmandman a lèzòm ki vire kite verite a.

¹⁵ Pou sila ki san tach la, tout bagay san tach, men ᵘpou sila ki souye e ki pa kwè yo, nanpwen anyen ki san tach, men lespri yo ak konsyans yo deja souye. ¹⁶ ᵛYo di yo konnen Bondye, men ak zèv pa yo, yo nye Li. Konsa, yo vin detestab, dezobeyisan, e san valè pou okenn bon zèv.

2 Men pou ou menm, pale bagay ki apwopriye a ʷbon doktrin nan.

² Mesye nan laj avanse yo dwe ˣtanpere, dign, rezonab ʸsolid nan lafwa, nan lanmou, ak nan pèseverans.

³ Fanm nan laj avanse yo, menm jan an, yo dwe sen nan konpòtman yo ᶻpa nan fè medizans, ni ᵃvin esklav a anpil diven, e yo dwe ap enstwi sa ki bon ⁴ pou yo kapab ankouraje jèn fanm yo pou renmen mari yo, e pou renmen pitit yo, ⁵ pou yo kapab reflechi kon moun serye, rete san tach, ᵇfè travay lakay yo, janti, ᶜsoumèt a pwòp mari yo, pou yo pa dezonore pawòl Bondye a.

⁶ Menm jan an, ankouraje ᵈjennonm yo pou yo toujou reflechi kon moun serye. ⁷ Nan tout bagay, montre tèt ou kòm ᵉyon egzanp a bon zèv. Lè ou enstwi, fè l avèk tout verite nan doktrin nan, konpòtman ki dign, ak yon bi verite ki pa konwonpi, ⁸ rezonab ak pawòl ki san repwòch, pou ᶠsila ki opoze yo kapab vin wont, pou yo pa gen anyen mal pou di sou nou.

⁹ Ankouraje ᵍesklav yo pou soumèt a pwòp mèt yo nan tout bagay, pou fè yo plezi, san diskisyon, ¹⁰ pa nan vòlè, men nan montre tout bon lafwa nan tout bagay pou yo kapab anbeli doktrin ʰBondye a, Sovè nou an, nan tout jan.

ᵃ **1:1** I Tim 2:4   ᵇ **1:1** I Tim 6:3   ᶜ **1:2** II Tim 1:1   ᵈ **1:3** I Tim 2:6   ᵉ **1:3** Luc 1:47   ᶠ **1:4** II Tim 1:2   ᵍ **1:4** II Pi 1:1   ʰ **1:5** Trav 14:23   ⁱ **1:6** Tit 3:2-4   ʲ **1:7** I Kor 4:1   ᵏ **1:7** II Pi 2:10   ˡ **1:8** I Tim 3:2   ᵐ **1:9** II Tes 2:15   ⁿ **1:10** Tit 1:6   ᵒ **1:10** I Tim 1:6   ᵖ **1:11** I Tim 5:4   ᵠ **1:11** I Tim 5:15   ʳ **1:12** Trav 2:11   ˢ **1:13** I Tim 5:20   ᵗ **1:14** I Tim 1:4   ᵘ **1:15** Wo 14:14,23   ᵛ **1:16** I Jn 2:4   ʷ **2:1** Tit 1:9   ˣ **2:2** I Tim 3:2   ʸ **2:2** Tit 1:13   ᶻ **2:3** I Tim 3:11   ᵃ **2:3** Tit 1:13   ᵇ **2:5** I Tim 5:14   ᶜ **2:5** Ef 5:22   ᵈ **2:6** I Tim 5:1   ᵉ **2:7** I Tim 4:12   ᶠ **2:8** II Tes 3:14   ᵍ **2:9** Ef 6:5   ʰ **2:10** Tit 1:3

¹¹ Paske lagras Bondye ᵃgen tan parèt, e ᵇpote sali pou tout moun ¹² kap enstwi nou pou rejte sa ki pa a Bondye ak ᶜdezi mond lan pou ᵈviv avèk bon rezon, ladwati, ak yon vi fidèl nan tan prezan sila a; ¹³ nan chèche lesperans beni ak aparisyon laglwa a ᵉgran Bondye ak Sovè nou an, Jésus Kri. ¹⁴ ki te ᶠbay tèt Li pou nou, pou ᵍrachte nou de tout zèv malveyan, e pirifye pou tèt Li yon pèp pou pwòp posesyon pa Li, ki zele pou fè bon zèv.

¹⁵ Pale, ʰegzòte, e repwoche nan bagay sa yo avèk tout otorite. Pa kite pèsòn meprize ou.

3 Raple yo ⁱpou soumèt yo a tout wayòm ak otorite yo, pou yo rete obeyisan, eʲprè pou tout bon zèv ² pou pa di mal de pèsòn, men toujou ᵏpezib; janti, e montre tout konsiderasyon pou tout moun.

³ ˡPaske nou menm tou, yon fwa nou te ensanse, dezobeyisan ᵐtwonpè, esklav a tout kalite move dezi ak plezi, e nou t ap pase lavi nou nan mechanste, lanvi, rayisman, nan rayi youn lòt.

⁴ Men lè ⁿbonte a Bondye, Sovè nou an, ak lanmou Li pou tout limanite a te parèt, ⁵ Li te sove nou, ᵒpa sou baz a zèv ladwati ke nou fè, men selon mizerikòd Li, pa lavaj a rejenerasyon an, e renouvèlman pa Lespri Sen an, ⁶ ᵖke Li te vide sou nou an abondans atravè Jésus Kri, Sovè nou an. ⁷ Konsa nou te vin jistifye pa lagras Li, pou nou ta kapab vin ᵠeritye selon esperans a lavi etènèl la.

⁸ Sa se yon pawòl ki fidèl; epi konsènan bagay sa yo, mwen vle ou pale avèk konfyans, pou sila ki te kwè nan Bondye yo, kapab pridan pou ʳangaje yo nan bon zèv. Bagay sa yo bon, e pwofitab pou moun.

⁹ Men ˢevite ᵗkonfli ak jeneyaloji ki ranpli ak foli, avèk diskisyon sou Lalwa yo, paske yo san pwofi, e san valè.

¹⁰ Apre yon premye ak yon dezyèm avètisman ᵘrejte yon nonm ᵛk ap mete divizyon. ¹¹ Byen konnen ke yon moun konsa ʷpèvèti. Li nan peche, e ap kondane pwòp tèt li.

¹² Lè mwen voye Artémas oswa Tychique kote ou ˣfè tout efò pou vini kote mwen nan Nicopolis, paske mwen deside pase sezon livè a la.

¹³ Byen vit, voye avoka a, Zénas ak ʸApollos nan wout yo pou yo pa manke anyen.

¹⁴ Moun pa nou yo dwe osi aprann ᶻangaje yo nan bon zèv pou satisfè bezwen imedya yo, pou yo pa manke ᵃbay fwi.

¹⁵ Tout sila ki avè m yo salye ou. Salye sila ki renmen nou ᵇnan lafwa yo. ᶜKe lagras avèk nou tout.

ᵃ **2:11** II Tim 1:10   ᵇ **2:11** I Tim 2:4   ᶜ **2:12** I Tim 6:9   ᵈ **2:12** II Tim 3:12   ᵉ **2:13** Tit 1:4
ᶠ **2:14** I Tim 2:6   ᵍ **2:14** Sòm 130:8   ʰ **2:15** I Tim 4:13   ⁱ **3:1** Wo 13:1   ʲ **3:1** II Tim 2:21
ᵏ **3:2** I Tim 3:3   ˡ **3:3** Wo 11:30   ᵐ **3:3** II Tim 3:13   ⁿ **3:4** Wo 2:4   ᵒ **3:5** Ef 2:9   ᵖ **3:6** Wo 5:5
ᵠ **3:7** Mat 25:34   ʳ **3:8** Tit 2:7,14   ˢ **3:9** II Tim 2:16   ᵗ **3:9** I Tim 1:4   ᵘ **3:10** II Jn 10   ᵛ **3:10** Wo 16:17   ʷ **3:11** Tit 1:14   ˣ **3:12** II Tim 4:9   ʸ **3:13** Trav 18:24   ᶻ **3:14** Tit 3:8   ᵃ **3:14** Mat 7:19
ᵇ **3:15** I Tim 1:2   ᶜ **3:15** Kol 4:18

PHILÉMON

1 Paul, yon [a]prizonye Kris Jésus, ak Timothée, frè nou an: a Philémon, frè byeneme e ouvriye parèy nou an, **2** ak Apphia, sè ou, a [b]Archippe [c]sòlda parèy a nou, e a legliz lakay ou a: **3** [d]Lagras pou ou, ak lapè Bondye, Papa nou, e Senyè a, Jésus Kri.

4 [e]Mwen remèsye Bondye m nan toujou, e nonmen non ou nan lapriyè m yo **5** paske mwen [f]tande de lanmou ou, ak lafwa ke ou genyen anvè Senyè a, Jésus, e anvè tout sen yo. **6** Anplis, mwen priye pou lamitye lafwa ou kapab vin efikas selon [g]konesans a tout bon bagay ki nan ou pou koz a Kris la. **7** Paske nou gen tan twouve anpil [h]lajwa ak rekonfò nan lanmou ou, paske kè a fidèl yo vin [i]rafrechi atravè ou menm, frè.

8 Konsa [j]malgre ke mwen gen ase konfyans nan Kris pou bay ou lòd pou fè sa ki bon, **9** malgre pou koz lanmou an, mwen pito sipliye ou—paske mwen se yon moun tankou Paul [k]granmoun lan, e koulye a, osi [l]yon prizonye a Kris Jésus. **10** Mwen sipliye ou, pou [m]pitit mwen an, Onésime, ke mwen te vin fè pandan mwen te nan [n]prizon an, **11** ke avan, te initil a ou menm, men koulye a, li itil ni pou ou, ni pou mwen.

12 Mwen voye li tounen kote ou an pèsòn. Sa vle di, se kè m menm ke m voye a. **13** Mwen te pito kenbe l avè m, pou l ta kapab, nan non ou, fè sèvis pou mwen, pandan mwen anprizone pou levanjil la.

14 Men san pèmisyon ou, mwen pa t vle fè anyen, pou bonte ou [o]pa ta, anfèt "pa lafòs", men m ta pito akoz bòn volonte pa ou. **15** Paske, li ka petèt separe de ou, [p]eksprè pou rezon sa a, pou yon ti tan, pou ou ta kapab genyen l vin retounen nèt, **16** pa tankou yon esklav ankò, men plis ke yon esklav [q]yon frè byeneme, sitou pou mwen menm, men plis ankò pou ou, nan lachè e nan Senyè a.

17 Si, konsa, ou gade mwen kòm yon [r]ouvriye parèy ou, aksepte li kòm ou ta aksepte mwen. **18** Men si, nan nenpòt jan li te fè ou tò, oswa dwe ou yon bagay, mete sa sou kont mwen. **19** [s]Mwen, Paul, mwen ap ekri sa avèk pwòp men mwen. Mwen va ranbouse ou li (annou pa menm pale ke ou menm dwe m menm pwòp tèt ou tou.)

20 Wi, frè m, kite m benefisye de ou nan Senyè a. [t]Rafrechi kè m nan Kris la. **21** [u]Avèk konfyans nan obeyisans ou, mwen ekri ou, paske m konnen ke ou va fè menm plis ke sa mwen di a.

22 An menm tan an tou, prepare pou mwen yon kote pou m rete, paske mwen gen espwa ke pa [v]lapriyè ou yo pou mwen, y ap lage m nan men ou.

23 [w]Épaphras, prizonye parèy mwen nan Kris Jésus, salye ou **24** tankou [x]Marc, Aristarque, Démas [y]Luc, ouvriye parèy a mwen yo.

25 [z]Ke lagras Senyè a, Jésus Kri, rete avèk lespri ou. Amen.

---

[a] **1:1** Ef 3:1   [b] **1:2** Kol 4:17   [c] **1:2** Fil 2:25   [d] **1:3** Wo 1:7   [e] **1:4** Wo 1:8   [f] **1:5** Ef 1:15
[g] **1:6** Phm 1:9   [h] **1:7** II Kor 7:4,13   [i] **1:7** I Kor 16:18   [j] **1:8** II Kor 3:12   [k] **1:9** Tit 2:2   [l] **1:9** Phm 1   [m] **1:10** I Kor 4:14   [n] **1:10** Kol 4:9   [o] **1:14** II Kor 9:7   [p] **1:15** Jen 45:5,8   [q] **1:16** Mat 23:8
[r] **1:17** II Kor 8:23   [s] **1:19** I Kor 16:21   [t] **1:20** Phm 1:7   [u] **1:21** II Kor 2:3   [v] **1:22** II Kor 1:11
[w] **1:23** Kol 1:7   [x] **1:24** Kol 4:10   [y] **1:24** Kol 4:14   [z] **1:25** Gal 6:18

EBRE YO

1 Bondye, nan tan lontan, nan plizyè epòk ak plizyè mwayen, te pale a zansèt nou yo pa pwofèt yo.[a]

2 Nan dènye jou sa yo, Li pale ak nou pa Fis Li a, ke Li te chwazi kòm [b]eritye de tout bagay, e pa sila a osi, ke Li te fè mond lan. 3 Anplis, Li menm se refleksyon laglwa Li, ak [c]reprezantasyon egzakt de nati Li. Se Li ki [d]bay soutyen a tout bagay pa pawòl a pouvwa Li a.

Lè li te fin pirifye tout peche yo, Li te monte chita sou bò dwat a Majeste anwo a. 4 Kòmsi li te devni bokou pi bon ke zanj yo, akoz Li eritye yon [e]non pi ekselan ke yo menm.

5 Paske a kilès nan zanj yo, Li te janm di:
[f]"Ou se Fis Mwen,
Jodi a Mwen fè Ou"?

E ankò:
[g]"Mwen va yon Papa pou Li e
Li va yon Fis pou Mwen,"

6 E ankò, lè Li te pote premye ne a nan mond lan, Li di: [h]"Kite tout zanj Bondye yo adore Li," 7 A zanj yo Li di:
[i]"Li fè zanj Li yo tounen van, e
sèvitè Li yo yon flanm dife"

8 Men a Fis la, Li di:
[j]"Twòn pa Ou a, O Bondye, se pou
Tout tan e pou tout tan.
E otorite san patipri a
se otorite wayòm Li an.
9 [k]Ou renmen ladwati e
ou rayi linikite;
konsa, Bondye, Bondye pa w la
te [l]onksyone ou avèk lwil lajwa a
pi plis ke parèy Ou yo."

10 Epi,
"Ou menm, Senyè, nan kòmansman an
te poze fondasyon tè a.
Syèl yo se zèv lamen Ou.
11 [m]Yo va peri, men Ou va reste
toujou.
Yo tout va vin vye tankou vètman.
12 Epi tankou yon manto,
Ou va woule yo, fè woulo nèt.
Tankou vètman, yo va vin chanje,
men Ou rete menm jan an.
Lane pa Ou yo p ap fini." [n]
13 Men a kilès nan zanj yo, Li janm di:
[o]"Chita sou men dwat Mwen,
jiskaske Mwen fè lènmi Ou yo vin
yon ti ban pou pye Ou"?
14 Èske tout zanj yo se pa [p]lespri sèvitè, ki te voye eksprè pou rann sèvis pou koz a sila ki va eritye sali yo?

2 Pou rezon sa a, nou dwe prete bokou plis atansyon a sa nou tande deja, pou [q]nou pa vin vag sou li.

2 Paske si pawòl ki te pale pa [r]zanj yo pa t kapab vyole, e si tout transgresyon ak dezobeyisans te gen yon pinisyon ki jis, 3 [s]kòman nou va chape si nou neglije yon gran sali konsa?

Apre sa te fin pale pa Senyè a, li te vin konfime pou nou pa sila ki te tande yo. 4 Bondye, osi, te pote temwayaj a yo menm, pa sign, pa mèvèy, pa plizyè mirak e pa [t]don Lespri Sen yo selon pwòp volonte pa Li.

5 Paske Li pa t bay zanj yo kontwòl sou [u]monn k ap vini an, sou sa n ap pale a, 6 men youn te temwaye yon kote, pou di:
[v]"Kisa lòm ye, pou ou sonje li?
Oubyen, fis a lòm, pou ou sousye de li?
7 Ou fè li pou yon ti tan yon ti jan pi piti pase zanj yo.
Ou kouwone li avèk glwa ak lonè.
Ou ba li pouvwa sou tout zèv
men Ou yo;
8 e Ou mete tout bagay anba pye li."

[w]Paske nan bay li kontwòl sou tout bagay, Li pa kite anyen ki pa t kontwole pa li. Men koulye a [x]malgre sa, nan moman sa a, nou poko wè tout bagay anba kontwòl li.

9 Men nou wè Li, Jésus, ki te fèt pou yon ti tan pi ba pase zanj yo, ki, [y]akoz soufrans

---

[a] 1:1 Nonb 12:6,8   [b] 1:2 Sòm 2:8   [c] 1:3 II Kor 4:4   [d] 1:3 Kol 1:17   [e] 1:4 Ef 1:21   [f] 1:5 Sòm 2:7
[g] 1:5 II Sam 7:14   [h] 1:6 Sòm 97:7   [i] 1:7 Sòm 104:4   [j] 1:8 Sòm 45:6   [k] 1:9 Sòm 45:7   [l] 1:9 És 61:1,3   [m] 1:11 Sòm 102:26   [n] 1:12 Sòm 102:26,27   [o] 1:13 Sòm 110:1   [p] 1:14 Sòm 103:20
[q] 2:1 Pwov 3:21   [r] 2:2 Trav 7:53   [s] 2:3 Eb 10:29   [t] 2:4 I Kor 12:4,11   [u] 2:5 Mat 24:14
[v] 2:6 Sòm 8:4   [w] 2:8 Sòm 8:5,6   [x] 2:8 I Kor 15:25   [y] 2:9 Trav 3:13

lanmò a, vin kouwone avèk glwa ak lonè, ke konsa pa lagras Bondye, Li ta kapab goute lanmò pou tout moun.

10 Paske se te jan li te dwe ye pou Li a, kòmsi ªpou Li menm e nan Li menm ke tout bagay yo ye, pou mennen anpil fis nan laglwa, pou ᵇrann pafè Otè delivrans lan atravè soufrans li yo.

11 Paske Sila ki ᶜfè moun sen an, ni sila ki vin sen yo, yo tout soti nan yon sèl Papa. Se pou rezon sa a, Li pa wont rele yo frè. 12 Li di:

ᵈ"Mwen va pwokame non Ou
      a frè m yo.
Nan mitan asanble a, Mwen va
      chante lwanj Ou.

13 Epi ankò:
ᵉ"Mwen va mete konfyans Mwen
      nan Li."

E ankò:
ᶠ"Gade, Mwen menm avèk pitit
ke Bondye te ban Mwen yo."

14 Alò, paske timoun yo vin menm ak Li nan pataje ᵍchè ak san, Li menm tou te patisipe menm jan an, pouke selon lanmò, Li ta kapab kase pouvwa a sila ki te gen pouvwa lanmò a, ki se, dyab la; 15 e ki ta kapab delivre tout sila ki akozʰperèz lanmò yo, te si jè a esklavaj pou tout lavi yo.

16 Paske anverite, Li pa bay èd a zanj yo, men li bay èd a desandan Abraham yo.

17 Pou sa ta vin rive, li te ⁱoblije vin fèt tankou frè Li yo nan tout aspè, pou Li ta kapab devni yon wo prèt fidèl ki gen mizerikòd nan tout bagay ki apatyen a Bondye, pou fè ʲyon sakrifis k ap padonnen peche a pèp yo. 18 Paske akoz ke Li menm te ᵏtante nan sa ke Li te soufri a, Li kapab vin ede sila ki tante yo.

3 Konsa, frè sen yo, patisipan a yon ˡapèl selès yo, konsidere Jésus, Apot ak Wo prèt lafwa ke n ap konfese a. 2 Li te fidèl a Sila ki te chwazi Li a, menm jan ᵐMoïse osi te fidèl nan tout kay Li a. 3 ⁿPaske Li te konte dign de plis glwa ke Moïse, menm jan ke konstriktè kay la gen plis onè pase kay la li menm. 4 Paske tout kay bati pa yon moun, men Sila ki bati tout bagay la, se Bondye. 5 Alò, Moïse te fidèl nan tout kay Li a, kòm yon ᵒsèvitè ᵖpou yon temwayaj a bagay sila ki t ap vin pale pita yo; 6 Men Kris te fidèl kòm yon Fis nan kay Li a. ᵠSe a kay pa Li nou ye a, si nou kenbe fèm nan konfyans nou an, ak fyète de fèm esperans ke nou gen jiska lafen an.

7 Konsa, jan Lespri Sen an di a:
ʳ"Jodi a, si nou tande vwa Li,
8 pa fè tèt nou di, jan lè yo te fè
      M fache a,
pandan jou tribilasyon yo nan dezè a,
9 ˢkote Papa nou yo te fè eprèv
      mwen nan
tante Mwen, e te vin wè zèv Mwen yo
      pandan ᵗkarant ane.
10 ᵘKonsa, Mwen te fache avèk
      jenerasyon sila a,
e M te di:
'Yo toujou vin egare nan kè yo;
e yo pa t konnen chemen Mwen yo'.
11 ᵛJan Mwen te sèmante nan
      kòlè Mwen an,
'Yo p ap antre nan repo Mwen'.

12 ʷFè atansyon, frè m yo, pou pa ta gen pami nou okenn mechan, kè enkredil ki tonbe lwen Bondye vivan an. 13 Men ˣankouraje youn lòt jou aprè jou, toutotan li rele "jodi a", pouke okenn nan nou pa vin fè tèt di pa ʸsediksyon peche a.

14 Paske nou gen tan devni patisipan an Kris ᶻsi nou kenbe fèm a premye ªasirans nou an jiska lafen; 15 Pandan ke li di:
ᵇ"Jodi a si nou tande vwal L,
pa andisi kè nou,
jan lè yo te fè nan rebelyon an."

16 Paske kilès ki te ᶜfè rebelyon an? Èske, vrèman, se pa t tout sila ki te sòti an Égypte ki te mennen pa Moïse yo?

17 Epi avèk kilès Li te fache pandan karant ane yo? Èske se pa avèk sila ki te peche yo ᵈke kò yo te tonbe nan dezè a?

ª **2:10** Wo 11:36 ᵇ **2:10** Eb 5:9 ᶜ **2:11** Eb 13:12 ᵈ **2:12** Sòm 22:22 ᵉ **2:13** És 8:17 ᶠ **2:13** És 8:18 ᵍ **2:14** Mat 16:17 ʰ **2:15** Wo 8:15 ⁱ **2:17** Fil 2:7 ʲ **2:17** Dan 9:24 ᵏ **2:18** Eb 4:15 ˡ **3:1** Fil 3:14 ᵐ **3:2** Egz 40:16 ⁿ **3:3** II Kor 3:7-11 ᵒ **3:5** Nonb 12:7 ᵖ **3:5** Det 18:18 ᵠ **3:6** I Kor 3:16 ʳ **3:7** Sòm 95:8 ˢ **3:9** Sòm 95:11 ᵗ **3:9** Trav 7:36 ᵘ **3:10** Sòm 95:10 ᵛ **3:11** Sòm 95:11 ʷ **3:12** Kol 2:8 ˣ **3:13** Eb 10:24 ʸ **3:13** Ef 4:22 ᶻ **3:14** Eb 3:6 ª **3:14** Eb 11:1 ᵇ **3:15** Sòm 95:7 ᶜ **3:16** Jr 32:29 ᵈ **3:17** Nonb 14:29

¹⁸ Epi a kilès Li te sèmante ke yo ᵃpa t ap antre nan repo, sof ke a sila ki te dezobeyisan yo?
¹⁹ Donk, nou wè ke yo pa t kapab antre akoz ᵇenkwayans yo.

4 Konsa, annou toujou gen lakrent pou si, pandan yon pwomès pou antre nan repo Li a toujou rete, okenn nan nou pa ta sanble vin ᶜrate li.
² Paske vrèman, bòn nouvèl la te preche a nou menm, menm jan ak yo, men ᵈpawòl yo te tande a pa t fè avantaj pou yo, paske li pa t jwenn avèk lafwa nan sila ki te tande yo a. ³ Paske nou menm ki te kwè yo, nou te antre nan repo sa a, jan Li te di a: ᵉ"Jan Mwen te sèmante nan kòlè Mwen an, yo p ap antre nan repo Mwen", malgre zèv Li yo fini depi nan fondasyon mond lan.
⁴ Paske Li te di, yon kote, konsènan setyèm jou a: ᶠ"Epi Bondye te repoze nan setyèm jou a de tout zèv Li yo."
⁵ E ankò nan pasaj sa a: ᵍ"Yo p ap antre nan repo Mwen."
⁶ Konsa, paske li rete pou kèk moun antre ladann, epi sila ki, avan, te gen bòn nouvèl la preche a yo menm yo, te echwe antre ladann akoz ʰdezobeyisans yo, ⁷ Li ankò fikse yon sèten jou, "Jodi a", e sa te ankò di atravè David apre anpil tan ⁱmenm jan ke Li te di avan an: ʲ"Jodi a, si nou tande vwa Li, pa andisi kè nou."
⁸ Paske ᵏsi Josué te bay yo repo, Li pa t ap pale de yon lòt jou apre sa.
⁹ Konsa, gen yon repo Saba ki rete pou pèp Bondye a. ¹⁰ Paske sila ki te antre nan repo Li a, li menm tou, te repoze de zèv li yo, jan ˡBondye te fè pou zèv pa Li yo. ¹¹ Konsa, annou fè dilijans pou antre nan repo sila a, pou okenn moun pa tonbe, nan swiv menm ᵐegzanp dezobeyisans lan.
¹² Paske ⁿpawòl Bondye a vivan, aktif, li pi file pase yon nepe ki koupe de bò. Li penetre rive jis lè l divize nanm nan ak lespri a, menm jwenn zo ak mwèl, e li kapab jije panse ak lentansyon a kè yo. ¹³ ᵒNanpwen kreyati ki kache devan zye Li, men tout bagay ouvri nèt e parèt toutouni devan zye a Sila ke nou oblije ran kont.
¹⁴ Konsa, paske nou gen yon si tèlman ᵖwo prèt ki te ᵠtravèse nan tout syèl yo, Jésus, Fis a Bondye a, annou kenbe fèm nan lafwa ke nou konfese a. ¹⁵ Paske nou pa gen yon wo prèt ki pa gen senpati ak feblès nou yo, men youn ki te ʳtante nan tout bagay tankou nou menm, men ˢsan peche.
¹⁶ Konsa, annou ᵗrapwoche nou ak konfyans a twòn lagras la, pou nou kapab resevwa mizerikòd e twouve gras pou ede nou nan moman bezwen nou yo.

5 Paske tout wo prèt ki ᵘpran pami moun se deziye pou moun, nan bagay ki apatyen a Bondye, pou l kapab ofri Bondye don ak sakrifis pou peche yo. ² Konsa, ᵛwo prèt la kapab a ji ak konpasyon selon moun inyoran ak egare yo, paske li menm osi, li gen anpil feblès. ³ Epi akoz de sa, li oblije ofri sakrifis ʷpou peche pèp la, e pou pwòp tèt li tou. ⁴ ˣOkenn moun konsa p ap pran onè pou tèt li, men li rele pa Bondye, menm jan Aaron te rele a. ⁵ Menmjan an, Kris pa t osi bay pwòp tèt Li glwa, pou L ta devni yon wo prèt, men Li menm, Bondye ki te di Li:

ʸ"Ou se Fis Mwen; jodi a Mwen
  vin Papa Ou.";

⁶ Menmjan Li di osi nan yon lòt pasaj:
ᶻ"Ou se yon prèt pou tou tan
  selon modèl Melchisédek la."

⁷ Nan jou lachè Li yo, ᵃLi te ofri priyè, siplikasyon avèk gwo kriye ak dlo nan zye a Sila sèl ki ta kapab sove Li soti nan lanmò a, e Li, Bondye, te tande akoz de sentete Li. ⁸ Malgre Li te ᵇyon Fis, Li te aprann ᶜobeyisans nan bagay ke Li te soufri yo. ⁹ Epi apre, lè L te vin ᵈpafè, Li te vin devni pou tout sila ki obeyi Li yo, sous sali etènèl la, ¹⁰ nonmen pa Bondye kòm ᵉwo prèt nan modèl a Melchisédek la.
¹¹ Konsènan Li menm, nou gen anpil bagay pou di, e se difisil pou eksplike

---

ᵃ **3:18** Nonb 14:23   ᵇ **3:19** Jn 3:18,36   ᶜ **4:1** II Kor 6:1   ᵈ **4:2** Wo 10:17   ᵉ **4:3** Sòm 95:11
ᶠ **4:4** Jen 2:2   ᵍ **4:5** Sòm 95:11   ʰ **4:6** Eb 3:18   ⁱ **4:7** Eb 3:7   ʲ **4:7** Sòm 95:7   ᵏ **4:8** Jos 22:4
ˡ **4:10** Jen 2:2   ᵐ **4:11** II Pi 2:6   ⁿ **4:12** Jr 23:29   ᵒ **4:13** II Kwo 16:9   ᵖ **4:14** Eb 2:17   ᵠ **4:14** Ef 4:10   ʳ **4:15** Eb 2:18   ˢ **4:15** II Kor 5:21   ᵗ **4:16** Eb 7:19   ᵘ **5:1** Egz 28:1   ᵛ **5:2** Eb 2:18
ʷ **5:3** Lev 9:7   ˣ **5:4** Nonb 16:40   ʸ **5:5** Sòm 2:7   ᶻ **5:6** Sòm 110:4   ᵃ **5:7** Mat 26:39,42,44
ᵇ **5:8** Eb 1:2   ᶜ **5:8** Fil 2:8   ᵈ **5:9** Eb 2:10   ᵉ **5:10** Eb 2:17

akoz ke nou vin mal pou tande. ¹²Paske malgre lè sa a, nou ta dwe vin mèt, nou bezwen ankò yon moun pou enstwi nou ᵃprensip de baz revelasyon Bondye yo. Ou vin bezwen lèt olye manje solid.

¹³ Paske tout sila ki pran lèt sèlman yo, yo pa abitye avèk pawòl ladwati a, paske yo ᵇbebe toujou. ¹⁴ Men manje solid la, se pou ᶜgranmoun yo, ki akoz de pratik yo, vin gen kapasite pou distenge sa ki byen ak sa ki mal.

6 Konsa, nan ᵈkite enstriksyon elemantè sou Kris la, annou pouse de lavan vè matirite. Nou p ap poze ankò yon fondasyon repantans ki soti nan ᵉzèv mò yo, ak lafwa anvè Bondye, ² ᶠlenstriksyon sou lave ak poze men yo, ᵍrezirèksyon a mò yo ak jijman etènèl la. ³ Tout sa nou va fè ʰsi Bondye kite l fèt.

⁴ Paske nan ka a sila ki, yon fwa, te ⁱeklere yo, ki te goute kado selès la, ki te vin patisipan nan Lespri Sen yo, ⁵ ʲte goute bon pawòl Bondye a ak pouvwa a tan k ap vini an, ⁶ e ki answit, te vin tonbe, se ᵏenposib pou renouvle yo ankò a repantans, paske yo ankò krisifye pou kont yo Fis Bondye a e ekspoze Li a lawont piblik.

⁷ Paske tè ki bwè lapli ki tonbe souvan sou li a, e ki pote plant ki itil a ˡsila k ap kiltive tè a, resevwa benediksyon a Bondye. ⁸ Men si li pote pikan ak zepeng, li san valè e ᵐprèt pou vin madichonnen, e fini pa brile. ⁹ Men ⁿbyeneme yo, nou konvenk de pi bon bagay konsènan nou menm yo, bagay ki akonpanye Sali yo, malgre se konsa n ap pale.

¹⁰ Paske ᵒBondye pa enjis pou Li ta bliye travay nou ak lanmou ke nou montre anvè non Li, ke nou te bay e kontinye ap bay a sen yo. ¹¹ Nou dezire ke nou chak montre menm dilijans lan pou nou kapab gen yon ᵖespwa ranpli nan ᵠasirans konplè jiska lafen, ¹² pou nou pa vin mou, men rete ʳimitatè a sila ki, atravè lafwa ak tenasite, te vin eritye pwomès yo.

¹³ Paske lè Bondye te fè pwomès la a Abraham, akoz ke Li pa t kapab sèmante pa okenn pi gran, Li te ˢsèmante pa pwòp tèt Li. ¹⁴ Li te di: "Byensi ᵗMwen va beni ou, e byensi, Mwen va miltipliye nou." ¹⁵ Konsa, nan ᵘtann li avèk anpil andirans, Abraham te resevwa pwomès la.

¹⁶ Paske moun toujou sèmante pa yon moun ki pi gran pase yo, e nan nenpòt malantandi ᵛyon sèman ki fèt avèk yon akò fèmen tout diskisyon.

¹⁷ Nan menm fason an, Bondye, ak volonte pou menm plis montre ʷeritye pwomès yo ke bi Li a pa kab chanje, Li te pale avèk yon sèman. ¹⁸ Pouke pa ˣde (2) bagay ki pa kab chanje yo, pa sila ke li enposib pou Bondye bay manti, nou menm ki te pran refij nan Kris la, nou genyen yon gwo ankourajman pou kenbe esperans ki plase devan nou an. ¹⁹ Lesperans sa a ke nou gen kòm lank pou nanm nou an, yon esperans ki asire e solid, youn ki ʸmenm antre anndan vwal tanp lan, ²⁰ ᶻkote Jésus te deja antre kòm youn ki kouri devan pou nou, e te devni yon wo prèt pou tout tan nan lòd Melchisédek la.

7 Paske ᵃMelchisédek sila a, wa Salem nan, prèt a Bondye Pi Wo a, ki te rankontre Abraham lè l t ap retounen soti nan masak wa yo e te beni li, ² a li menm osi Abraham te bay yon dim nan tout piyaj la, ki te dabò, nan tradwi non li, wa ladwati, e menm osi wa Salèm, ki vle di wa lapè. ³ San papa, san manman, san listwa zansèt, ki pa t gen ni kòmansman nan jou li yo, ni lafen nan lavi li, men fèt tankou ᵇFis a Bondye a, li rete yon prèt pou tout tan.

⁴ Alò, obsève kijan mesye sa a te gran; menm Abraham, ᶜpatriyach la, te bay li yon dim nan pi bon pati piyaj sila a. ⁵ Konsa, sila vrèman de ᵈfis a Lévi yo, ki te resevwa plas a wo prèt la, te gen yon kòmandman nan lalwa pou fè kolekte yon dim ki soti nan pèp la, sa vle di, ki soti

---

ᵃ **5:12** Eb 6:1 ᵇ **5:13** I Kor 3:1 ᶜ **5:14** I Kor 2:6 ᵈ **6:1** Fil 3:13 ᵉ **6:1** Eb 9:14 ᶠ **6:2** Jn 3:25 ᵍ **6:2** Trav 17:31 ʰ **6:3** Trav 18:21 ⁱ **6:4** II Kor 4:4,6 ʲ **6:5** I Pi 2:3 ᵏ **6:6** Eb 10:26 ˡ **6:7** II Tim 2:6 ᵐ **6:8** Jen 3:17 ⁿ **6:9** I Kor 10:14 ᵒ **6:10** Pwov 19:17 ᵖ **6:11** Eb 3:6 ᵠ **6:11** Eb 10:22 ʳ **6:12** Eb 13:7 ˢ **6:13** Jen 22:16 ᵗ **6:14** Jen 22:17 ᵘ **6:15** Jen 12:4 ᵛ **6:16** Egz 22:11 ʷ **6:17** Eb 11:9 ˣ **6:18** Nonb 23:19 ʸ **6:19** Lev 16:2,15 ᶻ **6:20** Jn 14:2 ᵃ **7:1** Jen 14:18-20 ᵇ **7:3** Eb 7:28 ᶜ **7:4** Trav 2:29 ᵈ **7:5** Nonb 18:21,26

nan frè yo, malgre ke yo se desandan Abraham.

⁶ Men youn ki pa menm pami zansèt li yo, te kolekte yon dim soti nan Abraham e te beni sila [a]ki te gen tout pwomès yo. ⁷ Men san kesyon, pi piti a beni pa pi gran an.

⁸ Nan ka sila a, lòm mòtèl yo resevwa dim yo, men nan lòt ka a, yon moun resevwa yo [b]de sila ke yo temwaye ke li viv toujou. ⁹ Epi nou kapab di ke, selon Abraham menm Lévi, ki te resevwa dim yo, te peye dim yo, ¹⁰ paske li te toujou nan ren a Papa l lè Melchisédek te rankontre li a.

¹¹ [c]Alò, si pèfeksyon an te nan sistèm prèt Levitik yo (paske se sou baz sa a ke [d]pèp la te resevwa Lalwa), ki bezwen anplis ki te gen pou yon lòt prèt leve nan modèl Melchisédek la, ki pa t dezigne selon modèl Aaron an?

¹² Paske lè sistèm prèt la vin chanje, vin gen nesesite pou yon chanjman lalwa tou.
¹³ Paske [e]sou sila ke n ap pale la a, li se yon manm nan yon lòt tribi ki pa t gen okenn moun ki te fè sèvis devan lotèl la.

¹⁴ Paske li byen klè ke Senyè nou an te desann [f]sòti nan Juda, yon tribi ki pa gen korespondans ak anyen Moïse te pale konsènan zafè prèt yo. ¹⁵ Epi sa pi klè toujou, si yon lòt prèt leve selon resanblans a Melchisédek, ¹⁶ ki pa t devni konsa sou baz a yon [g]lwa lachè, men selon pouvwa a yon lavi ki pa t kab peri. ¹⁷ Paske li temwaye de Li: [h]"Ou se yon prèt pou tout tan nan modèl a Melchisédek la."

¹⁸ Paske sou yon bò, yo mete sou kote ansyen kòmandman an [i]akoz de feblès ak initilite li. ¹⁹ (Paske [j]Lalwa pa t fè anyen pafè), epi sou lòt bò, yo mennen yon pi bon espwa, e atravè li menm nou vin rapwoche de Bondye. ²⁰ E kòmsi, li pa t fèt yon prèt san yon sèman, ²¹ paske vrèman prèt lalwa yo te vin prèt san sèman, men Li menm avèk yon sèman, atravè Sila ki te di Li a:

[k]"Senyè a gen tan sèmante e Li p ap chanje tèt Li;

'Ou se yon prèt pou tout tan'."
Selon modèl a Melchisédek la."

²² Konbyen anplis ke sa, Jésus gen tan vin [l]garanti a yon pi bon akò. ²³ Lansyen prèt yo, sou yon bò, te egziste an gran nonb, paske lanmò te anpeche yo kontinye fè sèvis yo, ²⁴ men Jésus, de lòt bò, akoz ke Li la [m]pou tout tan, Li kenbe pozisyon prèt Li a pou tout tan.

²⁵ Konsa, osi, Li kapab sove pou tout tan sila ki vin rapwoche de Bondye atravè Li menm yo, paske Li toujou vivan pou [n]entèsede pou yo.

²⁶ Paske se te byen an lòd pou nou ta gen yon wo prèt konsa, sen [o]inosan, san tach, separe de pechè yo e [p]egzalte piwo ke syèl yo; ²⁷ ki pa bezwen chak jou, tankou wo prèt sila yo, ofri sakrifis, premyèman pou pwòp peche pa L e anplis pou peche a pèp la, paske Li te deja fè sa [q]yon fwa pou tout, lè Li te ofri tèt Li a.

²⁸ Paske Lalwa nonmen moun [r]ki fèb kòm wo prèt, men pawòl a sèman, ki te vini aprè Lalwa a, te nonmen yon Fis ki te [s]fèt pafè pou tout tan.

8 Koulye a, pwen prensipal nan sa ki te di a se sa: "Nou gen yon si tèlman wo prèt ki pran plas Li [t]adwat a twòn Majeste a nan syèl yo." ² Pou Li aji kòm sèvitè nan sanktyè a, ak nan [u]vrè tabènak la ke Senyè a, olye lòm te fè leve.

³ Paske chak [v]wo prèt nonmen pou ofri ni don ni sakrifis. Konsa li nesesè pou wo prèt sila a gen yon bagay pou l ofri tou. ⁴ Alò, si Li te sou latè, Li pa t ap yon prèt menm, paske pou sa a, gen sila yo ki [w]ofri don yo selon Lalwa, ⁵ ki sèvi kòm yon kopi ak lonbraj a bagay selès yo, jis jan ke Moïse te avèti pa Bondye lè Li te prèt pou leve tabènak la, paske [x]"Veye" Li te di: "pou ou fè tout bagay selon modèl ki te montre a ou menm sou mòn nan."

⁶ Men koulye a, Li vin gen yon èv ki pi ekselan, paske Li se osi [y]medyatè a yon pi bon akò, ki te etabli sou pi bon pwomès yo.

---

[a] **7:6** Wo 4:13 [b] **7:8** Eb 5:6 [c] **7:11** Eb 7:18 [d] **7:11** Eb 10:1 [e] **7:13** Eb 7:14 [f] **7:14** Nonb 24:17
[g] **7:16** Eb 9:10 [h] **7:17** Sòm 110:4 [i] **7:18** Wo 8:3 [j] **7:19** Trav 13:39 [k] **7:21** Sòm 110:4
[l] **7:22** Sòm 119:122 [m] **7:24** És 9:7 [n] **7:25** Wo 8:34 [o] **7:26** I Pi 2:22 [p] **7:26** Eb 4:14 [q] **7:27** Eb 9:12,28 [r] **7:28** Eb 5:2 [s] **7:28** Eb 2:10 [t] **8:1** Sòm 110:1 [u] **8:2** Eb 9:11,24 [v] **8:3** Eb 2:17
[w] **8:4** Eb 5:1 [x] **8:5** Egz 25:40 [y] **8:6** I Tim 2:5

⁷ Paske ᵃsi premye akò sa a te san defo, pa t ap gen yon rezon pou yon dezyèm. ⁸ Paske akoz Li twouve fot nan yo, Li di:

ᵇ"Gade byen, jou yo ap vini, di Senyè a,
lè Mwen va fè yon akò tounèf
avèk kay Israël la
e avèk kay Juda a;
⁹ ᶜPa tankou akò ke Mwen te fè
avèk zansèt pa yo
nan jou ke M te pran yo nan men
pou mennen yo sòti an Égypte la;
paske yo pa t kontinye nan akò Mwen an
e Mwen pa t okipe yo, di Senyè a.
¹⁰ ᵈPaske sa se akò ke Mwen va fè
avèk kay Israël la
apre jou sa yo, di Senyè a:
Mwen va mete Lalwa Mwen
nan panse yo,
e Mwen va ekri yo nan kè yo.
Mwen va Bondye yo,
e yo va pèp Mwen.
¹¹ ᵉEpi yo p ap enstwi chak sitwayen
parèy a yo
ak chak frè a yo, pou di: 'Vin
konnen Bondye',
paske tout moun ap deja konnen Mwen, soti nan
pi piti jiska pi gran nan yo.
¹² ᶠPaske Mwen va gen mizerikòd
pou linikite pa yo
e Mwen p ap sonje peche yo ankò."

¹³ Lè L te di: ᵍ"Yon akò tounèf", Li fè premye a epwize nèt. Men, nenpòt sa ki vin epwize a, e ki vin vye, prè pou vin disparèt.

9 Alò, menm premye akò a te gen ʰrègleman pou adore Bondye ak sanktyè tèrès la. ² Paske te gen ⁱyon tabènak ki te fin prepare. Sa ki pa deyò a, nan li te gen chandelye a, tab la, ak pen sakre a. Yo rele l lye sen an.

³ Andedan ʲdezyèm vwal la, te gen yon tabènak ke yo te rele Sen de Sen yo. ⁴ Li gen yon ᵏlotèl an lò pou lansan an, ak lach akò a ki kouvri nan tout kote avèk lò. Ladann te gen yon vaz an lò ki gen lamàn nan, ak baton Aaron an ki te boujonnen, ak tablèt akò yo. ⁵ Epi anwo li, se te cheriben laglwa a ki te fè lonbraj sou plas ekspiyasyon an. Men de bagay sa yo, nou pa kab pale an detay koulye a.ˡ

⁶ Alò, lè bagay sa yo fin byen prepare konsa, prèt yo ap ᵐtoujou antre nan tabènak pa deyò a, pou fè adorasyon Bondye, ⁷ men nan dezyèm nan, se sèl wo prèt la ki antre ladann yon fwa pa ane. Men fòk li pote ⁿsan, ke li ofri pou tèt li a ak pou ᵒpeche ke pèp la te fè nan inyorans yo.

⁸ Lespri Sen an ap fè nou konnen sa a; ᵖke chemen pou antre nan lye sen an poko fin revele, pandan tabènak deyò a toujou kanpe. ⁹ Tabènak sila a se yon imaj pou tan prezan sila a. Selon sa a ᑫni kado ni sakrifis k ap ofri yo pa kapab fè adoratè a vin pafè nan konsyans li, ¹⁰ paske yo lye sèlman ak ʳmanje, bwason, ak plizyè bagay pou lave, règleman kò ki enpoze jis pou ˢlè tout bagay vin nèf.

¹¹ Men lè Kris te parèt tankou ᵗwo prèt a bon bagay ki t ap vini yo, li te antre nan tabènak pi gran e pi pafè a, ki pa fèt avèk men; sa vle di, ki pa t sòti nan kreyasyon sila a. ¹² Li pa te depann sou san kabrit ak jenn ti bèf, men ᵘnan pwòp san pa Li. Konsa, Li te antre nan lye sen an yon fwa pou tout, akoz Li te resevwa yon redanmsyon etènèl.

¹³ Paske si ᵛsan a kabrit, ak towo, ak pousyè sann a yon gazèl voye sou sila ki te konwonpi yo, te sanktifye yo pou netwaye chè a, ¹⁴ konbyen anplis ke ʷsan a Kris la, ki atravè Lespri etènèl la, ki te ofri pwòp tèt Li san tach a Bondye, va netwaye konsyans nou de zèv lanmò yo, pou sèvi Bondye vivan an?

¹⁵ Pou rezon sila a, Li se ˣmedyatè a yon akò tounèf. Pouke, depi yon mò gen tan fèt pou redamsyon transgresyon ki te komèt anba premye akò a, sila yo ki te rele a, kapab resevwa pwomès a eritaj etènèl la.

ᵃ **8:7** Eb 7:11   ᵇ **8:8** Jr 31:31   ᶜ **8:9** Egz 19:5   ᵈ **8:10** Jr 31:33   ᵉ **8:11** Jr 31:34   ᶠ **8:12** És 43:25   ᵍ **8:13** Luc 22:20   ʰ **9:1** Eb 9:10   ⁱ **9:2** Egz 25:8,9   ʲ **9:3** Egz 26:31-33   ᵏ **9:4** Egz 30:1-5   ˡ **9:5** Egz 25:17,20   ᵐ **9:6** Nonb 18:2-6   ⁿ **9:7** Lev 16:11,14   ᵒ **9:7** Nonb 15:25   ᵖ **9:8** Jn 14:6   ᑫ **9:9** Eb 5:1   ʳ **9:10** Lev 11:2   ˢ **9:10** Eb 7:12   ᵗ **9:11** Eb 2:17   ᵘ **9:12** Eb 9:14   ᵛ **9:13** Lev 16:15   ʷ **9:14** Eb 9:12   ˣ **9:15** I Tim 2:5

¹⁶ Paske kote denyè testaman akò mò a ye, fòk gen lanmò a sila ki te fè l la. ¹⁷ Paske yon denyè testaman akò mò valab sèlman lè moun mouri, paske li pa janm an fòs pandan sila ki te fè l la toujou vivan.

¹⁸ Konsa, menm premye akò a pa t inogire san san. ¹⁹ Paske lè tout kòmandman yo te fin pale pa Moïse a tout pèp la selon Lalwa ᵃli te pran san a towo ak kabrit ᵇavèk dlo, lenn wouj ak izòp, e te aspèje yo ni sou liv la, ak tout pèp la. ²⁰ E konsa li te di: ᶜ"Sa se san akò ke Bondye te kòmande nou an."

²¹ Menm jan an, li te ᵈflite tabènak la ak tout veso pou sèvis yo avèk san an. ²² Epi selon Lalwa, se ᵉprèske tout bagay ki netwaye avèk san, e san vèsman san, nanpwen padon.

²³ Konsa, li te nesesè pou kopi ᶠa bagay ki nan syèl yo ta vin netwaye avèk san sila a, men bagay selès yo, yo menm, avèk yon pi bon sakrifis ke sa yo.

²⁴ Paske Kris ᵍpa t antre nan yon lye sen ki te fèt avèk men, yon kopi senp de sa ki vrè a, men nan syèl la li menm; konsa, pou l parèt nan prezans a Bondye pou nou. ²⁵ Ni se pa t pou Li ta kab ofri tèt Li souvan, kòm ʰwo prèt ki antre nan lye sen a ane après ane avèk san ki pa pou li a. ²⁶ Otreman, Li t ap bezwen soufri souvan depi fondasyon mond lan; men koulye a ⁱpou yon sèl fwa nan fen tan yo, Li te vin parèt pou aboli peche yo pa sakrifis a Li menm nan.

²⁷ Epi konsa, jan ʲsa apwente pou moun mouri yon sèl fwa a, e apre sa ᵏjijman an vini an, ²⁸ konsa Kris tou, ki te ofri yon sèl fwa pou ˡpote peche a anpil moun nan, va vin parèt yon dezyèm fwa pou pote sali, san referans a peche, pou sila k ap vrèman tann Li yo.

10 Paske Lalwa a, akoz ke se sèlman yon lonbraj a bon bagay k ap vini yo, e ki pa vrè fòm a bagay sa yo, pa ᵐjanm kapab, ak menm sakrifis ke yo ofri, tout tan ane apre ane yo ⁿfè vin pafè moun ki te rapwoche de li yo. ² Otreman, èske yo pa t ap sispann ofri sakrifis sa yo, akoz de adoratè yo, lè yo te fin netwaye yon fwa, yo pa t ap ᵒvin sanse pechè ankò?

³ Men ᵖnan sakrifis sa yo, gen yon sistèm pou sonje peche yo ane apre ane. ⁴ Paske se enposib pou ᑫsan towo ak kabrit efase peche.

⁵ Konsa, lè Li vini nan mond lan, Li te di:
ʳ"Sakrifis ak ofrann Ou pa t dezire,
men yon kò Ou te prepare pou Mwen.
⁶ ˢNan tout ofrann ki brile
ak sakrifis pou peche,
Ou pa t pran plezi.
⁷ ᵗAnswit, Mwen te di:
'Gade, Mwen gen tan vini
(nan woulo liv la li ekri de Mwen)
"pou fè volonte Ou, o Bondye.'"

⁸ Lè L te fin di tout sa a: ᵘ"Sakrifis ak ofrann yo, tout ofrann brile ak sakrifis pou peche yo, Ou pa t dezire yo, ni Ou pa t pran plezi nan yo" (sila k ap ofri selon Lalwa yo).

⁹ Answit, Li te di: ᵛ"Gade, Mwen vini pou fè volonte Ou."

Li retire premye a pou Li kapab etabli dezyèm nan. ¹⁰ Pa volonte sila a, nou ʷvin sanktifye pa ˣofrann a kò Jésus Kris la yon fwa pou tout.

¹¹ Chak prèt kanpe chak jou pou fè ministè li e ʸl ofri, tan apre tan, menm sakrifis yo, ki ᶻpa janm kapab efase peche yo.

¹² Men Li menm, ki te ofri yon sèl sakrifis pou peche yo pou tout tan an, Li ᵃte vin chita sou men dwat a Bondye, ¹³ pou Li ta tann depi lè sa jis rive pi devan an ᵇjiskaske lènmi li yo vin tounen yon ti ban pou pye li. ¹⁴ Paske pa yon sèl ofrann, Li te vin rann ᶜpafè pou tout tan sila ki vin sen yo.

¹⁵ Epi ᵈLespri Sen an temwaye osi a nou menm. Paske apre Li te di:
¹⁶ ᵉ"Sa se akò ke Mwen va fè avèk yo apre jou sa yo, di Senyè a;
Mwen va mete Lwa Mwen nan kè yo,
e nan panse yo, Mwen va ekri yo."

Li di answit:

ᵃ **9:19** Egz 24:6   ᵇ **9:19** Lev 14:4-7   ᶜ **9:20** Egz 24:8   ᵈ **9:21** Egz 24:6   ᵉ **9:22** Lev 5:11   ᶠ **9:23** Eb 8:5   ᵍ **9:24** Eb 4:14   ʰ **9:25** Eb 9:7   ⁱ **9:26** Eb 7:27   ʲ **9:27** Jen 3:19   ᵏ **9:27** II Kor 5:10   ˡ **9:28** És 53:12   ᵐ **10:1** Wo 8:3   ⁿ **10:1** Eb 7:19   ᵒ **10:2** I Pi 2:19   ᵖ **10:3** Eb 9:7   ᑫ **10:4** Eb 9:12   ʳ **10:5** Sòm 40:6   ˢ **10:6** Sòm 40:6   ᵗ **10:7** Sòm 40:7,8   ᵘ **10:8** Sòm 40:6   ᵛ **10:9** Sòm 40:7,8   ʷ **10:10** Jn 17:19   ˣ **10:10** Ef 5:2   ʸ **10:11** Eb 5:1   ᶻ **10:11** Mi 6:6-8   ᵃ **10:12** Sòm 110:1   ᵇ **10:13** Sòm 110:1   ᶜ **10:14** Eb 10:1   ᵈ **10:15** Eb 3:7   ᵉ **10:16** Jr 31:33

¹⁷ ᵃ"Epi peche ak inikite yo,
Mwen p ap sonje yo ankò."
¹⁸ Alò, kote gen padon pou bagay sa yo, nanpwen ofrann pou peche ankò.

¹⁹ Konsa, frè yo, paske nou gen konfyans ᵇpou antre nan lye sen an pa san Jésus a ²⁰ pa yon chemen tounèf e vivan ke Li te ouvri pou nou ᶜatravè vwal la, ki se chè Li, ²¹ epi paske nou vin gen yon Granprèt ᵈlakay Bondye a, ²² annou ᵉrapwoche nou avèk yon kè sensè, ki plen asirans lafwa, avèk kè nou ki vin pwòp de yon move konsyans, e kò nou ki vin lave avèk dlo pwòp. ²³ Pou nou kenbe fèm a ᶠpwofesyon esperans lan, san ezite, paske Sila ki fè pwomès la, Li fidèl.

²⁴ Epi annou konsidere jan pou nou kapab ᵍankouraje youn lòt nan lanmou ak bon zèv. ²⁵ Pa nan abandone pwòp asanble nou, jan kèk moun abitye fè, men nan ʰankouraje youn lòt, e plis menm akoz nou wè jou a ap pwoche.

²⁶ Paske si nou kontinye nan ⁱpeche volontèman aprè nou resevwa ʲkonesans verite a, p ap gen yon sakrifis pou peche ki rete ankò, ²⁷ men n ap tann ak laperèz yon jijman ki asire, ak ᵏyon dife anraje, ranpli lakòlè ki va konsome tout advèsè yo.

²⁸ ˡNenpòt moun ki te konn mete sou kote Lalwa Moïse la te gen pou mouri san mizerikòd avèk temwayaj de de oubyen twa temwen. ²⁹ Ki pinisyon pi rèd ou panse li va merite, sila ki foule anba pye li Fis a Bondye a, e gade ᵐsan akò pa sila li te vin sanktifye a, kòm pa pwòp, e ki ensilte Lespri lagras la?

³⁰ Paske nou konnen Sila ki te di a: ⁿ"Vanjans se pou Mwen. Mwen va rekonpanse." E ankò: ᵒ"Senyè a va jije pèp Li a." ³¹ Se yon bagay ki tèrib pou tonbe nan men ᵖBondye vivan an.

³² Men son je jou nan tan pase yo, lè apre nou te fin ᵍeklere, nou te andire yon gwo ʳkonfli soufrans ³³ nan yon jan, nou te ˢdevni yon spektak piblik, repwòch ak tribilasyon, men osi nou te ᵗpataje soufrans ak sila ki te maltrete konsa yo. ³⁴ Paske nou te montre konpasyon pou prizonye yo e te aksepte l ᵘavèk jwa lè yo te sezi byen nou yo, nan konnen ke nou te gen yon pi bon posesyon k ap dire nèt.

³⁵ Konsa, pa jete ᵛkonfyans nou an, ki gen yon gran rekonpans. ³⁶ Paske nou oblije ʷandire, pou lè nou fin fè volonte Bondye, nou kab ˣresevwa sa ki te pwomèt a nou an.

³⁷ ʸ"Paske nan yon tan ki kout,
Sila ki ap vini an, va vini, e li p ap fè reta.
³⁸ ᶻMen moun ladwati pa M nan,
va viv pa lafwa;
e si li fè bak, nanm Mwen p ap gen plezi nan li."

³⁹ Men nou pa pami sila ki fè bak pou vin detwi yo, men sila ki gen lafwa pou prezève nanm la.

11 Alò, lafwa se ᵃasirans a sa ke n ap espere ak konviksyon de bagay nou pa wè yo.

² Paske se pa lafwa, moun nan tan ansyen yo te ᵇvin apwouve.

³ Pa lafwa nou konprann ke ᶜmond yo te prepare pa pawòl Bondye a, pouke sa nou wè pa t fèt avèk bagay ki vizib.

⁴ Pa lafwa ᵈAbel te ofri a Bondye yon pi bon sakrifis ke Cain, selon sa, li te resevwa temwayaj ke li te jis. Bondye te fè temwayaj de ofrann li yo, epi pa lafwa, malgre ke li mouri, li toujou pale.

⁵ Pa lafwa ᵉEnoch te monte pou l te kab pa wè lanmò. E kò li pa te jwenn akoz ke Bondye te pran l. Paske li te twouve temwen ke avan li te monte a, li t ap fè Bondye plezi.

⁶ Konsa, san lafwa, li enposib pou fè Li plezi, paske sila ki ᶠvin kote Bondye a, dwe kwè ke Li egziste, e ke li bay rekonpans a sila ki chache L yo.

⁷ Pa lafwa ᵍNoé te avèti pa Bondye de bagay ki potko vizib yo, avèk respè, li te prepare yon lach pou sove tout lakay li.

ᵃ **10:17** Jr 31:34   ᵇ **10:19** Eb 9:25   ᶜ **10:20** Eb 6:19   ᵈ **10:21** I Tim 3:15   ᵉ **10:22** Eb 7:19   ᶠ **10:23** Eb 3:1   ᵍ **10:24** Eb 13:1   ʰ **10:25** Eb 3:13   ⁱ **10:26** Nonb 15:30   ʲ **10:26** I Tim 2:4   ᵏ **10:27** És 26:11   ˡ **10:28** Det 17:2-6   ᵐ **10:29** Egz 24:8   ⁿ **10:30** Wo 12:19   ᵒ **10:30** Det 32:36   ᵖ **10:31** Mat 16:16   ᵍ **10:32** Eb 6:4   ʳ **10:32** Fil 1:30   ˢ **10:33** I Kor 4:9   ᵗ **10:33** Fil 4:14   ᵘ **10:34** Mat 5:12   ᵛ **10:35** Eb 10:19   ʷ **10:36** Luc 21:19   ˣ **10:36** Eb 9:15   ʸ **10:37** Eb 2:3   ᶻ **10:38** Hab 2:4   ᵃ **11:1** Eb 3:14   ᵇ **11:2** Eb 11:4,39   ᶜ **11:3** Jn 1:3   ᵈ **11:4** Jen 4:4   ᵉ **11:5** Jen 5:21-24   ᶠ **11:6** Eb 7:19   ᵍ **11:7** Jen 6:13-22

Pa sa, li te kondane mond lan, e li te devni yon eritye ladwati ki se pa lafwa.

⁸ Pa lafwa ªAbraham, lè l te rele, li te obeyi lè l te sòti pou ale yon kote ke li te dwe resevwa pou eritaj. Li te soti malgre li pa t menm konnen ki kote li t ap prale. ⁹ Pa lafwa, li te viv kòm yon etranje nan ᵇpeyi pwomès la, tankou se nan yon peyi etranje, e li te abite nan tant avèk Isaac ak Jacob, eritye ansanm a menm pwomès la. ¹⁰ Paske li t ap chache ᶜvil ki gen fondasyon an, ki gen kòm achitèk ak fondatè, Bondye menm.

¹¹ Pa lafwa, menm ᵈSarah te vin gen kapasite pou l ansent, menm depase pwòp tan lavi li, paske li te konsidere Li menm fidèl ki te fè pwomès la. ¹² Akoz sa te vin fèt de yon sèl moun, e ᵉli menm, tankou yon moun mouri deja, yon kantite desandan "an chif ᶠkòm zetwal, e ki pa kab kontwole tankou grenn sab lanmè."

¹³ Tout sila yo te mouri nan lafwa ᵍsan resevwa pwomès yo, men yo te wè yo e te rejwi de yo a yon distans, epi yo ʰte konfese ke yo te etranje e egzile sou tè a. ¹⁴ Paske sila ki di bagay sa yo, fè l klè ke y ap chache yon peyi ki pou yo. ¹⁵ Si vrèman, yo t ap panse ak peyi sa a ke yo te soti a ⁱyo t ap twouve chans pou retounen. ¹⁶ Men jan sa ye a, yo pito yon pi bon peyi, yon ʲpeyi selès. Konsa, Bondye pa t wont pou Li menm ta rele Bondye pa yo a, paske ᵏLi te prepare yon vil pou yo.

¹⁷ Pa lafwa ˡAbraham, lè l te vin pase a leprèv, li te ofri Isaac; e sila ki te ᵐresevwa pwomès la, t ap ofri sèl fis li a. ¹⁸ Se te selon fis sa menm ke Li te di: ⁿ"Nan Isaac, desandan ou yo va rele."

¹⁹ Men li te konsidere ke ᵒBondye kapab leve moun menm soti nan lanmò. E vreman, li te osi resevwa li (Isaac) soti nan lanmò kòm yon modèl de sila ki t ap vini an. ²⁰ Pa lafwa ᵖIsaac te beni Jacob ak Ésaü, menm selon bagay ki t ap vini yo.

²¹ Pa lafwa ᑫJacob, pandan li t ap mouri, li te beni tout fis Joseph yo, e li te adore pandan li t ap apiye sou tèt baton li.

²² Pa lafwa ʳJoseph, lè l t ap mouri, te pale sou egzòd a fis Israël yo, e te pase lòd konsènan zo li yo.

²³ Pa lafwa ˢMoïse, lè l te fèt, te kache pandan twa mwa pa paran li yo, paske yo te wè ke li te yon bèl pitit; e yo pa t pè ᵗlòd wa a.

²⁴ Pa lafwa, Moïse ᵘlè l te fin grandi, li te refize rele fis a fi Farawon an; ²⁵ men li te chwazi pito ᵛsipòte afliksyon avèk pèp Bondye a pase pou l ta rejwi nan plezi peche k ap pase yo. ²⁶ Li te ʷkonsidere repwòch a Kris la kòm pi gran richès pase trezò an Égypte yo; paske li t ap gade rekonpans lan.

²⁷ Pa lafwa, li te ˣkite Égypte, san ʸkrent kòlè a wa a; paske li te kenbe fèm, kòmsi li te wè Sila ki pa vizib la. ²⁸ Pa lafwa, li te ᶻfè Pak Jwif la, e li te flite san an, pou sila ki te detwi premye ne yo pa t kab touche yo. ²⁹ Pa lafwa yo te ªtravèse Lamè Wouj, kòmsi yo t ap pase sou tè sèk. E Ejipsyen yo, lè yo te tante fè l, te vale nèt. ³⁰ Pa lafwa ᵇmiray Jéricho yo te tonbe ᶜapre yo te fin fè wonn yo pandan sèt jou.

³¹ Pa lafwa ᵈRahab fanm movèz vi a, pa t peri ansanm avèk sila ki te dezobeyisan yo, apre li te fin resevwa espyon yo an pè.

³² Epi kisa mwen kapab di anplis? Paske nanpwen tan pou pale de Gédéon ᵉBarak, Samson, Jephthé, David, Samuel, ak pwofèt yo, ³³ ki pa lafwa, te fè konkèt wayòm yo, te fè zèv ladwati, te ᶠresevwa pwomès yo, e te fèmen bouch a lyon yo. ³⁴ Yo te ᵍetenn pouvwa dife a, chape de lanm nepe a, nan feblès yo te vin fò, vin vanyan nan lagè, e yo te fè lame etranje yo sove ale.

³⁵ ʰFanm yo te resevwa anretou mò yo pa rezirèksyon. Lòt yo te toumante, ni pa t aksepte pou yo ta lage, paske yo te pito resevwa yon pi bon rezirèksyon. ³⁶ Epi lòt

---

ª **11:8** Jen 12:1-4   ᵇ **11:9** Trav 7:5   ᶜ **11:10** Eb 12:22   ᵈ **11:11** Jen 17:19   ᵉ **11:12** Wo 4:19   ᶠ **11:12** Jen 22:17   ᵍ **11:13** Eb 11:39   ʰ **11:13** Jen 23:4   ⁱ **11:15** Jen 24:6-8   ʲ **11:16** II Tim 4:18   ᵏ **11:16** Eb 11:10   ˡ **11:17** Jen 22:1-10   ᵐ **11:17** Eb 11:13   ⁿ **11:18** Jen 21:12   ᵒ **11:19** Wo 4:21   ᵖ **11:20** Jen 27:27-29,39   ᑫ **11:21** Jen 48:1,5,16,20   ʳ **11:22** Jen 50:24   ˢ **11:23** Egz 2:2   ᵗ **11:23** Egz 1:16,22   ᵘ **11:24** Egz 2:10,11   ᵛ **11:25** Eb 11:37   ʷ **11:26** Luc 14:33   ˣ **11:27** Egz 2:15   ʸ **11:27** Egz 2:14   ᶻ **11:28** Egz 12:21   ª **11:29** Egz 14:22-29   ᵇ **11:30** Jos 6:20   ᶜ **11:30** Jos 6:15   ᵈ **11:31** Jos 2:9   ᵉ **11:32** Jij 4; Jij 5   ᶠ **11:33** II Sam 7:11   ᵍ **11:34** Dan 3:23   ʰ **11:35** I Wa 17:23

nan yo te pase pay nan moke ak resevwa kout fwèt; wi, menm ᵃchenn ak prizon tou. ³⁷ Yo te ᵇlapide ak kout wòch, yo te siye an de bout, yo te pwovoke, e te mete a lanmò avèk nepe. Yo te ale toupatou an po mouton ak po kabrit, san mwayen, aflije, maltrete— ³⁸ moun ke mond lan pa menm merite yo— Yo te ᶜgaye kò yo nan dezè, mòn, nan kavo, ak twou nan tè yo.

³⁹ Malgre, tout moun sila yo, ki te vin apwouve selon lafwa yo ᵈpa t resevwa sa ki te pwomèt la. ⁴⁰ Paske Bondye te ranje yon ᵉpi bon pwovizyon pou nou menm ᶠpouke apa de nou menm, yo pa ta kapab vin pafè.

12 Konsa, akoz ke nou gen yon si tèlman gran nwaj temwen ki antoure nou, annou osi ᵍmete sou kote tout anpèchman ak peche ki trè fasil vin vlope nou, e annou kouri avèk andirans kous la ki mete devan nou an, ² ak zye nou byen fikse sou Jésus ʰfondatè e nonm pafè lafwa a, ki pou lajwa ki te mete devan Li an, te ⁱsipòte lakwa a, te meprize wont lan, e te vin chita sou men dwat twòn Bondye a.

³ Paske ʲkonsidere Li menm ki te andire tèl opozisyon pa pechè yo kont Li menm, pou nou menm pa t ap vin fatige e dekouraje.

⁴ ᵏNou poko reziste jis rive ˡpou rann san nan lit nou kont peche. ⁵ Nou gen tan bliye egzòtasyon ki te adrese a nou menm kòm fis yo:

ᵐ"Fis mwen, pa gade a la lejè
disiplin Bondye a,
ni vin febli lè nou korije pa Li;
⁶ ⁿPaske sila ke Bondye renmen
yo, Li disipline yo,
e Li fwete tout fis ke L resevwa."

⁷ Se pou disiplin ke nou andire. ᵒBondye aji avèk nou kòm fis, paske ki fis ki genyen ke papa l pa ba l disiplin? ⁸ Men si nou san disiplin ᵖkon sila nou tout gen tan patisipe a, alò, nou se pitit ilejitim, e pa vrè fis.

⁹ Anplis ke sa, nou te gen papa sou latè pou disipline nou, e nou te respekte yo. Èske nou pa ta bokou pito vin soumèt a ᵠPapa a tout lespri yo, e ʳviv? ¹⁰ Paske yo te disipline nou pou yon ti tan ki, selon yo, te sanble pi bon, men Li menm, Li disipline nou pou byen nou ˢpou nou kapab pataje sentete Li a.

¹¹ Tout disiplin, nan moman an, sanble pa bay lajwa, men tristès. Malgre a sila ki fin antrene pa li yo, li vin bay ᵗfwi lapè ladwati a.

¹² Konsa ᵘranfòse men ki manke fòs ak jenou ki fèb yo, ¹³ epi ᵛfè chemen pye nou dwat, jis pou manm kò ki mal ranje a pa vin dejwente nèt, men pito vin geri.

¹⁴ ʷChèche lapè avèk tout moun, avèk sanktifikasyon. San sa a, pèsòn p ap wè Senyè a. ¹⁵ Fè si ke pèsòn pa manke rive nan gras Bondye a; pou okenn ˣrasin anmè pa vin monte pou fè twoub, e pa li menm, anpil moun ta vin ʸkonwonpi. ¹⁶ Pa kite nou gen okenn moun imoral oubyen ᶻsan Bondye tankou Esaü ᵃki te vann pwòp dwa eritaj li a pou yon sèl repa manje. ¹⁷ Paske nou konnen ke menm apre sa, ᵇlè li te dezire vin eritye yon benediksyon, li te rejte, paske li pa t twouve yon plas pou repantans, malgre li te chache sa ak dlo nan zye.

¹⁸ Paske nou pa t vin kote ᶜyon mòn ki kapab touche e ki t ap flanbe, ni a tenèb, fènwa, ak tanpèt ¹⁹ ni a ᵈgwo kout twonpèt ak son pawòl ki sone tankou sila ki te tande l t ap ᵉmande sekou a, pou okenn pawòl pa t pale a yo menm ankò. ²⁰ Paske yo pa t kapab sipòte dekrè lan: ᶠ"Menm si yon bèt touche mòn nan, li va lapide ak kout wòch." ²¹ Vizyon sila a te si tèlman tèrib ke Moïse te di: ᵍ"Mwen plen lakrent ak tranbleman".

²² Men ʰnou menm, nou te vini sou Mòn Sion ak ⁱvil a Bondye vivan an, Jérusalem selès la, e avèk kantite zanj ki pa t kab menm kontwole, ²³ anvè gran asanble a, ak legliz premye ne yo ʲki anrejistre nan

Eb

ᵃ **11:36** Jen 39:20   ᵇ **11:37** I Wa 21:13   ᶜ **11:38** I Wa 18:4,13   ᵈ **11:39** Eb 10:36   ᵉ **11:40** Eb 11:16   ᶠ **11:40** Rev 6:11   ᵍ **12:1** Wo 13:12   ʰ **12:2** Eb 2:10   ⁱ **12:2** Fil 2:8   ʲ **12:3** Rev 2:3   ᵏ **12:4** Eb 10:32   ˡ **12:4** Fil 2:8   ᵐ **12:5** Job 5:17   ⁿ **12:6** Pwov 3:12   ᵒ **12:7** Det 8:5   ᵖ **12:8** I Pi 5:9   ᵠ **12:9** Nonb 16:22   ʳ **12:9** És 38:16   ˢ **12:10** II Pi 1:4   ᵗ **12:11** És 32:17   ᵘ **12:12** És 35:3   ᵛ **12:13** Pwov 4:26   ʷ **12:14** Wo 14:19   ˣ **12:15** Det 29:18   ʸ **12:15** Tit 1:15   ᶻ **12:16** I Tim 1:9   ᵃ **12:16** Jen 25:33   ᵇ **12:17** Jen 27:30-40   ᶜ **12:18** Egz 19:12,16   ᵈ **12:19** Mat 24:31   ᵉ **12:19** Egz 20:19   ᶠ **12:20** Egz 19:12   ᵍ **12:21** Det 9:19   ʰ **12:22** Rev 14:1   ⁱ **12:22** Eb 11:10   ʲ **12:23** Luc 10:20

syèl la, anvè Bondye, jij a tout moun nan, e anvè lespri a moun ladwati ki te fèt pafè yo, [24] epi anvè Jésus [a]medyatè yon akò tounèf la, e anvè [b]san vèse a, ki pale pi klè pase san Abel la. [25] Fè si ke nou pa refize Sila k ap pale a. Paske si sa yo pa t chape lè yo te refize li menm ki te [c]avèti yo sou latè a, konbyen mwens nou va chape nou menm ki vire kite Sila ki avèti nou depi nan syèl la. [26] Epi vwa Li te souke tè a nan moman an, men koulye a, Li fè yon pwomès, e Li di: [d]"Malgre sa, yon fwa ankò Mwen va souke, non sèlman tè a, men osi syèl la."

[27] Ekspresyon sa a: "Malgre yon fwa ankò", fè nou konprann ke tout bagay ki te kreye, ki kapab souke [e]va retire, pou bagay sila ki pa kapab souke yo, kapab vin rete. [28] Konsa, akoz ke nou resevwa yon [f]wayòm ki pa kapab souke, annou montre rekonesans, pa sila nou kapab ofri a Bondye yon sèvis akseptab, avèk reverans ak lakrent. [29] Paske [g]Bondye nou an se yon dife k ap devore.

13 Kite [h]lanmou pou frè yo kontinye. [2] Pa neglije byen resevwa etranje yo, paske pa fason sa a, kèk nan nou [i]bay lojman menm a zanj, san nou pa konnen. [3] [j]Sonje prizonye yo, kòmsi nou ta nan prizon avèk yo, e sila ki maltrete yo, akoz ke nou menm, nou osi nan kò a.

[4] Maryaj dwe kenbe ak gwo respè pami tout moun, e kabann maryaj la dwe rete san souye; [k]paske Bondye ap jije fònikatè ak adiltè yo.

[5] Fè si ke karaktè nou lib de lanmou lajan, e nou rete kontan avèk sa ke nou genyen, paske Li menm te di: [l]"Mwen p ap janm kite nou, ni abandone nou," [6] pou nou di avèk konfyans:

[m]"Senyè a se soutyen mwen.
Mwen p ap pè.
Sa lòm ka fè m?"

[7] Sonje [n]sila ki te dirije nou yo, ki te pale pawòl Bondye ak nou. Konsidere rezilta a zèv pa yo, e imite lafwa yo.

[8] [o]Jésus Kri se menm lan ayè, jodi a, e pou tout tan.

[9] [p]Pa vin pote ale pa doktrin varye e dwòl, paske li bon pou kè a ranfòse pa lagras, men pa ak kalite manje [q]ki pa t bay benefis a sila ki te swiv yo.

[10] Nou gen yon lotèl [r]kote sila ki fè sèvis nan tabènak yo pa gen dwa manje. [11] Paske [s]kò a bèt sila yo ki gen san yo, ke Wo Prèt la pote nan lye sen an kòm yon ofrann pou peche yo, dwe brile deyò kan an. [12] Menm jan an, Jésus osi, pou Li te kapab sanktifye pèp la [t]ak pwòp san Li, te soufri deyò pòtay la. [13] Donk, annou ale jwenn Li deyò kan an [u]pou pote repwòch Li yo.

[14] Paske isit la, nou pa gen yon vil k ap dire, men n ap chache vil ki gen pou vini an.

[15] Alò, atravè Li menm, annou ofri yon sakrifis lwanj pou Bondye san rete, ki se [v]fwi a lèv ki bay remèsiman a non Li yo.

[16] Epi pa neglije fè sa ki bon e [w]pataje youn avèk lòt. Paske [x]nan sakrifis konsa yo, Bondye pran plezi.

[17] Obeyi lidè nou yo e soumèt nou a yo. Paske [y]yo kontinye ap gade sou nanm nou, kòm sila ki oblije rann kont. Kite yo fè sa avèk jwa, olye chagren, paske sa pa t ap gen pwofi pou nou. [18] Priye pou nou, paske nou asire ke nou gen yon [z]bon konsyans, nan dezire kondwi tèt nou avèk lonè nan tout bagay. [19] Mwen ankouraje nou menm plis pou fè sa [a]pou mwen kapab vin restore a nou menm pi vit menm.

[20] Koulye a, ke [b]Bondye lapè a, ki te fè leve nan lanmò a [c]gran Pastè a brebi yo pa san akò etènèl la, menm Jésus, Senyè nou an, [21] [d]ekipe nou nan tout bon zèv, pou [e]fè volonte Li, nan travay nan nou sa k ap fè plezi devan zye Li, nan Jésus Kri, a Li menm, laglwa pou tout tan e pou tout tan. Amen.

---

[a] **12:24** I Tim 2:5   [b] **12:24** Eb 9:19   [c] **12:25** Egz 20:22   [d] **12:26** Ag 2:6   [e] **12:27** És 34:4
[f] **12:28** Dan 2:44   [g] **12:29** Det 4:24   [h] **13:1** Wo 12:10   [i] **13:2** Jen 18:1   [j] **13:3** Kol 4:18
[k] **13:4** I Kor 6:9   [l] **13:5** Det 31:6,8   [m] **13:6** Sòm 118:6   [n] **13:7** Eb 13:17,24   [o] **13:8** Eb 8:12   [p] **13:9** Ef 4:14   [q] **13:9** Eb 9:10   [r] **13:10** I Kor 10:18   [s] **13:11** Egz 29:14   [t] **13:12** Eb 9:12   [u] **13:13** Luc 9:23
[v] **13:15** És 57:19   [w] **13:16** Wo 12:13   [x] **13:16** Fil 4:18   [y] **13:17** Éz 3:17   [z] **13:18** Trav 24:16
[a] **13:19** Phm 22   [b] **13:20** Wo 15:33   [c] **13:20** Jn 10:11   [d] **13:21** I Pi 5:10   [e] **13:21** Fil 2:13

²² Men mwen ankouraje nou ᵃfrè m yo, pou sipòte ᵇpawòl egzòtasyon sila a, paske mwen ekri nou brèvman. ²³ Byen aprann ke ᶜfrè nou Timothée lage, e mwen va wè nou avèk li menm, si li vini vit. ²⁴ Salye ᵈtout lidè nou yo ak tout sen yo. Sila an Italie yo salye nou. ²⁵ Ke lagras rete avèk nou tout.

ᵃ **13:22** Eb 3:1 ᵇ **13:22** I Pi 5:12 ᶜ **13:23** Trav 16:1 ᵈ **13:24** I Kor 16:16

JACQUES

1 [a]Jacques, yon sèvitè-atache nèt a Bondye, ak Senyè a, Jésus Kris, a douz tribi ki gaye a letranje yo, salitasyon.

² [b]Konsidere sa kòm tout lajwa, frè m yo, lè nou rankontre tout kalite eprèv yo ³ nan konnen ke eprèv lafwa nou pwodwi [c]andirans. ⁴ Konsa, kite andirans lan fè rezilta pafè li, pou nou kab vin [d]pafè e konplè, san manke anyen.

⁵ Men si nenpòt nan nou manke sajès,[e] kite li mande Bondye, ki bay tout moun avèk jenewozite e san repwòch, e Bondye va bay li. ⁶ Men li dwe [f]mande nan lafwa, san doute, paske sila ki doute a tankou vag lanmè, ki pouse e voye pa van an. ⁷ Paske moun sa a pa dwe sipoze ke li va resevwa anyen nan men Senyè a, ⁸ tankou yon moun ak [g]doub panse, ki enstab nan tout chemen li yo.

⁹ [h] Kite frè ki nan sikonstans ki ba, bay glwa nan wo pozisyon li; ¹⁰ e kite moun rich la, bay glwa nan imilyasyon li, paske [i]tankou zèb k ap fleri, li osi va disparèt. ¹¹ Paske solèy la leve avèk yon [j]gwo chalè, epi [k]zèb la seche; flè li tonbe, e bote aparans li an vin disparèt. Konsa tou, moun rich la nan mitan tout sa l ap chèche yo, li va vin disparèt.

¹² [l] Beni se yon moun ki pèsevere anba eprèv. Paske, yon fwa li fin apwouve, li va resevwa kouwòn lavi a ke Senyè a pwomèt a sila ki renmen Li yo. ¹³ Pa kite pèsòn di lè l tante: [m]"Se Bondye k ap tante m," paske Bondye pa kapab tante pa mal, e Li menm, Li pa tante pèsòn. ¹⁴ Men chak moun tante lè li pote ale pa pwòp move dezi li yo. ¹⁵ Alò, lè move dezi a fin jèmen, li bay nesans a peche. Epi lè [n]peche a fin akonpli, li pote lanmò.

¹⁶ [o]Pinga nou vin twonpe, frè byeneme mwen yo.

¹⁷ Tout bon bagay ki fèt ak tout kado pafè sòti anwo, epi desann nan Papa a limyè yo. Avèk Li pa gen ni chanjman ni menm yon lonbraj varyasyon. ¹⁸ Nan egzèsis volonte Li, Li te [p]fè nou vin parèt pa pawòl verite a pou nou ta kapab vin tankou [q]premye fwi pami kreyati Li yo.

¹⁹ Nou konnen sa, frè byeneme m yo. Men tout moun dwe gen vitès nan tande, [r]lan nan pale, e lan nan fè kòlè. ²⁰ Paske [s]kòlè a lòm pa pwodwi ladwati Bondye.

²¹ Konsa, annou [t]mete sou kote tout sa ki sal, ak tout sa ki rete de mechanste, e ak imilite, resevwa pawòl ki enplante nan nou an, ki kapab sove nanm nou.

²² [u]Men, fè prèv tèt nou ke nou aji selon pawòl la, e se pa senpleman tande li. Moun konsa yo twonpe pwòp tèt yo. ²³ Paske si yon moun ap tande pawòl la, e li pa aji selon li, li tankou yon moun ki gade figi natirèl li [v]nan yon miwa. ²⁴ Yon fwa, li fin gade tèt li e li ale, li gen tan bliye ki kalite moun li te ye a.

²⁵ Men yon moun ki gade avèk atansyon lalwa pafè a, lalwa libète a, e aji selon li, li pa vin yon moun ki tande pou bliye, men yon moun ki fè l tout bon, moun sa a va [w]beni nan sa li fè.

²⁶ Si yon moun panse nan tèt li ke li swiv Bondye tout tan, e malgre sa, li pa [x]mete yon brid sou lang li, li pase pwòp tèt li nan betiz, e lafwa moun sa a vin san valè.

²⁷ Relijyon ki pafè e san tach devan zye a Bondye, Papa nou a se sa a: vizite òfelen e vèv ki nan nesesite yo, e kenbe tèt nou san tach [y]de mond lan.

2 Frè m yo, pa kenbe lafwa nou nan Senyè laglwa nou an, Jésus Kri avèk [z]patipri.

² Paske si yon moun vini nan asanble nou an avèk yon bag ki fèt an lò, abiye ak bèl rad, e la tou, gen yon pòv ak [a]rad sal, ³ epi nou prete atansyon espesyal a sila ki [b]byen abiye a, e nou di l: "Ou mèt chita la nan yon bon plas", epi nou di a pòv la: "Chita laba", oubyen: "Chita bò pye m nan", ⁴ Èske nou

---

[a] **1:1** Trav 12:17   [b] **1:2** Mat 5:12; I Pi 1:6   [c] **1:3** Luc 21:19   [d] **1:4** Mat 5:48   [e] **1:5** I Wa 3:9; Mat 7:7   [f] **1:6** Mat 21:21   [g] **1:8** Jc 4:8   [h] **1:9** Luc 14:11   [i] **1:10** I Kor 7:31   [j] **1:11** Mat 20:12   [k] **1:11** És 40:7   [l] **1:12** Luc 6:22   [m] **1:13** Jen 22:1   [n] **1:15** Wo 5:12   [o] **1:16** I Kor 6:9   [p] **1:18** I Pi 1:3,23   [q] **1:18** Rev 14:4   [r] **1:19** Pwov 10:19   [s] **1:20** Mat 5:22   [t] **1:21** Ef 4:22   [u] **1:22** Mat 7:24-27   [v] **1:23** I Kor 13:12   [w] **1:25** Jn 13:17   [x] **1:26** Sòm 39:1   [y] **1:27** II Pi 1:4   [z] **2:1** Trav 10:34   [a] **2:2** Za 3:3   [b] **2:3** Luc 23:11

pa fè yon distenksyon pami nou menm, e nou vin jij [a]avèk move lentansyon?

⁵ Koute, frè byeneme m yo, èske [b]Bondye pa t chwazi pòv a mond sa a pou vin rich nan lafwa, e [c]eritye a wayòm ke Li te pwomèt a sila ki renmen Li yo? ⁶ Men nou te dezonore moun pòv la. Èske se pa rich yo ki oprime nou e mennen nou tout nan tribinal. ⁷ [d]Èske yo pa blasfeme bèl non pa sila nou te resevwa apèl la?

⁸ Men, si nou ap akonpli lalwa wayal la selon Lekriti a: [e]"Nou dwe renmen vwazen nou, tankou tèt nou," nou ap fè byen. ⁹ Men si nou [f]montre patipri, nou ap fè peche e gen tan vin koupab devan lalwa kòm transgresè. ¹⁰ Paske sila ki kenbe tout lalwa a, malgre sa, li [g]tonbe nan yon sèl, li vin koupab de tout. ¹¹ Paske, Sila a ki te di: [h]"Pa fè adiltè" a, Li te di tou: [i]"Pa touye moun". Alò, si nou pa fè adiltè, men nou touye moun, nou gen tan vin yon transgresè lalwa. ¹² Konsa, pale e aji kòm sila ki va jije pa [j]lalwa libète a. ¹³ Paske [k]jijman va san mizerikòd pou sila ki pa montre mizerikòd la, paske mizerikòd triyonfe sou jijman.

¹⁴ [l]Kisa sa sèvi, frè m yo, si yon moun di ke li gen lafwa, men li pa gen zèv? Èske lafwa sa a kapab sove li? ¹⁵ [m]Si yon frè oubyen yon sè san rad, e nan bezwen manje chak jou, ¹⁶ epi youn nan nou di yo: [n]"Ale anpè; chofe kò nou e plen vant nou," men malgre sa, nou pa bay yo sa ke yo bezwen pou kò yo, kisa sa sèvi? ¹⁷ Menm jan an [o]lafwa, si li pa gen zèv, li mouri pou kont li.

¹⁸ Konsa, yon moun ka byen di: "Ou gen lafwa e mwen gen zèv. Montre m [p]lafwa ou a san zèv, e mwen va montre ou lafwa pa m nan pa zèv."

¹⁹ Ou kwè ke Bondye se yon sèl. Ou fè byen. [q]Demon yo kwè tou, e yo tranble. ²⁰ Men èske ou dakò pou rekonèt, o moun ensanse, ke [r]lafwa san zèv vin initil? ²¹ [s]Èske Abraham, zansèt nou an, pa t jistifye pa zèv lè li te ofri Isaac, fis li a, sou lotèl la? ²² Nou wè ke [t]lafwa t ap travay avèk zèv li yo, e kòm rezilta a, [u]zèv lafwa li a te vin pafè. ²³ Konsa, Lekriti a te akonpli sa ki di: [v]"Abraham te kwè Bondye, e sa te konte pou li kòm ladwati," e li te rele zanmi a Bondye a. ²⁴ Menmjan nou wè ke yon nonm jistifye pa zèv, e non sèlman pa lafwa a. ²⁵ Paske menm jan èske Rahab, fanm movèz vi a, p at jistifye pa zèv lè l te resevwa mesajè yo epi te voye yo ale pa yon lòt chemen an? ²⁶ Paske menm jan ke kò san lespri a mouri deja, menm jan an tou [w]lafwa san zèv deja mouri.

3 [x]Pa kite anpil nan nou ansye, frè m yo, paske nou konnen ke konsa, nou va resevwa yon jijman ki pi sevè.

² Paske nou tout tonbe nan plizyè sans. [y]Si yon moun pa tonbe nan sa li di, li menm se yon moun pafè, li kapab kontwole tout kò a menm jan an.

³ Koulye a [z]si nou mete mò nan bouch a cheval yo pou yo kab obeyi nou, nou dirije tout kò yo tou.

⁴ Gade menm bato yo; malgre yo trè gran e pouse pa gwo van, yo toujou dirije pa yon gouvènè tou piti nenpòt kote volonte a pilòt la pito. ⁵ Menm jan an tou, lang lan se yon pati tou piti nan kò a, e malgre sa, li [a]vante gwo bagay.

[b]Gade kijan yon gwo forè vin pran dife pa yon flanm ki tou piti! ⁶ Konsa [c]lang lan se yon dife, yon vrè mond linikite a. Lang lan plase pami manm kò nou yo, kòm sila ki konwonpi tout kò a nèt. Li mete dife nan kous lavi nou menm, e li limen pa lanfè a.

⁷ Paske tout kalite bèt ak zwazo, reptil ak kreyati lanmè yo, donte e vin donte pa ras lòm nan. ⁸ Men pèsòn pa kapab donte lang lan. Li se yon mechanste ki endontab e plen ak [d]pwazon mòtèl.

⁹ Avèk li, nou beni Senyè nou an ak Papa a, e avèk li, nou madichonnen moun [e]ki fèt ak limaj Bondye. ¹⁰ Nan menm bouch la, sòti ni benediksyon ni madichon. Frè m yo, bagay sa yo pa dwe konsa.

---

[a] **2:4** Luc 18:6   [b] **2:5** Job 34:19   [c] **2:5** Mat 5:3   [d] **2:7** Trav 11:26   [e] **2:8** Lev 19:18   [f] **2:9** Trav 10:34
[g] **2:10** Jc 3:2   [h] **2:11** Egz 20:14   [i] **2:11** Det 5:17   [j] **2:12** Jc 1:25   [k] **2:13** Pwov 21:13   [l] **2:14** Jc 1:22
[m] **2:15** Mat 25:35   [n] **2:16** I Jn 3:17   [o] **2:17** Gal 5:6   [p] **2:18** Wo 3:28   [q] **2:19** Mat 8:29   [r] **2:20** Gal 5:6
[s] **2:21** Jen 22:9,10,12,16-18   [t] **2:22** Eb 11:17   [u] **2:22** I Tes 1:3   [v] **2:23** Jen 15:6   [w] **2:26** Gal 5:6
[x] **3:1** Wo 2:20   [y] **3:2** Mat 12:34-37   [z] **3:3** Sòm 32:9   [a] **3:5** Sòm 12:3   [b] **3:5** Pwov 26:20
[c] **3:6** Sòm 120:2,3   [d] **3:8** Sòm 140:3   [e] **3:9** Jen 1:26

¹¹ Èske yon sous kapab koule dlo fre avèk dlo anmè nan menm bouch la? ¹² ᵃÈske yon pye fig frans, frè m yo, pwodwi oliv, oubyen yon pye rezen pwodwi fig? Ni dlo sale pa kapab pwodwi dlo fre.

¹³ Kilès pami nou ki saj e ki gen bon konprann? Ke li montre sa pa ᵇbon kondwit li, zèv li nan dousè a sajès la. ¹⁴ Men si nou gen ᶜjalouzi, fachez ak anbisyon pèsonèl nan kè nou, pa vin awogan, epi bay manti kont verite a. ¹⁵ Kalite sajès sa a pa sòti ᵈanwo a, men nan mond lan. Li chanèl e dyabolik. ¹⁶ Paske kote ᵉjalouzi ak anbisyon pèsonèl egziste, gen dezòd ak tout kalite move bagay. ¹⁷ Men sajès ki sòti anwo a, dabò, li pafè, answit, li pezib, dous, rezonab, plen ak mizerikòd ak bon fwi, fèm e san ᶠipokrizi. ¹⁸ Konsa, ᵍgrenn ki bay fwi ladwati a simen nan lapè pa sila ki fè lapè yo.

4 Kisa ki sous kont ak konfli ʰpami nou yo? Èske se pa plezi nou yo k ap fè ⁱlagè nan manm kò nou yo? ² Nou anvi e nou pa genyen, donk ʲnou touye moun. Nou anvi e nou pa kab twouve, donk nou goumen e fè kont ak lòt yo. Nou pa genyen paske nou pa mande. ³ Nou mande e nou ᵏpa resevwa, paske nou mande avèk anbisyon ki pa pwòp yo, pou nou kab pase li nan plezi nou yo.

⁴ Nou menm, moun adiltè yo, èske nou pa konprann ke amitye avèk mond lan se ˡrayisman anvè Bondye? ᵐKonsa, nenpòt moun ki vle zanmi ak mond lan fè tèt li lènmi ak Bondye.

⁵ Oubyen, èske nou panse ke Lekriti sen an pale san rezon: ⁿ"Li jalou pou Lespri a ke Li te fè rete nan nou an?"

⁶ Men Li bay yon pi gwo gras. Konsa, li di: ᵒ"Bondye opoze a ògeye yo, men Li fè gras a moun ki enb yo."

⁷ Konsa ᵖsoumèt nou a Bondye. Reziste a dyab la e li va sove ale de nou. ⁸ Vin pre Bondye e Li va vin pre nou. ᵍNetwaye men nou, nou menm pechè; e pirifye kè nou, nou menm, moun ak doub panse. ⁹ ʳSe pou nou vin mizerab; lamante e kriye. Kite ri nou yo vin tounen lamantasyon, e lajwa nou yo vin tounen tristès. ¹⁰ ˢDesann nou nan prezans Bondye a, e Li menm, Li va fè nou leve.

¹¹ Pa pale kont youn lòt, frè m yo. Sila ki pale kont yon frè oubyen jije frè li a, pale kont lalwa e jije lalwa. Men si nou jije lalwa, olye nou akonpli lalwa a, nou jije li. ¹² Gen ᵗyon sèl ki bay Lalwa; se sèl Li ki kapab sove e detwi. Men nou menm, ki moun nou ye pou jije vwazen nou an?

¹³ Vini koulye a, nou menm, ki di: ᵘ"Jodi a oswa demen, nou va ale nan tèl vil, e pase yon ane la, angaje nou nan biznis pou fè pwofi." ¹⁴ Malgre, nou pa konnen kijan lavi nou va ye demen. Paske ki sa lavi ou ye? ᵛLi se sèlman yon vapè ki parèt pou yon ti moman, e answit, vin disparèt. ¹⁵ Olye de sa, nou ta dwe di: ʷ"Si Bondye vle, nou va viv, e nou va osi fè sesi oubyen sela."

¹⁶ Men m jan sa ye a, nou ògeye nan awogans nou. ˣTout ògèy konsa, se mechanste. ¹⁷ Alò ʸa sila ki konnen bon bagay pou li fè a, men pa fè l, a li menm, se peche.

5 Vini koulye a ᶻnou menm ki rich, kriye e rele fò akoz mizè k ap vini sou nou yo. ² ᵃRichès nou yo gen tan pouri e rad nou yo gen tan manje pa mit. ³ Lò ak lajan nou yo gen tan pran lawouj, e lawouj yo va yon temwen kont nou, e va manje chè nou tankou dife. Se pandan ᵇdènye jou yo ke nou te mete trezò nou nan depo a! ⁴ Veye ᶜsalè a ouvriye ki te rekòlte chan nou yo ke nou te refize vèse bay, vin kriye kont nou; epi ᵈkri a ouvriye mwason sa yo gen tan rive nan zòrèy a Senyè Sabaot la.

⁵ Nou te viv nan richès sou tè a e mennen yon vi nan gran plezi. Nou te angrese kè nou nan yon jou labatwa. ⁶ Nou te kondane e ᵉmete a lanmò nonm jis la; li pa t reziste kont nou.

⁷ Konsa, frè m yo, se pou nou pasyan ᶠjiskaske Senyè a vini. ᵍKiltivatè a ap

---

ᵃ **3:12** Mat 7:16   ᵇ **3:13** I Pi 2:12   ᶜ **3:14** Wo 2:8   ᵈ **3:15** Jc 1:17   ᵉ **3:16** Wo 2:8   ᶠ **3:17** Wo 12:9
ᵍ **3:18** Pwov 11:18   ʰ **4:1** Tit 3:9   ⁱ **4:1** Wo 7:23   ʲ **4:2** Jc 5:6   ᵏ **4:3** I Jn 3:22   ˡ **4:4** Wo 8:7
ᵐ **4:4** Mat 6:24   ⁿ **4:5** I Kor 6:19   ᵒ **4:6** Pwov 3:34   ᵖ **4:7** I Pi 5:6   ᵠ **4:8** Job 17:9   ʳ **4:9** Pwov 14:13
ˢ **4:10** Job 5:11   ᵗ **4:12** És 33:22   ᵘ **4:13** Pwov 27:1   ᵛ **4:14** Job 7:7   ʷ **4:15** Trav 18:21
ˣ **4:16** I Kor 5:6   ʸ **4:17** Luc 12:47   ᶻ **5:1** Luc 6:24   ᵃ **5:2** És 50:9   ᵇ **5:3** Jc 5:7,8   ᶜ **5:4** Lev 19:13
ᵈ **5:4** Egz 2:23   ᵉ **5:6** Jc 4:2   ᶠ **5:7** Jn 21:22   ᵍ **5:7** Gal 6:9

tann pou pwodwi chè a sòti nan tè a. Li pasyan de sa, jiskaske li jwenn premye ak dènye lapli yo. [8] [a]Nou menm tou, se pou nou pasyan. [b]Ranfòse kè nou, paske vini a Senyè a touprè.

[9] Pa plenyen, frè m yo, youn kont lòt, pou nou menm tou kapab pa vin jije. Gade [c]Jij la kanpe [d]jis devan pòt la.

[10] Frè m yo, pran [e]pwofèt yo ki pale nan non Senyè a kòm egzanp de soufrans ak pasyans. [11] Nou konte sa ki te andire yo kòm [f]beni. Nou te konn tande de sa Job te andire a, e nou te wè jan sa te sòti e jan Senyè a te aji. Konsa nou konnen [g]Senyè a plen konpasyon ak mizerikòd.

[12] Men, anplis de tout bagay, frè m yo [h]pa sèmante ni pa syèl la, ni pa tè a, ni pa okenn lòt sèman. Men ke wi ou rete wi e non ou rete non, pou nou pa tonbe anba jijman.

[13] Èske gen moun pami nou k ap soufri? [i]Fòk li priye. Èske gen moun ak kè kontan? Fòk li chante louwanj. [14] Èske gen moun pami nou ki malad? Alò, fòk li rele ansyen legliz yo. Kite yo priye sou li, e [j]onksyone li ak lwil nan non Senyè a. [15] Konsa, [k]priyè la ki ofri nan lafwa a va restore sila ki malad, e Senyè a va [l]fè l leve. Si li te fè peche, yo va padone. [16] Konsa [m]konfese peche nou yo a youn lòt e priye pou youn lòt, pou nou kapab [n]geri.

Lapriyè efikas a yon nonm ki jis kapab akonpli anpil bagay. [17] Élie se te [o]yon nonm avèk yon nati tankou pa nou an, e [p]li te priye fò pou li pa t fè lapli, e li pa t fè lapli sou tè a pandan twazan si mwa. [18] Answit, li te [q]priye ankò, epi [r]syèl la te vide lapli, e tè a te pwodwi fwi li.

[19] Frè m yo [s]si yon moun pami nou vin egare e kite verite a, men yon lòt fè l retounen, [20] fè li konnen ke sila ki detounen yon pechè soti de erè chemen li an, va [t]sove nanm li de lanmò, e va kouvri yon gran kantite peche.

---

[a] **5:8** Luc 21:19 [b] **5:8** I Tes 3:13 [c] **5:9** Kol 4:5 [d] **5:9** Mat 24:33 [e] **5:10** Mat 5:12 [f] **5:11** Mat 5:10 [g] **5:11** Egz 34:6 [h] **5:12** Mat 5:34-37 [i] **5:13** Sòm 50:15 [j] **5:14** Mc 6:13 [k] **5:15** Jc 1:6 [l] **5:15** Jn 6:39 [m] **5:16** Mat 3:6 [n] **5:16** Eb 12:13 [o] **5:17** Trav 14:15 [p] **5:17** I Wa 17:1 [q] **5:18** I Wa 18:42 [r] **5:18** I Wa 18:45 [s] **5:19** Mat 18:15 [t] **5:20** Wo 11:14

PREMYE LÈT PIERRE

1 Pierre, yon apot Jésus Kri, a sila ki rete a [a]letranje yo, ki gaye nan Pont, Galatie, Cappadoce, Asie ak Bithynie, sila [b]ki chwazi davans yo, 2 selon konesans [c]davans a Bondye, Papa a, pa travay Lespri Sen an, [d]pou nou ta kapab obeyi Jésus Kri e vin aspèje avèk san Li: Ke lagras ak lapè kapab pou nou nan pi gran mezi.

3 Beni se Bondye e Papa a Senyè nou an, Jésus Kri, ki [e]selon gran mizerikòd Li, te fè nou vin ne ankò nan yon esperans lavi pa [f]rezirèksyon a Jésus Kris ki soti nan lanmò a 4 pou jwenn yon [g]eritaj ki enperisab, san tach, ki p ap janm disparèt, ki rezève nan syèl la pou nou 5 ki [h]pwoteje pa pwisans Bondye a [i]pa lafwa, pou yon sali ki prè pou revele nan dènye tan an. 6 [j]Nan sa, nou rejwi anpil, malgre koulye a [k]pandan yon ti tan, si l nesesè, nou te twouble pa plizyè eprèv, 7 pou prèv lafwa nou an, ki pi presye ke lò, ki malgre eprèv dife a toujou rete perisab, [l]pou nou kapab twouve kòm rezilta, lwanj, laglwa ak lonè a revelasyon Jésus Kri a. 8 Epi [m]malgre nou poko wè Li, nou [n]renmen Li, e malgre nou poko wè Li koulye a, men nou kwè nan Li, e rejwi anpil avèk yon jwa ki pa kab eksprime e ki plen ak laglwa 9 ki fè [o]kon rezilta lafwa nou an, sali de nanm nou.

10 [p]Selon sali sila a, pwofèt yo ki te pwofetize lagras ki te gen pou vini a nou menm nan, te fè rechèch ak ankèt pa yo, 11 pou chèche konnen ki moun, oubyen a kilè [q]Lespri a Kris la anndan yo a, t ap endike lè li te pwofetize soufrans a Kris ak glwa ki t ap swiv yo a.

12 Li te revele a yo ke se pa pwòp tèt yo ke yo t ap sèvi, men ou menm, nan bagay sa yo ke koulye a, gen tan anonse a nou pa sila ki te preche levanjil a nou menm yo pa [r]Lespri Sen ki te sòti nan syèl la—bagay ke menm zanj yo lanvi konprann.

13 Konsa [s]prepare panse nou pou nou kab aji; [t]rete vijilan. Fikse esperans nou nèt sou lagras ki te pote a nou menm nan revelasyon a Jésus Kri a— 14 Kòm timoun obeyisan [u]pa vin konfòme nou a dezi lachè ke nou te genyen oparavan lè nou te nan inyorans lan, 15 men tankou Sila Ki Sen ki te rele nou an [v]se pou nou vin sen, osi [w]nan tout konpòtman nou. 16 Paske sa ekri: [x]"Nou dwe sen, paske Mwen Sen."

17 Si nou [y]adrese kòm "Papa", Sila ki jije san patipri a, selon zèv a chak moun, nou gen pou kondwi tèt nou nan lakrent pandan tan ki rete nou sou tè a.

18 Epi konsa, konnen ke nou pa t [z]rachte avèk bagay perisab tankou lajan ak lò ki soti nan [a]mod de vi san enpòtans, tankou eritaj de zansèt nou yo, 19 men avèk [b]san presye, tankou sa ki sòti nan yon jenn mouton san defo, san tach, ki se san a Kris la menm. 20 Paske Li te [c]deja rekonèt avan fondasyon mond lan, men Li te vin parèt nan dènye tan sa yo pou koz a nou menm 21 ki pa Li menm [d]kwè nan Bondye ki te leve Li nan lanmò e te bay Li glwa, pou lafwa ak esperans nou ta kapab nan Bondye.

22 Akoz ke obeyisans a verite a te vin [e]pirifye nanm nou pou yon lanmou sensè anvè frè nou yo, renmen youn lòt avèk yon chalè ki sòti nan kè, 23 paske nou te [f]ne ankò, pa de semans ki perisab, men ki enperisab, selon pawòl Bondye a ki viv, e ki rete pou tout tan.

24 Paske:
[g]"Tout chè tankou zèb,
e tout laglwa li tankou flè zèb la.
Zèb la fennen, e flè a vin tonbe,
25 men pawòl Senyè a dire pou tout tan."

---

[a] **1:1** I Pi 2:11 [b] **1:1** Mat 24:22 [c] **1:2** Wo 8:29 [d] **1:2** II Tes 2:13 [e] **1:3** Tit 3:5 [f] **1:3** I Kor 15:20 [g] **1:4** Trav 20:32 [h] **1:5** Jn 10:28 [i] **1:5** Ef 2:8 [j] **1:6** Wo 5:2 [k] **1:6** I Pi 5:10 [l] **1:7** Wo 2:7 [m] **1:8** Jn 20:29 [n] **1:8** Ef 3:19 [o] **1:9** Wo 6:22 [p] **1:10** Mat 13:17 [q] **1:11** II Pi 1:21 [r] **1:12** Trav 2:2 [s] **1:13** Ef 6:14 [t] **1:13** I Tes 5:6,8 [u] **1:14** Wo 12:2 [v] **1:15** II Kwo 7:1 [w] **1:15** Jc 3:13 [x] **1:16** Wo 12:2 [y] **1:17** Sòm 89:26 [z] **1:18** És 52:3 [a] **1:18** Ef 4:17 [b] **1:19** Trav 20:28 [c] **1:20** Trav 2:23 [d] **1:21** Wo 4:24 [e] **1:22** Jc 4:8 [f] **1:23** Jn 3:3 [g] **1:24** És 40:6

E sa se pawòl ki te preche a nou menm nan.

2 Konsa [a]mete sou kote tout mechanste, ak tout manti, avèk ipokrizi, lanvi ak kout lang [2] epi [b]tankou tibebe ki fenk ne, se pou nou gen lanvi pou lèt pi a pawòl la, pouke pa li menm, nou kapab grandi vè sali, [3] si vrèman nou te [c]goute [d]dousè a Senyè a. [4] Vin kote Sila ki kòm yon wòch vivan te [e]rejte pa lèzòm, men ki chwazi pa Bondye, e presye nan zye Li.

[5] Nou menm osi, kòm wòch vivan, ki bati kòm yon kay sen, pou [f]nou fè sèvis kòm prèt ki sen, pou [g]ofri sakrifis sen, ki akseptab a Bondye, atravè Jésus Kri. [6] Paske sa twouve nan Lekriti sen an:

[h]"Byen gade, Mwen poze nan Sion
yon wòch byen chwazi,
yon wòch kwen prensipal la,
e sila ki kwè nan Li a p ap wont."

[7] Alò, valè presye sila a, se pou nou menm ki kwè, men pou sila ki pa kwè yo:

[i]"Wòch ke bòs mason yo te rejte a,
sa te devni vrè wòch ang lan."

[8] Epi:

[j]"yon wòch pou fè moun bite e
yon wòch ofans."

Yo bite konsa akoz yo dezobeyisan a pawòl la, e se pou move desten sila a, yo te deziye.

[9] Men, nou se yon ras chwazi, yon lòd prèt wayal, yon [k]nasyon sen, yon pèp pou pwòp posesyon Bondye, pou nou kapab pwoklame ekselans a Li menm ki te rele nou sòti nan tenèb la pou vini nan limyè glwa Li a. [10] [l]Paske, avan, nou pa t yon pèp, men koulye a, nou se Pèp Bondye a; nou pa t resevwa mizerikòd, men koulye a, nou resevwa mizerikòd.

[11] Byeneme, mwen ankouraje nou kòm vwayajè ak [m]etranje yo, pou nou rete lwen lanvi lachè k ap [n]fè lagè kont nanm nan. [12] Kenbe kondwit nou pwòp pami pèp etranje yo, pouke nan bagay ke yo pale mal sou nou kòm malfektè yo, yo kapab akoz bon zèv nou, bay Bondye glwa, lè yo wè yo [o]nan jou gran vizitasyon selès la.

[13] [p]Soumèt tèt nou pou koz a Senyè a, a tout otorite ki etabli pami lòm, kit se yon wa kit se yon moun an otorite [14] oubyen a gouvènè ki voye pa Li menm yo [q]pou pini malfektè yo e [r]louwe sila ki fè byen yo. [15] Paske [s]se volonte Bondye, pou lè nou fè sa ki bon, pou sa fè inyoran yo ak san konprann yo rete an silans.

[16] Se pou nou tankou [t]moun lib, e pa itilize libète nou an kòm yon kouvèti pou fè sa ki mal, men pito sèvi li kòm [u]sèvitè a Bondye. [17] [v]Onore tout moun. Renmen frè nou yo. [w]Gen lakrent Bondye, onore wa a.

[18] [x]Sèvitè, se pou nou soumèt a mèt nou avèk tout respè, non sèlman a sila ki bon e dous yo, men osi a sila ki difisil yo. [19] Paske sa jwenn favè, si yon nonm, pou koz a [y]konsyans anvè Bondye, sipòte afliksyon ki enjis.

[20] Paske ki glwa ki genyen si, lè nou peche e yo trete nou sevèman, nou andire li avèk pasyans? Men si [z]lè nou fè sa ki bon e soufri pou li, nou andire li avèk pasyans, sa twouve favè devan Bondye. [21] Paske nou te rele pou koz sa a [a]akoz ke Kris osi te soufri pou nou. Li te kite yon egzanp pou nou swiv pazapa,

[22] Sila ki [b]pa t fè okenn peche ni okenn desepsyon pa t twouve nan bouch Li a. [23] Epi pandan yo t ap joure Li, [c]Li pa t joure anretou. Pandan Li t ap soufri, Li pa t fè menas, men te kontinye mete konfyans Li nan Sila ki jije avèk ladwati a.

[24] Epi Li menm te [d]pote peche nou yo nan Kò Li sou kwa a, pou nou ta kapab mouri ak peche pou viv ak ladwati. Paske [e]ak blesi Li yo, nou te geri.

[25] Paske nou te [f]toujou egare tankou mouton, men koulye a nou gen tan retounen a Bèje e Gadyen nanm nou an.

3 Menm jan an, nou menm, madanm yo [g]vin soumèt a pwòp mari nou, pouke menm si nenpòt nan yo dezobeyisan a pawòl la, yo kapab vin konvenk san menm

---

[a] **2:1** Ef 4:22,25,31 [b] **2:2** Mat 18:3 [c] **2:3** Eb 6:5 [d] **2:3** Sòm 34:8 [e] **2:4** I Pi 2:7 [f] **2:5** És 61:6
[g] **2:5** Wo 15:16 [h] **2:6** És 28:16 [i] **2:7** Sòm 118:22 [j] **2:8** És 8:14 [k] **2:9** Egz 19:6 [l] **2:10** Os 1:10
[m] **2:11** Lev 25:23 [n] **2:11** Jc 4:1 [o] **2:12** És 10:3 [p] **2:13** Wo 13:1 [q] **2:14** Wo 13:4 [r] **2:14** Wo 13:3 [s] **2:15** I Pi 3:17 [t] **2:16** Jn 8:32 [u] **2:16** Wo 6:22 [v] **2:17** Wo 12:10 [w] **2:17** Pwov 24:21
[x] **2:18** Ef 6:5 [y] **2:19** Wo 13:5 [z] **2:20** I Pi 3:17 [a] **2:21** I Pi 3:17 [b] **2:22** És 53:9 [c] **2:23** És 53:7
[d] **2:24** És 53:4,11 [e] **2:24** És 53:5 [f] **2:25** És 53:6 [g] **3:1** Ef 5:22

yon mo pa konpòtman a madanm yo, ² lè yo obsève konpòtman nou ki moral, fidèl, e plen respè.

³ ᵃBo te nou pa dwe sen ple man a leksteryè, tankou nan trese cheve, mete bijou ki fèt ak lò ak bèl rad; ⁴ men tankou ᵇsila ki kache nan kè a moun; avèk kalite enperisab de yon lespri dous e trankil, ki presye nan zye a Bondye. ⁵ Paske nan fason sa a, nan tan pase yo, fanm sen yo osi ᶜki te espere nan Bondye, te konn byen abiye yo, e soumèt a pwòp mari yo. ⁶ Menmjan Sara te obeyi Abraham nan, e li te ᵈrele l senyè a, nou gen tan devni pitit li si nou fè sa ki bon e nou p ap pè anyen.

⁷ ᵉNou menm, mari yo, menm jan an, viv avèk madanm nou avèk sajès, kòmsi avèk yon veso ki pi fèb. Ba li onè tankou yon moun ki pataje gras lavi a, pouke priyè nou yo pa bloke.

⁸ Anfen ᶠke nou tout vin amikal, senpatik, fratènèl ᵍplen bon kè, e vin enb nan lespri.

⁹ Pa remèt mal pou mal, ni jouman pou jouman, men de preferans, beni moun nan. Paske nou te resevwa apèl la pou bi sa a, pou nou ta kapab eritye yon benediksyon.ʰ

¹⁰ Paske:

ⁱ"Sila ki dezire lavi a,
pou renmen e wè anpil jou ki bon,
dwe gade lang li kont sa ki mal
e lèv li kont bay manti.
¹¹ ʲLi dwe vire kite sa ki mal pou
  fè sa ki bon;
kite li chache lapè e pouswiv li.
¹² ᵏPaske zye a Senyè a sou moun
  ladwati yo,
e zòrèy Li atantif a lapriyè yo;
men lafas Bondye kont sila ki
  fè mal yo."

¹³ ˡKilès ki kapab fè nou mal si nou montre zèl pou sa ki bon? ¹⁴ Men menmsi nou ta soufri pou koz a ladwati, nou beni. ᵐPa pè entimidasyon pa yo, e pa twouble. ¹⁵ Men fè Kris sen kòm Senyè a nan kè nou. Toujou ⁿrete prè pou fè defans bay tout moun ki mande nou pou nou rann kont de esperans ki nan nou an, men avèk dousè ak respè pou Bondye.

¹⁶ Epi kenbe yon ᵒbon konsyans, pouke nan bagay ke yo pale mal de nou yo, sila ki pale mal de nou an, akoz bon konpòtman nou nan Kris la, kapab vin wont. ¹⁷ Paske ᵖli pi bon ᵠsi Bondye ta vle sa, pou nou soufri pou fè sa ki bon pase pou fè sa ki mal.

¹⁸ Paske Kris osi te mouri pou peche yo ʳyon fwa pou tout, Li menm ki te jis pou enjis yo, pou Li ta kapab mennen nou kote Bondye, deja mò nan lachè, men fèt vivan nan lespri a. ¹⁹ Ladann, Li te osi ale fè pwoklamasyon a lespri nan prizon yo. ²⁰ Se yo menm ki avan te dezobeyisan yo, lè pasyans a Bondye ˢte toujou ap tann nan jou a Noe yo, lè ᵗlachè la t ap konstwi a. Se ladann kèk moun (sa vle di uit moun) te mennen rive sof nan dlo a.

²¹ Sa se yon modèl pare ak batèm, ki koulye a ap sove nou—ᵘpa akoz li retire salte sou kò a, men akoz yon angajman anvè Bondye pou gen yon bon konsyans pa rezirèksyon a Jésus Kri a. ²² ᵛLi menm ki, sou men dwat Bondye, te ale nan syèl, kote tout zanj, otorite, ak pouvwa yo te fin soumèt a Li menm.

4 Konsa, paske ʷKris te soufri nan lachè a, ranfòse tèt nou osi avèk menm bi a; paske moun ki deja soufri nan lachè yo, gen tan sispann fè peche, ² ˣpou nou pa viv rès tan an konsa, nan lachè ak dezi a lòm, men viv pou volonte a Bondye.

³ Paske ʸtan ki pase deja a, sifi pou nou te akonpli tout dezi a payen yo. Nou te konn pouswiv yon kous sansyèl, dezi chanèl, vin sou, banbòch, gwo fèt bwason, ak idolatri ki abominab.

⁴ Nan tout sa, yo etone ke nou pa kouri avèk yo nan menm eksè ki fè yo ᶻdejenere konsa a, e yo ᵃpale mal sou nou. ⁵ Men yo va rann kont a Sila ki prèt pou jije ᵇvivan ak mò yo a.

⁶ Paske ᶜpou rezon sa a, levanjil la preche menm a sila ki mouri yo, pouke, malgre, yo jije nan lachè kòm lòm, yo ta kapab viv nan lespri selon volonte a Bondye a.

ᵃ **3:3** És 3:18   ᵇ **3:4** Wo 7:22   ᶜ **3:5** I Tim 5:5   ᵈ **3:6** Jen 18:12   ᵉ **3:7** Ef 5:25   ᶠ **3:8** Wo 12:16
ᵍ **3:8** Ef 4:32   ʰ **3:9** Luc 6:28   ⁱ **3:10** Sòm 34:12,13   ʲ **3:11** Sòm 34:14   ᵏ **3:12** Sòm 34:15,16
ˡ **3:13** Pwov 16:7   ᵐ **3:14** És 8:12   ⁿ **3:15** Kol 4:6   ᵒ **3:16** I Tim 1:5   ᵖ **3:17** I Pi 2:20   ᵠ **3:17** Trav 18:21
ʳ **3:18** Eb 9:26,28   ˢ **3:20** Jen 6:3,13   ᵗ **3:20** Eb 11:7   ᵘ **3:21** Eb 9:14   ᵛ **3:22** Eb 1:3   ʷ **4:1** I Pi 2:21
ˣ **4:2** Wo 6:2   ʸ **4:3** I Kor 12:2   ᶻ **4:4** Ef 5:18   ᵃ **4:4** I Pi 3:16   ᵇ **4:5** Trav 10:42   ᶜ **4:6** I Pi 3:18

⁷ ªLafen tout bagay pwòch. Konsa, se pou nou vin saj, ak yon jan de panse byen serye pou nou kab priye. ⁸ Anplis de tout bagay, ᵇrete fèm nan lanmou nou youn pou lòt, paske ᶜlanmou kouvri yon gran kantite peche. ⁹ ᵈResevwa youn lòt lakay nou san plenyen.

¹⁰ ᵉAkoz chak moun gen tan resevwa yon don espesyal, anplwaye li nan sèvi youn lòt kòm ᶠbon jeran ak tout gras ke Bondye te bay la. ¹¹ ᵍNenpòt moun ki pale, li dwe fè sa tankou sila k ap pale pawòl a Bondye. Nenpòt moun ki sèvi, li dwe fè li tankou sila k ap sèvi avèk ʰtout fòs ke Bondye ba li, pouke nan tout bagay, Bondye kapab glorifye atravè Jésus Kri. A Li menm, apatyen laglwa ak pwisans, pou tout tan e pou tout tan. Amen.

¹² Byeneme yo, pa vin etone de ⁱeprèv cho kap brile nan mitan nou an, ki parèt sou nou kòm yon eprèv, kòmsi se kèk bagay etranj k ap rive nou. ¹³ Men nan menm degre ke nou ʲpataje soufrans Kris la, kontinye rejwi nou, anfen ke nan revelasyon laglwa Li, nou kapab rejwi nou avèk gwo lajwa. ¹⁴ Si yo pale mal de nou ᵏpou non a Kris la ˡnou beni, paske Lespri laglwa a, ak Lespri Bondye a rete sou nou. De pati de sa yo, non L blasfeme, men sou pati pa w Li resevwa glwa.

¹⁵ Fè si ke okenn nan nou pa soufri kòm asasen, vòlè, oswa yon malfektè, ni yon moun k ap simen latwoublayᵐ; ¹⁶ Men, si yon moun soufri kòm yon Kretyen (yon moun k ap adore Kris), li pa dwe wont, men li dwe glorifye Bondye nan non sila a.ⁿ

¹⁷ Paske li lè pou jijman ᵒkòmanse avèk ᵖmanm lakay Bondye yo. E si li kòmanse avèk nou an premye, kisa ki va rive a sila ki pa obeyi a levanjil a Bondye a?

¹⁸ ᵠEpi si se avèk difikilte ke moun jis yo sove, kisa ki va rive ʳnonm ki san Bondye a, ak pechè a?

¹⁹ Konsa, sila yo osi ki soufri selon ˢvolonte Bondye a lè yo fè byen, lese yo remèt nanm yo a Li menm kòn yon Kreyatè Fidèl.

5 Pou sa mwen egzòte ansyen legliz yo pami nou, mwen kòm yon ansyen parèy, yon ᵗtemwen nan soufrans Kris la, e yon patisipan nan laglwa ki va vin revele a, ² se pou nou vin bèje ᵘa bann mouton Bondye pami nou an. Gade sou yo ᵛpa paske nou oblije, men paske nou vle, jan Bondye vle nou ye a, pa nan pouswiv move lajan, men nan dezi pou sèvi. ³ Ni se pa tankou ʷkòmande sila ki plase anba otorite nou yo, men kòm yon egzanp pou bann mouton an. ⁴ Epi lè Chèf ˣBèje a vin parèt, nou va resevwa kouwòn laglwa ki p ap janm gate a.

⁵ Nou menm, jènjan yo, vin soumèt nou a lansyen yo. Ke nou tout, abiye nou avèk ʸimilite youn anvè lòt, paske: ᶻ"Bondye opoze a ògeye yo, men Li bay gras a moun enb yo".

⁶ Konsa ªdesann nou anba men pwisan a Bondye a, pou Li kapab leve nou nan tan konvenab la.

⁷ Lage tout ᵇtèt chaje nou yo sou Li, paske li sousye de nou.

⁸ ᶜSe pou nou gen lespri serye e rete vijilan. Lènmi nou an, dyab la, ap sikile toupatou tankou yon lyon voras k ap chache yon moun pou l devore. ⁹ Men reziste kont li, kanpe fèm nan lafwa, paske nou konnen frè kwayan yo nan mond lan, ap pase menm kalite soufrans yo.ᵈ

¹⁰ Lè nou gen tan fin soufri pou yon ti tan, ᵉBondye a tout gras ᶠki te rele nou nan laglwa etènèl Li a an Kris, va, Li menm, fè nou pafè, konfime nou, e fè nou vin dyanm. ¹¹ A Li menm, pwisans pou tout tan e pou tout tan. Amen.

¹² Avèk èd ᵍSilvain, frè fidèl nou yo (se konsa mwen panse sou li) mwen ʰekri nou an brèf, pou ankouraje nou e bannou temwayaj ke sa se vrè gras a Bondye a. Kanpe fèm ladann!

ª **4:7** Wo 13:11   ᵇ **4:8** I Pi 1:22   ᶜ **4:8** Pwov 10:12   ᵈ **4:9** I Tim 3:2   ᵉ **4:10** Wo 12:6   ᶠ **4:10** I Kor 4:1
ᵍ **4:11** Tit 2:1   ʰ **4:11** Ef 6:10   ⁱ **4:12** I Pi 1:6   ʲ **4:13** Wo 8:17   ᵏ **4:14** Jn 15:21   ˡ **4:14** Mat 5:11
ᵐ **4:15** II Tes 3:11   ⁿ **4:16** I Pi 4:11   ᵒ **4:17** Am 3:2   ᵖ **4:17** Eb 3:6   ᵠ **4:18** Pwov 11:31   ʳ **4:18** I Tim 1:9
ˢ **4:19** I Pi 3:17   ᵗ **5:1** Luc 24:48; I Pi 1:5   ᵘ **5:2** Jn 21:16   ᵛ **5:2** Phm 14   ʷ **5:3** Éz 34:4   ˣ **5:4** I Pi 2:25   ʸ **5:5** I Pi 3:8   ᶻ **5:5** Pwov 3:34   ª **5:6** Mat 23:12   ᵇ **5:7** Sòm 55:22   ᶜ **5:8** I Pi 1:13; Mat 24:42   ᵈ **5:9** Jc 4:7   ᵉ **5:10** I Pi 1:6   ᶠ **5:10** I Kor 1:9   ᵍ **5:12** II Kor 1:19   ʰ **5:12** Eb 13:22

¹³ Madanm ki Babylone nan, ki te chwazi ansanm avèk nou an, voye bannou salitasyon li, tankou fis mwen an ªMarc tou.

¹⁴ Salye youn lòt avèk yon bo lanmou. Lapè avèk nou tout ki nan Kris la.ᵇ

ª **5:13** Trav 12:12,25   ᵇ **5:14** Wo 16:16

II PIERRE

1 Simon Pierre, yon sèvitè-atache nèt, e apòt a Jésus Kri, a sila ki te resevwa [a]yon lafwa menm jan ak nou yo, pa [b]ladwati Bondye ak Sovè nou an, Jésus Kri: ² Ke lagras ak lapè vin miltipliye a nou menm nan [c]konesans a Bondye ak Jésus, Senyè nou an, ³ akoz nou wè ke pwisans diven Li an bannou tout bagay ki apatyen a lavi ak sentete, atravè vrè konesans a Li, ki te [d]rele nou pa pwòp glwa ak ekselans Li. ⁴ Paske pa sila yo, Li te bannou [e]pwomès presye e manyifik Li, pouke nan yo, nou ta kapab vin [f]patisipan nan nati sen an, e chape de koripsyon ki nan mond lan pa konvwatiz lachè a.

⁵ Alò, pou rezon sa a tou, avèk tout dilijans nan lafwa nou, mete ekselans moral, e nan ekselans moral nou, mete [g]konesans. ⁶ Sou konesans nou, mete [h]bon kontwòl tèt nou, e nan bon kontwòl tèt nou, mete [i]pèseverans, e nan pèseverans nou, mete sentete. ⁷ Anplis nan sentete nou, mete bonte fratènèl, e nan [j]bonte fratènèl nou, mete lanmou.

⁸ Paske si kalite sa yo nan nou e ap ogmante, yo p ap rann nou ni initil, ni [k]san fwi nan vrè konesans Senyè nou an, Jésus Kri. ⁹ Paske, sila ki manke kalite sa yo [l]avèg oswa pa wè klè, akoz li bliye ke li te netwaye de ansyen peche li yo.

¹⁰ Konsa, frè m yo, se pou nou vin pi dilijan pou fè sèten de [m]chwa ak apèl Li de nou menm nan. Paske otan ke n ap pratike bagay sa yo, nou p ap janm glise tonbe. ¹¹ Paske lè nou aji nan fason sa a, antre nan wayòm etènèl Senyè ak Sovè nou an, Jésus Kri, va [n]toujou disponib a nou menm an abondans.

¹² Konsa, mwen va toujou prè pou fè nou sonje bagay sa yo, malgre nou deja konnen yo, e etabli nan [o]verite ki deja la avèk nou an. ¹³ Paske mwen konsidere li bon, toutotan mwen ap demere nan kay tèrès sila a, pou vire memwa nou pou fè nou sonje, ¹⁴ avèk konesans ke moman pou [p]mete akote kay tèrès mwen an toupre kòm osi Jésus Kri te fè m byen konprann nan. ¹⁵ Konsa, mwen va osi fè dilijans pou nenpòt lè m [q]fin ale, nou kapab toujou sonje bagay sa yo.

¹⁶ Paske nou pa t swiv [r]vye listwa koken lè nou te fè nou konnen [s]pwisans ak retou a Senyè nou an, Jésus Kri, men zye nou te temwen majeste Li. ¹⁷ Paske, lè Li te resevwa laglwa ak lonè Bondye, Papa a, yon [t]pawòl konsa te fèt a Li pa Laglwa Majeste a: "Sa se Fis byeneme Mwen an; avèk Li, Mwen byen kontan." ¹⁸ Epi nou menm te tande pawòl sa yo, fèt depi nan syèl la, lè nou te avèk Li sou [u]mòn sen an.

¹⁹ Konsa, nou gen pawòl pwofesi yo fèt pi asire. A sila nou dwe prete atansyon an tankou se yon [v]lanp k ap klere yon kote ki fènwa, jiskaske bajou kase e [w]zetwal granmmaten an leve nan kè nou.

²⁰ Men konnen sa davans, ke [x]nanpwen pwofesi nan lekriti sen an ki sijè a pwòp entèpretasyon prive. ²¹ Paske [y]okenn pwofesi pa t janm fèt pa volonte a moun, men lèzòm, dirije pa Lespri Sen an te pale pawòl yo ki te soti nan Bondye.

2 Men [z]fo pwofèt yo te osi leve pami pèp la. Menm jan an, va gen fo enstriktè pami nou tou, ki va entwodwi an sekrè fo doktrin destriktif yo, ki menm nye Mèt la ki te ransonnen yo a, e yo pote destriksyon rapid sou tèt yo. ² Anpil va swiv [a]vi sansyèl yo, e akoz de yo, chemen laverite a va [b]meprize. ³ Epi nan [c]vorasite yo, yo va eksplwate nou avèk fo pawòl, men jijman a yo menm ki te prepare depi nan tan lontan an p ap mize, e destriksyon yo p ap dòmi. ⁴ Paske [d]si Bondye pa t epagne zanj yo lè yo te peche a, men te voye yo nan labim tenèb ki te rezève pou jijman an; ⁵ epi pa t epagne [e]ansyen mond

---

[a] **1:1** Wo 1:12 [b] **1:1** Wo 3:21-26 [c] **1:2** Jn 17:3 [d] **1:3** I Tes 2:12 [e] **1:4** II Pi 3:9,13 [f] **1:4** I Jn 3:2 [g] **1:5** Kol 2:3 [h] **1:6** Trav 24:25 [i] **1:6** Luc 21:19 [j] **1:7** Wo 12:10 [k] **1:8** Kol 1:10 [l] **1:9** I Jn 2:11 [m] **1:10** Wo 11:29; I Tes 1:4 [n] **1:11** Wo 2:4 [o] **1:12** Kol 1:5 [p] **1:14** II Tim 4:6; Jn 21:19 [q] **1:15** Luc 9:31 [r] **1:16** I Tim 1:4 [s] **1:16** Mc 13:26 [t] **1:17** Mat 17:5 [u] **1:18** Egz 3:5 [v] **1:19** Sòm 119:105 [w] **1:19** Rev 22:16 [x] **1:20** Wo 12:6 [y] **1:21** Jr 23:26 [z] **2:1** Det 13:1 [a] **2:2** Jen 19:5 [b] **2:2** Wo 2:24 [c] **2:3** I Tim 6:5; Det 32:35 [d] **2:4** Jd 1:6 [e] **2:5** Egz 26:20

lan, men te prezève Noé, yon predikatè ladwati, avèk sèt lòt, lè Li te voye yon delij sou mond konwonpi a, [6] epi si Li te [a]kondane vil Sodome ak Gomorrhe pou destriksyon e te redwi yo an sann, epi te fè yo yon egzanp pou sila ki ta vin mennen yon vi san Bondye pi devan yo; [7] epi si li te [b]delivre Lot ki te yon nonm ladwati, oprime pa sansyalite a mesye san prensip yo, [8] (paske pa sa ke li te wè e tande [c]nonm ladwati sila a, pandan li t ap viv pami yo, te santi nanm dwat li a te toumante jou apre jou pa zèv san règ ni lwa yo.) [9] [d]Alò Senyè a konnen kijan pou Li delivre moun Li yo de tantasyon, e pou kenbe mechan an anba pinisyon pou jou jijman an. [10] Sitou sila ki satisfè lachè a nan dezi konwonpi li yo, e ki [e]meprize otorite. Plen kouraj e awogan, yo pa menm tranble lè yo ensilte zanj majeste yo, [11] [f]malgre zanj ki pi gran an pwisans ak pouvwa yo pa janm pote yon move jijman kont yo devan Senyè a. [12] Men [g]sa yo, tankou bèt san rezon, fèt tankou kreyati ki aji san refleksyon, ki fèt pou kapte e touye, ki mal pale kote yo pa gen konesans, va osi detwi nan destriksyon a kreyati sila yo.

[13] Y ap soufri mal kòm salè a mal ke yo fè. Se plezi yo pou [h]fè banbòch an plèn joune. Se tach ak salte, k ap fè kè kontan nan desepsyon yo, pandan y ap fete avèk nou. [14] Ak zye plen adiltè ki pa janm sispann fè peche, yo sedwi [i]nanm ki pa stab yo. Kè yo ki antrene pou lanvi tout bagay, se pitit madichon yo ye. [15] Nan abandone [j]bon chemen an, yo vin egare pou swiv [k]chemen Balaam, fis Bosor a, ki te renmen salè inikite yo. [16] Men li te resevwa yon repwòch pou pwòp transgresyon li. Paske [l]yon bourik bèbè te pale avèk vwa yon moun, e te mete fren a foli a pwofèt la.

[17] Sa yo se [m]sous san dlo e nyaj ki pouse pa yon van tanpèt [n]pou sila tenèb fènwa fin rezève nèt la. [18] Paske nan pale fò avèk [o]awogans ak vanite, yo sedwi pa dezi lachè yo, pa sansyalite, atake sila ki prèske pa gen fòs yo pou chape devan sila ki viv nan erè yo, [19] k ap pwomèt yo libète, pandan yo menm se esklav a koripsyon; paske [p]sa ki domine yon moun, fè l vin esklav.

[20] Paske si, apre yo fin chape de tout bagay sal mond sa a pa konesans Senyè ak Sovè a Jésus Kri, yo bwouye ladan yo ankò e vin simonte [q]dènye eta yo a vin pi mal pase premye a. [21] [r]Paske li ta pi bon pou yo pa t konnen chemen ladwati a, olye yo vin konnen l, pou vire kite kòmandman sen ki te [s]livre a yo menm nan. [22] Men sa ki vin rive a yo menm selon vrè pwovèb la: [t]"Yon chen retounen a pwòp vomisman l" epi "gwo manman kochon an, lè l fin benye, li retounen woule kò l nan labou a."

3

Sa se koulye a, byeneme yo, dezyèm lèt ke m ekri nou an. Ladann mwen ap eseye [u]kiltive nan nou kèk refleksyon serye, pou fè nou sonje, [2] pou nou kab [v]sonje pawòl ki te pale oparavan pa [w]pwofèt sen yo e kòmandman a Senyè ak Sovè a ki te pale pa apot nou yo.

[3] Konnen sa dabò, ke [x]nan dènye jou yo [y]mokè yo va vin moke, sila k ap swiv pwòp dezi lachè yo, [4] epi yo va di: [z]"Kote pwomès ke L ap vini an? Paske depi papa nou yo te vin [a]mouri, tout bagay kontinye jis jan li te ye depi kòmansman kreyasyon an."

[5] Paske lè yo kalkile konsa a, sa vin chape de remak yo ke selon pawòl Bondye a, syèl yo te egziste depi lontan e latè te [b]fòme avèk dlo e pa dlo. [6] Pa dlo sa a [c]mond lan te detwi, lè l vin kouvri avèk dlo. [7] Men, pa pawòl Li [d]syèl avèk tè ki la koulye a, ap rezève pou destriksyon avèk [e]dife, yo kenbe pou jou jijman an ak destriksyon moun mechan yo.

[8] Men pa kite sa chape de atansyon nou, byeneme yo, ke avèk Senyè a, yon jou se tankou [f]mil ane, e mil ane se tankou yon jou. [9] [g]Senyè a pa lan sou pwomès Li, jan kèk moun ta konte sa a, men Li pasyan anvè nou, e Li [h]pa vle pou okenn moun ta peri, men pou tout ta vini a larepantans.

---

[a] **2:6** Jen 19:24 [b] **2:7** Jen 19:24 [c] **2:8** Eb 11:4 [d] **2:9** I Kor 10:13 [e] **2:10** Egz 22:28 [f] **2:11** Jd 9 [g] **2:12** Jd 10 [h] **2:13** Wo 13:13 [i] **2:14** Jc 1:8 [j] **2:15** Trav 13:10 [k] **2:15** Nonb 22:5,7 [l] **2:16** Nonb 22:21,23,28,30 [m] **2:17** Jd 12 [n] **2:17** Jd 13 [o] **2:18** Jd 16 [p] **2:19** Jn 8:34 [q] **2:20** Mat 12:45 [r] **2:21** Éz 18:24 [s] **2:21** Jd 3 [t] **2:22** Pwov 26:11 [u] **3:1** II Pi 1:13 [v] **3:2** Jd 17 [w] **3:2** Luc 1:70 [x] **3:3** I Tim 4:1 [y] **3:3** Jd 18 [z] **3:4** Mal 2:17 [a] **3:4** Trav 7:60 [b] **3:5** Sòm 24:2 [c] **3:6** II Pi 2:5; Jen 7:11 [d] **3:7** II Pi 3:10,12 [e] **3:7** És 66:15 [f] **3:8** Sòm 90:4 [g] **3:9** Hab 2:3 [h] **3:9** I Tim 2:4

¹⁰ Men ᵃjou a Senyè a ᵇva vini kòm yon vòlè. Konsa syèl la va disparèt avèk yon gwo bwi, eleman yo va detwi avèk yon gwo chalè, e latè ak zèv li yo va vin brile nèt. ¹¹ Akoz ke tout bagay sa yo dwe detwi nan jan sa a, ki kalite moun nou ta dwe ye selon kondwit ki sen e fidèl? ¹² Moun k ap chache toujou pou avanse jou a Bondye, k ap fè ᶜsyèl yo detwi avèk dife, e tout eleman yo fann avèk gwo chalè a! ¹³ Men selon ᵈpwomès Li, n ap chache ᵉsyèl ki tounèf yo ak yon tè tounèf, kote ladwati abite.

¹⁴ Konsa, byeneme yo, akoz ke n ap chache bagay sa yo, se pou nou dili jan pou Li jwenn nou anpè ᶠsan tach e san fot. ¹⁵ Konsidere ᵍpasyans a Senyè a kòm sali nou. Menm jan an osi ak frè byeneme nou an, Paul, te ekri nou, selon sajès ke li te resevwa a, ¹⁶ kòm osi nan tout lèt li yo, li te pale ak yo de bagay sa yo. ʰLadan yo, gen kèk bagay ki difisil pou konprann, ke sila ki san konprann e ki pa stab yo defòme, jan yo te fè osi ak tout lòt Ekriti sen yo, ki va gen kòm rezilta, pwòp destriksyon pa yo.

¹⁷ Konsa, nou menm, byeneme yo, ki konnen sa davans, rete vijilan pou nou pa pote ale pa erè a moun san prensip yo, e tonbe kite pwòp fidelite nou. ¹⁸ Men grandi nan lagras ak konesans ⁱSenyè ak Sovè nou an, Jésus Kri.

A Li menm, laglwa, menm koulye a, e nan jou letènite a. Amen.

ᵃ **3:10** I Kor 1:8   ᵇ **3:10** I Tes 5:2   ᶜ **3:12** II Pi 3:7,10   ᵈ **3:13** És 65:17   ᵉ **3:13** Wo 8:21
ᶠ **3:14** Fil 2:15   ᵍ **3:15** II Pi 3:9; Trav 15:25   ʰ **3:16** Eb 5:11   ⁱ **3:18** II Pi 2:2

I JEAN

1 Sa ki te ye [a]depi kòmansman an, sa ke nou te tande, sa ke nou [b]te wè avèk zye nou yo, sa ke nou te byen konnen, epi te manyen avèk men nou yo, konsènan Pawòl Lavi a; [2] epi [c]lavi te vin parèt pou l vizib e nou te wè l, epi tande l, epi pwoklame a nou menm [d]lavi etènèl la, ki te avèk Papa a, epi te fè parèt byen klè a nou.

[3] Sa ke nou te wè epi [e]tande, nou pwoklame a nou menm osi ke nou kapab genyen [f]kominyon avèk nou. Konsa vrèman, kominyon nou se avèk Papa a, epi avèk Fis Li, Jésus Kri. [4] Epi [g]bagay sa yo nou ekri, pou [h]lajwa nou kapab vin konplèt.

[5] Men mesaj la ke nou te tande a Li, epi te anonse a nou menm, ke [i]Bondye se limyè, epi nan Li nanpwen tenèb ditou.

[6] [j]Si nou di ke nou gen kominyon avè Li, men nou mache nan tenèb la, nou [k]manti epi pa pratike laverite a. [7] Men si nou [l]mache nan limyè a, menm jan ke Li menm se nan limyè a, nou gen kominyon youn avèk lòt, epi san Jésus, Fis Li, netwaye nou de tout peche.[m]

[8] [n]Si nou di ke nou pa gen peche, n ap pase pwòp tèt nou nan desepsyon, epi [o]laverite a pa nan nou. [9] [p]Si nou konfese peche nou yo, Li se fidèl epi jis pou padonnen nou peche nou yo, epi pou netwaye nou de tout mal.

[10] Epi [q]si nou di ke nou pa peche, nou [r]fè Li menm yon mantè, epi pawòl Li pa nan nou.

2 Pitit mwen yo, m ap ekri nou bagay sa yo pou nou pa peche. Si nenpòt peche [s]nou gen yon avoka avèk Papa a, Jésus Kri sila ki dwat. [2] Se Li menm ki sakrifis ekspiyatwa a pou peche nou yo, non sèlman pou nou, men [t]pou tout lemonn lan.

[3] Se konsa nou konnen ke nou gen tan konnen Li, si nou [u]kenbe kòmandman Li yo. [4] Sila ki di "Mwen gen tan konnen Li," men pa kenbe kòmandman Li yo, se yon [v]mantè, epi [w]laverite a pa nan li. [5] Men nenpòt ki [x]kenbe pawòl Li, nan li [y]lamou Bondye a vrèman gen tan vin konplete. Men ki jan nou konnen ke nou se nan li: [6] Sila ki di ke l ap [z]reste nan Li ta dwe, li menm, mache menm jan ke Li te mache.

[7] Byeneme yo, mwen pa p ekri yon kòmandman nèf a nou, men yon ansyen kòmandman ke nou te gen [a]depi kòmansman an. Lansyen kòmandman an se pawòl a ke nou te tande depi kòmansman an. [8] Sou lòt men, m ap ekri nou yon kòmandman nèf, ki se vrè nan Li, epi nan nou, paske [b]tenèb la ap pase, epi vrè limyè a ap briye deja. [9] Sila ki di ke li nan limyè a, men [c]rayi frè l se nan tenèb la jiska prezan. [10] [d]Sila ki renmen frè li se nan limyè a, epi pa gen kòz pou chite tonbe nan li. [11] Men sila ki rayi frè li se nan tenèb la, epi mache nan tenèb la. Li pa konnen kote l ap w ale, paske tenèb la [e]fin fè l avèg.

[12] M ap ekri nou, ti moun yo, paske [f]peche nou yo gen tan padonnen pou kòz a non Li. [13] M ap ekri nou, papa yo, paske nou konnen Li ki te la depi kòmansman an. M ap ekri nou jenn nonm yo, paske [g]nou te vin gen viktwa la sou sila ki mechan. Mwen te ekri nou ti moun yo, paske nou konnen Papa a. [14] Mwen te ekri nou, papa yo, paske nou konnen Li [h]ki te la depi kòmansman a. Mwen te ekri nou jenn nonm yo paske nou [i]gen fòs, epi pawòl Bondye a reste nan nou, epi nou te vin gen viktwa sou sila ki mechan.

[15] Pa renmen lemonn, ni bagay yo ki nan lemonn. [j]Si nenpòt renmen lemonn, lamou Papa a pa reste nan li. [16] Paske tout

---

[a] **1:1** Jn 1:1   [b] **1:1** II Pi 1:16   [c] **1:2** Jn 1:4   [d] **1:2** Jn 10:28   [e] **1:3** Trav 4:20   [f] **1:3** Jn 17:3,21
[g] **1:4** I Jn 2:1   [h] **1:4** Jn 3:29   [i] **1:5** I Tim 6:16   [j] **1:6** Jn 8:12   [k] **1:6** I Jn 2:4   [l] **1:7** Esd 2:5
[m] **1:7** I Tim 6:16   [n] **1:8** Job 15:14   [o] **1:8** Jn 8:44   [p] **1:9** Sòm 32:5   [q] **1:10** Job 15:14   [r] **1:10** I Jn 5:10
[s] **2:1** Wo 8:34; Jn 14:16   [t] **2:2** Jn 4:42   [u] **2:3** Jn 14:15   [v] **2:4** I Jn 1:6   [w] **2:4** I Jn 1:8   [x] **2:5** Jn 14:23
[y] **2:5** I Jn 4:12   [z] **2:6** Jn 15:4   [a] **2:7** I Jn 2:24   [b] **2:8** Wo 13:12; Jn 1:9   [c] **2:9** I Jn 2:11   [d] **2:10** Jn 11:9
[e] **2:11** II Kor 4:4   [f] **2:12** Trav 13:38   [g] **2:13** Jn 16:33   [h] **2:14** I Jn 1:1   [i] **2:14** Ef 6:10   [j] **2:15** Jc 4:4

sa ki nan lemonn [a]lanvi lachè a, lanvi nan zye yo, ak lògey lavi la pa sòti nan Papa a, men nan lemonn sa. [17][b]Men lemonn an disparèt avèk tout lanvi li yo, men sila ki fè volonte a Bondye ap viv jis pou janmen.

[18] Pitit yo, se dènye lè. Menm jan ke nou te tande ke [c]antikris la ap vini [d]menm koulye a anpil antikris yo gen tan leve. Pou sa, nou konnen ke se dènye lè. [19][e]Yo te sòti pami nou, men yo pa t vrèman nan nou, paske si yo te nan nou, yo t ap rete avèk nou. Men yo te sòti jis pou li ta kapab vin klè ke yo pa nan nou.

[20] Men nou menm gen lonksyon lan ki sòti nan [f]Sila ki Sen an, epi nou tout konnen sa. [21] Mwen pa t ekri nou akoz nou pa konnen verite a, men [g]paske nou konnen li, epi akoz ke okenn manti pa janm [h]sòti nan laverite a. [22] Kilès k ap manti, sòf ke [i]li menm ki demanti ke Jésus se Kris la. Sila se antikris la, sila ki refize Papa a ansanm ak Fis la. [23][j]Sila ki demanti Fis la pa gen Papa a. Sila ki konfese Fis la, anplis, gen Papa a.

[24] Pou nou menm, kite sa demere nan nou ke nou te tande depi kòmansman an. Si sa nou te tande depi kòmansman an demere nan nou, nou [k]va osi reste nan Fis la, ak Papa a. [25] Epi [l]sa se pwomès la ke Li menm te fè nou, lavi etènèl.

[26] Bagay sa yo m wen te e krinou konsènan sa yo ki ta eseye [m]pase nou nan desepsyon. [27] Epi pou nou menm, lonksyon ke nou te resevwa a Li demere nan nou, epi nou pa gen bezwen pou pèsòn enstwi nou; men lonksyon Li [n]enstwi nou nan tout bagay. [o]Li se verite, epi pa janm nan manti, menm jan ke li te enstwi nou, demere nan Li. [28] Epi koulye a, ti moun yo, reste nan Li, jis pou lè L [p]vin parèt, nou kapab gen konfyans epi pa vin piti ak wont lè Li vini. [29] Si nou konnen ke [q]Li dwat nèt, nou konnen osi ke tout moun ki pratike ladwati a se ne a Li.

3 Gade [r]ki grand amou Papa a te bay nou ke nou ta vin rele [s]ti moun yo a Bondye! Konsa, se sa nou ye. Pou rezon sa lemonn pa rekonèt nou, paske li pa t rekonèt Li. [2] Alò, chè zanmi yo, nou se ti moun a Bondye, epi li poko fin devwale ki sa n ap ye. Nou konnen ke [t]lè Li parèt nou va tankou Li, paske nou va [u]wè Li menm jan ke Li ye. [3] Epi tout moun ki gen [v]espwa sa sou Li, vin pi li menm, menm jan ak Li.

[4] Epi tout moun ki pratike peche, transgrese lalwa. [w]Peche a se transgresyon lalwa. [5] Nou konnen ke Li te parèt pou Li ta kapab [x]retire peche yo, epi [y]nan Li pa gen peche. [6] Okenn moun ki rete nan Li [z]pa peche, men okenn ki viv nan peche pa t wè Li, ni yo pa konnen Li.

[7] Ti moun yo, pa kite pèsòn [a]twonpe nou. [b]Sila ki pratike ladwati a se jis, menm jan ke Li jis. [8] Men sila ki pratike peche se [c]a dyab la, paske dyab la te peche depi kòmansman a. Fis a Bondye te parèt pou rezon sila, ke Li ta kapab detwi zèv a dyab yo.

[9] Nanpwen pèsòn ki [d]ne de Bondye ki pratike peche paske jèm Li tou rete nan li, epi li pa kapab peche, paske li ne a Bondye. [10] Selon sa [e]pitit a Bondye yo, ak pitit a dyab yo se byen klè. Nenpòt ki pa pratike ladwati a pa de Bondye, ni sila ki pa renmen [f]frè li.

[11] Paske sa se mesaj la ke nou te tande depi kòmansman a [g]ke nou dwe renmen yon lòt. [12] Pa kon [h]Caïn, ki te apatyen a [i]mechan a, epi te asasinen frè l. Men poukisa li te asasinen li? Paske zèv li te mal, epi sa yo a frè l te jis.

[13] Pa etonnen, frè yo, si [j]lemonn rayi nou.

[14] Nou konnen ke nou [k]kite lanmò, epi antre nan lavi akoz ke nou renmen frè nou yo. Sila ki pa renmen, rete nan lanmò.

[15] Nenpòt ki [l]rayi frè l se yon asasen. Epi nou konnen ke nanpwen asasen ki gen lavi etènèl a anndan li.

[16] Men konsa nou rekonèt lamou; ke [m]Li te bay vi Li pou nou. Epi konsa, nou ta dwe

---

[a] **2:16** Wo 13:14   [b] **2:17** I Kor 7:31   [c] **2:18** Mat 24:5,24   [d] **2:18** Mc 13:22   [e] **2:19** Trav 20:30
[f] **2:20** Mc 1:24   [g] **2:21** Jc 1:19   [h] **2:21** Jn 8:44   [i] **2:22** I Jn 4:3   [j] **2:23** Jn 8:19   [k] **2:24** Jn 14:23   [l] **2:25** Jn 3:15   [m] **2:26** I Jn 3:7   [n] **2:27** Jn 14:26   [o] **2:27** Jn 14:17   [p] **2:28** I Jn 3:2; Mc 8:38
[q] **2:29** Jn 7:18   [r] **3:1** Jn 3:16   [s] **3:1** I Jn 1:12   [t] **3:2** Wo 8:29   [u] **3:2** Jn 17:24   [v] **3:3** Wo 15:12
[w] **3:4** Wo 4:15   [x] **3:5** I Jn 1:29   [y] **3:5** II Kor 5:21   [z] **3:6** I Jn 3:9   [a] **3:7** I Jn 2:26   [b] **3:7** I Jn 2:29
[c] **3:8** Jn 8:44   [d] **3:9** Jn 1:13   [e] **3:10** I Jn 1:12   [f] **3:10** I Jn 2:9   [g] **3:11** Jn 15:12   [h] **3:12** Jen 4:8
[i] **3:12** I Jn 2:13   [j] **3:13** Jn 15:18   [k] **3:14** Jn 5:24   [l] **3:15** Mat 5:21   [m] **3:16** Jn 10:11

bay vi nou yo pou frè nou yo. ¹⁷ Men ᵃnenpòt ki gen byen a lemonn sa, pou l wè frè l nan bezwen, epi ᵇsere kè l kontre li, ki jan lamou Bondye kapab rete nan li? ¹⁸ Ti moun yo, pa kite nou renmen avèk pawòl, ni avèk lang, men nan zèv ak nan ᶜverite.

¹⁹ Nou va rekonèt konsa ke nou ᵈnan laverite, epi va gen asirans nan kè nou devan Li: ²⁰ si kè nou kondannen nou, Bondye se bokou pi gran ke kè nou, epi Li konnen tout bagay.

²¹ Byeneme yo, si kè nou pa kondannen nou, nou gen ᵉkonfyans devan Bondye. ²² Pou sa a, nenpòt ke nou mande, nou va resevwa de Li, paske nou ᶠkenbe kòmandman Li yo, epi fè ᵍbagay yo ki fè plezi devan zye Li yo.

²³ Men sa se kòmandman Li, ke nou ʰkwè nan ⁱnon a Fis Li a, Jésus Kri, epi renmen yon lòt, kon Li te kòmande nou.

²⁴ Sila a ki ʲkenbe kòmandman Li yo, rete nan Li, epi Li rete nan li menm. Nou konnen konsa ke ᵏLi rete nan nou, akoz Li te bay nou Lespri Li.

4 Byeneme yo, pa kwè tout ˡlespri yo, men sonde yo pou wè si yo sòti nan Bondye, paske anpil fo pwofèt yo gen tan antre nan lemonn.

² Selon sa nou rekonèt Lespri Bondye a: ᵐchak lespri ki ⁿkonfese ke Jésus Kri te vini nan lachè a sòti nan Bondye: ³ Epi chak lespri ki ᵒpa konfese Jésus, pa sòti nan Bondye. Li menm se lespri antikris la, sou kilès nou te tande ke l ap vini, epi ᵖkoulye a se deja nan lemonn lan.

⁴ Ti moun yo, nou se a Bondye, epi te ᑫvenk lespri sa ki fo, paske pi gran se Li ki nan nou, pase ʳli ki nan lemonn an.

⁵ ˢYo sòti nan lemonn an. Akoz sa yo pale tankou lemonn an, epi lemonn an koute yo.

⁶ Nou se a Bondye: li ki konnen Bondye va koute nou. Li ki pa a Bondye p ap koute nou. Pa sa a nou konnen Lespri verite a ak Lespri la a sa ki fo.

⁷ Byeneme yo, kite nou ᵗrenmen yon ak lòt, paske lamou se ne de Bondye, epi konnen Bondye. ⁸ Sila ki pa gen lamou, pa konnen Bondye, paske ᵘBondye se lamou.

⁹ Se konsa lamou Bondye te vin parèt nan nou; ke ᵛBondye te voye sèl Fis inik Li nan lemonn an pou nou ta kapab viv nan Li.

¹⁰ Nan sa se lamou; ʷpa ke nou te renmen Bondye, men ke Li te renmen nou, epi te voye Fis Li kon sakrifis pwopiyatwa (sèl sakrifis la ki te akseptab pou peche nou yo).

¹¹ Byeneme yo, si Bondye te renmen nou, ˣnou osi dwe renmen youn ak lòt.

¹² ʸPèsòn pa janm wè Bondye nan okenn tan. Si nou gen lamou youn pou lòt, Bondye rete nan nou, epi lamou Li vin konplete nan nou.

¹³ ᶻSe konsa nou konnen ke nou rete nan Li epi Li nan nou, paske Li te bay nou Lespri Li.

¹⁴ Konsa, nou gen tan wè epi fè temwen ke Papa a te ᵃvoye Fis la kòm Sovè lemonn an. ¹⁵ Nenpòt ki konfese ke Jésus se Fis Bondye a, Bondye rete nan li, epi li nan Bondye. ¹⁶ Epi ᵇnou vin konnen epi gen tan kwè lamou ke Bondye gen pou nou.

ᶜBondye se lamou, epi sila ki rete nan lamou, rete nan Bondye epi Bondye rete nan li. ¹⁷ Se konsa, lamou vin pèfekte avèk nou, pou nou kapab gen ᵈkonfyans nan ᵉjou jijman an; akoz ke menm jan Li ye, nou menm tou se konsa nou ye nan lemonn sa.

¹⁸ Pa gen lakrent nan lamou; men ᶠlamou pafè va mete lakrent deyò, paske lakrent gen pinisyon, men sila ki gen perèz pa pèfekte nan lamou.

¹⁹ ᵍNou renmen, paske premyèman Li te renmen nou.

²⁰ Si yon moun di ke li renmen Bondye, men li ʰrayi frè l, li se yon mantè; paske yon moun ki pa renmen frè l ke li kapab wè, pa kapab renmen Bondye ke li pa janm wè.

²¹ ⁱKòmandman sa a nou gen de Li, ke sila ki renmen Bondye, dwe renmen frè li tou.

ᵃ **3:17** Jc 2:15	ᵇ **3:17** Det 15:7	ᶜ **3:18** II Jn 1	ᵈ **3:19** I Jn 2:21	ᵉ **3:21** I Jn 2:28	ᶠ **3:22** I Jn 2:3	
ᵍ **3:22** I Jn 8:29	ʰ **3:23** Jn 6:29	ⁱ **3:23** Jn 1:12	ʲ **3:24** I Jn 2:3	ᵏ **3:24** I Jn 2:5	ˡ **4:1** Jr 29:8	
ᵐ **4:2** I Kor 12:3	ⁿ **4:2** I Jn 2:23	ᵒ **4:3** I Jn 2:22	ᵖ **4:3** II Tes 2:3-7	ᑫ **4:4** I Jn 2:13	ʳ **4:4** Jn 12:31	
ˢ **4:5** Jn 15:19	ᵗ **4:7** I Jn 3:11	ᵘ **4:8** Jn 4:7,16	ᵛ **4:9** Jn 3:16	ʷ **4:10** Wo 5:8,10	ˣ **4:11** I Jn 4:7	
ʸ **4:12** Jn 1:18	ᶻ **4:13** Wo 8:9	ᵃ **4:14** Jn 3:17	ᵇ **4:16** Jn 6:69	ᶜ **4:16** I Jn 4:7,8	ᵈ **4:17** I Jn 2:28	
ᵉ **4:17** Mat 10:15	ᶠ **4:18** Wo 8:15	ᵍ **4:19** I Jn 4:10	ʰ **4:20** I Jn 2:9,11	ⁱ **4:21** Lev 19:18		

5 Nenpòt ki kwè ke Jésus se Kris la, se ne a Bondye. Nenpòt ki renmen Papa a, renmen sila ki ne de Li. ² Men konsa nou konnen ke ᵃnou renmen pitit a Bondye yo, lè nou renmen Bondye, epi obeyi kòmandman Li yo. ³ Paske ᵇse sa ki lamou pou Bondye, ke nou kenbe kòmandman Li yo. Kòmandman Li yo pa di. ⁴ Paske nenpòt ki ne de Bondye ᶜap venk lemonn an. Men viktwa ki venk lemonn an—lafwa nou. ⁵ Kilès sila ki venk lemonn an, sòf ke li ki ᵈkwè ke Jésus se Fis a Bondye a?

⁶ Se Sila ki vini pa dlo ak san, Jésus Kri; pa sèlman avèk dlo, men avèk dlo ak san. Se Lespri ki pote temwen an, akoz se Lespri a ki verite. ⁷ Paske gen ᵉtwa ki bay temwen; ⁸ Lespri a, dlo a, ak san an; epi tout nan twa sa yo se an akò kon youn sèl.

⁹ ᶠSi nou resevwa temwen lan a lòm, temwen Bondye a pi gran. Paske temwen Bondye a se sa; ke Li te pote temwen konsènan Fis Li. ¹⁰ Sila ki kwè nan Fis a Lòm nan ᵍgen temwen nan li menm. Men sila ki pa kwè Bondye te fè L yon mantè, akoz ke li pa kwè nan temwen ke Bondye pote konsènan Fis Li.

¹¹ Temwen a se sa: ke Bondye te bay nou ʰlavi etènèl a, epi ⁱlavi sila se nan Fis Li. ¹² ʲLi ki gen Fis la, gen lavi. Li ki pa gen Fis a Bondye a pa gen lavi.

¹³ ᵏBagay sa yo mwen ekri a nou ki ˡkwè nan non a Fis Bondye a, pou nou kapab konnen ke nou gen lavi etènèl, e ke nou kapab kontinye kwè nan Fis Bondye a.

¹⁴ Sa se ᵐkonfyans ke nou gen devan Li; ke si nou mande nenpòt bagay selon volonte L, Li tande nou. ¹⁵ Epi si nou konnen ke Li tande nou nan nenpòt sa nou mande, nou konnen ke nou resevwa sa ke nou te mande de Li.

¹⁶ Si nenpòt wè frè l ap fè yon peche ki pa mennen a lanmò ⁿli va mande, epi Bondye va pou li menm, bay lavi a sa yo ki fè peche ki pa mennen a lanmò. Genyen yon peche ki mennen a lanmò. ᵒMwen pa di ke li dwe fè demann pou sila. ¹⁷ ᵖTout inikite se peche, epi gen peche ki pa mennen a lanmò.

¹⁸ Nou konnen ke ᵠokenn ki ne a Bondye fè peche; men Li ki te ne de Bondye a kenbe li menm, epi ʳmechan an p ap touche li.

¹⁹ Nou konnen ke ˢnou menm se a Bondye, epi tout lemonn an rete nan pwisans a mechan an.

²⁰ Nou konnen ke Fis Bondye a gen tan vini, e te ᵗbay nou konprann pou nou ta kapab konnen Li ki se vrè. Konsa, nou nan Li ki se vrè, nan Fis Li, Jésus Kri. Sa se vrè Bondye a epi lavi etènèl la.

²¹ Ti moun yo, veye nou kont ᵘzidòl yo.

ᵃ **5:2** I Jn 3:14   ᵇ **5:3** Jn 14:15   ᶜ **5:4** I Jn 2:13   ᵈ **5:5** I Jn 4:15   ᵉ **5:7** Mat 18:16   ᶠ **5:9** Jn 5:34,37   ᵍ **5:10** Wo 8:16   ʰ **5:11** I Jn 1:2   ⁱ **5:11** Jn 1:4   ʲ **5:12** Jn 3:15,36   ᵏ **5:13** Jn 20:31   ˡ **5:13** I Jn 3:23   ᵐ **5:14** I Jn 2:28   ⁿ **5:16** Jc 5:15   ᵒ **5:16** Jr 7:16   ᵖ **5:17** I Jn 3:4   ᵠ **5:18** I Jn 3:9   ʳ **5:18** I Jn 2:13   ˢ **5:19** I Jn 4:6   ᵗ **5:20** Luc 24:45   ᵘ **5:21** I Kor 10:7,14

DEZYÈM LÈT JEAN

1 Ansyen an k ap ekri madanm chwazi a, ansanm ak pitit li yo, ke mwen renmen anverite; pa mwen sèlman, men tout sila ki [a]konnen laverite yo, **2** pou koz laverite a, ki rete nan nou, e ki va [b]avèk nou jis pou tout tan: **3** [c]Lagras, mizerikòd, ak lapè va avèk nou, ki sòti nan Bondye, Papa a, ak Senyè a Jésus Kri, Fis a Papa a, nan verite, ak nan lamou.

4 [d]Mwen te tèlman kontan pou twouve kèk nan timoun ou yo ki t ap mache nan laverite a, jis jan ke Papa a te kòmande nou fè a.

5 Konsa, koulye a mwen mande ou, madanm, [e]pa tankou mwen t ap ekri yon kòmandman tounèf, men menm sila ke nou te gen depi nan kòmansman an, pou nou renmen youn lòt. **6** Men [f]sa se lanmou, pou nou mache selon kòmandman Li yo. Sa se kòmandman an, jis jan ke ou te tande li [g]depi nan kòmansman an, pou ou ta mache nan li.

7 Paske [h]anpil sediktè [i]gen tan antre nan mond lan, sa yo ki pa rekonèt ke Jésus Kri te vini nan lachè a. Sila a se sediktè a, ak antikris la.

8 Veye nou menm [j]pou nou pa pèdi sa ke nou gen tan fin reyalize a, men pou nou resevwa tout rekonpans lan.

9 Nenpòt moun ki fin ale byen lwen e ki [k]pa kontinye nan doktrin Kris la, pa gen Bondye. Sila ki rete nan doktrin nan, li gen ni Papa a, ni Fis la.

10 Si nenpòt moun vini a nou, ki pa pote doktrin sila a, [l]pa resevwa li nan kay nou, e pa menm salye li, **11** paske sila ki salye li a [m]patisipe nan zak malveyan li yo.

12 [n]Malgre ke mwen gen anpil bagay pou m ta ekri nou, mwen pa vle fè sa avèk papye ak lank; men mwen espere ke m va vini a nou menm pou nou pale fasafas, jis pou jwa nou kapab vin akonpli.

13 Pitit a [o]sè chwazi yo salye nou. Amen

---

[a] **1:1** Jn 8:32   [b] **1:2** Jn 14:16   [c] **1:3** Wo 1:17   [d] **1:4** Jn 3:3   [e] **1:5** I Jn 2:7   [f] **1:6** I Jn 5:3
[g] **1:6** I Jn 2:7   [h] **1:7** I Jn 2:26   [i] **1:7** I Jn 2:19   [j] **1:8** I Kor 3:8   [k] **1:9** Jn 7:16   [l] **1:10** I Wa 13:16
[m] **1:11** Ef 5:11   [n] **1:12** III Jn 13,14   [o] **1:13** II Jn 1

III JEAN

1 Lansyen an k ap ekri a byeneme a, Gaïus, ke mwen [a]renmen an verite.

² Byeneme a, mwen priye nan tout aspè ke afè ou mache byen, epi ke ou toujou an bòn sante, menm jan ke nanm ou se an bòn sante. ³ Paske mwen te [b]tèlman kontan lè frè yo te vin pote temwen a verite ou, ki jan ou mache nan laverite a. ⁴ [c]Mwen pa gen pi gran jwa ke sa, pou tande koze a pitit mwen yo k ap mache nan laverite a.

⁵ Byeneme, ou ap aji fidèlman nan tout sa ou acheve pou frè yo, sitou lè se [d]moun ou pa rekonèt yo. ⁶ Yo pote temwen amou ou devan legliz la. Konsa, ou va fè byen pou voye yo sou wout yo nan yon jan [e]ki gen merit devan Bondye. ⁷ Paske yo te sòti pou kòz a [f]Non an, san aksepte anyen nan men etranje yo. ⁸ Nou dwe bay soutyen a moun tankou sa yo, pou nou kapab ouvriye parèy a yo nan laverite a.

⁹ Mwen te ekri yon bagay a legliz la, men Diotrèphe [g]ki renmen premye pami tout, pa aksepte sa nou te pale.

¹⁰ Pou rezon sa, mwen va atire atansyon a zak sa yo ke li fè, lè l akize nou san jistis avèk pawòl yo ki mechan. Pa menm satisfè avèk sa [h]li refize resevwa frè yo, epi li refize sa yo ki ta vle fè sa, epi [i]mete yo deyò legliz la.

¹¹ Zanmi mwen yo [j]pa imite sa ki mechan, men sa ki bon. Sila ki fè byen a Bondye. Sa ki fè mal pa janm te wè Bondye.

¹² Démétrius te resevwa yon bon temwen a tout moun, epi osi selon menm laverite a; epi nou mete temwen nou sou sa, epi [k]ou konnen ke temwen nou vrè.

¹³ [l]Mwen te gen anpil bagay yo pou ekri nou, men mwen pa vle ekri yo avèk plim ak lank; ¹⁴ men [m]mwen espere ke mwen va wè nou toutalè, epi nou va pale fas a fas.

¹⁵ Lapè swat avèk nou. Zanmi yo salye nou. Salye zanmi yo pa pwòp non yo.

---

[a] **1:1** I Jn 3:18   [b] **1:3** II Jn 4   [c] **1:4** III Jn 3   [d] **1:5** Wo 12:13   [e] **1:6** Kol 1:10   [f] **1:7** Jn 15:21
[g] **1:9** II Jn 9   [h] **1:10** II Jn 10   [i] **1:10** Jn 9:34   [j] **1:11** Sòm 34:14   [k] **1:12** Jn 19:35   [l] **1:13** II Jn 12
[m] **1:14** Jn 10:3

JUDE

1 Jude, yon sèvitè-atache nèt a Jésus Kri, epi frè la a Jacques, ekri a [a]sa yo ki rele sen nan Bondye, Papa a, epi ki [b]konsève pou Jésus Kri.

[2] Ke mizerikòd la, lapè, ak lamou kapab [c]ogmante anvè nou.

[3] Byeneme yo, pandan mwen t ap fè tout efò pou ekri nou selon delivrans ke nou pataje ansanm, mwen te sanse ke m te bezwen ekri nou epi plede avèk nou ke nou [d]lite fò pou [e]lafwa ki te delivre yon fwa pou tout a sen yo. [4] Paske gen sèten moun yo ki te glise antre nan mitan nou san ke nou pa wè, sa yo ki te [f]fin make pou kondanasyon sila depi avan lè; moun san Bondye ki ta vire lagras Bondye nou pou vini yon lisans pou fè sa ki mal, epi [g]rejete sèl Mèt ak Senyè nou, Jésus Kri.

[5] Koulye a, mwen vle fè nou sonje, malgre ke nou deja konnen tout bagay yo nèt, ke Senyè a [h]apre Li te delivre yon pèp sòti nan Égypte, apre te detwi tout sa yo ki pa t kwè. [6] Epi [i]zanj yo ki pa t kenbe pwòp wòl yo, men te abandonnen pwòp plas yo, Li te kenbe byen [j]anchennen anba tenèb la, pou jijman a nan gran jou a. [7] Menm jan ke Sodome ak Gomorrhe ansanm ak vil yo ki te antoure yo, akoz ke yo fè menm bagay, epi te antre nan imoralite a byen lèd, epi t ap chache vis lachè yo ki pa t menm twouve nan nati, se prezante kon yon egzanp, e te [k]pase nan pinisyon dife etènèl a.

[8] Malgre sa, moun sa yo fè menm bagay la. Ak rèv ke yo fè, yo [l]defile lachè a, rejete otorite a, epi meprize zanj majestik yo. [9] Men [m]lakanj Michel, lè li te dispite avèk dyab la, epi te despite sou kò Moise la, pa t menm tante pwononse yon jijman cho, men te di [n]"Ke Bondye bay ou repwòch." [10] Men [o]moun sa yo meprize sa ke yo pa menm konprann. Konsa, se pa bagay yo ke yo konnen pa lensten, kon bèt ki pa ka menm rezonen, ke yo vin detwi.

[11] Malè a yo! Paske yo ale [p]menm jan avèk Caïn. Pou yon salè yo te kouri tèt an avan nan erè Balaam nan, epi te [q]peri nan rebelyon Koré a.

[12] Moun sa yo se resif yo k ap kashe [r]nan fèt lamou sen nou yo, lè yo vin fète avèk nou san fè lakrent, men konsène sèlman ak pwòp tèt pa yo. Yo se [s]nwaj yo ki san dlo, pote pa van a, bwa sezon fwèt la san fwi, de fwa mò, dechouke menm; [13] [t]volas lanmè sovaj yo, k ap kimen nan pwòp wont yo tout kalite lenpirite yo; zetwal erann [u]pou kilès tenèb nwa a te rezève jis pou janmen.

[14] Epi selon sa yo tou [v]Énoch nan setyèm jenerasyon Adam, te fè pwofesi e te di "Byen gade, Senyè a te vini avèk anpil milye yo a moun sen pa Li yo, [15] pou egzekite jijman sou tout, epi pou fè rann kont a tout enkwayan yo avèk zak enpi pa yo, ke yo t ap fè nan yon jan ki san respè Bondye, epi tout move bagay ke [w]pechè yo san fwa te pale kont Li."

[16] Sa yo se [x]moun k ap plenyen fò nan gòj, k ap toujou twouve fòt, epi k ap swiv pwòp lanvi lachè pa yo. Yo pale [y]avèk awogans, flatè moun, pou yo kapab gen yon avantaj.

[17] Men nou, byeneme yo [z]dwe sonje pawòl yo ki te pale oparavan pa apot a Senyè nou yo, Jésus Kri [18] ke yo t ap di a nou ke [a]"Nan dènye tan, ap gen mokè yo, k ap swiv pwòp lanvi pa yo san fwa nan Bondye." [19] Se sa yo ki lakòz a divizyon yo, moun [b]k ap reflechi kon lemonn lan, ki san Lespri a.

[20] Men nou, byeneme yo [c]an nou bati sou lafwa ki sen pase tout; epi priye nan Lespri Sen an. [21] Kenbe nou menm nan lamou Bondye, epi toujou [d]tan swayezman pou mizerikòd a Senyè nou an, Jésus Kri anvè lavi etènèl. [22] Fè mizerikòd sou kèk

---

[a] **1:1** Wo 1:6 [b] **1:1** Jn 17:11 [c] **1:2** I Pi 1:2 [d] **1:3** I Tim 6:12 [e] **1:3** Trav 6:7 [f] **1:4** I Pi 2:8 [g] **1:4** I Tim 2:12 [h] **1:5** Egz 12:51 [i] **1:6** II Pi 2:4 [j] **1:6** II Pi 2:9 [k] **1:7** Mat 25:41 [l] **1:8** II Pi 2:10 [m] **1:9** II Pi 2:11 [n] **1:9** Za 3:2 [o] **1:10** II Pi 2:12 [p] **1:11** Jen 4:3-8 [q] **1:11** Nonb 16:1-3,31-35 [r] **1:12** I Kor 11:20 [s] **1:12** Pwov 25:14 [t] **1:13** És 57:20 [u] **1:13** II Pi 2:17 [v] **1:14** Jen 5:18,21 [w] **1:15** I Tim 1:9 [x] **1:16** Nonb 16:11,41 [y] **1:16** II Pi 2:18 [z] **1:17** II Pi 3:2 [a] **1:18** Trav 20:29 [b] **1:19** I Kor 2:1 [c] **1:20** Kol 2:7 [d] **1:21** Tit 2:13

k ap doute, ²³ sove lòt. ^aRachte yo menm nan dife a ak laperèz, epi sou kèk fè mizerikòd avèk ^brayisman menm pou rad ki te salè pa lachè.

²⁴ Koulye a, a Li menm ki kapab kenbe nou pou nou pa tonbe, epi ^cfè nou kanpe nan prezans laglwa Li san fòt avèk gran jwa, ²⁵ a ^dsèl Bondye Sovè nou an, atravè Jésus Kri Senyè nou, se laglwa, majeste, pwisans, ak otorite, menm avan tout tan, rive Koulye a, epi jis pou janmen. Amen.

---

^a **1:23** Am 4:11   ^b **1:23** Za 3:3   ^c **1:24** II Kor 4:14   ^d **1:25** Jn 5:44

REVELASYON

1 Revelasyon a Jésus Kri, ke ªBondye te bay Li pou ᵇmontre a sèvitè Li yo; bagay ki t ap oblije rive avan lontan yo, ke Li te voye kominike pa zanj Li, a sèvitè Li, Jean, ² ki te temwaye ᶜpawòl Bondye a, ak temwayaj Jésus Kri a, menm a tout sa li te wè yo.

³ ᵈBeni se sila ki li e sila ki tande pawòl pwofesi sila yo, e ki prete atansyon a bagay ki ekri ladann yo. ᵉPaske tan an pwòch.

⁴ Jean, a sèt legliz ki an ᶠAsie yo: Gras pou nou ak lapè, ki soti nan ᵍSila ki la, ki te la, e ki va vini an; ki soti anplis nan sèt lespri ki devan twòn Li an; ⁵ e nan Jésus Kri, ʰtemwen fidèl la, ⁱpremye ne de lanmò a, e chèf a wa latè yo.

A Sila ki renmen nou an, ki te libere nou de peche nou yo pa san Li— ⁶ epi Li te fè nou vin yon ʲWayòm, prèt a ᵏBondye e Papa Li a. A Li menm laglwa, ak règn pou tout tan e pou tout tan. Amen.

⁷ ˡGade byen, l ap vini avèk nwaj yo, e tout zye va wè L, menm sila ki te pèse L yo. Tout tribi sou latè yo va fè gwo lamantasyon sou Li. Se konsa l ap fèt. Amen.

⁸ **"Mwen se ᵐAlfa a e Omega a,"** di Senyè Bondye a: **"Sila ki la, ki te la, e ki va vini an, Toupwisan an."**

⁹ Mwen, Jean, frè nou, ki ⁿpatisipe avèk nou nan tribilasyon, wayòm, ak ᵒpèseverans ki nan Jésus a, te sou lil ki rele Patmos la, akoz pawòl a Bondye ak temwayaj de Jésus a.

¹⁰ Mwen te ᵖnan Lespri a nan jou Senyè a, e mwen te tande dèyè m yon gwo vwa ᑫtankou son a yon twonpèt, ¹¹ ki t ap di: **"Ekri nan yon liv sa ou wè a, e voye l nan sèt legliz yo; nan Éphèse, Smyrne, Pergame, Thyatire, Sardes, Philadelphie ak Laodicée."**

¹² Alò, mwen te vire pou wè vwa ki t ap pale avè m nan. Epi nan vire, mwen te wè ˢsèt chandelye ki fèt an lò. ¹³ Nan mitan chandelye yo, mwen te wè yon moun tankou yon fis a lòm, abiye nan yon wòb ki rive jis nan pye, e mare lestonmak li ak yon sentiwon an lò. ¹⁴ Tèt Li ak cheve Li te blan tankou lèn blanch, tankou lanèj. ᵗZye li te tankou yon flanm dife. ¹⁵ ᵘPye Li te tankou bwonz cho lè l chofe nan fou, epi vwa l te tankou bri anpil dlo. ¹⁶ Nan men dwat Li, Li te kenbe sèt etwal. Yon ᵛnepe file de bò te sòti nan bouch Li. ʷFigi Li te tankou solèy k ap briye nan pwisans li.

¹⁷ Lè m te wè Li, mwen te ˣtonbe nan pye Li tankou yon moun mouri. Li te poze men dwat Li sou mwen, e te di: **"Pa pè; Mwen se ʸpremye ak dènye a, ¹⁸ e ᶻSila ki viv la. ªMwen te mouri, e gade, Mwen viv pou tout tan. Amen. Mwen gen kle Lanmò ak Sejou Lanmò yo.**

¹⁹ **"Konsa, ᵇekri ᶜbagay ke ou gen tan wè yo, bagay ki la yo, ak bagay ki va rive pi devan an. ²⁰ Pou mistè a sèt zetwal ke ou te wè nan men dwat Mwen an, ak sèt chandelye yo: Men li: sèt zetwal yo, se zanj a ᵈsèt legliz yo, e sèt chandelye yo, se sèt legliz yo."**

2 **"A zanj nan legliz ᵉÉphèse la, ekri: Sila ki kenbe sèt zetwal yo nan men dwat Li a, Sila ki mache pami sèt chandelye fèt an lò yo, di sa a:**

² **"Mwen konnen zèv nou yo, travay di nou an, ak pèseverans nou, ke nou pa kapab tolere moun mechan, e nou te pase an eprèv sa yo ki rele tèt yo apòt, lè l pa t vrè, epi te twouve yo fo. ᶠ³ Nou gen pèseverans ak andirans ᵍpou koz a non Mwen, e nou pa t bouke.**

⁴ **"Men Mwen gen sa kont nou, ke nou ʰkite premye lanmou nou an. ⁵ Alò, sonje kote nou te tonbe a, epi ⁱrepanti**

ª **1:1** Jn 17:8   ᵇ **1:1** Rev 22:6   ᶜ **1:2** Rev 1:9   ᵈ **1:3** Luc 11:28   ᵉ **1:3** Rev 22:10   ᶠ **1:4** Trav 2:9
ᵍ **1:4** Rev 1:8   ʰ **1:5** Rev 3:14   ⁱ **1:5** I Kor 15:20   ʲ **1:6** Rev 5:10   ᵏ **1:6** Wo 15:6   ˡ **1:7** Dan 7:13
ᵐ **1:8** Rev 21:6   ⁿ **1:9** Trav 14:22   ᵒ **1:9** I Tes 3:5   ᵖ **1:10** Mat 22:43   ᑫ **1:10** Rev 4:1   ʳ **1:11** Rev 1:19
ˢ **1:12** Egz 25:37   ᵗ **1:14** Dan 7:9   ᵘ **1:15** Esd 1:7   ᵛ **1:16** És 49:2   ʷ **1:16** Mat 17:2   ˣ **1:17** Dan 8:17
ʸ **1:17** És 44:6   ᶻ **1:18** Luc 24:5   ª **1:18** Rev 2:8   ᵇ **1:19** Rev 1:11   ᶜ **1:19** Rev 1:12-16
ᵈ **1:20** Rev 1:4-11   ᵉ **2:1** Rev 1:11   ᶠ **2:2** I Jn 4:1   ᵍ **2:3** Jn 15:21   ʰ **2:4** Jr 2:2   ⁱ **2:5** Rev 2:16-22

e [a]fè zèv ke nou te fè avan yo; sinon Mwen ap vini kote nou pou retire chandelye nou an nan plas li, amwenske nou repanti. [6] Poutan nou genyen sa a, ke nou rayi zèv [b]Nikolayityen yo, ke Mwen menm, Mwen rayi tou.

[7] "Sila ki gen yon zòrèy la, kite li tande sa Lespri a di a legliz yo. A sila ki venkè a, Mwen va kite l manje nan [c]pyebwa lavi a ki nan Paradi Bondye a.

[8] "A zanj legliz Smyrne lan, ekri: [d]Premye ak dènye a, ki te mouri an, e ki te retounen a lavi a, di sa a: [9] Mwen konnen [e]tribilasyon ak povrete nou (men nou rich); epi blasfèm pa sila ki di yo se Jwif men ki pa sa yo, men ki se yon sinagòg pou Satan. [10] "Pa pè pou sa nou prèt pou soufri yo. Veye, dyab la prèt pou voye kèk nan nou nan prizon, pou nou kab pase a leprèv, e nou va gen tribilasyon pandan di jou. [f]Rete fidèl jiska lanmò, e mwen va bannou kouwòn lavi a.

[11] "Sila ki gen yon zòrèy la, kite l tande sa Lespri a di a legliz yo. Sila ki venkè a, p ap soufri donmaj pa [g]dezyèm lanmò a.

[12] "A zanj legliz nan Pergame nan, ekri: Sila a ki gen [h]nepe file de bò a, di sa a:

[13] Mwen konnen kote nou rete, kote twòn a Satan an ye. Nou kenbe fèm nan Non Mwen, e nou pa t nye lafwa nan Mwen an, menm nan jou Antipas yo, [i]temwen Mwen an, fidèl Mwen an, ki te touye pami nou, kote Satan rete a.

[14] "Men Mwen gen kèk bagay kont nou; paske nou gen la kèk moun ki kenbe nan ansèyman Balaam, ki te ansenye Balak pou mete yon wòch chite devan fis Israël yo, [j]pou manje bagay ki te sakrifye a zidòl e komèt zak imoral. [15] Konsa tou, nou gen kèk moun ki, nan menm jan an, k ap kenbe sou ansèyman [k]Nikolayityen yo.

[16] "Konsa, [l]repanti; sinon, Mwen va vini kote nou vit, e Mwen va fè lagè kont yo avèk [m]nepe a bouch Mwen an.

[17] "Sila ki gen yon zòrèy la, kite l tande sa Lespri a di a legliz yo. A sila ki venkè a, a li menm, Mwen va bay kèk nan lamàn kache a, e Mwen va ba li yon wòch blan avèk yon non tounèf ki ekri sou wòch la [n]ke pèsòn p ap konnen, sinon sila ki resevwa l la.

[18] "A zanj a legliz nan Thyatire a, ekri: Fis Bondye a, [o]ki gen zye tankou yon flanm dife a e pye tankou bwonz poli a, di sa a: [19] [p]Mwen konnen zèv nou yo, lanmou nou, lafwa, sèvis, ak pèseverans, e ke zèv nou dènye tan sa yo pi gran pase avan yo.

[20] "Men Mwen gen sa kont nou, ke nou tolere fanm [q]Jézabel la, ki rele tèt li pwofetès, e ki ansenye pou fè egare sèvitè Mwen yo, pou yo kab komèt vye zak imoral e manje bagay sakrifye a zidòl. [21] [r]Mwen te ba li tan pou repanti, e li [s]pa vle repanti de imoralite li yo.

[22] "Gade byen, Mwen va jete li sou yon kabann plen maladi, e sila ki [t]fè adiltè yo avèk li nan gran tribilasyon an, amwenske yo repanti de zèv li yo. [23] Konsa, Mwen va touye pitit li yo avèk gwo maladi lapès, e tout legliz yo va konnen ke Mwen menm se Sila ki [u]sonde panse ak kè yo. Mwen va bay nou chak selon zèv nou.

[24] "Men Mwen di nou, rès moun ki nan Thyatire yo, ki pa kenbe a doktrin sila a, ki pa t konnen [v]bagay pwofon a Satan yo, jan yo rele yo a, Mwen [w]pa mete lòt fado sou nou. [25] Sepandan [x]kenbe fèm a sa nou genyen an jiskaske M vini.

[26] "Sila ki venkè a, e sila ki kenbe zèv Mwen yo jiska lafen an, [y]a li menm Mwen va bay otorite sou nasyon yo. [27] Li va gouvène yo avèk yon baton fè, [z]tankou veso ajil ki vin kraze an mòso, jan Mwen menm te resevwa otorite soti nan Papa M nan; [28] epi Mwen va ba li [a]zetwal maten an.

[29] [b]"Sila ki gen yon zòrèy la, kite l tande sa Lespri a di a legliz yo".

---

[a] 2:5 Eb 10:32 [b] 2:6 Rev 2:15 [c] 2:7 Jen 2:9 [d] 2:8 És 44:6 [e] 2:9 Rev 1:9 [f] 2:10 Rev 2:13 [g] 2:11 Rev 20:6,14 [h] 2:12 Rev 1:16 [i] 2:13 Trav 22:20 [j] 2:14 Nonb 25:1 [k] 2:15 Rev 2:6 [l] 2:16 Rev 2:5 [m] 2:16 Rev 1:16 [n] 2:17 Rev 19:12 [o] 2:18 Rev 1:14 [p] 2:19 Rev 2:2 [q] 2:20 I Wa 16:31 [r] 2:21 II Pi 3:9 [s] 2:21 Wo 2:5 [t] 2:22 Rev 17:2 [u] 2:23 Sòm 7:9 [v] 2:24 Kol 2:10 [w] 2:24 Trav 15:28 [x] 2:25 Rev 3:11 [y] 2:26 Sòm 2:8 [z] 2:27 És 30:14 [a] 2:28 I Jn 3:2 [b] 2:29 Rev 2:7

3 "A zanj legliz nan Sardes la, ekri: Sila ki gen sèt Lespri Bondye ak [a]sèt zetwal yo, di sa a: Mwen konnen zèv nou yo, ke nou gen repitasyon ke nou vivan, men nou mouri. ² Reveye nou, e ranfòse bagay ki rete yo, ke ou te prèt pou jete deyò; paske Mwen pa twouve zèv nou yo konplè nan zye Bondye. ³ [b]Donk, sonje sa nou te resevwa e tande a. Kenbe l e repanti. Konsa, si nou pa reveye nou, Mwen va vini tankou yon vòlè, e nou p ap konnen a kilè Mwen va vini sou nou an.

⁴ "Men nou gen kèk moun nan Sardes ki pa t sal vètman yo. [c]Yo va mache avèk Mwen [d]abiye an blan, paske yo dign de sa.

⁵ "Sila ki vin venkè a va abiye konsa, an vètman blan. Mwen p ap janm efase non li nan liv lavi a, e [e]Mwen va konfese non li devan Papa M ak devan zanj Li yo. ⁶ [f]Sila ki gen yon zòrèy, kite l tande sa Lespri a di a legliz yo.

⁷ "A zanj legliz nan Philadelphie a, ekri: Sila ki sen an, ki vrè a, ki gen [g]kle David la, k ap louvri pou pèsòn p ap ka fèmen l, e ki fèmen pou pèsòn p ap ka louvri a, di konsa: ⁸ Mwen konnen zèv nou yo. Gade byen, Mwen mete devan nou yon pòt louvri ke pèsòn pa kab fèmen, paske nou gen yon ti pouvwa, epi nou te kenbe pawòl Mwen, e [h]pa t nye non Mwen. ⁹ Gade byen, Mwen va koze sila ki nan [i]sinagòg Satan yo, ki di ke yo se Jwif, men ki pa sa a, kap manti—Mwen va fè yo [j]vin bese nan pye nou, e fè yo konnen ke Mwen renmen nou.

¹⁰ "Paske nou kenbe pawòl pèseverans Mwen an, Mwen va kenbe nou osi nan lè eprèv la, lè ki prèt pou vini sou tout [k]mond lan pou pase a leprèv tout sila ki rete sou latè yo.

¹¹ "Mwen ap vini vit! [l]Kenbe fèm a sa nou genyen an, jis pou pèsòn pa rache kouwòn nou an.

¹² "Sila ki venkè a, Mwen va fè li vin yon [m]pilye nan tanp a Bondye Mwen an. Konsa, li p ap sòti deyò ankò, e Mwen va ekri sou li [n]non a Bondye Mwen an, ak non a gran vil Bondye Mwen an, Jérusalem tounèf la, ki desann soti nan syèl, de Bondye Mwen, avèk non tounèf Mwen an.

¹³ [o]"Sila ki gen yon zòrèy la, kite li tande sa Lespri a di a legliz yo".

¹⁴ "A zanj legliz nan Laodicée a, ekri: [p]Amen lan, [q]Fidèl e Vrè Temwen lan, Kòmansman kreyasyon Bondye la, di konsa: ¹⁵ [r]Mwen konnen zèv nou yo, ke nou pa ni frèt ni cho. Mwen ta pito ke nou te frèt oswa cho.

¹⁶ "Donk, paske nou tyèd, e nou pa cho ni frèt, Mwen va krache nou sòti nan bouch Mwen. ¹⁷ Paske nou di: [s]"Mwen rich! Mwen gen tan ranmase yon fòtin, e mwen pa bezwen anyen"; men nou pa konnen ke nou se malere, mizerab, pòv, avèg, e toutouni.

¹⁸ "Konsa, mwen konseye nou [t]achte nan men Mwen lò ki rafine nan dife pou nou kapab vin rich, e vètman blan pou mete sou nou pou wont toutouni nou an pa vin parèt; ak pomad zye pou nou pase nan zye nou pou nou kapab vin wè.

¹⁹ [u]"Sila ke M renmen yo, Mwen reprimande e disipline yo. Konsa, se pou nou vin plen ak zèl, e repanti.

²⁰ "Gade byen, Mwen kanpe nan pòt la e Mwen frape. Si yon moun tande vwa M, e ouvri pòt la, [v]Mwen va antre kote li, Mwen va dine avè l, e li menm avè M.

²¹ "Sila ki venkè a, Mwen va lèse l vin chita avè M sou twòn Mwen an, jan [w]Mwen menm tou te vin venkè a, e te vin chita avèk Papa M sou twòn Li an.

²² [x]"Sila ki gen yon zòrèy la, kite li tande sa Lespri a di a legliz yo".

4 Apre bagay sa yo, mwen te gade, e vwala, yon pòt ki louvri nan syèl la. Premye vwa m te tande a [y]te tankou son yon twonpèt k ap pale avè m, ki t ap di:

---

[a] **3:1** Rev 1:16	[b] **3:3** Rev 2:5	[c] **3:4** Jd 23
[d] **3:4** Ekl 9:8	[e] **3:5** Mat 10:32	[f] **3:6** Rev 2:7
[g] **3:7** És 22:22	[h] **3:8** Rev 2:13	[i] **3:9** Rev 2:9
[j] **3:9** És 45:14	[k] **3:10** Rev 16:14	[l] **3:11** Rev 2:10
[m] **3:12** Gal 2:9	[n] **3:12** Rev 14:1	[o] **3:13** Rev 3:6
[p] **3:14** II Kor 1:20	[q] **3:14** Rev 3:7	[r] **3:15** Rev 3:1
[s] **3:17** Os 12:8	[t] **3:18** Mat 13:44	[u] **3:19** Pwov 3:12
[v] **3:20** Jn 14:23	[w] **3:21** Jn 16:33	
[x] **3:22** Rev 2:7	[y] **4:1** Rev 1:10	

a"Monte isit la, e mwen va montre ou sa ki dwe rive apre bagay sa yo."

2 La menm, mwen te ᵇnan Lespri a. Epi gade byen, yon ᶜtwòn te kanpe nan syèl la, e yon moun te chita sou twòn nan. 3 Epi Sila ki te chita a te gen aparans yon pyè jasp ak yon sadwàn. Konsa, te gen yon ᵈlakansyèl ozanviwon de twòn lan, ak aparans yon emwòd. 4 Ozanviwon de twòn lan se te ᵉvenn-kat twòn: epi ozanviwon de twòn yo, mwen te wè ᶠvenn-kat ansyen yo chita, abiye an vètman blan, e kouwòn an lò sou tèt yo. 5 Sòti nan twòn nan se te gwo kout ekleraj, gwo son loraj, ak gwo kout tonnè. Konsa, te gen ᵍsèt lanp dife ki t ap brile devan twòn nan, ki se sèt Lespri Bondye yo. 6 Epi devan twòn nan, te gen yon bagay tankou yon lanmè glas kristal. Nan mitan e ozanviwon de twòn lan, kat kreyati vivan ʰranpli avèk zye pa devan kou pa dèyè. 7 ⁱPremye kreyati a te tankou yon lyon, dezyèm kreyati a te tankou yon ti towo bèf, twazyèm kreyati a te gen yon figi tankou yon moun, e katriyèm kreyati a te tankou yon èg k ap vole anlè. 8 Epi kat kreyati vivan yo, yo chak avèk sis zèl, ranpli avèk zye toutotou e anndan. San repo, lajounen kon lannwit, yo pa t sispann di: ʲ"Sen, sen, sen, se Senyè a, Bondye a, Toupwisan an, ki te la, ki la, e ki va vini an."

9 Lè kreyati vivan yo fin bay glwa, lonè ak remèsiman a Sila ki ᵏchita sou twòn lan, a Sila ki viv pou tout tan e pou tout tan an, 10 venn-kat ansyen yo ˡtonbe devan Sila ki chita sou twòn lan pou adore Sila ki viv pou tout tan e pou tout tan an, e yo jete kouwòn yo devan twòn lan, pandan y ap di: 11 "Dign se Ou Menm, Senyè nou, e Bondye nou an, pou resevwa glwa, lonè ak pwisans; paske Ou te ᵐkreye tout bagay, e akoz volonte Ou, yo te egziste e te kreye."

5 Mwen te wè nan men dwat a Sila ki te chita sou twòn lan, yon ⁿliv ki te ekri pa anndan kou pa deyò, ᵒsele avèk sèt so.

2 Mwen te wè yon ᵖzanj pwisan ki t ap pwoklame nan yon vwa fò: "Kilès ki dign pou louvri liv la, e kase so li yo?" 3 Men pèsòn ᑫnan syèl la, sou tè a, oubyen anba tè a pa t kapab ouvri liv la oubyen gade ladann. 4 Alò, mwen te kòmanse kriye anpil, paske pèsòn pa t dign pou louvri liv la oubyen pou gade ladann. 5 Epi youn nan ansyen yo te di m: "sispann kriye; gade byen, Lyon nan ʳki sòti nan tribi Juda a, ˢRasin a David la, te vin venkè. Li k ap ouvri liv la ak sèt so li yo."

6 Konsa, mwen te wè antre twòn lan, avèk kat kreyati vivan, ak lansyen yo, yon Jèn Mouton te kanpe, kòmsi li te touye deja, avèk sèt kòn akᵗsèt zye, ki se sèt Lespri a Bondye yo, ki te voye sou tout tè a. 7 Li te vini, Li te pran ᵘliv la nan men dwat a Sila ki te chita sou twòn lan.

8 Lè L te pran liv la, kat kreyati vivan yo ak venn-kat ansyen yo te tonbe devan Jèn Mouton an, yo chak kenbe yon ap ak yon bòl fèt an lò ranpli avèk lansan, ki se te ᵛpriyè a sen yo. 9 Epi yo te chante yon chan tounèf. Yo te di:

"Dign se Ou menm pou pran liv la,
e kase so li yo.
Paske Ou te touye,
e Ou te achte pou Bondye avèk san Ou;
lèzòm ʷde tout tribi, lang, pèp,
    ak nasyon.
10 Ou te fè nou vin ˣwa ak prèt yo
    a Bondye nou an;
epi nou va ʸrenye sou tè a."

11 Alò, mwen te gade, e mwen te tande vwa a anpil zanj ki te antoure twòn nan, ᶻkreyati vivan yo ak ansyen yo. An kantite yo a te dè ᵃmiryad e dè miryad, epi dè milye e dè milye, 12 k ap pale avèk yon vwa fò: "Dign se ᵇJèn Mouton ki te touye a, pou resevwa pwisans, richès, sajès, pouvwa, lonè, laglwa, ak benediksyon."

13 Epi tout bagay ki kreye nan syèl la, sou tè a, anba tè a, ak sou lanmè a, e tout bagay ladann yo, mwen te tande yo t ap di: "A Sila

---

ᵃ 4:1 Rev 11:12 ᵇ 4:2 Rev 1:10 ᶜ 4:2 I Wa 22:19 ᵈ 4:3 Éz 1:28 ᵉ 4:4 Rev 11:16 ᶠ 4:4 Rev 4:10
ᵍ 4:5 Egz 25:37 ʰ 4:6 Éz 1:18 ⁱ 4:7 Éz 1:10 ʲ 4:8 És 6:3 ᵏ 4:9 Sòm 47:8 ˡ 4:10 Rev 5:8,14
ᵐ 4:11 Trav 14:15 ⁿ 5:1 Éz 2:9,10 ᵒ 5:1 És 29:11 ᵖ 5:2 Rev 10:1 ᑫ 5:3 Fil 2:10 ʳ 5:5 Eb 7:14
ˢ 5:5 Rev 22:16 ᵗ 5:6 Za 3:9 ᵘ 5:7 Rev 5:1 ᵛ 5:8 Sòm 141:2 ʷ 5:9 Dan 3:4 ˣ 5:10 Rev 1:6
ʸ 5:10 Rev 20:4 ᶻ 5:11 Rev 4:6 ᵃ 5:11 Dan 4:10 ᵇ 5:12 Jn 1:29

ki chita sou twòn nan, e a Jèn Mouton an, [a]benediksyon, lonè, glwa, ak lafòs, pou tout tan e pou tout tan! Amen!"

¹⁴ Epi kat kreyati vivan yo te kontinye ap di "Amen." Epi lansyen yo te vin tonbe ba pou adore.

6 Alò, mwen te wè lè Jèn Mouton an te kase youn nan [b]sèt so yo, e mwen te tande youn nan kat kreyati vivan yo t ap di avèk yon vwa tankou tonnè "Vini." ² Mwen te gade, e vwala, yon cheval blan te vin parèt; epi Sila ki te chita sou li a te gen yon banza nan men l. Yon [c]kouwòn te bay a li menm, e li te sòti ap venk moun e espwe pou venk moun.

³ Lè L te kase dezyèm so a, mwen te tande [d]dezyèm kreyati vivan an t ap di: "Vini!" ⁴ Alò, yon lòt, [e]yon cheval wouj te sòti. A sila ki te chita sou li a, sa te pèmèt pou l [f]pran lapè soti sou tè a, e ke moun sa yo ta touye youn lòt. Yon gran nepe te mete nan men l.

⁵ Lè Li te kase twazyèm so a, mwen te tande [g]twazyèm kreyati vivan an, t ap di: "Vini pou wè!" Mwen te gade, e vwala, yon cheval nwa; e sila ki te chita sou li a te gen yon balans nan men l. ⁶ Konsa, mwen te tande yon bagay tankou yon vwa nan mitan [h]kat kreyati vivan yo ki t ap di: "De gode ble pou yon denye, e sis gode lòj pou yon denye. Pa fè mal a lwil ak diven an."

⁷ Lè Jèn Mouton an te kase katriyèm so a, mwen te tande vwa a [i]katriyèm kreyati vivan an ki t ap di "Vini pou wè". ⁸ Mwen te gade, e vwala, yon cheval koulè gri tankou sann, epi sila ki te chita sou li a te gen non [j]Lanmò. Konsa, Sejou Lanmò a t ap swiv li. Otorite te bay a yo menm sou yon ka latè pou yo touye avèk nepe, avèk gwo grangou, epidemi lapès, e avèk bèt sovaj latè yo.

⁹ Lè Jèn Mouton an te kase senkyèm so a, mwen te wè anba lotèl la [k]nanm a sila yo yo te touye [l]akoz de pawòl Bondye a, e akoz de temwayaj ke yo te kenbe a.

¹⁰ Yo te kriye avèk yon vwa fò. Yo t ap di: "Konbyen tan, o Senyè, [m]sen e veritab, èske Ou va fè reta nan [n]jije e vanje san nou sou sila ki rete sou latè yo?" ¹¹ Yo te ba yo chak [o]yon vètman blan. Yo te di yo ke yo ta dwe repoze pou yon ti tan toujou, jiskaske kantite sèvitè parèy yo ak frè yo ta dwe vin touye menm jan ak yo, [p]pou konplete kous pa yo.

¹² Mwen te gade lè Li te kase sizyèm so a, epi te gen yon gwo tranbleman detè. [q]Solèy la te vin nwa tankou rad antèman ki fèt avèk pwal e lalin lan te vin tankou san. ¹³ [r]Konsa, zetwal nan syèl yo te tonbe sou tè a, tankou yon pye fig frans ki jete fwi vèt li lè li souke pa gwo van. ¹⁴ Syèl la te fann e separe tankou yon woulo papye lè l vin woule, e [s]tout mòn ak lil yo te deplase kite plas yo.

¹⁵ Alò, [t]wa latè yo, gran chèf yo, gwo moun yo, rich yo, moun dyanm yo, chak esklav ak moun lib yo, tout te kache tèt yo nan twou wòch e pami wòch mòn. ¹⁶ Epi yo te [u]di a mòn ak wòch yo: "Tonbe sou nou, e kache nou pou nou pa wè prezans a Sila [v]ki chita sou twòn nan, ak kòlè Jèn Mouton an. ¹⁷ Paske [w]gran jou kòlè a gen tan vini, e [x]kilès ki kapab kanpe?"

7 Apre sa, mwen te wè kat zanj ki te kanpe nan kat kwen latè, ki t ap kenbe [y]kat van latè yo, pou van pa soufle sou tè a, sou lanmè a, ni sou okenn pyebwa.

² Mwen te wè yon lòt zanj ki t ap monte soti kote solèy la leve a, avèk [z]so a [a]Bondye vivan an. Li te kriye fò avèk yon gwo vwa a kat zanj ki te gen pèmisyon pou fè mal a tè a ak lanmè a. ³ Li te di: "Pa fè tè a, lanmè a, oubyen pyebwa yo mal jiskaske nou fin [b]sele sèvitè-atache Bondye nou yo sou [c]fon yo." ⁴ Konsa, mwen te tande kantite a sila ki te sele yo, [d]san-karant-kat-mil, sele soti nan chak tribi a fis Israël yo.

⁵ Nan tribi Juda a, douz-mil te sele,
nan tribi Ruben an, douz-mil, nan tribi Gad la, douz-mil,
⁶ nan tribi Aser a, douz-mil, nan tribi Nephthali a, douz-mil,
nan tribi Manassé a, douz-mil,
⁷ nan tribi Siméon an, douz-mil, nan tribi Levi a, douz-mil,

---

[a] **5:13** Rev 1:6   [b] **6:1** Rev 5:1   [c] **6:2** Za 6:11   [d] **6:3** Rev 4:7   [e] **6:4** Za 1:8   [f] **6:4** Mat 10:34
[g] **6:5** Rev 4:7   [h] **6:6** Rev 4:6   [i] **6:7** Rev 4:7   [j] **6:8** Pwov 5:5   [k] **6:9** Rev 20:4   [l] **6:9** Rev 1:2,9
[m] **6:10** Rev 3:7   [n] **6:10** Det 32:43   [o] **6:11** Rev 3:4,5   [p] **6:11** Trav 20:24   [q] **6:12** És 13:10
[r] **6:13** Mat 24:29   [s] **6:14** És 54:10   [t] **6:15** És 2:10,19,21   [u] **6:16** Os 10:8   [v] **6:16** Rev 4:9
[w] **6:17** Jl 2:11   [x] **6:17** Mal 3:2   [y] **7:1** Jr 49:36   [z] **7:2** Rev 7:3   [a] **7:2** Mat 16:16   [b] **7:3** Rev 7:3-8
[c] **7:3** Éz 9:4,6   [d] **7:4** Rev 14:1,3

nan tribi Issacar a, douz-mil,
⁸ nan tribi Zabulon an, douz-mil, nan tribi Joseph la, douz-mil,
nan tribi Benjamin an, douz-mil te sele.

⁹ Apre bagay sa yo, mwen te gade, e vwala, yon gwo foul ke pèsòn pa t kapab konte, soti nan ᵃtout nasyon, tout tribi, pèp ak langaj, te kanpe devan twòn nan, e ᵇdevan Jèn Mouton an ki te abiye an vètman blan, e branch palmis te nan men yo. ¹⁰ Yo te kriye fò avèk yon gwo vwa, e t ap di: ᶜ"Delivrans sòti nan Bondye nou an ki chita sou twòn nan, ak nan Jèn Mouton an."

¹¹ Konsa, tout zanj yo te kanpe ᵈtoutotou de twòn nan, toutotou de lansyen yo, ak kat kreyati vivan yo. Yo te tonbe sou figi yo devan twòn nan pou adore Bondye. ¹² Yo t ap di: "Amen! ᵉBenediksyon, laglwa, sajès, remèsiman, lonè, pwisans, e pouvwa pou Bondye nou an pou tout tan e pou tout tan! Amen."

¹³ Konsa, youn nan ansyen yo te reponn e t ap di mwen: "Sila ki abiye an ᶠvètman blan yo, kilès yo ye, e ki kote yo sòti?"

¹⁴ Mwen te di Li: "Senyè mwen, se Ou ki konnen."

Epi li te di mwen: "Sa yo se sila ki sòti nan gran tribilasyon an, e yo te lave vètman yo pou fè vin blanch nan ᵍsan a Jèn Mouton an. ¹⁵ Pou rezon sa a, ʰyo devan twòn Bondye a; epi yo sèvi Li lajounen kon lannwit nan tanp li an.

"Epi ⁱSila ki chita nan twòn nan va ouvri tabènak li sou yo. ¹⁶ ʲ"Yo p ap grangou ankò, ni swaf ankò. Ni solèy la p ap bat yo, ni okenn chalè; ¹⁷ paske, Jèn Mouton an nan mitan twòn nan va ᵏbèje pa yo. Li va gide yo a sous dlo vivan yo, e ˡBondye va seche tout dlo ki sòti nan zye yo."

8 Lè Jèn Mouton an te ouvri ᵐsetyèm so a, te gen silans nan syèl la pandan anviwon demi èdtan.

² Epi mwen te wè ⁿsèt zanj ki kanpe devan Bondye, e yo te resevwa sèt twonpèt.

³ Yon lòt zanj te vin kanpe devan ᵒlotèl la. Li te kenbe yon lansanswa an lò. Anpil ᵖlansan te bay a li menm pou l ta kab ajoute sou lapriyè a tout sen ki te sou lotèl an lò ki te devan twòn nan. ⁴ Konsa, ᑫlafimen lansan an avèk lapriyè a tout sen yo te sòti nan men a zanj lan pou monte parèt devan Bondye.

⁵ Zanj lan te pran lansanswa a, liʳplen li avèk dife lotèl la, e voye l sou tè a. Sa te swiv ak gwo ˢkout tonnè, gwo bri, kout eklè ak yon tranbleman detè. ⁶ ᵗKonsa, sèt zanj ki te gen sèt twonpèt yo te prepare yo pou sone yo.

⁷ Premye a te sone, epi te vin parèt ᵘlagrèl ak dife tou mele avèk san, e yo te jete yo sou tè a. Epi yon tyè pati tè a te brile, yon tyè nan pyebwa yo te brile e tout zèb vèt yo te brile nèt.

⁸ Dezyèm zanj lan te sone, e yon bagay tankou yon gwo mòn k ap brile ak dife te jete nan lanmè a. Konsa yon tyè nan ᵛlanmè a te tounen san. ⁹ Yon tyè nan kreyati vivan ki te nan lanmè yo te mouri, e yon tyè nan ʷbato yo te detwi.

¹⁰ Twazyèm zanj lan te sone, epi yon gwo zetwal ki t ap brile tankou yon tòch te ˣtonbe soti nan syèl la. Li te tonbe sou yon tyè nan larivyè ak ʸsous dlo yo. ¹¹ Non a zetwal la se "Absinthe." Yon tyè nan dlo yo te vin ᶻanmè, e anpil moun te vin mouri akoz dlo yo ki te vin anmè a.

¹² Katriyèm zanj lan te sone, epi yon ᵃtyè nan solèy la, yon tyè nan lalin nan, ak yon tyè nan zetwal yo te frape, pouke yon tyè nan yo ta vin nwa, e jounen an pa ta parèt pandan yon tyè nan pati li, e lannwit lan, menm jan an.

¹³ Answit, mwen te gade e mwen te tande yon èg k ap vole nan ᵇmitan syèl la, ki t ap di nan yon gwo vwa: "Malè! Malè! Malè a ᶜsila ki rete sou latè yo, akoz son twonpèt a twa zanj ki toujou rete yo!"

9 Answit, senkyèm zanj lan te sone, e mwen te wè yon zetwal nan syèl la ki te tonbe sou tè a. Epi kle a ᵈfòs labim nan te bay a li menm. ² Li te ouvri labim nan, e ᵃlafimen te sòti nan fòs la tankou lafimen a yon gwo founo. Solèy la avèk lè a te vin tounwa akoz lafimen ki sòti nan labim nan.

³ ᵇAnswit, krikèt te sòti nan lafimen an pou vini sou latè, epi yo te resevwa pouvwa, jan eskòpyon sou latè yo gen pouvwa a. ⁴ Yo te di yo pou yo pa fè zèb latè yo mal, ni okenn bagay vèt, ni okenn pyebwa, men sèlman moun ki pa gen ᶜso Bondye a parèt sou fon yo. ⁵ Konsa, yo pa t pèmèt yo touye pèsòn, men toumante yo pandan senk mwa. Epi toumant yo te tankou toumant a yon ᵈeskòpyon lè l pike yon moun.

⁶ Nan jou sa yo, ᵉmoun va cheche lanmò, e yo p ap twouve l. Yo va anvi mouri e lanmò va sove ale kite yo.

⁷ Aparans a krikèt yo ᶠte tankou cheval ki prepare pou batay. Sou tèt yo te gen bagay tankou kouwòn an lò, e figi yo te tankou figi a moun. ⁸ Yo te gen cheve ki te tankou cheve a fanm, e ᵍdan yo te tankou dan lyon. ⁹ Yo te gen pwotèj lestonmak tankou pwotèj an fè, e bri a zèl yo te tankou bri cha a anpil cheval k ap kouri nan batay. ¹⁰ Yo gen ke tankou eskòpyon, ak pikan. Epi nan ʰke yo, te gen pouvwa pou fè moun mal pandan ⁱsenk mwa. ¹¹ Yo gen kòm wa sou yo, zanj ʲlabim nan. Non li an Ebre se Abaddon, e an Grèk, li rele Apollon.

¹² ᵏPremye malè a te gen tan fin pase. Gade byen, de malè ap toujou vini apre bagay sa yo.

¹³ Answit, sizyèm zanj lan te sone. Mwen te tande yon vwa ki sòti nan kat kòn ˡlotèl an lò ki devan Bondye a. ¹⁴ Youn t ap di a sizyèm zanj ki te gen twonpèt la: "Lage kat zanj ki mare bò kote ᵐgwo Larivyè Euphrate la."

¹⁵ Epi kat zanj yo, ki te prepare ojis pou lè a, mwa a, jou ak lane a, te ⁿlage pou yo ta kapab touye yon tyè nan limanite. ¹⁶ Kantite lame ki te sou cheval yo te ᵒde-san-milyon. Mwen te tande kantite yo a.

¹⁷ Konsa, mwen te wè nan vizyon an, cheval ak sila ki te chita sou yo a. Chevalye yo te gen pwotèj lestomak menm koulè ak dife, jasent, ak ᵖsouf, e tèt cheval yo tankou tèt lyon. E se dife, lafimen ak souf ki t ap sòti ᵍnan bouch yo. ¹⁸ Yon ʳtyè limanite te vin touye pa twa fleyo sa yo; pa dife, lafimen, ak souf ki t ap sòti nan bouch yo a. ¹⁹ Paske pouvwa a cheval yo se nan bouch yo ak nan ke yo. Paske ke yo tankou sèpan e yo gen tèt; e avèk yo, yo fè mal yo.

²⁰ Rès limanite a ki pa t touye pa fleyo sa yo, ˢpa t repanti de zèv a men yo, pou yo pa adore demon, ak zidòl an lò, an ajan, an bwonz, an wòch, ak bwa, ki pa kapab ni wè, ni tande, ni mache yo. ²¹ Ni yo pa t repanti nan asasine moun, ni ᵗnan fè wanga, ni imoralite, ni vòl yo te fè yo.

10 Mwen te wè yon lòt zanj byen fò ki t ap desann sòti nan syèl la, abiye avèk yon nwaj. Yon ᵘlakansyèl la te sou tèt li. ᵛFigi li te tankou solèy la, e pye li yo tankou kolòn dife.

² Li te gen nan men l, yon ʷti liv ki te louvri. Li te plase pye dwat li sou lanmè a e pye goch li sou tè a. ³ Konsa, li te kriye avèk yon gwo vwa, ˣtankou lè yon lyon gwonde. Epi lè l fin kriye fò, sèt kout tonnè yo te reponn ak vwa yo.

⁴ Lè sèt kout tonnè yo te fin sonnen, ʸmwen te prè pou ekri. Men mwen te tande yon vwa soti nan syèl la ki t ap di: "Sele bagay ke sèt kout tonnè yo te pale a. Pa ekri yo."

⁵ Answit, zanj ke m te wè kanpe sou lanmè ak sou tè a, ᶻte leve men dwat li vè syèl la, ⁶ e li te sèmante pa Sila ki vivan pou tout tan e pou tout tan an. ᵃSila ki te kreye syèl la ak bagay ladann yo, tè a ak bagay ladann yo, e lanmè a ak bagay ladann yo, ke p ap gen reta ankò, ⁷ men nan jou vwa ᵇsetyèm zanj lan, lè li prè pou sone, alò, ᶜmistè a Bondye fini, jan Li te anonse a sèvitè Li yo, menm pwofèt yo.

ᵃ **9:2** Jen 19:28 ᵇ **9:3** Egz 10:12-15 ᶜ **9:4** Éz 9:4 ᵈ **9:5** II Kwo 10:11,14 ᵉ **9:6** Job 3:21 ᶠ **9:7** Jl 2:4 ᵍ **9:8** Jl 1:6 ʰ **9:10** Rev 9:19 ⁱ **9:10** Rev 9:5 ʲ **9:11** Luc 8:31 ᵏ **9:12** Rev 8:13 ˡ **9:13** Rev 8:3 ᵐ **9:14** Jen 15:18 ⁿ **9:15** Rev 20:7 ᵒ **9:16** Rev 5:11 ᵖ **9:17** Rev 9:18 ᵍ **9:17** Rev 11:5 ʳ **9:18** Rev 8:7 ˢ **9:20** Rev 2:21 ᵗ **9:21** És 47:9,12 ᵘ **10:1** Rev 4:3 ᵛ **10:1** Rev 17:2 ʷ **10:2** Rev 5:1 ˣ **10:3** És 3:14 ʸ **10:4** Rev 1:11-19 ᶻ **10:5** Det 32:40 ᵃ **10:6** Egz 20:11 ᵇ **10:7** Rev 11:15 ᶜ **10:7** Am 3:7

⁸ ᵃAnswit, vwa ke m te tande nan syèl la, mwen te tande li te pale avè m ankò, e t ap di: "Ale pran liv ki ouvri a nan men a zanj ki ᵇkanpe sou lanmè a ak sou tè a".

⁹ Donk, mwen te ale kote zanj lan, pou di l ban mwen ti liv la. Li te di mwen: ᶜ"Pran l, e manje l. L ap fè vant ou anmè, men nan bouch ou, l ap dous tankou siwo myèl."

¹⁰ Mwen te pran ti liv la nan men zanj lan, e mwen te manje l. Konsa, nan bouch mwen, li te dous tankou siwo myèl. Lè m te fin manje l, vant mwen te vin anmè.

¹¹ Konsa, yo te di mwen: "Ou oblije pwofetize ankò konsènan ᵈanpil pèp, nasyon, lang, ak ᵉwa."

11 Answit, yo te ban mwen yon ᶠgòl pou mezire tankou yon baton, e youn te di: "Leve pou mezire tanp Bondye a, lotèl la ak sila ki adore ladann yo. ² Kite gran lakou ki deyò tanp lan. Pa mezire l, paske ᵍli te bay a nasyon yo. Konsa, yo va ʰfoule vil sen an anba pye yo pandan karant-de mwa.

³ "Mwen va bay otorite a de temwen mwen yo, e yo va pwofetize pandan mil-de-san-swasant jou abiye avèk ⁱtwal sak." ⁴ Sa yo se ʲde pye doliv ak de chandelye ki kanpe devan Senyè latè a. ⁵ Si yon moun vle fè yo mal, ᵏdife va sòti nan bouch yo pou devore lènmi yo. Donk si yon moun vle fè yo mal, li dwe vin touye nan fason sa a. ⁶ Sa yo gen pouvwa pou ˡfèmen syèl la pou lapli pa tonbe pandan jou pwofesi yo a. Yo gen pouvwa sou dlo pou fè yo tounen san, e pou frape latè avèk tout kalite fleyo, nenpòt lè yo ta vle. ⁷ Lè yo fini temwayaj yo, ᵐbèt ki sòti nan labim nan va fè lagè avèk yo e venk yo pou touye yo. ⁸ Konsa, kadav yo va rete nan lari gran vil ki nan lespri a yo rele ⁿSodome e Égypte la, kote osi Senyè yo a te krisifye a.

⁹ Sila ki soti nan ᵒpèp yo, tribi yo, lang ak nasyon yo va gade kadav pa yo pandan twa jou edmi, e li p ap pèmèt pou kadav yo mete nan tonbo. ¹⁰ ᵖEpi sila ki rete sou latè yo va rejwi sou yo, e fete. Yo va voye kado bay youn lòt, paske de pwofèt sa yo te toumante sila ki rete sou latè yo.

¹¹ Men apre twa jou edmi yo, ᑫsouf lavi soti nan Bondye te vini sou yo, yo te kanpe sou pye yo, e gwo laperèz te vin tonbe sou tout sila ki t ap gade yo. ¹² Epi yo te tande yon gwo vwa nan syèl la ki t ap di yo: ʳ"Vin monte isit la." Konsa yo te ˢmonte nan syèl la nan nwaj la, e menm lènmi yo te gade yo.

¹³ Epi nan lè sa a, te gen yon gwo tranbleman detè, e yon dizyèm pati nan vil la te tonbe. Sèt-mil moun te mouri nan tranbleman detè a, e rès moun yo te vin ranpli avèk laperèz e te bay glwa a Bondye syèl la.

¹⁴ Dezyèm malè a gen tan pase. Gade byen, twazyèm malè a ap vini byen vit.

¹⁵ Answit, setyèm zanj lan te sone, epi te gen gwo vwa yo nan syèl la ki t ap di: "Wayòm mond sa a gen tan devni wayòm a Senyè nou an, ak Kris Li a. ᵗLi va renye pou tout tan e pou tout tan!"

¹⁶ Venn-kat ansyen yo, ki ᵘchita sou twòn pa yo devan Bondye, te ᵛtonbe sou figi yo pou adore Bondye. ¹⁷ E yo t ap di: "Nou ba Ou remèsiman, ʷO Senyè, Bondye, Toupwisan an, ki la e ki te la, paske Ou te pran pwisans ou a, e ou te kòmanse ˣrenye.

¹⁸ ʸ"Nasyon yo te vin anraje e kòlè Ou te vin parèt. Lè a te vin rive pou mò yo vin jije e pou rekonpanse sèvitè Ou yo, pwofèt yo, sen yo, ak sila ki gen lakrent pou non Ou yo, piti kou gran, e pou detwi sila ki detwi latè yo."

¹⁹ ᶻEpi tanp Bondye ki nan syèl la te vin louvri e ᵃlach akò Li a te parèt nan tanp Li a. Konsa, te gen kout eklè, bri, gwo kout tonnè, yon tranbleman detè, ak gwo tanpèt lagrèl.

12 Yon ᵇgwo sign te vin parèt nan syèl la: yon fanm abiye avèk solèy la, ak lalin nan anba pye li, e sou tèt li, yon kouwòn douz etwal. ² Li te gwo ansent e te ᶜkriye fò ak tranche ak doulè pou l akouche.

³ Answit, yon lòt sign te parèt nan syèl la. Gade byen, yon gwo ᵈdragon wouj

---

ᵃ **10:8** Rev 10:4   ᵇ **10:8** Rev 10:2   ᶜ **10:9** Jr 15:16   ᵈ **10:11** Rev 5:9   ᵉ **10:11** Rev 17:10,12
ᶠ **11:1** Éz 40:3—42:20   ᵍ **11:2** Luc 21:24   ʰ **11:2** Dan 7:25   ⁱ **11:3** Jen 37:34   ʲ **11:4** Za 4:3,11,14
ᵏ **11:5** II Wa 1:10-12   ˡ **11:6** I Wa 17:1   ᵐ **11:7** Rev 13:1   ⁿ **11:8** És 1:9,10   ᵒ **11:9** Rev 5:9
ᵖ **11:10** Rev 3:10   ᑫ **11:11** Éz 37:5,9,10,14   ʳ **11:12** Rev 4:1   ˢ **11:12** II Wa 2:11   ᵗ **11:15** Egz 15:18
ᵘ **11:16** Mat 19:28   ᵛ **11:16** Rev 4:10   ʷ **11:17** Rev 1:8   ˣ **11:17** Rev 19:6   ʸ **11:18** Sòm 2:1
ᶻ **11:19** Rev 15:5   ᵃ **11:19** Eb 9:4   ᵇ **12:1** Mat 24:30   ᶜ **12:2** És 26:17   ᵈ **12:3** És 27:1

avèk sèt tèt ak dis kòn, e sou tèt li yo te gen sèt kouwòn. ⁴ Konsa, ke li te ᵃbaleye nèt yon tyè nan zetwal nan syèl yo e te ᵇjete yo sou latè.

Dragon an te kanpe devan fanm ki te prèt pou akouche a, pou lè li fè pitit la, li ta kab devore pitit li a. ⁵ ᶜKonsa, li te fè yon fis, yon pitit mal, ki gen pou gouvène tout nasyon yo avèk yon baton fè. Pitit li a te rale monte kote Bondye, e anvè twòn Li an. ⁶ Answit fanm nan te sove ale nan dezè a kote li te ᵈgen yon plas prepare pa Bondye, pouke la, li ta kapab nouri pandan mil-de-san-swasann jou.

⁷ Epi te gen lagè nan syèl la. ᵉMichel avèk zanj li yo t ap fè lagè avèk dragon an. Dragon an avèk ᶠzanj pa li yo t ap fè lagè. ⁸ Men yo pa t reyisi genyen. Konsa, yo pa t jwenn plas ankò nan syèl la. ⁹ Gran dragon an te jete anba; ᵍsèpan ansyen an ki rele dyab la ak Satan, ki twonpe tout mond lan. Li te jete anba sou latè, e zanj li yo te jete anba avèk li.

¹⁰ Answit mwen te tande yon gwo vwa nan syèl la ki t ap di: "Koulye a delivrans lan, pwisans lan, wayòm Bondye nou an, ak otorite Kris Li a te vini an. Paske ʰakizatè a frè nou yo jete anba; Sila ki te konn akize yo devan Bondye nou an lajounen kon lannwit lan. ¹¹ Yo te venk li akoz ⁱsan Jèn Mouton an e akoz pawòl temwayaj yo. Konsa, yo pa t renmen lavi yo, menm fas a lanmò.

¹² "Pou rezon sa a, ʲrejwi nou o syèl, ak nou menm ki demere ladann yo. Malè a tè a ak lanmè a paske dyab la gen tan desann sou nou avèk gwo kòlè, akoz li konnen tan li an vrèman kout."

¹³ Alò, lè ᵏdragon an te wè ke li te jete anba sou latè, li te pèsekite fanm ki te bay nesans a pitit mal la.

¹⁴ Men ˡde zèl a gwo èg la te bay a fanm nan pou li ta kapab vole rive nan dezè a nan pwòp plas li, kote li te nouri pandan yon ti tan, tan ak mwatye tan, lib de prezans sèpan an.

¹⁵ Konsa, ᵐsèpan an te vide yon dlo sòti nan bouch li tankou yon rivyè dèyè fanm nan, pou li ta kapab baleye l avèk lavalas dlo. ¹⁶ Men tè a te ede fanm nan. Tè a te louvri bouch li e te bwè tout larivyè dlo ke dragon an te vide soti nan bouch li a. ¹⁷ Donk, dragon a te vin anraje avèk fanm nan. Konsa, li te ale pou ⁿfè lagè avèk rès pitit li yo ki kenbe kòmandman Bondye yo, e ki kenbe temwayaj a Jésus a.

13 Dragon an te kanpe sou sab lanmè a. Mwen te wè yon bèt ki sòti nan lanmè a, avèk ᵒdis kòn, ak sèt tèt. Sou kòn li yo, te gen dis kouwòn, e sou tèt li te gen ᵖnon blasfematè yo. ² Bèt ke m te wè a te ᑫtankou yon leyopa. Pat li yo te tankou pat a yon lous, e bouch li te tankou bouch a yon lyon. Konsa, dragon an te ba li pouvwa li a, ʳtwòn li an, ak gran otorite. ³ Mwen te wè youn nan tèt li yo kòmsi li te fin touye, e ˢblese fatal li a te fin geri.

Tout latè te etone, e yo te swiv bèt la. ⁴ Yo te adore ᵗdragon an paske li te bay otorite a bèt la, epi yo te adore bèt la. Yo t ap di: "Kilès ki tankou bèt la, e kilès ki kapab fè lagè avè l?"

⁵ Li te resevwa yon bouch pou ᵘpale pawòl ki awogan yo avèk blasfèm, e li te resevwa otorite pou aji pandan karant-de mwa. ⁶ Li te ouvri bouch li ak blasfèm yo kont Bondye, pou blasfeme non Li ak tabènak Li a, ak ᵛsila ki rete nan syèl yo. ⁷ Pouvwa a te osi bay a li menm pou ʷfè lagè avèk sen yo, e pou venk yo. Epi otorite sou chak tribi, pèp, lang, ak nasyon, te vin bay a li menm.

⁸ Tout moun ki viv sou tè a va adore l, tout moun ke non yo pa ekri ˣdepi nan fondasyon mond lan, nan liv lavi a Jèn Mouton ki te touye a.

⁹ ʸSi yon moun gen yon zorèy, kite l tande. ¹⁰ ᶻSi yon moun gen pou ale an kaptivite, an kaptivite li prale. Si yon moun dwe touye avèk nepe, avèk nepe, li va touye. Se konsa ak lafwa ak pèseverans a sen yo.

¹¹ ᵃAnswit, mwen te wè yon lòt bèt ki t ap vin sòti anba tè a. Li te gen de kòn tankou

---

ᵃ **12:4** Rev 8:7,12   ᵇ **12:4** Dan 8:10   ᶜ **12:5** És 66:7   ᵈ **12:6** Rev 11:3   ᵉ **12:7** Dan 10:13,21
ᶠ **12:7** Mat 25:41   ᵍ **12:9** Jen 3:1   ʰ **12:10** Job 1:11   ⁱ **12:11** Rev 7:14   ʲ **12:12** Sòm 96:11
ᵏ **12:13** Rev 12:3   ˡ **12:14** Egz 19:4   ᵐ **12:15** Jen 3:1   ⁿ **12:17** Rev 11:7   ᵒ **13:1** Rev 12:3
ᵖ **13:1** Dan 7:8   ᑫ **13:2** Jen 7:6   ʳ **13:2** Rev 2:13   ˢ **13:3** Rev 13:12,14   ᵗ **13:4** Rev 12:3
ᵘ **13:5** Dan 7:25   ᵛ **13:6** Rev 7:15   ʷ **13:7** Dan 7:21   ˣ **13:8** Rev 17:8   ʸ **13:9** Rev 2:7   ᶻ **13:10** Jr 15:2   ᵃ **13:11** Rev 13:1

yon jenn mouton, e li te pale tankou yon dragon. ¹² Li egzèse tout otorite a premye bèt la ᵃnan prezans li. Epi li fè tè a avèk sila ki rete ladann yo adore premye bèt, ki te gen blese fatal ki te geri a. ¹³ Li ᵇfè gwo sign, jis pou fè ᶜdife sòti nan syèl la rive sou tè a devan prezans a moun yo. ¹⁴ E li twonpe sila ki viv sou latè yo, akoz ᵈgwo sign ki te bay a li menm pou fè nan prezans a bèt la. Li pale ak sila ki viv sou latè yo pou yo fè yon imaj a bèt ki te gen ᵉblese nepe a, e ki te viv.

¹⁵ Konsa, pouvwa a te bay a li menm pou bay souf a imaj bèt la, pou imaj a bèt la ta kapab menm pale e fè ᶠtout sila ki refize adore bèt la touye. ¹⁶ Konsa, li koze tout moun, ᵍpiti kon gran, rich kon malere, moun lib kon esklav, vin resevwa yon mak sou men dwat oswa sou fon yo, ¹⁷ pou pèsòn pa kapab ni achte ni vann, eksepte sila ki pote mak la, ki se ʰnon a bèt la oswa ⁱchif non li an.

¹⁸ ʲMen sa jès. Kite sila ki gen bon konprann nan, kalkile chif a bèt la, paske chif la se sa ki pou yon moun. E chif li a se sis-san-swasann-sis.

14 Answit, mwen te gade! Vwala, Jèn Mouton an te kanpe sou Mòn Sion. Ansanm avèk li, te gen san-karant-kat-mil, ki pote ᵏnon L ak non a Papa Li, ekri sou fon yo. ² Mwen te tande yon son soti nan syèl la, tankou ˡson anpil dlo ak son a gwo kout tonnè. Vwa ke m tande a te tankou sila k ap jwe ap yo. ³ Epi yo te chante ᵐyon chan tounèf devan twòn nan, devan kat kreyati vivan yo ak ansyen yo. E pèsòn pa t kapab aprann chan an, eksepte ⁿsan-karant-kat-mil ki te achte, soti sou tè a. ⁴ Sa yo se sila ki pa t souye pa fanm yo, paske se vyèj yo ye. Sa yo se sila ki swiv Jèn Mouton an tout kote Li ale. Sa yo te achte pami lòm kòm premye fwi pou Bondye, e pou Jèn Mouton an. ⁵ Epi ᵒmanti pa t twouve nan bouch yo; yo te san repwòch.

⁶ Epi mwen te wè yon lòt zanj ki t ap vole nan mitan syèl la, avèk yon ᵖlevanjil etènèl pou preche a sila ki viv sou latè yo, a tout nasyon, tribi, langaj, ak pèp.

⁷ Konsa, li te di avèk yon vwa fò: ᑫ"Gen lakrent pou Bondye, e ba Li glwa, paske lè jijman Li an gen tan vini. Adore Sila ki te fè syèl la, tè a, lanmè a, ak sous dlo yo."

⁸ Yon lòt zanj, yon dezyèm, te swiv, e t ap di: ʳ"Tonbe, tonbe, gran Babylone nan, Sila ki te ˢfè tout nasyon yo bwè diven pasyon imoralite li a."

⁹ Answit, yon lòt zanj, yon twazyèm, te swiv yo e t ap di avèk yon vwa ki fò: "Si yon moun ᵗadore bèt la avèk limaj li a, e resevwa yon mak sou fon li oubyen sou men l, ¹⁰ li osi va bwè nan ᵘdiven kòlè Bondye a, ki melanje nèt nan ᵛtas kòlè Li a. Konsa, li va toumante avèk dife ak souf nan prezans a zanj sen yo, ak nan prezans a Jèn Mouton an. ¹¹ ʷLafimen toumant yo ap monte pou tout tan e pou tout tan. Yo p ap gen repo ni lajounen ni lannwit, sila yo ki adore bèt la avèk imaj li a, ak nenpòt moun ki resevwa ˣmak non li an.

¹² Men isit, ʸpèseverans a sen ki ᶻkenbe kòmandman Bondye yo avèk lafwa yo nan Jésus.

¹³ "Mwen te tande yon vwa ki sòti nan syèl la ki t ap di: "Ekri, 'Beni se mò ki ᵃmouri nan Senyè a depi koulye a!'":

"Wi", di Lespri a, "pou yo kapab ᵇrepoze de travay yo, paske zèv pa yo ap swiv yo."

¹⁴ Answit, mwen te gade, e vwala, yon nwaj blan, epi chita sou nwaj la, se yon moun ᶜtankou yon fis a Lòm, avèk yon kouwòn an lò sou tèt li ak yon kouto digo byen file nan men li.

¹⁵ Konsa, yon lòt zanj te vini sòti nan tanp lan, e t ap kriye nan yon vwa fò a Sila ki te chita sou nwaj la: ᵈ"Mete kouto digo a ladann pou rekòlte, paske lè rekòlt la rive. ᵉMwason latè a mi."

ᵃ **13:12** Rev 13:14   ᵇ **13:13** Mat 24:24   ᶜ **13:13** I Wa 18:38   ᵈ **13:14** II Tes 2:9   ᵉ **13:14** Rev 13:3
ᶠ **13:15** Dan 3:3   ᵍ **13:16** Rev 11:18   ʰ **13:17** Rev 14:11   ⁱ **13:17** Rev 15:2   ʲ **13:18** Rev 17:9
ᵏ **14:1** Rev 3:2   ˡ **14:2** Rev 1:15   ᵐ **14:3** Rev 5:9   ⁿ **14:3** Rev 7:4   ᵒ **14:5** Sòm 2:2   ᵖ **14:6** I Pi 1:25   ᑫ **14:7** Rev 15:4   ʳ **14:8** És 21:9   ˢ **14:8** Jr 51:7   ᵗ **14:9** Rev 13:12   ᵘ **14:10** És 51:17
ᵛ **14:10** Sòm 75:8   ʷ **14:11** És 34:8-10   ˣ **14:11** Rev 13:17   ʸ **14:12** Rev 13:10   ᶻ **14:12** Rev 12:17
ᵃ **14:13** I Tes 4:16   ᵇ **14:13** Eb 4:9   ᶜ **14:14** Dan 7:13   ᵈ **14:15** Jl 3:13   ᵉ **14:15** Mat 13:39-41

¹⁶ Answit, Sila ki te chita sou nwaj la te voye kouto digo a sou sifas tè a, epi tè a te rekòlte.

¹⁷ Yon lòt zanj [a]te sòti nan tanp ki nan syèl la, e li menm tou te gen yon kouto digo byen file.

¹⁸ Konsa, yon lòt zanj ankò, sila ki gen pouvwa sou dife a, te sòti nan [b]lotèl la. Li te rele avèk yon vwa fò a sila ki te gen kouto digo file a. Li te di: "Mete kouto digo file ou ladann. Ranmase grap sou pye rezen latè yo, paske fwi li yo mi."

¹⁹ Zanj lan te voye kouto digo li a sou tè a. Li te ranmase grap sou pye rezen tè yo, e te jete yo nan [c]gwo pèz diven kòlè Bondye a.

²⁰ Konsa, [d]basen pèz diven an te foule anba pye deyò vil la, e san te sòti nan pèz diven an, rive nan brid cheval la pou yon distans de twa-san kilomèt.

15

Konsa, mwen te wè yon lòt sign nan syèl la, gran e mèvèye: sèt zanj ki te gen [e]sèt fleyo, ki se dènye yo, paske nan yo, kòlè Bondye a fini.

² Mwen te wè yon bagay tankou [f]lanmè fèt ak vit mele avèk dife, e moun sila yo [g]ki te gen viktwa sou bèt la, imaj li a ak chif a non li an, te kanpe sou lanmè fèt ak vit la. Yo t ap kenbe ap Bondye yo.

³ Konsa, yo te chante [h]chan a Moïse la, sèvitè a Bondye a, ak chan a Jèn Mouton an. Yo t ap di:

[i]"Gran e mèvèye, se zèv Ou yo,
O Senyè, Bondye Toupwisan an!
Jis e vrè, se chemen Ou yo,
Wa a nasyon yo.
⁴ Kilès ki p ap krent Ou, O Senyè,
epi bay glwa a non Ou?
Paske se Ou sèl ki sen.
[j]Paske tout nasyon yo va vini
pou adore devan Ou.
Paske zèv ladwati Ou yo,
Ou gen tan revele."

⁵ Apre bagay sa yo, mwen te gade, e [k]tanp tabènak temwayaj ki nan syèl la te vin louvri. ⁶ Konsa, [l]sèt zanj ki te gen sèt fleyo yo te vin sòti nan tanp lan, abiye an lèn san tach e briyan, e yo te antoure lestomak yo avèk senti an lò.

⁷ Answit, youn nan [m]kat kreyati vivan yo te bay a sèt zanj yo sèt gode an lò, plen ak kòlè Bondye, ki viv pou tout tan e pou tout tan.

⁸ Epi tanp lan te vin ranpli avèk [n]lafimen laglwa Bondye ak pwisans li. Okenn moun pa t kapab antre nan tanp lan jiskaske sèt fleyo a sèt zanj yo te fini.

16

Konsa, mwen te tande yon gwo vwa sòti nan [o]tanp lan ki t ap di a sèt zanj yo: "Ale vide sèt gode kòlè Bondye yo sou tè a."

² Donk, premye zanj lan te ale vide gode li a sou tè a. Konsa, li te devni yon [p]maleng rayisab sou moun ki te pote mak a bèt la e ki te adore imaj li a.

³ Dezyèm zanj lan te vide gode li a [q]nan lanmè a, e li te devni san tankou san a yon moun mouri. Konsa, tout bagay vivan nan lanmè a te mouri.

⁴ Answit, twazyèm zanj lan te vide gode li a nan [r]rivyè ak sous dlo yo, e yo te tounen san. ⁵ Mwen te tande zanj a dlo yo k ap di: "[s]Jis se Ou menm [t]ki la e ki te la a, O Sila Ki Sen an, paske Ou te jije bagay sa yo. ⁶ Paske sila yo te vèse [u]san a sen ak pwofèt yo, e Ou te bay yo san pou yo bwè. Yo merite sa."

⁷ Konsa, mwen te tande lotèl la ki t ap di: "Wi, O Bondye Senyè, Sila Ki Toupwisan an, [v]vrè e jis se jijman Ou yo."

⁸ Katriyèm zanj lan te vide gode li a sou [w]solèy la, epi li te bay a li menm pou chode moun avèk dife. ⁹ Moun yo te chode avèk yon chalè. Konsa, yo te [x]blasfeme non Bondye ki gen pouvwa sou fleyo sa yo, men yo pa t repanti pou ta ba Li glwa.

¹⁰ Answit, senkyèm zanj lan te vide gode li sou [y]twòn a bèt la, epi wayòm li an te vin tounwa. Konsa, yo te manje pwòp lang yo akoz de doulè a. ¹¹ Yo te blasfeme Bondye syèl la, akoz de doulè ak [z]maleng yo. Malgre sa a, yo pa t repanti de zèv yo.

¹² Sizyèm zanj lan te vide gode li a sou [a]gran rivyè Euphrate la. Dlo li te vin seche,

---

[a] 14:17 Rev 11:19 [b] 14:18 Rev 6:9 [c] 14:19 És 63:2 [d] 14:20 És 63:3 [e] 15:1 Lev 26:21
[f] 15:2 Rev 4:6 [g] 15:2 Rev 12:11 [h] 15:3 Egz 15:1 [i] 15:3 Det 32:3 [j] 15:4 Sòm 86:9
[k] 15:5 Rev 11:19 [l] 15:6 Rev 15:1 [m] 15:7 Rev 4:6 [n] 15:8 Egz 19:18 [o] 16:1 Rev 11:19
[p] 16:2 Egz 9:9-11 [q] 16:3 Egz 7:17-21 [r] 16:4 Rev 8:10 [s] 16:5 Jn 17:25 [t] 16:5 Rev 11:17
[u] 16:6 Rev 17:6 [v] 16:7 Rev 15:3 [w] 16:8 Rev 6:12 [x] 16:9 Rev 16:11,21 [y] 16:10 Rev 13:2
[z] 16:11 Rev 16:2 [a] 16:12 Rev 9:14

pou chemen an ta kapab prepare pou wa ᵃki sòti nan lès yo.

¹³ Konsa, mwen te wè sòti nan bouch a dragon an, sòti nan bouch a bèt la, e sòti nan bouch a fo pwofèt la, twa ᵇlespri sal tankou ᶜkrapo. ¹⁴ Se te ᵈlespri a demon yo, ki ᵉt ap fè sign yo pou parèt bò kote wa a tout mond yo, pou rasanble yo ansanm pou lagè a gran jou Bondye, Toupwisan an.

¹⁵ **"Gade byen, ᶠMwen ap vini tankou yon vòlè. Beni se sila ki rete vijilan an, e ki kenbe vètman li, pou li pa vin mache toupatou toutouni, pou moun pa wè wont li."**

¹⁶ Konsa, yo te ᵍrasanble ansanm kote ki, an Ebre, yo rele ʰHarmaguédon an.

¹⁷ Answit, setyèm zanj lan te vide gode li anlè. Yon gwo vwa te sòti nan tanp lan bò kote twòn nan. Li te di: ⁱ"Sa fin fèt."

¹⁸ Te gen kout ʲeklè, gwo briak gwo kout tonnè. Konsa te fèt yon gwo tranbleman detè, tankou pa t janm genyen depi lòm te vini sou latè, tèlman tranbleman detè a te gran e pwisan.

¹⁹ Gran vil la te fann an twa pati, e gran vil a nasyon yo te tonbe. Konsa, ᵏBabylone le gran te ˡsonje devan Bondye, pou Li ba li gode diven de kòlè vyolan Li a.

²⁰ ᵐTout lil yo te sove ale, e mòn yo pa t kab twouve.

²¹ Gwo bòl lagrèl chak te peze anviwon san liv, te desann sòti nan syèl la tonbe sou moun. Pou sa a, moun te blasfeme Bondye akoz de ⁿfleyo lagrèl la, paske fleyo li a te ekstrèmman grav.

17 Youn nan sèt zanj ki te gen sèt gode yo te vini. Li te pale avè m e te di: "Vini isit la! Mwen va montre ou jijman a gran pwostitiye ki chita sou anpil dlo yo, ² avèk sila a ᵒwa latè yo a te vin komèt zak imoralite. Tout sila ki demere sou latè yo te fè vin sou avèk diven imoralite li a."

³ ᵖLi te pote mwen lwen nan Lespri a nan yon dezè. Mwen te wè yon fanm ki te chita sou yon bèt wouj, plen ak non blasfèm, ki te gen sèt tèt ak dis kòn.

⁴ Fanm nan te abiye an mov ak wouj, e te dekore avèk lò, pyè presye, ak pèl. Nan men l, li te gen ᑫyon gode an lò, ranpli ak abominasyon, de tout bagay sal de imoralite li yo. ⁵ Sou fon li, te ekri yon non: ʳMISTÈ: "BABALONE LE GRAN, MANMAN A PWOSTITIYE AK ABOMINASYON SOU LATÈ YO".

⁶ Konsa, mwen te wè fanm nan sou avèk ˢsan a sen yo, e avèk san a temwen Jésus yo. Lè mwen te wè l, mwen te etone anpil.

⁷ Zanj lan te di mwen: "Poukisa ou etone? Mwen va di ou mistè a fanm nan ak bèt ki pote li a, sila ki gen ᵗsèt tèt ak dis kòn yo. ⁸ Bèt ke ou te wè, li ᵘte ye a, li pa la, e li prè pou sòti nan labim nan pou ale nan destriksyon. Epi sila ki rete sou latè yo, ke non yo pa ekri nan liv lavi a depi nan fondasyon mond lan, va etone lè yo wè bèt la jan li te ye, jan li pa la, ak jan li va vini an.

⁹ "Men panse ki gen sajès la. ᵛSèt tèt yo se sèt mòn kote fanm nan chita yo. ¹⁰ Yo se sèt wa. Senk te tonbe, youn la toujou, e lòt la poko vini, epi lè l vini, li dwe rete pou yon ti tan. ¹¹ Bèt ki ʷte ye a, e ki pa la a, li se yon uityèm tou, e youn nan sèt yo. L ap wale nan destriksyon.

¹² ˣ"Dis kòn ke ou te wè yo, se dis wa ki poko janm resevwa wayòm yo, men yo resevwa otorite tankou wa, ansanm avèk bèt la pandan yon èdtan. ¹³ Sa yo gen ʸyon sèl bi, e yo va bay pouvwa yo ak otorite a bèt la. ¹⁴ Sila yo va fè ᶻlagè kont Jèn Mouton an, e Jèn Mouton an va venk yo, paske Li se ᵃSenyè dè senyè e Wadèwa. Konsa, sila ki avè l yo se sila ki gen apèl, ki chwazi e ki fidèl.

¹⁵ "Ankò, li te di mwen: ᵇ"Dlo ke ou te wè, kote pwostitiye a chita a, se pèp yo, foul yo, nasyon yo, ak lang yo. ¹⁶ ᶜEpi dis kòn ke ou te wè yo, ansanm ak bèt la, sa yo va rayi pwostitiye a e yo va fè l vin dezole, toutouni, epi yo va manje chè li e brile li avèk dife.

ᵃ **16:12** Rev 7:2   ᵇ **16:13** Rev 18:2   ᶜ **16:13** Egz 8:6   ᵈ **16:14** I Tim 4:1   ᵉ **16:14** Rev 13:13
ᶠ **16:15** Mat 24:43   ᵍ **16:16** Rev 19:19   ʰ **16:16** Za 4:11   ⁱ **16:17** Rev 10:6   ʲ **16:18** Rev 4:5
ᵏ **16:19** Rev 14:8   ˡ **16:19** Rev 18:5   ᵐ **16:20** Rev 6:14   ⁿ **16:21** Egz 9:18-25   ᵒ **17:2** Rev 2:22
ᵖ **17:3** Rev 21:10   ᑫ **17:4** Jr 51:7   ʳ **17:5** II Tes 2:7   ˢ **17:6** Rev 16:6   ᵗ **17:7** Rev 17:3   ᵘ **17:8** Rev 11:7
ᵛ **17:9** Rev 10:11   ʷ **17:11** Rev 13:3,12,14   ˣ **17:12** Dan 7:24   ʸ **17:13** Rev 17:17   ᶻ **17:14** Rev 16:14
ᵃ **17:14** I Tim 6:15   ᵇ **17:15** És 8:7   ᶜ **17:16** Rev 17:12

¹⁷ "Paske Bondye te mete nan kè yo pou fè volonte L avèk bi ke yo gen ansanm nan, e pou donnen wayòm pa yo a bèt la, jiskaske pawòl Bondye yo ta vin akonpli.

¹⁸ "Fanm ke ou te wè a se ªgran vil la, ki renye sou wa latè yo."

18 Apre bagay sa yo, mwen te wè yon lòt ᵇzanj k ap desann sòti nan syèl la, avèk gwo otorite, e tè a te byen klere avèk glwa li. ² Epi li te kriye avèk yon gwo vwa, e t ap di: ᶜ"Tonbe, tonbe, se Babylone Le Gran! Li gen tan vini yon kote pou dyab rete, ak yon prizon pou tout kalite ᵈlespri sal, e yon prizon pou tout kalite zwazo sal e abominab. ³ Paske tout nasyon yo te bwè ᵉdiven a pasyon imoralite li a, wa latè yo te komèt zak imoralite avè l, e machann latè yo te vin rich avèk richès sansyalite li yo."

⁴ Mwen te tande yon lòt vwa soti nan syèl la ki t ap di: ᶠ"Sòti kite li, pèp mwen an, pou nou pa patisipe nan peche li yo e resevwa fleyo li yo. ⁵ Paske peche li yo ᵍanpile vin menm wotè ak syèl la, e Bondye ʰsonje tout inikite li yo. ⁶ ⁱRemèt li menm jan li te bay la, e ba li anretou de fwa selon zèv li yo. Nan gode ke li te fè melanj lan, fè melanj lan otan de fwa pou li. ⁷ Nan degre ke li te bay tèt li glwa a e viv nan sansyalite a, nan menm degre a, toumante l, e ba li doulè. Paske li di nan kè li: ʲ"Mwen chita tankou yon rèn, mwen pa yon vèv, mwen p ap janm wè doulè." ⁸ Pou rezon sa a, nan yon jou, fleyo li yo va vini; lapès, lapèn ak gwo grangou. E li va ᵏbrile avèk dife, paske Senyè Bondye ki jije li a, ˡpwisan.

⁹ "Epi ᵐwa latè yo ki te komèt zak imoralite e ki te viv selon lachè avè l yo, va kriye e lamante sou li lè yo wè lafimen monte pandan l ap brile a. ¹⁰ ⁿY ap kanpe a yon distans akoz de pè a toumant li an, e y ap di:" ᵒ"Malè, malè, gran vil, Babylone nan, vil ki fò a! Paske, nan yon èdtan, jijman ou gen tan rive.'

¹¹ "Konsa, machann latè yo kriye e lamante sou li paske pèsòn pa achte machandiz yo ankò. ¹² Machandiz lò, ajan, pyè presye, pèl, ak lèn fen, koulè mov, twal swa, wouj, tout kalite bwa sitwon ak tout kalite ivwa, tout atik ki fèt ak bwa ki koute chè, bwonz, fè, ak wòch mab. ¹³ Epi kanèl, epis, lansan, pafen, lwil doliv, farin fen, ble, bèf, mouton, ak kago bato cheval, cha, esklav, ak ᵖlavi moun.

¹⁴ "Fwi nou anvi yo disparèt, tout bagay ki te swa, chè oswa ekstrawòdinè yo te pase kite nou e moun p ap twouve yo ankò. ¹⁵ ᑫMachann a ʳbagay sa yo, ki te vin rich akoz gran vil sa a va kanpe a yon distans akoz perèz toumant li an, yo va kriye e lamante. ¹⁶ Yo va di: ˢ"Malè, malè, gran vil la, sila ki te abiye an lèn fen, mov e wouj la, ki te anbeli ak lò, pyè presye, ak pèl yo; ¹⁷ Paske nan yon èdtan, gran richès sa a gen tan vin ᵗgaspiye!" Epi tout kaptenn bato ak tout pasaje, tout maren e tout sila ki fè lavi yo nan travay lanmè yo, te kanpe a yon distans.

¹⁸ "E yo t ap ᵘkriye anmwey lè yo te ᵛwè lafimen dife li a, e t ap di: "Ki vil ki tankou gran vil sila a?" ¹⁹ Konsa, yo te jete ʷpousyè sou tèt yo e t ap rele fò, kriye, lamante e t ap di: ˣ"Malè, malè a gran vil sa a, ladann tout moun ki te gen bato sou lanmè yo te vin rich pa richès li, paske nan yon èdtan, li vin gaspiye nèt!" ²⁰ ʸ"Rejwi sou li, o syèl, e nou menm, sen, apot ak pwofèt yo, paske Bondye te pwononse jijman pou nou kont li."

²¹ Answit, yon zanj pwisan te ᶻpran yon gwo wòch tankou yon wòch moulen. Li te voye l nan lanmè a e te di: "Konsa, gran vil la, Babylone, va jete avèk vyolans, e li ªp ap twouve ankò. ²² Konsa, ᵇson sila k ap jwe ap yo, mizisyen yo, sila k ap jwe flit ak twonpèt yo p ap tande nan ou ankò. P ap ankò gen moun okenn metye k ap twouve nan ou ankò. Ni bri moulen an p ap tande nan ou. ²³ Menm limyè a yon lanp p ap briye nan ou, e ᶜvwa jennonm

---

ª **17:18** Rev 11:8   ᵇ **18:1** Rev 17:1,7   ᶜ **18:2** És 21:9   ᵈ **18:2** Rev 16:3   ᵉ **18:3** Jr 51:7   ᶠ **18:4** És 52:11   ᵍ **18:5** Jr 51:9   ʰ **18:5** Rev 16:19   ⁱ **18:6** Sòm 137:8   ʲ **18:7** És 47:7   ᵏ **18:8** Rev 17:16   ˡ **18:8** Rev 11:17   ᵐ **18:9** Rev 17:2   ⁿ **18:10** Rev 18:15,17   ᵒ **18:10** Rev 18:16,19   ᵖ **18:13** I Kwo 5:21   ᑫ **18:15** Rev 18:3   ʳ **18:15** Rev 18:12,13   ˢ **18:16** Rev 18:10,19   ᵗ **18:17** Rev 17:6   ᵘ **18:18** Éz 27:30   ᵛ **18:18** Rev 18:9   ʷ **18:19** Jos 7:5   ˣ **18:19** Rev 18:10   ʸ **18:20** Jr 51:48   ᶻ **18:21** Jr 51:63   ª **18:21** Éz 26:21   ᵇ **18:22** És 24:8   ᶜ **18:23** Jr 7:34

ak jenn fi k ap marye yo p ap tande nan ou ankò.

"Paske [a]machann ou yo te gwo moun sou latè, epi tout nasyon yo te twonpe pa wanga ou a. [24] Nan li menm te twouve san a pwofèt ak sen yo, ak tout sila ki te touye sou latè yo."

19 Apre bagay sa yo, mwen te tande yon bagay tankou [b]gwo vwa a yon gran foul nan syèl la ki t ap di: "Alelouya! Delivrans, laglwa ak pwisans apatyen a Bondye nou an. [2] [c]Paske jijman Li yo vrè e jis. Paske Li te jije gran pwostitiye ki te konwonpi latè avèk imoralite li a, e sou li, Li te [d]vanje san a sèvitè Li yo."

[3] "Yon dezyèm fwa, li te di: 'Alelouya! [e]Lafimen li an monte pou tout tan e pou tout tan.'"

[4] Konsa, [f]venn-kat ansyen yo ak [g]kat kreyati vivan yo a te tonbe pou adore Bondye ki chita sou twòn nan e t ap di: "Amen, Alelouya!"

[5] Epi yon vwa te vini sòti nan twòn nan e t ap di: "Bay lwanj a Bondye nou an, nou tout, [h]sèvitè Li yo, nou menm ki gen lakrent li, piti kou gran."

[6] Answit, mwen te tande yon bagay tankou [i]vwa a yon gran foul, tankou son a anpil dlo, tankou gwo bri a anpil kout tonnè, ki t ap di: "Alelouya! Paske Senyè a, Bondye nou an, Toupwisan an renye. [7] Annou rejwi nou, fè kè nou kontan e bay glwa a Li menm. Paske [j]maryaj a Jèn Mouton an gen tan vini, e lamarye Li a gen tan prepare." [8] Yo te bay a lamarye a pou abiye li an [k]lèn fen, briyan e pwòp, paske lèn fen an se [l]zak ladwati a sen yo.

[9] Answit, [m]zanj lan te di mwen: [n]"Ekri, 'Beni se sila ki envite nan resepsyon maryaj a Jèn Mouton an.'" Epi li te di mwen: "Sa yo se vrè pawòl a Bondye."

[10] Answit, [o]mwen te tonbe nan pye li pou adore li. [p]Men li te di mwen: "Pa fè sa! Mwen se yon sèvitè parèy ak ou, e frè ou ki kenbe temwayaj a Jésus a. Adore Bondye, paske temwayaj a Jésus a se lespri pwofesi a."

[11] Mwen te wè syèl la ouvri, e vwala, yon cheval blan, e Sila ki te chita sou li a, rele [q]Fidèl e Veritab. Avèk [r]ladwati Li jije e fè lagè.

[12] [s]Zye Li se flanm dife, e sou tèt li se anpil kouwòn. Li gen non yo ki ekri, ak yon non ekri sou Li ke pèsòn pa konnen, eksepte Li menm. [13] Li abiye avèk yon vètman ki tranpe nan san. Non Li rele a, se [t]"Pawòl Bondye a".

[14] Lame ki nan syèl yo, ki abiye an lèn fen [u]blan, ki pi nèt, t ap swiv li sou cheval blan yo.

[15] Nan bouch Li, te sòti yon nepe file. E avèk li, Li kapab frape nasyon yo. Li va [v]gouvène yo avèk yon baton an fè. Li va foule pèz diven ak gwo kòlè Bondye Toupwisan an. [16] Epi sou vètman Li ak kwis Li, Li gen yon non ki ekri: [w]"WA DÈ WA E SENYÈ DÈ SENYÈ."

[17] Answit, mwen te wè yon zanj ki te kanpe nan solèy la. Li te kriye fò avèk yon gwo vwa e t ap di a tout zwazo ki vole nan mitan syèl yo, [x]"Vin rasanble pou gwo resepsyon Bondye a; [18] pou nou kapab [y]manje chè a wa yo, chè a kòmandan yo, chè a moun pwisan yo, chè a cheval yo, chè a sila ki chita sou yo, e chè a tout lèzòm; kit moun lib, kit esklav, [z]piti kou gran."

[19] Konsa, mwen te wè [a]bèt la, [b]wa latè ak lame yo rasanble pou fè lagè kont Sila ki te chita sou cheval la ak kont lame Li.

[20] Epi bèt la te vin kaptire, e avèk li menm, fo pwofèt ki te fè sign [c]nan prezans li yo. Avèk sila yo li te twonpe sa yo ki te resevwa [d]mak a bèt la, ak sa yo ki te adore imaj li yo. Toude sa yo te jete tou vivan nan lak dife ki brile avèk souf la.

[21] Rès la te touye avèk nepe ki te sòti nan bouch a Sila ki te chita sou cheval la, e [e]tout zwazo yo te vin ranpli avèk chè yo.

---

[a] **18:23** És 23:8   [b] **19:1** Jr 51:48   [c] **19:2** Sòm 19:9   [d] **19:2** Det 32:43   [e] **19:3** És 34:10
[f] **19:4** Rev 4:4,10   [g] **19:4** Rev 4:6   [h] **19:5** Rev 11:18   [i] **19:6** Jr 51:48   [j] **19:7** Ef 5:23,32
[k] **19:8** Rev 19:14   [l] **19:8** Rev 15:4   [m] **19:9** Rev 17:1   [n] **19:9** Rev 1:19   [o] **19:10** Rev 22:8
[p] **19:10** Trav 10:26   [q] **19:11** Rev 3:14   [r] **19:11** Sòm 96:13   [s] **19:12** Dan 10:6   [t] **19:13** Jn 1:1
[u] **19:14** Rev 3:4   [v] **19:15** Sòm 2:9   [w] **19:16** Rev 17:14   [x] **19:17** I Sam 17:44   [y] **19:18** Éz 39:18-20
[z] **19:18** Rev 13:16   [a] **19:19** Rev 11:7   [b] **19:19** Rev 16:14,16   [c] **19:20** Rev 13:12   [d] **19:20** Rev 13:16
[e] **19:21** Rev 19:17

20 Answit, mwen te wè yon zanj ki t ap desann sòti nan syèl la, ki te gen [a]kle abim nan ak yon gwo chèn nan men l.

[2] Li te pran [b]dragon an, sèpan ansyen an, ki se dyab la, Satan, e li te mare li pou mil ane. [3] Li te jete li nan labim. Li te fèmen li e te [c]mete so li sou li, pou li pa t kab twonpe nasyon yo ankò, jiskaske mil ane yo fini. Apre bagay sa yo, li oblije vin lage pou yon ti tan.

[4] Answit mwen te wè [d]twòn yo [e]ak sa yo ki te chita sou yo. Konsa, jijman te vin bay a yo menm. Mwen te wè nanm a sila ki te dekapite akoz temwayaj a Jésus yo, e akoz pawòl Bondye a: Sila ki pa t adore bèt la oubyen imaj li a, e ki pa t resevwa mak la sou fon yo ak men yo. Sila yo te vin retounen a lavi pou renye avèk Kris pandan mil ane.

[5] Rès mò yo pa t retounen a lavi jiskaske mil ane yo fini. [f]Sa se premye rezirèksyon an. [6][g]Beni e sen se sila ki gen yon pati nan premye rezirèksyon an. Sou sila yo, dezyèm lanmò a pa gen pouvwa, men yo va touprè a Bondye e a Kris, e va renye avèk Li pandan mil ane yo.

[7] Lè mil ane yo vin fini, Satan va [h]lage soti nan prizon li an, [8] epi li va soti pou twonpe nasyon yo ki nan kat kwen latè yo, [i]Gog avèk Magog, pou rasanble yo ansanm pou lagè a. An kantite, yo va tankou sab ki bò lanmè. [9] Yo te [j]monte vini sou gwo sifas latè a, e te antoure kan a sen yo ak vil byeneme a. Konsa, [k]dife te desann sòti nan syèl la, e te devore yo.

[10] Epi dyab la ki te twonpe yo a te jete nan [l]lak dife ak souf la, kote [m]bèt la ak fo pwofèt la ye tou. Yo va toumante lajounen kon lannwit, pou tout tan e pou tout tan.

[11] Konsa, mwen te wè yon gwo twòn blan, ak Sila ki te chita sou li a. De prezans Li, tè a ak syèl la te sove ale. [n]Pa t gen plas pou yo.

[12] Mwen te wè mò yo, [o]gran kon piti, vin kanpe devan twòn nan. Yo te ouvri liv yo. Epi yon lòt liv te ouvri, ki se liv lavi a, e mò yo te jije selon bagay ki te ekri nan liv yo, selon zèv yo. [13] Lanmè a te bay mò ki te ladann yo. Lanmò ak sejou lanmò yo te [p]bay mò ki te ladann yo. Yo te vin jije, yo chak selon zèv pa yo.

[14] Answit, lanmò ak sejou lanmò yo te jete nan lak dife a. Sa se [q]dezyèm lanmò a, lak dife a.

[15] Si non a nenpòt moun pa t twouve ekri nan [r]liv lavi a, li te jete nan lak dife a.

21 Epi mwen te wè yon [s]syèl tounèf ak yon tè tounèf. Paske premye syèl la ak premye tè a te pase, e nanpwen lanmè ankò.

[2] Mwen te wè vil sen an, [t]Jérusalem tounèf la, [u]desann sòti nan syèl la kote Bondye. Li te prepare tankou yon lamarye ki abiye pou mari li.

[3] Epi konsa, mwen te tande yon gwo vwa sòti nan twòn nan ki t ap di: "Gade, [v]tabènak Bondye a pami lèzòm, e Li va rete pami yo. Yo va pèp Li, e Li va Bondye yo. Li menm, va pami yo tankou Bondye yo. [4] Li va [w]siye tout dlo ki sòti nan zye yo. P ap gen lanmò ankò. P ap genyen lamante ankò, ni kriye, ni doulè, paske premye bagay yo fin pase."

[5] Epi [x]Sila ki te chita sou twòn nan te di: **"Gade, m ap fè tout bagay vin tounèf."** Epi Li te di: **"Ekri, paske pawòl sa yo fidèl e vrè."**

[6] Answit, Li te di mwen: **"Mwen se Alfa a ak Omega a, kòmansman an ak lafen an. [y]Mwen va bay a sila ki swaf yo nan sous dlo lavi a san frè. [7][z]Sila ki venkè a va eritye bagay sa yo. [a]Mwen va Bondye Li e li va fis Mwen.**

[8] **Men pou kapon yo, enkredil yo, abominab ak asasen yo, moun imoral yo, majisyen yo, idolat ak tout mantè yo, pati pa yo va nan lak ki brile avèk dife ak souf la, ki se dezyèm lanmò a."**

[9][b]Answit, youn nan sèt zanj ki te gen sèt gode ki te plen avèk sèt dènye fleyo yo te vini pale avè m. Li t ap di: [c]"Vini isit la. Mwen va montre ou lamarye a, madanm Jèn Mouton an." [10] Konsa, [d]li te pote mwen ale nan lespri a nan yon

gwo mòn wo, e li te montre m vil sen an, Jérusalem, ki t ap desann sòti nan syèl la kote Bondye. ¹¹ Li te gen laglwa Bondye. Li te klere tankou yon pyè presye ki koute trè chè, tankou yon ªpyè jasp klè tankou kristal. ¹² Li te gen yon gwo miray wo ᵇavèk douz pòt. Nan pòt yo, te gen douz zanj, epi non yo te ekri sou yo, ki se non a douz tribi a fis Israël yo. ¹³ Te gen twa pòt nan lès, twa pòt nan nò, twa pòt nan sid, e twa pòt nan lwès. ¹⁴ Epi miray vil la te gen ᶜdouz wòch nan fondasyon an, e sou yo, se te douz non a ᵈdouz apot Jèn Mouton an.

¹⁵ Sila ki te pale avè m nan te gen yon baton mezi ki te fèt an lò pou mezire vil la, ᵉpòtay li yo, ak miray li a. ¹⁶ Vil la te fèt kòn yon kare. Longè li te menm fòs ak lajè li. Li te mezire vil la avèk baton an: de-mil-de-san kilomèt. Longè li, lajè li ak wotè li te egal. ¹⁷ Epi li te mezire miray li a, swasann-douz mèt, selon mezi a ᶠyon moun, sa vle di, yon zanj.

¹⁸ Materyèl miray la te ᵍjasp. Vil la se te ʰlò pi, tankou vit klè. ¹⁹ Fondasyon pou miray vil la te dekore avèk tout kalite pyè presye. Wòch premye fondasyon an se te jasp, dezyèm nan, Safi, twazyèm nan, agat, katriyèm nan, emwod, ²⁰ senkyèm nan, oniks, sizyèm nan, ⁱsadwàn, setyèm nan, krizolit, uityèm nan, beril, nevyèm nan, topaz, dizyèm nan, krizopraz, onzyèm nan, tikwaz, douzyèm nan, ametis. ²¹ Epi douz ʲpòtay yo se te douz pèl. Chak pòtay te yon sèl pèl. Epi ri vil la te an lò pi, tankou vit klè.

²² Mwen pa t wè tanp ladann, paske ᵏSenyè Bondye Toupwisan an ak ˡJèn Mouton an se te tanp li. ²³ Vil la ᵐpa gen bezwen solèy oubyen lalin pou klere sou li, paske laglwa Bondye te klere li, e lanp li se te Jèn Mouton an. ²⁴ ⁿNasyon yo va mache pa limyè li. E wa latè yo va pote laglwa nasyon yo ladann. ²⁵ Nan lajounen (paske p ap gen lannwit la), pòtay li yo ᵒp ap janm fèmen.

²⁶ Konsa, yo va ᵖpote laglwa ak lonè a nasyon yo ladann pou yo ka antre. ²⁷ P ap gen ᵠanyen ki pa pwòp. Moun ki pratike abominasyon ak manti p ap janm antre ladann, men sèlman sila ke non yo ʳekri nan liv lavi a Jèn Mouton an.

22

Answit, li te montre m yon ˢrivyè dlo lavi a, klè tankou kristal, ki t ap vini sòti nan twòn Bondye a ak Jèn Mouton an, ² nan mitan lari li a. Sou chak bò larivyè a, se te ᵗpyebwa lavi a, ki pote douz kalite fwi, ki bay fwi li chak mwa. Epi fèy pyebwa yo te pou gerizon a nasyon yo.

³ ᵘP ap gen madichon ankò. Twòn a Bondye a ak Jèn Mouton an va ladann l, e sèvitè Li yo va sèvi Li. ⁴ Yo va ᵛwè figi Li, e non Li va sou fon yo. ⁵ Epi p ap gen lannwit ankò. Yo p ap gen bezwen ni ʷlimyè a yon lanp ni limyè solèy la, paske Senyè a, Bondye va klere yo. Yo va renye pou tout tan e pou tout tan.

⁶ Konsa, Li te di mwen: ˣ"Pawòl sa yo fidèl e vrè". Senyè a, Bondye a tout lespri pwofèt yo, te voye zanj Li pou montre sèvitè li yo bagay ki dwe rive nan yon ti tan tou kout.

⁷ **"Gade byen, Mwen ap vini vit. ʸBeni se sila ki prete atansyon a pawòl pwofesi ki nan liv sila a."**

⁸ Alò, ᶻMwen, Jean, se sila ki tande e wè bagay sa yo. Konsa, lè m te tande e wè yo, ᵃmwen te tonbe nan pye a zanj ki te montre m bagay sa yo pou adore l.

⁹ Men, li te di mwen: "Pa fè sa! Mwen se yon sèvitè parèy a ou menm, frè ou ki te pwofèt yo, ak sila ki prete atansyon a pawòl de ᵇliv sa a. Olye sa, adore Bondye." ¹⁰ Epi li te di mwen: ᶜ"Pa sele pawòl pwofesi a liv sila a, paske tan an pwòch. ¹¹ ᵈKite sila ki fè mal la, kontinye fè mal. Kite sila ki sal la, kontinye sal. Kite sila ki dwat la, kontinye pratike ladwati. E kite sila ki sen an, kontinye kenbe tèt li sen.

¹² **"Gade byen, Mwen ap vini vit! ᵉRekonpans Mwen va avè M, pou rann a chak moun selon sa li te fè. ¹³ Mwen**

ª **21:11** Rev 4:3 ᵇ **21:12** Éz 48:31-34 ᶜ **21:14** Eb 11:10 ᵈ **21:14** Trav 1:26 ᵉ **21:15** Rev 21:12,21,25
ᶠ **21:17** Det 3:11 ᵍ **21:18** Rev 21:11 ʰ **21:18** Rev 21:21 ⁱ **21:20** Rev 4:3 ʲ **21:21** Rev 21:12,15,25
ᵏ **21:22** Rev 1:8 ˡ **21:22** Rev 5:6 ᵐ **21:23** És 60:19,20 ⁿ **21:24** És 60:3,5 ᵒ **21:25** És 60:11
ᵖ **21:26** Sòm 72:10 ᵠ **21:27** És 52:1 ʳ **21:27** Rev 3:5 ˢ **22:1** Sòm 46:4 ᵗ **22:2** Jen 2:9 ᵘ **22:3** Za 14:11 ᵛ **22:4** Sòm 42:2 ʷ **22:5** És 60:19 ˣ **22:6** Rev 19:9 ʸ **22:7** Rev 1:3 ᶻ **22:8** Rev 1:1
ᵃ **22:8** Rev 19:10 ᵇ **22:9** Rev 1:11 ᶜ **22:10** Dan 8:26 ᵈ **22:11** Éz 3:27 ᵉ **22:12** És 40:10

se Alfa a ak Omega a, [a]premye a ak dènye a, kòmansman an ak lafen an."

[14] **Beni se sila ki [b]lave vètman yo, pou yo kapab gen dwa nan pyebwa lavi a, e kapab, pa [c]pòtay yo, antre nan vil la.**

[15] [d]**Deyò se chen yo, majisyen yo, moun imoral yo, asasen yo, idolat ak tout sila ki renmen e ki gen pratik bay manti.**

[16] "**Mwen, Jésus, te voye [e]zanj Mwen an pou temwaye a ou menm bagay sa yo pou legliz yo. Mwen se rasin ak ras David la, zetwal briyan nan maten an."**

[17] [f]Lespri a ak lamarye a di: "Vini". Kite sila ki tande a di: "Vini!" Kite sila ki swaf la vini. Kite sila ki vle pran dlo lavi a san frè a vini.

[18] Mwen temwaye a tout sila ki tande pawòl a pwofesi liv sila a: si yon moun [g]ajoute nan yo, Bondye va ajoute a li menm tout fleyo ki ekri nan liv sila a. [19] Epi si yon moun retire nan pawòl a liv pwofesi sila a, Bondye va retire pati pa l nan pyebwa lavi ak vil sen an [h]ki ekri nan liv sila a.

[20] Sila ki temwaye a bagay sa yo di: "**Wi, [i]Mwen ap vini vit."**

Amen. Vini, Senyè Jésus.

[21] [j]Gras Senyè a Jésus avèk nou tout. Amen.

---

[a] **22:13** És 44:6   [b] **22:14** Rev 7:14   [c] **22:14** Rev 21:27   [d] **22:15** Mat 8:12   [e] **22:16** Rev 1:1
[f] **22:17** Rev 2:7   [g] **22:18** Det 4:2   [h] **22:19** Rev 21:10—22:5   [i] **22:20** Rev 22:7   [j] **22:21** Wo 16:20

www.ingramcontent.com/pod-product-compliance
Lightning Source LLC
Chambersburg PA
CBHW072149070526
44585CB00015B/1061